■2025年度中学受験用

浅野中学校

8年間(＋3年間HP掲載)スーパー過去問

●収録内容一覧

入試問題と解説・解答の収録内容

2024年度(令和６年度)	算数・社会・理科・国語　実物解答用紙DL
2023年度(令和５年度)	算数・社会・理科・国語　実物解答用紙DL
2022年度(令和４年度)	算数・社会・理科・国語　実物解答用紙DL
2021年度(令和３年度)	算数・社会・理科・国語
2020年度(令和２年度)	算数・社会・理科・国語
2019年度(平成31年度)	算数・社会・理科・国語
2018年度(平成30年度)	算数・社会・理科・国語
平成29年度	算数・社会・理科・国語
平成28〜26年度(HP掲載) 「カコ過去問」 (ユーザー名) koe (パスワード) w8ga5a1o	問題・解答用紙・解説解答DL **◇著作権の都合により国語と一部の問題を削除しております。** ◇一部解答のみ（解説なし）となります。 ◇９月下旬までに全校アップロード予定です。 ◇掲載期限以降は予告なく削除される場合があります。

〜本書ご利用上の注意〜　以下の点について，あらかじめご了承ください。

★別冊解答用紙は巻末にございます。実物解答用紙は，弊社サイトの各校商品情報ページより，一部または全部をダウンロードできます。

★編集の都合上，学校実施のすべての試験を掲載していない場合がございます。

★当問題集のバックナンバーは，弊社には在庫がございません（ネット書店などに一部在庫あり）。

合格を勝ち取るための
『スーパー過去問』の使い方

本書に掲載されている過去問をご覧になって，「難しそう」と感じたかもしれません。でも，多くの受験生が同じように感じているはずです。なぜなら，中学入試で出題される問題は，小学校で習う内容よりも高度なものが多く，たくさんの知識や解き方のコツを身につけることも必要だからです。ですから，初めて本書に取り組むさいには，点数を気にしすぎないようにしましょう。本番でしっかり点数を取れることが大事なのです。

過去問で重要なのは「まちがえること」です。自分の弱点を知るために，過去問に取り組むのです。当然，まちがえた問題をそのままにしておいては意味がありません。

本書には，長年にわたって中学入試にたずさわっているスタッフによるていねいな解説がついています。まちがえた問題はしっかりと解説を読み，できるようになるまで何度も解き直しをしてください。理解できていないと感じた分野については，参考書や資料集などを活用し，改めて整理しておきましょう。

このページも参考にしてみましょう！

◆どの年度から解こうかな　「入試問題と解説・解答の収録内容一覧」

本書のはじめには収録内容が掲載されていますので，収録年度や収録されている入試回などを確認できます。

※著作権上の都合によって掲載できない問題が収録されている場合は，最新年度の問題の前に，ピンク色の紙を差しこんでご案内しています。

◆学校の情報を知ろう‼　「学校紹介ページ」

このページのあとに，各学校の基本情報などを掲載しています。問題を解くのに疲れたら息ぬきに読んで，志望校合格への気持ちを新たにし，再び過去問に挑戦してみるのもよいでしょう。なお，最新の情報につきましては，学校のホームページなどでご確認ください。

◆入試に向けてどんな対策をしよう？「出題傾向＆対策」

「学校紹介ページ」に続いて，「出題傾向＆対策」ページがあります。過去にどのような分野の問題が出題され，どのように対策すればよいかをアドバイスしていますので，参考にしてください。

◇別冊「入試問題解答用紙編」

本書の巻末には，ぬき取って使える別冊の解答用紙が収録してあります。解答用紙が非公表の場合などを除き，（注）が記載されたページの指定倍率にしたがって拡大コピーをとれば，実際の入試問題とほぼ同じ解答欄の大きさで，何度でも過去問に取り組むことができます。このように，入試本番に近い条件で練習できるのも，本書の強みです。また，データが公表されている学校は別冊の１ページ目に過去の「入試結果表」を掲載しています。合格に必要な得点の目安として活用してください。

本書がみなさんの志望校合格の助けとなることを，心より願っています。

株式会社　声の教育社　編集部

社会 出題分野分析表

分野			2024	2023	2022	2021	2020	2019	2018	2017
日本の地理	地図の見方		○	○		○		○	○	
	国土・自然・気候		○	○			○	○	○	○
	資源		○	○	★		○	○		
	農林水産業		○	○	○		○	○	○	○
	工業			○			○	○		
	交通・通信・貿易		○	○		○	○	○		
	人口・生活・文化			○	○		○	○	○	○
	各地方の特色									
	地理総合					○	★	★	★	
世界の地理				○		○		○		○
日本の歴史	時代	原始～古代	○	○	○	○	○	○	○	○
		中世～近世	○	○	○	○	○	○	○	○
		近代～現代	○	○	○	○	○	○	○	○
	テーマ	政治・法律史				★				
		産業・経済史								
		文化・宗教史						★	★	★
		外交・戦争史							★	
		歴史総合		★			★			
世界の歴史										
政治	憲法			○	○			○	○	○
	国会・内閣・裁判所		○	○		○		○		○
	地方自治							○	○	
	経済		○	○		○			○	
	生活と福祉		○	○	○	○	○	○	○	
	国際関係・国際政治			○	○		○			
	政治総合					○	★	★	★	★
環境問題			○		○		○			○
時事問題			★		○	○				○
世界遺産					○					
複数分野総合			★	★	★	★	★	★		★

※　原始～古代…平安時代以前，中世～近世…鎌倉時代～江戸時代，近代～現代…明治時代以降

※　★印は大問の中心となる分野をしめします。

理科　出題傾向＆対策

◆基本データ（2024年度）

試験時間／満点	40分／80点
問題構成	・大問数…４題 ・小問数…30問
解答形式	記号選択と用語・計算結果などを記入する形式となっている。記号選択は択一式が中心だが，複数選ぶ問題も見られる。必要な単位などはあらかじめ印刷されている。
実際の問題用紙	Ａ４サイズ，小冊子形式
実際の解答用紙	Ｂ４サイズ

◆過去８年間の分野別出題率

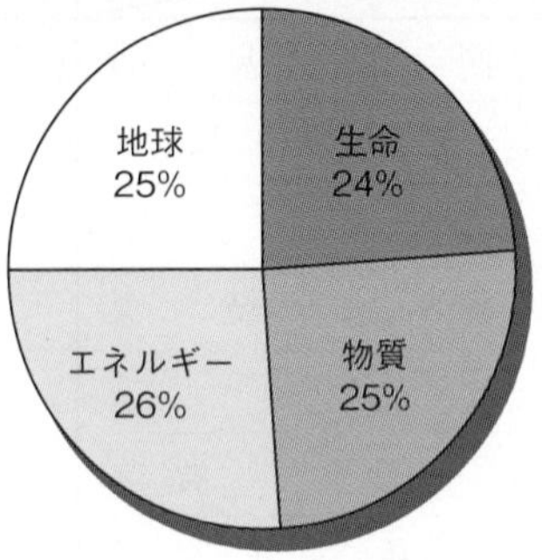

※　配点（推定ふくむ）をもとに算出

◆近年の出題内容

【　2024年度　】			【　2023年度　】		
大問	1	〔**生命**〕植物の分類，光合成・呼吸	大問	1	〔**生命**〕ダイズ，微生物
	2	〔**地球**〕地震		2	〔**地球**〕気象
	3	〔**物質**〕マグネシウムと塩酸の反応		3	〔**物質**〕物質の判別
	4	〔**エネルギー**〕浮力		4	〔**エネルギー**〕音の進み方

◆出題傾向と内容

各分野からバランスよく出題されています。**実験・観察・観測をもとにした問題が多く，中途はんぱな学習では得点できない**でしょう。単なる丸暗記の知識よりも，日常の授業の中での理解，成果がためされているといえます。

●**生命**…植物，動物，人体などからはば広く出題されています。

●**物質**…気体の性質・発生，水溶液の性質，ものの溶け方，ものの燃え方，金属の性質などが出題されています。

●**エネルギー**…力のつり合い，物体の運動，電気回路，電磁石などが出題されています。

●**地球**…地球・月・太陽系，星と星座，雲と天気，流水のはたらき・地層と岩石，火山・地震などが出題されています。

◆対策～合格点を取るには？～

出題される分野にかたよりはありません。したがって，**基礎的な知識をはやいうちに身につけ，そのうえで問題集で演習をくり返しながら実力アップをめざしましょう。**

「生命」は，身につけなければならない基本知識の多い分野ですが，楽しみながら確実に学習する心がけが大切です。

「物質」では，気体や水溶液，金属などの性質に重点をおいて学習しましょう。中和反応や濃度など，表やグラフをもとに計算する問題にも積極的に取り組むよう心がけてください。

「エネルギー」は，てこにはたらく力のつり合い，かん電池のつなぎ方や方位磁針のふれ方，磁力の強さなどの出題が予想される単元です。

「地球」では，太陽・月・地球の動き，季節と星座の動き，天気と気温・湿度の変化などが重要なポイントです。

なお，環境問題や身近な自然現象に日ごろから注意をはらい，「なぜそうなるのか」という疑問をそのままにしないことが大切です。テレビの科学番組，新聞・雑誌の科学に関する記事，読書などを通じて多くのことを知るようにしましょう。

理科 出題分野分析表

分野	年度	2024	2023	2022	2021	2020	2019	2018	2017
生命	植物	★	★	○	○		★		
	動物			○	★	○	○		○
	人体			○				★	
	生物と環境		○			○		★	
	季節と生物								
	生命総合			★		★			
物質	物質のすがた								
	気体の性質		○	○	○		○		
	水溶液の性質	★	○					○	○
	ものの溶け方							○	
	金属の性質	○		○			○		
	ものの燃え方					★			
	物質総合		★	★	★		★	★	★
エネルギー	てこ・滑車・輪軸			★					
	ばねののび方								
	ふりこ・物体の運動						★	★	
	浮力と密度・圧力	★							
	光の進み方				★				○
	ものの温まり方		★			○			
	音の伝わり方							○	
	電気回路					○			
	磁石・電磁石								★
	エネルギー総合					★			
地球	地球・月・太陽系				★		★		★
	星と星座								○
	風・雲と天候		★						
	気温・地温・湿度		○						
	流水のはたらき・地層と岩石			★				★	
	火山・地震	★				★			
	地球総合								
実験器具						○			
観察									
環境問題									
時事問題									
複数分野総合									★

※　★印は大問の中心となる分野をしめします。

国語 出題傾向＆対策

◆基本データ（2024年度）

試験時間／満点	50分／120点
問題構成	・大問数…３題 文章読解題２題／知識問題１題 ・小問数…27問
解答形式	記号選択や適語の記入のほかに，30～60字程度で書かせる記述問題も数問出題されている。
実際の問題用紙	Ａ４サイズ，小冊子形式
実際の解答用紙	Ｂ４サイズ

◆過去８年間の分野別出題率

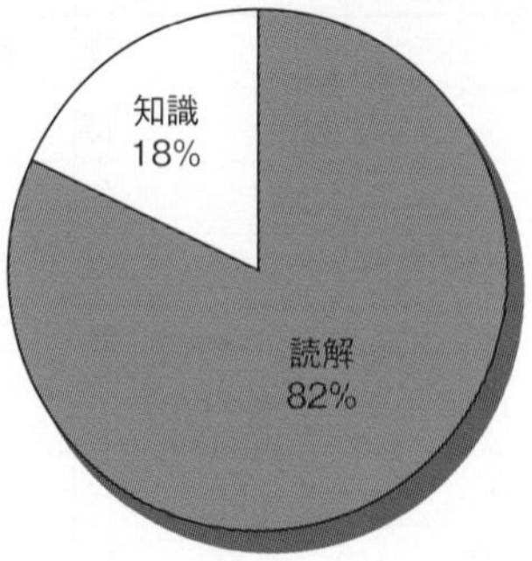

※　配点（推定ふくむ）をもとに算出

◆近年の出題内容

【 2024年度 】			【 2023年度 】		
大問	一	〔知識〕漢字の書き取りと読み	大問	一	〔知識〕漢字の書き取りと読み
	二	〔小説〕西川美和「うつろいの秋」（約5500字）		二	〔小説〕川上途行『ナースコール！　戦う蓮田市リハビリ病院の涙と夜明け』（約4900字）
	三	〔説明文〕養老孟司『ものがわかるということ』（約4800字）		三	〔説明文〕山極寿一，小原克博『人類の起源，宗教の誕生―ホモ・サピエンスの「信じる心」が生まれたとき』（約5700字）

◆出題傾向と内容

本校の国語は，**文章の内容が的確に読み取れるかどうかを，表現力もためしながらあわせて見ようとする問題**だといえます。

●文章読解題…小説・物語文，随筆，説明文・論説文から２題出題され，組み合わせは年度によって異なります。小説・物語文や随筆では内容・気持ちの読み取り，説明文・論説文では文脈・内容の読み取りが中心となっています。ほかに目につくものは，適語の補充，接続語の選択，本文中での語句の意味，段落の吟味，比ゆの理解などです。

●知識問題…漢字の読み・書き取りが独立題として出されるほか，文章読解題の設問として慣用句やことわざ，語句の意味を問うものなどが出されることがあります。

◆対策～合格点を取るには？～

本校の国語は，読解力と表現力をみる問題がバランスよく出題されていますから，**まず読解力をつけ，その上で表現力を養う**ことをおすすめします。

読解力をつけるためには読書が必要ですが，長い作品よりも短編のほうが主題が読み取りやすいので，特に国語の苦手な人は短編から入るとよいでしょう。

次に表現力ですが，これには内容をまとめるものと自分の考えを述べるものとがあります。内容をまとめるものは，数多く練習することによって，まとめ方やポイントのおさえ方のコツがわかってきます。自分の考えを述べるものは，問題文のどの部分がどのように問われるのかを予想しながら文章を読むといいでしょう。そうすれば，ある場面での登場人物の気持ちなどをおしはかることが自然とできるようになります。**答えに必要なポイントをいくつか書き出し，それらをつなげるような練習を心がけたいものです。**

なお，**ことばのきまり・知識に関しては，参考書を１冊仕上げましょう**。また，漢字や熟語については，読み書きはもちろん，同音（訓）異義語，その意味についても辞書で調べておきましょう。

国語 出題分野分析表

分野＼年度			2024	2023	2022	2021	2020	2019	2018	2017
読解	文章の種類	説明文・論説文	★	★	★	★	★	★	★	★
		小説・物語・伝記	★	★	★	★	★	★	★	★
		随筆・紀行・日記								
		会話・戯曲								
		詩								
		短歌・俳句								
	内容の分類	主題・要旨	○	○	○	○	○	○	○	○
		内容理解	○	○	○	○	○	○	○	○
		文脈・段落構成	○	○		○				
		指示語・接続語	○					○	○	○
		その他	○	○	○	○	○	○	○	○
知識	漢字	漢字の読み	○	○	○	○	○	○	○	○
		漢字の書き取り	○	○	○	○	○	○	○	○
		部首・画数・筆順								
	語句	語句の意味						○	○	
		かなづかい								
		熟語			○					
		慣用句・ことわざ	○	○						
	文法	文の組み立て			○	○				
		品詞・用法								
		敬語								
	形式・技法									
	文学作品の知識									
	その他									
	知識総合									
表現	作文									
	短文記述									
	その他									
放送問題										

※　★印は大問の中心となる分野をしめします。

カコを追いかけ
ミライをつかめ
「今の説明、もう一回」を何度でも
web過去問
ストリーミング配信による入試問題の解説動画
もっと古いカコモンないの？
カコ過去問
「さらにカコの」過去問をHPに掲載（DL）
声の教育社
詳しくはこちらから

2024年度 浅野中学校

【算　数】（50分）〈満点：120点〉

【注意】定規・コンパス・分度器は机の上に出したり，使用したりしてはいけません。

1 **次の ア ～ コ にあてはまる数または語句をそれぞれ答えなさい。また，(5)の説明については，解答欄に説明を書きなさい。**

(1) $77\div\left\{(8.875-\boxed{\text{ア}})\times 9\frac{2}{15}-16.25\right\}\times 23=2024$

(2) ある会場では，開場から20分後に来場者が4000人になり，30分後には5200人になり，90分後には11200人になりました。開場から20分後までの間，20分後から30分後までの間，30分後から90分後までの間，来場者はそれぞれ一定の割合で来場したとします。このとき，開場から イ 分後までの間の平均来場者数は毎分140人になります。

(3) 定価が1個350円の商品を販売《はんばい》します。最初は定価で販売しましたが，あまり売れなかったので300円に値下げして販売しました。その後，さらに値下げして170円で販売しました。その結果，商品は全部で50個売れて，売り上げは全部で10000円になりました。定価で売れた個数は ウ 個で，300円で売れた個数は エ 個です。

(4) 長方形ABCDと長方形PQRSがあり，AB＝PQ＝8cm，AD＝PS＝13cmです。点Bと点Pが重なるように2つの長方形を［**図1**］のように重ねました。このとき，ADとPSの交点を点Eとすると AE＝6cm，BE＝10cmでした。ADとRSの交点を点F，CDとRSの交点を点Gとすると三角形DFGの面積は オ cm^2 になります。また，2つの長方形が重なっている部分の面積は カ cm^2 になります。

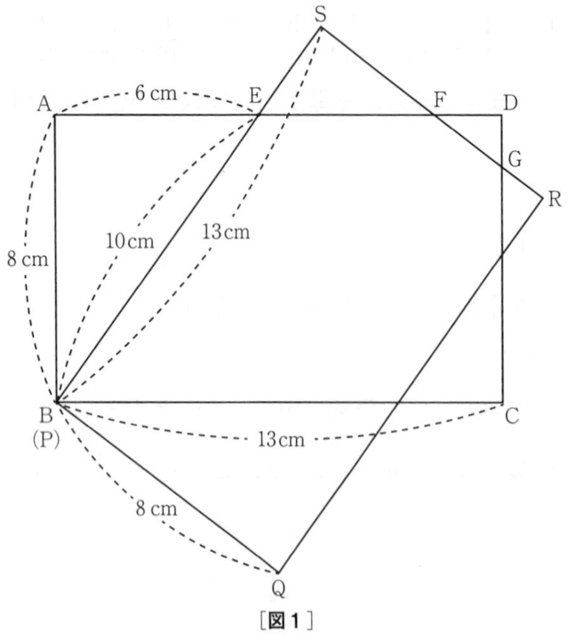

［**図1**］

(5) ［**図2**］のような，白色と黒色で塗《ぬ》られたマスが交互《こうご》に並んでいる7×7マスのチェス盤《ばん》があります。

チェスの駒《こま》の1つである「ナイト」(♘)は［**図2**］のチェス盤上を1回の移動で，

・縦方向(上または下)に2マスと横方向(左または右)に1マス

・横方向(左または右)に2マスと縦方向(上または下)に1マス

のいずれかの動かし方をすることができます。(［**図2**］では矢印のように8通りの動かし方があります。)

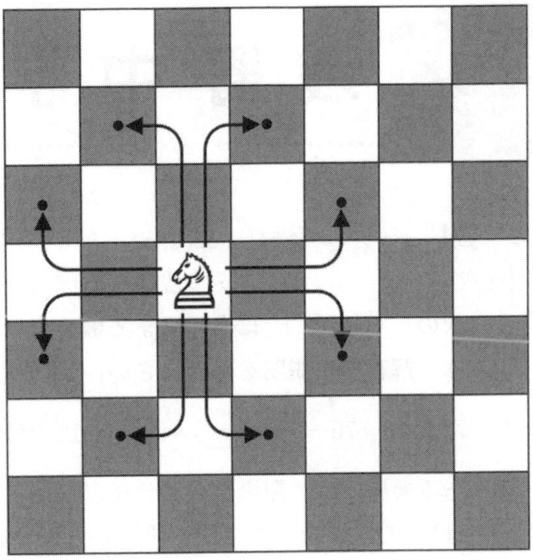

［**図2**］

はじめにどの白色のマスに「ナイト」を置いても，1回目の移動後は必ず［ **キ** ］色のマスに止まり，2回目の移動後は必ず［ **ク** ］色のマスに止まります。

また，はじめにどの黒色のマスに「ナイト」を置いても，1回目の移動後は必ず［ **ケ** ］色のマスに止まり，2回目の移動後は必ず［ **コ** ］色のマスに止まります。

このことから，はじめに［**図2**］のチェス盤上のどのマスに「ナイト」を置いて移動させていったとしても，同じマスに2回以上止まることなくすべてのマスに1回ずつ止まり，その後，はじめに置いたマスに戻《もど》ることはできないと言えます。

下線部の理由を説明しなさい。

2 分母が2を2倍ずつした数で，分子が奇数《きすう》である，1より小さい分数が，次のように左から順に規則的に並んでいます。

$\frac{1}{2}$，$\frac{3}{4}$，$\frac{1}{4}$，$\frac{7}{8}$，$\frac{5}{8}$，$\frac{3}{8}$，$\frac{1}{8}$，$\frac{15}{16}$，$\frac{13}{16}$，$\frac{11}{16}$，$\frac{9}{16}$，$\frac{7}{16}$，$\frac{5}{16}$，$\frac{3}{16}$，$\frac{1}{16}$，$\frac{31}{32}$，$\frac{29}{32}$，……

ただし，分数は分母が小さい順に並んでいます。また，分母が同じ分数の場合は，分子が大きい順に並んでいます。

このとき，次の問いに答えなさい。

(1) $\frac{1}{1024}$ は最初から数えて何番目にありますか。

(2) 並んでいる分数のうち，分母が1024である分数のすべての和を求めなさい。

(3) 最初から数えて2024番目にある分数を求めなさい。

(4) 最初から数えて2番目から2024番目までに並んでいる分数の中で，もっとも $\frac{1}{2}$ に近い分数をすべて求めなさい。ただし，答えが2つ以上になる場合は，「2，3」のように，答えと答えの間に「，」をつけなさい。

3　点Aと点Bを結ぶ長さが12cmのまっすぐな線上を動く２点PとQがあり，点Pは毎秒１cm，点Qは毎秒３cmの速さで常に動くものとします。

まず，点P，点Qはともに点Aを出発し，点Bに向かって進みます。その後，点Qは点Bに到着《とうちゃく》すると，向きを変えて点Aに向かって進みます。次に，点Qは点Pと出会うと，また向きを変えて点Bに向かって進みます。点Pが点Bに到着するまで，点Qはこの動きを繰《く》り返します。

このとき，次の問いに答えなさい。

(1)　２点P，Qが点Aを出発したのちに，初めて出会うのは点Pが点Aを出発してから何秒後ですか。

(2)　２点P，Qが点Aを出発したのちに，２回目に出会うのは点Pが点Aを出発してから何秒後ですか。

(3)　２点P，Qが点Aを出発したのち，11.6秒後までに２点P，Qが出会う回数は何回ですか。

(4)　**(3)**において２点P，Qが最後に出会うときまでに点Qが進んだ道のりの合計は何cmですか。

4　一辺の長さが30cmの正方形を底面とし，高さが50cmの直方体の形をした水そうがあります。この水そうに９本の直方体のブロックを並べます。

直方体のブロックの底面はすべて一辺の長さが10cmの正方形で，高さは10cmのものが１つ，20cmのものが２つ，30cmのものが３つ，40cmのものが３つあります。ただし，同じ高さのブロックは区別しないものとします。ブロックを倒《たお》したり傾《かたむ》けたり重ねたりせず，水そうの中にすき間なく並べることを考えます。

たとえば，［**図１**］のようにブロックをすき間なく並べた場合，それを［**図２**］のように表すこととします。

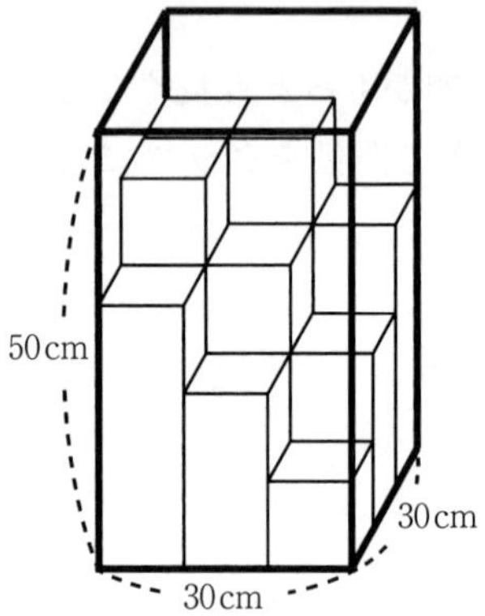

［**図１**］

40	40	30
40	30	20
30	20	10

［**図２**］

高さが10cmのブロックの真上からこの水そうが満水になるまで，毎分１Lの割合で水を注ぎます。

ブロックを［**図２**］のように並べたとき，水を注いだ時間と水面の高さの関係をグラフに表すと，［**図３**］のようになります。ただし，水面の高さとは，水そうの底面から水そうの中でもっとも高い水面までの高さのことをいいます。

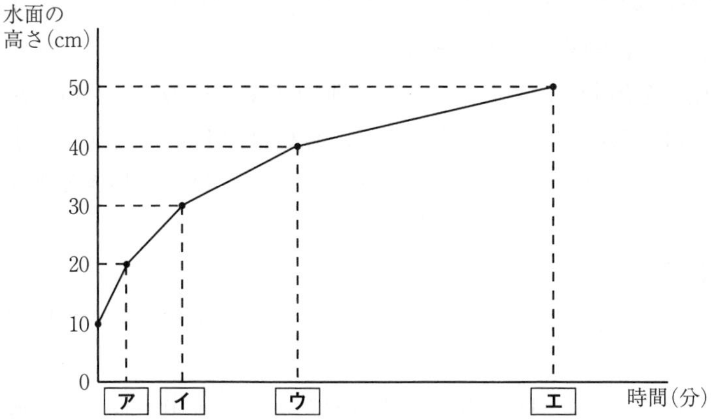

［**図 3**］

このとき，次の問いに答えなさい。

(1) ［**図 3**］の ア ～ エ にあてはまる数をそれぞれ求めなさい。

以下の問いでは，［**図 2**］**の高さが 10cm のブロックの位置と水を注ぐ位置は変えず**に，それ以外のブロックの並べ方を変えていくことを考えます。

ただし，ブロックや水そうの辺どうし，面どうしの間から水はもれないものとします。

(2) ブロックを［**図 4**］のように並べる場合，この水そうが満水になるまでの水を注いだ時間と水面の高さの関係を，［**図 3**］のように解答用紙のグラフに書き入れなさい。

30	40	20
40	30	30
40	20	10

［**図 4**］

水そうが満水になる前に，水面の高さが連続して変わらない時間がもっとも長くなるブロックの並べ方をしました。このとき，水を注いだ時間と水面の高さの関係をグラフに表すと，［**図 5**］のようになります。

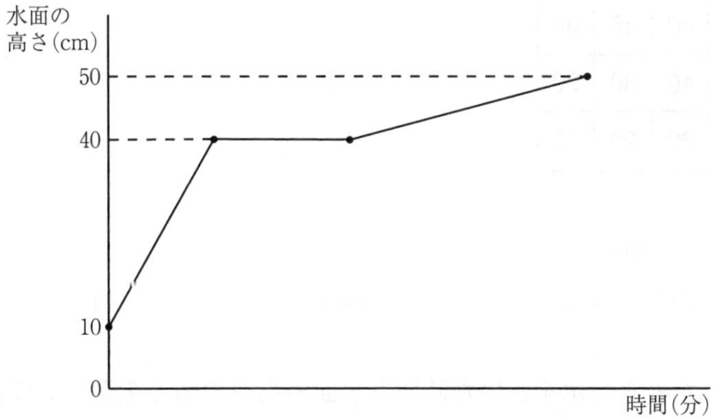

［**図 5**］

(3) ［**図 5**］のグラフになるようなブロックの並べ方の１つを，［**図 2**］のように解答用紙のマス目に書き入れなさい。

(4) ［**図 5**］のグラフになるようなブロックの並べ方は全部で何通りありますか。

5　一辺の長さが4 cm の立方体 ABCD−EFGH があります。［**図 1**］の点 I は正方形 ABCD の対角線の交点です。［**図 2**］の点 J は辺 EH 上で EJ：JH＝3：1となる点です。四角すい IEFGH と三角すい AEFJ が重なっている部分を立体Xとします。

このとき，次の問いに答えなさい。

ただし，（角すいの体積）＝（底面積）×（高さ）×$\frac{1}{3}$ で求められます。

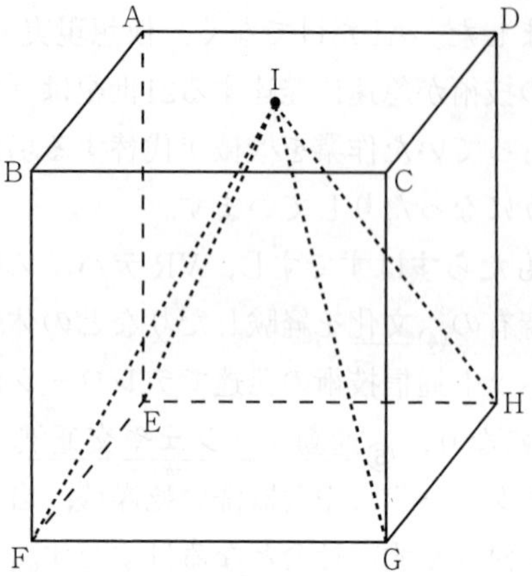

［**図 1**］

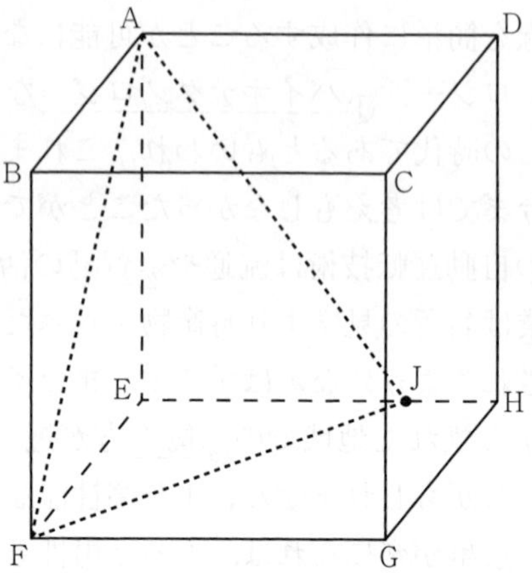

［**図 2**］

(1)　EG と FJ の交点を点Kとするとき，EK：KG をもっとも簡単な整数の比で答えなさい。

(2)　AK と EI は交わります。その交点を点Lとするとき，AL：LK をもっとも簡単な整数の比で答えなさい。

(3)　立方体の底面 EFGH から点Lまでの高さは何 cm ですか。

(4)　立体Xの体積は何 cm^3 ですか。

【社　会】（40分）〈満点：80点〉

【注意】説明する問題については，句読点を１字に数えます。数字については，１マスに２ケタまで記入してもかまいません。

〈編集部注：実物の入試問題では，図の大半と写真はカラー印刷です。〉

1　**次の文章を読んで，後の問いに答えなさい。**

近年，ChatGPT をはじめとする生成系 AI と呼ばれるサービスが普及《ふきゅう》し始め，高度な文章や画像・映像を簡単に作成することが可能になってきました。AI だけでなく，仮想現実（VR）やナノテクノロジー，①バイオテクノロジーなど多くの技術が急速に発達する21世紀は「第４次産業革命」の時代であるともいわれ，これまで人が行っていた作業を機械が代替《だいたい》する場面が増えたり，今までは考えもしなかったことができるようになったりしています。

例えば車の自動運転技術は流通や②貿易の活性化をもたらすはずですし，VR デバイスの普及で③観光業は名所の見学より特産物を食べたり現地特有の④文化を経験したりなどの体験が一層重要視されるようになるはずです。またインターネット通信技術の発達でテレワークが普及し，都市から離《はな》れた地域での⑤働き方が選べるようになり，⑥通勤ラッシュや交通渋滞《じゅうたい》の軽減につながるかもしれません。より高性能なロボットクリーナーや食器洗い乾燥《かんそう》機，自動調理鍋《なべ》の普及で家事が楽になれば，もっと男性も⑦女性も働きやすい社会となるはずです。

この「第４次産業革命」に限らず，歴史的に見ても技術の変化は人々の暮らしに大きな影《えい》響《きょう》を与《あた》えてきました。

紀元前6000年頃《ごろ》から銅の利用が始まり，その後青銅・鉄などのより硬《かた》い⑧金属が使えるようになりました。これにより便利な農具や⑨馬具が開発され，⑩米や小麦の生産効率や輸送効率が劇的に上昇《じょうしょう》すると同時に，武器の性能が上がり⑪遠方の地まで侵略《しんりゃく》を行う民族が出現するなど戦争の方法も変化していきました。さらに食料生産効率の向上により人口が増え，⑫経済の発達を促《うなが》しました。

ほかには⑬17世紀のフランスでは，世界で初めて機械式計算機が貨幣《かへい》単位の計算のために発明されています。そこで考案された仕組みが現在の最新式コンピュータにも用いられており，言うまでもなく我々の生活を支えている技術といえます。18世紀半ば頃からは，石炭をエネルギー源とした蒸気機関が⑭繊維《せんい》業で用いられるようになったことで⑮大量の製品を生産することが可能となりました。しかしながら技術が発展したことで，1950年代以降はさらに⑯化石燃料の使用が増え，地球温暖化や生物多様性の喪失《そうしつ》が進んだほか，原子力の使用の増加など⑰地球環境《かんきょう》に大きな影響を与えることになってしまいました。

現在の技術革新にも同じことがいえます。例えば AI 技術を活用することで，実際には存在しない映像が簡単に作成できるようになり悪用される事例が出てきました。このディープフェイクと呼ばれる技術は，アメリカ大統領⑱選挙の際にも使用されましたし，悪意を持って⑲災害情報のニュース動画を改変して SNS で拡散するなどの被害《ひがい》も確認されています。これまで以上に⑳情報の真偽《しんぎ》を見極める力がこれからの時代を生きる私たちには求められ，技術を「使う責任」が高まっています。

最近㉑金融《きんゆう》や株式取引で AI が専門家よりも多くの利益を生み出す事例が報告され驚《おどろ》きをもって受け止められました。機械が代替するのは単純な労働だけでなく頭脳労働の分野にも及《およ》んできています。労働力不足が問題となる現代において AI をはじめとした最新技術の活躍《かつやく》は期

待されるところですが，同時に機械に取って代わられることのない力を人間が身につけることも一層重要性が増しているといえるでしょう。

問１　下線部①について――。

バイオテクノロジーとその問題点についての文章として**適切でないもの**を，次の**ア**～**エ**の中から１つ選び，記号で答えなさい。

ア　バイオ燃料の登場は化石燃料の使用量を減少させる方策として注目されたが，飼料価格や穀物価格の高騰《こうとう》，森林伐採《ばっさい》などの新たな問題を生んでいる。

イ　遺伝子を操作する技術は農業への応用だけではなくがん治療《ちりょう》など医療《いりょう》への応用も期待されているが，高額な医療費が必要になるなどの課題もある。

ウ　クローン技術は農業や畜産《ちくさん》において高品質な製品を生み出すのに役立つと考えられる一方で，ヒトへの応用に対しては常に議論が引き起こされている。

エ　プラスティックに代わり植物から抽出《ちゅうしゅつ》した材質で製造されたバイオマスプラスティックが利用されるようになったが，地球上の二酸化炭素量増加の一因にもなっている。

問２　下線部②について――。

貿易に関係した文章として**適切でないもの**を，次の**ア**～**エ**の中から１つ選び，記号で答えなさい。

ア　室町時代，堺や博多といった貿易港を通して，当時の中国の王朝であった明と貿易が行われ，陶磁器《とうじき》などを輸入して銅銭などを輸出した。

イ　琉球王国は，江戸時代の初めに薩摩藩に支配されたが，中国に対して定期的に船を派遣《はけん》して貿易を行った。

ウ　江戸時代初め，朱印船貿易の発展で日本人が海外へ出かけ，現在のタイにあたるシャムなど各地に日本人町がつくられた。

エ　1970年代の石油危機の後も，日本経済は省エネルギー志向の合理化を行い成長したが，1980年代に自動車分野で日米間の貿易摩擦《まさつ》が深刻化した。

問３　下線部③について――。

日本には多くの国や地域から多くの外国人がやってきますが，その目的は必ずしも観光だけでなく，ビジネス目的の場合もあります。[**図１**]は国籍《こくせき》別に日本に訪れた人の推移を示したグラフで，[**図１**]内の**A**と**B**はアメリカ合衆国かインドのいずれかであり，**C**と**D**は観光客かビジネス客かのいずれかを示したものです。インドからの観光客数を示したものを，次の**ア**～**エ**の中から１つ選び，記号で答えなさい。

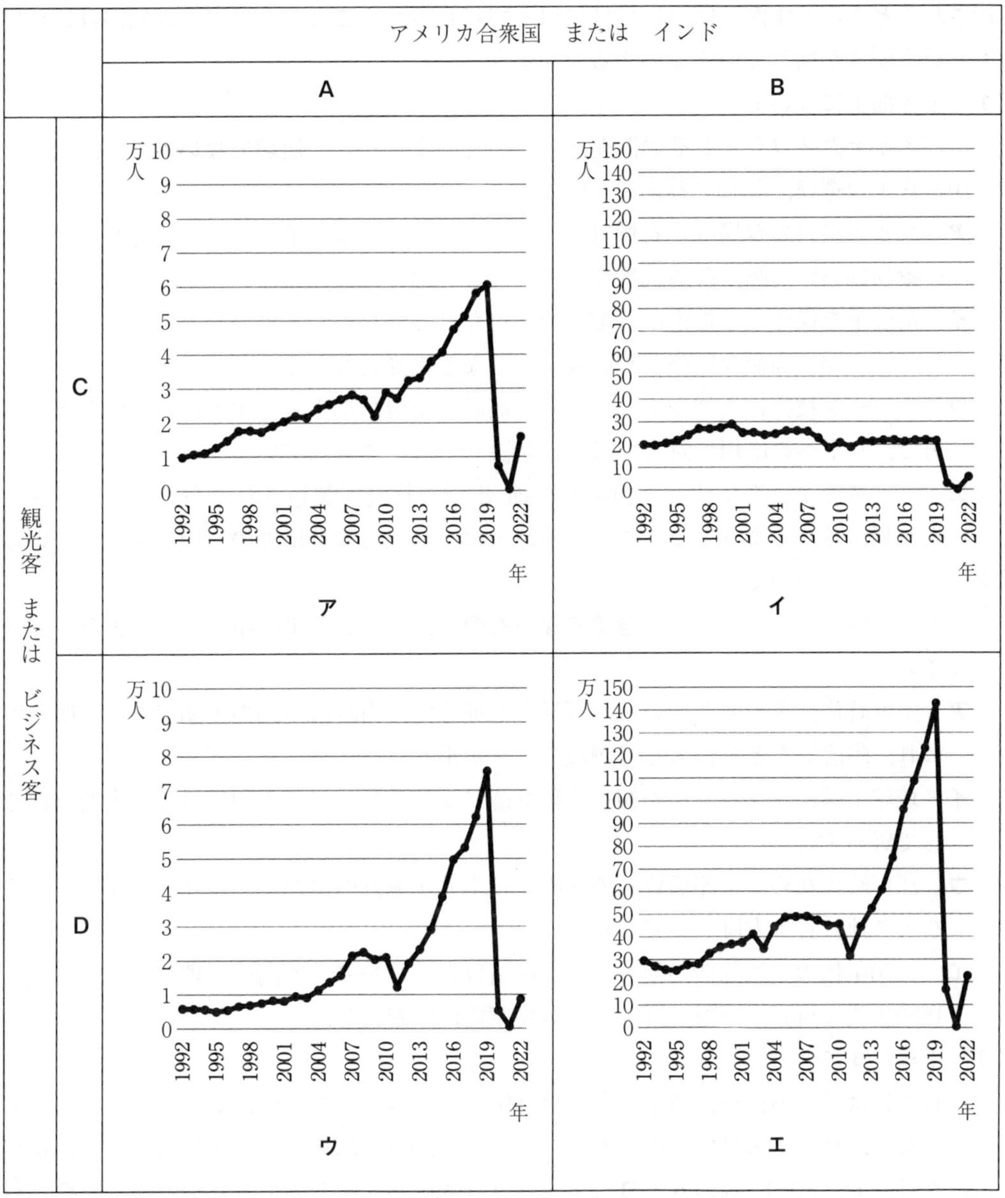

JNTO資料より作成

［**図1**］　国籍及び目的別訪日外国人数の推移

問4　下線部④について――。

文化に関係して，10～11世紀の日本で発展した「国風文化」をめぐる［**資料1**］～［**資料3**］を読み，それらの資料から読み取れる内容として**適切でないもの**を，後の**ア**～**エ**の中から1つ選び，記号で答えなさい。

［**資料1**］　1939年の中学校歴史教科書の記述と，それに関する現代の歴史学者の解説

「菅原道真の建議によって遣唐使は停止された。このため…(中略)…制度・宗教・文学，並びに美術・工芸に至るまで，いずれも日本独特の発達をとげた。それゆえ，平安時代の文化の大きな特色は…(中略)…国風文化の発達である。」

(渡辺世祐『新制中学国史　上級用　上巻』より。

なお，わかりやすく書き改めたところがあります。)

【解説】「1937年まで，歴史教科書では国風文化という言葉は使用されてこなかった」

（吉村武彦・吉川真司・川尻秋生 編『国風文化（シリーズ古代史をひらく）』をもとに作成）

[資料2] 日本と中国の書についての資料

[図2]

[**図2**]のうち，上段が4世紀の中国の書家王羲之《おうぎし》によるもので，彼《かれ》の書法はその後，唐でも流行した。

また，中段と下段の二つがそれぞれ，日本人の書家によるものである。彼らは10～11世紀に活躍した，代表的な日本の書家を指す「三蹟《さんせき》」に含《ふく》まれる。なお，宋の時代の中国の書家は，三蹟をまねた日本人による書をみて，「この作品は，まるで唐の人の作品のようだ。王羲之の作品に学んでいる」と述べている。

（吉村武彦・吉川真司・川尻秋生 編『国風文化（シリーズ古代史をひらく）』をもとに作成）

[資料3]「唐物《からもの》」についての資料

「894年に遣唐使停止の建議がなされ，907年に唐が滅亡《めつぼう》した後も，大宰府を窓口として，中国を拠点《きょてん》とする民間商人(海商)との間の交易が行われ，中国からの物品(唐物)は日本に流入していた。

この時，中国から日本に流入した唐物の中には，お香，絹織物，絵画・文房具《ぶんぼうぐ》(紙・すずり・墨《すみ》など)，書物が含まれており，藤原道長は天皇に珍《めずら》しい唐物を贈《おく》ることで，自らの権力を強化したとされる。」

（山内晋次『NHK さかのぼり日本史 外交篇[9]平安・奈良』をもとに作成）

ア 遣唐使が派遣されなくなった後も，中国の物品は日本で珍重《ちんちょう》されていた。

イ 教科書の「国風文化」という言葉は，戦時体制になって初めて登場した。

ウ 遣唐使廃止《はいし》の結果，中国の影響が排除《はいじょ》され，日本独特の国風文化ができた。

エ 907年に唐が滅亡した後も，日本では唐の時代の中国文化が理想とされた。

問5 下線部⑤について――。

近年，日本では働き方が大きく変化しています。これについての文章として**適切でないもの**を，次の**ア**～**エ**の中から1つ選び，記号で答えなさい。

ア 少子高齢《こうれい》化の進行に伴《ともな》い，育児休業や介護《かいご》休業など育児や介護と両立できるような働き方を選択《せんたく》できるようになってきている。

イ 高齢者や障碍《しょうがい》者を新たな労働力として積極的に雇用《こよう》するべきであるという考え方に基づき，さまざまな取り組みがなされるようになっている。

ウ 30年ほど賃金水準がほぼ横ばいで，働き方改革の影響もあるため，他の先進各国と比べて労働時間が増加している。

エ 正社員と非正規雇用者の賃金格差を解消し働き方の多様性を確保するため，同一労働同一賃金の実現を目指すなどの取り組みがなされている。

問6 下線部⑥について――。

通勤ラッシュや交通渋滞を緩和《かんわ》する方法として**適切でないもの**を，次の**ア**～**エ**の中から1つ選び，記号で答えなさい。

ア 時間帯によって高速道路の料金や電車の運賃を変えることで，他の路線やピーク時間帯以外の使用を促す。

イ　多くの人が働く都心部に多くの駐車場《ちゅうしゃじょう》を設置することで，都心への車通勤の利便性を高める。

ウ　道路や鉄道の立体交差を増やし信号や踏切《ふみきり》を減らすことで，通行が停滞《ていたい》する箇所《かしょ》を減らす。

エ　道路の車線数増加や鉄道の複線化・複々線化を進めることで，同時に通行可能な車両の量を増やす。

問７　下線部⑦について――。

女性に関係した文章として**適切でないもの**を，次の**ア**～**エ**の中から１つ選び，記号で答えなさい。

ア　鎌倉時代，承久の乱で後鳥羽上皇が倒幕《とうばく》を企《くわだ》てた際，源頼朝の妻である北条政子は，御家人を説得して幕府の勝利に貢献《こうけん》したとされる。

イ　青鞜社《せいとうしゃ》を結成した平塚らいてうは，大正時代，女性参政権を要求する運動を行ったが，衆議院の選挙権は得られなかった。

ウ　卑弥呼という女王が支配していたとされる邪馬台国についての情報は，「魏志」倭人伝に記述されている。

エ　古代の班田収授の法においては，６歳《さい》以上の男女に口分田が与えられたが，租調庸といった税負担は男性に対してのみ課された。

問８　下線部⑧について――。

金属に関係した文章として**適切でないもの**を，次の**ア**～**エ**の中から１つ選び，記号で答えなさい。

ア　奈良時代の都である平城京の市では，武蔵国から銅が献上《けんじょう》されたことをきっかけにつくられた富本銭と呼ばれる貨幣が使われた。

イ　1543年，ポルトガル人の乗る中国船が種子島に流れ着き，そのポルトガル人によって鉄砲が日本に伝わった。

ウ　第二次世界大戦中の日本では，物資の不足が深刻となった結果，金属資源として寺院の鐘《かね》が回収されることがあった。

エ　弥生時代の遺跡《いせき》からは，中国や朝鮮半島から伝わったと思われる鉄器などが出土している。

問９　下線部⑨について――。

馬に乗って戦う武士の出現と台頭に関係した次の**ア**～**エ**の歴史的な出来事を古い順に並べ替《か》えたとき，３番目にくるものを記号で答えなさい。

ア　朝廷《ちょうてい》や貴族の争いに源氏や平氏が関わり，保元・平治の乱が起こった。

イ　白河上皇が院の警備のために北面の武士を設置した。

ウ　関東で平将門，瀬戸内海で藤原純友が反乱を起こした。

エ　平清盛が武士として初めて太政大臣となった。

問10　下線部⑩について――。

米は熱帯性の作物ですが，生産量の多い都道府県は北海道や新潟県となっており，この理由としては流通コストや地代(土地の賃料)の影響が大きいことが知られています。以下の［**図３**］と［**表１**］は生産場所と作物価格と流通コストや地代の関係性を単純化して示したもの

です。

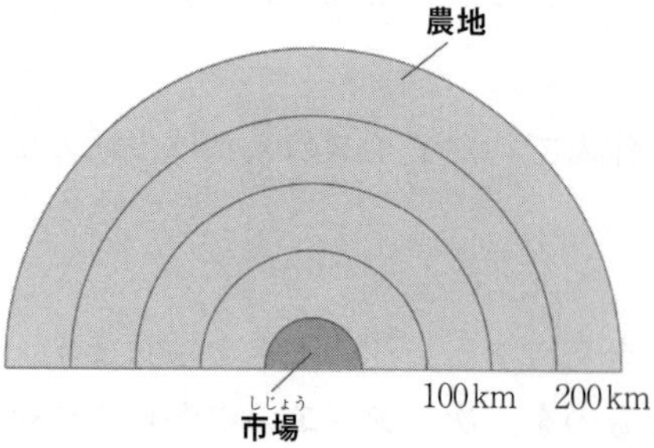

［図３］

［表１］

	市場での販売《はんばい》価格	1kg あたりの流通コスト
米	300円/kg	1円/km
白菜	600円/kg	3円/km
いちご	1500円/kg	10円/km

なお，これらの数値は架空《かくう》の数値である。

(1)　必要経費として流通コストだけを考えた場合，100km 地点で1kg あたりの利益が最も大きいのは［　A　］ですが，200km 地点で利益が出るのは［　B　］だけとなります。

空欄《くうらん》［A］・［B］にあてはまる作物としてもっとも適切な組み合わせを，次の**ア～カ**の中から１つ選び，記号で答えなさい。

	ア	**イ**	**ウ**	**エ**	**オ**	**カ**
A	米	米	白菜	白菜	いちご	いちご
B	白菜	いちご	米	いちご	米	白菜

(2)　1a《アール》あたりの地代が［**図４**］のような値であり，白菜の1a あたりの収穫《しゅうかく》量は500kg でした。販売価格が［**表１**］の通りであった場合，白菜は市場から［　C　］km より遠い地域の生産でないと利益が出ません。

空欄［C］にあてはまる整数を**５の倍数**で答えなさい。なお，経費としては地代だけを考え，流通コストや人件費などを考える必要はありません。

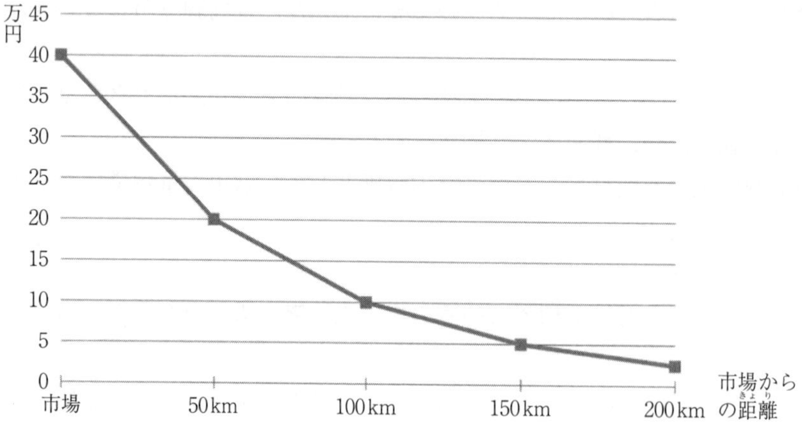

［**図４**］　1a あたりの地代

問11　下線部⑪について──。

歴史上，政治的中心地から遠方にあった地域についての文章として**適切でないもの**を，次の**ア～エ**の中から１つ選び，記号で答えなさい。

ア　東北での後三年の役において源義家が助けた清原清衡の家は奥州藤原氏と呼ばれ，岩手県の平泉に中尊寺金色堂を建立した。

イ　江戸幕府は，対馬藩を通じて朝鮮との貿易を行い，朝鮮からは将軍の代替《だいが》わりの際に朝

鮮通信使という使節が送られることがあった。

ウ　1972年，田中角栄が首相であった時に沖縄はアメリカから返還《へんかん》されたが，今も米軍基地が残されている。

エ　明治期の北海道では政府が開拓《かいたく》を進め，元々住んでいたアイヌの人々は生活の場を奪《うば》われた他，日本語の使用も強制させられた。

問12　下線部⑫について――。

経済とは製品を生み出し売買などを通してそれを交換《こうかん》する一連の動きを指します。経済をめぐる動きについての文章としてもっとも適切なものを，次の**ア**～**エ**の中から１つ選び，記号で答えなさい。

ア　企業《きぎょう》は生産を通して経済活動を生み出す原動力となることから，各国の政府は企業に対する課税を行わないのが普通《ふつう》である。

イ　オークションサイトでは，人気のある商品を買いたい人が多くなると，その商品の価格は一時的に高くなる。

ウ　高度経済成長期の日本は常に生産と売買が活発な状態が続いていたが，第１次石油危機後の10年間は逆に前年の生産，売買を下回る年が続いた。

エ　政府は製品を生み出す活動は一切行わず，民間企業の提供する製品も一切消費していない。

問13　下線部⑬について――。

17世紀に起きた出来事についての文章として**適切でないもの**を，次の**ア**～**エ**の中から１つ選び，記号で答えなさい。

ア　現在の長崎県や熊本県で，重い年貢《ねんぐ》の取り立てとキリスト教に対する厳しい取り締《し》まりに反対し，幕府に対する一揆が起きた。

イ　井原西鶴が，当時の町人の生活をありのままに描《えが》いた『世間胸算用』という浮世草子を書いた。

ウ　松前藩との間の不公平な取引に不満を持ったアイヌの人々が，シャクシャインを指導者として松前藩と戦ったが，武力により抑《おさ》えられた。

エ　東海道の宿駅の風景を題材とした浮世絵木版画として，歌川広重が描いた『東海道五十三次』が人気を博した。

問14　下線部⑭について――。

繊維業に関係した文章として**適切でないもの**を，次の**ア**～**エ**の中から１つ選び，記号で答えなさい。

ア　16世紀，スペイン人らを相手にした南蛮貿易で，日本は中国産の生糸を輸入した。

イ　江戸時代，麻《あさ》などの商品作物が栽培《さいばい》されたほか，京都で絹織物の西陣織が生産された。

ウ　世界恐慌の後，アメリカに対する綿花の輸出の不振《ふしん》が日本の農村に打撃《だげき》を与えた。

エ　1872年にフランスの技術を導入して建てられた富岡製糸場では主に女性が働いた。

問15　下線部⑮について――。

大量生産の結果引き起こされることとして適切なものを，次の**ア**～**エ**の中から**すべて**選び，記号で答えなさい。

ア　その製品の単価が下がる。

イ　その製品の品質が揃《そろ》う。

ウ　その企業の利益が減る。

エ　その企業で働く人の数が増える。

問16　下線部⑯について——。

［**図5**］は東京都区部におけるレギュラーガソリン１リットルの小売価格の推移を示したもので，価格は消費量と生産量の関係により変動します。［**図5**］中の**A**～**D**の時期について説明した文章として正しいものを，後の**ア**～**エ**の中から１つ選び，記号で答えなさい。

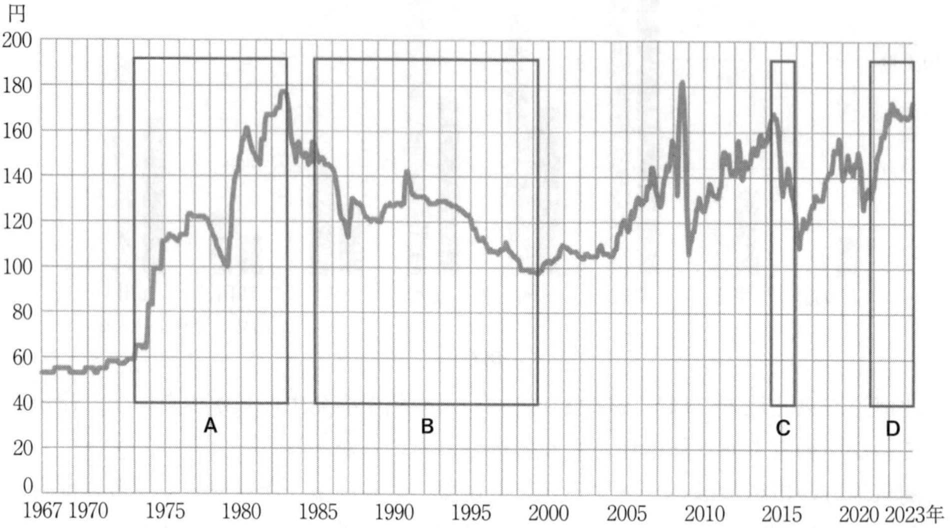

「小売物価統計調査」より作成

［**図5**］

ア　**A**の時期には，各国で石炭から石油へのエネルギー革命が進んだことに加え，中国やインドなどの新興国の著しい経済成長により石油消費量が増大したことで，価格が上昇した。

イ　**B**の時期には，環境問題への意識の高まりにより省エネが推進され石油消費量を抑えたほか，中東以外の地域での石油開発を進め石油供給量が増えたために，価格が下落した。

ウ　**C**の時期には，地球温暖化対策として原子力発電の使用が推進されたほか，アメリカで発生したリーマンショックにより不況《ふきょう》となり石油消費量が減少し，価格が下落した。

エ　**D**の時期には，ウクライナ侵攻《しんこう》への経済制裁としてロシア産エネルギー資源輸入を制限し石油供給量が減少したことに加え，新型コロナによる外出制限で石油消費量も減ったことで，価格が上昇した。

問17　下線部⑰について——。

近年異常気象が増加し，これまでには見られなかったような猛暑《もうしょ》や集中豪雨《ごうう》・寒波などが観測されるようになってきています。［**図6**］は熱中症《ねっちゅうしょう》により救急搬送《はんそう》された人数を地方別に示しています。［**図6**］とその背景について説明した文章として**適切でないもの**を，後の**ア**～**エ**の中から１つ選び，記号で答えなさい。

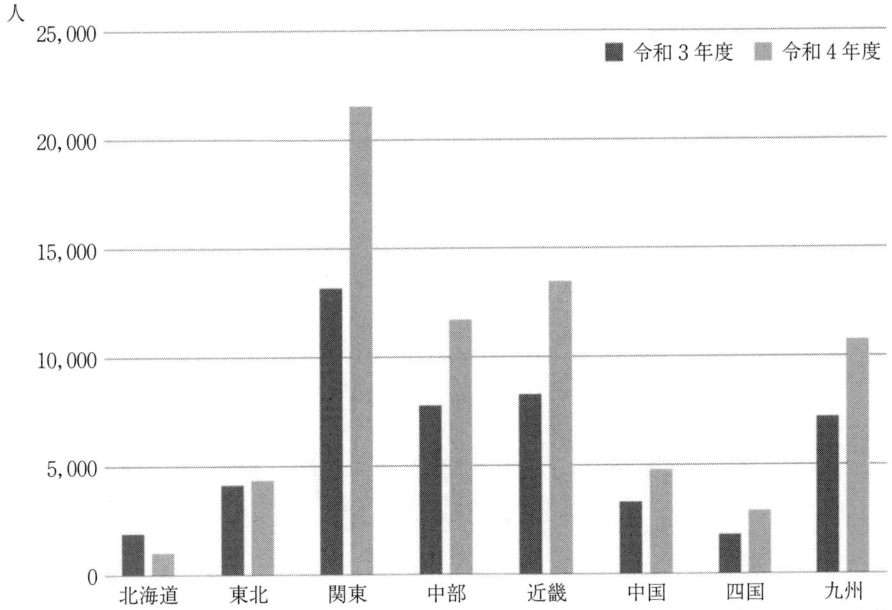

消防庁資料より作成

［**図６**］

ア　北海道や東北地方では高温になりにくいため熱中症発生件数が少ないが，冷房《れいぼう》が設置されていない場所もあり熱中症となり搬送されることがある。

イ　関東地方の市街地はヒートアイランド現象により高温となりやすく，農村部もフェーン現象により極端《きょくたん》な高温となる地域もあるため，熱中症による搬送が多い。

ウ　中国・四国地方は夏季に曇天《どんてん》の日が多い地域であるため熱中症になりにくいが，過疎《かそ》地域が多いため病院までの搬送に時間がかかりやすい。

エ　全国的にみると令和３年度に比べ令和４年度の搬送人員数は増えたが，新型コロナによる外出制限が緩和され屋外の活動が増加したことが要因の一つである。

問18　下線部⑱について――。

日本の衆議院，参議院の選挙が同一の投票日で実施《じっし》されたことを想定します。有権者が投票所で渡《わた》される用紙の枚数を**数字**で答えなさい。なお，投票所では種類ごとにすべて異なる用紙が渡されます。

問19　下線部⑲について――。

さまざまな災害が毎年のように発生していますが，どの種類の災害が発生しやすいかはその場所によって異なるため，その場所の特性に応じた減災設備を設置することが大切です。［**図７**］中の●印の箇所で発生しやすい災害の被害を軽減するための施設《しせつ》としてもっとも適切な防災施設の写真を，後の**ア**～**エ**の中から１つ選び，記号で答えなさい。

地理院地図より作成

［**図 7**］

ア

イ

ウ

エ

問20　下線部⑳について――。

「神奈川県の高齢化」について調べている際に，ある文章作成 AI に質問した時に得られた回答が以下の文章です。この回答に対する評価をした文章①～③について，正誤の組み合わせとしてもっとも適切なものを，後の**ア**～**ク**の中から１つ選び，記号で答えなさい。

神奈川県の高齢化について教えて

質問

回答

もちろんです。神奈川県も日本全体と同様に高齢化が進行しています。高齢化率は65歳以上の高齢者の割合を示し，神奈川県の高齢化率も上昇しています。これは長寿《ちょうじゅ》化が進み，出生率が低下したことが主な要因です。

高齢化に伴い，医療・介護ニーズの増加が顕著《けんちょ》です。神奈川県では高齢者の健康づくりや地域コミュニティの支援《しえん》，高齢者向けの施設やサービスの整備を進めています。また，多様な世代が共に暮らす地域づくりを推進し，高齢者の社会参加や交流の場を提供しています。

［**評価**］

① 神奈川県特有の原因が記されているため，現在生じている問題点や取るべき対策が明《めい》瞭《りょう》にわかる。

② 短時間で大まかな内容がわかり想定外の視点からの回答が含まれることもあるため，次に何を調べるかのアイデアを得ることができる。

③ 情報の出典が示されていないため，回答の内容が事実であるか自分で統計などを別途《べっと》確認する必要性がある。

	ア	**イ**	**ウ**	**エ**	**オ**	**カ**	**キ**	**ク**
評価①	正	正	正	正	誤	誤	誤	誤
評価②	正	正	誤	誤	正	正	誤	誤
評価③	正	誤	正	誤	正	誤	正	誤

問21 下線部㉑について――。

金融とは貸したい側と借りたい側が相互《そうご》にお金を融通しあうことを指します。日本銀行など各国の中央銀行が行う金融政策はこの動きに影響を与え，経済のバランスを保つために必要なもので，次の**A**～**D**にあげたような方法がとられています。景気が悪い場合，**A**～**D**のどのような金融政策が考えられるでしょうか。もっとも適切な組み合わせを，後の**ア**～**エ**の中から１つ選び，記号で答えなさい。

A お金を貸す際の利子の割合が高くなるように調整する。

B お金を貸す際の利子の割合が低くなるように調整する。

C お金の発行量を増やす。

D お金の発行量を減らす。

ア **A**と**C**　**イ** **A**と**D**　**ウ** **B**と**C**　**エ** **B**と**D**

2 **次の文章を読んで，後の問いに答えなさい。**

近年SDGsに対する理解が広まっていますが，その目標に近づくために消費者である私たちの行動を考える必要性が出てきています。次にあげる資料を参考にして，日本の消費がかかえる課題と，私たちが消費者として意識すべきことについて**100字以内**で説明しなさい。

［**資料1**］

「環境《かんきょう》保護を支持している企業《きぎょう》から商品を購入《こうにゅう》する」ことに「同意する」とした回答の割合

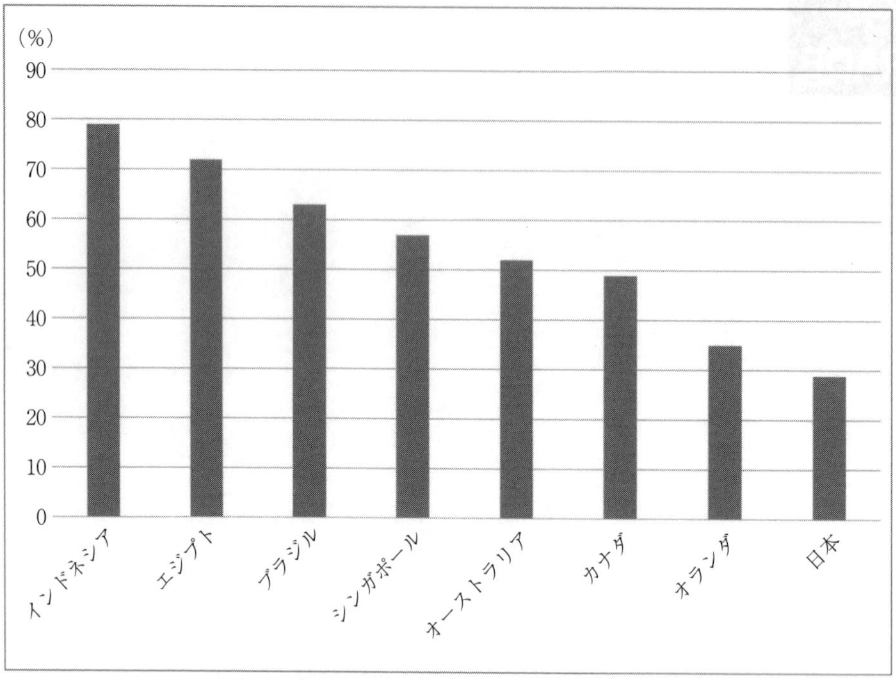

「世界の消費者意識2021(3月)」(「PwC Japan」ホームページ)をもとに作成

［**資料2**］

小学生のA君の家では夏休みに家族旅行に出かけます。A君とお父さんは宿泊《しゅくはく》するホテルを選ぶことになり，候補を出し合うことになりました。A君は食事や設備の豪華《ごうか》さや価格で候補となるホテルを決めましたが，お父さんの選んだホテルはA君の選んだホテルとは少しちがいました。A君がお父さんに理由を尋《たず》ねると，お父さんは「このホテルは単に高級な素材をそろえるのではなく，放し飼いなどストレスなく育てられた豚《ぶた》や鶏《にわとり》を仕入れているとわざわざ書いてある。せっかくだからそういう素材を使った料理を食べてみたくない？」と言いました。

［**資料3**］ あるハンバーガーチェーン店の商品パッケージ

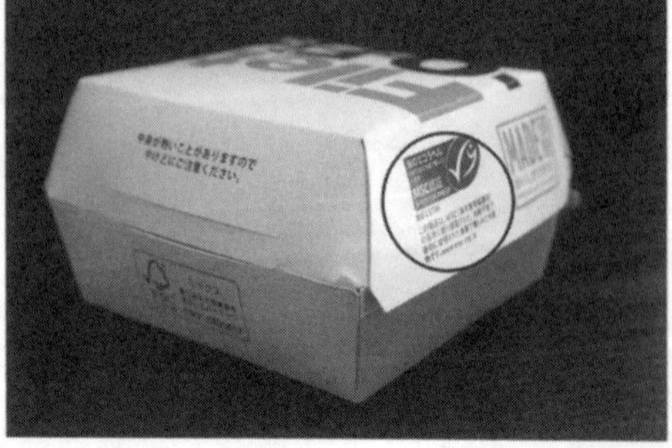

海のエコラベル
持続可能な漁業で獲られた水産物
MSC認証
www.msc.org/jp
TM

MSC-C-57384

この製品は、MSC（海洋管理協議会）の基準に則り認証された、持続可能で適切に管理された漁業で獲られた水産物です。www.msc.org/jp

［**資料4**］　国際フェアトレード認証ラベル

※国際フェアトレード基準について
　フェアトレードとは，「公平・公正な貿易」をさし，環境基準(環境負荷や生物多様性への配慮《はいりょ》)以外に，児童労働・強制労働の禁止などの社会的基準も重視されます。

【理　科】（40分）〈満点：80点〉

【注意】 定規・コンパス・分度器は机の上に出したり，使用したりしてはいけません。

〈編集部注：実物の入試問題では，写真はすべて，図も多くはカラー印刷です。〉

1 **次の文章を読んで，後の問いに答えなさい。**

浅野中学校の校内には「銅像山」と呼ばれる山林があります。銅像山には多くの生物が生息しており，動物ではトカゲやアゲハチョウなどを観察することができます。銅像山の中心部ではさまざまな樹木が混在する①混交林が見られ，周辺部にはソメイヨシノやイチョウが分布しています。地面を見てみると，落ち葉を主食とする②ダンゴムシも多く生息していることが分かります。

浅野中学校の生物部では，研究の一環《いっかん》として銅像山の環境《かんきょう》を調査しています。調査の結果を[**調査1**]～[**調査3**]にまとめました。

[**調査1**]

無人航空機(ドローン)を使って銅像山を上空から撮影《さつえい》しました。[**図1**]は8月に撮影した写真，[**図2**]は同じ年の12月に撮影した写真です。2枚の写真を比較《ひかく》してみると8月では判別が難しかった **あ** と **い** の違《ちが》いが，12月になると明らかになりました。

[図1]

[図2]

※弊社ホームページにて，カラー印刷のものを掲載しています。
必要な方はアクセスしてください。
なお，右の二次元コードからもアクセスできます。

[**調査2**]

[**調査1**]とともに樹木の胸高直径《きょうこうちょっけい》(地面から1.3mの位置にある幹の直径)の長さを巻き尺を用いて測定しました。③8月の胸高直径の値と比較すると，12月の胸高直径の値はほとんどの樹木で増加していることが分かりました。

[**調査3**]

図鑑《ずかん》を用いて銅像山にある樹木や生物部で育てている樹木の種類を調べ，[**表1**]のような **あ** ， **い** の2種類の樹木に分類しました。ただし，[**図1**]，[**図2**]には写っていない樹木も入っています。

[**表1**]

あ	④イチョウ，コナラ，ソメイヨシノ，ブナ
い	アラカシ，クロマツ，スダジイ，ヒマラヤスギ

また，銅像山の斜面《しゃめん》ではイヌワラビやスギゴケなどの植物も観察することができました。

(1) 下線部①について，混交林では強い光のもとで生育する樹木**X**と，弱い光のもとでも生育できる樹木**Y**が共存しています。樹木**X**と樹木**Y**の組み合わせとしてもっとも適切なものを，次の**ア**～**エ**の中から1つ選び，記号で答えなさい。

	樹木**X**	樹木**Y**
ア	クロマツ	コナラ
イ	コナラ	スダジイ
ウ	スダジイ	アラカシ
エ	アラカシ	クロマツ

(2) 下線部②について，ダンゴムシは節足動物に分類されます。また，節足動物はさらに昆虫《こんちゅう》類，多足類，クモ類，甲《こう》かく類などに分類されます。ダンゴムシが分類されるものとしてもっとも適切なものを，次の**ア**～**エ**の中から1つ選び，記号で答えなさい。

ア 昆虫類

イ 多足類

ウ クモ類

エ 甲かく類

(3) ［**調査1**］，［**調査3**］について，**あ** にあてはまる語句を**漢字**で答えなさい。ただし，どちらも同じ語句が入ります。

(4) 下線部③について，樹木などの植物は光合成を行うことで成長します。特に双子葉類《そうしようるい》や裸子《らし》植物《しょくぶつ》に分類される植物は茎や根などに **う** をもっており，その **う** が年々大きく成長していくことで樹木になったと考えられています。**う** にあてはまる語句を**漢字**で答えなさい。

(5) ［**調査3**］について，観察した植物を［**図3**］のように分類しました。**B**，**C**，**D**にあてはまる語句の組み合わせとしてもっとも適切なものを，あとの**ア**～**ク**の中から1つ選び，記号で答えなさい。

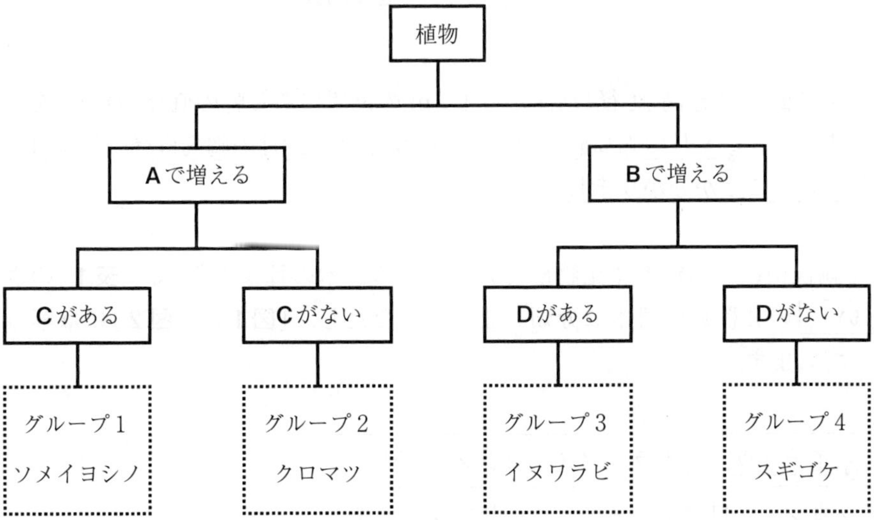

［**図3**］

	B	C	D
ア	種子	胚珠《はいしゅ》	維管束《いかんそく》
イ	種子	胚珠	葉緑体
ウ	種子	子房《しぼう》	維管束
エ	種子	子房	葉緑体
オ	胞子《ほうし》	胚珠	維管束
カ	胞子	胚珠	葉緑体
キ	胞子	子房	維管束
ク	胞子	子房	葉緑体

(6) 下線部④について，イチョウを[**図3**]のように分類したとき，イチョウが分類されるグループとしてもっとも適切なものを，次の**ア**～**エ**の中から１つ選び，記号で答えなさい。

ア　グループ１　　**イ**　グループ２　　**ウ**　グループ３　　**エ**　グループ４

[**調査１**]～[**調査３**]の結果より，植物の種類によって光合成の能力に違いがないか疑問に思った生物部のメンバーは，校内にあるイチョウから葉を採集し，[**実験１**]を行いました。

[**実験１**]

[**図４**]のように透明《とうめい》な密閉できる容器の中にイチョウの葉(100cm²)と二酸化炭素濃度計《のうどけい》を入れ，密閉しました。容器の上部に水槽《すいそう》用の照明を設置し，光の強さ(１～５)で照射し，容器内の二酸化炭素濃度の変化量を測定しました。また，光の当たらない暗所(光の強さ０)でも同様の測定を行いました。測定した二酸化炭素濃度の変化量を用いてイチョウの葉(100cm²)における１時間あたりの二酸化炭素の吸収量(mg)，二酸化炭素の放出量(mg)を算出し，[**図５**]のようなグラフを作成しました。なお，グラフ中の単位(mg/100cm²)は100cm²あたりの吸収量または放出量を表しています。

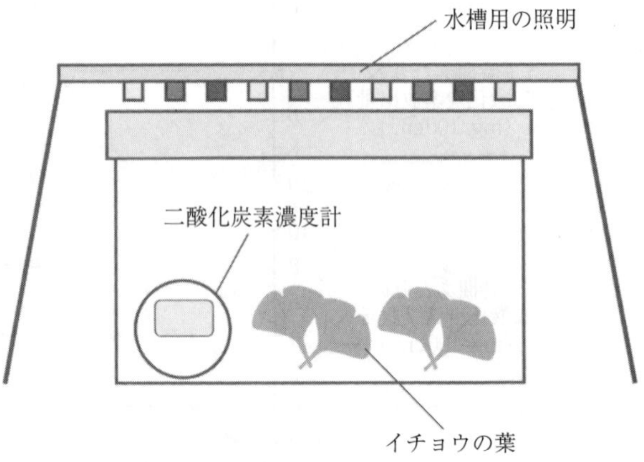

[**図４**]

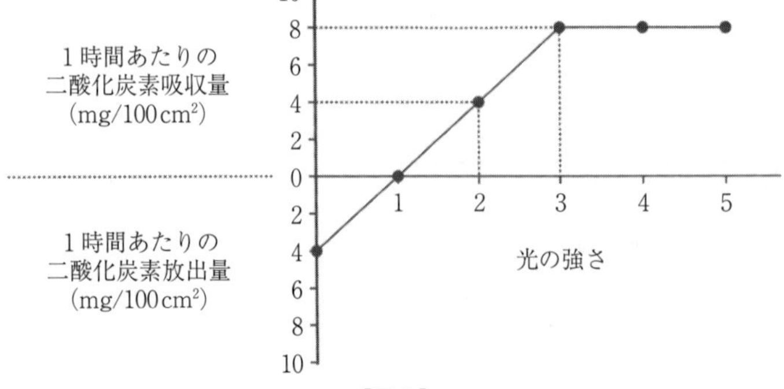

[**図５**]

(7)　[**図5**]について，光の強さを3にして2時間照射したとき，イチョウの葉が光合成によって実際に吸収した二酸化炭素の総量は100cm^{2}あたり何mgですか。

(8)　[**図4**]の密閉した容器を暗所に5時間置いた後，光の強さを1にして2時間照射しました。さらに光の強さを4にして3時間照射しました。暗所に置く前の容器内の二酸化炭素量と比べて容器内の二酸化炭素量はどのように変化したと考えられますか。もっとも適切なものを，次の**ア**～**オ**の中から1つ選び，記号で答えなさい。

ア　4mg増加した。　　**イ**　16mg増加した。

ウ　4mg減少した。　　**エ**　16mg減少した。

オ　変化しなかった。

(9)　今回使用したイチョウの下に生えていたイヌワラビの葉(100cm^2)を用いて，[**実験1**]と同様の測定を行いました。イヌワラビの二酸化炭素の吸収量と放出量のグラフ(点線 ---------)を[**図5**]に書き加えた図として，もっとも適切なものを，次の**ア**～**エ**の中から1つ選び，記号で答えなさい。

ア

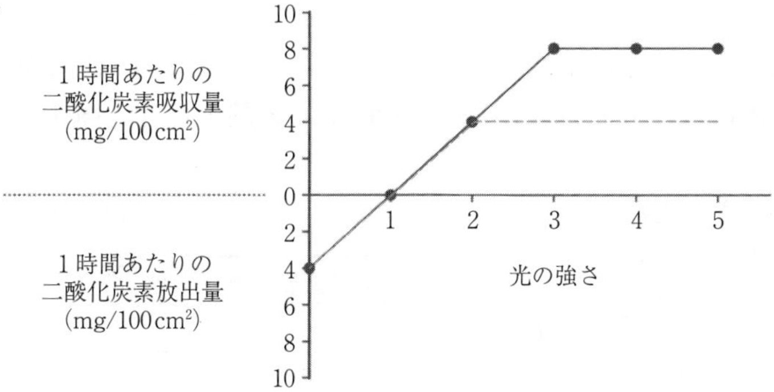

イ

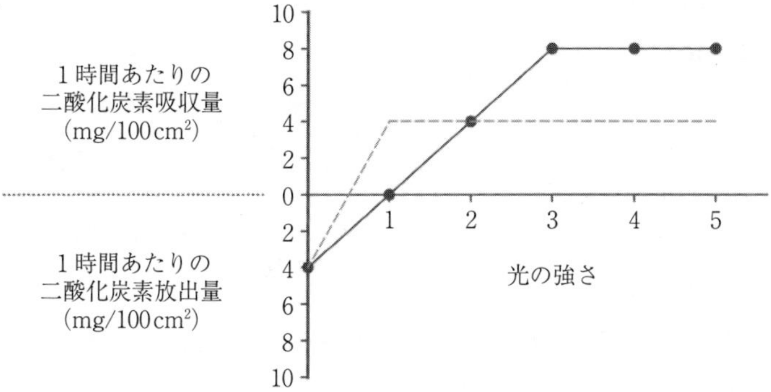

ウ

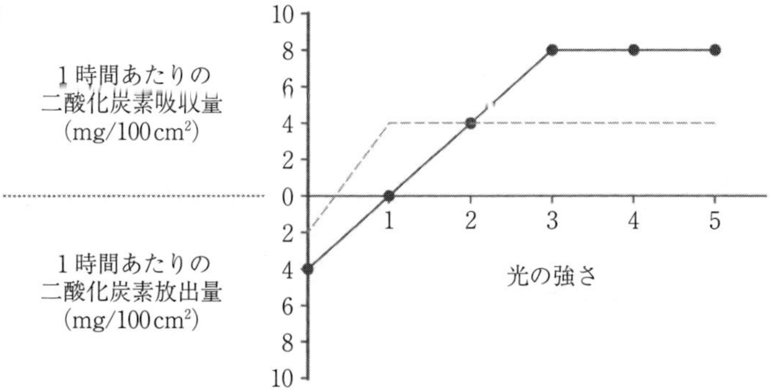

エ

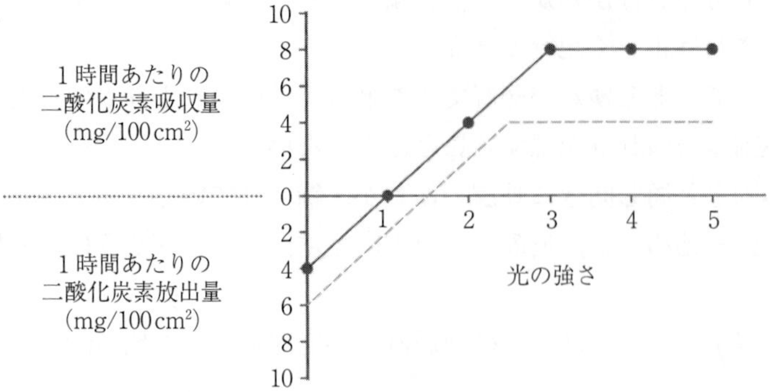

2　**T君は，「地震《じしん》」について，理科の授業で学びました。次の［会話１］～［会話３］を読んで，各問いに答えなさい。**

［**会話１**］

先生：先日も大きな地震が発生しましたが，地震がどのように発生するか知っていますか。

T君：地震は，①岩盤《がんばん》に力が加わって破壊《はかい》されたときに発生します。

先生：その通りです。岩盤が割れると地震が起こりますが，②地震のゆれを観測すると多くのことがわかります。

(1)　下線部①について，［**図１**］のような岩盤の破壊があったときに見られる構造について述べた文としてもっとも適切なものを，次の**ア**～**エ**の中から１つ選び，記号で答えなさい。

［**図１**］

ア　左右から押《お》される方向に力が加わった，正断層である。

イ　左右から押される方向に力が加わった，逆断層である。

ウ　左右に引っ張られる方向に力が加わった，正断層である。

エ　左右に引っ張られる方向に力が加わった，逆断層である。

(2)　下線部②について，地震のゆれを観測するためには地震計を用います。授業では［**図２**］のような簡単な地震計を作りました。この地震計について述べたものとして正しいものを，次の**ア**～**キ**の中から**３つ**選び，記号で答えなさい。

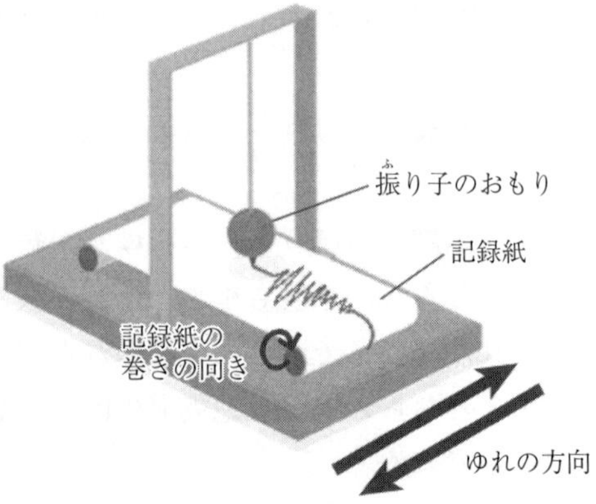

［**図２**］

ア　地震が起こると振り子のおもりがゆれて記録紙にゆれが記録されていく。

イ　地震が起こると振り子のおもりだけが動かずに記録紙にゆれが記録されていく。

ウ　紙の動きと平行な動きのゆれは正しく記録できない。

エ　振り子の長さが決まっていて，あるゆれが記録できたとき，そのゆれよりもゆったりとしたゆれは記録できるが，小刻みなゆれは記録することはできない。

オ　この地震計では，地面の動きと同じ向きに地震のゆれが記録されていく。

カ　この地震計では，電車が動き始めると，進み始めた方向と逆向きに倒《たお》れそうになる原理と同じ原理が使われている。

キ　あらゆる方向のゆれを記録するためには，この地震計を90度回転させた地震計をもう１つ用意すればよい。

［**会話２**］

先生：地震計を作成して［**図３**］のように実際に２つの地震を計測できましたね。この地震計の記録からもいろいろなことがわかります。

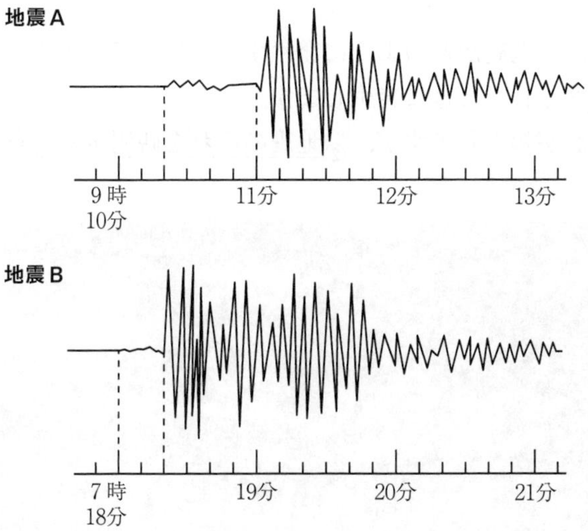

［**図３**］

Ｔ君：僕たちが作った地震計で震央は求められるのでしょうか。

先生：求められますよ。ただし，複数地点で地震を観測する必要があります。地震波が　**X**　性質を利用して，　**Y**　から求めることができます。

(3)　［**図３**］からわかることとしてもっとも適切なものを，次の**ア**～**エ**の中から１つ選び，記号で答えなさい。

ア　**地震B**のほうが振れ幅《はば》が大きいことからマグニチュードの大きい地震であったことがわかる。

イ　**地震A**のほうが大きなゆれが続いている時間が短いため，震源の深さが浅いことがわかる。

ウ　どちらの地震も小さなゆれの後に大きなゆれが記録されていることから，震源で小さなゆれが起こってから大きなゆれが起こっていることがわかる。

エ　どちらの地震も地震発生時刻と震源距離《しんげんきょり》がわかれば，地震波のおよその速さを求めることができる。

(4)　**X**　と　**Y**　にあてはまる文の組み合わせとしてもっとも適切なものを，後の**ア**～**カ**の中から１つ選び，記号で答えなさい。

X　a：周期的に発生する
　　b：同心円状に伝わる
Y　c：各地点の地震のゆれが始まった時刻
　　d：各地点の地震のゆれが続いた時間
　　e：各地点の地震のゆれが終わった時刻

ア　a・c　**イ**　a・d　**ウ**　a・e　**エ**　b・c　**オ**　b・d　**カ**　b・e

［**会話3**］

T君：③地震の大きさを表す尺度には震度のほかにマグニチュードがありますが，これはどういう仕組みなのでしょうか。

先生：マグニチュードは地震の規模を表す尺度です。ちなみにマグニチュードは1大きくなると，エネルギーはどうなるか覚えていますか。

T君：マグニチュードは1大きくなるとエネルギーが約32倍，2大きくなると1000倍になります。そういえば地震の規模とはそもそも何ですか。

先生：④地震の規模とは，地震が起こった際に放出されたエネルギー量のことです。いろいろ求め方はありますが，例えば断層面の面積とずれの量と岩石のかたさの積から求められます。

T君：3つのデータの積からエネルギーが求められるのですね。

先生：そうして求められたものをマグニチュードで表しています。

T君：震源は地震速報などでわかりますが，断層面の面積はどのようにしてわかりますか。

先生：最初の大きな地震を本震といいますが，本震の後にも引き続き地震が起こることがあり，これを余震といいます。これらの地震の発生した領域を震源域といって，震源域の面積と震源となった断層の面積はほぼ等しいものとして考えることができます。

T君：1回の地震だけでなく，その前後に起こった地震まで観測することが大切なのですね。

(5)　下線部③について，地震の尺度について述べた文としてもっとも適切なものを，次の**ア**～**エ**の中から1つ選び，記号で答えなさい。

ア　震度は0～9の10段階で表される。
イ　震度0とは地震が生じていない状態である。
ウ　マグニチュードが3大きいとエネルギー量は約32000倍大きくなる。
エ　マグニチュードが大きい地震ほど，地震波の速さは速くなる。

(6)　［**図4**］は1961年～2010年に日本周辺で発生したマグニチュード5～8の地震の発生回数を表したグラフです。［**図4**］について次の問いに答えなさい。

(a)　マグニチュード5の地震が1000回起こる間にマグニチュード7の地震は何回起こっていますか。およその回数としてもっとも適切なものを，次の**ア**～**エ**の中から1つ選び，記号で答えなさい。

ア　1回　**イ**　10回
ウ　100回　**エ**　1000回

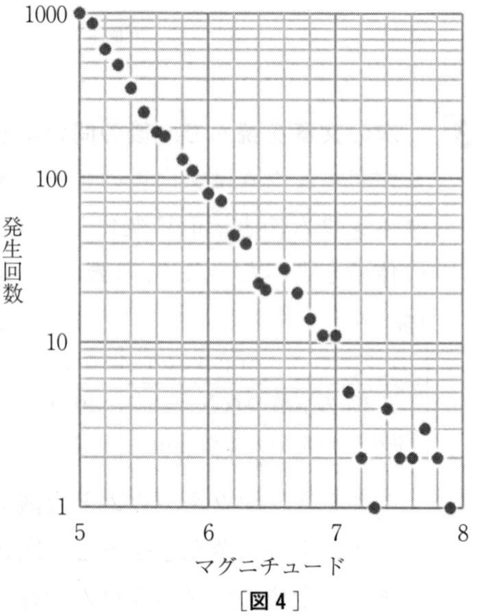

［**図4**］

(b) [**図4**]のグラフの傾向《けいこう》より，マグニチュード9の巨大地震は何年に1回の頻度《ひんど》で発生すると考えられますか。年数としてもっとも適切なものを，次の**ア**～**エ**の中から1つ選び，記号で答えなさい。

ア 100年　**イ** 500年
ウ 1000年　**エ** 5000年

(7) 下線部④について，長さ60km，幅《はば》40kmの断層が2.1mずれたときの地震のマグニチュードが7であるとします。[**図5**]は2011年の3月上旬に発生した地震の震央を示した図であり，赤枠《わく》の長方形で囲った部分をマグニチュード9の東北地方太平洋沖地震の震源域とします。震源域のたてと横の長さの比は5：2，地球1周を4万km，岩石のかたさは一様だとすると，この地震の断層のずれはおよそどれくらいですか。会話文を参考にしてずれの数値としてもっとも近いものを，次の**ア**～**ク**の中から1つ選び，記号で答えなさい。

ア 2.1m　**イ** 5m　**ウ** 10m　**エ** 50m
オ 210m　**カ** 500m　**キ** 2100m　**ク** 5000m

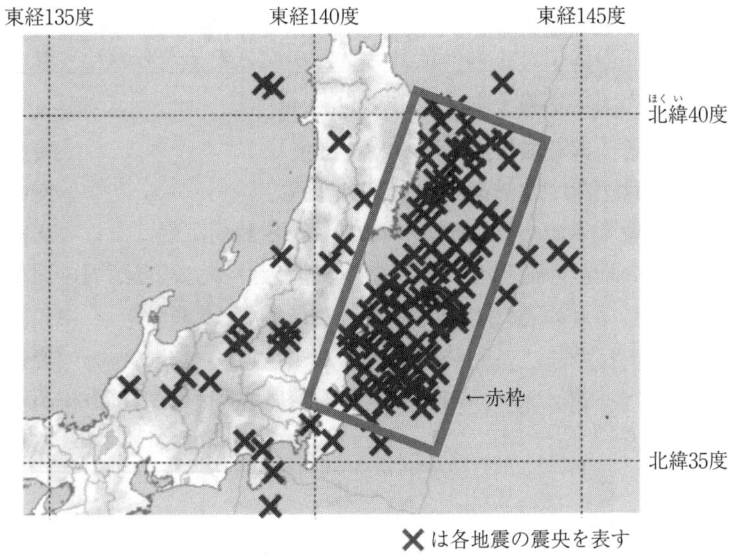

[**図5**]

3 **次の文章を読んで，後の問いに答えなさい。**

マグネシウムは銀白色の金属です。マグネシウムに塩酸を加えると，水素を発生し，塩化マグネシウムの水溶液《すいようえき》に変化します。マグネシウムに7.3%の塩酸を加えたとき，発生した水素の体積を調べたところ，[**表1**]のようになりました。

[**表1**]

マグネシウムの重さ(g)	0.12	0.60	1.60
7.3%の塩酸の重さ(g)	10.0	10.0	60.0
発生した水素の体積(mL)	120	240	あ

このようにマグネシウムと塩酸を反応させたとき，水溶液は塩化マグネシウムの水溶液になります。水分を蒸発させると，塩化マグネシウムの白い固体を取り出すことができます。

また，金属のマグネシウムの薄《うす》い板は，マッチなどでたやすく火をつけることができ，明る

い白い光を放って燃え，酸化マグネシウムと呼ばれる白い粉になります。この酸化マグネシウムに塩酸を加えると反応し，塩化マグネシウムの水溶液に変化しますが，気体は発生しません。

(1) 金属のマグネシウム，酸化マグネシウム，塩化マグネシウムは身の回りのさまざまな場面で使われています。次の①～③の場面で使われているものはどれですか。もっとも適切な組み合わせを，後の**ア**～**カ**の中から１つ選び，記号で答えなさい。

① 海水に含まれ「にがり」とも呼ばれる。豆乳から豆腐《とうふ》を作るときに使う。

② 銅とともにアルミニウムに混ぜて軽い合金にし，飛行機などの材料に使う。

③ 塩酸とおだやかに反応する性質を用い，胃腸薬の一種として用いる。

	①	②	③
ア	金属のマグネシウム	酸化マグネシウム	塩化マグネシウム
イ	金属のマグネシウム	塩化マグネシウム	酸化マグネシウム
ウ	酸化マグネシウム	金属のマグネシウム	塩化マグネシウム
エ	酸化マグネシウム	塩化マグネシウム	金属のマグネシウム
オ	塩化マグネシウム	金属のマグネシウム	酸化マグネシウム
カ	塩化マグネシウム	酸化マグネシウム	金属のマグネシウム

(2) 7.3％の塩酸25.0gと過不足なく反応するマグネシウムは，何gになりますか。次の**ア**～**コ**の中から１つ選び，記号で答えなさい。

ア 0.03g　**イ** 0.06g　**ウ** 0.12g　**エ** 0.30g　**オ** 0.60g

カ 1.20g　**キ** 3.00g　**ク** 6.00g　**ケ** 12.00g　**コ** 30.00g

(3) ［**表1**］の あ にあてはまる数値を**整数**で答えなさい。

(4) マグネシウム1.20gに十分な量の塩酸を加え，マグネシウムがなくなるまで反応させたとき，残った水溶液の水分を蒸発させてできた塩化マグネシウムの固体は4.75gでした。［**表1**］の実験にある「マグネシウム1.60gに7.3％の塩酸60.0gを加えて反応させた」水溶液から水分を蒸発させてできた固体の重さは何gですか。もっとも近いものを，次の**ア**～**コ**の中から１つ選び，記号で答えなさい。ただし，マグネシウムが全て反応せずに一部が残っている場合には，できた塩化マグネシウムと反応しなかったマグネシウムの両方が固体に含まれるものとします。

ア 1.4g　**イ** 1.5g　**ウ** 2.8g　**エ** 2.9g　**オ** 4.7g

カ 4.9g　**キ** 5.7g　**ク** 5.9g　**ケ** 6.3g　**コ** 7.3g

(5) マグネシウム6.0gを完全に燃やしたときにできる酸化マグネシウムは10.0gとなります。いま，マグネシウム12.0gを燃やしたところ，燃え残りがあり，できた酸化マグネシウムと燃え残りのマグネシウムが混ざった固体の重さは15.2gでした。

(a) 固体の中のマグネシウムの燃え残りは何gですか。

(b) この固体に塩酸を加え，残りのマグネシウムが全て反応してなくなるまでに発生する水素は何mLですか。

4 **次の文章を読んで，後の問いに答えなさい。**

［**図1**］のような直方体の形をした水槽《すいそう》と，［**図2**］のような立方体の**おもりA〜F**の6個を使って，浮力《ふりょく》に関する実験を行いました。水槽には高さ20cmのところまで水が入っています。［**表1**］は**おもりA〜F**の密度を表したもので，水の密度は$1.00\,g/cm^3$とします。なお，おもりを水に入れるときは，上面が水平になるようにし，おもりの上におもりを重ねるときは，おもりどうしの面がずれないように真上に乗せるものとします。また，水槽の面の厚さは考えないものとします。

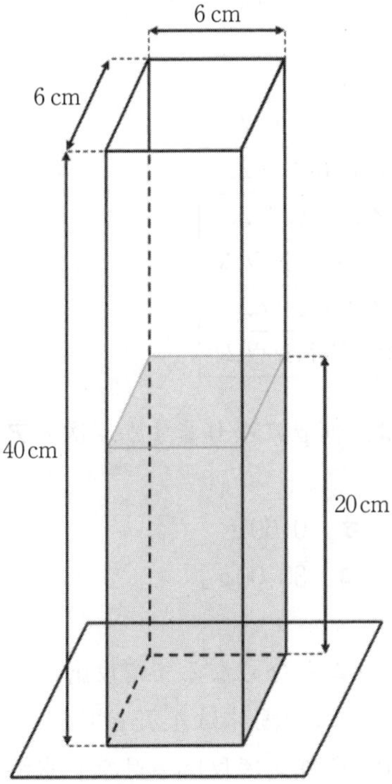

［**図1**］

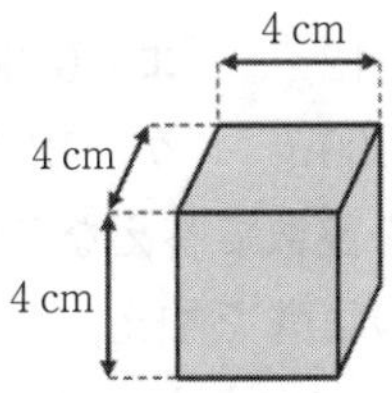

おもりA〜F

［**図2**］

［**表1**］

おもり	A	B	C	D	E	F
密度(g/cm^3)	0.65	0.85	1.05	1.25	1.45	1.65

(1) おもりには，おもりが押《お》しのけた水の重さが浮力としてはたらきます。このことを発見した科学者にちなんで，何の原理と呼びますか。

(2) 完全に水面より下に沈《しず》んでいるおもりには，何g分の浮力がはたらきますか。

(3) **おもりA**を水槽に入れて手をはなすと，しばらくして**おもりA**は水に浮いて静止しました。このとき，水面より上にあるのは**おもりA**の体積の何%ですか。

(4) **おもりA**の上に**おもりB**を乗せた状態で静止したとき，水面より上にあるのは**おもりA**と**おもりB**を合わせた体積の何%ですか。

(5) (4)からさらに，**おもりC**，**おもりD**…のように順番に乗せていくと，どのおもりを乗せたときに，おもり全体が完全に水面より下に沈みますか。もっとも適切なものを，**C〜F**の中から1つ選び，記号で答えなさい。

(6) おもりをすべて取り出して，水槽に食塩を入れて食塩水にします。この後，**おもりC**のみを

水槽に入れたときに，**おもりC**が完全に水面より下に沈まないようにするためには，少なくとも何gより多くの食塩を入れる必要がありますか。ただし，食塩を溶《と》かしても，水の体積は変わらないものとします。

水槽とおもりを水で洗い，20cm の高さになるまで水槽に水を入れ直しました。

(7)　［**図3**］は水槽を正面から見た図です。水槽に**おもりA**のみを入れると，**おもりA**が沈んでいる ***X***(cm)の部分の水が移動して，水面の高さが ***Y***(cm)だけ高くなります。上から見た水面とおもりの面積に注意して，***X*** と ***Y*** の比を**もっとも簡単な整数比**で表しなさい。

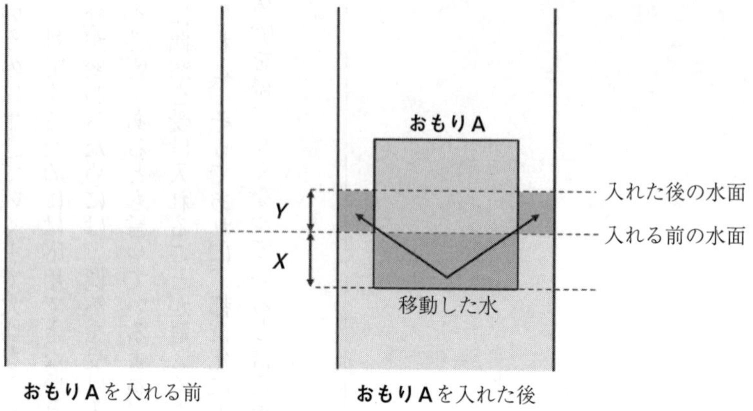

［**図3**］

(8)　**(7)**より，**おもりA**を入れたときに，水面は何 cm 上昇《じょうしょう》しますか。小数第2位を四捨五入して**小数第1位**まで答えなさい。

(9)　**おもりA～F**のうち，おもりを2つ選んで水槽に入れて水面の高さをはかります。選んだ2つのおもりを入れる順番をかえても，水面の高さが同じになる組み合わせは何通りありますか。たとえば，**おもりA**を入れてから**おもりB**を入れたときの水面の高さと，**おもりB**を入れてから**おもりA**を入れたときの水面の高さが同じであるならば，**おもりA**と**おもりB**の組み合わせを1通りと数えます。

意味を理解して応用できるということだと思うんだよ。変化に対応できるというのは生きていく上で大切なことって言っていたよね？　対応するためには応用できないと。

エ　それからさ、自分が変わるためには、偶然を受け入れられるようにしておく必要があるとも言っているよね。筆者は、都市化のために偶然を受け入れることが難しくなってきたと考えているけれど、そうであれば、都市化によって「わかる」という体験を得にくくなっていると言えそうだね。

イ　どういうふうに知識を手に入れるか、それをどう利用するかというノウハウに、知というものは変わってしまった。

ウ　技法というのはノウハウです。

エ　この本はなぜ売れたのか。

問四　[C] に入れるのにもっとも適切な**六字**の言葉を補い、「が落ちる」まで含めた慣用句を完成させなさい。

問五　——線部②「朝に道を聞かば夕べに死すとも可なり」とありますが、この言葉の「一般の解釈」と「筆者の解釈」の違いについての説明としてもっとも適切なものを、次の**ア**～**エ**の中から一つ選び、記号で答えなさい。

ア　普通は、朝、学問をすることができれば、夜になって死んだって構わないということと解釈し、筆者は、朝、学問をしている人間も夜には死んでしまうことがあり、確固とした自分などというものはこの世のどこにも存在しないのだと解釈している。

イ　普通は、朝、学問をしている人がその日の夜にあっけなく死んでしまうこともあるように、この世界は常に変化していると解釈し、筆者は、朝、真理を聞くことができればその日の夜に死んでも悔《く》いがないくらい、教養は大切なものだと解釈している。

ウ　普通は、朝、人間の生きるべき道を学ぶことができたならば、夕方死んでも心残りはないということと解釈し、筆者は、朝、学問をして人間がそれまでと全く違う人になるとそれは死んだのと同じようなことなのであると解釈している。

エ　普通は、人間の生きるべき道を聞いて会得《えとく》できれば、夕方死んでも心残りはない、ということと解釈し、筆者は、先のことはわからないのだから偶然や変化に対応できるように常日頃《つねひごろ》から余裕を持っているべきであると解釈している。

問六　[A]・[D]・[E] に入れるのにもっとも適切な言葉を、次の**ア**～**オ**の中からそれぞれ選び、記号で答えなさい。なお、同じ記号を二度以上用いることはありません。

ア　むしろ　**イ**　あたかも　**ウ**　さすがに

エ　まして　**オ**　けっして

問七　——線部③「都会の人々は自然を『ない』ことにしています」とはどういうことですか。**三十字以上四十字以内**で説明しなさい（**句読点・記号も一字に数えます**）。

問八　——線部④「子育てと仕事との間に原理的な矛盾がないわけです」とありますが、そう言えるのはなぜですか。本文全体をふまえ、その理由を**四十字以上五十字以内**で説明しなさい（**句読点・記号も一字に数えます**）。

問九　次の会話文は、本文を読んだ生徒たちが「わかるということ」をテーマに、話し合っている場面です。**本文の内容に合わない発言**を、次の**ア**～**エ**の中から一つ選び、記号で答えなさい。

ア　筆者が主張しているのは、体験学習の重要性なんじゃないかしらね。どれだけ本を読んでも、いくら言葉を尽くして説明してもらっても、実際に体験してみて学ぶことには及ばないわよね。百聞は一見にしかず、って昔から言うじゃない？

イ　それに加えて、繰り返し体験することが大切、っていう話だよ。同じビデオ映画でも繰り返せば繰り返すほどそのたびごとに見逃した新しい発見がいろいろあるって言ってただろう？　素人の見方から玄人の見方に、知は深まっていくんだよ。

ウ　わかるということは暗記するというだけではなく、その

けの元手をかけたらいいかなんて計算できません。さんざんお金をかけても、ドラ息子になるかもしれない。現代社会では、そういう先が読めないものには、利口な人は投資しません。だから、自然と同じように、子どももいなくなるのです。

いや、子どもはいるじゃないか。たしかに、子どもはいます。しかし、それは空き地の木があるのと同じです。いるにはいるけれど、子どもそれ自体には価値がない。現実ではないもの、つまり社会的・経済的価値がわからないものに、価値のつけようはないのです。

木を消すのと同じ感覚で、いまの子どもは、早く大人になれと言われています。都市は大人がつくる世界です。都市の中にさっさと入れ。そうすれば、子どもはいなくなりますから。

都会人にとっては、幼児期とは「やむを得ないもの」です。はっきり言えば、必要悪になっています。子どもがいきなり大人になれるわけがない。でも、いきなり大人になってくれたら便利だろう。都会の親は、どこかでそう思っているふしがある。

ところが田畑を耕して、種を蒔《ま》いている田舎の生活から考えたら、子どもがいるというのは、あまりにも当たり前のことです。人間の種を蒔いて、ちゃんと世話して育てる。育つまで「手入れ」をする。稲《いね》やキュウリと同じで、それで当たり前です。そういう社会では、④子育てと仕事との間に原理的な矛盾《むじゅん》がないわけです。具体的にやることも同じです。「ああすれば、こうなる」ではなく、あくまで「手入れ」です。

（**養老孟司《ようろうたけし》『ものがわかるということ』による**）

注1　文武両道～本文での「文」は「本を読んだり人と会ったりして頭に入力すること」、「武」は「入力情報を総合して出力すること、運動すること」の意味で使われている。

問一　筆者の考える「情報社会」とはどのようなものですか。本文の▼▲ではさまれた部分をふまえ、その説明としてもっとも適切なものを、次の**ア**～**エ**の中から一つ選び、記号で答えなさい。

ア　多くの情報が絶えず流動的に変化し、その変化に合わせようと人間が変わり続ける社会。

イ　情報も人間もいっさい変わらないのに、絶えず大きく変化していると思いこまされる社会。

ウ　情報はそれほど変わらないけれど人間は変化し、一方で変化することを自ら嫌悪《けんお》する社会。

エ　多くの情報に埋め尽くされるなかで、本来変わっていく人間の本質が意識されない社会。

問二　――線部①「日本の教養教育がダメになったのも『身につく』ことをしなくなったからでしょう」とありますが、この一文についての説明としてもっとも適切なものを、次の**ア**～**エ**の中から一つ選び、記号で答えなさい。

ア　日本の教養教育は知識の伝授に偏《かたよ》っていて、病気になったときのことを想像させるなどして危機意識を喚起《かんき》しないことが問題である。

イ　日本の教養教育は知識の伝授に偏っていて、教育される人間の行動が変わるという段階まで至っていないことが問題である。

ウ　日本の教養教育は知識の伝授に偏っていて、武道やスポーツ、ダンスなどの体育教育が不十分であることが問題である。

エ　日本の教養教育は知識の伝授に偏っていて、学問体系の違いを身体表現とともに十分に教えていないことが問題である。

問三　**B**は、次の**ア**～**エ**の四つの文から構成されています。四つの文を論理的に並べかえ、その順番を、解答欄の形式に合わせて記号で答えなさい。

ア　知が技法に変わったからです。

どう変わるかなんてわからない。変われば、大切なものも違ってきます。だから、人生の何割かは空白にして、偶然《ぐうぜん》を受け入れられるようにしておかないといけません。後述しますが、人生は、「ああすれば、こうなる」というわけにはいきません。

現代の人たちは、偶然を受け入れることが難しくなっています。なぜか。都市化が進んできたからです。私の言葉で言えば「脳化」です。戦後日本の特徴《とくちょう》を一言で言えば、都市化に尽きます。戦後の日本社会に起こったことは、本質的にはそれだけだと言ってもいいくらいです。③都会の人々は自然を「ない」ことにしています。

木や草が生えていても、建物のない空間を見ると、都会の人は「空き地がある」と言うでしょう。人間が利用しない限り、それは空き地だという感覚です。

空き地って「空いている」ということです。ところがそこには木が生えて、鳥がいて、虫がいて、モグラもいるかもしれない。生き物がいるのだから、空っぽなんてことはありません。それでも都会の人にとっては、そこは「空き地」でしかないのです。

それなら、木も鳥も虫もモグラも、「いない」のと同じです。なにしろ空き地、空っぽなんですから。要するに木が生えている場所は、空き地に見える。そうすると、木のようなものは「ないこと」になってしまうわけです。

（中略）

岡山県の小さな古い神社で、宮司《ぐうじ》さんが社殿《しゃでん》を建て直したいと思いました。その宮司さんが何をしたかというと、境内に生えている樹齢《じゅれい》八百年のケヤキを切って売った。その金で社殿を建て直しました。八百年のケヤキを保たせておけば、二千年のケヤキになるかもしれません。大勢の人がそれを眺《なが》めて心を癒《いや》すことでしょう。でも、それを売ったお金で建てた社殿は、千年はぜったいに保ちません。これがいまの世の中です。

社会的・経済的価値のある・なしは、現実と深く関わっています。いまの社会では、自然そのものに価値はありません。観光業では自然を大切にしていると言いますが、それはお金になるからです。お金にならない限り価値がないということは、それ自体には価値がないということです。なぜ価値がないかというと、多くの人にとって、自然が現実ではないからです。現実ではないものに、私たちが左右されることはありません。つまり、現実ではない自然は、行動に影響を与えないのです。

不動産業者にとっても、財務省のお役人にとっても、地面に生えている木なんて、切ってしまうだけのものです。誰かに切らせて、更地《さらち》にする。どうして切るかというと、本来「ない」はずのものだからです。

そこに木が生えているから、家の建て方を変えよう。川や森があるから、町のつくり方を工夫しよう。そう思うなら、木や川、森はあなたにとって現実です。でも、更地にする人にとっては、木は「現実ではない」。現実ではないのですが、実際には生えていますから、邪魔《じゃま》者扱《ものあつか》いをして切ってしまう。まさしく木を「消す」のです。頭の中から消し、実際に切ってしまって、現実からも消すのです。

不動産業者もお役人も、自分が扱っているのは「土地そのもの」だと思っている。土地なんですから、更地に決まってるじゃないですか。E 地面の下に棲《す》んでいるモグラや、葉っぱについている虫なんて、まったく無視されます。「現実ではない」からです。

こういう世界で、子どもにまともに価値が置かれるはずがありません。子どもの先行きなど、誰もわからないからです。子どもにどれだ

B

しかし、教養はまさに身につくもので、技法を勉強しても教養にはなりません。ただ勉強家になるだけです。それを昔は「畳《たたみ》が腐《くさ》るほど勉強する」と言いました。それでは運動をコントロールするモデルは脳の中にできあがりません。

知識が増えても、行動に影響《えいきょう》がなければ、それは現実にはならないのです。江戸時代には陽明学というのがありました。当時の官学は朱子学《しゅしがく》で、湯島聖堂がその本拠地《ほんきょち》です。林大学頭《はやしだいがくのかみ》という東京大学総長のような先生がいて、畳の上に座って、先生の講釈《こうしゃく》を聞く。朱子学にはそんなイメージがあります。

陽明学はそれとは違います。知行合一《ちこうごういつ》を主張する。知ることと、行なうことは一つだ、一つでなければいけない。ここで言う知は文であり、行は武のことですから、**注1**文武両道と知行合一は同じことを言っています。

一般《いっぱん》に、知ることは知識を増やすことだと考えられています。だから「武」や「行」、つまり運動が忘れられてしまう。

知ることの本質について、私はよく学生に、「自分ががんの告知をされたときのことを考えてみなさい」と言っていました。「あなたがんですよ」と言われるのも、本人にしてみれば知ることです。「あなた、がんですよ。せいぜい保《も》って半年です」と言われたら、どうなるか。

宣告され、それを納得した瞬間から、自分が変わります。世界がそれまでとは違《ちが》って見えます。でも世界が変わったのではなく、見ている自分が変わったんです。つまり、知るとは、自分が変わることなのです。

自分が変わるとはどういうことでしょうか。それ以前の自分が部分的に死んで、生まれ変わっていることです。

『論語』の「②朝《あした》に道を聞かば夕べに死すとも可なり」という言葉があります。朝学問をすれば、夜になって死んでもいい。学問とはそれほどにありがたいものだ。普通《ふつう》はそう解釈されています。でも現代人には、ピンとこないでしょう。朝学問をして、その日の夜に死んじゃったら、何の役にも立ちませんから。

私の解釈は違います。学問をするとは、［C］が落ちること、自分の見方がガラッと変わることです。自分がガラッと変わると、どうなるか。それまでの自分は、いったい何を考えていたんだと思うようになります。

前の自分がいなくなる、たとえて言えば「死ぬ」わけです。わかりやすいたとえは、恋《こい》が冷めたときです。なんであんな女に、あんな男に、死ぬほど一生懸命《いっしょうけんめい》になったんだろうか。いまはそう思う。実は一生懸命だった自分と、いまの自分は「違う人」なんです。一生懸命だった自分は、「もう死んで、いない」んです。

人間が変わったら、前の自分は死んで、新しい自分が生まれていると言っていいでしょう。それを繰《く》り返すのが学問です。ある朝学問をして、自分がまたガラッと変わって、違う人になった。それ以前の自分は、いわば死んだことになります。それなら、夜になって本当に死んだからって、いまさら何を驚《おどろ》くことがあるだろうか。『論語』の一節は、そういう反語表現だというのが私の解釈です。正しいかどうかはわかりません。

確固とした自分があると思い込んでいるいまの人は、この感じがわからない。［D］変わることはマイナスだと思っています。私は私で、変わらないはず。だから変わりたくないのです。それでは、知ることはできません。

でも、先に書いたように、人間はいやおうなく変わっていきます。

三　次の文章を読んで、後の問いに答えなさい。

▼情報社会と言うと、絶えず情報が新しくなっていく、変化の激しい社会をイメージする人が多いかもしれません。しかし、私の捉《とら》え方はまったく逆です。情報は動かないけれど、人間は変化する。これを理解するために、私がよくもち出すのがビデオ映画の例です。

たとえば同じビデオ映画を、二日間で十回見ることを強制されたとしましょう。一種類の映画を二日間にわたって、一日五回、続けて十回見る。そうすると、どんなことが起こるでしょうか。

一回目では画面はどんどん変わって、音楽もドラマティックに流れていく。映像は動いていると思うでしょう。二回目、三回目あたりは、一度目で見逃《みのが》がした、新しい発見がいろいろあるかもしれません。そして「もっと、こういうふうにしたら」と、見方も玄人《くろうと》っぽくなってきます。

しかし四回目、五回目になると、だんだん退屈《たいくつ》になるシーンが増えてくる。六、七回目ではもう見続けるのが耐《た》えがたい。「なぜ同じものを何度も見なきゃいけないんだ」と、怒《おこ》る人も出てくるでしょう。

ここに至ってわかるはずです。映画はまったく変わらない。一回目から七回目まで、ずっと同じです。では、何が変わったのか。見ている本人です。人間は一回目、二回目から七回目まで、同じ状態で見ることはできません。

ここまで書けば、もうおわかりでしょう。情報と現実の人間との根本的な違いは、情報はいっさい変わらないけれど、人間はどんどん変わっていくということです。

しかし、人間がそうやって毎日、毎日変わっていくことに対して、現代人はあまり実感がもてません。今日は昨日の続きで、明日は今日の続きだと思っている。そういう感覚がどんどん強くなってくるのが、いわゆる情報社会なのです。

どうしてか。現代社会は、「a＝b」という「同じ」が世界を埋《う》め尽《つ》くしている社会だからです。記号や情報は作った瞬間《しゅんかん》に止まってしまうのです。

テレビだろうが動画だろうが、映された時点で変わらないものになる。それを見ている人間は、本当は変わり続けています。でも、「自分が変わっていくという実感」をなかなかもつことができない。それは、私たちを取り囲む事物が、情報や記号で埋め尽くされているからです。

困ったことに、情報や記号は一見動いているように見えて、実際は動いていない。だから余計に、人間は自分の変化を感じ取りにくくなるのです。▲

（中略）

私が大学に入学する頃《ころ》、世間には大学に入るとバカになるという「常識」がありました。こうしたことを言うのは、世間で身体を使って働いている人たちでした。そうした発言の真の意味は、いまではまったくわからなくなってしまったと思います。座って本を読んでいると、生きた世間で働くのが下手になってしまう。これはそういう意味だったはずです。こうした記憶《きおく》があるから、私はいまでも身体を多少でも動かすのです。

座って机の前で学べることもたしかにあります。しかし応用が利くことは「身についた」ことでしかあり得ません。

①日本の教養教育がダメになったのも「身につく」ことをしなくなったからでしょう。

私が東京大学出版会の理事長をしていた時、一番売れたのが『知の技法』という本です。知を得るのに［A］一定のマニュアルがあるかのようなものが、東大の教養学部の教科書で出て、ベストセラーになりました。

分が「すばらしい」と心底思える曲を作ることも追求するようなどっちつかずの父を鋭《するど》く批判している。

問六 ——線部⑤「しかしまあ、よく飽きもせずに練習するね」とありますが、このときの「父」についての説明としてもっとも適切なものを、次の**ア**〜**エ**の中から一つ選び、記号で答えなさい。

ア 戦時下の音楽をとりまく状況をよしとしていなかった父は、時局に合わない曲を演奏する息子に対して表面上はあきれた風をよそおいつつも、音楽の美しさを追い求める姿勢に実は共感を覚えている。

イ 軍歌に親しんで戦時体制に順応している娘とは対照的に、芸術家としての本分にこだわる父は、時局におもねらずに軍歌そのものの演奏技術の向上に努める息子に対して違和感を覚えている。

ウ 人々が熱狂する軍歌などにはわき目もふらず専門性の高い曲の練習にひたすら打ち込む息子に、芸術としての音楽をひたすら追求し続ける自分の後継者《こうけいしゃ》としての姿を見出し安心感を覚えている。

エ 時代の流れの中で娘が楽しそうに軍歌を歌う姿も、芸術家としてバイオリンの演奏に精を出して自分の道を追い求める息子も、それぞれの立場で音楽を愛している状態に対して幸福感を覚えている。

問七 [**A**]・[**B**] に入る言葉としてもっとも適切なものを、下の**ア**〜**エ**の中からそれぞれ一つずつ選び、記号で答えなさい。

A **ア** 正義 **イ** 世間体 **ウ** 大義名分 **エ** 自主性

B **ア** 不本意ながら **イ** 善きもの **ウ** 非国民 **エ** そもそも

問八 ——線部⑥「私は、なぜかその輪には入ることができず」とありますが、なぜですか。その理由としてもっとも適切なものを、次の**ア**〜**エ**の中から一つ選び、記号で答えなさい。

ア 疎開に異議を唱え続けていた父の冷たい態度に対して反発心がある一方で、父の作品には愛着を感じていたが、それを本人に伝えられなかったことに加え、見送りに来てくれた母とも素っ気ない形で別れたため、それぞれの親との別れ際に素直に感情を表していた子供たちの満ち足りた表情を見ることで、後ろめたい気持ちが生まれてきたから。

イ 意地っ張りな父と口論をしてまで自分の信念を貫いた結果として疎開することになったが、時代の波に流されて右往左往する周囲の大人たちや、そのような大人たちの言動を信じ切り、車内で楽しげにさわぐ子供たちの幼い様子を冷静に見ることで、今までの疎開に対する信念や、自分が生きている社会の行く末に対する疑問が生じてきたから。

ウ 疎開の希望は通ったものの、それは父が持論を変えて時局に応じた結果であるため、失意を感じていたのに加え、周りの子供たちがそれぞれの親の存在を支えにして慣れない土地での共同生活に期待を持ち、車内ではしゃいでいるように見えるのとは異なり、理解し合えたという実感を持てないままに自分の親と別れたことが心残りだったから。

エ 強情な父が最後に折れることによって疎開は実現したが、音楽活動を続ける父や、見送りの時に銘仙を着ていた母の姿が思い出され、都内に残した親の安否が気になる一方で、それぞれの親との別れを忘れて旅行気分で車内で遊ぶ子供たちを見ると、銃後で国を支える役割をみんなで協力して果たすことができるのかどうかが不安になったから。

ア　父親がこだわっているのは、娘の安全などではなく自らの体面であり、心の底では何が何でも命だけは助けてほしいと願っている娘の本心を無視して論理をふりかざす父親の姿勢に娘はさびしさを感じている。

イ　父親が、受け売りの言葉を使う娘に対して、理屈に基づいた持論を展開することで冷静な判断を求める一方で、娘はその父親の言葉に冷たくあしらう姿勢を感じ取って疎外感といらだちを感じている。

ウ　父親は、娘のことを誰よりも愛していると言っても結局は他人を言い負かすことを優先し、娘は、受け売りの言葉を借りてでも国のために役立ちたいという思いを父親が汲みとってくれないことにいきどおっている。

エ　父親が、他人の意見をあらゆる角度から検討し折り合いをつけるふりをしても、論破することだけに集中するあまり、娘の主張に全く耳を傾けず娘の言葉を無視し続けることに対して、娘は無性に腹が立っている。

問三　――線部②「低く絞り出す父の声には、私の体を切り裂いても足らぬほどの怒りがにじんでいるように思えた」とありますが、このときに「父」はどのようなことに対して「怒り」を覚えていますか。**五十字以上六十字以内**で答えなさい（**句読点・記号も一字に数えます**）。

問四　――線部③「父は、負けたのだ」とありますが、このときの「父」の「負け」とはどういうことですか。その説明としてもっとも適切なものを、次の**ア**～**エ**の中から一つ選び、記号で答えなさい。

ア　親として子どもを手放す気がなく、都内で同居し続けようとしたのに、子どものためには集団疎開を認めるべきという主流の意見を受け容れざるをえなかったこと。

イ　都内で家族が同居することの正当性にあくまでこだわり、集団疎開をすすめる学校関係者に理解させようとしたが、説得力のある曽根先生の発言に降参したこと。

ウ　家族の同居のためには周囲に働きかけようとは考えていたが、落ち着きのない表情をした曽根先生の立場を心配し、持論の主張を取り下げたこと。

エ　当初は家族の同居が子どものためになると考え、集団疎開に否定的であったが、娘の将来を真面目に考えた結果として従来の考えを改めたこと。

問五　――線部④「浮薄な蝶」とありますが、その具体的な説明としてもっとも適切なものを、次の**ア**～**エ**の中から一つ選び、記号で答えなさい。

ア　時代の中で人々から非難をうけてでも自分が美しいと信じる曲を作ることは早々にやめ、人々の戦意を高めて国家体制を支える作曲で生計を立てることに重きを置き、軽やかに現実に順応した父の様子を蝶にたとえている。

イ　戦時下で人々に評価される人気の高い曲よりも芸術性の高い曲を作ることしか関心を持たず、世間の人たちに支持されるような作曲活動に背を向ける現実離れした父の姿をふわふわ飛ぶ虫にたとえている。

ウ　音楽家としての生き方を譲《ゆず》らず軍歌であっても自分の望む出来を追求していた父が、戦争のための曲が求められていく時代に流されて、作曲を通じた音楽の理想の実現を諦めて現状を容認してしまう様子を皮肉っている。

エ　世間からもてはやされ、戦時下の国家のためになる曲で収入を得て戦時下でも豊かな生活を求めると同時に、音楽として自

いが、最後はやはりあっけなく、「B」という鎮痛薬《ちんつうやく》に手をかけた。戦わずして負ける苦々しさは知っていたかもしれないが、逆らって、いじめられて、無駄死《むだじ》にしても悔《く》いはないと言い切れるほどの強固な思惑《おもわく》が父の内側にないこともすでに明らかだった。そして、「東京が火に飲まれたとき、せめて我が子だけでも助けるための親の愛」という名目のもとに合意したのだろうが、私は望み通り疎開地行きの汽車に乗れたにもかかわらず、父に捨てられたような気がしていた。

いつの間にか日は暮れ、客車の中は興奮のるつぼと化していた。行先は宮城県の山あいの村と聞いていた。森や田んぼや美しいせせらぎに囲まれて、川では手づかみで魚が獲《と》れ、山にはあちこちに木の実がなり、温泉が湧《わ》き出す場所もあるという。誰もが父母と別れた感傷も忘れ、大掛《おおが》かりな修学旅行に出かけて行くような気分だった。さっきまで母親にしがみついていたユキちゃんでさえ、家から持たされたビスケットをうれしげに配りながら、小鳥のような声を上げて友人ともみ合っている。一晩中おしゃべりしよう。向こうに着くまで絶対に寝《ね》ない。朝まで起きてられるもの。いや寝るね、いや寝ないね、寝たらどうする？　これよりもっといいものあげる。いいものって何。いいものはいいもの——⑥私は、なぜかその輪には入ることができず、ひとり通路を隔《へだ》てた座席の窓際で、うとうとしはじめた。レールの上を廻《まわ》る車輪が、終わらないワルツのようなリズムを刻んでいる。

（**西川美和**《にしかわみわ》**「うつろいの秋」による**）

注1　**銃後**～直接戦闘《せんとう》に加わっていない一般国民。または、戦場となっていない国内。
注2　**牽制**～相手に圧力をかけて押さえつけること。
注3　**銘仙**～安価で丈夫な絹織物。
注4　**樟脳**～防虫剤《ぼうちゅうざい》などに用いられる薬剤。
注5　**鼓舞する**～はげまし、奮い立たせる。
注6　**身を挺する**～自ら進んで自分の身体を差し出す。
注7　**忌避も傾倒も**～嫌がることも熱中することも。
注8　**納戸**～衣類・調度品などをしまっておく部屋。
注9　**ブラームスやシューベルト**～有名な西洋の音楽家。パガニーニ、メンデルスゾーン、サン＝サーンス、サラサーテも同様。
注10　**国威発揚**～国の威力を盛んにして周囲の国に示すこと。
注11　**諦観**～あきらめること。

問一　——線部①「泣きたいのは私の方なんだよ」とありますが、なぜですか。その理由としてもっとも適切なものを、次の**ア**～**エ**の中から一つ選び、記号で答えなさい。

ア　「私」が父親と意見が合わずに言い争いをして疎開を決められないでいる間に、先にユキちゃんは自分の望み通りに父親から承認をもらって疎開を決めたことがねたましかったから。

イ　ユキちゃんは疎開には行きたくないという弱音を吐《は》くことで気持ちを晴らすことができるが、「私」はユキちゃんに対してであっても疎開には行きたくないという本音を言えないから。

ウ　ユキちゃんの父親が子どもだけ疎開させて、親としての義務をはたさないほど無責任である以上に、「私」の父親は娘《むすめ》の思いを無視して自分の考えだけで疎開させるほど無責任だから。

エ　ユキちゃんは家族と離れて疎開などしたくないと思っているのに勝手に父親に疎開を決められて苦しんでいるが、「私」は「私」で父親から疎開することが認められなくて困っているから。

問二　本文の▼　▲ではさまれた部分から読み取れる、父親に対する娘の心情をまとめたものとしてもっとも適切なものを、次の**ア**～**エ**の中から一つ選び、記号で答えなさい。

は笑っていた。

「そもそも難しくしてはならないんだ。そういうものを求められていないのだから」

自分の本分は別にあると思っていたのだ。演奏会に出て、時が止まったように注9ブラームスやシューベルトを弾《ひ》く。

しかし、いくつも曲を書く仕事を重ねていくうちに、父の中にも片手間にできなくなる瞬間《しゅんかん》がやってきた。作曲に工夫を凝《こ》らし、基本に立ち返り、自分の思う理想を創り上げようとする欲求がめらめらと立ち昇《のぼ》ってきたのだ。それはしかし、レコード会社の役員たちにはことごとく不評で、「伝わりづらい」「もっとわかりやすく、激しく胸を突くメロディを」と修正を求められた。

父は、自分が歴史に名を残すような芸術家でないことくらい知っていた。何も軍歌に変革を起こそうなどと大それたことを考えたわけもないだろう。ただ、ものをこしらえる人の内側には、我が手で編み出すものを自らの信じる「善きもの」へと導かずにはいられない、あどけないほどの渇望《かつぼう》と、まっ白な衝動がある。自らの目が、耳が、ひとたび「否《いな》」と暴いてしまえば、誰にどんなに喝采《かっさい》を浴びたとしても、その手に立ち戻り、終止符《しゅうしふ》を打つことは耐《た》えがたいのだ。

父はすっかりそれら時局的な音楽の仕事に、光を失ってしまった。自身が信じる「善きもの」と、求められるものの圧倒的な溝《みぞ》の深さに失望し（また、その溝を決して埋《う》めることの叶《かな》わない、父自らの作曲の手腕《しゅわん》に対しても）、軍歌そのものを単純だなどと評することもなくなった代わりに、自分がこしらえたものについて私たちに語ることもなくなった。それでも頼まれた作曲や演奏の仕事は続けていたようだ。それは、我が家にまだ直さなければならない建具があるからではなく、もう一台自転車が必要だったからでもない。ただ父は、抗《あらが》うことの煩《わずら》わしさに背を向けたのだ。音楽のことしか考えてこなかった自分のような人間が、大きな流れのさまたげになることなどできないと思い込んでいた。さまたげて抗うには、あまりに軽すぎる。弱すぎる。ただ、美しい音の調べの行き来しか知らない、④浮薄《ふはく》な蝶《ちょう》。

あらゆる娯楽《ごらく》や芸術が贅沢《ぜいたく》で不徳なものとして敵視されていく世相のどさくさで、音楽人たちは「この国の音楽の灯を絶やさぬために」という殺し文句を発明した。注10国威《こくい》発揚のための音楽の量産や演奏に協力するのは（断じて金儲けではなく）音楽家共通の責務である、という大義名分が完成されていく中で、父は反発も拒絶《きょぜつ》も試みぬままに、ただ、自分の本意ではないものを、人から無理に押し付けられているという弱々しい幻想《げんそう》に浸《ひた》っていた。しかし、退屈《たいくつ》で、やりがいがなく、誇《ほこ》りを傷つけられる日々と引き換えに、そんな目にあうのは自分のせいではなく、不本意ながらそうせざるを得ない状況《じょうきょう》のせいだという、気楽な注11諦観《ていかん》を手に入れたのだ。

そんな父をよそに、私はラジオから聞こえてくる軍歌を揚々と口ずさみ、耳で覚えた伴奏《ばんそう》を父のピアノでじゃんじゃか弾き鳴らしたりしていた。中には知らず知らず、父の作った曲を歌っていたこともあったかもしれない。

父の憂鬱《ゆううつ》をそっと汲《く》んでいたのは兄だった。父が仕事から戻るころになると、兄はさりげなくラジオを消した。私が抵抗《ていこう》すると、「課題があるから」と言って、バイオリンを取り出した。兄にバイオリンを取り出されてしまうと、うちではもう術《すべ》がない。パガニーニ、メンデルスゾーン、サン＝サーンス、サラサーテ、そして父が帰宅するときにはいつもうっすらと、兄の奏でる様々な曲が家の中に流れていた。

「⑤しかしまあ、よく飽《あ》きもせずに練習するね」と父は苦笑いしながら着替《きが》えを済ませ、幸福そうに居間の揺《ゆ》り椅子《いす》に身を沈《しず》めていた。

私の集団疎開の件において、父は今度こそ「 A 」というものが実にどこまで貫《つらぬ》けるのか、試してみようとしていたのかもしれな

見送りのホーム側の窓から子供たちが身を乗り出して、客車は片側の車輪が線路から浮くのではないかと思うほど傾《かたむ》いていた。私の頭上でめちゃくちゃに帽子《ぼうし》を振《ふ》る子の肘《ひじ》で突《つ》かれながらちらりと外を見ると、万歳《ばんざい》をくり返す人だかりの中の母がじっと私だけを見つめていた。私は目の玉を寄せ、舌の先をあごにつくほど長く伸《の》ばして母に手を振って見せた。寄せていた目を戻《もど》したころには、群衆の影はもう遠くなり、母の姿はわからなくなっていた。鼻の奥《おく》に、注3銘仙《めいせん》にしみついた注4樟脳《しょうのう》の匂いがつんとよみがえった。

結局父は、私の説得によってではなく、しめ切りがすぎて三日後の夕方に家にやってきた担任の曽根《そね》先生の説得に応じるかたちで申請書に判子をついた。各家庭の自主性に任せる、というのが単なる建前だということは、ブラウスを汗《あせ》でぐっしょり濡《ぬ》らして玄関《げんかん》に立った曽根先生の差し迫《せま》った顔をみれば明らかだった。押《お》し黙《だま》った両親の前でとぎれとぎれに語る先生の若い声は、客間の壁越《かべご》しに聞き取るにはか細すぎたが、誰《だれ》かからふきこまれたらしい「愛情のしるし」という言葉だけが幾度《いくど》か鮮明《せんめい》に発されたのはわかった。

父は、国の勝利のためでもなく、東京を戦火から守る気迫もなく、まして曽根先生の説得に心を打たれたからでもなく、ただかたちどおりに私への愛を試されて、自らの考えを転がした。安全な疎開地に我が子を送り込《こ》まないのは、親としての愛がない、と喉元《のどもと》に細い刃《やいば》を当てられたのが決め手になった。「私には私の愛が」と言い返すことはなかった。③父は、負けたのだ。

けれど父の敗北は、その時はじまったことではない。

父は音楽学校で西洋音楽の講師をしながら、交響《こうきょう》楽団やレコード録音で演奏するピアノやクラリネットの奏者であった。敵性音楽として英米由来の音楽に規制がかかりはじめた後も、クラシック音楽の多くは同盟ドイツ、イタリアの作曲家のものが多いため、父は変わらず教壇《きょうだん》に立ち、演奏会にも出て、その生活に大きな変化は起こらないように思えた。しかし、開戦以来私たちの気分に寄り添《そ》い、心を摑《つか》んでいたのは、父の専門分野ではなくもっぱら行進曲や軍歌、戦いを注5鼓舞《こぶ》する流行歌だった。ラジオをつければ、映画館に行けば、著名な作家による歌詞や曲に、人気の歌手が声を張り上げ、はるか遠くの戦況《せんきょう》について教えてくれ、英雄《えいゆう》たちをたたえた。沸《わ》き立つような高揚《こうよう》と一体感。自分たちはひとつ。同じ目標に向かって難局を突破《とっぱ》し、弱きものと立ち上がり、虐《しいた》げられたものを救い出し、注6身を挺《てい》する仲間同士、と思うと、自然に口が動き、リズムを取り、涙《なみだ》があふれ出ていた。劇場で隣《とな》り合わせた見知らぬ人とも手を取ってひしと抱《だ》き合いたいような気持ちだ。世界が今まさに変わりつつある。自分たちが、変えて行く。すすめ。すすめ。すすめ。私はなんていい時代に生まれたんだろう、と脳みそが痺《しび》れた。誰から歌えと強いられたわけじゃない。もっと、もっともっと、もっと歌いたい。もっと激しい、もっと震《ふる》える感動を！　そんな私たちの渇《かわ》きに応えるように、軍歌は次々と量産された。音楽は私たちをひとつにする。音楽は役に立つ。音楽は儲《もう》かる。レコード会社は競い合い、新聞社は高い賞金を掲《かか》げて歌詞を公募《こうぼ》した。そのうち名の知られた作曲家ばかりでは追いつかなくなり、父のところにも作曲の依頼《いらい》がくるようになった。

父は反戦論者などではなかった。お世話になった先輩《せんぱい》や、レコード会社の人たちに頼まれて、やってみましょう、と引き受けた。猛々《たけだけ》しく血なまぐさい歌詞も、父にとっては音とリズムの並びでしかなく、それに対する注7忌避《きひ》も傾倒《けいとう》もとくにない様子だった。曲を書けばそれなりのお金になって、良い副収入となった。母は建具屋さんを呼び、開閉がむつかしくなっていた注8納戸《なんど》の戸を直し、父は前の年に歯医者の表で盗《ぬす》まれたまま諦《あきら》めていた自転車を新調した。

はじめのうちは、単純なものだ、僕などにも書けるのだから、と父

慢《まん》しにきたのか？

「みんなで共倒《ともだお》れになるよりは由岐子《ゆきこ》だけでも、だなんて、お父さんは無責任」

　そう言ってユキちゃんはふにゃふにゃと泣き出した。①泣きたいのは私の方なんだよ。

▼「これは強制ではないんだから。あくまで各家庭の自主性に任せられている。集団疎開したいのでお願いします、と頼《たの》む家が申請を出すんだ」

「それはお父さんの考え。あたしはお願いしたいのです」

　その晩、食卓《しょくたく》を挟《はさ》んでまたもや私は父と睨《にら》み合った。

「すると何があってももう人のせいにはできなくなる。自ら選んだことだから」

「人のせいになんてする気ないもの。この国が勝つまでのたった半年のことじゃないですか。少国民は聖戦完遂《せいせんかんすい》のために疎開をするの。アジアの仲間を欧米《おうべい》列強の毒から解放して、大東和共栄圏《きょうえいけん》を守るため、私はみんなと一緒《いっしょ》に、**注1**銃後《じゅうご》で鍛錬《たんれん》する疎開戦士になりたいの」

「そういう受け売りの言葉は僕《ぼく》にはわからない。ソカイセンシ、とはなんだ。肥の匂《にお》いのする田舎できみは何と戦う。カエルと相撲《すもう》でも取るかい」

　父の言葉はゆっくりとして静かなままだが、瞳《ひとみ》は私を射抜《いぬ》くように見つめ、その白い額の皮膚《ひふ》には、脈打つように血管が浮《う》いている。父は私を**注2**牽制《けんせい》するとき、名前や「おまえ」と呼ぶのをやめ、冷たく「きみ」と言った。父にそう呼ばれると私の肌《はだ》はあわだった。

「お父さん、じゃあそれをそのまま先生の前で言ってよ。私たちは学校でそういうふうに習っているの。教えられたように考えないと、先生に怒《おこ》られちゃうの。うちのお父さんがこんなふうに言いますから、なんて言ったら、おまえの家族は非国民だ、なんてみんなの前で言われて、大変なことになるの。そしたらあたしはどうしたらいいの？　お父さんは楽だわ。あたし一人を相手に、家の中で皮肉を言えばいいだけだもん」

「……そうだな。それは言う通りだ。きみたちは難しい時代に生きている」

　そう言って父は、目を伏《ふ》せた。▲

　自分はまるでその時代に生きていないように、ひと事らしくものを言う父が憎《にく》らしかった。しかし私も本音を言えば、すべて自分の体裁の問題なのである。あの泣きみそのユキちゃんですら、集団疎開組なんだもの。そのユキちゃんに、行くって言ってしまったんだもの。だからいまさら実は東京に残るとか、縁故《えんこ》を頼《たよ》るだなんて、とてもじゃないけど言えません——とは言えなくて、

「みんなで共倒れになるよりは、と思わないの？」

と、ついでにもう一つ受け売りの言葉。

　父の顔が歪《ゆが》んだ。しまった。これは口が滑《すべ》った。

「あなたを私たちと共倒れにさせようなんて、思っちゃいないわ」

　横から母がたまらず言葉を挟んだ。違《ちが》う、これは私が思ったことじゃなく、ユキちゃんのお家の人が——けれど私の口は、滑りはじめると止まらない。

「あたしだって、何かの役に立ちたいんです。男の子に産んでくれてれば、兵隊になれたのに。お国のために立派に死ねるのに」

「そういうことを言うおまえこそ、僕たち親を裏切っている」

　②低く絞《しぼ》り出す父の声には、私の体を切り裂《さ》いても足らぬほどの怒《いか》りがにじんでいるように思えた。

　私たちをすし詰《づ》めにして、汽車は動き出した。

2024年度 浅野中学校

【国　語】（五〇分）〈満点：一二〇点〉

【注意】問題文には、原文（原作）の一部を省略したり、文字づかいや送りがなを改めたりしたところがあります。

一　次の――線部①～⑧のカタカナの部分を漢字で、⑨・⑩の漢字の部分をひらがなで書きなさい。いずれも一画一画をていねいに書くこと。

参列者が氏名を①**キチョウ**する。
電源の②**フッキュウ**作業を行う。
本の③**インゼイ**を受け取る。
電車の運転士が④**ケイテキ**を鳴らす。
地図の⑤**シュクシャク**が大きい。
お⑥**ミヤゲ**に果物を持参する。
⑦**ネンピ**の良い車を買い求める。
被害者《ひがいしゃ》に対する⑧**シャザイ**の気持ちを表す。
昔の⑨**名残**をとどめる。
早朝の⑩**快**い風を全身に浴びる。

二　次の文章を読んで、後の問いに答えなさい。

戦争が泥沼化《どろぬまか》し緊迫《きんぱく》の度を増してくるなか、「私」（琴子《ことこ》）の通う都内の学校では集団疎開《そかい》についての緊急の集会が開かれ、疎開の申請《しんせい》期限は二日間とされた。疎開とは空襲《くうしゅう》による被害を少なくするため、都会に集中している住民を地方に分散することである。

「疎開に行くって決めた？」
翌朝ユキちゃんがうちに訪ねてきて、わざわざ私を表に呼び出した。
「あたりまえじゃない」
私はうそをついた。
「集団疎開？」
「それ以外何があるのよ。ユキちゃん、もしかして迷ってんの？」
「わたし、行きたくないのよ。田舎は不便だし、蛇口《じゃぐち》からお水も出ないっていうよ。蛇《へび》や虫も苦手だし、すぐお腹はゆるんじゃうし、嫌《いや》なのよ」
「あんた……そんなこと言って、大丈夫《だいじょうぶ》？」
私がさも大げさに四方を見回すと、ユキちゃんは怯《おび》えたようにうつむいて、もんぺのひもの端《はし》を指先でつまんで、落ちつかぬ様子でしごきはじめた。
「兵隊さんがどんな思いで戦ってるか知ってるの？　うちのお兄ちゃんだってね――」
「そりゃ悪いと思ってるけど、お母さんや弟と離《はな》れるなんて、考えられないよ。わたしだけ助かったって、お家や家族が焼けちゃったら、生きていけるわけないもの。なのに、もうお父さんにハンコつかれちゃった」
衝撃《しょうげき》が走った。先を越《こ》された。うちのゴタゴタを知っていて、自《じ》

2024年度

浅 野 中 学 校 ▶解説と解答

算 数 (50分) ＜満点：120点＞

解 答

[1] (1) 7 (2) 55分後 (3) **ウ**…4個，**エ**…6個 (4) **オ**…1.5cm^2，**カ**…72.5cm^2 (5) **キ**…黒色，**ク**…白色，**ケ**…白色，**コ**…黒色／**説明**…(例) 解説を参照のこと。 [2] (1) 1023番目 (2) 256 (3) $\dfrac{47}{2048}$ (4) $\dfrac{1023}{2048}$，$\dfrac{1025}{2048}$ [3] (1) 6秒後 (2) 9秒後 (3) 4回 (4) 33.75cm [4] (1) **ア**…1，**イ**…4，**ウ**…10，**エ**…19 (2) 解説の図③を参照のこと。 (3) (例) 解説の図④を参照のこと。 (4) 60通り [5] (1) 3：4 (2) 7：6 (3) $1\dfrac{11}{13}$cm (4) $3\dfrac{9}{13}\text{cm}^3$

解 説

[1] 逆算，平均とのべ，つるかめ算，相似，面積，条件の整理

(1) $77\div\left\{(8.875-\square)\times9\frac{2}{15}-16.25\right\}\times23=2024$より，$77\div\left\{(8.875-\square)\times9\frac{2}{15}-16.25\right\}=2024\div23=88$，$(8.875-\square)\times9\frac{2}{15}-16.25=77\div88=\frac{77}{88}=\frac{7}{8}$，$(8.875-\square)\times9\frac{2}{15}=\frac{7}{8}+16.25=\frac{7}{8}+16\frac{1}{4}=\frac{7}{8}+16\frac{2}{8}=16\frac{9}{8}=17\frac{1}{8}$，$8.875-\square=17\frac{1}{8}\div9\frac{2}{15}=\frac{137}{8}\div\frac{137}{15}=\frac{137}{8}\times\frac{15}{137}=\frac{15}{8}$ よって，$\square=8.875-\frac{15}{8}=8\frac{7}{8}-1\frac{7}{8}=7$

(2) 最初の20分間は毎分，4000÷20＝200(人)の割合で来場した。また，20～30分後の，30－20＝10(分間)で，5200－4000＝1200(人)増えたから，次の10分間は毎分，1200÷10＝120(人)の割合で来場し，30～90分後の，90－30＝60(分間)で，11200－5200＝6000(人)増えたので，次の60分間は毎分，6000÷60＝100(人)の割合で来場した。よって，下の図1のように表すことができる。図1で，かげをつけた部分の人数と太線で囲んだ部分の人数は等しいから，アの面積と(イ＋ウ)の面積も等しくなる。また，アの面積は，(200－140)×20＝1200(人)，イの面積は，(140－120)×10＝200(人)にあたるので，ウの面積は，1200－200＝1000(人)とわかる。したがって，□＝1000÷(140－100)＝25(分)だから，このようになるのは開場から，30＋25＝55(分後)である。

図1

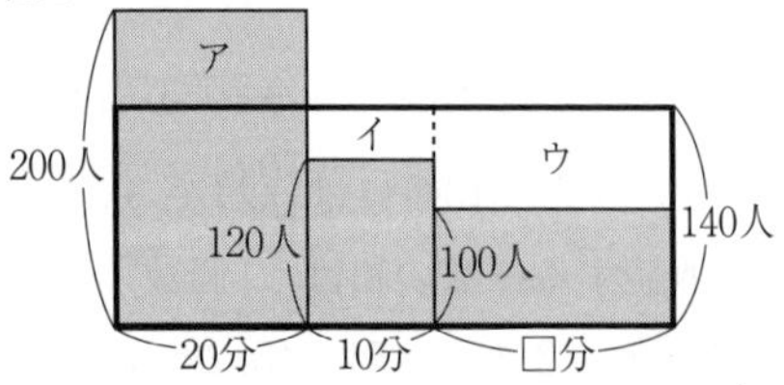

図2

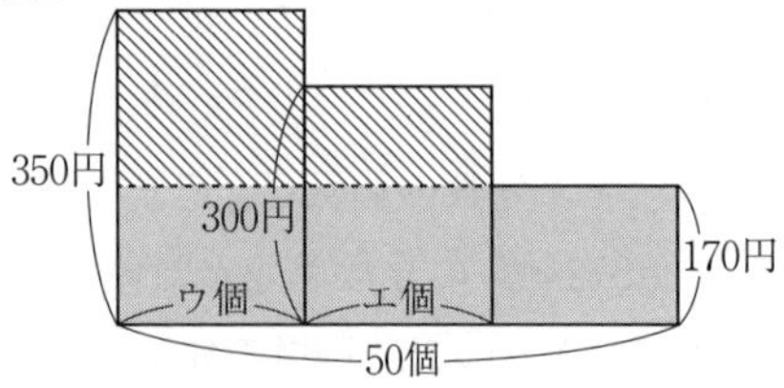

(3) 上の図2で，図形全体の面積は10000円にあたり，かげをつけた部分の面積は，170×50＝8500(円)なので，斜線《しゃせん》部分の面積は，10000－8500＝1500(円)とわかる。よって，(350－170)×ウ＋(300－170)×エ＝1500と表すことができるから，180×ウ＋130×エ＝1500より，18×ウ＋13×エ＝

150となる。この式で，18と150は偶数《ぐうすう》なので，エも偶数になり，ウ＝4，エ＝6を見つけることができる。

⑷　右の図3で，同じ印をつけた角の大きさはそれぞれ等しくなるから，かげをつけた三角形はすべて相似であり，3つの辺の長さの比はすべて，6：8：10＝3：4：5になる。また，SE＝13－10＝3(cm)なので，EF＝$3\times\frac{5}{3}$＝5(cm)，FD＝13－6－5＝2(cm)とわかる。すると，DG＝$2\times\frac{3}{4}$＝1.5(cm)になるから，三角形DFGの面積は，2×1.5÷2＝1.5(cm^2)(…オ)と求められる。次に，2つの長方形が重なっている部分の面積は，長方形ABCDの面積から，3つの三角形DFG，ABE，CHIの面積をひいて求めることができる。

図3

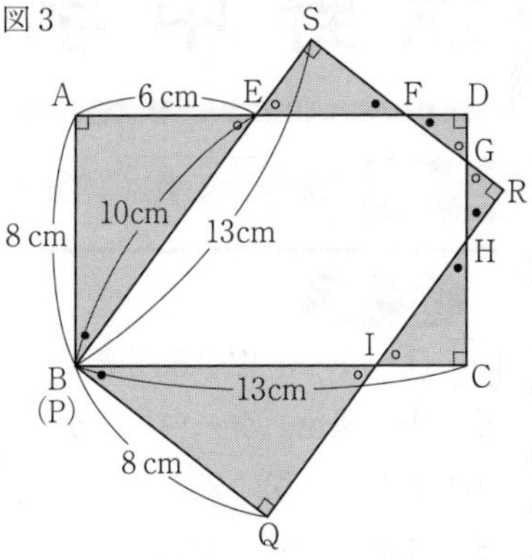

長方形ABCDの面積は，8×13＝104(cm^2)であり，三角形DFGの面積は1.5cm^2，三角形ABEの面積は，6×8÷2＝24(cm^2)となる。さらに，三角形ABEと三角形QPIは合同なので，PI＝10cm，IC＝13－10＝3(cm)より，HC＝$3\times\frac{4}{3}$＝4(cm)とわかる。よって，三角形CHIの面積は，3×4÷2＝6(cm^2)なので，重なっている部分の面積は，104－(1.5＋24＋6)＝72.5(cm^2)(…カ)と求められる。

⑸　白色と黒色のマスを交互《こうご》に止まることをくり返すから，はじめに白色に置くと，1回目は黒色(…キ)，2回目は白色(…ク)に止まる。同様に，はじめに黒色に置くと，1回目は白色(…ケ)，2回目は黒色(…コ)に止まる。次に，マスの数は，7×7＝49(マス)なので，すべてのマスに1回ずつ止まるためには，49－1＝48(回)移動する必要がある。ところが，偶数回目に移動した後は，はじめに置いたのと同じ色のマスに止まるから，すべてのマスに1回ずつ止まり終えたとき，そのとき止まっているのは，はじめに置いたのと同じ色のマスである。よって，その次の移動ではじめに置いたマスに戻《もど》ることはできない。

2 数列

⑴　右の図のように組に分けて考える。分母は次々と2倍になるから，16×2×2×2×2×2×2＝1024より，$\frac{1}{1024}$は10組の最後の数とわかる。また，各組に並ぶ分数の個数とそれまでの個数の合計は図のようになるので，個数の合計はその組の分母の数よりも1小さいことがわかる。

1組	$\frac{1}{2}$	(1個)合計1個
2組	$\frac{3}{4}$，$\frac{1}{4}$	(2個)合計3個
3組	$\frac{7}{8}$，$\frac{5}{8}$，$\frac{3}{8}$，$\frac{1}{8}$	(4個)合計7個
4組	$\frac{15}{16}$，$\frac{13}{16}$，$\frac{11}{16}$，$\frac{9}{16}$，$\frac{7}{16}$，$\frac{5}{16}$，$\frac{3}{16}$，$\frac{1}{16}$	(8個)合計15個

よって，$\frac{1}{1024}$は最初から数えて，1024－1＝1023(番目)にある。

⑵　各組に並ぶ分数の個数は，その組の分母の数の半分だから，10組には$\frac{1023}{1024}$から$\frac{1}{1024}$までの，1024÷2＝512(個)の分数が並んでいる。また，1から連続する奇数の和は，(個数)×(個数)で求めることができるので，10組の分子の和は，1023＋1021＋…＋3＋1＝512×512となる。よって，10組の分数の和は，$\frac{512\times512}{1024}=\frac{512}{2}$＝256と求められる。

⑶　11組には分母が，1024×2＝2048の分数が並ぶから，11組までの個数の合計は，2048－1＝2047(個)とわかる。よって，最初から数えて2024番目の分数は，11組の終わりから数えて，2047－

2024＋１＝24(番目)の分数である。また，１から数えて24番目の奇数は，２×24－１＝47なので，最初から数えて2024番目の分数は$\frac{47}{2048}$である。

⑷　３組の中でもっとも$\frac{1}{2}$に近いのは$\frac{5}{8}$，$\frac{3}{8}$であり，$\frac{1}{2}\left(=\frac{4}{8}\right)$との差はどちらも$\frac{1}{8}$である。同様に，４組の中でもっとも$\frac{1}{2}$に近いのは$\frac{9}{16}$，$\frac{7}{16}$であり，$\frac{1}{2}\left(=\frac{8}{16}\right)$との差はどちらも$\frac{1}{16}$である。このとき，差は３組よりも４組の方が小さいから，組が大きくなるほど$\frac{1}{2}$に近づくことがわかる。よって，もっとも$\frac{1}{2}$に近くなるのは11組の$\frac{1025}{2048}$，$\frac{1023}{2048}$である。なお，これらは$\frac{47}{2048}$よりも前に現れるので，条件に合う。

３　旅人算

⑴　２点が進むようすをグラフに表すと，右のようになる。初めて出会うのは，２点が動いた長さの合計がAB間の１往復分，つまり，12×２＝24(cm)になるときである。また，２点が１秒間に動く長さの合計は，１＋３＝４(cm)だから，24÷４＝６(秒後)とわかる。

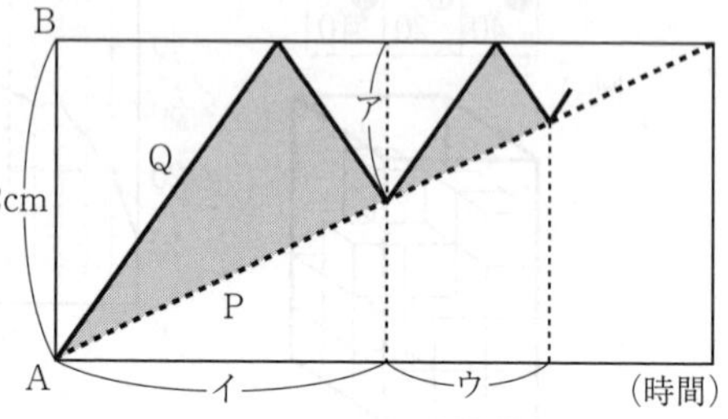

⑵　⑴の６秒間に点Ｐが動く長さは，１×６＝６(cm)なので，アの長さは，12－６＝６(cm)とわかる。また，かげをつけた２つの三角形は相似であり，相似比は，12：６＝２：１だから，イ：ウ＝２：１となる。よって，１回目に出会ってから２回目に出会うまでの時間は，６×$\frac{1}{2}$＝３(秒)なので，２回目に出会うのは，６＋３＝９(秒後)と求められる。

⑶　⑵の後は同じことが繰《く》り返される。よって，２回目に出会ってから３回目に出会うまでの時間は，３×$\frac{1}{2}$＝1.5(秒)だから，３回目に出会うのは，９＋1.5＝10.5(秒後)となる。また，３回目に出会ってから４回目に出会うまでの時間は，1.5×$\frac{1}{2}$＝0.75(秒)なので，４回目に出会うのは，10.5＋0.75＝11.25(秒後)とわかる。さらに，４回目に出会ってから５回目に出会うまでの時間は，0.75×$\frac{1}{2}$＝0.375(秒)だから，５回目に出会うのは，11.25＋0.375＝11.625(秒後)と求められる。ここではじめて11.6秒をこえるので，11.6秒後までに出会う回数は４回とわかる。

⑷　点Ｑは毎秒３cmの速さで11.25秒進んだから，点Ｑが進んだ道のりは，３×11.25＝33.75(cm)である。

４　グラフ―水の深さと体積，場合の数

⑴　１辺10cmの立方体の体積は，10×10×10＝1000(cm^3)だから，この立方体１個分の水を入れるのにかかる時間は，1000÷1000＝１(分)である。また，問題文中の図１で水が入る部分は，高さ10cm～20cmの部分が立方体１個分，高さ20cm～30cmの部分が立方体３個分，高さ30cm～40cmの部分が立方体，９－３＝６(個分)，高さ40cm～50cmの部分が立方体９個分なので，各部分に入れる時間はそれぞれ，１分，３分，６分，９分とわかる。よって，ア＝１，イ＝１＋３＝４，ウ＝４＋６＝10，エ＝10＋９＝19と求められる。

⑵　ブロックを下の図①のように並べたときのようすは，下の図②のようになる。図②で水が入る部分は，高さ10cm～20cmの部分は立方体１個分(図①の❾)だから，この部分に入れる時間は１分

である。次に，高さ20cm～30cmの部分に入るとき，はじめは❽❾の部分に入り，これがいっぱいになると❸の部分に入る。つまり，水面が10cm上がるのに２分かかり，その後の１分は高さが変わらない。同様に，高さ30cm～40cmの部分に入れるとき，はじめは❸❺❻❽❾の部分に入り，これがいっぱいになると❶の部分に入る。つまり，水面が10cm上がるのに５分かかり，その後の１分は高さが変わらない。高さ40cm～50cmの部分は(1)と同様に９分かかるので，グラフは下の図③のようになる。

図①

❶ 30	❷ 40	❸ 20
❹ 40	❺ 30	❻ 30
❼ 40	❽ 20	❾ 10

図②

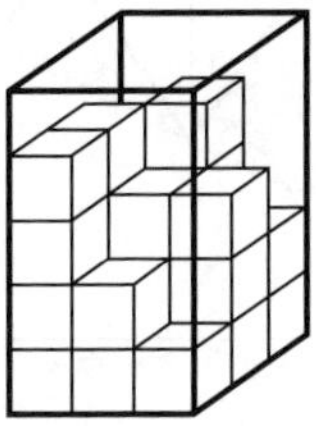

図③

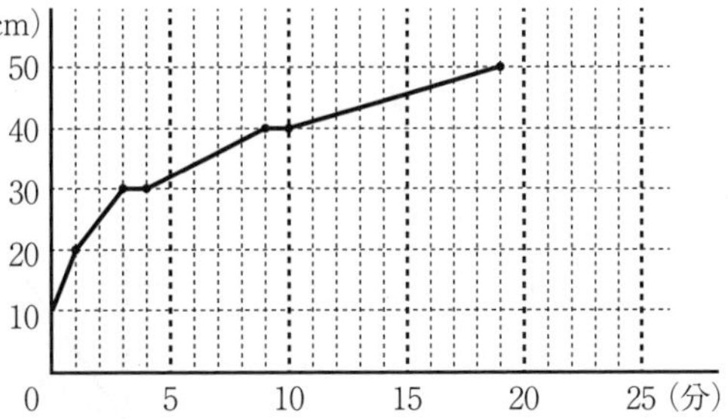

図④

❶ 40	❷ 30	❸ 20
❹ 30	❺ 30	❻ 40
❼ 20	❽ 40	❾ 10

図⑤

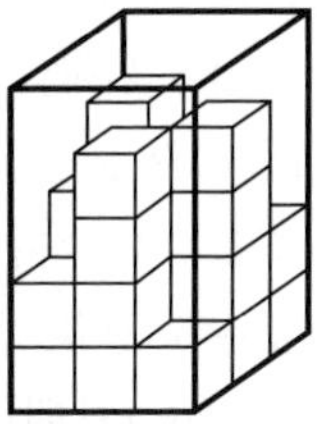

(3)　水面の高さが連続して変わらない時間をもっとも長くするから，できるだけ早く水面の高さを40cmにすればよい。そのためには，たとえば上の図④のように，10cmのブロックを囲むように40cmのブロックを並べればよく，このときのようすは上の図⑤のようになる(❻❽❾以外の並べ方は変えてもよい)。

(4)　❶❷❸❹❺❼に，40cmのブロックを１つ，20cmのブロックを２つ，30cmのブロックを３つ並べればよい。すると，40cmのブロックを並べる場所は６通りある。また，残りの５か所に20cmのブロックを２つ並べる方法は，$\frac{5 \times 4}{2 \times 1}$＝10(通り)ある。よって，全部で，６×10＝60(通り)と求められる。

5　立体図形―相似，体積

(1)　面EFGHは下の図①のようになる。図①で，三角形EKJと三角形GKFは相似であり，相似比は，EJ：GF＝３：４だから，EK：KG＝３：４となる。

(2)　面AEGCは下の図②のようになる。図②で，三角形ALIと三角形KLEは相似である。また，EG＝[3]＋[4]＝[7]とすると，AI＝[7]÷２＝[3.5]となるので，相似比は，AI：KE＝3.5：３＝７：６となり，AL：LK＝７：６とわかる。

図①

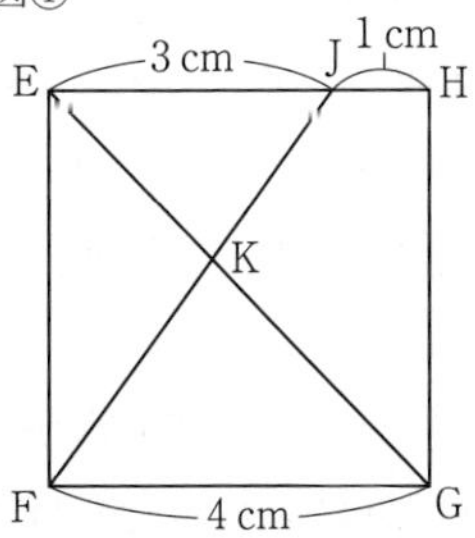

図②

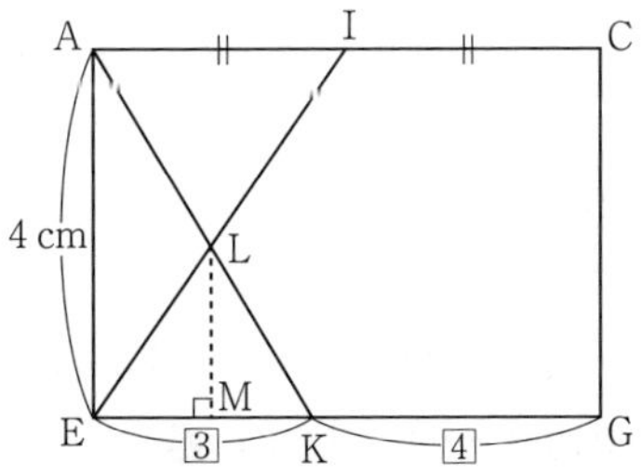

図③

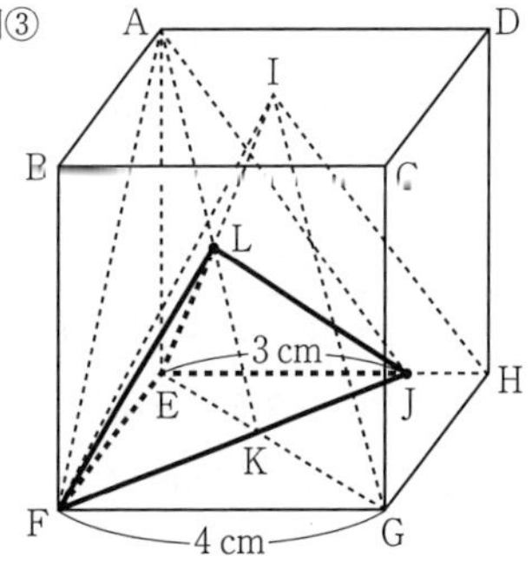

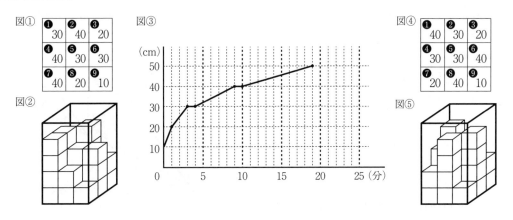

(3)　図②のLMの長さにあたるから，$4\times\frac{6}{7+6}=\frac{24}{13}=1\frac{11}{13}$(cm)とわかる。

(4)　立体Xは上の図③の三角すいL－EFJである。よって，底面積は，$4\times3\div2=6$ (cm^2)，高さは$\frac{24}{13}$cmだから，体積は，$6\times\frac{24}{13}\times\frac{1}{3}=\frac{48}{13}=3\frac{9}{13}$(cm^3)と求められる。

社　会　(40分)＜満点：80点＞

解　答

1　問1　エ　問2　ア　問3　ウ　問4　ウ　問5　ウ　問6　イ　問7　エ　問8　ア　問9　ア　問10　(1)　オ　(2)　25　問11　ウ　問12　イ　問13　エ　問14　ウ　問15　ア，イ　問16　イ　問17　ウ　問18　5　問19　ア　問20　オ　問21　ウ

2　(例)　日本の消費者は，環境保護を支持する企業の商品への意識が他国と比べて低い。そのため，私たちは，商品を価格だけで選ぶのではなく，環境保護やフェアトレードの基準を満たしているかどうかを意識するべきである。

解　説

1　**技術革新を題材とした社会科総合問題**

問1　植物由来のバイオマスプラスティックは，二酸化炭素排出量《はいしゅつ》の削減《さくげん》のために石油由来のプラスティックに代わる素材として開発され，近年注目を集めている(エ…×)。

問2　室町時代に行われた日明貿易では，明から生糸や陶磁器《とうじき》，銅銭(明銭)を輸入し，日本からは刀剣や硫黄《いおう》，銅などを輸出した(ア…×)。

問3　日本を訪《おとず》れる外国人を国籍《こくせき》別にみた場合，アメリカ合衆国(アメリカ)はインドよりも人数が多いことから，Aがインド，Bがアメリカである。また，インドにおいてはCとDで人数にあまり差はないが，アメリカから来日する人においては，ビジネス客よりも観光客の方がずっと多いと推測できることから，Cがビジネス客，Dが観光客の数であると判断できる。したがって，インドからの観光客数を示すのはウである。

問4　資料2より，遣唐使《けんとうし》が廃止《はいし》された後の10～11世紀においても，日本の書家は唐の時代に流行した書法をまねていることから，中国の影響《えいきょう》がみられることがわかる(ウ…×，エ…○)。なお，資料3より，遣唐使が廃止された後も，民間商人との交易により中国の物品は日本に流入しており，「唐物《からもの》」として珍重《ちんちょう》されていたことがわかる(ア…○)。資料1より，「1937年まで，歴史教科書では『国風文化』という言葉は使用されてこなかった」ことがわかる(イ…○)。

問5　働き方改革とは，2016年以降，政府によって提唱されている，多様で柔軟《じゅうなん》な働き方が選択《せんたく》できる社会の実現に向けた取り組みのことである。具体的には，非正規雇用《こよう》労働者の待遇《たいぐう》改善，長時間労働の是正《ぜせい》，ワーク・ライフ・バランスの実現などを掲げている。このうち，長時間労働については，日本の労働者の労働時間が諸外国と比べて長いことや，いわゆる「過労死」が社会問題となっていることなどから，改善の必要性が以前から指摘《してき》されており，企業の取り組みもあって1990年代以降は減少傾向《けいこう》にある(ウ…×)。

問6　都心部に多くの駐車場を設置して車通勤の利便性を高めることは，自動車で通勤する人が増え，交通渋滞《じゅうたい》を悪化させることにつながる(イ…×)。

問7　収穫《しゅうかく》量の約３％の米を納める租は，口分田を支給された６歳以上の男女に課せられた税である(エ…×)。なお，地方の特産物などを納める調と，労役の代わりとして布を納める庸は，成年男子のみに課せられた税である。

問8　武蔵《むさし》国から銅が献上《けんじょう》されたことをきっかけにつくられ，平城京の市でも使われていたのは和同開珎《かいちん》であり，富本銭は，飛鳥時代の天武天皇のころにつくられたと考えられている貨幣である(ア…×)。

問9　アは1156年(保元の乱)と1159年(平治の乱)，イは11世紀末(白河上皇による院政の開始)，ウは10世紀前半(平将門の乱，藤原純友《すみとも》の乱)，エは1167年(平清盛の太政大臣就任)であるので，年代の古い順にウ→イ→ア→エとなる。

問10　(1)　Aについて，100km地点における１kgあたりの利益は，(市場での販売《はんばい》価格)－(１kgあたりの流通コスト)×100kmで求められるので，米は，300－１×100＝200(円)，白菜は，600－３×100＝300(円)，いちごは，1500－10×100＝500(円)となる。よって，最も利益が大きいのはいちごとなる。Bについて，200km地点における１kgあたりの利益は，(市場での販売価格)－(１kgあたりの流通コスト)×200kmで求められるので，米は，300－１×200＝100(円)，白菜は，600－３×200＝０(円)となる。いちごは，10×200－1500＝500(円)より，500円の損失となる。よって，利益が出るのは米だけである。したがって，正しい組み合わせはオである。　(2)　白菜の市場での販売価格は１kgあたり600円であるから，１a《アール》あたりの収穫量が500kgのときの売り上げは，600×500＝300000より，30万円となる。よって，利益を出すには地代が30万円の地点よりも遠い地域での生産でなければならないことがわかる。図４より，１aあたりの地代が30万円となるのは，市場からの距離が０kmと50kmの地点の中間であるので，50÷２＝25(km)となる。

問11　1971年６月，佐藤栄作内閣の下，日本政府はアメリカとの間で沖縄返還《へんかん》協定に調印。翌72年５月，協定の発効により沖縄の日本への復帰が実現した。その後，佐藤栄作内閣は６月に退陣し，翌月，代わって自民党総裁となった田中角栄が内閣総理大臣となった(ウ…×)。なお，田中は1972年９月に北京を訪れ日中共同声明に調印し，中国との国交正常化を果たしている。

問12　オークションでは，出品された商品に対して，購入《こうにゅう》したい人が買い取り価格を提示し，最も高い価格をつけた人に販売されるのが一般的であるから，人気のある商品ほど価格は高くなる(イ…○)。なお，利益を上げた企業に対して課税される税を法人税といい，世界の多くの国で導入されている(ア…×)。1973年，中東の産油国が原油価格の大幅引き上げを行ったことで起こった第一次石油危機(オイル・ショック)の影響で，日本の1974年のGDP(国内総生産)は前年を下回ったが，翌75年以降はGDPがゆるやかに成長する年が続いた(ウ…×)。政府は社会資本などへの公共投資を行ったり，民間企業からのサービスなどを購入したりしている(エ…×)。

問13　歌川広重は，19世紀前半の化政文化のころに活躍した浮世絵師である(エ…×)。なお，アは1637年に起きた島原・天草一揆《いっき》について述べた文，イの井原西鶴は17世紀末・18世紀初めの元禄文化のころに活躍した作家，ウは1669年に起きたシャクシャインの戦いについて述べた文である。

問14　明治時代から昭和時代前半にかけて，日本にとって最も重要な輸出品であったのは生糸であり，アメリカはその最大輸出先であった。1929年に始まった世界恐慌によりアメリカが深刻な不景気となったため生糸の輸出が停滞し，養蚕業がさかんな各地の農村は大きな打撃を受けた(ウ…×)。

問15　大量生産は一般に，最新技術を取り入れた機械を用いた規模の大きい工場で行われる。その

結果，品質のそろった製品が生産され，製品の単価は下がる(ア，イ…○)。なお，単価は下がっても販売量が増えるため，企業の利益も増える(ウ…×)。企業が利益を上げ，事業を拡大すれば従業員を増やす場合もあるが，機械生産のためそれほど多くの労力を必要とするわけではなく，生産の効率化により人員が削減される場合もあるので，必ずしも従業員が増えるとはいえない(エ…×)。

問16　1980年代後半から1990年代にかけて石油価格が下落傾向にあったのは，石油危機の経験から省エネが推進されたことと，新たな油田開発により石油供給量が増えたことによる(イ…○)。なお，エネルギー革命が進んだのは1960年代であり，1970年代に石油価格が著しく上昇したのは二度にわたる石油危機の影響である(ア…×)。リーマンショックは2008年に起きたアメリカの金融不安をきっかけに広まった世界的な不況である(ウ…×)。2020年代前半に日本でガソリン価格が上昇した原因には，ウクライナ危機によるロシア産エネルギー資源の供給に不安が生まれたほか，新型コロナウイルス感染拡大による経済の停滞から回復に向かう中で石油消費量が増えていることや，円安が進んだことなどが挙げられる(エ…×)。

問17　中国・四国地方は，太平洋側・瀬戸内・日本海側ともに，夏季は晴天の日が多い。また，熱中症により救急搬送《はんそう》された人数が比較《ひかく》的少ないのは，人口そのものが少ないことにもよると思われる(ウ…×)。

問18　衆議院の選挙では，小選挙区選挙と比例代表選挙の２枚，参議院の選挙では，選挙区選挙と比例代表選挙の２枚の投票用紙が渡《わた》される。また，衆議院議員総選挙のさい，就任後初めてと，前回の審査から10年を経過した最高裁判所裁判官がいる場合には，国民審査が行われるため，その投票用紙もふくめて計５枚が渡されることになる。なお，国民審査については，戦後まもないころには衆議院議員総選挙のさいに該当者がおらず，行われないこともあった。

問19　図７中の●印の箇所は，山地から平地の境界付近の谷間に位置している。このような場所は，大雨が降ったときなどに土石流や土砂崩《くず》れなどが発生しやすいため，被害を軽減する砂防ダムが設けられる(ア…○)。なお，イは火山シェルター，ウは木曽三川の下流域に見られる輪中に設置される水屋，エは津波避難タワーである。

問20　回答には「神奈川県特有の原因」は記されていない(①…誤)。いくつかの視点をふくめた，高齢化についての大まかな内容について示されているといえる(②…正)。神奈川県の高齢化率や出生率などについて，情報の出典が示されていないので，自分で統計などを確認する必要がある(③…正)。

問21　金融政策とは，中央銀行が景気の調整を目的として行うもので，不景気(不況)の場合は，景気を刺激するために市場に出回る通貨の量を増やすような政策がとられる。例えば，企業が銀行などの金融機関から資金を借りやすくするために，お金を貸すさいの利子の割合が低くなるように調整したり(A…×，B…○)，通貨の発行量を増やしたりする(C…○，D…×)。

2　SDGsと消費行動の関連についての問題

資料１より，「環境《かんきょう》保護を支持している企業から商品を購入する」ことに「同意する」と回答した人の割合について，日本は30％未満と諸外国に比べて非常に低いことがわかる。また，資料２の中で，A君が「食事や設備の豪華《ごうか》さや価格」を基準にホテルを選択しているのに対し，A君のお父さんは「放し飼いなどストレスなく育てられた豚や鶏」を使った料理を基準としていることがわかる。このような「家畜を快適な環境下で飼育することで，生産性の向上や安全な畜産物の生産につ

なげよう」という考え方をアニマルウェルフェアといい，近年，注目を集めている。資料３で示されているMSC認証とは，水産資源と環境に配慮し，持続可能で適切に管理された漁業でとられた水産物であることを認めるものである。資料４の国際フェアトレード認証ラベルとは，発展途上国の農産物などを適正な価格で継続的に購入するフェアトレードの考え方に基づいて，生産過程や環境基準などに関して定めた基準を満たしていると認定するものである。以上の資料から，日本の消費者がかかえる課題は，環境保護などに関する意識が十分ではなく，品質や価格を優先する傾向があるといった点である。そのため，私たち消費者が意識すべきこととしては，SDGs(持続可能な開発目標)が掲げる「つくる責任，つかう責任」や「海の豊かさを守ろう」といった観点から，MSC認証や国際フェアトレード認証を受けた商品，動植物の生育環境や環境保護などに配慮した商品などを購入するように心がけることなどが挙げられる。

理 科 (40分) ＜満点：80点＞

解 答

1 ⑴ イ ⑵ エ ⑶ 落葉樹 ⑷ 形成層 ⑸ キ ⑹ イ ⑺ 24mg ⑻ ウ ⑼ ウ　2 ⑴ イ ⑵ イ，ウ，カ ⑶ エ ⑷ エ ⑸ ウ ⑹ (a) イ (b) イ ⑺ エ　3 ⑴ オ ⑵ オ ⑶ 1440 ⑷ ク ⑸ (a) 7.2 g (b) 7200mL　4 ⑴ アルキメデス(の原理) ⑵ 64 g分 ⑶ 35% ⑷ 25% ⑸ E ⑹ 36 g ⑺ 5 : 4 ⑻ 1.2cm ⑼ 7通り

解 説

1 植物の分類と光合成，呼吸についての問題

⑴ コナラ，クロマツは，成長するのに強い光が必要な陽樹，スダジイ，アラカシは，弱い光のもとでも成長することができる陰樹《いんじゅ》である。

⑵ ダンゴムシは，節足動物のうち，カニやエビなどと同じ甲《こう》かく類のなかまである。

⑶ イチョウ，コナラ，ソメイヨシノ，ブナは，秋に紅葉(黄葉)し，冬になると葉を落とす落葉樹，アラカシ，クロマツ，スダジイ，ヒマラヤスギは，１年中緑色の葉をつけている常緑樹である。

⑷ 双子《そうし》葉類や裸子《らし》植物の茎《くき》や根などには，道管が集まった木部と師管が集まった師部の間に形成層があり，形成層が成長することによって茎や根などが太くなっていく。

⑸ 植物は種子でふえる種子植物と，胞子《ほうし》でふえる植物に分類される。種子植物は，ソメイヨシノのように胚珠《はいしゅ》が子房《しぼう》の中にある被子《ひし》植物と，クロマツのように子房がなく胚珠がむき出しになっている裸子植物に分類される。胞子でふえる植物は，イヌワラビのように維管束《いかんそく》があるシダ植物と，スギゴケのように維管束がないコケ植物に分けられる。

⑹ イチョウは，クロマツと同じ裸子植物である。イチョウの種子は黄色で，丸い形をしている。

⑺ 図５で，光の強さが０のとき，イチョウの葉は呼吸のみを行っていて，１時間あたり４mgの二酸化炭素を放出している。また，光の強さが３のとき，イチョウの葉は１時間あたり８mgの二酸化炭素を吸収している。これは光合成で吸収した二酸化炭素の量と呼吸で放出した二酸化炭素の量の差だから，光の強さが３のとき光合成によってイチョウの葉が吸収した二酸化炭素の総量は，

１時間あたり，４＋８＝12(mg)である。よって，イチョウの葉が光合成によって２時間で実際に吸収した二酸化炭素の総量は，12×２＝24(mg)になる。

⑻　暗所に５時間置いたとき，イチョウの葉が放出した二酸化炭素の総量は，４×５＝20(mg)である。光の強さを１にして２時間照射しても二酸化炭素の総量の増減はない。また，光の強さを４にして３時間照射したとき，イチョウの葉が吸収した二酸化炭素の総量は，８×３＝24(mg)である。よって，暗所に置く前の容器内の二酸化炭素量と比べて，容器内の二酸化炭素は，24－20＝４(mg)減少している。

⑼　イチョウは陽生植物(陽樹)で，イヌワラビは陰生植物である。一般《いっぱん》に，陰生植物の方が呼吸による二酸化炭素放出量が少なく，弱い光で光合成による二酸化炭素吸収量が一定になる。よって，イヌワラビのグラフはウのようになる。

２　地震《じしん》についての問題

⑴　図１の断層は，右側の地層が断層面に対してずり上がっているので，左右から大きな力で押《お》されてできた逆断層である。

⑵　地震が起こったとき，地震計全体はゆれるが，振《ふ》り子のおもりだけは動かない。これは電車が動き始めると逆向きに倒《たお》れそうになる現象と同じく，止まっている物体はそのまま止まり続けようとする性質(慣性)によるものである。図２のような地震計では，地震のゆれによって動いた記録紙に，地震のゆれが地面の動きと逆向きに記録されていく。このとき紙の動きと平行な動きのゆれは紙の動きの向きと重なってしまい，正しく記録できない。また，あらゆる方向のゆれを記録するためには，前後，左右，上下の３方向のゆれを調べるため，３台の地震計が必要である。

⑶　アについて，振れ幅《はば》(地震のゆれの大きさ)は，地震の規模を示すマグニチュードだけでなく，震源からの距離《きょり》も関係する。イについて，大きなゆれが続いている時間が短いとき，地震の規模が小さいことはわかるが，震源の深さについてはわからない。ウについて，地震が発生すると，小さなゆれを伝えるＰ波と大きなゆれを伝えるＳ波が同時に発生するが，Ｐ波の方がＳ波よりも速いので，小さなゆれが起こってから大きなゆれが起こる。エについて，図３より，観測地点でゆれが起こった時刻はわかるので，地震発生時刻と震源距離(観測地点から震源までの距離)がわかれば，地震波のおよその速さを求めることができる。

⑷　地震波は，ふつう震源から同心円状に伝わる。そのため，各地点の地震のゆれが始まった時刻を比べることで震央の位置を調べることができる。なお，地震のゆれが終わる時刻や地震のゆれが続いた時間は，地震の規模や，建物や地盤《じばん》の強さ，震源からの距離などの影響《えいきょう》を強く受けるため，震央の位置を調べることに使うのは適さない。

⑸　ア，イ　震度は０，１，２，３，４，５弱，５強，６弱，６強，７の10段階で表され，震度０とは，人はゆれを感じないが地震計には記録される状態である。　ウ　マグニチュードが１大きいとエネルギー量は約32倍，マグニチュードが２大きいとエネルギー量は約1000倍になるので，マグニチュードが３大きいときのエネルギー量は，1000×32＝32000(倍)となる。　エ　マグニチュードが大きくなっても地震波の速さが速くなるとは限らない。

⑹　(a)　図４より，1961年～2010年の50年間に，マグニチュード５の地震の発生回数が1000回，マグニチュード７の地震の発生回数がおよそ10回である。つまり，マグニチュード５の地震が1000回起こる間に，マグニチュード７の地震が10回起こるといえる。　(b)　図４から，マグニチュード

が１大きくなるごとに，発生回数は$\frac{1}{10}$になっていることが読み取れる。よって，1961年から2010年までの50年間に，マグニチュード９の地震は，$1\times\frac{1}{10}=0.1$(回)起こると考えることができる。よって，マグニチュード９の地震は，50÷0.1＝500より，500年に１回の頻度《ひんど》で発生するとわかる。

⑺　地震の規模は，断層面の面積とずれの量と岩石のかたさの積で求められると述べられている。岩石のかたさは一様だとすると，地震の規模は断層面の面積とずれの量で考えられる。図５の震源域のたての長さは，おおよそ緯度《いど》５度分の長さと等しく，その長さは，$40000\times\frac{5}{360}=555.5\cdots$より，約556km，横の長さは，$556\times\frac{2}{5}=222.4$より，約222kmと求められる。ここで，マグニチュード７の地震の規模を，60×40×2.1＝5040とすると，マグニチュード９の地震の規模は，マグニチュード７の地震の規模の1000倍の，5040×1000＝5040000と表すことができる。よって，この地震の断層のずれを□mとすると，556×222×□＝5040000が成り立ち，□＝40.8…より，断層のずれはおよそ50mとなる。

3 マグネシウムと塩酸の反応についての問題

⑴　①「にがり」は海水から食塩を取り除いたあとに残る液体で，塩化マグネシウムが多く含《ふく》まれており，豆乳から豆腐《とうふ》を作るときなどに使われる。　②　マグネシウムと銅，アルミニウムを混ぜて作られるジュラルミンとよばれる合金は，非常に軽く，強度も強いので，飛行機などさまざまなものに用いられている。　③　酸化マグネシウムは塩酸とおだやかに反応する性質があるので，塩酸を多く含んだ胃液を中和して，胸やけなどの症状を改善する胃薬として用いられる。

⑵　表１で，7.3％の塩酸の重さが10.0ｇのとき，マグネシウムの重さが，0.60÷0.12＝５(倍)になっても，発生した水素の体積は，240÷120＝２(倍)にしかなっていない。このことから，7.3％の塩酸10.0ｇと過不足なく反応するマグネシウムの重さは，0.12×２＝0.24(ｇ)で，このときに発生する水素の体積は240mLであることがわかる。よって，7.3％の塩酸25.0ｇと過不足なく反応するマグネシウムの重さは，$0.24\times\frac{25.0}{10.0}=0.60$(ｇ)と求められる。

⑶　マグネシウム1.60ｇと7.3％の塩酸60.0ｇを混ぜ合わせたとき，塩酸60.0ｇとマグネシウム，$0.24\times\frac{60.0}{10.0}=1.44$(ｇ)が反応して，水素が，$240\times\frac{60.0}{10.0}=1440$(mL)発生する。また，このとき反応していないマグネシウムが，1.60−1.44＝0.16(ｇ)残る。

⑷　⑶より，このときに反応したマグネシウムの重さは1.44ｇだから，水を蒸発させてできる塩化マグネシウムの重さは，$4.75\times\frac{1.44}{1.20}=5.70$(ｇ)，反応せずに残っているマグネシウムの重さは0.16ｇなので，固体の重さは，全部で，5.70＋0.16＝5.86より，およそ5.9ｇである。

⑸　(a)　マグネシウムを燃やすと酸素と結びついて酸化マグネシウムができる。マグネシウム12.0ｇを燃やしたときに，マグネシウムと結びついた酸素の重さは，15.2−12.0＝3.2(ｇ)なので，このとき酸素と結びついたマグネシウムの重さは，$6.0\times\frac{3.2}{10.0-6.0}=4.8$(ｇ)である。よって，燃え残ったマグネシウムの重さは，12.0−4.8＝7.2(ｇ)である。　(b)　マグネシウム7.2ｇが全て塩酸と反応したときに発生する水素の体積は，$240\times\frac{7.2}{0.24}=7200$(mL)となる。

4 浮力《ふりょく》についての問題

⑴　液体の中にある物体には，物体が押しのけた液体の重さと同じ大きさの上向きの力(浮力)がはたらく。この法則は，発見者の名前からアルキメデスの原理とよばれている。

⑵　おもりの体積は，４×４×４＝64(cm^3)なので，完全に水面より下に沈《しず》んでいるおもりは，64

cm^{3}の水を押しのけ，64×1.00＝64(ｇ)の浮力を受ける。

⑶　おもりAの重さは，64×0.65＝41.6(ｇ)なので，水に浮《う》いているおもりAにはたらく浮力の大きさは41.6ｇである。つまり，おもりAの水面より下の部分の体積(おもりAが押しのけた水の体積)は，41.6÷1.00＝41.6(cm^3)なので，水面より上の部分の体積の割合は，(64－41.6)÷64×100＝35(％)と求められる。

⑷　おもりBの重さは，64×0.85＝54.4(ｇ)なので，おもりAとおもりBの重さの合計は，41.6＋54.4＝96(ｇ)である。⑶と同様に考えると，おもりAとおもりBの体積の合計は，64×２＝128(cm^3)で，このうちの，96÷1.00＝96(cm^3)が水面より下にあるので，水面より上にある部分の体積は，全体の，(128－96)÷128×100＝25(％)である。

⑸　おもり全体の密度が１ｇ/cm^{3}をこえたときにおもりは沈む。ここで，おもりCまでのせたときの重さは，96＋64×1.05＝163.2(ｇ)，体積は，128＋64＝192(cm^3)だから，密度は，163.2÷192＝0.85(ｇ/cm^3)になる。同様に考えていくと，おもりDまでのせたときの密度は0.95ｇ/cm^3，おもりEまでのせたときの密度は1.05ｇ/cm^3，おもりFまでのせたときの密度は1.15ｇ/cm^{3}になるから，はじめて密度が１ｇ/cm^{3}をこえるのはおもりEまでのせたときとわかる。

⑹　おもりCの密度は1.05ｇ/cm^{3}なので，食塩水の密度が1.05ｇ/cm^{3}より大きくなると，おもりCが完全に水面より下に沈まなくなる。ここで，水槽《すいそう》の中の水の体積は，６×６×20＝720(cm^3)で，重さが，720×1.00＝720(ｇ)である。密度が1.05ｇ/cm^{3}の食塩水720cm^{3}の重さは，720×1.05＝756(ｇ)なので，食塩を，756－720＝36(ｇ)より多く入れると，食塩水の密度が1.05ｇ/cm^{3}より大きくなり，おもりCが完全に水面より下に沈まなくなる。

⑺　おもりAの底面積は，４×４＝16(cm^2)，水槽の底面積は，６×６＝36(cm^2)なので，上から見た水面の面積は，36－16＝20(cm^2)である。このとき，移動した水の体積は等しいので，16×X＝20×Yが成り立ち，X：Y＝$\frac{1}{16}:\frac{1}{20}$＝５：４になる。

⑻　⑶より，水面からおもりAの底面までの長さは，41.6÷16＝2.6(cm)なので，水面が上昇《じょうしょう》した高さ(図３のYの長さ)は，2.6×$\frac{4}{5+4}$＝1.15…より，1.2cmと求められる。

⑼　密度が１ｇ/cm^{3}より小さいおもりA，おもりBは水に浮き，密度が１ｇ/cm^{3}より大きいおもりCからおもりFは水に沈む。ここで，浮くおもりと沈むおもりを選んだとすると，浮くおもり，沈むおもりの順に入れると全体が浮く，もしくは全体が沈むが，沈むおもり，浮くおもりの順に入れると，まず沈むおもりが沈み，浮くおもりが浮いた状態になるため，順番を入れかえると水面の高さが変わってしまう。よって，条件に当てはまるのは，両方とも浮くおもりを選ぶ場合と両方とも沈むおもりを選ぶ場合になる。両方とも浮くおもりの場合は，AとBの１通り，両方とも沈むおもりの場合は，CとD，CとE，CとF，DとE，DとF，EとFの６通りあるから，入れる順番を変えても水面の高さは変わらないおもりの組み合わせは全部で，１＋６＝７(通り)ある。

国　語　(50分)　＜満点：120点＞

解　答

一　①～⑧　下記を参照のこと。　⑨　なごり　⑩　こころよ(い)　二　**問1**　エ

問2　イ　**問3**　(例)　娘を心配する気持ちから疎開に慎重になっている親の愛情を理解しないばかりか，自身の命を軽んじる言葉を「私」が口にしたこと。　**問4**　ア　**問5**　ウ　**問6**　ア　**問7**　**A**　エ　**B**　ア　**問8**　ウ　**三**　**問1**　エ　**問2**　イ　**問3**　エ→ア→ウ→イ　**問4**　目からウロコ　**問5**　ウ　**問6**　**A**　イ　**D**　ア　**E**　エ　**問7**　(例)　都会では，自然を社会的・経済的に価値がないとみなして，現実から除外していること。　**問8**　(例)　都市化されていない田舎では，子どもも作物も日々の変化を当然のこととして世話し，育てていくものだから。　**問9**　イ

●漢字の書き取り

一　①　記帳　②　復旧　③　印税　④　警笛　⑤　縮尺　⑥　土産　⑦　燃費　⑧　謝罪

解説

一　漢字の書き取りと読み

①　来訪者や参会者がそれぞれ帳面に氏名を書くこと。　②　壊《こわ》れたり傷《いた》んだり乱れたりしたものを元通りの状態にすること。道路，水道，電気，線路，交通ダイヤ，都市機能などに使うことが多い。　③　著作権者が著作物の使用料として出版者などから受け取る金銭。　④　警戒《けいかい》や注意を促《うなが》すために鳴らす笛。　⑤　実物より縮めた図を描《か》くとき，図の上での長さを実物の長さで割った値《あたい》。　⑥　よその家を訪ねるときに持っていく贈《おく》り物。　⑦　機械の燃料消費率。自動車では，1リットルの燃料で走ることのできるキロ数。　⑧　罪や過《あやま》ちをわびること。　⑨　過ぎ去った後に，なお残っている気配や影響《えいきょう》。　⑩　音読みは「カイ」で，「快晴」などの熟語がある。

二　出典：西川美和《にしかわみわ》「うつろいの秋」。学校の方針にしたがおうとする「私」(琴子《ことこ》)は，集団疎開《そかい》に反対する父との口論の末，疎開することになる。

問1　「お母さんや弟と離《はな》れるなんて，考えられない」のに，「お父さんに(申請《しんせい》書への)ハンコつかれちゃった」ために疎開地へ行かざるをえないと嘆《なげ》くユキちゃんに対し，「私」は疎開を「お願いしたい」と思いながらも，このことは「あくまで各家庭の自主性に任せられている」のであって「強制ではない」と，父に認められずにいる。集団疎開できるのに「行きたくない」と泣くユキちゃんの悩《なや》みは，行きたいのに受けいれられずにいる自分にとっては「自慢《じまん》」としかとらえられないほどの贅沢《ぜいたく》なものだったので，「泣きたいのは」こっちのほうだと「私」は思ったのである。よって，エがふさわしい。なお，ユキちゃんは疎開したくないと思っているので，「自分の望み通りに」疎開を決めたとあるアは合わない。また，「私」は疎開することを望んでいるので，「疎開には行きたくない」としたイも正しくない。さらに，「私」の父親は「疎開させる」こと自体に反対なので，ウも誤り。

問2　「みんなと一緒《いっしょ》に，銃後《じゅうご》で鍛錬《たんれん》する疎開戦士になりたい」と言う「私」に，父は「そういう受け売りの言葉は僕《ぼく》にはわからない。ソカイセンシ，とはなんだ。肥《こえ》の匂《にお》いのする田舎《いなか》できみは何と戦う。カエルと相撲《すもう》でも取るかい」と，皮肉をこめながら論理的にさとしている。しかし「私」は，「射抜《いぬ》くよう」な視線とともにそう言ってくる父に冷たく突《つ》き放された感覚を覚えつつも，「お父さんは楽だわ。あたし一人を相手に，家の中で皮肉を言えばいいだけだもん」と，ひるまず不満

をぶつけているのだから，イが合う。なお，父は，戦時下の「聖戦完遂《せいせんかんすい》」といった言葉にあおられている「私」を案じて話しているのであって，「体面」を気にしているわけでも，「論破」を目的としているわけでもない。よって，ア，ウ，エは誤り。

問3　疎開の願いを受けいれてもらえない「私」が「みんなで共倒《ともだお》れになるよりは，と思わないの？」と言ったことに父は顔を歪《ゆが》め，母はたまらず「あなたを私たちと共倒れにさせようなんて，思っちゃいないわ」と「言葉を挟《はさ》ん」でいる。また，勢いの止まらない「私」が「あたしだって，何かの役に立ちたいんです。男の子に産んでくれてれば，兵隊になれたのに。お国のために立派に死ねるのに」と言ったことに対して，父は「そういうことを言うおまえこそ，僕たち親を裏切っている」と話している。つまり，疎開させず，東京で守ろうとしている自分たちの愛情が伝わっていないばかりか，命を粗末《そまつ》に扱《あつか》うようなことを言い放ち，思いをふみにじってきた(裏切った)「私」に，父は激しい「怒《いか》り」を覚えたと考えられる。これをもとに，「娘を心配する気持ちから疎開に慎重《しんちょう》なのに，その愛情が伝わらなかったばかりか『私』が自身の命を粗末に扱う発言をしたこと」のようにまとめる。

問4　しめ切りが過ぎた後にやってきた担任の曽根《そね》先生の説得に応じ，結局父は申請書に判子を押《お》している。曽根先生から「安全な疎開地に我《わ》が子を送り込《こ》まないのは，親としての愛がない」と，世の中で正しいとされているであろう，あるべき「愛情のしるし」を問われた父は，自らの「愛」を主張することなく屈《くっ》したのである。続く部分で，「国威発揚《こくいはつよう》のための」曲を依頼《いらい》にしたがってつくり，(自らの信ずる)「善《よ》きもの」を裏切る「時局的な音楽の仕事」に失望しながら「抗《あらが》うことの煩《わずら》わしさに背を向け」，「状況《じょうきょう》のせい」にしてあきらめていた，つまり「敗北」していた父の過去が描《えが》かれていることからもうかがえるとおり，曽根先生に「愛」を問われたこのときも，社会の大きな流れにさからってまで「私には私の愛が」と貫《つらぬ》くほどの熱量などなかったのだから，アがふさわしい。なお，少し前に「曽根先生の説得に心を打たれたからでもなく」とあるので，「説得力のある曽根先生の発言に降参した」としたイは誤り。また，父が「曽根先生の立場を心配」しているようすは描かれていないので，ウも間違《まちが》っている。さらに，父は疎開を認めるべきだという世の中の大きな流れに屈したのであって，「娘の将来を真面目に考えた結果」疎開を認めたわけではない。よって，エも正しくない。

問5　音楽にたずさわる者として「自身が信じる『善きもの』と，求められるものの圧倒的な溝《みぞ》の深さに失望し」ながらも，たかだか音楽家ふぜいの自分が世の中の「大きな流れ」に「抗うこと」などできないと思い込《こ》み，その「煩わしさ」から逃《に》げた父の弱さが，「浮薄《ふはく》な蝶《ちょう》」にたとえられている。よって，ウが選べる。なお，「浮薄」は，考えが浅く軽々《かるがる》しいこと。

問6　「飽《あ》きもせずに練習する」兄に「苦笑いしながら」も，父は奏《かな》でられるパガニーニやサラサーテを聴《き》き「幸福そうに」している。「芸術が贅沢《ぜいたく》で不徳なものとして敵視されていく世相」をよそに，「課題があるから」と言って軍歌の流れるラジオを消し，自らの「善きもの」を求める兄の姿勢を見て，父は「不本意」な軍歌をつくり演奏しなければならない「憂鬱《ゆううつ》」な気分をいやしているのだから，アがふさわしい。なお，兄が「軍歌」の演奏技術の向上に努めている描写《びょうしゃ》はないので，イは誤り。また，父は兄に「後継《こうけい》者としての姿を見出《みいだ》し」ているわけではないので，ウも正しくない。さらに，「軍歌を歌う」「私」の姿に父は幸福を感じていないので，エもふさわしくない。

問7　**A**　問4でもみたが，反対していた集団疎開に結果として同意した父のことを，時勢に「負

けた」と，「私」は批判的にとらえている。それは，「軍歌」をつくるときでさえ「自身が信じる『善きもの』」へと工夫《くふう》を凝《こ》らしていた父が，「わかりやすく，激しく胸を突くメロディ」を求める時勢に逆らえなくなったことに重なる。つまり，音楽においても疎開の問題においても父が貫きたかったのは，「自主性」だといえる。なお，「自主性」は，ほかの指示によらず自分で考え行動できる性質。　**B**　音楽においても疎開の問題においても「自主性」を手放した父が，時勢に「負けた」心痛を鎮《しず》め，自身を納得《なっとく》させるための，いわば「鎮痛《ちんつう》薬」としたものだから，“本当は望んでいないが，やむをえず”という意味の「不本意ながら」がよい。

問8　「望み通り疎開地行きの汽車に乗れたにもかかわらず，父に捨てられたような気がしていた」「私」は，「修学旅行に出かけて行くような気分」ではしゃいでいる子どもたちの「輪」に入ることができずにいる。親として自らの信じる「愛」を貫いたわけでも，疎開したいという「私」の願いを聞き入れてくれたわけでもなく，ただ単に「安全な疎開地に我が子を送り込まないのは，親としての愛がない」という形式的な時勢の論理に抗えずに疎開地行きへと同意した父のあり方に，「私」は「捨てられた」と感じたのだから，ウが合う。なお，父の作品に対する「私」の「愛着」については描かれていないので，アは合わない。また，「非国民」と言われたくないという「体裁」から集団疎開を望んでいたのが「私」の本音であり，確固たる「信念」があったわけではないので，イも正しくない。さらに，「私」が「都内に残した親の安否」を気にしているようすはうかがえないので，エもふさわしくない。

三　**出典：養老孟司《ようろうたけし》『ものがわかるということ』**。自分が変わるためには「偶然《ぐうぜん》を受け入れられるようにしておかな」ければならないが，都市化した現代ではそれが難しくなってきたと，筆者は述べている。

問1　「情報はいっさい変わらない」のに対し，「人間はどんどん変わっていく」が，「情報や記号で埋《う》め尽《つ》くされている」現代社会においては，「自分が変わっていくという実感」を持ちにくいと筆者は述べている。よって，エが選べる。なお，変わらない情報のなかで，人間は日々変わっていくのだから，「多くの情報が絶えず流動的に変化し」とあるア，「人間もいっさい変わらない」としたイ，「情報はそれほど変わらない」と述べたウは誤り。

問2　前後で筆者は，机に座《すわ》って「知識」を得ても，それが行動をともなって「身につく」のでなければ意味がないと主張している。「知識」と「行動」を一つのものとしてとらえていない点において，「日本の教養教育」は「ダメ」だというのだから，イがふさわしい。

問3　ベストセラーとなった『知の技法』という書籍《しょせき》を「この本」で受け，それが「売れた」理由を「知が技法に変わったから」だとしたエ→アが最初にくる。続いて，ここでの「技法」を「ノウハウ」と言いかえたうえで，「知」というものが「どういうふうに知識を手に入れるか」，「どう利用するかというノウハウ」に「変わってしまった」とくわしく説明したウ→イをつなげると，このような「知を得る」ための「マニュアル」を机の前で学んだところで，（行動がともなっていないため）「教養」が「身につく」ことにはならない，と否定する後の論に自然に接続し，文意が通る。

問4　「目からうろこが落ちる」は，何かのきっかけで急にものごとの実態がよく見え，理解できるようになることのたとえ。筆者が，学問をするとは「自分の見方がガラッと変わること」だと述べていることに注目する。

問5　『論語』の一節である「朝《あした》に道を聞かば夕べに死すとも可なり」は，普通《ふつう》，「朝学問をすれ

ば，夜になって死んでもいい。学問とはそれほどにありがたいものだ」と解釈《かいしゃく》されている。しかし筆者は，「学問をする」ことは「自分の見方がガラッと変わること」で，それほど人間が違えば「以前の自分は，いわば死んだ」のと同じだといえる，という解釈をしているので，ウが選べる。

問6　**A**　「教養はまさに身につくもので，技法を勉強しても教養には」なりえないにもかかわらず，「知(教養)を得るのに」，まるで「一定のマニュアルがあるかのような」本が出版された，という文脈である。よって，“さながら”“まるで”という意味の「あたかも」が入る。　**D**　学ぶことで自分が変わる，という感じを「いまの人」はわからないどころか，かえって「変わることはマイナス」と思っているのだから，前の内容よりも，どちらかといえば後のことを選ぶ気持ちを表す「むしろ」が合う。　**E**　都市化した現代では，人々は地面の上の木さえ邪魔《じゃま》だと思い，切ってしまうのだから，地面の下の生き物が無視されるのはいうまでもない，というつながりである。よって，著《いちじる》しい例を示し，それに比べればほかの場合はもちろんそうだという気持ちを表す「まして」が合う。

問7　「都市化」された現代の日本では，「社会的・経済的価値」がなければ，そこにあっても「ない」ものとしてみなされると筆者は述べている。直後の段落に「人間が利用しない限り」，「自然」は「空き地」としか認識《にんしき》されないとあるとおり，お金にならない「自然」は，人々にとっては「現実」ではないのだから，「都会の自然は社会的・経済的に無価値で現実に存在しないような扱いを受けていること」のような趣旨《しゅし》でまとめる。

問8　都市化されていない田舎の「子育て」と「仕事」との間に「原理的な矛盾《むじゅん》」はないのだと言っている。「都市化」された都会では「社会的・経済的価値」の有無《うむ》でものごとをはかるため，「価値」をはかれない自然や子どもは邪魔者として扱われる。一方，田舎では，田畑を耕して種を蒔《ま》き，作物が育つまで日々の変化にそって「手入れ」する「仕事」も，日々変わる子どもに向き合って「世話」をする「子育て」も，どちらも「ああすれば，こうなる」ものではなく，その変化を受け入れながら育てていくのだから，子育てと仕事の間に「矛盾」はないのである。これをふまえ，「都市化されていない田舎においては作物も子どもも日々変わる現実であり，手入れして育てていくものだから」のようにまとめる。

問9　筆者は，同じビデオ映画を二日間繰《く》り返し見る場合，四回目くらいからは「退屈《たいくつ》」になり，六，七回目では「見続けるのが耐《た》えがたい」と述べている。「繰り返せば繰り返すほどそのたびごとに見逃《みのが》した新しい発見がいろいろある」と言っているわけではないので，イが間違っている。

Dr.福井の

入試に勝つ！脳とからだのウルトラ科学

歩いて勉強した方がいい？

みんなは座って勉強しているよね。だけど，暗記するときには歩きながら覚えるといいんだ。なぜかというと，歩いているときのほうが座っているときに比べて，心臓が速く動いて（脈はくが上がって）脳への血のめぐりがよくなるし，歩いている感覚が背骨の中を通って脳をつつくので，頭が働きやすくなるからだ（ちなみに，運動による記憶力アップについては，京都大学の久保田名誉教授の研究が有名）。

具体的なやり方は，以下のとおり。まず，机の上にテキストを広げ，1ページぐらいをざっと読む。そして，部屋の中をゆっくり歩き回りながら，さっき読んだ内容を思い出す。重要な語句は，声に出して言ってみよう。その後，机にもどってテキストをもう一度読み直し，大切な部分を覚え忘れてないかをチェック。もし忘れている部分があったら，また部屋の中を歩き回りながら覚え直す。こうしてひと通り覚えることができたら，次のページへ進む。あとはそのくり返しだ。

さらに，この“歩き回り勉強法”にひとくふう加えてみよう。それは，なかなか覚えられないことがら（地名・人名・漢字など）をメモ用紙に書いてかべに貼っておくこと。ドンドン貼っていくと，やがて部屋中がメモでいっぱいになるハズ。これらはキミの弱点集というわけだが，これを歩き回りながら覚えていくようにしてみよう！　このくふうは，ふだんのときにも自然と目に入ってくるので，知らず知らずのうちに覚えることができてしまうという利点もある。

歴史の略年表や算数の公式などを大きな紙に書いて貼っておくのも有効だ。

Dr.福井（福《ふく》井《い》一成《かずしげ》）…医学博士。開成中・高から東大・文Ⅱに入学後，再受験して翌年東大・理Ⅲに合格。同大医学部卒。さまざまな勉強法や脳科学に関する著書多数。

Memo

Memo

2023年度 浅野中学校

【算　数】（50分）〈満点：120点〉

【注意】 定規・コンパス・分度器は机の上に出したり，使用したりしてはいけません。

1 **次の [ア] ～ [キ] にあてはまる数をそれぞれ求めなさい。また，[ク]，[ケ] にあてはまる辺などの名称《めいしょう》，[コ] にあてはまる文章をそれぞれ答えなさい。**

(1) $\left\{\left(\frac{5}{8}+5.375\right)\times 26\frac{2}{3}-\boxed{\text{ア}}\right\}\times 13\frac{2}{9}=2023$

(2) 子どもたちにみかんを配ります。1人に3個ずつ配ると10個余り，5個ずつ配ると最後の1人はいくつか足りませんでした。

このとき，最初にあったみかんの個数は [イ] 個または [ウ] 個です。

(3) 点Oを中心とする大小2つの円があり，小さい円の周上に点A，大きい円の周上に点Bがあります。はじめは，[**図1**]のように3点O，A，Bが一直線上に並んでいて，2点A，Bは時計回りに円周上をそれぞれ一定の速さで回り，Aは10秒で1周，Bは36秒で1周します。

このとき，A，Bが出発してからはじめて3点O，A，Bが一直線上に並ぶのは，出発してから [エ] 秒後です。

また，Bが1周する間に3点O，A，Bが一直線上に並ぶのは，出発時を除いて [オ] 回あります。

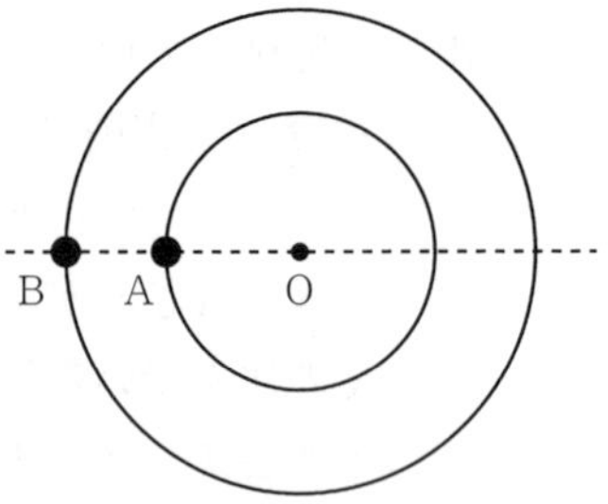

[**図1**]

(4) あるクラスで算数のテストを行ったところ，平均点は64点でした。

最高点のAさんを除いた平均点は63.2点，最低点のBさんを除いた平均点は65点，AさんとBさんの得点差が63点であるとき，クラスの人数は [カ] 人で，Bさんの得点は [キ] 点です。

(5) 点Aから点Bまで結ぶまっすぐな線のことを線分ABといいます。

ここで，偶数《ぐうすう》個の異なる点を2個ずつに分け，それらを線分で結ぶことを考えます。ただし，どの3点も同じ直線上にないものとします。

例えば，[**図2**]のような6個の点は[**図3**]のような結び方が考えられます(他の結び方もあります)。

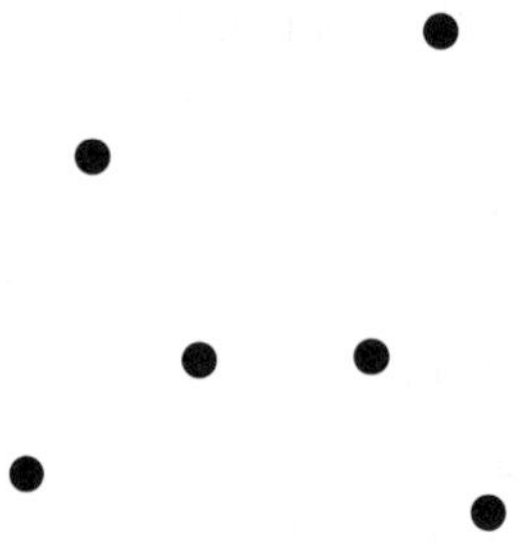
[**図2**]

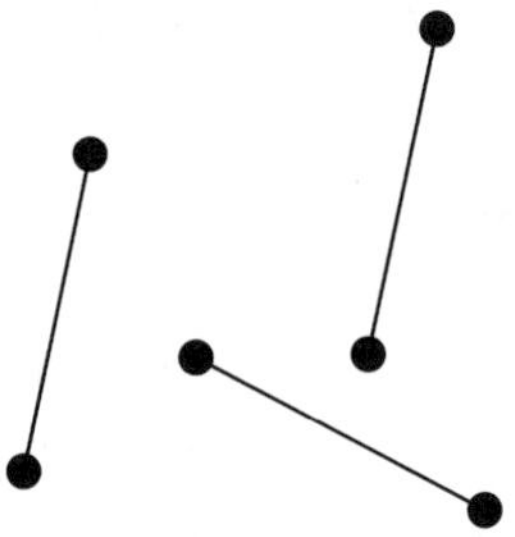
[**図3**]

このように偶数個の点を2個ずつ線分で結ぶとき，**線分どうしが交差しない結び方が必ずある**のですが，この理由を考えます。

偶数個の点を2個ずつ線分で結ぶとき，線分の長さの合計がもっとも短くなる結び方をすると，交差している部分がないことが次のようにしてわかります。

線分の長さの合計がもっとも短くなる結び方にしたとき，線分どうしが交差している部分があると**仮定します**。

交差している部分を取り出して，ここでは［**図4**］のように線分ABと線分CDが点Eで交差しているとします。

このとき，三角形において「2辺の長さの和は残る1辺の長さより長い」ことに注目すると，辺［ク］は辺AEと辺DEの長さの和よりも短く，辺［ケ］は辺CEと辺BEの長さの和よりも短くなることがわかります。

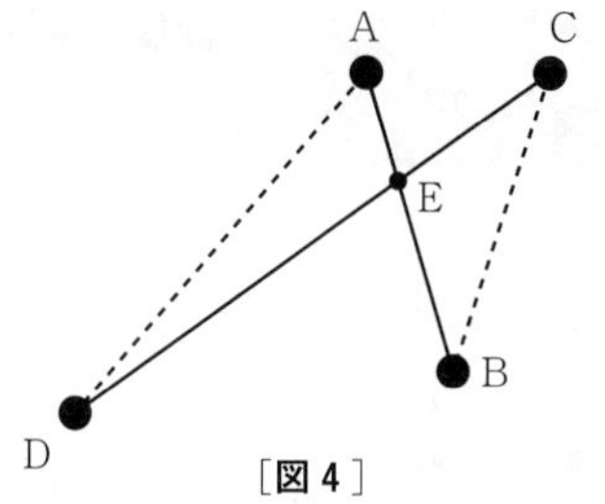

［**図4**］

このことから，線分［ク］と線分［ケ］の長さの和は線分ABと線分CDの長さの和よりも短くなり，この結び方が［コ］ことに反します。

したがって，線分の長さの合計がもっとも短くなる結び方は，交差している部分がないことがわかります。

2 **次の［ア］～［オ］にあてはまる数をそれぞれ求めなさい。**

1000人に1人の割合(0.1%)で人間に感染しているウイルスがあります。Aさんは，このウイルスに感染しているかどうか検査を受けたところ，陽性と判定されました。Aさんの受けた検査の精度は，感染者のうちの70%の人が正しく陽性と判定され，また，非感染者のうちの99%の人が正しく陰性《いんせい》と判定されるものとします。

このとき，Aさんが実際に感染している可能性について考えてみます。

Aさんの住んでいる都市の人口が10万人であるとします。

このうち実際に感染している人は［ア］人で，この人たちが全員検査を受けたとすると［イ］人が正しく陽性と判定されます。

また，感染していない人が全員検査を受けたとすると，この中で［ウ］人が間違《まちが》って陽性と判定されます。

したがって，陽性と判定される人はこの都市の人口のうち全部で［エ］人いることになります。このうちの実際の感染者は［イ］人です。

このことから，Aさんが実際に感染している可能性は［オ］%であると考えられます。ただし，［オ］は小数第2位を四捨五入して求めなさい。

3 ある数XをY個かけ合わせた数を$(X,\ Y)$と表すことにします。

例えば，$(2,\ 3)=2\times2\times2=8$，$(3,\ 4)=3\times3\times3\times3=81$　となります。

ただし，$(X,\ 1)=X$　とします。

このとき，次の問いに答えなさい。

(1) $(2,\ A)$が7で割って2余るとき，Aにあてはまる整数は1から100までの中に全部で何個ありますか。

(2) $(3,\ B)$が7で割って5余るとき，Bにあてはまる整数は1から100までの中に全部で何個ありますか。

(3) $(2,\ C)+(3,\ D)$が7で割り切れるとき，CとDにあてはまる整数の組の選び方は全部で何通りありますか。ただし，C，Dは1から100までの整数とします。

4　直方体から三角すいを２個切り取ったところ，［**図１**］のような展開図になる立体Xができました。

このとき，後の問いに答えなさい。

ただし，同じ印をつけた辺の長さは，等しいものとします。

また，(角すいの体積)＝(底面積)×(高さ)×$\frac{1}{3}$ で求められます。

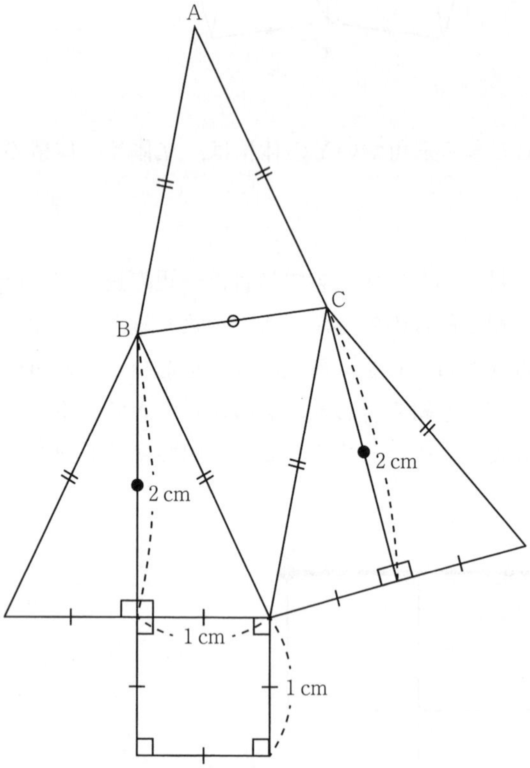

［**図１**］

(1)　立体Xの展開図に**ならない**ものを，次の**ア**～**エ**の中から１つ選び，記号で答えなさい。

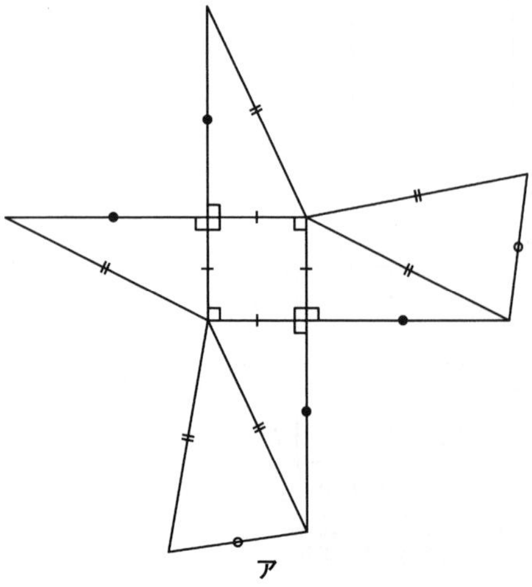

ア

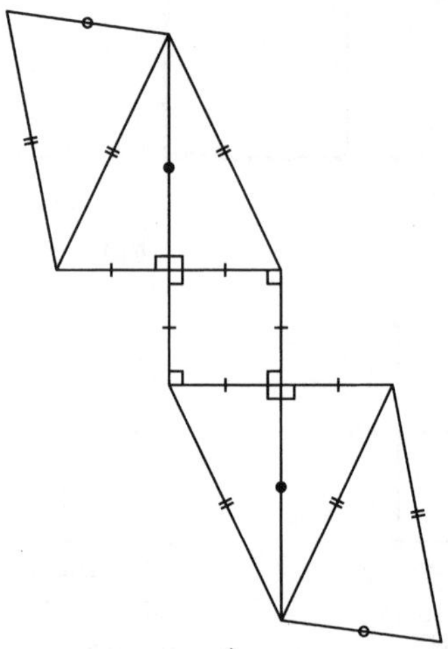

イ

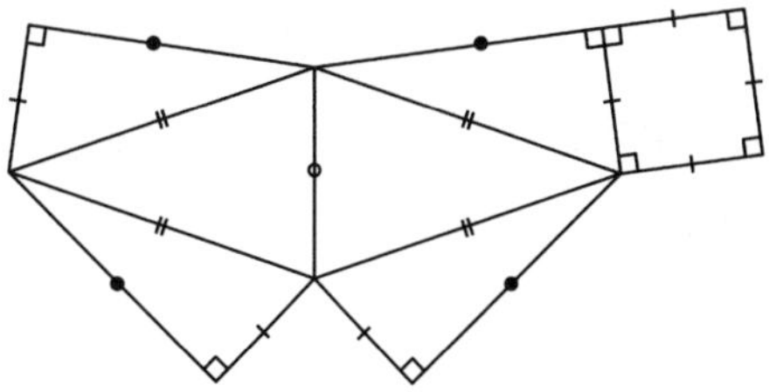
ウ

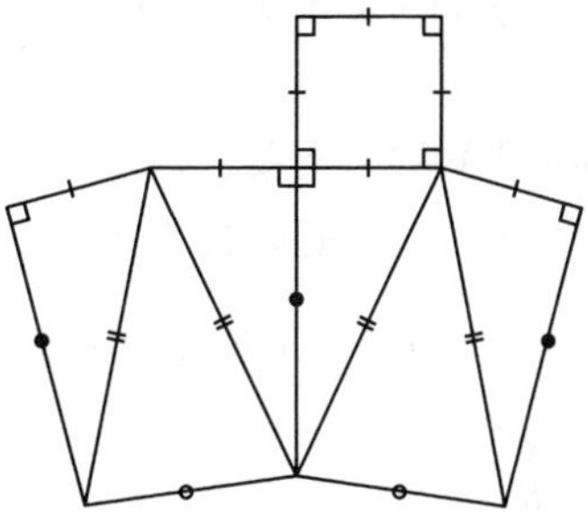
エ

(2)　立体Ｘの体積は何 cm^3 ですか。

(3)　［**図１**］の三角形 ABC と同じ三角形４枚でできる三角すいＹの体積は，立体Ｘの体積の何倍ですか。

5　［**図１**］のような15個の正方形からなるマス目があります。各マス目は一辺の長さが 20cm の正方形です。半径が 10cm である円板が，最初は円板の中心が点Ａと一致《いっち》するように置かれています。この正方形の辺上を円板の中心が点Ａから点Ｂまで最短の経路を進むときの円板の通過する部分は［**図２**］の(あ)，(い)，(う)の３種類の図形を組み合わせたものからできています。ただし，(い)，(う)の図形は回転して組み合わせてもよいものとします。また，円周率は3.14とします。

このとき，後の問いに答えなさい。

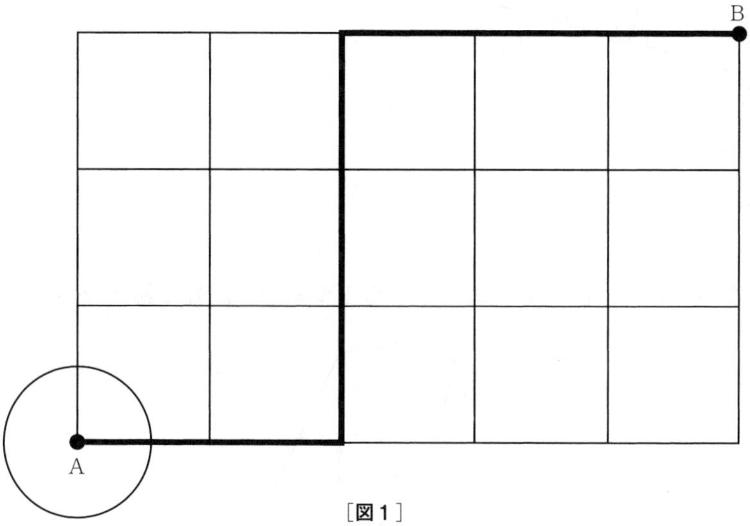

［**図１**］

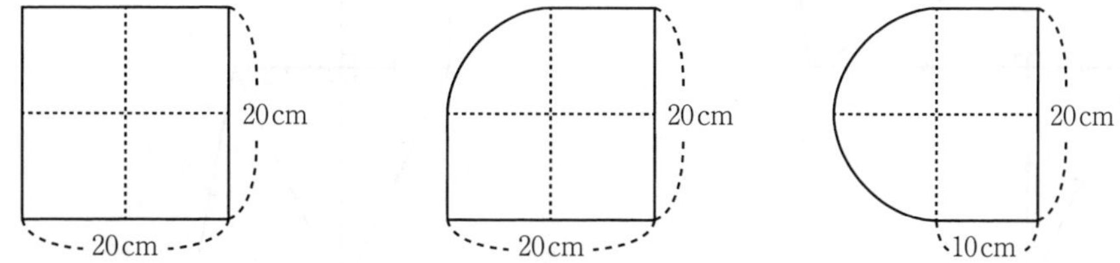

（一辺の長さが 10cm の正方形４個）
(あ)

（一辺の長さが 10cm の正方形３個とおうぎ形）
(い)

（一辺の長さが 10cm の正方形２個と半円）
(う)

［**図２**］

(1) 円板の中心が[**図1**]の太線の経路を進んだとき，円板の通過する部分は，[**図2**]の(あ)の図形が［ア］個，(い)の図形が［イ］個，(う)の図形が［ウ］個からできているので，円板の通過する部分の面積は［エ］cm² です。

　このとき，［ア］～［エ］にあてはまる数をそれぞれ求めなさい。

(2) 円板の通過する部分の面積がもっとも小さくなるとき，その面積は何 cm² ですか。

(3) 円板の通過する部分の面積がもっとも小さくなるとき，円板の中心が進む経路は全部で何通りありますか。

(下書き用)

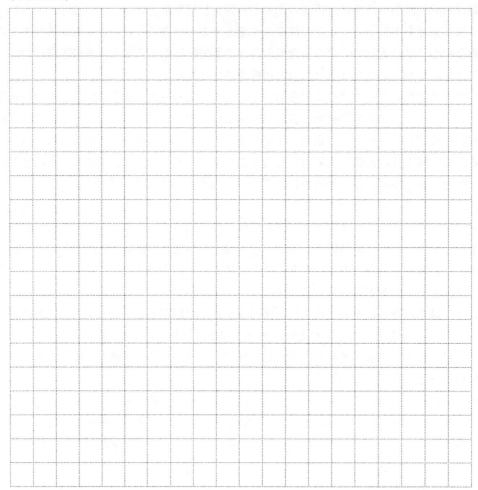

【社　会】（40分）〈満点：80点〉

【注意】 説明する問題については，句読点を１字に数えます。

〈編集部注：実物の入試問題では，図の大半と地形図，写真はカラー印刷です。〉

１　次の文章を読み，後の問いに答えなさい。

Ａくんの通っているＸ高校では２つのコースに分かれて修学旅行を実施《じっし》します。今年度は，①長崎市を中心とした②九州地方コースと，もう一方の③中国地方コースのどちらかを選択《せんたく》することになりました。なお，九州地方コースでは往復の交通手段として④飛行機を利用するそうです。

１時間目の学級活動の冒頭《ぼうとう》に，担任の先生から修学旅行で学習することの意味，さらに⑤コロナ禍《か》で修学旅行を実施するうえでの注意点や考えておくべきことについて話がありました。⑥観光業を中心に受け入れてくださる地域の方々の努力に感謝すること，感染予防についてはできることをしっかりおこなうこと，などが確認されました。

次に，コース選択のための調べ学習をおこないました。あらかじめ決めておいた行動班を基本単位に，インターネットや図書館の書籍《しょせき》を利用しつつ調べ学習をおこないます。来週は班員同士で情報を共有し，班としての意思を決定します。Ａくんは九州コースの長崎市を調べる担当であるため，図書館の書籍，長崎市や長崎県のウェブサイトを中心に⑦情報を集めました。すると，歴史的な⑧港町である長崎市には四つの特徴《とくちょう》があるとわかりました。

一つ目は，⑨西洋文化の窓口であるということです。⑩江戸時代における数少ない海外との交流の地であったことや，キリシタン関連の史跡が多く残っていることがそれを示しています。この点から派生する二つ目の特徴としては，⑪中国からの文化的影響が色濃いということです。新地中華街，長崎孔子廟《こうしびょう》などの場所があることに加え，＊精霊《しょうろう》流しや＊＊ペーロンといった個性的な行事にもその影響が見受けられます。

三つ目は，幕末以降の日本の近代化に密接にかかわった街だという点です。日本初の商社と呼ばれる亀山社中を創設した⑫坂本龍馬ゆかりの地や，「明治日本の産業革命遺産」として世界遺産に登録されている⑬三菱長崎造船所関連施設《しせつ》やグラバー邸《てい》，軍艦島《ぐんかんじま》の愛称で親しまれる⑭端島《はしま》の炭坑などが点在しています。

最後の四つ目は，⑮国際平和都市としての側面です。1945年８月９日，長崎市に⑯原子爆弾が投下され多くの人々の命が失われました。平和祈念像や長崎原爆資料館を中心に市民ボランティアの方々が訪れる人々へガイドをおこない，平和への想いや祈《いの》りを次世代へと伝えています。

同じ日の地理の授業では，担当の先生が⑰地形図を用いて長崎市周辺の地形の特徴について話してくれました。それによると，山々が海までせまっており市街地には平坦な土地が少なく，すり鉢状の地形になっているのが特徴のようです。

その日の放課後，修学旅行実行委員でもあるＡくんは各クラスの委員が集まって⑱話し合う実行委員会に参加しました。この日の議題は，「修学旅行中のスマートフォンの利用に関する⑲ルール作り」でした。担当の先生から示された原案をもとに，生徒の⑳代表として実行委員が意見を出し合い，ルールも含《ふく》めて時間をかけて作り上げていくねらいがあるようです。Ａくんは自分とは異なる立場からの委員の意見に耳を傾《かたむ》けつつ，自分の意見を理由とともに発言することができました。

帰宅後，宿題を終えたＡくんは実行委員としての仕事の一つである情報誌の作成にとりかかりました。担当は九州の「お土産」であるため，ウェブサイトやSNSから情報を集めました。調べる中で，コロナ禍で外食や旅行が制限されインターネット通販《つうはん》やお取り寄せビジネスが好調であること，㉑広告宣伝の手段としてSNSが注目されていることなどがわかりました。情報誌には，そのあたりも含めて紹介《しょうかい》記事を作成することにしました。作業中，Ａくんは間近に迫ってきた修学旅行に思いをはせるのでした。

＊　長崎でお盆におこなわれている死者の魂《たましい》を弔《とむら》う伝統行事。

＊＊竜などの装飾《そうしょく》が施《ほどこ》された船を用いておこなわれる競漕《きょうそう》行事。長崎では古くからおこなわれている。

問１　下線部①について――。

次の［**表１**］は，人口40万～50万人のいくつかの都市について，それぞれ人口増加率，第２次産業就業者の割合，65歳以上人口の割合を示したもので，**Ａ～Ｃ**は，愛知県豊田市，長崎県長崎市，兵庫県西宮市のいずれかに該当《がいとう》します。**Ａ～Ｃ**と都市名との正しい組み合わせを，後の**ア～カ**の中から１つ選び，記号で答えなさい。

［**表１**］　（単位：％）

	人口増加率	第２次産業就業者の割合	65歳以上人口の割合
Ａ	−0.5	18.3	24.6
Ｂ	−0.1	46.0	23.3
Ｃ	−4.7	17.3	32.7

統計年次は2020年。　『国勢調査』より作成

	ア	**イ**	**ウ**	**エ**	**オ**	**カ**
Ａ	豊田市	豊田市	長崎市	長崎市	西宮市	西宮市
Ｂ	長崎市	西宮市	豊田市	西宮市	豊田市	長崎市
Ｃ	西宮市	長崎市	西宮市	豊田市	長崎市	豊田市

問２　下線部②について――。

九州地方に所在する史跡について説明した文章としてもっとも適切なものを，次の**ア～エ**の中から１つ選び，記号で答えなさい。

ア　縄文時代末期から弥生時代にかけての遺跡とされており，集落の周りにほりをめぐらせた跡を確認できる。

イ　菅原道真が流された地には，奈良時代に九州の支配を担当した役所の跡があるが，この役所は外交には関与できなかった。

ウ　この地に築かれた古墳は日本最大級であり，渡来人と結びつきを強めて各地の王を従えた勢力があったことを示している。

エ　この地に築かれた石塁《せきるい》は，元軍がはじめて日本に来襲することに備えて北条時宗がつくらせたものである。

問３　下線部③について――。

次の［**図１**］は中国地方の岡山市，鳥取市と九州地方の長崎市の月別平均降水量を示しています。**Ａ～Ｃ**に該当する都市の組み合わせとして正しいものを後の**ア～カ**の中から１つ選び，記号で答えなさい。

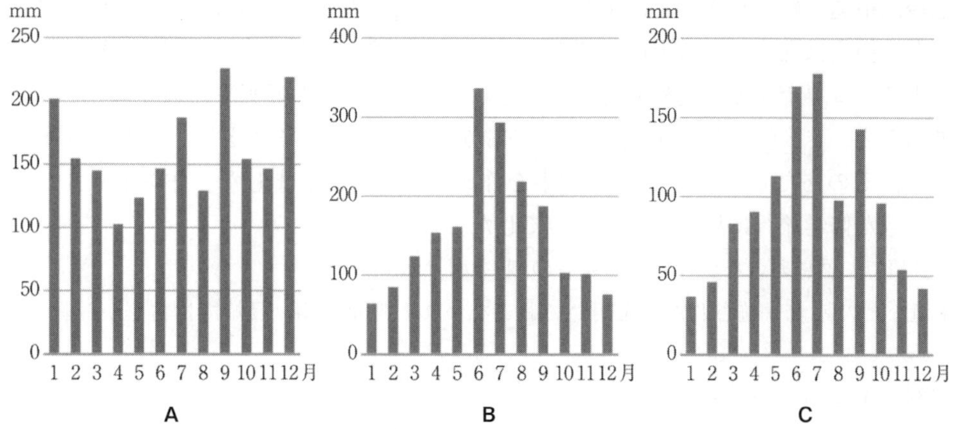

気象庁ホームページより作成

［**図１**］

	ア	**イ**	**ウ**	**エ**	**オ**	**カ**
A	長崎市	長崎市	岡山市	岡山市	鳥取市	鳥取市
B	岡山市	鳥取市	長崎市	鳥取市	長崎市	岡山市
C	鳥取市	岡山市	鳥取市	長崎市	岡山市	長崎市

問４　下線部④について――。

右の［**図２**］は，日本のいくつかの都市やその近隣《きんりん》にある＊主な空港間の＊＊年間旅客数を示したものであり，**ア～エ**は，大阪，札幌，長崎，新潟のいずれかです。長崎に該当するものを，**ア～エ**の中から１つ選び，記号で答えなさい。

＊　大阪は伊丹《いたみ》空港，札幌は新千歳空港，東京は羽田空港，長崎は長崎空港，新潟は新潟空港。

＊＊定期航空路線の直行便のみ。

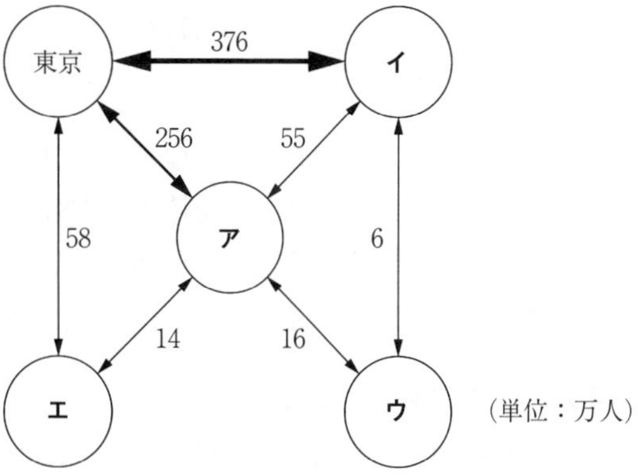

統計年次は2021年。　『航空輸送統計年報』より作成

［**図２**］

問５　下線部⑤について――。

コロナ禍は，人々の消費行動に大きな変化を引き起こしました。総務省『家計調査年報』において，2019年と比べ2021年の年間支出額（二人以上の世帯）が増加した品目として適切なものを，次の**ア～エ**の中から１つ選び，記号で答えなさい。

ア　タクシー　　**イ**　婦人服

ウ　口紅　　**エ**　生鮮肉

問６　下線部⑥について――。

コロナ禍以前に，外国人観光客を増やすために日本政府が取り組んできたこととして**適切でないもの**を，次の**ア～エ**の中から１つ選び，記号で答えなさい。

ア　ビザ発給要件の緩和《かんわ》

イ　免税店の拡大のための制度改正

ウ　円高への誘導

エ　空港における国際線の発着枠《わく》の拡大

問7　下線部⑦について――。

情報収集のために利用できるメディアや調査方法について説明した文章として適切なものを，次の**ア**～**エ**の中から**すべて**選び，記号で答えなさい。

ア　取材やインタビューは，専門家やたずさわる人々に直接に話を聞くことで深い考察を得られやすい一方で，取材相手への配慮《はいりょ》から事前準備を入念におこなう必要がある。

イ　書籍は，情報の信頼性が高く深い分析《ぶんせき》がなされているものが多い一方で，最新の情報が反映されにくく情報自体やテーマが古くなっていることもある。

ウ　新聞は，情報の速報性が高く専門紙や地方紙まで活用すれば様々な情報が得られる一方で，信頼性ではテレビなど他のメディアに比べると劣ることがある。

エ　インターネットは，場所の制約をあまり受けずに世界中から最新の情報を集められる一方で，信頼性の低いものも多く情報の価値を判断する力が求められる。

問8　下線部⑧について――。

次の[**表2**]中の**A**～**C**は，釧路，長崎，焼津のいずれかの港における出荷量(生鮮と冷凍の合計)の上位3魚種とその割合を示したものです。**A**～**C**に該当する港の組み合わせとして正しいものを，後の**ア**～**カ**の中から1つ選び，記号で答えなさい。

[**表2**]　(単位：%)

	A		B		C	
1位	かつお	64.9	まいわし	93.8	まあじ	39.9
2位	まぐろ類	28.8	たら	4.0	さば類	32.2
3位	さば類	5.2	するめいか	1.7	ぶり類	21.0

統計年次は2020年。　『水産物流通調査』より作成

	ア	イ	ウ	エ	オ	カ
A	釧路	釧路	長崎	長崎	焼津	焼津
B	長崎	焼津	釧路	焼津	釧路	長崎
C	焼津	長崎	焼津	釧路	長崎	釧路

問9　下線部⑨について――。

西洋文化が日本に与えた影響について説明した文章として**適切でないもの**を，次の**ア**～**エ**の中から1つ選び，記号で答えなさい。

ア　南蛮貿易がはじまると，ボタンやコップといったオランダ語をもとにした日本語が生まれた。

イ　18世紀なかごろには蘭学がさかんになり，医学・天文学・地理学などが広まった。

ウ　明治時代に電信・電話が通じたり，ランプやガス灯がともったりしたのは大都市が中心であった。

エ　明治時代に太陽暦を採用することが政府によって命令された。

問10　下線部⑩について――。

江戸時代の外交について説明した文章として**適切でないもの**を，次の**ア**～**エ**の中から1つ選び，記号で答えなさい。

ア　徳川家康は西国の大名や堺の商人らに朱印状を与えて，積極的に海外との交易をおこなった。

イ　薩摩藩の支配下に入った琉球王国は，将軍の代替わりの際に使節を江戸へ送った。

ウ　江戸幕府は対馬藩を通じて朝鮮と国交をもったが，貿易はおこなわなかった。

エ　日米和親条約の交渉において，アメリカ側は貿易開始も求めたが，日本側は拒否《きょひ》した。

問11　下線部⑪について――。

中国との様々なつながりがもたらした変化について説明した文章としてもっとも適切なものを，次の**ア**～**エ**の中から１つ選び，記号で答えなさい。

ア　卑弥呼は魏の皇帝から「親魏倭王」の称号と鉄製の武器を受け取り，倭国を統一した。

イ　遣隋使船に乗って来日した鑑真によって，日本の寺や僧の制度が整備された。

ウ　貿易を通じて宋銭がもたらされると，鎌倉時代には売買の手段として宋銭が使われた。

エ　足利義政が将軍のころ，明に渡った観阿弥・世阿弥によって能が日本に持ち込まれた。

問12　下線部⑫について――。

坂本龍馬と関わりの深い場所について説明した文章としてもっとも適切なものを，次の**ア**～**エ**の中から１つ選び，記号で答えなさい。

ア　坂本龍馬が暗殺された地に幕府が開かれたころ，平等院鳳凰堂に代表される文化が花開いた。

イ　坂本龍馬が暗殺された地は，足利尊氏が幕府を開くと再び日本の都となった。

ウ　坂本龍馬の出身地は，戦国時代においては島津氏の領国だった。

エ　坂本龍馬と同じ出身地の人物は，明治時代に自由党を結成して初代党首となった。

問13　下線部⑬について――。

日本の造船業は1956年に船舶竣工《しゅんこう》量が世界一となり，1990年代まで世界の竣工量の４割以上を占めていましたが，現在では中国が世界１位となり，日本は３位です。ほかにも中国が世界生産１位，日本が３位の工業として，鉄鋼業や自動車工業が挙げられます。それぞれの工業の世界生産で２位に該当する国の組み合わせとして適切なものを，次の**ア**～**カ**の中から１つ選び，記号で答えなさい。

	ア	**イ**	**ウ**	**エ**	**オ**	**カ**
造船業	アメリカ	アメリカ	インド	インド	韓国	韓国
鉄鋼業	インド	韓国	アメリカ	韓国	アメリカ	インド
自動車工業	韓国	インド	韓国	アメリカ	インド	アメリカ

※アメリカ合衆国は「アメリカ」と表記。
統計年次は2020年。　　『データブック オブ・ザ・ワールド 2022』より作成

問14　下線部⑭について――。

日本における石炭の主な用途の一つに火力発電用の燃料があります。次の［**図３**］は日本の火力発電の燃料構成割合を示したもので，２つのグラフは1980年と2020年のどちらか，**X**，**Y**，**Z**は石炭，＊石油，天然ガスのいずれかを示しています。2020年のグラフと石炭の組み合わせとして正しいものを後の**ア**～**カ**の中から１つ選び，記号で答えなさい。

＊石油にはLPG等を含む。

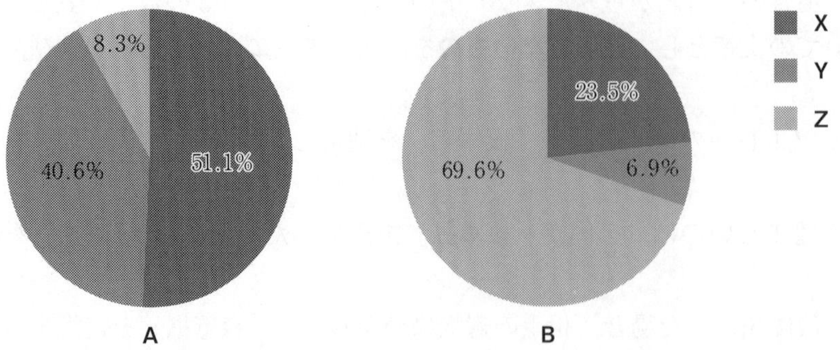

『エネルギー白書2022』より作成

［**図3**］

	ア	イ	ウ	エ	オ	カ
2020年	A	A	A	B	B	B
石炭	X	Y	Z	X	Y	Z

問15　下線部⑮について――。

(**1**)　日本国憲法の柱の一つとして平和主義が挙げられます。日本国憲法第９条に関する日本政府の立場を示す記述としてもっとも適切なものを，次の**ア**～**エ**の中から１つ選び，記号で答えなさい。

ア　憲法第９条のもと，自衛権を否認しており集団的自衛権は行使できない。

イ　自衛隊は自衛のための必要最小限度の実力であり，戦力ではない。

ウ　近隣国が攻撃用の兵器を開発している場合，先制攻撃をおこなうことができる。

エ　非核三原則は憲法に明記されており，憲法改正の手続きをせずに廃止することはできない。

(**2**)　国際平和を実現するための国際連合の組織についての説明としてもっとも適切なものを，次の**ア**～**エ**の中から１つ選び，記号で答えなさい。

ア　総会では，１国１票の投票権をもち，国際連合の前身である国際連盟についての反省から全会一致による意思決定を原則としている。

イ　安全保障理事会は，５か国の常任理事国と10か国の非常任理事国から構成され，常任理事国のうち１か国でも反対すれば，決議は成立しない。

ウ　国際司法裁判所は，国と国との間の紛争《ふんそう》を裁くのが主な仕事で，日本と韓国の間の領土問題について調停をおこなっている。

エ　NGOは，地球規模の問題に取り組む組織で，UNESCOやWHOと同じく経済社会理事会の傘下《さんか》である専門機関の一つである。

問16　下線部⑯について――。

核の軍備を拡大するか縮小するかは，核兵器を保有する国だけでなく世界中の国々にとって非常に重要な問題となります。ここに，Ｙ国とＺ国という軍事的な緊張《きんちょう》関係にある２か国があるとします。右の［**表3**］に示すのは，「核軍縮」か「核軍拡」をＹ国とＺ国が

［**表3**］

		Z国が	
		核軍縮	核軍拡
Y国が	核軍縮	Y国：2 Z国：2	Y国：0 Z国：3
	核軍拡	Y国：3 Z国：0	Y国：1 Z国：1

それぞれ判断した場合の，自国からみたメリットの大きさを0から3の数字で表したものです。この表についての文章として**適切でないもの**を，次の**ア**～**エ**の中から1つ選び，記号で答えなさい。

ア　Y国にとって望ましいのは，Z国が「核軍縮」を選択した場合に，「核軍拡」を選択することである。

イ　Y国にとって望ましいのは，Z国が「核軍拡」を選択した場合に，「核軍拡」を選択することである。

ウ　自国の利益を最優先にした場合，相手の選択にかかわらず「核軍拡」を選択することが望ましい。

エ　自国の利益を最優先に判断すれば，お互いにとって最も望ましい選択が自然と達成される。

問17　下線部⑰について――。

次のページの長崎市周辺の地形図(2万5千分の1)を見て，次の問いに答えなさい。

(1)　次の写真は，長崎市の市街地を撮影したものです。この写真を撮影した地点を地形図中の地点**ア**～**エ**の中から1つ選び，記号で答えなさい。

(2)　この地形図に関連することがらについて説明したものとして，もっとも適切なものを，次の**ア**～**エ**の中から1つ選び，記号で答えなさい。

ア　浦上川河口付近の 大黒町 の西に位置する長崎駅は，福岡市の博多駅から新幹線が乗り入れるようになった。

イ　浦上川河口付近の 弁天町 は，江戸時代初期に外国人居留地として許可された地区で，多くのオランダ人が居住していた。

ウ　長崎湾西岸の 三菱重工業長崎造船所 は，三角州の上に立地しており，ここはかつて水田地帯であった。

エ　長崎湾東岸の 水辺の森公園 は，かつて海であったが，その後，埋め立てられて陸地になった。

〈編集部注：編集上の都合により原図の95％に縮小してあります。〉

問18　下線部⑱について――。

話し合いの機関や仕組みについて説明した文章として**適切でないもの**を，次の**ア**～**エ**の中から１つ選び，記号で答えなさい。

ア　室町幕府の将軍は，管領や侍所の長官を交代でつとめる有力守護とともに軍事などの重要事項を決定した。

イ　江戸時代の村は，幕府によって任命・派遣された名主などの村役人による話し合いで運営された。

ウ　帝国議会の一部である貴族院は，皇族・華族や天皇が任命する者，多額納税者らによって構成された。

エ　20世紀末から温暖化防止に対して世界的に取り組む会議が開かれるようになり，日本では1997年に京都で開かれた。

問19　下線部⑲について――。

国政におけるルール作りは国会の役割ですが，国会に関する文章としてもっとも適切なものを，次の**ア**～**エ**の中から**すべて**選び，記号で答えなさい。

ア　法案が法律になるためには，両議院が可決するだけでなく，天皇による助言と承認が必要である。

イ　法律案が衆議院で可決され参議院で否決された場合，衆議院で再可決するには，出席議員の３分の２以上の賛成が必要である。

ウ　憲法の改正には，両議院で総議員の３分の２以上の賛成による発議と国民投票での過半数の賛成による承認が必要である。

エ　国会議員は，国会の会期中は原則的に逮捕《たいほ》されないが，現行犯や所属議院の承諾があれば会期中でも逮捕される。

問20　下線部⑳について――。

国民の代表を決める制度の一つに国政選挙がありますが，2022年７月に参議院議員通常選挙がおこなわれました。この回の選挙制度について述べた文章としてもっとも適切なものを，次の**ア**～**エ**の中から１つ選び，記号で答えなさい。

ア　欠員を補充《ほじゅう》する選挙区を除いて，改選数は124であった。

イ　選挙区選挙において，選挙区の数は47であった。

ウ　比例代表選挙において，投票用紙に書けるのは政党名のみであった。

エ　投票率は約52％と戦後最低の水準となった。

問21　下線部㉑について――。

公衆の面前にふれる広告物について性的な表現を規制すべきという意見がありますが，「価値観の多様性」を重視する立場から表現の自由を制約すべき決定的な根拠《こんきょ》として考えられるもっとも適切なものを，次の**ア**～**エ**の中から１つ選び，記号で答えなさい。

ア　性差別の助長

イ　性犯罪の誘発《ゆうはつ》

ウ　「見たくない，または読みたくない」という感情への配慮

エ　青少年の健全な成長への悪影響

2 **次の文章を読み，後の問いに答えなさい。**

1930年代の日本では，陸軍が次第に力を強めていきました。近年の研究によると，そこには大正時代からの陸軍による宣伝政策があったことが指摘《してき》されています。そこで［**資料１**］～［**資料４**］を読み取り，1920年代の陸軍による宣伝政策の背景とその特徴，陸軍宣伝に対する民間企業の反応について**120字以内**で説明しなさい。

［**資料１**］　**国家財政にしめる軍事費の割合**

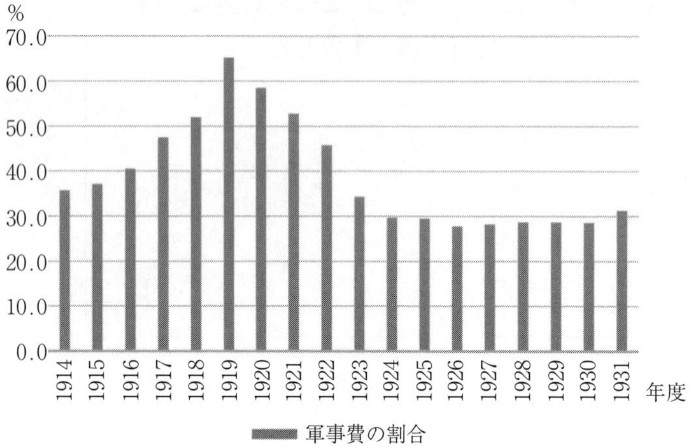

帝国書院ホームページより作成

［**資料２**］

(1)　1921年の国内有力紙の記事には，「ヨーロッパにおける戦争の範囲や損害が大規模となった原因をなくすために，諸国の軍備を最小必要限度に制限して世界の平和を永遠に保障することこそ人類のまさに努力すべきところだ」とある。

(2)　1922年の国内有力紙に掲載《けいさい》された陸軍軍人の証言によると，「軍人に対する国民の眼は近時憎悪《ぞうお》から侮蔑《ぶべつ》へと大きく変った。（中略）関西のある都市周辺では，子どもが言う事を聞かない場合，親が叱《しか》る際に『今に軍人にしてやるぞ』と怒鳴り立てる。軍人が車を呼べば，運転手は『冗談じゃない。歩いたらどうですか』と怒鳴る」とあり，当時の軍人が置かれていた状況をうかがい知ることができる。

［**資料３**］

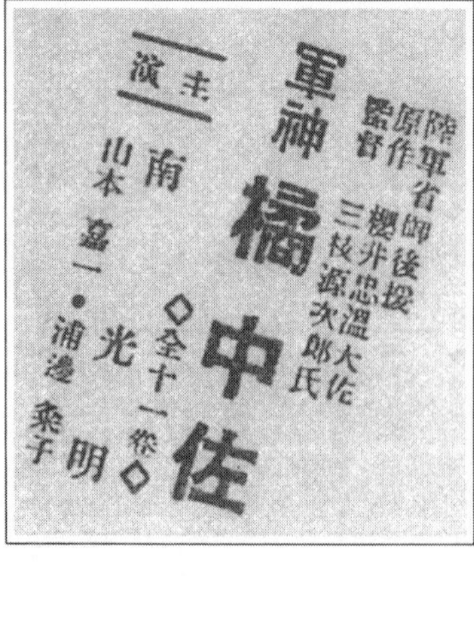

【資料の説明】

この資料は，東京のある映画館で1926年に配布されたものの一部である。『軍神《ぐんしん》 橘《たちばな》中佐』は，日露戦争での戦死によって「軍神」とされた陸軍軍人である橘周太の生涯を描いた作品である。

［**資料 4**］

【図の説明】

　このポスターは，1928年(昭和３年)３月の陸軍記念日にあわせて東京三越呉服店(現在の日本橋三越本店の前身)で実施された，陸軍展覧会を宣伝するものである。この展覧会は，陸軍記念日に際して百貨店が主催した。

【理　科】（40分）〈満点：80点〉

【注意】 定規・コンパス・分度器は机の上に出したり，使用したりしてはいけません。

〈編集部注：実物の入試問題では，写真はすべて，図も大半はカラー印刷です。〉

1　**次の文章を読んで，後の問いに答えなさい。**

今日，２月３日は節分です。立春を前に，「鬼《おに》は外，福は内」と唱えながら福豆を撒《ま》く習慣があります。福豆は地域によって異なりますが，関東地方ではダイズの種子を炒《い》ったものであることが多いです。

関東地方では，ダイズの種まきは６月に行われます。ダイズは［　あ　］で，開花は日長の影響《えいきょう》を受けます。開花の時期は７月と８月で，成熟した種子を収穫《しゅうかく》するのは10月です。ダイズの生育時期と合わせて，秋に作付けを行う［　い　］との二毛作が行われる場合もあります。ダイズの花は①他のマメ科植物と同じようなつくりをしており，［　う　］。

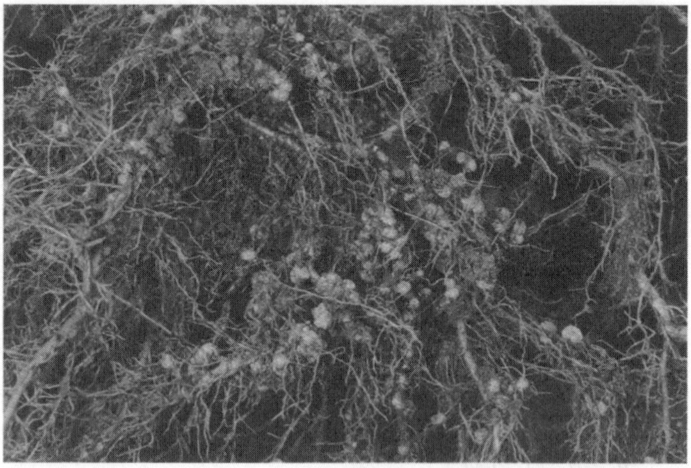

［**図１**］
農文協『ダイズの大百科』より引用

ダイズの種子は栄養成分として［　え　］をもっとも多く含《ふく》み，畑の［　お　］と呼ばれます。収穫を終えた時期のダイズを掘り出して根をみてみると，［**図１**］のように，根のところどころにコブのようなものがみられます。これを根粒《こんりゅう》といい，この中には根粒菌《きん》という微《び》生物がすみ着いています。②ダイズは根粒菌に養分を与える代わりに，根粒菌は空気中の［　か　］を取り込《こ》み［　か　］を含む化合物をつくりダイズに与えます。このためダイズは多くの［　え　］をつくることができるのです。根粒菌だけでなく，畑の土には多くの微生物がすみ，物質の循環《じゅんかん》に大切なはたらきをしています。

(1)　下線部①について，図はアズキ，インゲン，ソラマメ，ダイズ，ラッカセイの種子をそれぞれ同じ倍率で撮《と》ったものです。ただし，写真の順番はこのとおりではありません。ダイズの種子を，次の**ア**～**オ**の中から１つ選び，記号で答えなさい。

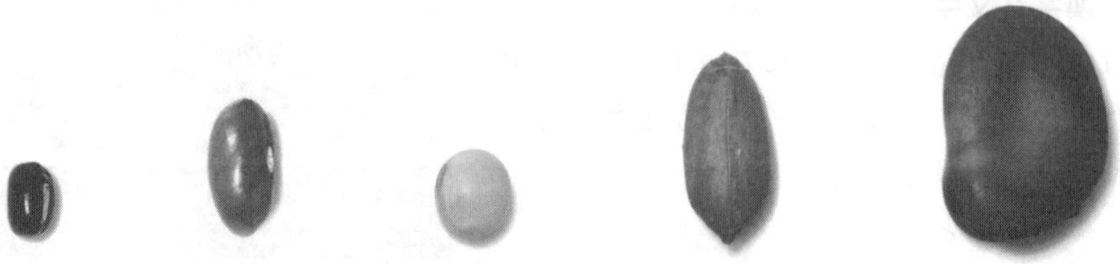

ア　**イ**　**ウ**　**エ**　**オ**

(2)　水を吸ったダイズの種子の断面で，胚《はい》の部分をすべて黒く塗《ぬ》りつぶした図としてもっとも適切なものを，次の**ア**～**オ**の中から１つ選び，記号で答えなさい。

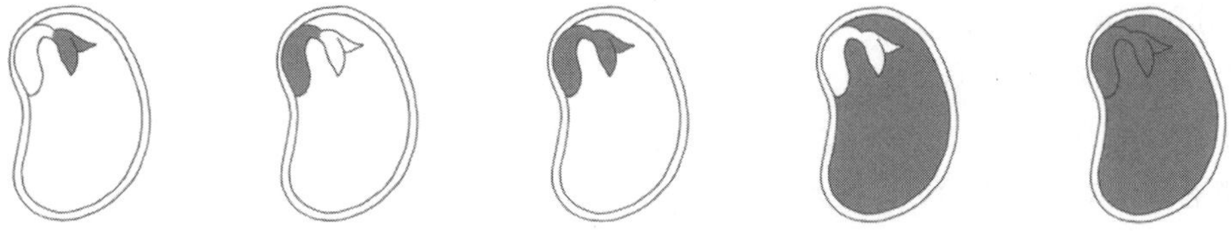

ア　　　イ　　　ウ　　　エ　　　オ

(3) [**あ**] にあてはまる語句としてもっとも適切なものを，次の**ア**～**ウ**の中から1つ選び，記号で答えなさい。

ア　長日植物　　**イ**　短日植物　　**ウ**　中生植物

(4) [**い**] にあてはまる作物としてもっとも適切なものを，次の**ア**～**エ**の中から1つ選び，記号で答えなさい。

ア　コメ(イネ)　　**イ**　ムギ　　**ウ**　トウモロコシ　　**エ**　サツマイモ

(5) [**う**] にあてはまる文としてもっとも適切なものを，次の**ア**～**オ**の中から1つ選び，記号で答えなさい。

ア　おしべとめしべがむき出しになっていて，主に虫によって受粉します

イ　おしべとめしべがむき出しになっていて，主に風によって受粉します

ウ　おばなにはおしべが，めばなにはめしべがあり，主に虫によって受粉します

エ　おばなにはおしべが，めばなにはめしべがあり，主に風によって受粉します

オ　おしべとめしべが花びらで包まれていて，主に自家受粉をします

(6) [**え**] と [**お**] にあてはまる語句の組み合わせとしてもっとも適切なものを，次の**ア**～**エ**の中から1つ選び，記号で答えなさい。

	[**え**]	[**お**]
ア	タンパク質	肉
イ	脂肪《しぼう》	油
ウ	炭水化物	米
エ	無機質	海苔《のり》

(7) [**か**] にあてはまる語句としてもっとも適切なものを，次の**ア**～**エ**の中から1つ選び，記号で答えなさい。

ア　酸素　　**イ**　窒素《ちっそ》　　**ウ**　二酸化炭素　　**エ**　水

(8)　下線部②について，ダイズと根粒菌のような関係を何と呼びますか。**漢字2文字**で答えなさい。

(9)　ダイズからは多くの食品がつくられています。次の**ア**～**カ**に示した食品のうち，一般的にダイズが**使われていないもの**を1つ選び，記号で答えなさい。

ア　きなこ　　**イ**　とうふ　　**ウ**　しょうゆ

エ　こんにゃく　　**オ**　なっとう　　**カ**　みそ

クリップに1cm×2cmのろ紙をはさみ，フェノールフタレインを加えた0.04%の水酸化ナトリウム水溶液《ようえき》を染み込ませました。これを畑の土の上に立てた後，［**図**

［**図2**］

2]のように300mLのコップを縁《ふち》からの気体の出入りがないようしっかりとかぶせて，ろ紙の色の変化を観察しました。畑の土の上では，ろ紙の色は5分ちょうどでピンク色から白色に変わりました。同じ実験を気温などの条件が変わらない砂場の砂の上で行ったところ，ろ紙の色は20分ちょうどでピンク色から白色に変わりました。

(10)　畑の土の上の方が，砂場の砂の上よりも，ろ紙の色の変化が速くみられた理由としてもっとも適切なものを，次の**ア**～**エ**の中から1つ選び，記号で答えなさい。

ア　畑の土の表面には光合成をする微生物がいるため，二酸化炭素の吸収より酸素の放出の方が上まわるから。

イ　畑の土の表面には光合成をする微生物がいるため，見かけ上，二酸化炭素の吸収が抑《おさ》えられるから。

ウ　畑の土の方が隙間《すきま》が多く，二酸化炭素を多く吸収しているから。

エ　畑の土の方が微生物が多く，二酸化炭素を多く放出しているから。

同じ実験を，[**図3**]のように，畑の隅《すみ》の雑草が生えているところで，晴れている昼と夜に行いました。ただし，昼と夜で気温に差はないものとします。

[**図3**]

(11)　ろ紙の色の変化は，昼と夜とでどのようになりましたか。もっとも適切なものを，次の**ア**～**カ**の中から1つ選び，記号で答えなさい。

ア　昼はどれだけ時間がたっても，ろ紙はピンク色のままだったが，夜は5分より速く白色に変わった。

イ　昼はどれだけ時間がたっても，ろ紙はピンク色のままだったが，夜は5分で白色に変わった。

ウ　昼はどれだけ時間がたっても，ろ紙はピンク色のままだったが，夜は5分より遅《おそ》く白色に変わった。

エ　夜はどれだけ時間がたっても，ろ紙はピンク色のままだったが，昼は5分より速く白色に変わった。

オ　夜はどれだけ時間がたっても，ろ紙はピンク色のままだったが，昼は5分で白色に変わった。

カ　夜はどれだけ時間がたっても，ろ紙はピンク色のままだったが，昼は5分より遅く白色に変わった。

2　**気象に関する次の文章を読んで，後の問いに答えなさい。**

横浜市に住む太郎君は，学校の授業で気象について勉強しています。ある日の授業で，①降水量を測定する実習を行いました。その後の授業で，気象には天気だけでなく，気温や湿度《しつど》，気圧，風などいろいろな要素があることを知りました。そこで，太郎君は，装置を理科室で自作し，いくつかの気象要素について自宅で調べてみることにしました。ただし，理科室と太郎君の自宅の標高は0mです。

まず，太郎君は，温度計を2つ組み合わせて[**図1**]のような乾湿《かんしつ》計をつくりました。湿球の先端《せんたん》を常に湿《しめ》らせておくため，水を吸わせたガーゼを巻き付けてあります。[**表1**]は湿度表で，乾湿計の表示した温度と照らし合わせて湿度を読み取るものです。

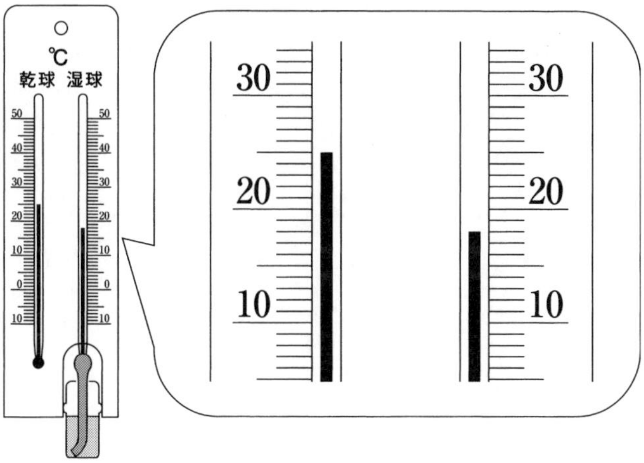

[**図1**]

[**表1**]

		乾球と湿球の温度の差(℃)				
		4	**5**	**6**	**7**	**8**
乾球の温度(℃)	**26**	69	62	55	48	42
	25	68	61	54	47	41
	24	68	60	53	46	39
	23	67	59	52	45	38
	22	66	58	50	43	36
	21	65	57	49	42	34
	20	64	56	48	40	32
	19	63	54	46	38	30
	18	62	53	44	36	28

次に，太郎君は，透明《とうめい》なビン，細い透明なストロー，粘土《ねんど》，着色した水を使って，[**図2**]のような気圧計をつくりました。ビンの内部の気圧と外部の気圧の差が1hPaにつき，ストロー

内の水位が1目盛りずつ変化する仕組みになっています。この気圧計をつくったとき，理科室のデジタル気圧計は，1015 hPaを示していました。

太郎君は，自作した乾湿計と気圧計を自宅に持ち帰り，後日湿度と気圧を測定しました。②乾湿計は[**図1**]の温度を示し，③気圧計は[**図3**]の水位を示しました。ただし，ストロー内の水位が変化しても，ビン内の水位は変わらないものとします。

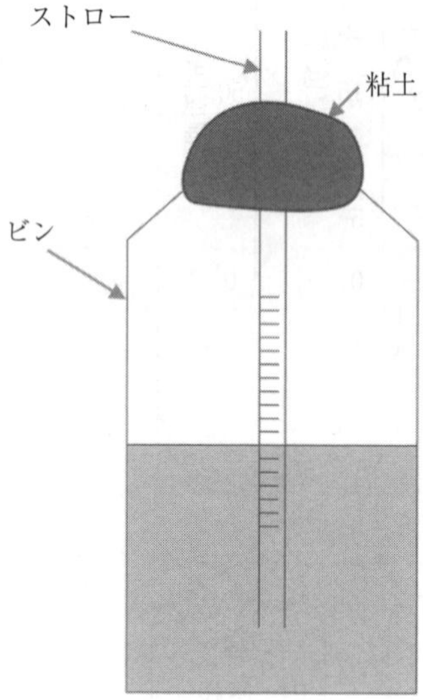

[**図2**]

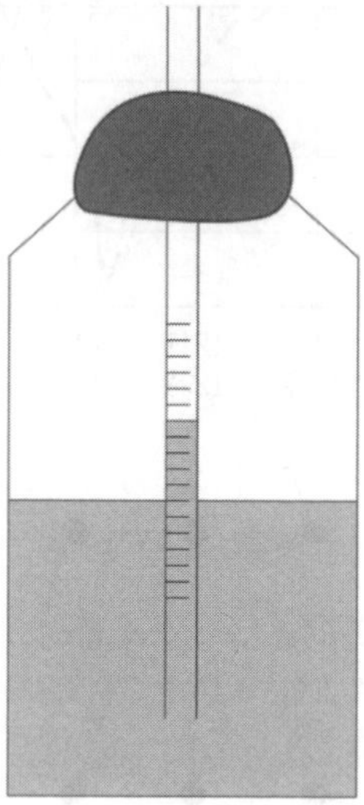

[**図3**]

(1) 下線部①について，太郎君は雨が降っている日の降水量をはかるため，[**図4**]のような透明なビンを庭に置きました。1時間後にビンをみると，雨水が9 mmたまっていました。1時間当たりの降水量は何mmですか。降水量とは，降った雨がどこにも流れることなく，その場所にたまった場合の水の深さのことです。また，ビンは直径5 cmの円筒《えんとう》形で，口の部分は直径3 cmの円になっています。

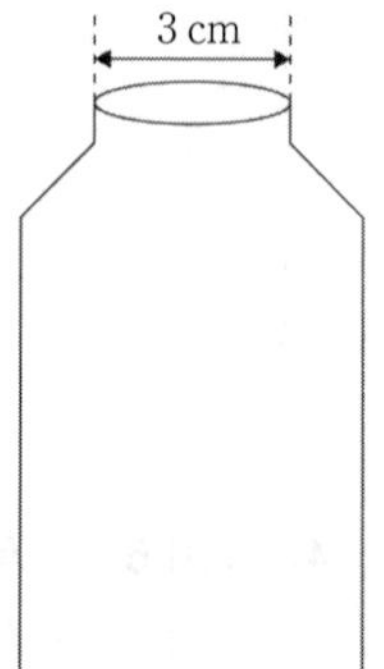

[**図4**]

(2) 下線部②について，次の問い(**a**)，(**b**)に答えなさい。

(**a**) 乾球と湿球で表示される温度が異なります。これと似た現象として適切なものを，次の**ア**～**エ**の中から**すべて**選び，記号で答えなさい。

ア 汗《あせ》をかくと，体が冷える。

イ 空気が気流に乗って上昇すると，空気の温度が下がる。

ウ 氷水に食塩を加えると，水の温度が下がる。

エ 打ち水をすると，涼《すず》しくなる。

(**b**) 太郎君が測定した湿度は何%ですか。

(3) 下線部③について，太郎君が測定した気圧は何hPaですか。

太郎君は，気象庁のホームページで10月10日から4日分の気象データをダウンロードし，④横浜市の天気の変化をまとめ，自分の測定結果と比較《ひかく》してみました。

また，この期間に関東付近を巨大《きょだい》な台風が通過しました。そこで，太郎君は⑤台風の特徴《とくちょう》を調べるために，山梨県甲府市と千葉県千葉市の天気の変化もあわせてまとめました。これらを表したものが[**図5**]です。

ただし，10月10日12時の横浜市の天気記号は「くもり，北北東の風，風力３」と読みます。

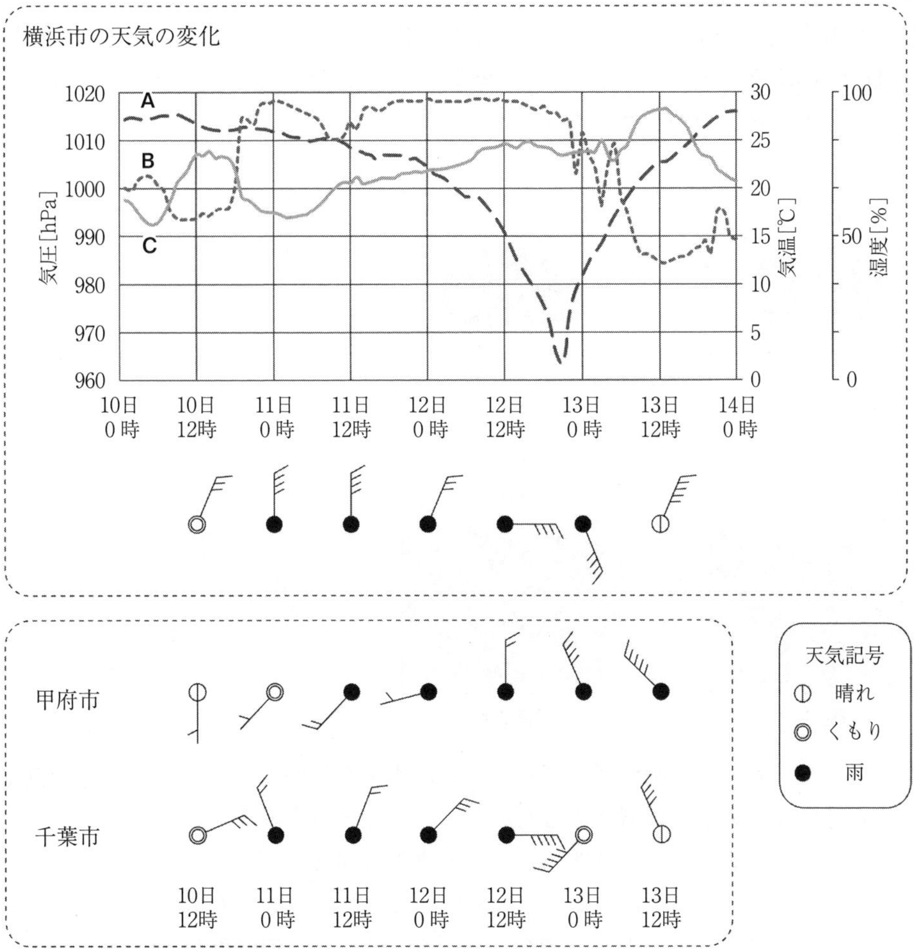

［**図５**］

(4)　［**図５**］の**Ａ～Ｃ**は，気温，湿度，気圧の変化のいずれかを表しています。もっとも適切な組み合わせのものを，次の**ア～カ**の中から１つ選び，記号で答えなさい。

	A	B	C
ア	気温	湿度	気圧
イ	気温	気圧	湿度
ウ	湿度	気温	気圧
エ	湿度	気圧	気温
オ	気圧	気温	湿度
カ	気圧	湿度	気温

(5)　太郎君が**(2)**，**(3)**における湿度および気圧の測定を行った日時としてもっとも適切なものを，次の**ア～エ**の中から１つ選び，記号で答えなさい。

ア　10月10日19時　　**イ**　10月11日10時

ウ　10月12日16時　　**エ**　10月13日17時

(6) 下線部④について述べた文としてもっとも適切なものを，次の**ア**～**エ**の中から１つ選び，記号で答えなさい。

ア 天気の変化を調べた４日間で，湿度が50％を下回ったことはない。

イ 雨が降った日の夜は，大きな気温の低下は見られなかった。

ウ 台風が最接近したのは，11日０時ごろである。

エ 台風が通過した翌日の天気はくもりであったものの，気温は上昇《じょうしょう》した。

(7) 下線部⑤について，次の問い(a)，(b)に答えなさい。

(a) 地表付近における台風の周辺の風の吹き方としてもっとも適切なものを，次の**ア**～**エ**の中から１つ選び，記号で答えなさい。

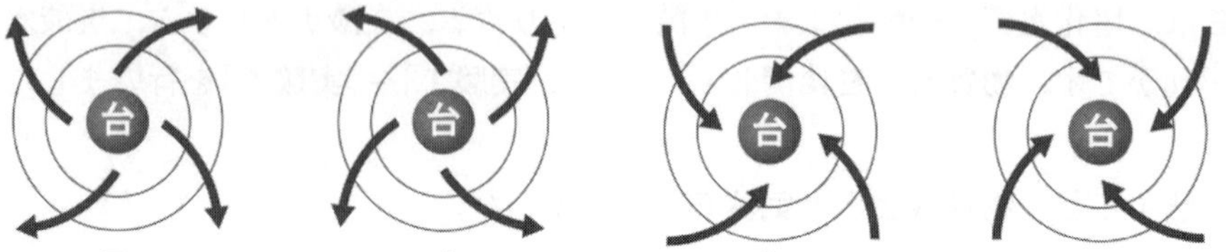

ア　**イ**　**ウ**　**エ**

(b) 台風が通過した道筋としてもっとも適切なものを，[**図６**]の**ア**～**エ**の中から１つ選び，記号で答えなさい。

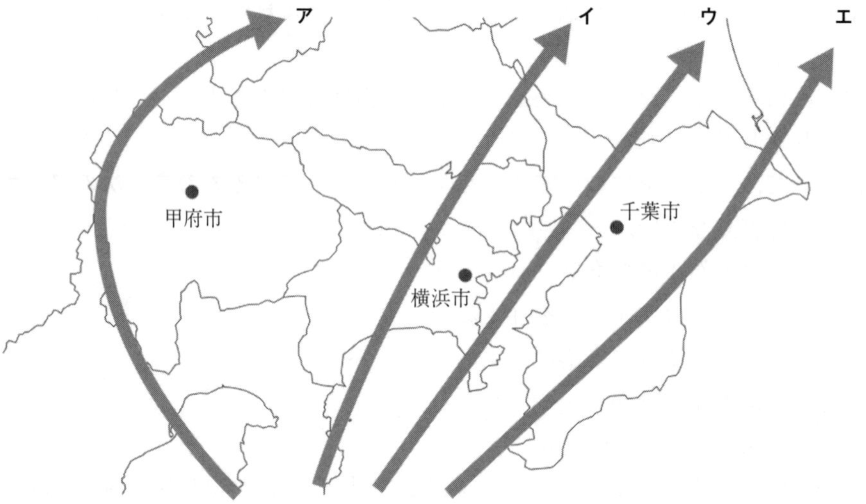

[**図６**]

3 **次の文章を読んで，後の問いに答えなさい。**

私たちは手を洗うときに①セッケンやハンドソープを使います。最近では，COVID–19の感染を防止するため，②手をエタノールで消毒することも多いです。

セッケンや合成洗剤《せんざい》を用いると，水と油のように本来は混じり合わないものどうしを混ぜ合わせることができ，油汚《よご》れを洗浄《せんじょう》することができます。このようなはたらきをもつ物質を界面活性剤といいます。

キッチンや浴室，トイレなどを見渡してみると，様々な洗浄剤が使われていることに気がつきます。[**表１**]は，100円ショップやホームセンターなどで売られている洗浄剤**１**～**６**について，含まれている主な物質をまとめたものです。

［**表1**］

洗浄剤	含まれている主な物質
1	クエン酸
2	重曹《じゅうそう》(**物質A**)
3	セスキ炭酸ソーダ(**物質A**と**物質B**)
4	過炭酸ソーダ(**物質B**と**物質C**)
5	**物質D**，界面活性剤
6	**物質E**，次亜《じあ》塩素酸ナトリウム，界面活性剤

物質A～Eは，塩化水素，過酸化水素，水酸化ナトリウム，炭酸ナトリウム，炭酸水素ナトリウムのいずれかです。**物質A～E**に関して，以下の［**実験1**］～［**実験4**］を行いました。

［**実験1**］

物質Aを加熱すると，**物質B**と水と**気体F**が生じました。

［**実験2**］

物質Cの水溶液に二酸化マンガンを加えると，水と**気体G**が生じました。

［**実験3**］

物質Dの水溶液にアルミニウムや鉄を加えると，溶《と》けて**気体H**が生じました。

［**実験4**］

物質Eの水溶液にアルミニウムを加えると，溶けて**気体H**が生じました。しかし，鉄を加えても反応は起こりませんでした。

(1) 下線部①について，セッケンについて述べた文として**誤っているもの**を，次の**ア**～**オ**の中から1つ選び，記号で答えなさい。

ア　セッケンの原料は天然の油である。

イ　セッケンをつくるときはアルカリを加える。

ウ　セッケンは水だけでなく油にも溶けやすい。

エ　セッケンを水に溶かすと泡《あわ》が立ちやすくなる。

オ　セッケンを水に溶かすと弱酸性を示す。

(2) 下線部②について，ある消毒用エタノール(以下，消毒液)の濃度《のうど》は体積の割合で80%です。つまり，消毒液100mL中にエタノール80mLが含まれています。消毒液の密度は0.85g/mLで，エタノールの密度は0.80g/mLです。消毒液の濃度を重さの割合で表すと何%になりますか。小数第1位を四捨五入して**整数**で答えなさい。

(3) **物質B**を次の**ア**～**オ**の中から1つ選び，記号で答えなさい。

ア　塩化水素　　　**イ**　過酸化水素　　　**ウ**　水酸化ナトリウム

エ　炭酸ナトリウム　　　**オ**　炭酸水素ナトリウム

(4) 洗浄剤の容器のラベルには，「混ぜるな危険」と記されているものがあります。洗浄剤**6**に酸性を示す洗浄剤を混ぜると，危険な**気体I**が生じます。酸性を示す洗浄剤を**1**～**5**の中から**2つ**選び，番号で答えなさい。

(5) **気体I**を次の**ア**～**オ**の中から1つ選び，記号で答えなさい。

ア　アンモニア　　　**イ**　塩素　　　**ウ**　一酸化炭素

エ　二酸化窒素　　**オ**　二酸化硫黄《いおう》(亜硫酸《ありゅうさん》ガス)

(6)　**気体Ⅰ**の性質として**誤っているもの**を次の**ア～オ**の中から１つ選び，記号で答えなさい。

ア　有色である　　**イ**　臭《にお》いをもつ　　**ウ**　水に溶けない

エ　空気より重い　　**オ**　有毒である

(7)　[**実験１**]について，**気体Ｆ**を発生させて集める装置の図としてもっとも適切なものを，次の**ア～エ**の中から１つ選び，記号で答えなさい。

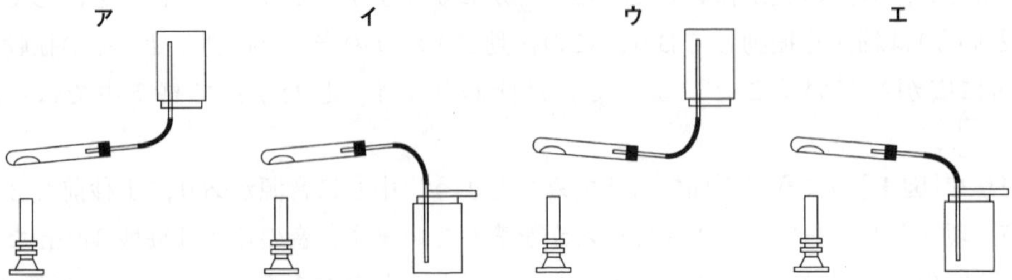

(8)　[**実験１**]について，**物質Ａ**の重さを変えて十分に加熱し，完全に反応させました。生じた**物質Ｂ**の重さと**気体Ｆ**の体積を調べたところ，[**表２**]のようになりました。

[**表２**]

物質Ａの重さ(ｇ)	0.84	1.68	2.52	3.36
物質Ｂの重さ(ｇ)	0.53	1.06	1.59	2.12
気体Ｆの体積(Ｌ)	0.12	0.24	0.36	0.48

物質Ａ 8.40ｇをある程度加熱したところ一部が反応し，残った固体(**物質Ａ**と**物質Ｂ**)の重さは6.54ｇでした。生じた**気体Ｆ**の体積は何Ｌですか。

(9)　[**実験２**]について，**物質Ｃ**の水溶液の濃度と重さ，および二酸化マンガンの重さをそれぞれ変えて反応させました。生じた**気体Ｇ**の体積を調べたところ，[**表３**]のようになりました。ただし，濃度は重さの割合で表したものです。

[**表３**]

物質Ｃの水溶液の濃度(％)	3.4	3.4	6.8	6.8
物質Ｃの水溶液の重さ(ｇ)	25	50	50	75
二酸化マンガンの重さ(ｇ)	1	2	4	6
気体Ｇの体積(Ｌ)	0.3	0.6	1.2	1.8

10.2％の**物質Ｃ**の水溶液125ｇに二酸化マンガン８ｇを加えて反応させました。生じた**気体Ｇ**の体積は何Ｌですか。

(10)　[**実験３**]と[**実験４**]について，アルミニウム2.7ｇをそれぞれ溶かすのに，**物質Ｄ**の水溶液は300ｇ，**物質Ｅ**の水溶液は100ｇ必要で，いずれも**気体Ｈ**が3.6Ｌ生じました。次に，**物質Ｄ**の水溶液と**物質Ｅ**の水溶液の重さをそれぞれ変えて混ぜ合わせ，BTB液を加えて色を調べたところ，[**表４**]のようになりました。

[**表４**]

物質Ｄの水溶液の重さ(ｇ)	100	100	200	200
物質Ｅの水溶液の重さ(ｇ)	100	200	100	200
BTB液を加えたときの色	緑	青	黄	緑

物質Dの水溶液300gと**物質E**の水溶液100gを混ぜてから，アルミニウム5.4gを加えて反応させました。生じた**気体H**の体積は何Lですか。ただし，**物質D**の水溶液は全て同じ濃度で，**物質E**の水溶液も同様です。

4 **音に関する次の文章を読んで，後の問いに答えなさい。ただし，空気中を伝わる音の速さは毎秒340mとします。**

太鼓《たいこ》をたたくと，太鼓の膜《まく》が振動《しんどう》していることがわかります。太鼓のように音を出しているもの(音源という)は細かく振動しており，この振動がまわりの空気を振動させ，その振動があらゆる方向に広がっていくことによって音は伝わります。したがって真空中では，音は［　　あ　　］。

音の広がりを[**図1**]のように平面で考えてみましょう。中心に音源があり，1秒前と2秒前に出た音が，現在どれくらいまで進んでいるかを表しています。音の速さは毎秒340mなので，それぞれの時間のぶんだけ空気中をあらゆる方向に進むことを考えると，進んだ音は[**図1**]のように円で表すことができます。この円のことを「波面」といいます。

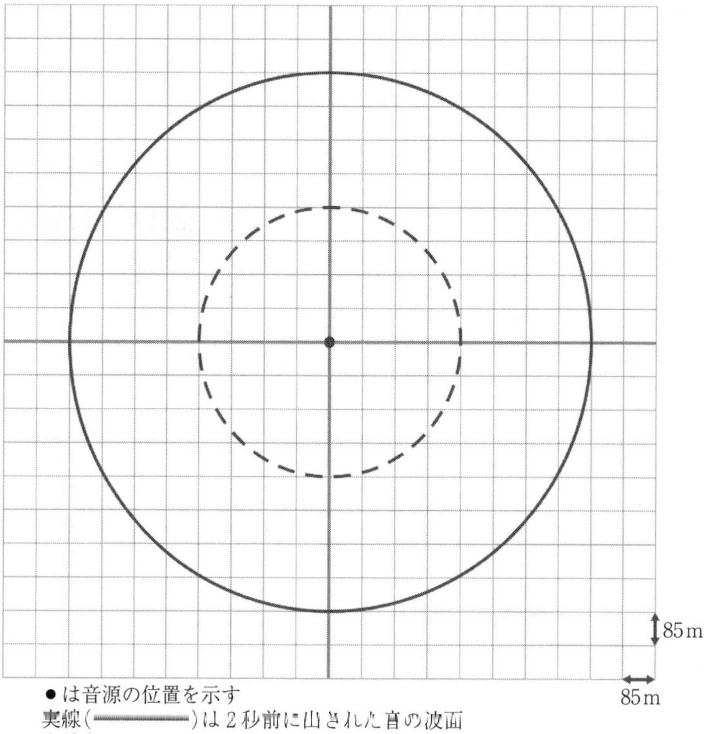

●は音源の位置を示す
実線(━━━)は2秒前に出された音の波面
点線(－－－－)は1秒前に出された音の波面

[**図1**]

音が伝わる現象を利用している動物がいます。例えばコウモリは，①人間にはほとんど聞き取れない超《ちょう》音波とよばれる音を出して対象物に当て，はね返ってきた音を聞き取ることで，対象物の位置などを瞬時《しゅんじ》に把握《はあく》できると考えられています。コウモリ以外ではイルカも同じようなことができます。

音が伝わる現象を利用して，次のようなことを考えてみましょう。[**図2**]のように，観測者**A**と**B**が真っすぐな線路沿いに2000m離れた位置にいて，**B**から**A**に向かって毎秒85mの一

定の速さで新幹線が動いています。汽笛を鳴らす装置(音源)が**X**を通過した瞬間に，汽笛を一定時間鳴らしたとします。

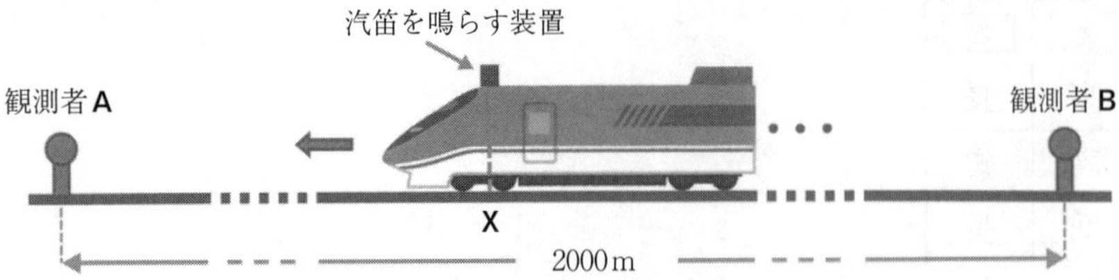

［**図2**］

②音源が動いているので，**A**が聞く汽笛の音の高さは，音源が鳴らす汽笛の音の高さよりも［**い**］くなり，汽笛を聞く時間は，音源が汽笛を鳴らしている時間よりも［**う**］くなります。また，**B**が聞く汽笛の音の高さは，音源が鳴らす汽笛の音の高さよりも［**え**］くなり，汽笛を聞く時間は，音源が汽笛を鳴らしている時間よりも［**お**］くなります。**A**が汽笛を聞く時間の長さと，**B**が汽笛を聞く時間の長さの比をもっとも簡単な整数比で表すと［**か**］となります。

観測の結果，**A**は汽笛を4.2秒間聞きました。したがって音源は，［**き**］秒間汽笛を鳴らしていたことがわかります。また，**B**が汽笛を聞き終える瞬間，音源はちょうど**A**の位置を通過しました。したがって，汽笛を鳴らし始めたときの音源の位置**X**は，**A**から［**く**］mの場所であることがわかります。

(1)［**あ**］にあてはまる文としてもっとも適切なものを，次の**ア**～**エ**の中から1つ選び，記号で答えなさい。

ア　伝わりません

イ　空気中より速く伝わります

ウ　空気中より遅く伝わります

エ　空気中と同じ速さで伝わります

(2)　下線部①について，［**図3**］のように毎秒20mの一定の速さで飛行しているコウモリが障害物に向かって超音波を発したところ，障害物で反射した超音波を0.05秒後に認識しました。最初に超音波を出した位置から障害物までの距離は何mですか。ただし，超音波も音の一種なので，伝わる速さは毎秒340mになります。

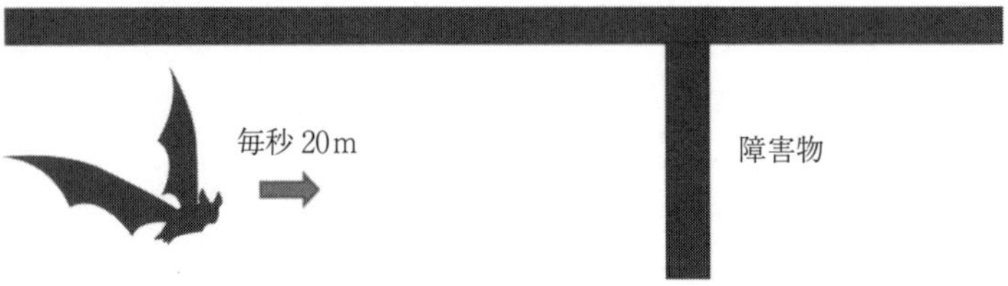

［**図3**］

(3)　下線部②について，音源が動いている場合でも，ある瞬間に出された音はその位置から毎秒340mの速さであらゆる方向に広がっていきます。音源が［**図2**］の位置**X**を通過してから2秒後の位置を現在の位置として，1秒前と2秒前に音源から出た音の現在の波面を，［**図1**］を参考にしてかきなさい。ただし，1秒前に出された音の波面は**点線**(－－－－)，2秒前に出された音の波面は**実線**(―――)でかきなさい。

(4) [い]～[お]にあてはまる語句の組み合わせとしてもっとも適切なものを，次の**ア**～**エ**の中から1つ選び，記号で答えなさい。

	い	う	え	お
ア	低	短	高	長
イ	低	長	高	短
ウ	高	短	低	長
エ	高	長	低	短

(5) [か]にあてはまる比を，もっとも簡単な整数比で答えなさい。

(6) [き]にあてはまる数値を答えなさい。

(7) [く]にあてはまる数値を答えなさい。

い。

ア　言葉による人間同士のコミュニケーションでは相手の言葉にだまされる恐れがあるが、言葉を用いないゴリラとの付き合いでは相手にだまされる心配がないため、安心して付き合うことができるから。

イ　ゴリラとの言葉を持たない会話は、身体的感応により一体感を感じる、という人間が言葉を持つ前に行っていたコミュニケーションそのものであり、もともと人間が持っている感覚にもっとも適した方法であるから。

ウ　人間同士で行われる言葉を用いたコミュニケーションと変わらないくらい、ゴリラとの身体を用いたコミュニケーションは信頼関係を築くのに有効であるため、この二つの方法に優劣《ゆうれつ》は存在しないから。

エ　人間は言葉を獲得《かくとく》して以来、言葉を用いたコミュニケーションを重視してきたが、大事なのは言葉ではなく心であり、たとえゴリラとであっても、相手を信頼する心があれば、十分に信頼関係を築くことができるから。

エ　道具が実際的な使用目的以外にもさまざまな意味を持つようになり、人間がより高度なやり取りを行うようになったから。

問六　――線部⑥「人間は時間と空間というものを、言葉によって自由自在に操ることができるようになった」とありますが、なぜ「人間」は「時間と空間」を「自由自在に操ることができるようになった」のですか。その理由としてもっとも適切なものを、次の**ア**～**エ**の中から一つ選び、記号で答えなさい。

ア　人間は、言葉を操ることによって自然界の法則を変化させる力を手に入れ、自然や動物を支配するようになったから。

イ　人間は、今見ていない他の場所での出来事や、過去や未来の事象について、言葉で表したものを真実とみなすようになったから。

ウ　人間は、言葉によって神と契約《けいやく》を結び、神から世界を与えられたことで、神の言葉を真実だと考えるようになったから。

エ　人間は、言葉で世界の事象を把握するというやり方を応用して科学を発達させ、時間や空間を自在に操る力を得たから。

問七　――線部⑦「ここから人間独自の世界観や環境観が始まります」とありますが、その説明としてもっとも適切なものを、次の**ア**～**エ**の中から一つ選び、記号で答えなさい。

ア　さまざまな動物たちと対等な関係で共存し、自然と一体となって暮らしていた人間が、言葉を使うようになって、神の存在や神との契約を信じるようになった結果、自然を人間の従属物であるとみなして人間のために利用するようになった、ということ。

イ　いろいろな生物と感応して、自然の一部として生活していた人間が、言葉を使うようになってから、言葉を持たない他の生物たちを自分たちより下等なものであるとみなすようになり、自然を人間たちの都合のよいように改変するようになった、ということ。

ウ　いろいろな生物たちとある種の会話を行いながら自然に溶《と》けこんで暮らしていた人間が、言葉を使うようになって、それまでのように自然界の生物たちと会話する力を失ったことで、それらを恐れる気持ちが強まり自然を押《お》さえつけて支配するという発想になった、ということ。

エ　さまざまな動物たちの行動や意志を直観的に把握して、自然と対等な立場で共存して生活していた人間が、言葉を使うようになってから、神という絶対的な信仰《しんこう》の対象を見出し、その神が作った自然を敬い保護しようという考えにいたった、ということ。

問八　――線部⑧「言葉というものはそもそもすごく安っぽいもので、だから、本当は信用できないコミュニケーションなのではないか」とありますが、これはなぜですか。その理由としてもっとも適切なものを、次の**ア**～**エ**の中から一つ選び、記号で答えなさい。

ア　言葉を正確に用いて誤解なく他人に物事を伝えられる人は少ないから。

イ　言葉を用いて物事を正確に伝えることはできても思いは伝えられないから。

ウ　言葉は物事の要素の一部を取り出して伝えるものに過ぎないから。

エ　言葉は情報量の多さという点で映像には及《およ》ばないから。

問九　――線部⑨「私はゴリラとの付き合いから、言葉を持たない会話が、いかに互いの信頼を紡ぐものであるかということを感じました」とありますが、これはなぜですか。その理由としてもっとも適切なものを、次の**ア**～**エ**の中から一つ選び、記号で答えなさ

注9 **陳腐化**〜ありふれて価値のないものになること。
注10 **エビデンス**〜ある事柄《ことがら》を裏づける証拠《しょうこ》。

問一 ——線部①、②について、なぜ「ゴリラやチンパンジー」と「人間」とではこのような違いが生じるのでしょうか。その原因となる両者の特徴を対比する形で、**七十字以上八十字以内**で答えなさい（**句読点・記号も一字に数えます**）。

問二 ——線部③「想像を共有することによって、人間は活動範囲を広げ、恐らく人間の社会的なつながりに新しい変化をもたらした」とありますが、このような変化をもたらした要因として、もっとも適切なものを、次の**ア**〜**エ**の中から一つ選び、記号で答えなさい。

ア 人間が食物の分散している森の外に出たために、常に飢《う》えに苦しむようになったこと。
イ 人間が熱帯雨林を離れた後、集団としてまとまることなくばらばらに暮らすようになったこと。
ウ 人間が行動範囲を広げたために、仲間が持ち帰った食料を食べざるを得なくなったこと。
エ 人間がゴリラやチンパンジーと違った場所で暮らすようになり、お互いの結束を強めたこと。

問三 ——線部④「なぜそんな状態で生まれてくるようになったのか」とありますが、その理由を説明した次の文章の A 〜 E にあてはまる言葉を本文から抜《ぬ》き出して答えなさい。なお解答に際して、**空欄《くうらん》内の字数指定に従う**こと（**句読点・記号も一字に数えます**）。

人間は A（一字） の大きさの割に B（二字） が狭《せま》いため、出産時の危険を避《さ》けるために、赤ちゃんが胎内で十分に成育するのを待たずに出産し、 C（十六字） という方法を採用するようになった。そのため人間の赤ちゃんは、その方法に必要な D（二字） をまかなうために E（五字） をたくわえて、ひ弱な状態で生まれてくることとなった。

問四 X は、次の**ア**〜**エ**の四つの文から構成されています。四つの文を正しい順番に並べかえ、その順番を、解答用紙の形式に合わせて記号で答えなさい。

ア つまり、離乳食を食べさせる必要があるわけですが、農耕牧《ぼく》畜《ちく》以前の長い長い狩猟《しゅりょう》採集の時代、子供用にわざわざ柔《やわ》らかいフルーツなどを採ってくるのは、大変なコストだったはずです。
イ しかし、今では、人間の子供は乳歯のまま離乳しますから、大人と同じものが基本的には食べられません。
ウ また、ゴリラもチンパンジーも離乳する頃《ころ》には永久歯が生えており、大人と同じものを食べることができるようになっています。
エ ところが、人間の子供に永久歯が生えるのは六歳頃ですから、もともと人間はその頃まで授乳していたと考えられます。

問五 ——線部⑤「人間の脳は、恐らく道具を使い始めてから大きくなりました」とありますが、これはなぜですか。その理由としてもっとも適切なものを、次の**ア**〜**エ**の中から一つ選び、記号で答えなさい。

ア 道具を製作する、使用する、という行為を通して、人間はより手先を使うようになり、それによって脳が刺激《しげき》されたから。
イ 道具の登場は、より便利な道具を発明しようという人間の欲求を加速させ、人間の創造力を進展させたから。
ウ 道具の発明によって生産性が上がり、食物が行きわたったことで、人間は十分な栄養を取ることができるようになったから。

言葉に預けてしまったということです。それはロゴス、すなわち論理の世界ですが、しかし、人間は未《いま》だにロゴスからこぼれ落ちたものをたくさん持っています。しかも、それによって人間の**注8**ビビッドな生命観がつくられています。例えば愛情、これは言葉になりません。好き、愛していると言っても、それは気持ちを端的《たんてき》に表しただけであって、一体好きとは何なのか、愛とはどういうものなのかということを、全部説明できるわけではありません。それは、会って、手で触《ふ》れて、嗅《か》ぎ合って、同じものを食べて、同じものを見て、という身体的な接触《せっしょく》の中で紡《つむ》ぎだされるもので、そうやってお互いの一体感を楽しむということを、人間は未だにやっているわけです。

　ところが今、人間は言葉を離れ、情報をやり取りし始めました。それによって、言葉がどんどん安っぽいものになってきています。私がゴリラと付き合って感じたのは、⑧言葉というものはそもそもすごく安っぽいもので、だから、本当は信用できないコミュニケーションなのではないか、ということです。

　言葉は情景を描《えが》いたり、物事を伝えるということに関しては、非常に便利で効率的なものです。しかし、我々が五感で感じた風景や音声を言葉にして伝える場合、それは非常に抽象《ちゅうしょう》化したシンボルにつくり変えられています。ですから、自分が感じた風景や音そのものは、本当には伝えられないのです。それが文字になると、さらに抽象的になります。言葉で伝えているうちはまだ個性が伴っていても、文字で書かれた文章は化石化した言葉となって、具象化して復元する際に様々な付属物がつきます。具象化の過程で、受け取る側の思いが入り、伝える側の思いとは全く別のものが広がってしまうわけです。それが今の時代に、さらに加速しています。

　例えば、今は映像を情報化して流すことができます。しかし、映像は言葉と同じように、そこに詰《つ》まっている情報を、見る側が見る側の思いで加工修正して広げていきます。ですから、情報通信機器が発達すればするほど、情報が氾濫《はんらん》し、それによって情報が信じられなくなってきています。例えば、政治家が言ったことがすぐ話題になって、非難されたりしていますが、本当はそんな意味のことを言ったのではなかったかもしれません。それは言葉の修練が足りないせいだという言い方もあるでしょうが、何よりも言葉自体が**注9**陳腐《ちんぷ》化しているということです。

　政治家やタレントが言ったことは信用できないから、他の**注10**エビデンスがほしいと思っても、他のエビデンスだって、本当に信用できるかどうかわからなくなっています。これは言葉や情報の性質ですが、それらがだんだん人間の身体性から離れ、自由に一人歩きをし始めたということです。⑨私はゴリラとの付き合いから、言葉を持たない会話が、いかに互いの信頼《しんらい》を紡ぐものであるかということを感じました。言葉によって情報を得て、理解は進むかもしれませんが、信頼は置き去りにされています。物事を理解することが、物事を信頼することに常につながるとは限らないということです。

（山極寿一・小原克博《こはらかつひろ》『人類の起源、宗教の誕生』による）

注1　**授乳**～母親が子供に母乳を与えること。「授乳期」はその期間。
注2　**離乳**～授乳期が終わり、子供が母親の母乳を飲まなくなること。
注3　**骨盤**～腰《こし》やお尻《しり》を形作っている骨。
注4　**胎児**～母親のお腹の中(＝胎内)にいて、まだ出産されていない状態の子。
注5　**ケア**～世話。
注6　**媒体**～仲立ちをするもの。
注7　**介在**～間に置くこと。
注8　**ビビッドな**～生き生きとした。

を介《かい》して人と人がコミュニケーションできるようになる。それによって、新たな社会関係が始まります。

結果的に、人間の移動を頻繁《ひんぱん》にさせ、人間の集団自体を拡大させました。⑤人間の脳は、恐らく道具を使い始めてから大きくなりました。それが意味するのは、人間の活動範囲が増え、人間同士の関係が道具を注7介在《かいざい》させることによって、あるいは物を介在させることによってより複雑化したということです。これが人間の言葉の発生前に起こった現象で、これが言葉につながっていったのだと思います。そして、言葉ができたことによって、人間はさらに新たな領域に入りました。

言葉というのは、重さを持たないコミュニケーションの道具です。それまでは物を使ってしか、あるいはジェスチャーを使ってしかコミュニケーションできなかったものが、言葉という全く重さのない音声によって伝えられるようになったことは、非常に大きなことです。つまり、⑥人間は時間と空間というものを、言葉によって自由自在に操ることができるようになったわけです。

この世界は言葉によって始まった、言葉は神であったと聖書に記されたように、言葉をしゃべり始めた人間の前には、全く新しい地平が開かれました。つまり、現実のものよりも、言葉を信じるようになったわけです。初めのうちは、言葉の真実を目で見て確かめるということを伴《ともな》っていたと思いますが、次第にそれを見ずして、言葉によって場面や事態を想像して、それで済ますことができるようになりました。つまり、視覚や聴覚よりも言葉が主力になっていったということです。

人間はサルや類人猿《るいじんえん》と共通の祖先を持っていますから、サルや類人猿のような五感を使って、つまり視覚優位で真実を把握《はあく》するようにできています。まずは視覚、次に聴覚、ところが嗅覚《きゅうかく》、味覚、触覚《しょっかく》は個人的な感覚で、他者とはなかなか共有できません。しかし、言葉が視覚と聴覚を乗っ取り、見える世界、聞こえる世界を言葉によって人間は共有できるようになりました。

言葉がない時代、人間は言葉を持たないいろいろな生物と感応することが、簡単に言えば、会話することができました。鳥の声を聞いて鳥の気分がわかり、他の動物の声を聞いて、あるいは他の動物の姿を一瞬《いっしゅん》でも見るだけで、その動物が何をしようとしているかを直観で理解しながら、その動物たちと共存できるようにふるまうことが、人間にはできていました。そこでは、人間と他の動物は対等でした。ところが、人間にとっては言葉によってつくられる世界の方がよりリアリティを持ってしまい、人間は次第にそちらの方を信じるようになりました。それが神の言葉です。

神の言葉は最初に、お前たちにこの世界を管理する権利を与《あた》える、しかしその代わりに収穫物《しゅうかくぶつ》の一部をよこせですとか、そういうことを言っています。そして契約《けいやく》をするわけです。その契約はまさに、言葉によってつくられた世界を人間に与えるもの、すなわち、人間は言葉を持つことによって、この世界の主人公に、もはや動物と対等ではないものになったということです。⑦ここから人間独自の世界観や環《かん》境《きょう》観が始まります。家畜《かちく》が生まれ、栽培《さいばい》植物が生まれて、人間は食料を生産するようになりました。そして、それが人間の活動自体を定めるようになります。

一番大きなことは未来を予測するようになったことです。時空を飛び越《こ》えて、先のことを予想することができるようになりました。また、過去の事実も言葉によって伝えられますから、本当に起こったかどうかなんて、誰《だれ》にもわかりません。私はそれが宗教の出発点だと思っています。ですから、言葉が最初にある、それはまさに宗教の真実だと思います。

人間は、サルや類人猿とも共通に持ち、祖先から受け継《つ》いだ五感を

力の増大によってもたらされました。仲間は何をしているか、仲間が一体どういう気持ちで自分のことを見ているかということを想像し、仲間の気持ちを、心を読むという行為が必要になりました。

また、新たなコミュニケーションは、子育てを共同することによっても出現しました。ゴリラやチンパンジーは、熱帯雨林という安全な場所にいて、子供は小さく母親が軽々と運び歩くことができますし、子供の方も自力で母親に摑《つか》まる能力を持っていますから、少なくとも注1授乳期は母親一人で子供を育てることができます。一方で、人間の子供は非常にひ弱なまま生まれてきます。また、ゴリラの子供が一・六キログラムほどなのに対し、人間の赤ちゃんはその二倍ほどあります。

④なぜそんな状態で生まれてくるようになったのかというと、それはやはり人間がゴリラやチンパンジーと違って、肉食獣《にくしょくじゅう》に襲《おそ》われる可能性の高い、サバンナや草原に出てきたからです。森を出てすぐ、人間の乳幼児死亡率は高まったことでしょう。そのため、人口が激減しないために、たくさんの子供を産む必要が出てきました。

(中略)

人間の母親は毎年でも子供を産む能力を持っています。ところが、ゴリラもチンパンジーも四年か五年おきにしか子供を産めません。

X それでも子供を早く注2離乳《りにゅう》させたのは、やはり子供をたくさん産む必要があったからだと思います。

また、二〇〇万年前に脳が大きくなり始めたものの、すでに直立二足歩行が完成していたことにより注3骨盤《こつばん》の形が変化して、あまり産道を広げることができなくなっていました。ですから、なるべく小さな頭の子供を産み、難産を回避《かいひ》した上で、脳は生まれた後に急速に発達させるという方法が選ばれました。しかし、脳を注4胎児《たいじ》の速度で発達させるには多大な栄養が必要となります。そのため、栄養が不足しないよう、体に分厚《ぶあつ》い脂肪《しぼう》をまとわりつかせて生まれてくるようになりました。

この戦略により体が大きく重くなった結果、頭でっかちでひ弱な、成長の遅《おそ》い子供がたくさん生まれることになりました。こうなると母親一人ではとても手が足りません。そこで、子供が離乳した母親や男たちが寄ってたかって子供を集団で、つまり共同保育するようになりました。しかも、保育の対象である人間の子供は未熟でひ弱で、いろいろな注5ケアが必要ですから、大人同士の間でも大人と子供の間でも、気持ちを的確に読んで行動する必要が出てきます。ここで、お互いに調整し合うために、どうふるまえばよいのかという、食物によってもたらされたのとは別の共感力が高まったのだと思います。

この、共感力の増加によって、ゴリラやチンパンジーにはない、離れた仲間に思いを馳《は》せ、見えない者に想像力を働かせることができるようになりました。さらに人間は道具を発達させました。石器が初めて登場するのは、二六〇万年前で、これは人間の脳が大きくなる少し前に当たります。道具は手の延長、足の延長、指の延長としての機能を持つものですから、道具があるだけでまだ起こっていない活動を想像することができます。そのことが、まだ見ていない世界をお互いが共有するという結果につながりました。ですから、道具の出現もまた、人間に新たなコミュニケーション能力をもたらしただろうと思います。

逆に言えば、道具から人間を見ることができるということです。例えば、食物の量を増やしたり、食物の分配を変えたりすることによって人間関係が変わりますから、食物自体も道具として作用し、人間関係を調整する注6媒体《ばいたい》となりえます。また、道具の使い方をあらかじめ予想し、あるいは道具が貸し借りして使われることによって、社会的な場面で人間関係を調整するきっかけにもなりえます。つまり、物

る。

エ　語り手が誰であるかは明らかにされていないが、どの登場人物の心の中にも入りこめる語り手として設定されていて、その結果どの登場人物が考えていることも読者に伝わるようになっている。

三　**次の文章は、人類学者であり、ゴリラの研究で知られている山《やま》極寿一《ぎわじゅいち》氏の書いたものである。この文章を読んで、後の問いに答えなさい。**

①ゴリラもチンパンジーも、いったん集団を離《はな》れた個体は、その集団に二度と戻《もど》ることができません。離れても数時間、あるいは数日ぐらいであればいいかもしれませんが、一週間、二週間離れてしまった個体は、その集団の中で死んだも同然という位置づけになります。つまり、ゴリラにとってもチンパンジーにとっても、集団の仲間であるという意識は、常に持続的に、視覚や聴覚《ちょうかく》でお互《たが》いの存在を認知し合っているということから生まれているわけです。ところが、人間はそこからだんだん離れていきました。ある程度会わなくても、仲間であるという認識を持つようになったのです。これによって、②いったん集団を離れた仲間が再び集団に戻れるという特徴《とくちょう》を身につけました。

この社会性を持ったことが、ゴリラやチンパンジーとは違《ちが》った、人間の社会の出発だったのではないかと思っています。

（**中略**）

きっかけは、人間が行動範囲《はんい》を広げたこと、それによって集団が常にまとまって動くことができなくなったことです。チンパンジーは一つの集団が常にまとまっているわけではありませんが、行動域は限られています。しかし、人間は進化の過程で、ゴリラやチンパンジーが住み続けている熱帯雨林を離れ、行動域を広げざるをえませんでした。なぜそうなったかについては、まだわかっていないことが多いのでここでは問いません。しかし、いずれにしても、私たちの祖先が熱帯雨林を離れたことは確かです。

その時、大きな壁《かべ》にぶつかりました。一つは、森の外は食物が分散していて、集団が一つにまとまって動いていては、食料を賄《まかな》いきれなかったということ。これによって、食物を分配するだけではなく、遠くまで探しに行って採集し、仲間のもとに持って戻ってきて、それから分配して一緒《いっしょ》に食べるという行為《こうい》が必要になりました。人間が食物を運搬《うんぱん》するようになったことにより、それを待っている人間にとっては、仲間がどこか知らないところで採って、持ち帰った食料を食べるという行為が生まれました。これは、自分ではなく、仲間が確かめて持ってきた食物を信じて、つまり仲間を信じて食べる行為です。

（**中略**）

これが人間の社会性の始まりだと思います。そのときに、新たなコミュニケーションが芽生える必要が生まれました。それは、相手が見たことのない場所や、由来のわからない食物の安全性を説明する、あるいは、待っている人にとっては、自分が食べたいものを想像し、自分が見ていない場所で活動している仲間の姿を想像することです。これによって見えないものを想像する能力が生まれました。

③想像を共有することによって、人間は活動範囲を広げ、恐《おそ》らく人間の社会的なつながりに新しい変化をもたらしたのだと思います。つまり、ある程度欠落した時間があっても、仲間として認めることができるような、そして、それを想像力によって埋《う》め合わせることができるような社会になりました。これが最後には言葉に結びついていくコミュニケーションです。このようなコミュニケーションの発達は共感

たのに加え、そのことで朱理が受けるショックをまひろがまったく想像できていないことにあきれてしまったから。

ウ　まひろのことはもともと快く思っていなかったが、カンファレンスに参加するより自分ともっと話すべきだというまひろの今回の態度は、あまりにも非常識でついていけなかったから。

エ　朱理を悠馬の担当から外すことを一方的に言われただけでもショックなのに加え、悠馬のためと思ってしてきたことが悠馬のためになっていないとは、考えてもみなかったことだから。

問五　——線部④「この前はすみませんでした」とありますが、まひろが態度を変えた理由としてもっとも適切なものを、次の**ア**～**エ**の中から一つ選び、記号で答えなさい。

ア　玲子が看護師としてきちんと働いているのを知り、対等の同《どう》僚《りょう》として方針の違いを説明すべきだったことに気づいたから。

イ　玲子が悠馬のリハビリには欠かせない存在であることに気づき、機嫌《きげん》を損ねないようにしなくてはいけないと思ったから。

ウ　方針の違いは朱理と話し合うべきことだったのに、その段階を経ないで異なる職種の玲子に八つ当たりをしてしまったから。

エ　玲子がチームで支え合うことの大切さを重んじている人であることを理解し、自分もチームの一員だと認めてほしくなったから。

問六　——線部⑤「朱理とまひろのスタンスの違い」とありますが、悠馬のリハビリで何を最優先と考えているか、朱理とまひろのそれぞれについて、**十字以上十五字以内で「こと。」につながる形**で答えなさい。

問七　——線部⑥「バツが悪そうに」とありますが、悠馬がこのようになった理由を**三十字以上四十字以内**で答えなさい（**句読点・記号も一字に数えます**）。

問八　——線部⑦「今まで信じてきたものがなくなってしまうような心細さ」とありますが、このときの玲子についての説明としてもっとも適切なものを、次の**ア**～**エ**の中から一つ選び、記号で答えなさい。

ア　太一に相談すれば、以前の助言が今度も返ってくるだろうが、太一の助言に従ったために自分の成長が止まったことに気づき、何をよりどころにしたらよいかわからなくなっている。

イ　まひろは玲子に期待しているからこそ厳しくしていることに気づかず、まひろから浴びせられた言葉の激しさを気にするあまり、自分は職場で孤立無援《こりつむえん》の状態だと思いこんでいる。

ウ　太一に相談すれば、太一はまひろの肩《かた》をもつだろうから、まひろとの関係の改善の見通しが立たない現状では、自分の味方になってくれる人が誰もいないことに気づきはじめている。

エ　自分よりもまひろのほうが太一の信頼を得ていることを認めざるをえなくなって、患者のためを思ってチームの中での役割を果たしてきた自分の存在意義が失われる不安を抱いている。

問九　本文についての説明としてもっとも適切なものを、次の**ア**～**エ**の中から一つ選び、記号で答えなさい。

ア　地の文（会話以外の文）では、玲子の習慣に従って登場人物を名前で呼んでいるのがほとんどだが、客観的な記述が求められる場面では、名字で呼んでいる箇所《かしょ》がいくつかある。

イ　太一と朱理が登場する場面はなく、玲子とまひろの会話のなかで語られるだけであり、二人の行動が語られた通りでないことは、注意深く読むとわかるようになっている。

ウ　一人称（「わたし」など）の語り手が設定されているわけではないが、玲子が見聞きしたり感じたりしたことが書かれ、他の人物の発言や行動の記述は玲子の見聞きした範囲《はんい》に限られてい

に思えてきて、でも、今、悠馬に希望を与えられているのはまひろだということは認めざるを得なかった。すると、あの最初の頃のまひろの厳しい口調が、否応なしに玲子の中に蘇《よみがえ》った。

「筋活動が出始めていることすら判断もできないなら黙っていて」

太一に相談したい、と玲子は思ったが、小さく首を振った。すると、⑦今まで信じてきたものがなくなってしまうような心細さがこみ上げてきて、玲子は慌てて光の点《とも》るナースステーションに駆け込むと、一つ息を吐《は》くのだった。

（**川上途行**《かわかみみちゆき》**『ナースコール！　戦う蓮田市リハビリ病院の涙**《なみだ》**と夜明け』による**）

注1　カンファレンス～打ち合わせ。
注2　反芻～心の中でくりかえすこと。
注3　一瞥～ひと目ちらっと見ること。
注4　城咲～病院のスタッフの一人。
注5　看過できない～見過ごせない。
注6　健側～半身に障害がある場合の、障害がない側の身体。
注7　ラウンド～見回り。

問一　――線部①「朱理、深沢さん」とありますが、玲子がそう言ったのはなぜですか。その理由としてもっとも適切なものを、次の**ア**～**エ**の中から一つ選び、記号で答えなさい。

ア　まひろはこの病院に来て日が浅いので、「朱理」と名前で呼ぶだけでは誰のことかわからないと思って配慮したから。

イ　ふだんの習慣で「朱理」と名前で呼んでしまったが、仲間うちの言葉づかいでやりとりをする場面ではないことに気づいたから。

ウ　この職場の習慣に従って「朱理」と名前で呼んだが、まひろはこの職場の習慣に従おうとしない人だったことを思い出したから。

エ　公私のけじめをしっかりつけようとするまひろに反発して「朱理」と名前で呼んでみたが、さすがにそれはやりすぎだと思ったから。

問二　――線部②「大きく冷たい鼓動が頬を赤く火照らせている」とありますが、このときの玲子についての説明としてもっとも適切なものを、次の**ア**～**エ**の中から一つ選び、記号で答えなさい。

ア　朱理を守るためにまひろに何か言えるのは自分しかいないという緊張から身体は熱くなっているが、そんな自分を観察する冷静さももっている。

イ　まひろと対決してもお互いのためにならないと考えて問題を先送りにしようとするずるさがある一方で、そんな自分を許せない純粋《じゅんすい》さももっている。

ウ　朱理の方針を無視するまひろには冷静な反論を考える一方で、経験豊富な相手に対して緊張している上に、個人的な怒りの感情が自然と身体に現れてしまっている。

エ　心の中ではまひろを冷淡に切り捨てようとしているが、もともとは優しい性格なので冷淡になりきれず、朱理への配慮《はいりょ》が足りないことへの怒りで身体は熱くなっている。

問三　[A] に入るひらがな三字の言葉を答えなさい。

問四　――線部③「そうするにはまひろの言葉は玲子にとって衝撃的過ぎた」とありますが、その理由としてもっとも適切なものを、次の**ア**～**エ**の中から一つ選び、記号で答えなさい。

ア　悠馬の状態について予想もしなかった見解をまひろが示したのに対し、その見解が正しいのだとしたら、悠馬の右手の機能を回復させることは絶望的だと思ったから。

イ　朱理が悠馬の担当から外されること自体を予想していなかっ

するしか仕方ないし、それもリハビリじゃないんですか？」

⑤朱理とまひろのスタンスの違いは、こうして言葉にしてしまえば明確だった。患者さんを、野呂悠馬を良くしたいという気持ちは一緒なのに、何を良くするかが違うのだ。

「そこのプロは私なので、私に判断させてください」

その言葉に冷静に反応できるほど、玲子の考えは成熟していなかった。自分がこれまで、自分なりに全力で取り組んできたやり方を、そう簡単に覆《くつがえ》されるわけにはいかないと思っていた。それは玲子だけの問題ではないのだ。太一や、さおりや、そして何より、今は悠馬のリハビリを自分の手ではできない朱理のことを考えたら、ここだけは引き下がってはいけないと思えてくるのだった。

「それは、違うと思います。それはみんなで話し合って、最後には小塚先生が判断することだと思います」

「小塚先生とは話しました。多分、ご納得されていると思います。少なくとも、野呂さんに関してのことは」

その言葉は、玲子にとっては何より重かった。そして、まひろがそのように思っていないであろうことが、ますます玲子の勝ち目のなさを物語っていた。

まひろが立ち去った後、玲子は一層重くなった腰《こし》を上げて、注7ラウンドに向かった。病院の消灯時間は早い。蓮田《はすだ》市リハビリテーション病院のそれは二十一時だった。廊下も小さな非常灯だけが灯《とも》され、病室もメインの照明は消される。それでも、カーテンに仕切られた各々のベッドでは、スタンドライトを点《つ》けて起きている患者さんもいた。玲子たちは手分けして全ての患者さんのもとに出向き、その安全を確認すると、玲子は最後に悠馬の入院している個室に向かった。

ノックをしてから、そっと扉を開けると、病室の中はまだ明るかった。悠馬はベッドに腰掛《か》けた状態でサイドテーブルに向かっていた。

「練習していたの？」

玲子の問いかけに、悠馬はなぜだか⑥バツが悪そうに笑った。

「ごめんなさい」

「謝ることじゃ、ないよ」

悠馬の右手には柄《え》の太いマジックが握《にぎ》られていて、テーブルの上には彼が書いた、まだ字とは言えないたくさんの線が残っていた。

「このくらいの太さの物でなら書けるようになってきていて。細いのはまだ無理だけど」

「すごいじゃない。すごいよ」

悠馬のできることが増えていくことは、玲子にとって本当に嬉《うれ》しいことだった。

「でも、そろそろ寝ないと」

悠馬は頷いて、マジックを置くと、左手で右手を揉《も》み始めた。そして、その手をじっと見ながら、そっと話し始めた。

「こっちの手、使えないかもって思っていたけど、もしかしたら、できるかなって」

悠馬の表情は不安そうでもあり、前向きな希望に満ちているようでもあった。その二つの入り混じった空気が部屋の中に満ちていて、玲子はそれを強く感じられるように大きく息を吸い込んだ。

「大迫さん、怖《こわ》いけど、大迫さんのリハビリ受けた後は手が動きそうな感じっていうのがわかるんです。あ、右手がもう少ししたら動くなって。それはすごく嬉しいことで。僕《ぼく》、まだ右手良くしたいんです。無理なら諦めるけど、でも、出来そうな感じ、あるんです」

そう言って横になった悠馬の部屋の電気を消して、その部屋から出ると、暗い廊下を戻る自分がうつむき加減なのを玲子は自覚していた。

「あの人に負けた？」

悠馬の希望の言葉は、玲子を勇気づけながら玲子を責めているよう

に悩まされることは最近少なくなっていたのだと、玲子は改めて気づいた。自分の周りには、太一や朱理、さおり、注4城咲《しろさき》たちがいて、何か問題があっても一人で抱《かか》えないといけないことは減っていたのだ。

「一人分やれれば十分」

かつて太一に言われた言葉は、今も玲子の心の引き出しの中にあった。自分は看護師として、そのチームの中に居場所を確保していたと思っていた。逆に言えば、自分はその人たちに支えられて働いてきたのだ。

「朱理、大丈夫《だいじょうぶ》かな」

自分だけのことだったら、玲子はきっともっとまひろの言うことを受け入れられたのだと思う。玲子自身は、まひろのように強くないし、事実、これまでもいろんな人の言葉に影響《えいきょう》されてきたのだから。しかし、玲子が今回なぜこんなにまひろに拒否《きょひ》反応を起こしているのかと考えれば、自分ではなく、仲間を否定されたからだ。それは玲子にとって、自分のことを否定されるよりもずっと注5看過《かんか》できないことだった。

玲子がカルテを書くためにナースステーションに戻ると、そこにはまひろがいた。一瞬《いっしゅん》たじろいだ玲子を尻目に、まひろは悠馬のカルテを熱心に読んでいた。カルテを書いている玲子とカルテに目を落としているまひろ。同じ空間にいる二人が言葉を交わしたのは、まひろが悠馬のカルテを閉じ、ラックに戻した時だった。

「夜勤、お疲《つか》れ様です」

「大迫さんこそ、遅くまで大変ですね」

「いえ、会議とかがあると、患者さんの情報を取れるのがこの時間になってしまって」

玲子は何かをまひろに伝えたいと思っていたが、いざこうして彼女を目の前にすると、自分の意気地《いくじ》のなさだけがむくむくと顔をもたげてきて、何も言えなかった。仕方なく次の患者さんのカルテを書こうとした時に、もう一度まひろが口を開いた。

「④この前はすみませんでした。言い過ぎました。正確には、ちゃんと伝えるためには不適切な言い方でした」

「いや、そんなこと」

「いえ、同じ作業療法士である私と深沢さんの間ですら、治療に対する考え方の違いがあるのだから、ましてや職種の違う南さんに、理解を求めるのは間違っていました」

まひろの淡々《たんたん》とした、しかし反論の余地のない物言いに、玲子はやはり聞くしかなかった。

「リハビリには、いろんな目標があります。もちろん、早く社会復帰させることは目標の一つです」

まひろから、この前話した時ほどの威圧《いあつ》感も、自分に対する「見切り」のようなものも感じられなかったので、玲子は少し不思議な気持ちになっていた。

「ごめんなさい。あなたの野呂さんのカルテを見て、南さんが本当に彼を早く学校生活に戻したいんだということがわかりました。だから、ちゃんと説明すべきだと考え直したんです」

玲子は、目の前のまひろから、なんだか懐《なつ》かしい雰囲気《ふんいき》を感じていた。しかし、それがどうしてなのか、まだ全くわかっていなかった。

「でも、私は、やはり南さんや深沢さんのやり方は間違っていると思います。ご飯を食べる、字を書く、着替《きが》えをする。もちろん、左手でもできるようにはなるでしょう。その方が早いし、現実的かもしれない。でも、それがリハビリだとは、私は思いません。彼の右手を、極限までよくするのが私の仕事です。それが最も優先されるべきだと思います」

「それはわかります。でも、それが難しい場合は、注6健側《けんそく》の練習を

ですか？」

まひろは、小さく一つ頷いて、それでも表情は変えなかった。

「深沢さんと話しているのね。なら、まだいいけど」

自分の②大きく冷たい鼓動《こどう》が頬《ほお》を赤く火照《ほて》らせているのがわかった。その相反する不思議な感覚の中で、玲子が忘れかけていた呼吸を一つついた時、まひろは口を開いた。

「これからは私に言ってもらえますか？　リハビリのやり方に関わることなので。深沢さんは、ご存じの通り、今、休みがちなので、私の方が野呂さんの状態を把握《はあく》していますし。こういう行き違《ちが》いがあるといけないから、今日から正式に担当を変えることにします。今後はよろしくお願いします」

そう言って、まひろが立ち去ろうとしたのを玲子は思わず呼び止めた。

「え、ちょっと待ってください。朱理と話もせずに、担当変えるんですか？」

「今でもほとんど私がやっているし、実質的には変わらないですよ」

まひろは、玲子に呼び止められたことに少し驚《おどろ》いたようだったが、それだけ言い残して、今度こそ部屋を出ようと振り返った。その手を玲子が摑《つか》んだのは、悠馬のリハビリのことで思い悩《なや》む朱理の表情が思い浮かんだからだった。

「朱理の、深沢さんの話を聞いてからにしてください。彼女は一生懸《けん》命《めい》、悠馬君のことを考えているのに、突然《とつぜん》、担当外されたら可哀想《かわいそう》じゃないですか」

玲子を見るまひろの目は、ナースステーションに入ってきた当初と違って怒《おこ》っていなかった。むしろ、先ほどまでは過剰《かじょう》なまでの圧力を纏《まと》っていたまひろの視線が、もうその役割を終えたかのように、ただ本来の、玲子を見るだけのそれに変わっていた。

「一生懸命考えるのは当たり前でしょ。私からしたら、可哀想なのは彼女じゃなくて、野呂さんです」

もはや一向に戻ってこない玲子に［A］を切らして、向こうではカンファレンスが始まっていた。早く戻らないといけないとわかってはいたが、③そうするにはまひろの言葉は玲子にとって衝撃《しょうげき》的過ぎた。問い返すことすらできずに、玲子は続けざまに浴びせられるまひろの言葉を聞くだけだった。

「どうして、あなたたちは左手の練習を始めたの？　野呂さんの右手は今どのような状態だかわかっている？」

まひろは、玲子を注3一瞥《いちべつ》して言葉を続けた。

「筋活動が出始めていることすら判断もできないなら黙《だま》っていて。あと、あなたたちの仲良しごっこに患者《かんじゃ》さんを巻き込まないで」

玲子には、もうまひろを引き留めることはできなかった。

> 数日が経過。その間にまひろは太一に悠馬の治療方針を説明し、了解《りょうかい》をとった。

その日、玲子は準夜勤だった。夜八時を過ぎると、医師や療法士も徐々《じょじょ》に病棟から姿を見かけなくなっていき、病棟で働いているのは玲子を含めた看護師のみになる。ほとんどの患者さんも自分の病室に戻るので廊下は閑散《かんさん》とし始めていた。

玲子は、いつものように患者さんの寝る前の身支度や、薬を配る業務に追われていた。日勤帯よりも少ない看護師で行うので準夜勤は忙《いそが》しくて、余計なことを考えている暇《ひま》はなかった。けど、ふと立ち止まると、何とも言えない心の重さを自覚して、普段《ふだん》ならすぐに動き出せるところでも、足が前に出ないような感覚があった。そして、それは久しぶりのように思った。

仕事が楽しくないということではないにせよ、そういった類《たぐい》の感情

2023年度

浅野中学校

【国　語】（五〇分）〈満点：一二〇点〉

【注意】　問題文には、原文（原作）の一部を省略したり、文字づかいや送りがなを改めたりしたところがあります。

一　**次の――線部①～⑧のカタカナの部分を漢字で、⑨・⑩の漢字の部分をひらがなで書きなさい。いずれも一画一画をていねいに書くこと。**

総理大臣は①**カクギ**を開き、今後の対応について話し合った。

新しい試みをするのが②**ゼンエイ**芸術だ。

③**フカ**をかけたトレーニングによって記録向上を目指す。

国の④**カイカク**を進めて将来を明るいものにしたい。

⑤**テツボウ**で逆上がりの練習をする。

⑥**トウセイ**のとれた隊列に舌を巻く。

宝石を五つの⑦**トウキュウ**に分けて価格を調整した。

⑧**キョウゴウ**する企業を買収し一つの組織にした。

⑨**己**の後ろすがたを鏡に映して見たことがありますか。

あなたはその⑩**危**うさに気づかないのですか。

二　**次の文章を読んで、後の問いに答えなさい。**

看護師の南玲子《れいこ》はリハビリテーション専門病院に勤務している。その病院に中学三年生の野呂悠馬《のろゆうま》が、脳出血の治療《ちりょう》を受けた病院から転院してきた。主治医の小塚太一《こづかたいち》、理学療法士（足のリハビリを受け持つ）の黒木さおり、作業療法士（手のリハビリを受け持つ）の深沢朱理《ふかざわあかり》と玲子の四人が悠馬の担当になったが、体調がすぐれず休みがちな朱理の代わりを、新しくこの病院にやって来た経験豊富な作業療法士の大迫《おおさこ》まひろが務めることが多くなっていた。

「南さん、あなた、野呂悠馬さんの担当よね？」

まひろの圧力に戸惑《とまど》いながらも、玲子はなんとか頷《うなず》きながら答えた。

「ええ。そうですけど」

「なんで、利き手交換《こうかん》やっているの？」

「利き手交換？」

昼休み明けは、その日に勤務している看護師全員で**注1**カンファレンスを行う時間なので、玲子以外のみんなは円卓《えんたく》に座って、カルテを開いたり、自分用のメモ帖《ちょう》を開いて午後の業務内容を確認したりしながら、その開始に備えていた。彼女《かのじょ》たちには部屋の離《はな》れたところで話す玲子とまひろの会話は、おおよそは聞こえているはずで、いずれにしても玲子が戻《もど》ってこないとカンファレンスが始められないので、なんとなく見守られているような感じだったが、まひろはそのようなことを気にする素振《そぶ》りも見せず、整った眉《まゆ》をひそめて、小さくため息をついた。

「左で字を書く練習をしているんでしょ？」

「あ、はい。ええ。それが何か問題でも？」

「誰《だれ》の許可でそんなことしているの？」

許可？　病棟《びょうとう》で字を書く練習をするのに、許可が必要なのか。玲子は初めて言われることに最初はただ戸惑っていたが、その言葉を**注2**反芻《はんすう》しているうちに、自分の中におよそ仕事中には相応《ふさわ》しくない感情が込《こ》み上げてきて、幾分《いくぶん》大きな声で答えた。

「①朱理、深沢さんとは相談しました。それ以外に誰かの許可が必要

2023年度

浅野中学校　▶解説と解答

算数　(50分)＜満点：120点＞

解答

1 (1) 7　(2) 28個，31個　(3) $6\frac{12}{13}$秒後／5回　(4) 36人／29点　(5) **ク**…AD，**ケ**…BC，**コ**…(例) 線分の長さの合計がもっとも短くなる結び方であること　2 **ア**…100人，**イ**…70人，**ウ**…999人，**エ**…1069人，**オ**…6.5％　3 (1) 34個　(2) 16個　(3) 1666通り　4 (1) ウ　(2) $1\frac{1}{3}$cm^3　(3) $\frac{1}{2}$倍　5 (1) **ア**…5個，**イ**…2個，**ウ**…2個，**エ**…3471cm^2　(2) 3385cm^2　(3) 4通り

解説

1 逆算，差集め算，図形上の点の移動，旅人算，平均とのべ，条件の整理

(1) $\left(\frac{5}{8}+5.375\right)\times26\frac{2}{3}=\left(\frac{5}{8}+5\frac{3}{8}\right)\times\frac{80}{3}=6\times\frac{80}{3}=160$より，$(160-\square)\times13\frac{2}{9}=2023$，$160-\square=2023\div13\frac{2}{9}=2023\div\frac{119}{9}=2023\times\frac{9}{119}=153$　よって，$\square=160-153=7$

(2) 1人に5個ずつ配るときに不足する個数は1個以上5個以下だから，1人に3個ずつ配るのに必要な個数と1人に5個ずつ配るのに必要な個数の差は，10＋1＝11(個)以上，10＋5＝15(個)以下になる。これは，5－3＝2(個)の差が子どもの数だけ集まったものなので，子どもの数は，11÷2＝5.5(人)以上，15÷2＝7.5(人)以下とわかる。つまり，子どもの数は6人または7人である。よって，みかんの個数は，3×6＋10＝28(個)，または，3×7＋10＝31(個)と求められる。

(3) 点Aは毎秒，360÷10＝36(度)の割合で小さい円の周上を動き，点Bは毎秒，360÷36＝10(度)の割合で大きい円の周上を動くから，点Aは点Bよりも1秒間に，36－10＝26(度)多く動く。はじめて3点O，A，Bが一直線上に並ぶのは，下の図①のように点Aが点Bよりも180度多く動いたときなので，出発してから，$180\div26=\frac{90}{13}=6\frac{12}{13}$(秒後)とわかる。また，2回目に一直線上に並ぶのは，下の図②のように，図①の状態から点Aが点Bよりも180度多く動いたときである。このとき最初と同じ位置関係になるから，点Aが点Bよりも180度多く動くごと，つまり$\frac{90}{13}$秒ごとに一直線上に並ぶことになる。したがって，点Bが1周する36秒間では，$36\div\frac{90}{13}=\frac{26}{5}=5\frac{1}{5}$より，出発時を除いて5回あることがわかる。

図①

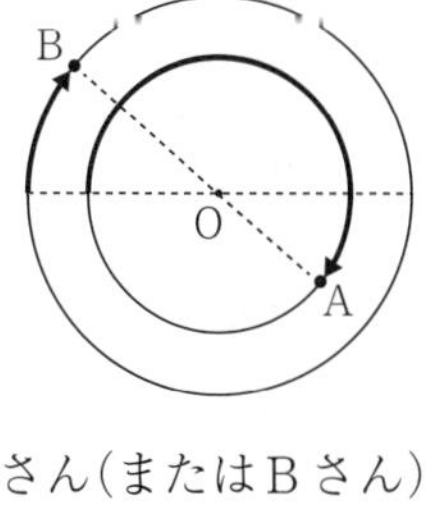

図②

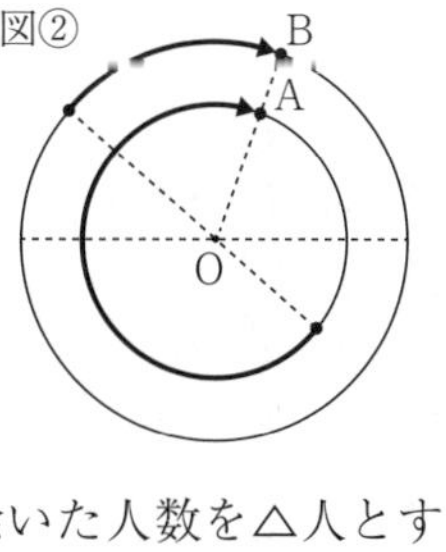

図③

	△人	
(a)	63.2点，63.2点，…，63.2点，	Ⓐ点
(b)	65点，65点，…，65点，	Ⓑ点

(4) Aさん(またはBさん)を除いた人数を△人とする。また，Aさんの得点をⒶ点とし，Aさん

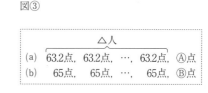

を除いた△人の得点をすべて63.2点と考えると，上の図③の(a)のように表すことができる。同様に，Bさんの得点をⒷ点とし，Bさんを除いた△人の得点をすべて65点と考えると，(b)のように表すことができる。(a)と(b)を比べると，全体の合計点が同じであり，ⒶとⒷの差が63点なので，△人の合計点の差も63点になる。つまり，65−63.2＝1.8(点)の差が△人分集まったものが63点になるから，△＝63÷1.8＝35(人)と求められる。よって，クラスの人数は，35＋1＝36(人)である。また，36人の平均点が64点なので，36人の合計点は，64×36＝2304(点)とわかる。そのうちBさんを除いた35人の合計点は，65×35＝2275(点)だから，Bさんの得点は，2304−2275＝29(点)と求められる。

(5) 線分の長さの合計がもっとも短くなる結び方にしたとき，線分どうしが交差している部分があると仮定する。つまり，右の図④で，線分ABと線分CDの長さの合計がもっとも短いと仮定する。三角形ADEに注目すると，AD＜AE＋DEという関係があり，三角形BCEに注目すると，BC＜CE＋BEという関係がある。よって，AD(…ク)とBC(…ケ)の和は，AE＋DE＋CE＋BEの和よりも短くなる。ここで，AE＋DE＋CE＋BE＝(AE＋BE)＋(DE＋CE)＝AB＋CDとなるから，AD＋BC＜AB＋CDとなることがわかる。これは，この結び方が線分の長さの合計がもっとも短くなる結び方である(…コ)ことに反するので，仮定は誤りである。

図④

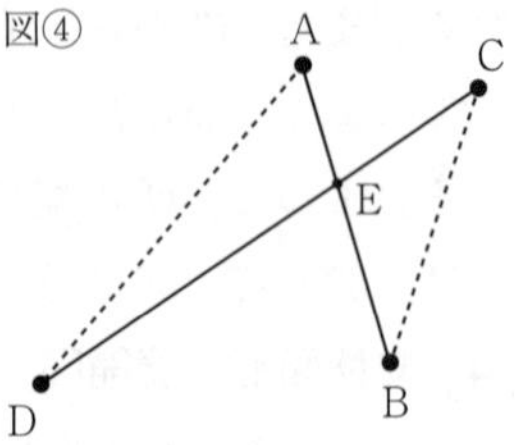

2 条件の整理，割合と比

条件を整理すると右のようになる。100000人のうち0.1%$\left(=\frac{1}{1000}\right)$が感染しているから，感染している人数は，$100000\times\frac{1}{1000}=100$(人)(…ア)である。この100人が全員検査を受けたとすると，陽性と判定される人数は，100×0.7＝70(人)(…イ)となる。また，感染していない人数は，100000−100＝99900(人)であり，この99900人が全員検査を受けたとすると，陽性と判定される人数は，99900×0.01＝999(人)(…ウ)とわかる。すると，陽性と判定される人数は全部で，70＋999＝1069(人)(…エ)いることになる。ところが，このうち実際の感染者は70人なので，Aさんが感染している可能性は，70÷1069×100＝7000÷1069＝6.54…(%)と求められる。これは，小数第2位を四捨五入すると6.5%(…オ)になる。

	陽性	陰性
感染している	70%	30%
感染していない	1%	99%

3 約束記号，整数の性質，場合の数

(1) (2，A)を7で割った余りを求めると，下の図1のようになる。よって，7で割った余りは{2，4，1}の3個がくり返されるから，100÷3＝33余り1より，7で割った余りが2になるようなAの値は，33＋1＝34(個)あることがわかる。

図1

A	1	2	3	4	5	6	
(2，A)	2	4	8	16	32	64	
7で割った余り	2	4	1	2	4	1	

図2

B	1	2	3	4	5	6	7	8	
(3，B)	3	9	27	81	…	…	…	…	
7で割った余り	3	2	6	4	5	1	3	2	

(2) 7で割った余りがXになる数は，7×□＋Xと表すことができる(□は整数)。また，この数を3倍した数は，(7×□＋X)×3＝21×□＋X×3となる。ここで，21×□は7で割り切れるので，この数を7で割った余りは，X×3を7で割った余りと等しくなる。この考え方を使って(3，B)

を７で割った余りを求めると，上の図２のようになる(たとえばB＝５の場合は，４×３÷７＝１余り５より，７で割った余りは５である)。よって，７で割った余りは{３，２，６，４，５，１}の６個がくり返されるから，100÷６＝16余り４より，７で割った余りが５になるようなBの値は16個あることがわかる。

⑶　(２，C)＋(３，D)が７で割り切れるのは，右の図３の３つの場合である。⑴から，アのようになるCの値は34個あり，ウ，オのようになるCの値は33個あることがわかる。また，⑵から，イのようになるDの値は16個あり，エ，カのようになるDの値は，16＋１＝17(個)あることがわかる。よって，①の組は，34×16＝544(通り)，②と③の組は，33×17＝561(通り)ずつあるので，全部で，544＋561×２＝1666(通り)と求められる。

図３

①　(２，C)を７で割った余りが２…ア
　　(３，D)を７で割った余りが５…イ
②　(２，C)を７で割った余りが４…ウ
　　(３，D)を７で割った余りが３…エ
③　(２，C)を７で割った余りが１…オ
　　(３，D)を７で割った余りが６…カ

４　立体図形―展開図，分割，体積

⑴　立体Xの見取図は右の図①のようになる。また，右の図②(問題文中のウ)は，三角形ABCとかげをつけた三角形のつながり方が異なる。よって，立体Xの展開図にならないものはウである。

図①

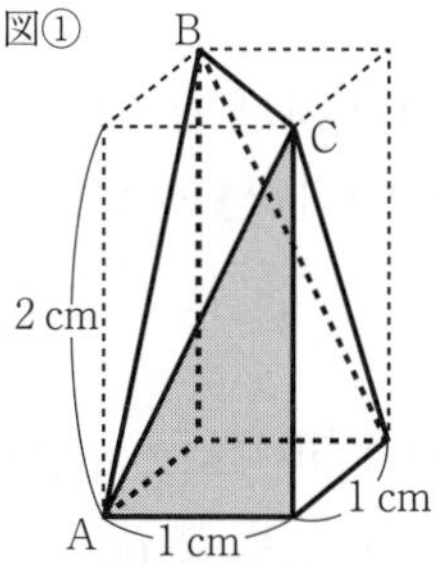

図②

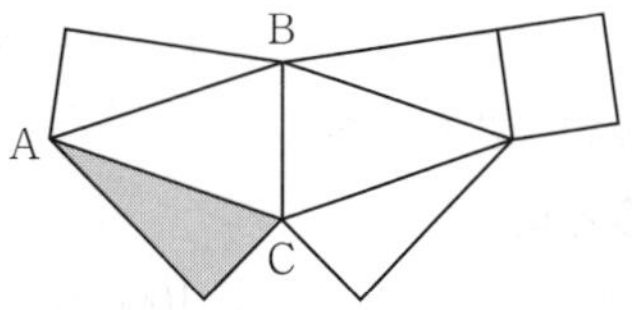

図③

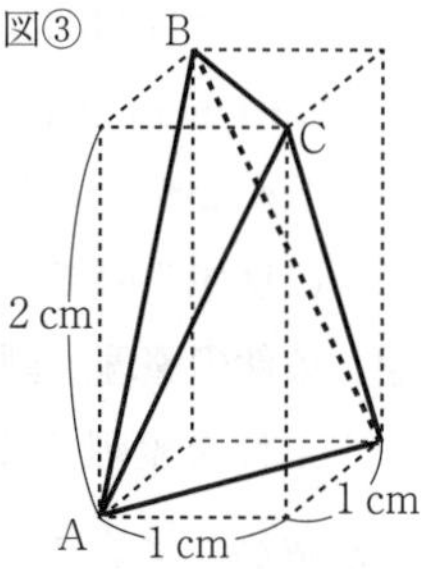

⑵　もとの直方体の体積は，１×１×２＝２(cm^3)である。また，切り取った三角すい１個の体積は，１×１÷２×２×$\frac{1}{3}$＝$\frac{1}{3}$(cm^3)なので，立体Xの体積は，２－$\frac{1}{3}$×２＝$\frac{4}{3}$＝$1\frac{1}{3}$(cm^3)とわかる。

⑶　三角すいYの見取図は右上の図③のようになる。これは，はじめに切り取ったのと同じ三角すいを，立体Xからさらに２個切り取ったものである。よって，三角すいYの体積は，$\frac{4}{3}$－$\frac{1}{3}$×２＝$\frac{2}{3}$(cm^3)だから，三角すいYの体積は立体Xの体積の，$\frac{2}{3}$÷$\frac{4}{3}$＝$\frac{1}{2}$(倍)とわかる。

５　平面図形―図形の移動，面積

⑴　円板が通過するのは，下の図①のかげと斜線《しゃせん》をつけた部分である。これは，(あ)の図形が５個(…ア)，(い)の図形が２個(…イ)，(う)の図形が２個(…ウ)からできている。また，(あ)の図形１個の面積は，20×20＝400(cm^2)，(い)の図形１個の面積は，10×10×３＋10×10×3.14÷４＝300＋78.5＝378.5(cm^2)，(う)の図形１個の面積は，10×10×２＋10×10×3.14÷２＝200＋157＝357(cm^2)だから，円板が通過する部分の面積は，400×５＋378.5×２＋357×２＝3471(cm^2)(…エ)と求められる。

図①

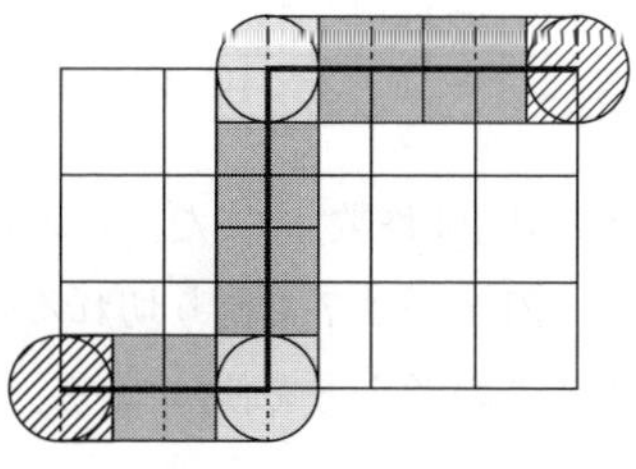

図②

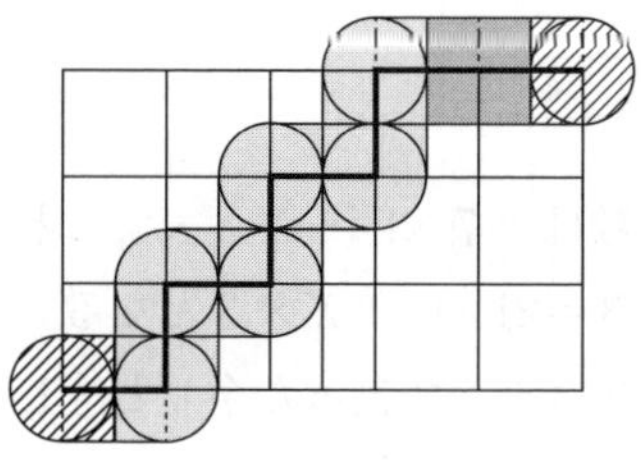

図③

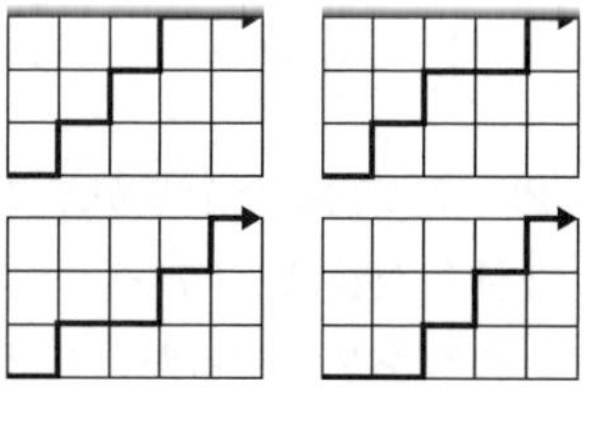

(2) (う)の図形ができるのは最初と最後だけなので，途中《とちゅう》で(い)の図形がなるべく多くなるようにすればよい。また，(い)の図形ができるのは角の部分だから，なるべく多く曲がった方がよい。すると，面積がもっとも小さくなるのは，たとえば上の図②のように進んだ場合とわかる。図②は，(あ)の図形が1個，(い)の図形が6個，(う)の図形が2個からできているので，図②で円板が通過する部分の面積は，400×1＋378.5×6＋357×2＝3385(cm²)と求められる。

(3) (2)と同じ面積になる経路は，上の図③の4通りある。

社会 (40分) ＜満点：80点＞

解答

1 **問1** オ　**問2** ア　**問3** オ　**問4** エ　**問5** エ　**問6** ウ　**問7** ア，イ，エ　**問8** オ　**問9** ア　**問10** ウ　**問11** ウ　**問12** エ　**問13** カ　**問14** イ　**問15** (1) イ　(2) イ　**問16** エ　**問17** (1) エ　(2) エ　**問18** イ　**問19** イ，ウ，エ　**問20** ア　**問21** ウ　2 (例) 第一次世界大戦後，世界平和と軍縮を求める声が高まると，軍事費はおさえられ，軍人の地位も低下した。こうした状況を改善するため，陸軍は軍や軍人のイメージを向上させるための宣伝政策を進め，文化人や民間企業の中にもこれに協力する動きが見られた。

解説

1 ある高校の修学旅行を題材とした問題

問1 第2次産業は工業などにあたり，その就業者の割合が高いBには，自動車工業がさかんなことで知られる愛知県豊田市があてはまる。人口の減少や高齢化は，大都市から遠い地域のほうが進みがより速い傾向《けいこう》にあるため，人口増加率のマイナスが大きい，つまり人口の減少する割合がより大きく，65歳以上人口の割合がより高いCは長崎県長崎市とわかる。残ったAは兵庫県西宮市で，西宮市は大阪府大阪市と兵庫県神戸市の中間に位置している。

問2 ア　アの文は，福岡市にある板付《いたづけ》遺跡の説明にあたる。板付遺跡は縄文時代末期から弥生時代にかけての遺跡で，石包丁や水田跡などが出土している。また，集落の周りにほりをめぐらせた環濠《かんごう》集落だったことが確認されている。　イ　菅原道真は，901年に，現在の太宰府《だざいふ》市(福岡県)にある大宰府に左遷《させん》された。大宰府は，九州の支配とともに，大陸との外交を担当していた。　ウ　日本最大級とよべる古墳は，ほとんどが近畿地方の大阪府と奈良県に集中している。　エ　1274年の一度目の元軍の来襲《らいしゅう》(文永の役)を乗り切った鎌倉幕府の第8代執権《しっけん》北条時宗は，二度目の来襲に備えて，福岡県の博多湾沿岸に石塁《せきるい》とよばれる石の壁をつくらせた。

問3 鳥取市は，冬の降水量が多い日本海側の気候に属しているので，Aがあてはまる。岡山市は，1年を通じて降水量が少ない瀬戸内の気候に属しているのでCとなり，残ったBが長崎市。なお，BとCではグラフの目盛りが異なっていることに注意する。

問4 東京からの年間旅客数が最も多いイには，札幌があてはまる。これについで東京からの年間旅客数が多く，ほかの4都市すべてに定期直行便が出ているアは，大阪である。東京からの定期直行便がないウは，東京と上越新幹線で結ばれている新潟で，残るエが長崎となる。

問5　いわゆる「コロナ禍《か》」では，人々が外出をひかえたり，飲食店が営業を自粛《じしゅく》したりするなど，社会と経済に大きな変化が生じた。外出する機会が減った結果，電車やタクシーを利用する人や，新しい洋服を買おうという人も減った。外出するとしても，マスクを着用するようになったため，口紅を買う動きも鈍くなった。一方で，外食が減り，自宅で料理をする機会が増えたことから，生鮮肉の消費量は増加した。

問6　１ドル＝120円だった円とドルの交換《こうかん》比率(為替《かわせ》相場)が，１ドル＝100円になるような状況《じょうきょう》を，円高(ドル安)という。この場合，外国人は１ドルと交換して得られる円が少なくなるので，日本への旅行は不利になる。反対に，円安(ドル高)のときは日本への旅行が有利になる。

問7　たとえば，テレビの報道番組であれば，入手した情報をその場で流すことができるうえ，あとから情報を訂正《ていせい》したり追加したりすることが比較《ひかく》的容易にできる。また，くり返し見られることはあまり想定していないと考えられる。一方，新聞は時間をかけてくり返し読まれる可能性があり，印刷物として情報の正確性が必要とされるため，より緻密《ちみつ》な取材や情報の確かな裏づけが行われたうえで発行される。そのため，テレビをふくむほかのメディアに比べて，信頼性は高いといえる。

問8　たらは海水が冷たい海域で暮らす魚なので，Ｂに釧路《くしろ》(北海道)があてはまる。遠洋漁業の基地となっている焼津《やいづ》(静岡県)では，かつおとまぐろの割合が高いので，Ａに焼津があてはまる。残ったＣは長崎で，あじやさばなど，近海でとれる魚の出荷量が多い。

問9　16世紀にはじまった南蛮《なんばん》貿易は，スペイン人やポルトガル人との貿易であり，コップとボタンはオランダ語ではなくポルトガル語を語源として日本に定着した外来語である。

問10　豊臣秀吉による二度の朝鮮出兵(1592～93年の文禄の役と1597～98年の慶長の役)以来，日本と朝鮮の国交はとだえていた。しかし，江戸時代初め，対馬《つしま》藩(長崎県)の宗《そう》氏の仲立ちによって国交が回復し，対馬藩は朝鮮との外交・貿易の権利を独占することを幕府から認められた。貿易は朝鮮の釜山《プサン》に置かれた倭館《わかん》で行われ，薬として重宝された朝鮮人参などが輸入された。

問11　ア　中国の古い歴史書『魏志《ぎし》』倭人伝には，239年，邪馬台国《やまたいこく》の女王卑弥呼《ひみこ》が魏に使いを送り，皇帝から「親魏倭王」の称号と金印，銅鏡などを授けられたことが記されている。しかし，鉄製の武器を受け取ったり，倭国を統一したりしたということはない。　イ　「遣隋使船」ではなく「遣唐使船」が正しい。　ウ　宋銭について，正しく説明している。　エ　観阿弥《かんあみ》・世阿弥《ぜあみ》父子は，室町幕府の第３代将軍足利義満の保護を受け，田楽《でんがく》や猿楽《さるがく》といった寸劇や歌，舞を融合《ゆうごう》し，能を大成した。なお，足利義政は室町幕府の第８代将軍である。

問12　ア，イ　坂本龍馬《りょうま》は，京都で暗殺された。14世紀前半，足利義満は京都に室町幕府を開いたが，平安京に都が移された８世紀末から，明治時代になって天皇が京都に移る19世紀後半まで，一時的な遷都《せんと》を除くと，都は京都に置かれていた。また，平等院鳳凰《ほうおう》堂は，平安時代の11世紀なかばに，藤原頼通《よりみち》が京都の宇治に建てた。　ウ　坂本龍馬は土佐藩(高知県)の出身で，戦国時代には長宗我部《ちょうそかべ》氏が領有していた。島津氏は，九州南部を支配する有力な戦国大名であった。　エ　1881年に自由党を結成し，初代党首となった板垣退助は，坂本龍馬と同じ土佐藩の出身である。

問13　造船業は東アジア各国での船舶竣工《せんぱくしゅんこう》量が多く，中国が世界第１位，韓国が第２位，日本が第３位と，上位を独占している。鉄鋼の生産量は，世界第１位の中国について，工業化と経済発展が進むインドが２番目に多い。自動車の生産台数は，急激に数字をのばした中国が世界第１位，古くからの自動車大国であるアメリカが世界第２位となっている。統計資料は『世界国勢図会』2022

／23年版による(以下同じ)。

問14　かつて，日本は火力発電のエネルギー源の多くを石油に頼っていた。しかし，1990年代後半になると，石油を燃やしたときに出る二酸化炭素の量が問題となってきたことなどから，火力発電のエネルギー源の中心は天然ガスへと移り変わっていった。また，比較《ひかく》的安価なことや，供給している地域が分散しており安定して輸入できることなどから，石炭の割合も大きく増えた。よって，Ａは2020年，Ｂは1980年のグラフで，Ｘが天然ガス，Ｙが石炭，Ｚが石油となる。

問15　(1)　ア　日本政府は，戦争放棄《ほうき》を定めた日本国憲法第９条も，国家の自衛権を否認するものではないとする立場をとっている。また，日本政府は，自国が攻撃《こうげき》を受けた場合に反撃できる個別的自衛権のみが認められるとする立場をとっていたが，2014年に安倍内閣はこれを改め，自国が直接攻撃されていなくても，同盟国が攻撃を受けている場合に，その国と協力して行動できる集団的自衛権が認められるとする閣議決定を行った。これを受けて，翌15年には，安全保障関連法が成立した。　イ　自衛隊についての日本政府の解釈《かいしゃく》を正しく説明している。　ウ　国際連合憲章では先制攻撃は認められておらず，日本政府もこれに従っているといえる。ただし，自衛権には，危機がさしせまっていると判断された場合に先制攻撃を行う「先制的自衛」もふくまれていると解釈されており，その範囲《はんい》は議論の対象となっている。　エ　日本国憲法は1947年に施行され，一度も改正されていない。非核三原則は1967年に佐藤栄作首相が表明したもので，憲法で定められてはいない。　(2)　ア　国際連盟が全会一致制をとっていたために，国際紛争にあたって有効な対策をとれなかったことに対する反省から，国際連合総会では多数決制が採用されている。　イ　安全保障理事会は常任理事国５か国と非常任理事国10か国で構成され，重要事項の議決には５常任理事国をふくむ９か国以上の賛成が必要となる。また，常任理事国には，１か国でも反対すれば決議できないという特別な権限である拒否《きょひ》権が認められている。　ウ　国際司法裁判所における審理は，紛争の当事国両方の同意があった場合に行われる。日本政府は，竹島をめぐる韓国との領土問題について，これまでに何度か国際司法裁判所での審理を提案しているが，いずれも韓国側がこれを拒否したため，実現にいたっていない。　エ　NGO(非政府組織)は医療，環境，教育，人権の保護などさまざまな分野で活動している民間の団体で，国際連合の専門機関ではない。

問16　ア　Ｚ国が「核軍縮」を選択《せんたく》した場合，Ｙ国が「核軍拡」を選択すると，Ｙ国のメリットが最大値の３になる。よって，正しい。　イ　Ｙ国，Ｚ国がともに「核軍拡」を選択した場合，Ｙ国のメリットは１になるが，「核軍縮」を選択した場合の０よりはメリットが大きいことになる。よって，正しい。　ウ，エ　「核軍拡」を選択すると，相手国が「核軍縮」を選択した場合にはメリットは最大値の３になり，相手国が「核軍拡」を選択した場合でも，１のメリットが得られる。一方だけ「核軍縮」を選択するとメリットは０になるのだから，自国の利益を最優先にした場合には，「核軍拡」を選択したほうがよいということになる。「お互《たが》いにとって最も望ましい選択」として両方とも「核軍縮」を選択した場合，自国の利益を最優先にせず妥協《だきょう》や譲歩《じょうほ》をしたことになるのだから，「自然と達成される」というのは正しくない。

問17　(1)　写真の中央やや右にみえる人工的な海岸線に注目すると，これが地形図の「フェリー発着所」およびその両側のくぼみに一致するとわかる。写真のほぼ中央に浦上川の河口が見えることや，その両脇が盛り上がって見えること，森林のある小高い丘の向こうに市街地が見えることなども手がかりとなる。　(2)　ア　2022年９月に西九州新幹線の武雄温泉駅(佐賀県)～長崎駅(長崎

県)間が開業したが，山陽新幹線・九州新幹線の博多駅(福岡県)とは結ばれていない。　イ　江戸時代末の1858年に欧米五か国との間で修好通商条約(安政の五か国条約)が結ばれると，開港地の１つとなった長崎には外国人居留地がつくられた。なお，江戸時代初期には長崎港内に人工島の出島がつくられ，オランダ商館が置かれた。地形図ではこの場所が，「出島商館跡」として示されている。　ウ，エ 「三菱重工業長崎造船所」や「水辺の森公園」がある地域は，海岸線が直線的な平地であることから，埋《う》め立て地だと判断できる。

問18　江戸時代の農村では，有力な農民が名主(庄《しょう》屋《や》)や組頭などの村役人として村の運営にあたったが，彼らは「幕府によって任命・派遣された」わけではない。

問19　日本国憲法では，天皇はいっさいの政治的な権限を持たず，日本国と日本国民統合の象徴《しょうちょう》と位置づけられている。つまり，法律の制定においても，その助言や承認が必要とされることがらはないことになる。なお，国会で成立した法律は，天皇が公布する。

問20　ア　2022年７月時点の参議院の議員定数は，248名であった。参議院議員通常選挙は３年に一度行われ，定数の半分が改選されるので，このときは124名が改選され，これに加えて欠員ぶんの１名が選ばれた。　イ　参議院議員通常選挙の選挙区選挙において，選挙区は原則として都道府県を単位として行われる。しかし，一票の格差を縮めるため，2015年に鳥取県と島根県，徳島県と高知県をそれぞれ一つの選挙区と見なす合区が導入された。そのため，選挙区の数は45となった。
ウ　参議院議員通常選挙における比例代表選挙では，非《ひ》拘束《こうそく》名《めい》簿《ぼ》式という方法が導入されており，有権者は政党名でも候補者名でも投票できる。　エ　2022年に行われた第26回参議院議員通常選挙の投票率は52.05％だったが，1995年と2019年の選挙では投票率が50％を下回った。

問21　「価値観の多様性を重視する立場」に立った場合，いろいろな考え方やものの見方を受け入れることになる。ア～エはいずれも広告物における性的な表現を規制する理由となりうるが，個人の考え方やものの見方と関係が深いといえるのは，「見たくない，または読みたくないという感情」である。

[2] 1920年代における陸軍の宣伝政策を題材とした問題

［資料１］によると，第一次世界大戦直後の1919年をピークとして，国家財政にしめる軍事費の割合は低下を続け，1920年代後半には30％を下回る時期が続いた。また，［資料２］によると，1920年代初めには，国内有力紙で世界平和と軍備の縮小が主張され，軍人に対する世間の目が厳しいものになっていた。「1920年代の陸軍の宣伝政策」は，こうした状況を改善するために行われたのだと考えられる。これを具体的な資料で表したのが［資料３］と［資料４］で，陸軍の後援を受けながら，文化人や民間企業が，軍の権威《けんい》を取りもどしたり，その存在を肯定《こうてい》あるいは美化したりする活動を行っていたことが読み取れる。

理　科　(40分)＜満点：80点＞

解　答

[1] (1) ウ　(2) オ　(3) イ　(4) イ　(5) オ　(6) ア　(7) イ　(8) 共生
(9) エ　(10) エ　(11) ア　[2] (1) 25mm　(2) (a) ア，エ　(b) 47％　(3)

1010hPa　⑷ カ　⑸ エ　⑹ イ　⑺ (a) ウ　(b) イ　3 ⑴ オ　⑵ 75％　⑶ エ　⑷ 1，5　⑸ イ　⑹ ウ　⑺ エ　⑻ 0.72L　⑼ 4.5L　⑽ 2.4L　4 ⑴ ア　⑵ 9m　⑶ 解説の図を参照のこと。　⑷ ウ　⑸ 3：5　⑹ 5.6　⑺ 876

解説

1 ダイズと土の中の微生物《びせいぶつ》についての問題

⑴ 夏に枝豆として食べたり，冬には豆撒《ま》きの豆として用いられたりするダイズの種子は，熟して乾燥《かんそう》させるとウのような球形になる。なお，アはアズキ，イはインゲン，エはラッカセイ，オはソラマメの種子である。

⑵ 植物が発芽・成長して，植物の体になる部分を胚《はい》という。胚には，発芽のときにはじめに出てくる子葉，本葉になる部分の幼芽，茎《くき》になる部分の胚じく，根になる部分の幼根が含《ふく》まれる。ダイズは無胚乳種子で，発芽のための養分を子葉にたくわえており，オのように種皮以外のすべてが胚の部分になる。

⑶ ダイズは夏至を過ぎた7～8月に開花することから，日長が短くなると花をさかせる短日植物だとわかる。なお，短日植物としてはアサガオ，イネ，キクなどもあげられる。

⑷ ムギは秋に作つけして，翌年の6～8月に収穫《しゅうかく》するので，秋に収穫するダイズと二毛作を行うのに適している。

⑸ ダイズはマメ科の植物で，1つの花におしべ，めしべ，花びら，がくのすべてがそろっている完全花で，5枚の花びらの中に1本のめしべと10本のおしべが包まれており，主に自家受粉をする。

⑹ ダイズはタンパク質をおよそ34％も含んでいることから畑の肉と呼ばれている。また，脂質《ししつ》もおよそ20％含まれ，ダイズ油の原料として使用されている。

⑺ タンパク質は窒素《ちっそ》，水素，炭素，酸素などからなる化合物で，根粒菌《こんりゅうきん》は空気中の窒素を取り込《こ》んで化合物をつくり，植物の生育に欠かせない窒素をダイズに供給するはたらきをしている。

⑻ ダイズのようなマメ科の植物は，光合成でつくった養分を根粒菌に与《あた》え，根粒菌はマメ科の植物に窒素の化合物を与えている。このように，利益を与え合う関係を(相利)共生という。

⑼ こんにゃくはコンニャクイモという植物のイモからつくられる。しょうゆ，なっとう，みそはダイズを発酵《はっこう》させた食品，きなこはダイズを粉にした食品，とうふはダイズを煮《に》たしぼり汁《じる》を固めた食品である。

⑽ フェノールフタレインを加えた水酸化ナトリウム水溶液《すいようえき》は，アルカリ性なのでピンク色をしている。また，二酸化炭素は水に溶《と》けると酸性を示す。畑の土には砂場の土よりも，かれた植物や動物の死がいなどを分解する微生物が多くすんでおり，微生物が呼吸を行って放出した二酸化炭素は，フェノールフタレインを加えた水酸化ナトリウム水溶液に溶ける。その結果，水酸化ナトリウム水溶液が中和されて中性になると，ピンク色から無色に変化し，ろ紙の色は白色に変わる。

⑾ 昼は，植物や微生物が呼吸して二酸化炭素を放出するが，晴れている日には，植物が光合成を行ってそれ以上の二酸化炭素を吸収するので，ろ紙はピンク色のままになる。一方，夜は，植物も微生物も呼吸だけを行うため，コップ内の二酸化炭素の量が多くなり，この二酸化炭素がフェノールフタレインを加えた水酸化ナトリウム水溶液に溶けるため，ろ紙の色は5分よりも速く白色に変

わる。

2 気象についての問題

(1) ビンの口の部分の直径は3cm，底面の直径は5cmなので，ビンの口と底面の面積の比は，(3×3)：(5×5)＝9：25となる。降水量はビンの口と同じ直径3cmの円の部分に降った水の深さと考えられるので，1時間で図4のビンに水が9mmたまったときの降水量は，$9\times\frac{25}{9}=25$(mm)と求められる。

(2) (a) 湿球《しつきゅう》には，水を吸わせたガーゼが巻きつけてあり，湿度《しつど》が100％でない限り，水が蒸発するときに熱がうばわれて，示度が低くなる。よって，水が蒸発するときに熱がうばわれて温度が下がる現象のアとエを選ぶ。 (b) 図1より，乾球《かんきゅう》の示度が25℃，湿球の示度が18℃なので，湿度は表1において，乾球の温度25℃，乾球と湿球の温度の差，25－18＝7(℃)が交差する47％とわかる。

(3) 太郎君のつくった気圧計は，ビンの外部の気圧が下がると，空気(大気)がストロー内の水面を押《お》す力が減り，目盛りが上がるしくみになっている。気圧の差が1hPa変化すると，ストロー内の水位が1目盛りずつ変化するので，ストロー内の水位が5目盛り上がったときの気圧は，1015－5＝1010(hPa)となる。

(4) 台風の特徴《とくちょう》は気圧が非常に低いことで，Aは昼夜に関係なく変化し，12日の20時ごろに急激に低くなっているので気圧とわかる。また，気温が上がると空気が含むことのできる水蒸気の量が増えるので，気温の変化と湿度の変化は逆になる。よって，Cは10日や13日の昼ごろに高くなっているので気温，BはCの気温と逆の変化をしているので湿度とわかる。

(5) 図5で，13日17時ごろに気温25℃，気圧1010hPaとなっている。

(6) 11日，12日は雨だが，夜に大きな気温の低下は見られない。なお，13日には湿度が50％を下回っている。また，台風が最接近したのは気圧が急激に低下した12日20時ごろで，台風が通過した翌13日の天気は晴れである。

(7) (a) 台風は熱帯低気圧が発達したもので，台風の周辺の地表付近では，ウのように中心に向かって反時計回りの風が吹《ふ》き込んでいる。 (b) 横浜市に台風が最接近した12日20時を境にして風向を見ると，台風が近づいてくるときは北の風から東の風に変化し，台風が通過した後は南南東の風になっている。これは，(a)ウの風向で示した台風が横浜市のすぐ左側(西側)を通過したことを示している。また，甲府市での風向は，北の風から西寄りの風に変化しており，台風は甲府市の右側(東側)を通過したことがわかる。よって，台風が通過した道筋はイと考えられる。

3 物質の判定についての問題

(1) ふつう，セッケンを水に溶かすとアルカリ性を示す。油汚《よご》れの多くは酸性なので，アルカリ性のセッケンが適している。

(2) エタノール80mLの重さは，0.80×80＝64(g)，消毒液100mLの重さは，0.85×100＝85(g)なので，消毒液のエタノール濃度《のうど》を重さの割合で表すと，64÷85×100＝75.2…より，75％となる。

(3) 重曹《じゅうそう》(物質A)は炭酸水素ナトリウムで，実験1のように，加熱すると炭酸ナトリウム(物質B)と水と二酸化炭素(気体F)に分解する。

(4) 実験2で，二酸化マンガンと反応した物質Cの水溶液は過酸化水素水で，酸素(気体G)が発生する。実験3で，アルミニウムや鉄が溶けたので，物質Dは塩化水素，発生した気体Hは水素とわ

かる。実験４で，アルミニウムが溶けたが鉄は溶けなかったので，物質Ｅは水酸化ナトリウムとなる。したがって，洗浄剤《せんじょうざい》１のクエン酸と，塩化水素を含んでいる洗浄剤５が酸性を示す。

(5)　次亜塩素酸《じあえんそさん》ナトリウムは非常に分解しやすいため，洗浄剤６では水酸化ナトリウムを加えてアルカリ性に調整し，安定させている。しかし，この洗浄剤６に酸性の水溶液が混じると，次亜塩素酸ナトリウムが急激に分解し，有毒な塩素が発生する。

(6)　塩素は空気より重い黄緑色の気体で，刺激臭《しげきしゅう》があり，有毒である。水に溶けやすく，プールの消毒剤などに使われる。

(7)　重曹(炭酸水素ナトリウム)を加熱すると，炭酸ナトリウムと水と二酸化炭素に分解される。二酸化炭素は空気よりも重いので下方置換《ちかん》法で集める。また，生じた水が加熱している部分に流れると試験管が割れるおそれがあるので，試験管の口を下げて加熱する。

(8)　8.40ｇの物質Ａが完全に反応すると，物質Ｂが，$0.53\times\frac{8.40}{0.84}=5.30$(ｇ)生じ，重さが，$8.40-5.30=3.10$(ｇ)減ることになる。しかし，実際に減った重さは，$8.40-6.54=1.86$(ｇ)だったので，反応した物質Ａの重さは，$8.4\times\frac{1.86}{3.10}=5.04$(ｇ)とわかる。よって，このときに生じた気体Ｆの体積は，$0.12\times\frac{5.04}{0.84}=0.72$(Ｌ)と求められる。

(9)　表３において，物質Ｃは過酸化水素で，生じる気体Ｇ(酸素)の体積は水溶液の濃度と重さに比例するが，触媒《しょくばい》の二酸化マンガンの重さには関係しない。濃度が3.4％の物質Ｃの水溶液25ｇから生じる気体Ｇは0.3Ｌなので，10.2％の物質Ｃの水溶液125ｇから生じた気体Ｇは，$0.3\times\frac{10.2}{3.4}\times\frac{125}{25}=4.5$(Ｌ)となる。

(10)　表４で，物質Ｄと物質Ｅの水溶液を同じ重さだけ混ぜ合わせた水溶液は，BTB液の色が緑色になり，完全に中和したことがわかる。したがって，物質Ｄの水溶液300ｇと物質Ｅの水溶液100ｇを混ぜ合わせると，物質Ｃの水溶液100ｇと物質Ｄの水溶液100ｇが中和して，別の水溶液になり，物質Ｄの水溶液が，$300-100=200$(ｇ)残る。物質Ｄの水溶液200ｇと過不足なく反応するアルミニウムは，$2.7\times\frac{200}{300}=1.8$(ｇ)で，アルミニウムは十分にあることになるから，物質Ｄの水溶液200ｇとアルミニウムが反応して生じる気体Ｈの体積は，$3.6\times\frac{200}{300}=2.4$(Ｌ)と求められる。

4　音についての問題

(1)　音は，音源の振動《しんどう》がまわりの空気を振動させて伝わるので，真空中のように音を伝える空気がないところでは伝わらない。

(2)　コウモリが超音波《ちょうおんぱ》を発してから障害物で反射した超音波を認識するまでに，コウモリと超音波が進んだ距離《きょり》の合計は，$20\times0.05+340\times0.05=18$(m)と求められる。したがって，最初に超音波を発した位置から障害物までの距離は，$18\div2=9$(m)となる。

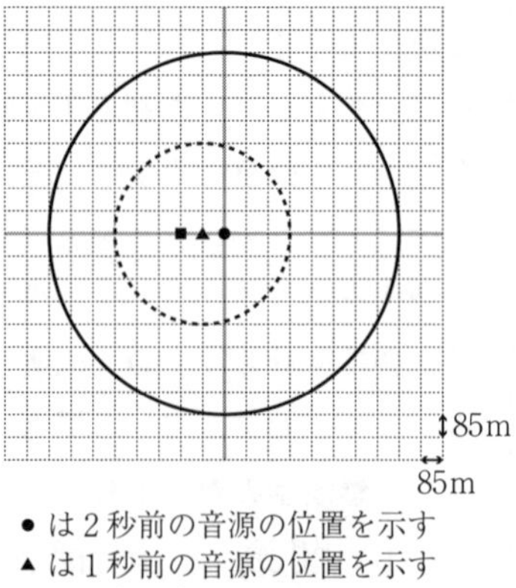

●は２秒前の音源の位置を示す
▲は１秒前の音源の位置を示す
■は現在の音源の位置を示す

(3)　２秒前に●の位置にある音源から出た音が現在までに進んだ波面は，半径が，$340\times2=680$(m)の円となり，１秒前に▲の位置にある音源から出た音が現在までに進んだ波面は，半径が340mの円となる。方眼１マスの一辺の長さは85mなので，右の図のように，２秒前の波面は●を中心にして，半径が，

680÷85＝8(目盛り)の円を実線でかき，1秒前の波面は▲を中心にして，半径が，340÷85＝4(目盛り)の円を点線でかけばよい。

⑷　音の高さは，1秒間に振動する回数が多いほど高くなる。観測者Aの場合のように音源が近づくとき，汽笛を聞く時間は短くなり，鳴らされた汽笛が短い時間に聞こえるために1秒間に振動する回数は多くなって，高く聞こえる。一方，観測者Bのように音源が遠ざかっていくときは，汽笛を聞く時間は長くなり，鳴らされた汽笛が長い時間に聞こえるために1秒間に振動する回数は少なくなって，低く聞こえる。

⑸　⑶で作成した図で，もし音源が1秒間音を出した場合，観測者が聞く音の時間の長さは，実線の円と点線の円の間の距離《きょり》を音が進む時間になる。すると，観測者Aが聞く時間の長さは3目盛り分の距離を音が進む時間の長さになり，観測者Bが聞く時間の長さは5目盛り分の距離を音が進む時間の長さになる。速さが一定のとき時間の比と距離の比は等しくなるから，それぞれが聞く時間の長さの比は3：5となる。

⑹　音源(汽笛)を鳴らした時間の長さは，観測者Aと観測者Bが聞く時間の長さの平均となる。観測者Bが汽笛を聞く時間の長さは，$4.2\times\frac{5}{3}=7$(秒間)なので，汽笛を鳴らした時間の長さは，(4.2＋7)÷2＝5.6(秒間)になる。

⑺　音を鳴らし終えてから□秒後に新幹線が観測者Aを通過したとする。(音を鳴らし終わった場所から新幹線が観測者Aの位置まで進んだ距離)＋(音を鳴らし終わった場所から観測者Bまでの距離)＝2000(m)なので，85×□＋340×□＝2000(m)となり，$□=\frac{80}{17}$(秒後)と求められる。したがって，汽笛を鳴らし終えたのは，観測者Aより，$85\times\frac{80}{17}=400$(m)手前となる。⑹より，汽笛を鳴らしていたのは5.6秒間なので，汽笛を鳴らし始めたときの音源の位置Xは，観測者Aから，400＋85×5.6＝876(m)手前の場所だとわかる。

国　語　(50分)　＜満点：120点＞

解　答

□一　①～⑧　下記を参照のこと。　⑨　おのれ　⑩　あや(うさ)　□二　**問1**　イ　**問2**　ウ　**問3**　しびれ　**問4**　エ　**問5**　ア　**問6**　**朱理**…(例)　悠馬を早く学校生活に戻してやる(こと。)　**まひろ**…(例)　悠馬の右手を極限までよくする(こと。)　**問7**　(例)　玲子たちとしていた利き手交換ではなく，右手を使う練習をしていたのを見られたから。　**問8**　エ　**問9**　ウ　□三　**問1**　(例)　ゴリラやチンパンジーが仲間意識を保つには，視覚や聴覚でお互いの存在を常に認知し合う必要があるが，人間は，ある程度会わなくても仲間という認識を持てるから。　**問2**　ウ　**問3**　**A**　脳　**B**　産道　**C**　脳は生まれた後に急速に発達させる　**D**　栄養　**E**　分厚い脂肪　**問4**　ウ→エ→イ→ア　**問5**　エ　**問6**　イ　**問7**　ア　**問8**　ウ　**問9**　イ

●漢字の書き取り

□一　①　閣議　②　前衛　③　負荷　④　改革　⑤　鉄棒　⑥　統制　⑦　等級　⑧　競合

解　説

一　漢字の読み書き

①　内閣総理大臣，その他の国務大臣による会議。　②　既成《きせい》の概念《がいねん》や形式にとらわれず，先駆《せんく》的な表現を試みる芸術。　③「負荷をかける」で，“通常よりも多くの処理やエネルギーの消費をともなう作業をさせる”という意味。　④　不完全なところを改めて，よりよいものにすること。　⑤　柱のあいだに鉄製の棒を水平に固定した器械運動の器具。　⑥「統制をとる」で，“ものごとを秩序《ちつじょ》立てて行うために全体を取り仕切る”という意味。　⑦　上下や優劣《ゆうれつ》の順位を表す段階。　⑧　きそいあうこと。　⑨　音読みは「コ」「キ」で，「自己」「知己」などの熟語がある。　⑩　音読みは「キ」で，「危険」などの熟語がある。訓読みにはほかに「あぶ(ない)」などがある。

二　出典は川上途行《かわかみみちゆき》の『ナースコール！　戦う蓮田《はすだ》市リハビリ病院の涙《なみだ》と夜明け』による。リハビリテーション専門病院で働く看護師の玲子《れいこ》(南玲子)は，自分が担当していた野呂悠馬《のろゆうま》のリハビリについて，作業療法士《りょうほうし》である新任の大迫《おおさこ》まひろからとがめられる。

問１　玲子は，脳出血のせいで右手が不自由な野呂悠馬に，作業療法士の朱理《あかり》と相談のうえリハビリとして「利《き》き手交換《こうかん》」をさせていたが，新任のまひろから「誰《だれ》の許可」を得たのかと問い詰《つ》められている。自分たちのほか，主治医の小塚《こづか》や理学療法士の黒木とともに「チーム」として悠馬の治療にあたり，メンバーに強い仲間意識を抱《いだ》いていた玲子はまひろの言葉に感情的になり，つい「朱理」と名前で呼んでしまったが，病院に来たばかりの彼女には馴《な》れ合いになっている印象を与《あた》えることなく，きちんと言わなければならないと思い「深沢さん」と言い直したのだから，イが合う。

問２　まひろから誰の許可で利き手交換をしているのかと言われた玲子は，経験豊富なのはわかるが，あまりに無礼で威圧《いあつ》的な物言いをする彼女に覚えた怒《いか》りをおさえ，「深沢さんとは相談しました。それ以外に誰かの許可が必要ですか？」と冷静に答えている。これが，「相反する不思議な感覚」にあたるので，ウが選べる。

問３　看護師たちは，玲子が一向に戻《もど》ってこないので待ちきれず，本来「全員」で行うべきカンファレンスを始めてしまっている。よって，“長いあいだ待たされて待ちきれなくなる”という意味の「しびれを切らす」がふさわしい。なお，「カンファレンス」は，作業療法士，看護師など多様な職種のスタッフが，情報を共有したり改善策を提案したりと，より良い医療を提供するために行う会議をいう。

問４　患者《かんじゃ》のことを「一生懸命《けんめい》考える」のは医療に携《たずさ》わる者として「当たり前」の姿勢であり，自分からすれば，むしろ「可哀想《かわいそう》なのは」担当を外される朱理ではなく悠馬のほうだ，と言い放つまひろの言葉に，玲子は重要なカンファレンスに戻れなくなるほどの「衝撃《しょうげき》」を覚えている。一方的に朱理を担当から外すと言われたばかりか，自分たちがしてきたことが，まさか悠馬のためになっていないなどとは思ってもいなかったので，玲子は何も言えなくなってしまったのである。なお，続く部分から読み取れるとおり，まひろは，悠馬の右手に「筋活動が出始めている」にもかかわらず，利き手交換のリハビリをさせられていることについて悠馬が「可哀想」だと言っている。

問５　「悠馬のカルテを熱心に」読んだ後，まひろは玲子に対し，「この前はすみませんでした」と謝《あやま》っている。続く部分で「あなたの野呂さんのカルテを見て，南さんが本当に彼《かれ》を早く学校生活に戻したいんだということがわかりました」と言っていることからもうかがえるとおり，患者と真《しん》

摯《し》に向き合っている玲子の姿勢を知ったまひろは，対等の立場からはっきりと自分の治療方針を説明しようと考え直したのだから，アが選べる。

問6　直後の一文に，「野呂悠馬を良くしたいという気持ちは一緒《いっしょ》なのに，何を良くするかが違《ちが》う」とあることをおさえる。玲子たちは右手が動かない悠馬に利き手交換，つまり「健側《けんそく》の練習」をさせることで「早く学校生活に戻したい」（早く社会復帰させたい）と考えている。一方，まひろは悠馬の「右手を，極限までよくする」ことを目指しているので，この違いをまとめればよい。なお，「スタンス」は，立場・心構え。

問7　「バツが悪い」は，その場に合わず居心地《いごこち》が悪いようす。利き手交換の練習ではなく，新任のまひろの方針にしたがって右手のリハビリをしているところを見回りに来た玲子に見られ，悠馬はきまり悪さを感じたのである。これをもとに，「朱理が命じる左手を使う練習ではなく，まひろが命じる右手を使う練習をしていたから」，「右手の練習をしているところを，利き手交換を指導してくれていた玲子に見られたから」のようにまとめる。

問8　悠馬は，「大迫さんのリハビリ受けた後は手が動きそうな感じっていうのがわかるんです。あ，右手がもう少ししたら動くなって。それはすごく嬉《うれ》しいことで，僕《ぼく》，まだ右手良くしたいんです。無理なら諦《あきら》めるけど，でも，出来そうな感じ，あるんです」と言っている。一生懸命に悠馬を思ってやってきた自分ではなく，まひろこそが彼に希望を与えていたのだと認めざるをえなくなった玲子は，ショックを受けるとともに，彼女から言われた「筋活動が出始めていることすら判断もできないなら黙《だま》っていて」というせりふもよみがえり，これまでしてきたことや，自分自身がすべて否定されたような「心細さ」を感じている。よって，エが正しい。

問9　ア　傍線《ぼうせん》部③の少し後に，「太一や朱理，さおり，城咲《しろさき》たち」とあるが，地の文で登場する「城咲」という名字はここだけであるうえ，これは客観的な記述ではなく，ふだんの呼び方だと考えられる。　　イ　玲子とまひろが話す「太一と朱理」の行動について，事実かそうでないかの判断材料は本文にはない。　　ウ　一人称《いちにんしょう》で語っている部分はないが，カンファレンスのようす，まひろや悠馬との会話といった本文で描《えが》かれているものは，玲子の視点を軸《じく》にしたものとなっている。　　エ　玲子の心情は描かれているが，その他の登場人物の内面は直接描かれていない。

三　**出典は山極寿一《やまぎわじゅいち》，小原克博《こはらかつひろ》の『人類の起源，宗教の誕生―ホモ・サピエンスの「信じる心」が生まれたとき』による。**ゴリラやチンパンジーと人間とを比較《ひかく》しつつ，森を出た人間が想像力や共感力を増し，やがて言葉を持つようになったこと，その言葉がいま信頼《しんらい》を失っていることなどが説明されている。

問1　同じ段落で，ゴリラやチンパンジーの「仲間」意識は，「常に持続的に，視覚や聴覚《ちょうかく》でお互《たが》いの存在を認知《にんち》」し合うことで生まれるので，一度集団を離《はな》れたら二度とその集団に戻《もど》ることができないが，人間は「ある程度会わなくても，仲間であるという認識を持つ」ことができるので，いったん集団を離れても再度同じ集団に戻ることができると述べられている。

問2　「食物が分散して」いる熱帯雨林の外にまで行動範囲《はんい》を広げたために，一つの集団にまとまっていては食料を賄《まかな》いきれなくなった人間は，遠方まで足をのばして食物を採集し，持ち帰り，分配して一緒に食べるという行為《こうい》を通して，「見えないものを想像する能力」を身につけ，想像を「共有」するようになったと述べられている。つまり，ある個体に集団から離れていた時間があったとしても，ほかの者たちが想像力を働かせ，「仲間」として認めることができる社会を生み出す

要因となったのは，さかのぼれば，「行動範囲を広げ」た人間が，仲間の持ち帰った食物を食べるようになったことにあるといえる。よって，ウが選べる。

問３　「そんな状態」は，誕生時の人間の赤ちゃんが「非常にひ弱」で，かつゴリラの子どもの「二倍」の重さがある状態を指す。続く部分でその理由が説明されている。　**Ａ，Ｂ**　二〇〇万年前から「脳」が大きくなりはじめたものの，直立二足歩行のせいで，人間の「産道」は狭《せま》くなっていたと述べられている。　**Ｃ**　産道が狭くなった人間は，子どもを小さな頭で産み「脳は生まれた後に急速に発達させる」方法をとったので，その誕生時は「ひ弱」である。　**Ｄ，Ｅ**　人間の赤ちゃんは誕生後に脳を発達させる「栄養」として，「分厚い脂肪《しぼう》」をまとって生まれてくるため，ゴリラの子どもの「二倍」も大きいのである。

問４　空欄《くうらん》Ｘでは，「ゴリラやチンパンジー」と「人間」の離乳《りにゅう》について述べられていることをおさえる。「四年か五年おきにしか子供を産め」ないゴリラとチンパンジーの話をした後で，「離乳」の話題を説き起こすため，並立の「また」でつないだウが最初に来る。「離乳する頃《ころ》には永久歯が生えて」いる彼らに対し，「人間の子供に永久歯が生えるのは六歳《さい》頃」だとするのが自然なので，エが続く。さらに，「もともと」人間は六歳頃まで授乳していたが，「今では」乳歯のまま離乳すると説いたイが次になる。いずれの時代も「離乳」した後は「離乳食」が必要ではあるものの，特に農耕牧畜《ぼくちく》以前において子ども用の食料を確保するのは「大変なコストだったはず」だとしたアを最後にすると，これを受け，かつて「熱帯雨林」から「肉食獣《にくしょくじゅう》に襲《おそ》われる可能性の高い，サバンナや草原に」活動の範囲を広げたことで発生するであろう人口の激減を避《さ》けるために，人間は「子供をたくさん産」み，「早く離乳」させざるをえなかった(そういう進化の過程を歩んできた)，というつながりになり文意が通る。

問５　前後で筆者は，道具の使い方を予想する，道具を貸し借りして使う，人間関係を調整するなど，道具を介《かい》して新たな人間関係が始まると指摘《してき》している。つまり「人間同士の関係が道具を介在させることによって，あるいは物を介在させることによってより複雑化した」ために，脳は大きくなったのである。よって，エが合う。

問６　同じ大段落で，時間と空間を自由自在に操《あやつ》れるようになった人間について説明されている。かつてほかの動物たち同様に「五感」を総動員し，物やジェスチャーによるコミュニケーションを取っていた人間は，やがて手にすることになった，未来を予測し過去のできごとを表現できる，形(重さ)のない「言葉」を信頼するようになったというのだから，イが選べる。

問７　「ここ」は，直前の文中で述べられた，人間が「言葉を持つことによって，この世界の主人公に，もはや動物と対等ではないものになった」という点を指す。以前の人間は「言葉を持たないいろいろな生物と感応」し，声や姿からその気持ちを直感で理解できたため，「対等」の関係で彼らと「共存できるように」ふるまえたが，「五感」を言葉に預けたことでほかの生き物と感応できなくなったと述べられている。代わりに人間は，「言葉」でつくられた「神」によって「この世界を管理する権利」を与えられた「主人公」だと信じ，「家畜」や「栽培《さいばい》植物」など，自らの都合で生き物を利用するようになったのだから，アがよい。なお，「言葉を持たない」から「他の生物たち」を「下等」だとみなしたわけではないので，イは合わない。人間は，「五感」で感応する現実よりも，神との契約《けいやく》にリアリティを感じ，ほかの生き物を「管理」する権利があるとしたロゴス(＝論理・言葉)を信じたのである。

問8　たとえば，直接「会って，手で触《ふ》れて，嗅《か》ぎ合って，同じものを食べて，同じものを見て，という身体的な接触《せっしょく》」を通して「愛情」を確かめ「一体感」を得るように，人間は言葉という「論理の世界」から「こぼれ落ちたもの」をたくさん持っている。言葉で「情報」は効率的に得られるが，「身体性」から離れたところでは「信頼」は得られないのである。そういうところが，言葉の「安っぽ」く「信用できない」面にあたるので，言葉を「物事の要素の一部を取り出して伝えるものに過ぎない」としたウが合う。なお，「思い」だけでなく，五感でとらえた風景や音「そのもの」も，言葉では伝えきれずこぼれ落ちるので，イは正しくない。

問9　前後で筆者は，「身体性」から離れた言葉で「情報」は得られても，「信頼」が得られるとは限らないと指摘している。問７でも検討したが，言葉がない時代の人間は「五感」をもって「言葉を持たないいろいろな生物と感応」し，鳥の声で鳥の気分を知り，動物の姿を一瞬《いっしゅん》見るだけで何をしようとしているかを直感で理解していた。ほかの動物たちと「共存できる」ふるまいをし，「対等」の関係を築けたのは，そういう「祖先から受け継《つ》いだ五感」による。つまり，イのように「言葉を持たない会話」こそ「もともと人間が持っている感覚にもっとも適した方法」だから，言葉のないゴリラとのつき合いの中で筆者は「互いの信頼」を感じられたのである。

2022年度　浅野中学校

〔電　話〕(045) 421－3281
〔所在地〕〒221-0012　神奈川県横浜市神奈川区子安台1－3－1
〔交　通〕JR京浜東北線「新子安駅」・京浜急行線「京急新子安駅」より徒歩8分

【算　数】（50分）〈満点：120点〉

【注意】定規・コンパス・分度器は机の上に出したり，使用したりしてはいけません。

1　**次の[ア]～[ク]にあてはまる数をそれぞれ求めなさい。また，(5)の問いに答えなさい。**

(1)　$\left(\boxed{\text{ア}}\div 0.025+2\frac{1}{2}\right)\div\frac{11}{12}\times\left(11\frac{1}{3}\times 2-\frac{1}{5}\right)=2022$

［図1］

(2)　［図1］のような時計があり，長針，短針ともに常に一定の速さで動いています。

10時と11時の間で，この時計の長針と短針のつくる角度が90°となる時刻は，10時[イ]分と，10時[ウ]分の2回あります。

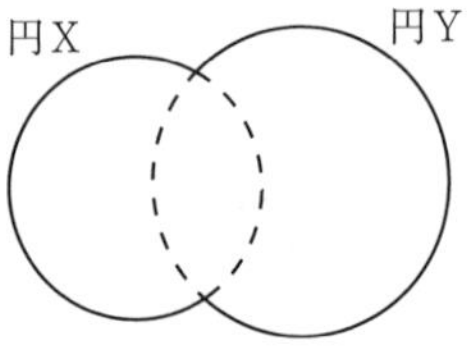

［図2］

(3)　［図2］のように大きさの異なる円Xと円Yの一部分が重なってできた図形があり，全体の面積は143cm²です。重なっている部分の面積は円Xの面積の$\frac{1}{3}$で，円Yの面積の$\frac{2}{7}$です。このとき，円Xの面積と円Yの面積の比を，できるだけ簡単な整数の比で答えると[エ]：[オ]で，円Xの面積は[カ]cm²です。

(4)　一定の速さで流れる川の下流にA地点が，上流にB地点があります。A地点からモーターボートで川を上ってB地点に行き，またモーターボートで川を下ってA地点に戻《もど》ってくることになりました。

A地点からエンジンをかけてB地点に向かった10分後にエンジンが故障したので，エンジンを切って修理したところ，ボートは川の流れに従いA地点の方に流されました。5分後，修理が終わったので，再びエンジンをかけてB地点に向かったところ，7分でB地点に到着《とうちゃく》しました。帰りは故障もなくA地点に向かったところ，5分でA地点に到着しました。

川の流れの速さは静水時におけるモーターボートの速さの[キ]倍であり，エンジンが故障しなければA地点からB地点まで[ク]分で到着できます。ただし，静水時におけるモーターボートの速さは一定であるとします。

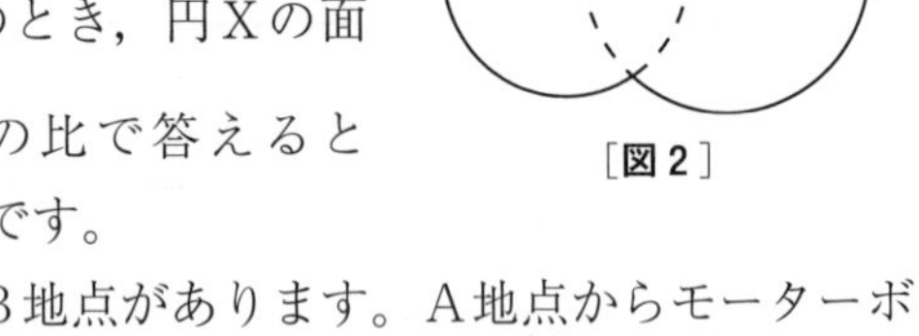

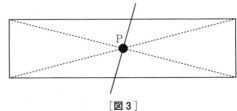

［図3］

(5)　［図3］のように長方形の2本の対角線が交わった点をPとし，点Pを通る直線を引くことによって長方形を2つの部分に分割します。もとの長方形は点Pに関して点対称《たいしょう》な図形であるので，長さを測ることなく，分割された2つの部分の面積は等しいとわかります。このことを用いて，次の問いに答えなさい。

［図4］のような図形の面積を二等分する1本の直線を，必要な補助線も含《ふく》めて解答用紙の図に描《えが》き入れなさい。ただし，補助線は点線……，面積を二等分する直線は実線――で描くものとします。

また，描き入れた方法で面積を二等分することができる理由を説明しなさい。

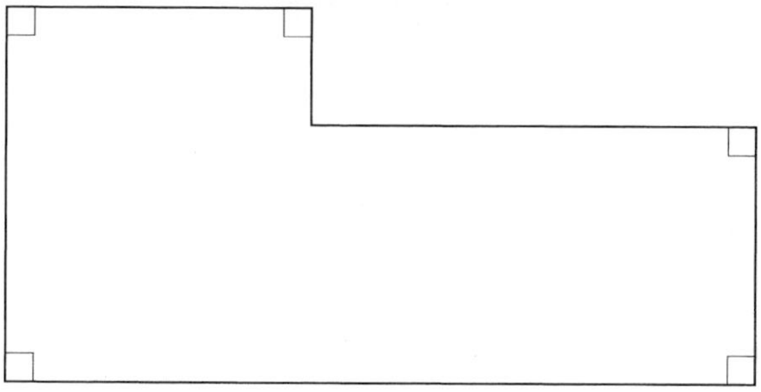

［**図4**］

2　［**図1**］のように底面の半径が6 cm，高さが6 cmの円柱の形をした容器の深さ4 cmのところまで水が入っています。この水の中に［**図2**］のような底面の半径が2 cm，高さが6 cmの円柱から，底面の半径が1 cm，高さが6 cmの円柱をくり抜《ぬ》いた立体Aを入れます。このとき，後の問いに答えなさい。ただし，円周率は3.14とします。

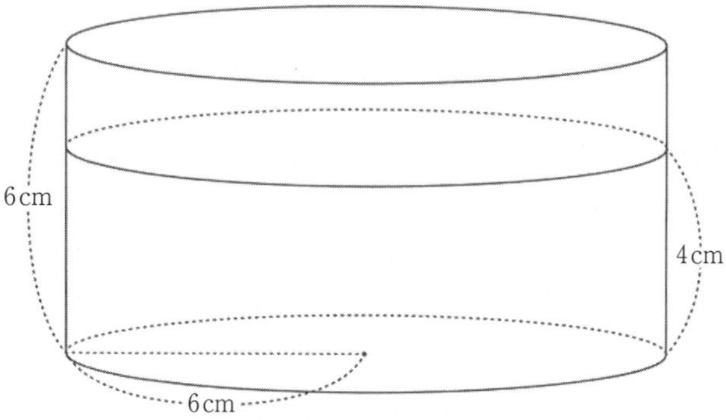

［**図1**］

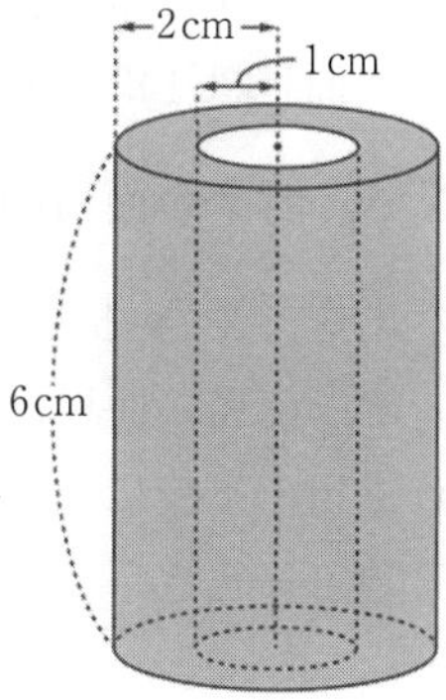

立体A

［**図2**］

(1)　立体Aの体積は何 cm^3 ですか。

(2)　［**図3**］のように，水の中に立体Aを横に倒《たお》して沈《しず》めます。このとき，水面の高さは何 cm になりますか。

(3)　水の中に立体Aを縦にして，くり抜いた部分にも水が入るようにゆっくりと沈めていき，［**図4**］のように立体Aの底面が容器の底面についた状態に立てます。このとき，水面の高さは何 cm になりますか。

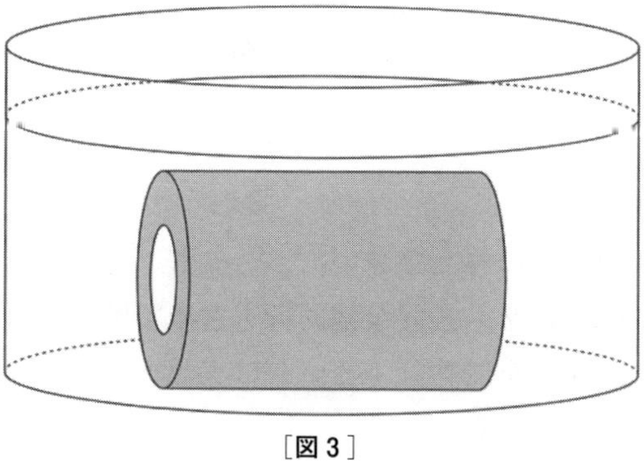

［**図3**］

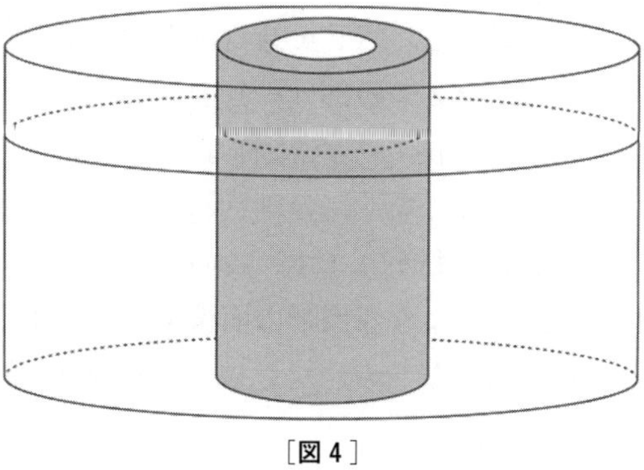

［**図4**］

3　縦4個，横4個の合計16個のマス目のそれぞれに，1，2，3，4いずれかの数字を入れていきます。このマス目の横の並びを行といい，縦の並びを列といいます。どの行にも，どの列にも同じ数字が1回しか現れない入れ方が何通りあるかについて考えます。

［**図1**］はこの入れ方に従って数字を入れた一例です。

3	1	4	2	…1行目
2	4	1	3	…2行目
4	3	2	1	…3行目
1	2	3	4	…4行目
⋮1列目	⋮2列目	⋮3列目	⋮4列目	

［**図1**］

まず，［**図2**］のように，1行目に左から1，2，3，4の順に数字が入っている場合について考えます。

続いて1列目の残りの3つのマス目に，［**図3**］のように，上から順に2，3，4と数字を入れます。

1	2	3	4

［**図2**］

1	2	3	4
2			
3			
4			

［**図3**］

1	2	3	4
2	1		
3			
4			

［**図4**］

(1)　［**図4**］のように2行2列目に1を入れたとき，残り8マスの数字の入れ方は2通りあります。この2通りの数字の入れ方を解答用紙の2つの図のマス目に書き入れなさい。

以下，**ア**～**キ**にあてはまる数をそれぞれ求めなさい。

(2)　［**図5**］のように2行2列目に3を入れたとき，残り8マスの数字の入れ方は　**ア**　通り，［**図6**］のように2行2列目に4を入れたとき，残り8マスの数字の入れ方は　**イ**　通りあります。このことと(1)の結果を用いて，［**図3**］の状態の残り9マスの数字の入れ方は全部で　**ウ**　通りあるとわかります。

1	2	3	4
2	3		
3			
4			

［**図5**］

1	2	3	4
2	4		
3			
4			

［**図6**］

(3)　(2)のようにして16マスすべて埋《う》まった数字の並びのそれぞれについて，1行目は動かさずに，2～4行目だけを行ごと入れ替《か》えることで，異なる数字の並びを作ることができます。

2，3，4の3つの数字を一列に並べる並べ方は　**エ**　通りあるので，これらのことと(2)の結果を用いて，［**図2**］の状態の残り12マスの数字の入れ方は全部で　**オ**　通りあるとわかります。

(4)　すべてのマス目が空白の状態のとき，1行目の4つのマス目に1，2，3，4の数字を同じ数字が1回しか現れないように入れる入れ方は全部で　**カ**　通りあります。このことと(3)の結果を用いて，この16個のマス目の数字の入れ方は全部で　**キ**　通りあるとわかります。

4 いくつかのメトロノームがあります。メトロノームとは，一定の時間ごとに音を鳴らし続けることができる音楽の練習用の器具です。１分間にA回の割合で音が鳴るメトロノームを【♩＝A】で表すことにします。例えば，【♩＝30】であれば，１分間に30回，すなわち２秒に１回のペースで音が鳴るということを表します。次の問いに答えなさい。

(1) 【♩＝80】と【♩＝100】の２種類のメトロノームが１つずつあります。この２つのメトロノームの音が同時に鳴ったとき，次に音が同時に鳴るのは何秒後ですか。

(2) 【♩＝80】と【♩＝100】と【♩＝144】の３種類のメトロノームが１つずつあります。この３つのメトロノームの音が同時に鳴ったとき，次に３つの音が同時に鳴るのは何秒後ですか。

(3) 【♩＝［ア］】と【♩＝144】の２種類のメトロノームが１つずつあり，
【♩＝［ア］】は【♩＝144】よりもゆっくりとしたペースで音が鳴ります。
この２つのメトロノームの音が同時に鳴ったとき，次に音が同時に鳴るのは５秒後です。
このとき，［ア］にあてはまる**整数**をすべて答えなさい。ただし，答えが２つ以上になる場合は，「２，３」のように，答えと答えの間に「，」をつけなさい。

5 ［**図１**］のような１辺の長さが10cmの立方体Xを27個用意し，これを［**図２**］のように平らな床《ゆか》の上に積み重ねて１辺の長さが30cmの立方体Yを作りました。そして，立方体Yの頂点Aの真上40cmのところにある電球Pでこの立方体を照らしました。このとき，後の問いに答えなさい。ただし，電球Pはすべての方向を照らすものとし，電球の大きさは考えないものとします。

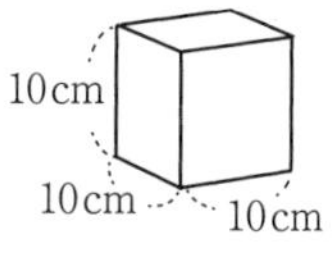

立方体X
［**図１**］

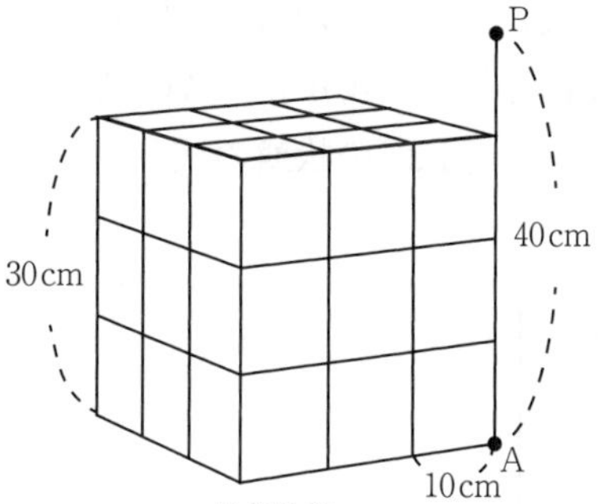

立方体Y
［**図２**］

(1) 電球Pによって床の上にできる立方体Yの影《かげ》の面積は何cm²ですか。

以下，［ア］～［エ］にあてはまる数をそれぞれ求めなさい。

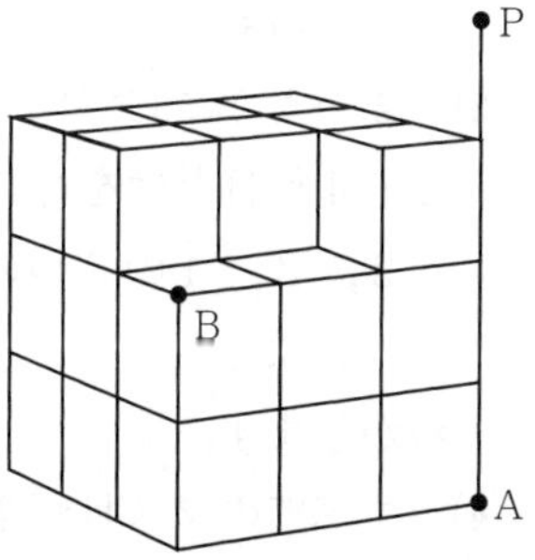

［**図３**］

(2) ［**図２**］の立方体Yの上段から立方体Xを２個取り除いた［**図３**］のような立体を作り，［**図２**］と同じ場所にある電球Pによってこの立体を照らしました。このとき，床の上にできる点Bの影は，点Aから［ア］cmのところにあります。また，床の上にできるこの立体の影の面積は，(1)で求めた影の面積よりも［イ］cm²小さくなります。

(3) ［**図２**］の立方体Yの上段には立方体Xが全部で９個あります。このうち１つだけを取り除いてできる９種類の立体に対して，それぞれ［**図２**］と同じ場所にある電球Pによって立体を照ら

し，床の上にできる影の面積を考えます。このとき床の上にできる影の面積は，大きさが同じものを1通りと考えると全部で［ウ］通りあり，そのうち面積が最大のものと最小のものの差は［エ］cm^2となります。

〈作図用〉

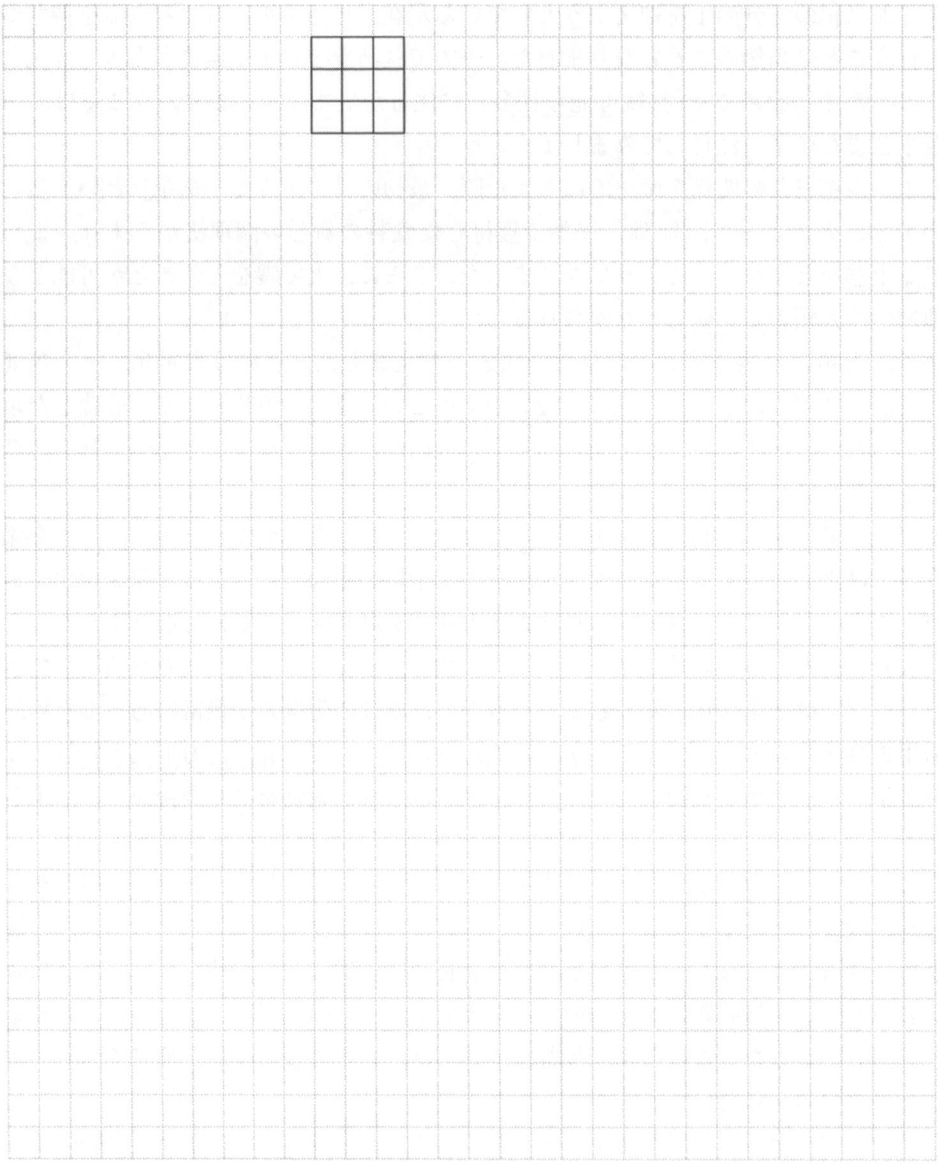

〈編集部注：作図用のマス目はあと2ページ分あります。〉

【社　会】（40分）〈満点：80点〉

【注意】 説明する問題については，句読点を1字に数えます。

〈編集部注：実物の入試問題では，図はすべてカラー印刷です。〉

1　次の文章を読み，後の問いに答えなさい。

もうすぐ21世紀の4分の1を迎えようとしている現在，自然環境に対する意識を持ちつつ経済活動を行うことは当然のこととなりました。一方で経済をとりまく環境も大きく変化しています。こうした中，改めて①「持続可能な社会」に注目が集まっています。ここでは，エネルギーとさまざまな産業に注目してみましょう。

人類とエネルギーとの関係を歴史的に考えた際，最初の「エネルギー革命」といえるのが，火の使用です。火によって，狩猟《しゅりょう》・採集で獲得した食料の新しい調理法がうまれ，また粘土《ねんど》を焼いて②土器などをつくれるようになりました。さらに，火で暖をとることが可能となり，寒冷な地域への人類の③移住もうながされました。

④農耕は，人類と自然環境との関係性を大きく変えました。農耕は太陽光，水，空気中の⑤二酸化炭素を利用した⑥植物の光合成機能の活用といえます。農耕により，貯蔵したエネルギーを多くの人に分配することが可能となり，⑦人口が増大し，分業にもとづく社会が発展していくことになりました。

農耕と関連して，家畜の利用がすすみ，⑧農業生産力の向上につながりました。土を深く耕すという点では鉄製農具が重要で，火を利用した⑨金属の精錬《せいれん》技術によって開発がすすみました。他方，こうした鋭利《えいり》な道具は，⑩森林資源の伐採を助長することにもなりました。

また，人力や畜力以外のエネルギーとして，人類は，古くから水力や風力を利用してきました。古代ローマでは水車自体は知られていたものの，奴隷の労働力が豊富にあったため，中世ほどは活用されませんでした。ところが，時代が下るにつれて，⑪労働力不足も背景となって技術革新がすすみ，水車が重要な動力として位置づけられ，穀物をひく製粉などに活用されました。

人類史において，ふたたび大きな「エネルギー革命」となったのが，石炭の利用とそれにともなう⑫蒸気機関の技術革新でした。最初の「産業革命」を展開したイギリスでは，安価な労働力が求められるようになり，女性や子どもも⑬長時間労働に従事させられました。当時の工業社会において，⑭環境問題に対する配慮《はいりょ》が不十分であったのと同様，⑮労働者の権利を守るための法規制も不十分だったのです。後者については，やがて⑯工場法が制定され，労働時間の短縮などがすすめられていきました。

江戸時代の日本では石炭利用がすすみました。⑰幕末におけるペリー率いる黒船の来航を，エネルギーという観点からとらえてみると，日米和親条約の第2条で，アメリカ船に薪水《しんすい》，食料とならんで石炭を供給することが定められているのに気づきます。また，明治維新後の近代日本の産業とエネルギーの関係を考えるうえでは，⑱世界遺産の「明治日本の産業革命遺産　製鉄・製鋼，造船，石炭産業」が参考になります。

さらに革新的な「エネルギー革命」となったのが，⑲石油の利用です。石油の商業生産は19世紀後半のアメリカで始まりました。その後，電気や石油も利用した「産業革命」が展開しました。ガソリンを燃料とする自動車は19世紀末には開発されていましたが，その時点ではまだ蒸気自動車や電気自動車が多く生産されていました。電気自動車の製作者の中にはガソリン車

の煙の害を説き，⑳クリーンエネルギーを提唱した人もいたのです。しかし，その後はガソリン車が普及して自動車市場を支配します。

こうした石油需要《じゅよう》の増大にともない，欧米諸国は中東やアフリカなどの各地で石油開発に乗りだし，20世紀なかばには石油がエネルギーの主役になりました。石油は，自動車以外にも，船や飛行機などの燃料のもととなり，現代の生活に欠かせないものといえます。ところが，1970年代に生じた㉑石油危機（オイルショック）の歴史的経験からわかるように，エネルギーが常に安定して供給されつづけるという固定観念にはリスクがともないます。石油危機後，日本でも脱《だつ》石油政策がとられ，原子力発電所の建設が加速していくことになりました。しかし，2011年３月の東北地方太平洋沖地震に伴い㉒福島第一原子力発電所で発生した事故は㉓原子力利用に関する課題を人々に突きつける結果となりました。さまざまなエネルギーシステムには，それぞれ長所と短所があるのです。エネルギーの消費者である私たち一人ひとりが，広い視野からエネルギー問題に関心を持ち，地球との共生を考えていくことが求められています。

問１　下線部①について――。

日本は女性の社会進出の面で国際社会から遅れをとっていると指摘《してき》されることがあります。次にあげる＊SDGsの目標のうち，この点にもっとも関係が深い目標を，次の**ア**～**エ**の中から１つ選び，記号で答えなさい。

＊将来にわたって世界の人々が豊かに暮らしていける持続可能な社会をつくっていくための世界共通の目標のこと。2015年に国連で採択《さいたく》。

ア

イ

ウ

エ

問２　下線部②について――。

縄文時代や弥生時代の日本における土器についての説明として**適切でないもの**を，次の**ア**～**エ**の中から１つ選び，記号で答えなさい。

ア　縄文土器の中には，炎《ほのお》が燃え上がっているようにみえるものがある。

イ　弥生土器は，縄文土器に比べて高温で焼かれており，うすくてかたい。

ウ　モースの発見した大森貝塚からは，多くの土器が出土している。

エ　吉野ヶ里遺跡は縄文時代を代表する遺跡で，多くの土器が出土している。

問３　下線部③について――。

現在でも人の移住はさまざまな要因から起こりますが，その要因は「移住する人を送り出す側の要因」と，「受け入れる側の要因」に大きく分けられます。「受け入れる側の要因」として適切なものを，次の**ア**～**エ**の中から**すべて**選び，記号で答えなさい。

ア　ある地域では，都心に直通する新規鉄道路線の整備計画が持ち上がった。

イ　ある地域では，土地の区画整理が進み分譲《ぶんじょう》住宅の建設がさかんになった。

ウ　ある町では，18歳以下の医療《いりょう》費が全額自治体の負担となった。

エ　ある町では，大型のショッピングモールが閉店することになった。

問4　下線部④について――。

鎌倉時代の日本の農耕についての説明として適切なものを，次の**ア**～**エ**の中から**すべて**選び，記号で答えなさい。

ア　草木灰が肥料として使われた。

イ　牛耕が行われた。

ウ　踏車《ふみぐるま》と呼ばれる，足踏みの小型水車が使われた。

エ　稲と麦の二毛作が行われた。

問5　下線部⑤について――。

二酸化炭素などの温室効果ガスの排出《はいしゅつ》が地球温暖化の大きな原因になっています。それゆえ温室効果ガスの排出を減らす国際的な取り組みが段階的に行われてきました。温室効果ガスの排出削減《さくげん》についての国際的な合意もしくはその成果としてもっとも新しいものを，次の**ア**～**エ**の中から１つ選び，記号で答えなさい。

ア　国連人間環境会議で採択された人間環境宣言

イ　国連気候変動枠組《わくぐみ》条約締約国《ていやくこく》会議で採択されたパリ協定

ウ　地球温暖化防止京都会議（COP3）で採択された京都議定書

エ　国連総会の決議にもとづいて設立された国連環境計画

問6　下線部⑥について――。

植物に関係する日本の歴史上の出来事として**適切でないもの**を，次の**ア**～**エ**の中から**すべて**選び，記号で答えなさい。

ア　大化の改新において，租・調・庸の税が定められた。そのうち，庸については，稲の収穫高の約３％を納めることとされた。

イ　平安時代以降，田植えのときに豊作をいのっておどる田楽が演じられた。田楽は，能の成立に影響《えいきょう》を与えることになる。

ウ　室町時代末期，岡山藩で出された差別的な倹約令に対して，渋染一揆が起こった。

エ　明治時代以降，多くの日本人がサトウキビ農園ではたらくための労働者として，ハワイに移住した。

問7　下線部⑦について――。

［**図１**］・［**図２**］は，ともに2100年までの人口の推移を５年ごとに示したグラフです。［**図１**］は世界の人口を地域ごとに示したもので，［**図２**］は日本の人口を示したものです。［**図１**］・［**図２**］から説明できることとしてもっとも適切なものを，後の**ア**～**エ**の中から１つ選び，記号で答えなさい。

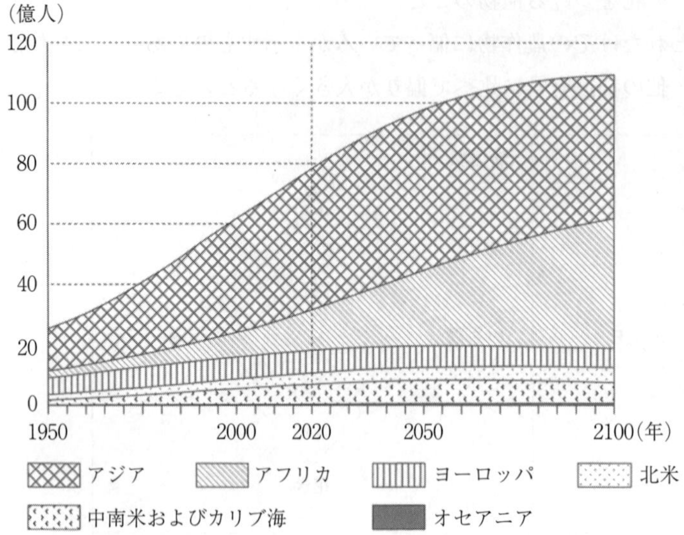

ただし，2025年以降は推計値。　国連の統計により作成

［**図 1**］

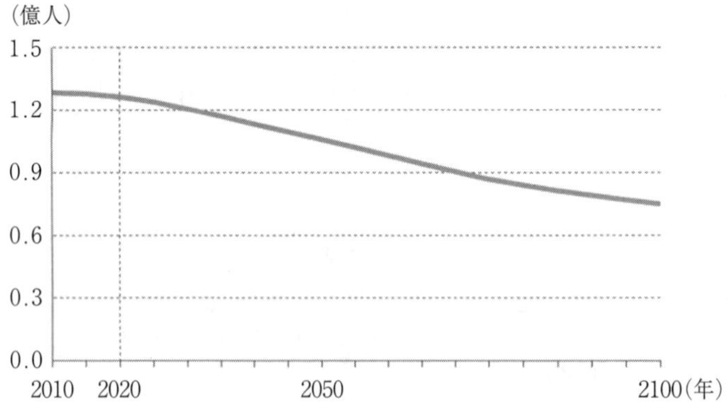

ただし，2025年以降は推計値。　国連の統計により作成

［**図 2**］

ア　新型コロナウイルス感染症のワクチン接種を，早期に開始した北米やヨーロッパの人口は増加に転じると予測される。

イ　今後人口が大きく増える地域はアフリカで，2100年には人口が減少する日本を含むアジアをはるかに超えると予測される。

ウ　世界の人口は増加しても100億人を超えることはないが，一方で日本の人口は急激に減少すると予測される。

エ　今後2100年までの間，日本の人口は減少するが，アジア全体の人口は増加した後ゆるやかに減少すると予測される。

問 8　下線部⑧について――。

［**図 3**］は，4つの道県における4つの農作物(米，麦類，*花き，いも類)の**農業産出額特化係数を表したものであり，**A**・**B**は米，麦類のいずれか，**C**・**D**は北海道，茨城県のいずれかです。このうち，北海道と米の組合せとして適切なものを，後の**ア**～**エ**の中から1つ選び，記号で答えなさい。

＊　見て楽しむような美しい花をつける植物のこと。

＊＊各都道府県の農業がどれだけその農作物に偏《かたよ》っているかを示すものであり，この値が1を超えて大きくなるほど，他の都道府県に比べて偏りが大きくなるといえる。

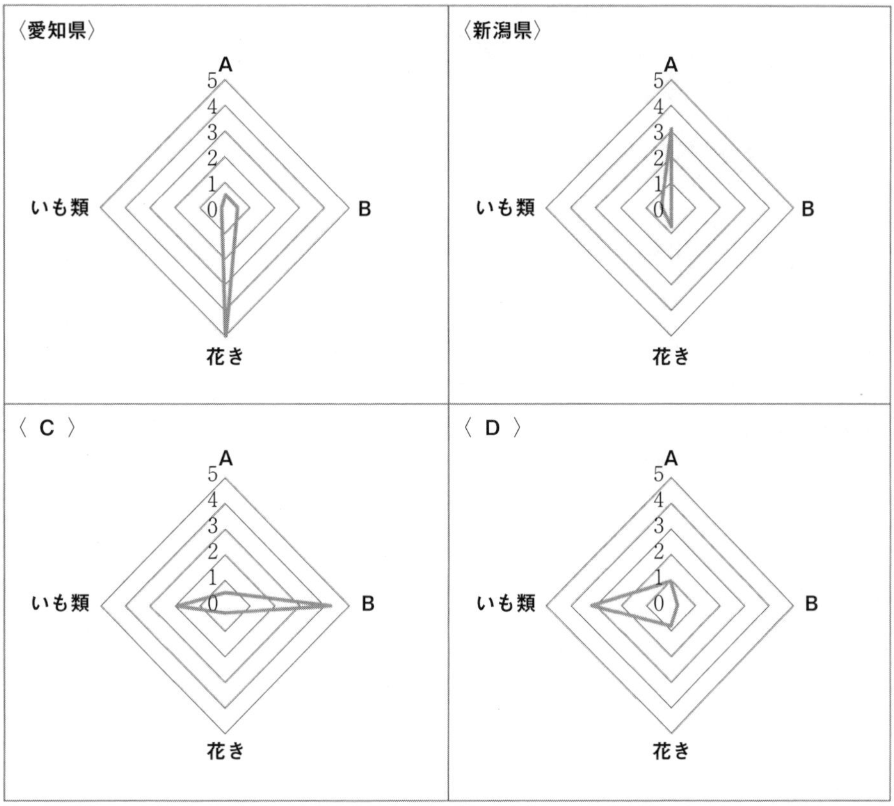

統計年次は2019年。　　「生産農業所得統計」により作成

［図3］

	ア	イ	ウ	エ
米	A	A	B	B
北海道	C	D	C	D

問9　下線部⑨について――。

金属に関係する日本の歴史上の出来事として**適切でないもの**を，次の**ア**～**エ**の中から1つ選び，記号で答えなさい。

ア　青銅器や鉄器は，古墳時代の日本に大陸からはじめて伝来した。

イ　聖武天皇の命によってつくられた大仏の材料には，金だけでなく，銅，すずなどもふくまれていた。

ウ　豊臣秀吉は，金箔《きんぱく》をはった茶室をつくらせた。

エ　南蛮貿易では，日本は銀を輸出していた。

問10　下線部⑩について――。

［**図4**］は，日本の木材供給について，国産材と輸入材の推移を表したものです(2000～2019年)。また，下の文章は［**図4**］とそれに関連することがらについて説明したものです。

文章中の下線部の内容に**誤りがあるもの**を，**ア**～**オ**の中から**2つ**選び，記号で答えなさい。

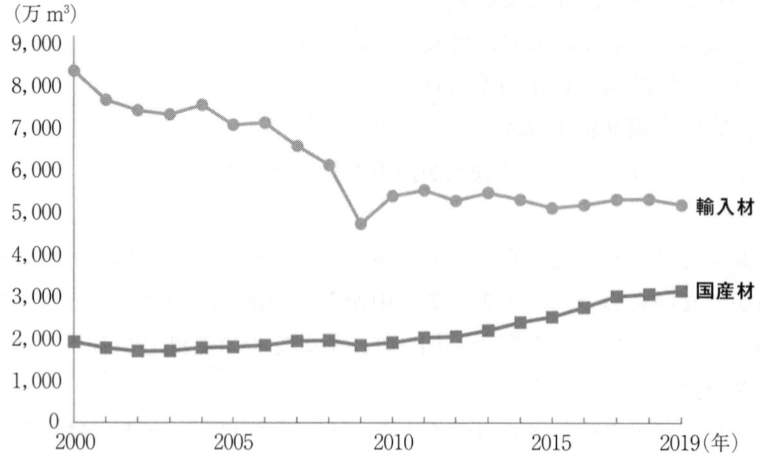

「木材需給表」により作成

［**図4**］

日本では，第二次世界大戦からの復興や産業成長のために戦後の木材需要量が増えたが，戦時中の乱伐《らんばつ》の影響などから国産材だけでは不足し輸入材が増えた。一般的に，消費者の手元に渡るときの価格は**ア**輸入材の方が高くなりやすいが，安定して大量に供給することができるため日本の林業は低迷し，後継者《こうけいしゃ》不足に悩《なや》まされてきた。それにより日本では**イ**森林の整備が十分に行われなくなりさらに林業が難しくなるという悪循環《あくじゅんかん》におちいっている。

しかし，1950年代に始まった大規模な植林から半世紀以上が経過し，利用可能な人工林が増えてきたことなどから**ウ**2010年代には国産材の供給量が少しずつ増えてきている。近年では**エ**住宅建設の減少など木材消費量自体が少なくなってきていることもあって，2019年の日本の**オ**木材自給率は50%を超えている。また，近年は中国や韓国などでスギやヒノキなどの日本産木材の人気が高まっており，日本の木材輸出量も伸びてきている。

問11　下線部⑪について――。

労働力不足を補う技術革新は現在でも進んでいます。その例として**適切でないもの**を，次の**ア**～**エ**の中から1つ選び，記号で答えなさい。

ア　回転ずしチェーン店の入り口に，利用客が来店時に受付するための機械が設置されている。

イ　飲食店では新型コロナウイルス感染症の感染予防措置《そち》として，高性能の空気清浄機が設置されている。

ウ　鉄道の主要駅には，交通系ICカードをかざすだけで通過できる自動改札機が設置されている。

エ　配送業者の倉庫には，宅配物を配送先ごとに仕分けしてくれるシステムが導入されている。

問12　下線部⑫について――。

蒸気機関などを用いた明治時代の日本における工場についての説明として**適切でないもの**を，次の**ア**～**エ**の中から１つ選び，記号で答えなさい。

ア　官営工場の多くは民間に払い下げられ，財閥の形成をうながした。

イ　渋沢栄一らにより，大阪紡績《ぼうせき》会社がつくられた。

ウ　群馬県の富岡に，官営の綿紡績工場がつくられた。

エ　大阪紡績会社では，イギリス製の紡績機械が使用された。

問13　下線部⑬について――。

最近の日本では「働き方改革」が進められています。その影響を受けて起きた出来事を説明した文章として**適切でないもの**を，次の**ア**～**エ**の中から１つ選び，その記号で答えなさい。

ア　最近のコロナ禍による感染拡大への懸念《けねん》も加わり，通勤をやめて自宅からリモートで仕事を行うテレワークを選ぶ人が増えた。

イ　文部科学省が始めたツイッター「＃教師のバトン」というプロジェクトには，教員の長時間労働を訴える悲痛な叫《さけ》びが寄せられた。

ウ　働く時間を固定せず，自分の都合に合わせて仕事の開始や終了などの労働時間を決められるフレックスタイム制が強化された。

エ　正社員と非正規雇用労働者の雇用《こよう》条件に厳格な差を設け，同一の労働であっても両者が同一の賃金とならないようになった。

問14　下線部⑭について――。

東京のホテルに宿泊したところ，［**図５**］のような注意書きを見かけました。ここで呼びかけられている内容が，なぜ環境保護に協力することとなるのでしょうか。それについて説明した次の文の空欄にあてはまる言葉としてもっとも適切なものを，後の**ア**～**エ**の中から１つ選び，記号で答えなさい。

環境保護にご協力ください。

・タオル交換《こうかん》不要の場合

引き続きご使用いただくタオルやナイトウェアはタオル掛《か》け・ハンガーにお掛けください。交換をご希望の場合は、バスタブへお入れください。

・シーツ交換不要の場合

シーツや枕カバーの交換がご不要なお客様は、交換不要のカードを枕の上に置いてお知らせください。

［**図５**］

タオルやシーツを交換することは，【　　　　】から。

ア　それらを廃棄《はいき》することとなり，大量のごみとなって回収する業者の経営を圧迫《あっぱく》してしまう

イ　それらを使用する宿泊客の気持ちをリフレッシュさせ，環境への意識を高めてもらえる

ウ　それらを洗濯するために使用される水の量を増やし，かつ余分な洗剤《せんざい》を消費してしまう

エ　それらを機械で縫《ぬ》い直すこととなり，その作業を行う従業員の労働を増やすことになる

問15　下線部⑮について――。

現在，労働者として，また国民としての権利は憲法などで守られています。憲法や法律で保障されている権利の内容として**適切でないもの**を，次の**ア**～**エ**のうち１つ選び，記号で答えなさい。

ア　SNS上で自分を誹謗中傷《ひぼうちゅうしょう》した内容を投稿《とうこう》した相手を，裁判所に訴えた。

イ　18歳になったので，指定された投票所で衆議院議員選挙の投票を行った。

ウ　男性の多い職種だが女性も活躍できると思い，採用試験を受けた。

エ　市の公共サービスの内容に不満があるので，地方税の減額を申し出た。

問16　下線部⑯について――。

次の史料は，日本で1911年に公布された工場法の抜粋《ばっすい》です(なお，問題作成の都合上，一部表記を改めています)。(　)に入る漢数字として適切なものを，後の**ア**～**エ**の中から１つ選び，記号で答えなさい。

第二条　工業主は(　　)歳未満の者をして工場において就業せしむることを得ず。ただし本法施行《しこう》の際十歳以上の者を引続き就業せしむる場合はこのかぎりにあらず……

第三条　工業主は十五歳未満の者および女子をして一日につき十二時間を超えて就業せしむることを得ず……

ア　十　　　**イ**　十二

ウ　十五　　**エ**　十六

問17　下線部⑰について――。

ペリー艦隊の日本来航と，その前史について適切なものを，次の**ア**～**エ**の中から１つ選び，その記号で答えなさい。

ア　アメリカの太平洋戦略には，燃料などに使われる鯨油《げいゆ》(クジラの油)の需要が背景にあった。

イ　ペリー艦隊は，途中で燃料を補給しながら，太平洋を東から西へ横断して日本へ来航した。

ウ　アメリカは，中国と戦争して1842年に勝利し，つづいて日本の攻略を計画していた。

エ　ペリーは，日本来航に際し，開国をせまる国王からの手紙をたずさえていた。

問18　下線部⑱について――。

この世界遺産に**ふくまれないもの**を，次の**ア**～**エ**の中から１つ選び，記号で答えなさい。

ア　品川台場

イ　八幡製鉄所

ウ　韮山反射炉

エ　高島炭鉱

問19　下線部⑲について――。

日中戦争・太平洋戦争期に，石油資源にとぼしい日本がとった対応として**適切でないもの**を，次の**ア**～**エ**の中から１つ選び，記号で答えなさい。

ア　国民に対してガソリンの使用を制限，禁止した。

イ　石油などの資源を得るために，東南アジアに軍隊をすすめた。

ウ　終戦まで，アメリカから石油を輸入し続けた。

エ　国民に対してさまざまな物資が配給制となった。

問20　下線部⑳について――。

クリーンエネルギーの一つである天然ガスについての説明として適切なものを，次の**ア**～**エ**の中から１つ選び，記号で答えなさい。

ア　天然ガスを燃焼させたとき，地球温暖化や酸性雨の原因物質は一切排出されない。

イ　近年は日本海沿岸でもシェールガスの採掘《さいくつ》が始まっており，新潟県は全国有数の天然ガス産出県となっている。

ウ　日本は天然ガスの輸入を液体の状態で行っており，輸入には海底パイプラインを利用していることが多い。

エ　天然ガスは自動車の燃料としても利用されており，日本ではトラックや軽自動車を中心に利用されている。

問21　下線部㉑について――。

1970年代前半における石油危機は，ある戦争が背景となりました。その戦争に関する説明として適切なものを，次の**ア**～**エ**の中から１つ選び，記号で答えなさい。

ア　イラクのクウェート侵攻に対して，多国籍軍が派遣された。

イ　アメリカが中心となってイラクを攻撃し，フセイン政権を打倒した。

ウ　イラン革命の混乱に乗じて，イラクがイランに侵攻した。

エ　エジプトやシリアのイスラエルに対する攻撃で戦争が始まった。

問22　下線部㉒について――。

福島第一原子力発電所事故から10年以上たちましたが，いまだに事故の影響は続いています。そのことに関する説明として**適切でないもの**を，次の**ア**～**エ**の中から１つ選び，記号で答えなさい。

ア　事故後に放射性物質による汚染が原因で住民が避難せざるを得なくなった地域のうち，放射線量が高いところは原則立ち入り禁止の帰還困難区域とされ，現在でも一部がその状況にある。

イ　昨年の東京2020オリンピックは「復興五輪」ともいわれ，聖火リレーのスタート地点が福島県となったが，福島県ではオリンピック・パラリンピックの競技は一切開催《かいさい》されなかった。

ウ　飛散した放射性物質により汚染された土壌《どじょう》などを除染した結果，大量の除染廃棄物が生じてしまったが，それを最終的に県外のどこで処分するかについてはいまだに確定していない。

エ　核燃料を冷却するために使用された水など放射性物質を含む汚染水を，日本政府は昨年，海洋に放出すると表明したところ，国内外から強い懸念の声や批判が寄せられることとなった。

問23　下線部㉓について――。

原子力を軍事利用したものが，核兵器です。その歴史についての説明として適切なものを，次の**ア**～**エ**の中から１つ選び，記号で答えなさい。

ア　アメリカとソ連が対立する中，ソ連も核兵器を開発した。

イ　1954年，アメリカによる原子爆弾の実験で，日本の漁船(第五福竜丸)が被ばくした。

ウ　原子爆弾は，1945年８月６日に長崎，８月９日に広島へ投下された。

エ　現在，ヨーロッパ諸国で核兵器を保有している国は存在しない。

2 **次の文章を読み，後の問いに答えなさい。**

東日本大震災以降，政府は再生可能エネルギーの普及《ふきゅう》に取り組んでいますが，地熱発電による発電量は大きく増えていません。この理由について，次の［**資料１**］～［**資料４**］をもとに地熱発電所の立地の特徴を踏《ふ》まえ，100字以内で述べなさい。

［資料１］　地熱発電所の分布

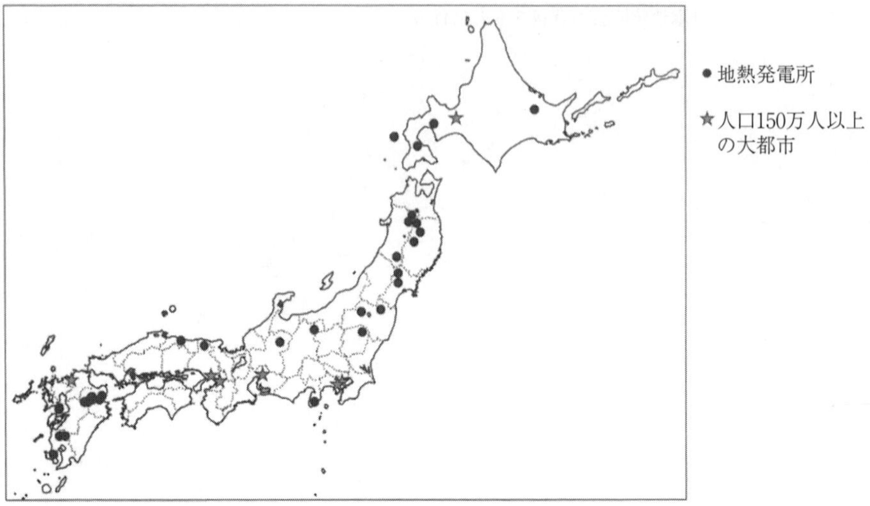

地熱発電所がない地域の島しょ部は省略した。
統計年次は，地熱発電所の分布が2019年３月末，都市人口が2020年。
「地熱発電の現状と動向2019年」および国勢調査の結果をもとに作成

［資料２］　地熱発電の仕組み

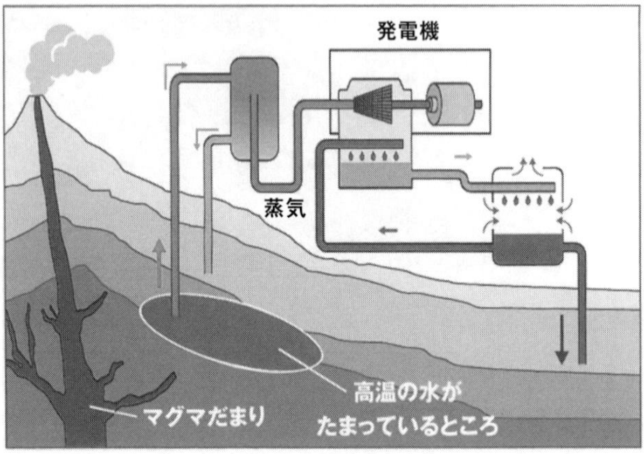

地中から高温の蒸気を取り出して発電する。
資源エネルギー庁の資料をもとに作成

［資料３］　発電方法ごとの発電設備建設に必要な期間

	発電設備の建設計画から運転開始までの期間
太陽光発電（家庭用を除く）	１年前後
バイオマス発電	１年半～４年程度
風力発電	４～５年程度
地熱発電	９～13年程度

内閣府の資料をもとに作成

［資料４］　地熱発電設備の新規建設数

	2012年～2020年の間に 新しく建設された発電設備の数
大規模な地熱発電設備*	1基
小規模な地熱発電設備*	68基

＊ここでは，出力15000kW以上を大規模，15000kW未満を小規模と分類した。

日本地熱協会の資料をもとに作成

【理　科】（40分）〈満点：80点〉

【注意】 定規・コンパス・分度器は机の上に出したり，使用したりしてはいけません。

〈編集部注：実物の入試問題では，写真はすべて，図も大部分はカラー印刷です。〉

1 **次の文章を読んで，後の問いに答えなさい。**

浅野中学校の校内には，様々な植物や動物が生息する銅像山と呼ばれる小さな山があります。銅像山には，①サクラやコナラ，シイなどの樹木やシダやササなどの草本も多く観察することができます。動物ではタヌキやウグイスなどに加え，チョウやクワガタ，セミなどの昆虫《こんちゅう》も多く生息しています。チョウのように卵からかえった幼虫がさなぎを経て，成虫へと姿をかえることを[**あ**]といいます。春になると，柑橘系《かんきつけい》の樹木の葉では，チョウのなかまであるナミアゲハの幼虫をたくさん観察することができます。

(1) 下線部①について，サクラのように花びらが１枚ずつ離《はな》れている花を何と呼びますか。

(2) [**あ**]にあてはまる語句を答えなさい。

(3) **ア**～**キ**に示した生物はどれも銅像山でみられる昆虫です。[**あ**]を行う生物として適切なものを，次の**ア**～**キ**の中から**2つ**選び，記号で答えなさい。

ア トノサマバッタ　**イ** アブラゼミ　**ウ** オオカマキリ

エ クロナガアリ　**オ** ショウジョウバエ　**カ** アキアカネ

キ チャバネゴキブリ

［**実験１**］

銅像山で採取したホウセンカの茎《くき》・葉を用いて蒸散に関する実験を行いました。［**図１**］のように100gの水が入っている同じ大きさの試験管を４本用意し，次の操作を行ったホウセンカと，ホウセンカの茎と同じ太さ，長さのガラス棒《ぼう》を試験管にさし入れました。ただし，葉の大きさや枚数，茎の太さや長さがほぼ等しいホウセンカを用いました。

A…何も処理をしなかったホウセンカをさし入れた試験管

B…葉の表側にワセリンをぬったホウセンカをさし入れた試験管

C…葉の裏側にワセリンをぬったホウセンカをさし入れた試験管

D…ガラス棒をさし入れた試験管

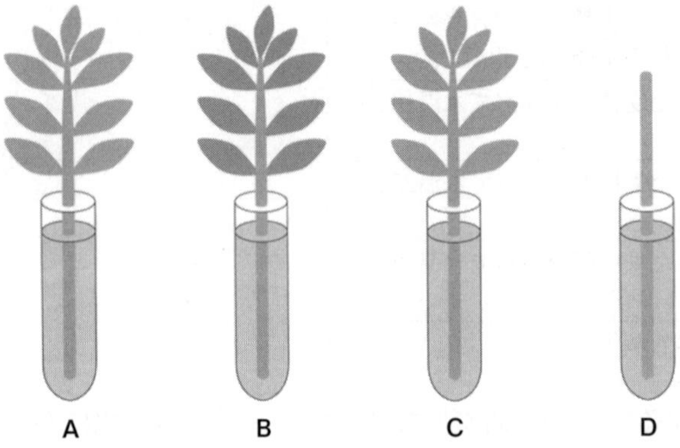

［**図１**］

試験管**A**～**D**の４本を日のよく当たる場所に置き，８時～14時における水の量(g)を２時間おきに測定しました。その結果を［**表１**］にまとめました。また，［**表１**］の結果から得られた考察の一部を示しました。

［**表１**］

	A	B	C	D
8時	100	100	100	100
10時	88	91	94	99
12時	65	73	83	97
14時	47	59	74	95

（単位はｇ）

［**実験１**］において，蒸散がもっとも活発に行われたと考えられる時間帯は［ い ］でした。また，試験管**A**～**D**の水の量を比較《ひかく》すると，茎からも水分の放出が行われていることが分かりました。［ い ］の時間帯における茎からの水分の放出量は，［ う ］ｇと求めることができます。

(4)　［**実験１**］について，［ い ］にあてはまる時間帯としてもっとも適切なものを，次の**ア**～**ウ**の中から１つ選び，記号で答えなさい。

ア　8時～10時　　**イ**　10時～12時

ウ　12時～14時

(5)　［**実験１**］について，［ う ］にあてはまる数値を答えなさい。

(6)　［**実験１**］について，10時～12時のとき，葉の裏側からの蒸散量は葉の表側からの蒸散量の何倍になるか答えなさい。

浅野中学校の生物教室では，［**実験１**］のような実験や銅像山で採集した生物の飼育に加え，海や川で採集した魚類の飼育も行っています。なかでも，様々な品種のメダカの飼育，繁殖《はんしょく》に取り組んでいます。このメダカを用いて，以下の実験を行いました。

［**実験２**］

メダカとその受精卵を用いて，水温とふ化までの時間の関係について調べました。以下に，実験ノートの記録の一部を示しました。なお，実験は毎日同じ時刻に行いました。

［**表２**］

日付	その日の出来事
1月20日	メダカのオスとメスのペアをつくり，**水槽**《すいそう》**E**で飼育を始めた。**水槽E**の中には，卵を産み付けられる産卵床《さんらんしょう》を用意した。
2月1日	**水槽E**の産卵床に新しくできていた受精卵をすべて水温18℃の**水槽F**へ移した。
2月2日	**水槽E**の産卵床に新しくできていた受精卵をすべて水温25℃の**水槽G**へ移した。
3月3日	**水槽E**の産卵床に新しくできていた受精卵をすべて水温32℃の**水槽H**へ移した。
2月12日	水温25℃の**水槽G**の受精卵がすべてふ化した。

(7)　メダカの受精卵は水温によってふ化するまでの時間が異なります。メダカのふ化にかかる時間は，水温18℃～32℃の条件のとき，「水温(℃)×日数＝250」になると言われています。よって，水温25℃の**水槽G**では10日ほどでふ化すると予測することができます。［**実験２**］より，水温18℃の**水槽F**の受精卵がすべてふ化すると予想される日付は，水温32℃の**水槽H**の受精卵がすべてふ化すると予想される日付の約何日後と考えられますか。**整数**で答えなさい。

［**実験３**］

メダカの体内の構造を調べるために，メダカ(メス)の解ぼうを行い，［**図２**］のようにスケッチしました。

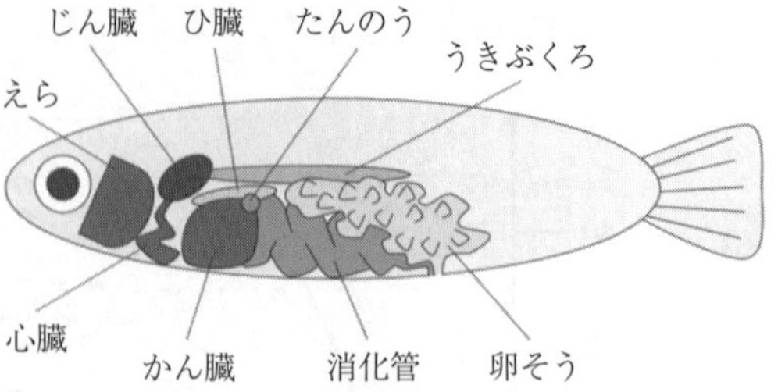

［**図２**］

(8)　［**実験３**］について，メダカにおける消化の仕組みを調べることにしました。また，メダカとヒトの消化の仕組みを比較するために，ヒトの消化器官を［**図３**］に示しました。［**図４**］のヒトの腹囲の水平断面は，［**図３**］の点線の位置で切ったものを，矢印側から見たものです。後の文章の え と お に入る臓器として適切なものを，［**図４**］の**ア**～**オ**の中からそれぞれ１つずつ選び，記号で答えなさい。ただし，［**図４**］の臓器の中には，消化以外に関わる臓器も含《ふく》まれています。

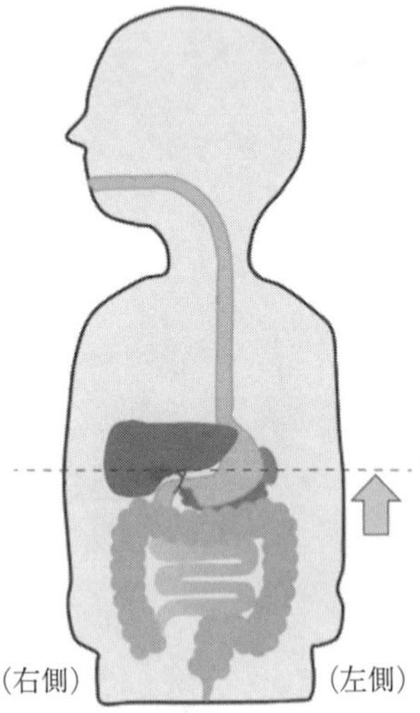

［**図３**］

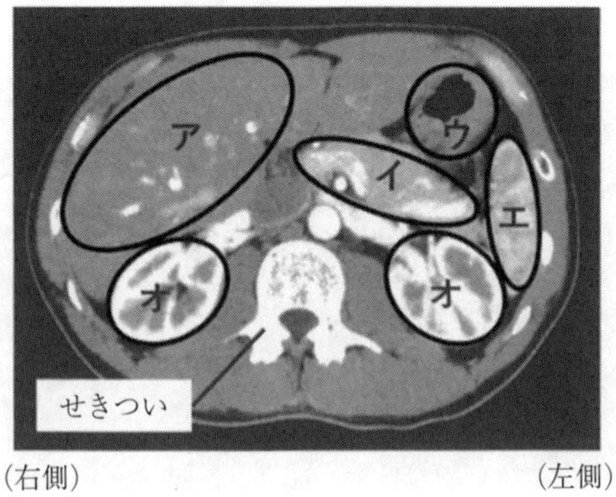

［**図４**］

メダカを解ぼうしてみると，消化器官の中に え が存在しないことに気づきました。調べてみると，１本の長い消化管(腸)を用いて消化を行っていることが分かりました。ヒトが行う消化の仕組みと比べてみると， え をもたないメダカは， え から分泌《ぶんぴつ》される消化酵素《こうそ》(ペプシン)は使わず， お から分泌される消化酵素(トリプシン)を用いることで，消化のはたらきを助けているということも分かりました。

２　**次の文章を読んで，後の問いに答えなさい。**

浅野中学校の地学部では，地形の成り立ちや地層についての知識を深めるために，地層を観察することができる近くの山(標高85m)へ実習に出かけました。

山の入口から通ったルート，観察できた地層とその各地点(地点①～⑥)を［**図１**］のようにまとめました。［**図２**］は**地層Ａ**，［**図３**］は**地層Ｂ**を表しています。**地層Ｃ**と**地層Ｄ**はともに火山灰でしたが，**地層Ｃ**の火山灰は粘《ねば》り気があり，**地層Ｄ**の火山灰はサラサラとしていて，手触《てざわ》りに違《ちが》いが見られました。地点⑤と地点⑥では，これまでの地点①～④で見てきた地層と見た目の似ている地層が見られ，地点⑤を**地層Ｅ**としました。地点①～⑤では，それぞれ１種類の地

層しか観察できませんでしたが，地点⑥では２種類の地層が同時に観察できたので，下から**地層F**，**地層G**としました。

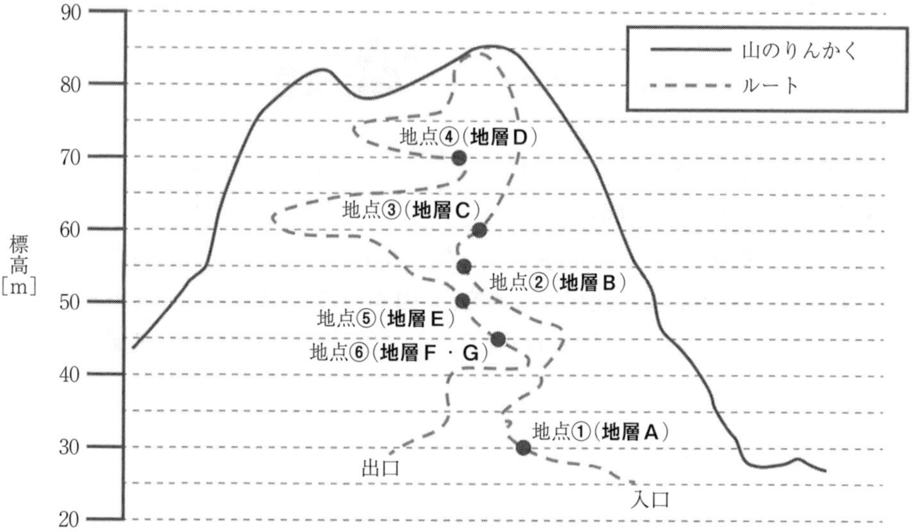

［**図１**］

［**図２**］

［**図３**］

⑴　**地層A**と**地層B**を観察した結果，わかることとして**適切でないもの**を，次の**ア**～**エ**の中から１つ選び，記号で答えなさい。

ア　**地層A**は青みがかった灰色をしており，表面にはコケも見られた。このことから，地層中の粒《つぶ》が非常に細かいので水を通しにくく，コケが生育するのに良い湿《しめ》り気があることがわかる。

イ　**地層A**を触ってみると，粘土《ねんど》質で非常に細かい粒からできていた。また，顕微《けんび》鏡で観察す

ると粒は0.05mm 程度で，丸みを帯びていた。このことから，**地層A**は泥《どろ》からできていることがわかる。

ウ　**地層B**は全体的に赤みがかっており，植物の根がはっていることが観察できた。このことから，**地層B**は鉄分を多く含んでおり，**地層A**よりもやわらかい地層であることがわかる。

エ　**地層B**は地層中に水平なすじ模様が何本も見られ，含まれる粒は平べったいものが多かった。このことから，この地層が地表で堆積《たいせき》してからすぐに，大量の砂やれきなどが堆積して，押しつぶされたことがわかる。

(2)　**地層C**や**地層D**で見られた火山灰は赤みがかった色をしていました。富士山や箱根山，浅間山，榛名《はるな》山などが噴火《ふんか》した際に放出された火山灰や，これらの火山の近くに堆積した火山灰が風などによって運ばれたものが堆積して形成されたと言われています。神奈川県とその周辺の地域に見られるこのような火山灰の名称を答えなさい。

(3)　火山灰を顕微鏡で観察する際には，「わんがけ」と呼ばれる作業を行います。「わんがけ」について説明した文としてもっとも適切なものを，次の**ア**～**エ**の中から１つ選び，記号で答えなさい。

ア　火山灰中から粒の細かい粘土を取り除き，粗い粒だけを取り出すために行う。

イ　火山灰の形を整えるために，指の腹でおわんのかべをこするようによくこねる。

ウ　火山灰に含まれるガラスを割って，粒を観察しやすくする。

エ　火山灰を指でよくこねてから，１度だけ水をかけて洗い流す。

(4)　下の**Ⅰ**と**Ⅱ**は顕微鏡で観察した**地層B**の砂と**地層C**の火山灰の写真です。火山灰の写真は**Ⅰ**と**Ⅱ**のどちらですか。記号で答えなさい。また，そのように考えられる理由について述べた文としてもっとも適切なものを，後の**ア**～**エ**の中から１つ選び，記号で答えなさい。

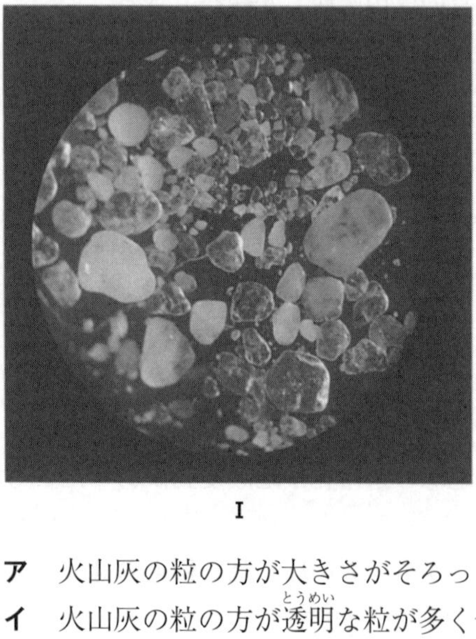

Ⅰ

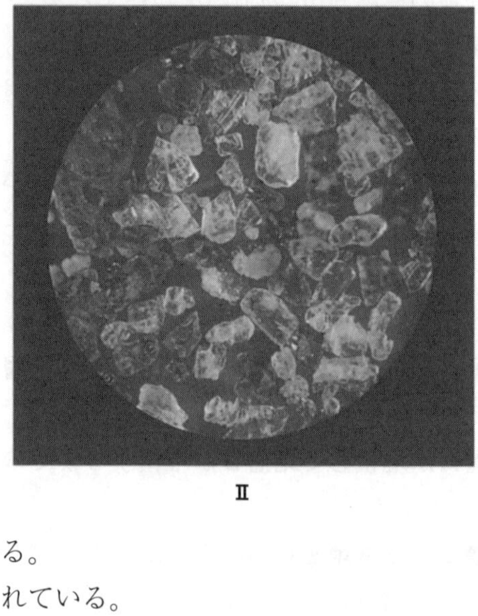

Ⅱ

ア　火山灰の粒の方が大きさがそろっている。

イ　火山灰の粒の方が透明《とうめい》な粒が多く含まれている。

ウ　火山灰の粒の方が角張っている。

エ　火山灰の粒の方が黒や緑，茶色など色のついた粒が多く含まれている。

(5)　火山灰について述べた文としてもっとも適切なものを，次の**ア**～**エ**の中から１つ選び，記号で答えなさい。

ア　火山灰層中に見られる植物由来の暗い色の地層は，火山活動が一時的に休止していた期間がある証拠《しょうこ》になる。

イ　日本列島において火山灰は偏西《へんせい》風の影響を受けるため，火山の西側に火山灰は積もりやすい。

ウ　火山噴火の際に発生する火砕《さい》流は危険だが，火山灰は人間生活に支障をきたすことはない。

エ　砂岩や泥岩の地層と比べて，火山灰中には生物の化石が含まれていることが多い。

(6)　調査を行った山の地層をより詳《くわ》しく調べるために，地点⑤で観察した地層よりも東側の地点X（標高80m）と西側の地点Y（標高65m）の2地点で円筒《えんとう》状に地層を掘り出して，［**図4**］のような柱状図を作成しました。その結果，今回調査した山は「サラサラとした火山灰層」，「粘土質の火山灰層」，「砂やれきからできている層」，「泥岩層」の4種類の地層からできていることがわかりました。調査結果や柱状図から読み取れることとして**誤っているもの**を，次の**ア**～**エ**の中から1つ選び，記号で答えなさい。

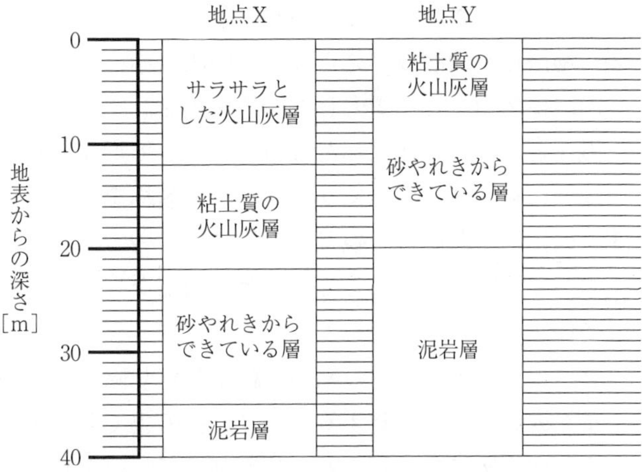

［**図4**］

ア　地層の観察結果と柱状図からは地層の逆転は見られない。

イ　地層の重なりから，この地域の地層はおよそ水平に堆積していると推測できる。

ウ　調査地の標高56mの地層を観察すると，「粘土質の火山灰層」が観察できる。

エ　**地層B**と**地層E**と**地層G**は同じ地層であると考えられる。

(7)　今回観察した地層の形成された年代を測定すると，**地層A**は約100万年前，**地層B**は約30万年前に形成されたことがわかりました。また，**地層A**が堆積してから**地層B**が堆積するまでの間の約70万年間は，堆積が中断したことがわかっています。**地層C**と**地層D**は約30万年前から継続《けいぞく》的に火山灰が降り積もってできたことがわかりました。これらのことから，この地域の地層の成り立ちについて説明した文としてもっとも適切なものを，次の**ア**～**エ**の中から1つ選び，記号で答えなさい。

ア　**地層A**が堆積した当時の環境よりも，**地層B**が堆積した当時の環境の方が水深は深かったと考えられる。

イ　**地層A**が堆積して**地層B**が堆積するまでの間，地球の寒冷化か地殻《ちかく》変動があったと考えられる。

ウ　**地層D**よりも**地層C**の粒の方が粘土質であることから，火山灰を降り積もらせている火山は少しずつ遠ざかっていると考えられる。

エ　**地層A**が堆積してから**地層B**が堆積するまでの約70万年間は，侵食《しんしょく》も堆積も起こらないおだやかな気候であったと考えられる。

3 **18世紀にヨーロッパの科学者たちによって行われた実験は，どれも近代科学の土台を築くきっかけとなった重要なものです。以下の実験の説明を読んで，後の問いに答えなさい。**

［**実験１**］

空気中で銅を加熱すると銅が黒色の固体に変化しますが，空気中で水銀を加熱したときも同じような反応が進み，水銀が赤色の固体に変化します。プリーストリは，この赤色の固体をさらに高温で熱すると逆の反応が進み，赤色の固体がもとの水銀に戻り，同時に**気体A**が得られることを発見しました。

［**実験２**］

キャベンディッシュは，①亜鉛《あえん》などの金属に塩酸を加えると金属が溶《と》けて**気体B**が発生することを発見しました。その後，キャベンディッシュは**気体A**と**気体B**の反応を試みました。その結果，**気体A**と**気体B**の反応によって**液体C**が生じることがわかりました。

［**実験３**］

ラボアジエは，高温に熱した銃身《じゅうしん》(鉄のパイプ)に少しずつ**液体C**を加えることによって**液体C**の分解を試みました。すると，**液体C**が分解して２種類の気体が生じました。ただし，このうち一方の気体は銃身の鉄と反応するため，実際に得られた物質は**気体D**のみでした。なお，**気体D**は**気体A**と**気体B**のいずれかと同じ物質です。

⑴ **気体D**は**気体A**と**気体B**のうちどちらですか。**AまたはB**で答えなさい。

⑵ **気体D**を集める方法としてもっとも適切なものを，次の**ア～ウ**の中から１つ選び，記号で答えなさい。

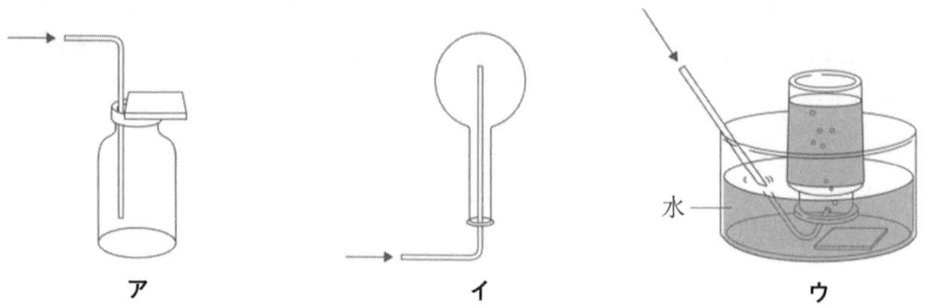

ア　**イ**　**ウ**

⑶ **気体D**の性質としてもっとも適切なものを，次の**ア～カ**の中から１つ選び，記号で答えなさい。

ア　石灰水に通じると白くにごる。

イ　火のついた線香を入れると線香が激しく燃える。

ウ　特有の刺激《しげき》臭がある。

エ　酸化銅とともに加熱すると金属の銅が得られる。

オ　湿らせた青色リトマス紙を赤色に変える。

カ　湿らせた赤色リトマス紙を青色に変える。

⑷ 下線部①に関連して，亜鉛に塩酸を加える実験を行いました。次の［**表１**］は，ある重さの亜鉛に加えた塩酸の体積と，その時発生した**気体B**の体積，水を蒸発させたあとに残った固体の重さを示したものです。［**表１**］の［**あ**］と［**い**］にあてはまる数値を，それぞれ**小数第１位**まで答えなさい。

［**表１**］

加えた塩酸の体積(mL)	発生した**気体Ｂ**の体積(Ｌ)	残った固体の重さ(ｇ)
0	0.0	65.0
100	2.4	**あ**
300	7.2	86.3
1200	**い**	136.0

次に，「加熱による物質の変化」について考えてみると，②物質によって加熱後に残った物質が加熱前より軽くなるものと重くなるものがあり，18世紀の科学者たちは「物質の変化」がどのようにして起こっているのか，解釈《かいしゃく》に悩《なや》んでいました。そこで，加熱による物質の変化のうち，特に酸化や燃焼について興味をもったラボアジエは「密閉した容器」を用いる実験を試みました。以下の［**実験４**］は，当時の実験をもとにして，内容を出題のために変えたものです。

［**実験４**］

栓《せん》ができる頑丈《がんじょう》なガラス容器に亜鉛6.5ｇを入れてから，空気の出入りが無いように容器を密栓《みっせん》しました。栓をした後に容器全体の重さをはかると500.0ｇでした。この容器を加熱したところ，容器内の亜鉛の一部が酸化して酸化亜鉛が生じました。加熱後，容器を加熱前の温度まで冷ました後に容器全体の重さをはかると［**う**］ｇでした。次に，栓を開けたところ［**え**］。十分に時間が経った後，再び栓をして容器全体の重さをはかると［**お**］ｇでした。

(5) 下線部②について，ガスバーナーを用いて蒸発皿の上で物質を十分に加熱したときに，加熱後に残った物質の方がもとの物質よりも軽くなると考えられるものを，次の**ア**～**オ**の中から１つ選び，記号で答えなさい。

ア 木炭

イ 銅

ウ 鉄

エ マグネシウム

オ 食塩(塩化ナトリウム)

(6) ［**え**］にあてはまる文としてもっとも適切なものを，次の**ア**～**ウ**の中から１つ選び，記号で答えなさい。

ア 特に音はせず，気体の出入りは観測されませんでした

イ 「プシュ」と音が鳴り，気体が容器の中に入り込みました

ウ 「プシュ」と音が鳴り，気体が容器の外へ出ていきました

(7) ［**実験４**］の後，容器内の固体(亜鉛と酸化亜鉛)をすべて取り出し十分な量の塩酸を加えたところ，**気体Ｂ**が1.8L発生しました。［**う**］と［**お**］にあてはまる適切な数値を，それぞれ**小数第１位**まで答えなさい。

ただし，亜鉛6.5ｇを空気中で十分に加熱すると，8.1ｇの酸化亜鉛になります。また，亜鉛と塩酸によって発生する**気体Ｂ**の量は**(4)**と同じものとします。このとき，酸化亜鉛と塩酸は反応しても**気体Ｂ**を発生しません。なお，加熱前と後で容器の体積には変化がなく，固体の物質(亜鉛と酸化亜鉛)の体積変化は無視できるものとします。

4 **棒や格子《こうし》のつりあいに関する文章を読んで，後の問いに答えなさい。ただし，おもりを吊《つ》るす糸の重さは考えないものとします。**

［**図1**］のように，重さを考えなくてよい軽い棒に20gと40gのおもりを糸で吊るして，棒をつりあわせました。支点を中心に，20gのおもりが反時計回りに棒を回転させようとするはたらきと，40gのおもりが時計回りに棒を回転させようとするはたらきが同じなので棒はつりあいました。

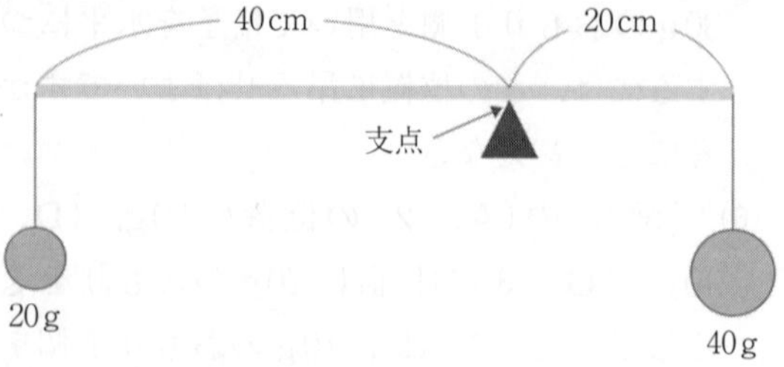

［**図1**］

このように，棒を回転させようとするはたらきを力の［**あ**］といいます。

次に，軽い棒の代わりに，重さのある棒を用いた場合について考えます。棒の太さが一様であるとすると，棒の真ん中が［**い**］で，ここに棒全体の重さが集まっていると考えることができます。

(1) ［**あ**］と［**い**］にあてはまる語句を，［**あ**］は**カタカナ**，［**い**］は**漢字**で答えなさい。

(2) ［**図1**］の軽い棒を，同じ長さで太さが一様な重さ40gの棒にとり替《か》えて，棒がつりあうようにするには，支点の位置を20gのおもりがある側の端《はし》から何cmのところにすればよいですか。ただし，20gと40gのおもりの位置は変えないものとします。

［**図2**］のように，糸で吊るした60cmと30cmの軽い棒に，10gと15gと［**う**］gの3つのおもりを糸で吊るして，2本の棒がつりあうようにしました。

(3) ［**う**］にあてはまる数値を答えなさい。

(4) ［**図2**］の2本の軽い棒を，同じ長さで重さのある棒にとり替えて，2本の棒がつりあうように，それぞれの棒の支点の位置を移動しました。上を太さが一様で重さ40gの棒，下を太さが一様で重さ15gの棒にとり替えた場合，［**え**］にあてはまる数値はいくつに変わりますか。ただし，3つのおもりの重さと位置は変えないものとします。

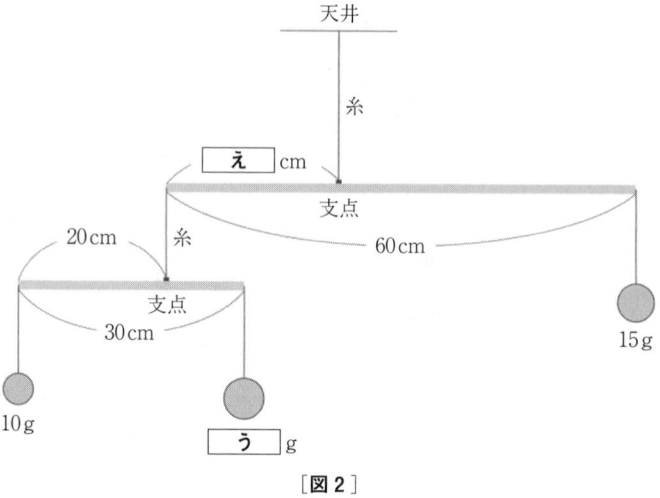

［**図2**］

次に，［**図3**］のような等間隔《かんかく》の格子をつくり，棒と棒の交点を(**A**，**1**)のように表します。そして，格子の中心(**D**，**4**)の位置に糸をつけて吊り上げたら，格子は水平につりあいました。また，棒と棒の交点にだけ，おもりを吊るすことができます。

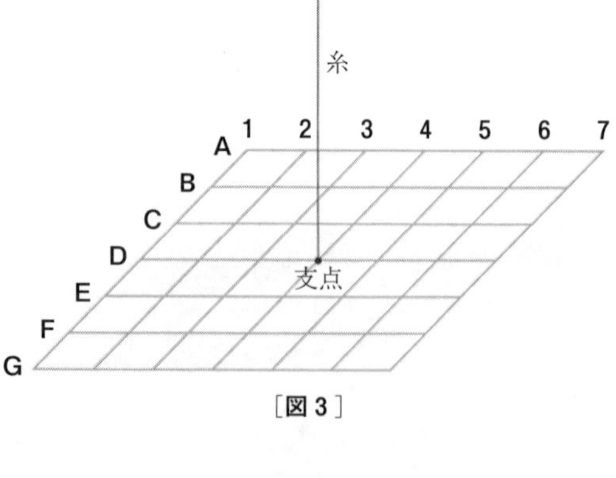

［**図3**］

(5) [**図3**]の(**A**, **4**)の位置に40g, (**G**, **1**)の位置に20gのおもりをそれぞれ糸で吊るしました。さらに, 30gのおもり1個を用いて格子を水平につりあうようにするには, どの位置に吊るせばよいですか。[**図4**]を参考にして答えなさい。

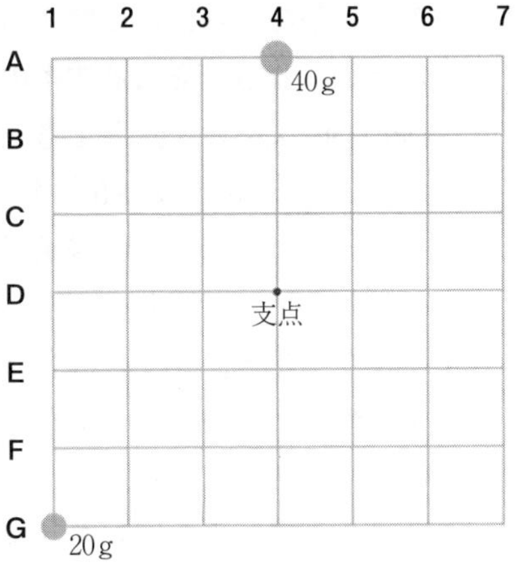

[**図4**]

(6) [**図3**]の(**A**, **2**)の位置に20g, (**D**, **6**)の位置に40g, (**G**, **3**)の位置に20gのおもりをそれぞれ糸で吊るしました。さらに, 10gのおもり1個を用いて格子を水平につりあうようにするには, どの位置に吊るせばよいですか。[**図5**]を参考にして答えなさい。

(7) [**図3**]の(**A**, **4**)の位置に20g, (**D**, **7**)の位置に40gのおもりをそれぞれ糸で吊るしました。さらに, 5gと35gのおもりを1個ずつ別々の位置に吊るして, 格子をつりあうようにするには, 5gと35gのおもりをどの位置に吊るせばよいですか。[**図6**]を参考にして答えなさい。

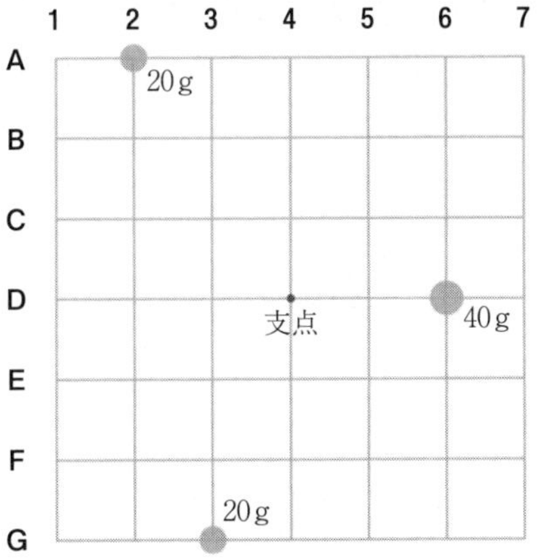

[**図5**]

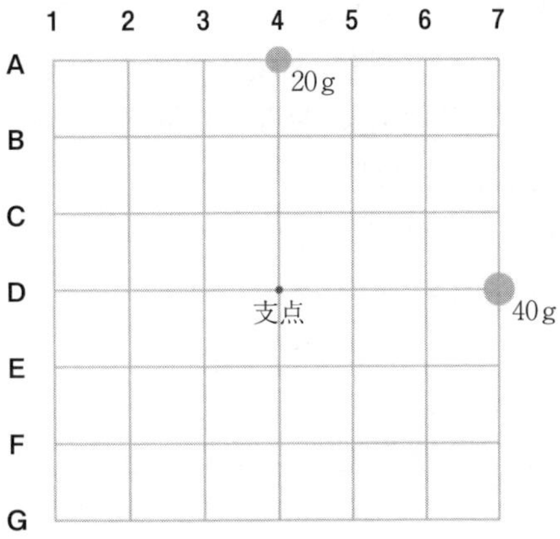

[**図6**]

方。

エ　自分と関係のある人間からなるウチの世間と、無関係の人々からなるソトの社会は互いに排除し合う、緊張感ある関係だという考え方。

問七　――線部⑥「『社会』の話」とありますが、対談者の一人である佐藤さんが考える「社会」とはどのような場ですか。**二十五字以上三十五字以内**で答えなさい（**句読点・記号も一字に数えます**）。

問八　次の会話文は、本文を読んだ生徒たちが同調圧力によって起こる行為《こうい》をテーマに、話し合っている場面です。**本文の趣旨《しゅし》に合わない発言**を、次の**ア**～**オ**の中から一つ選び、記号で答えなさい。

ア　同調圧力でスマホを持つこともあるんじゃないかな。周りのみんながスマホでやりとりをしていると、自分もスマホを持たないといけない気分になるよ。

イ　スポーツの先輩・後輩の関係もそうだよね。練習メニューなんかをもう少し合理的にしようと提案したら、うちの伝統だと反対されるのもそうかな。

ウ　いい部分もあるって言っていたね。多くの人が率先してマスクをしているのは、同調圧力の影響とも考えられるよ。マスクの着用率が高いことが海外の人から驚《おどろ》かれているんだってさ。

エ　他にも治安の良さや礼儀《れいぎ》正しさがいい部分なんじゃない。日本だと、落とした財布が自分の手元に戻る可能性が高いって、僕も海外の人から聞いたよ。

オ　犯罪率の低さも監視の目があるからかしら。でも募金した有名人がネットで偽善《ぎぜん》だ売名だと大勢からたたかれることがあるのは、同調圧力の悪いところね。

問九　〔**文章1**〕・〔**文章2**〕から読み取れる内容としてもっとも適切なものを、次の**ア**～**エ**の中から一つ選び、記号で答えなさい。

ア　日本では周囲と同じように行動するように強いる空気から、差別やバッシングが起きるのに加え、他国同様、ムラ意識の強さにより専門家の意見を一つにまとめて政治の中枢と密接に連携することがさまたげられる。しかし、専門家の意見は未来のデザインのために必要になるはずだ。

イ　日本では「空気を読め」という風潮によって、異論を許さない息苦しさが国全体を包んでいるとはいえ、社会的同調圧力によるプラスの効果である現場のがんばりや人々の絆《きずな》で、専門家なしでも今後も問題は解決していくことだろう。したがって、この先の日本社会や組織は希望に満ちている。

ウ　日本では食べ物の貸し借りが自然に行われるなど、隣近所の論理が身内である人々の生活を守ってくれる反面、この論理は、その道でうまくやっていくという専門的技能を身につけるには不適切である。したがって、今後は組織や世間を大きく作り変える努力が不可欠になっていくことだろう。

エ　日本では警察が機能しないような危機的状況になったとしても、同調圧力により世間に治安が保たれる一方で、そのような同調圧力が強力であるあまり、専門的知見を用いることが阻害《そがい》される。しかし、専門的知見は、問題解決や将来の在り方を考えていくのにたいへん重要である。

文化や文脈に依存《いそん》する暗黙知的な「場の力」は、それはそれで強力ではあるけれども、それだけではなく、**注5**普遍《ふへん》的な場面でも効力を発揮する科学や技術の専門的知見をどれだけ有しているかが、なによりの資産になるはずである。

これは、課題に事後的に対応する場合だけではなく、この先の組織や社会をどうデザインしていくかについても大きな役割を果たすはずだ。

（**佐倉《さくら》　統《おさむ》『科学とはなにか　新しい科学論、いま必要な三つの視点』による**）

注1　バッシング～度を越して非難すること。

注2　SNS～ツイッター、フェイスブック、ラインやインスタグラムのように、登録した利用者同士がインターネット上で交流できる会員制サービスのこと。

注3　知見～知識や見識のこと。

注4　ワン・ボイス～ここでは「統一された意見」のこと。

注5　普遍的～全てのものに当てはまること。

問一　――線部①「『空気を読め』の風潮」とありますが、〔**文章2**〕ではこれをどのように言っていますか。〔**文章2**〕から**二十字**で探し、**初めと終わりの三字**を抜き出して答えなさい（**句読点・記号も一字に数えます**）。

問二　――線部②「コロナは、」とありますが、この表現がかかっている部分としてもっとも適切なものを、次の**ア**～**エ**の中から一つ選び、記号で答えなさい。

ア　存在する　　**イ**　あいまいにしていた

ウ　突きつけた　　**エ**　気がします

問三　――線部③「感染者やその家族に向けられた差別やバッシング」とありますが、それが日本で起こるのはなぜだと考えられていますか。その理由を**四十字以上五十字以内**で答えなさい（**句読点・記号も一字に数えます**）。

問四　[A]・[B] に入れるのにもっとも適切な**漢字二字**をそれぞれ答えなさい。

問五　――線部④「日本人は『世間』に住んでいるけれど、『社会』には住んでいない」とありますが、それはどういうことですか。その説明としてもっとも適切なものを、次の**ア**～**エ**の中から一つ選び、記号で答えなさい。

ア　日本人は、略奪や暴動を恐れるあまり、知らない人たちとの関係を避け、身近な人びとと世界を形成しているということ。

イ　日本人は、近しい人たちとは挨拶をし、付き合いをしても、そうでない人たちとは関係を築こうとはしていないということ。

ウ　日本人は、非常時でも自然発生的にルールを作る能力に優れ、欧米人のように法律でルールを決めて行動していないということ。

エ　日本人は、文化的に成熟していないので、自分とは無縁の人びととのつながりを大切にする社会をまだ作っていないということ。

問六　――線部⑤「僕らが今言っている世間・社会論」とありますが、それはどのような考え方ですか。その説明としてもっとも適切なものを、次の**ア**～**エ**の中から一つ選び、記号で答えなさい。

ア　世間のウチ側の人間に対しては非常に親切にするが、ソト側の社会の人間に対しては徹底《てってい》的に排除するものだという考え方。

イ　自分と身内が所属している世間のソトにも世間があって、そのたくさんの世間が集まることで社会ができるという考え方。

ウ　世間とは人間をウチとソトに分けるので排他性を持ち、社会とは人間のつながりを横断的に一つにつなぐものだという考え

がよくて安全な国と言われていることの理由だと思うんですね。

でも、それは果たして良いことなのか、後で話したいと思います。

（鴻上尚史《しょうじ》・佐藤直樹《なおき》

『同調圧力　日本社会はなぜ息苦しいのか』による）

〔文章2〕

複雑きわまる現代の社会は問題が山積みだから、これらの問題を解決するために、科学の専門的な注3知見をどのように使っていくのかは緊急《きんきゅう》の課題だ。

たとえば、ぼくがこれを書いているのは二一世紀に入って二〇年が過ぎたころ、豪雨《ごうう》や猛暑《もうしょ》、寒波などの異常な気象現象が増え、経済格差が広がって社会の分断が広まり、［　B　］未聞の感染症（COVID－19）に世界中がおののいているときだ。二〇一一年には、東日本大震災と福島第一原発事故もあった。いずれも、専門家の知見を政治や社会の対応に反映させる際に、さまざまな不具合が生じた。

新型コロナ感染症に関していえば、日本に限らず世界中で同じ問題が露呈《ろてい》した。アメリカには疾病《しっぺい》対策予防センター（CDC）という司令塔《とう》があり、イギリスには政府の首席科学顧問《こもん》がいる。いずれも、権限を集中させて専門家の中での意見のバラツキによって混乱しないよう「注4ワン・ボイス」を発信し、それを政治の中枢《ちゅうすう》と密接に連携《れんけい》して具体的な対応に落とし込んでいくためのしくみだ。しかし、うまく機能しなかった。

日本も、専門的知見の活用がうまくいっていないことにかけては最右翼《うよく》だ。そもそも日本には、首相の科学顧問もいなければ、その分野の専門的知見を集約している集中センターもない。なにか事が起こるたびに、そのつど臨時で当該《とうがい》分野の専門家を集めた会議体が形成されて、権限も責任もあいまいなまま、対応が進んでいく。なかばボランティアのようにして関係省庁や関係者たち（新型コロナ感染症《かんせんしょう》でいえば、保健所や病院などの医療《いりょう》従事者たち）がものすごいがんばりを見せ、どうにかこうにか難局を乗り切っていく。毎回こういうパターンだ。

日本らしいといえば日本らしいが、もう少し専門知をうまく活用することを考えないと、これから先、さらに大規模な未知の災害が生じたときに、対応しきれなくなって破局を招いてしまうのではないか。専門知を活用する制度をある程度整えてきた欧米諸国ですら、新型コロナ感染症では機能しなかったのだ。ましてそれらの制度の整っていない日本にはこの先、さらに良くない状況が生じるのではないか。

日本社会は社会的同調圧力――ムラ意識――が強いのと、前にも述べた公的空間と私的領域の境目があいまいなこととから、専門的技能を公共のために使うことに、あまり熱心ではないところがある。

（中略）

新型コロナ感染症への対応がうまくいったのは、韓国《かんこく》や台湾《たいわん》など、少し前に重症急性呼吸器症候群（SARS）、中東呼吸器症候群（MERS）などのコロナウイルスによる感染症で打撃を受け、その際の失敗から体制を整えて準備ができていた国か、あるいはニュージーランドのように首相のリーダーシップが明確で成功した国である。つまり、専門的知見があるかないかではなく、それを活用できるかできないかが、分かれ目なのだ。

今まで自分たちがやってきたやり方のまま進んでいくならば、専門的技能はいらない。むしろ、組織に入ってから、そこでの仕事をこなしながら身につけていくことこそが、その道でうまくやっていくための「専門性」だったのかもしれないが、異業種・異文化間での人と情報のやりとりが圧倒《あっとう》的に多数になっている今、そのような内輪の論理だけではもはや立ち行かない状況になっているのは明らかだ。

は、どこが違うと思いますか。

佐藤　基本的に「世間」のあるところでは、「世間」の内側は身内ということですよね。「世間」の外側は何かというと、赤の他人。

鴻上　うん、ソトですね。

佐藤　赤の他人とか、ソトの人を「外人」という言い方もしますね。結局、世間の内側の人間に対しては非常に親切にするけど、外側の人間に対しては無関心か排除する。これが基本的な構図です。それで、日本人は社会に生きていないから、「世間」のソトにもやはり違う「世間」があって、そこでもウチとソトをつくっている関係じゃないですかね。「世間」の外側が社会になっているということではなく、たくさんの「世間」があって、それがお互い島宇宙みたいな感じで存在している。

鴻上　つまり、ウチとソトという単純な二分法ではないということですか？

佐藤　うん。つまり、こういうことなんです。例えばパブリック(public)という言い方があるじゃないですか。パブリックというのは、日本では「公共」と訳されていて、公共というのは公共事業とか、公共団体とか国家とか、そうしたものを意味する。しかし、パブリックの本来の意味は社会に属する概念《がいねん》で、しかも国とか、オフィシャルなものと対立する人びとのつながり。それが公共、パブリックなんですよ。これは「世間」全体を横断的につなぐ原理です。ところが日本では、「世間」のウチとソトの意識が強いため、共通の原理であるパブリックが成立しにくい。

鴻上　パブリックとは、すぐに国家だと思っちゃうわけですね。

佐藤　⑥「社会」の話に戻《もど》りますと、欧米では殺し合いを避《さ》けるために法律ができた。アメリカは訴訟《そしょう》社会と言われるわけですが、法律以外に頼《たよ》るもの、基準となるものがないんです。あれだけ多民族社会になって、宗教も違うし、物の考え方も違うし、目の色も違う。そういう人間が集まったときに、最終的に解決する方法は法律しかない。となれば、「社会のルール」というのは「法のルール」なわけです。ルール・オブ・ロー(rule of law)と言いますが、「法の支配」という意味です。

　東日本大震災のときに海外メディアが避難所に避難している被災者の冷静さを見て、絶賛したという話をしましたが、では、欧米ではどうなのか。アメリカではハリケーンなどが起きると、スーパーマーケットが襲われたりするわけです。

（**中略**）

　ところが日本の場合、なぜ被災者があんなに冷静に行動できたのかといえば、「みんな同じ」ような悲惨《ひさん》な状況に置かれた場合、「みんな同じ」という同調圧力が働く。自分がこういう状況でも「しかたがない」と考える。「世間のルール」が働くんですね。だから、避難所に来ると、「おまえはトイレ掃除《そうじ》」とか「おまえは食事担当」とか、そういうかたちで任務分担をしちゃうわけですよね。これは国家や政治権力のような、上から降りてきて法律や暴力によって命令し、抑圧《よくあつ》するような権力とは違うわけです。「世間」の関係性がもたらす権力というか、フーコー(Michel Foucault)は「網《あみ》の目としての権力」という言い方をしていますが、それに近いかもしれないです。

　だいたい、小学校、中学校で生徒に学校の清掃をさせるというのは日本だけでしょう。

（**中略**）

　そういうかたちで、小さいころから「世間のルール」を学んでくる。そうしたルールを学ぶことで、強い同調圧力が形成される。警察が機能しなくなって「法のルール」が崩壊しても、結局、「世間のルール」が働いて、略奪も暴動も起きない。これが、日本が世界中で一番治安

の違いこそが、ありとあらゆるものの原理となっているのですから。

鴻上　おそらく学者である佐藤さんと、作家である僕では、語るべき言葉の質が違うと思います。まずは僕からその違いについて説明させてください。僕がいつも単純に説明しているのは、「世間」というのは現在及び将来、自分に関係がある人たちだけで形成される世界のこと。分かりやすく言えば、会社とか学校、隣《となり》近所といった、身近な人びとによってつくられた世界のことです。そして「社会」というのは、現在または将来においてまったく自分と関係のない人たち、例えば同じ電車に乗り合わせた人とか、すれ違っただけの人とか、映画館で隣に座った人など、知らない人たちで形成された世界。つまり「あなたと関係のある人たち」で成り立っているのが「世間」、「あなたと何も関係がない人たちがいる世界」が「社会」です。ただ、「何も関係がない人」と、何回かすれ違う機会があり、会話するようになっても、それはまだ「社会」との関係にすぎませんが、やがてお互いが名乗り、どこに住んでいるということを語り合う関係に発展すれば、「世間」ができてくる。

佐藤　④日本人は「世間」に住んでいるけれど、「社会」には住んでいない、ということですね。

鴻上　はい、昔からよく言われますね。エレベーターなどで知らない人と同乗すると、日本人はお互いに何の会話もしないまま、光る数字を見上げているとか。同じ「世間」の人ではないからですね。

佐藤　欧米の人はホテルの廊下《ろうか》ですれ違った際にも挨拶《あいさつ》をしてきますね。

鴻上　何で僕が「世間」と「社会」の違いを言い続けているかというと、今は「世間」というものが中途半端《ちゅうとはんぱ》に壊《こわ》れてしまっていると考えてもいるからなんです。たとえば江戸時代――いや、明治から大正、昭和の終戦前後まで含《ふく》めてもいいと思っているのですが、隣近所とお米とかしょうゆの貸し借りが都会でも当たり前のようにおこなわれていました。まだ「世間」が充分《じゅうぶん》に機能していたんですね。「世間」がいわゆる「セイフティーネット」の役割を担《にな》っていて、同じ「世間」に生きる人を守ってもくれていたのです。

　ところが、「世間」が中途半端に壊れてきた今は結局、守ってくれるものが中途半端なかたちでしか存在しない。だから、僕たちがつながらなければいけないというか、手を伸《の》ばさなければいけないのは、「社会」という自分とは無縁《むえん》の人たちの世界で、その人たちとどう関係をつくっていくか。そこにしか日本人の未来はないんじゃないかと思っているのです。

（中略）

鴻上　では、よく言われる、「ウチとソト」と「世間と社会」の違いというのは、佐藤さんはどう説明していますか。

佐藤　僕はこう言うんですよ。社会というのは、原理的に一つしかないんです。一つしかないものにはウチもソトもないわけですよ。たった一つしかないものにはウチもソトもない。だから社会はあまり排他的にならない。ところが「世間」というのは、小さいやつから大きいやつまで、たくさんあるんですね。たくさんあるから、外側と内側の区別がお互いの世間の間でできてくる。排他性も生まれてきたりするわけです。

鴻上　僕が世間と社会の説明をすると、「それはつまり、ウチとソトのことでしょう。ウチが世間で、ソトが社会なんでしょう」とよく言われたりするんですよ。

佐藤　日本ではね。

鴻上　そう、日本では。日本人だと、ウチソト論というものが結構有名じゃないですか。自分が関係している世界をウチと呼び、それ以外をソトと呼ぶ。ウチソト論と、⑤僕らが今言っている世間・社会論と

げて謝るようなことではないと思います。感染者、なかでも若年《じゃくねん》層の感染者に対しては、この非常時に自粛することなく遊びまわっていたから悪いのだ、と考える人が多いからでしょうが、まさに非難と中傷が同調圧力となって感染者に襲《おそ》いかかる。

佐藤《さとう》　僕は最近ずっと、加害者家族に対する「**注1**バッシング問題」を考えています。日本では、殺人などの重大犯罪が犯《おか》された場合、加害者の家族がひどい差別やバッシングを受けます。これは、コロナ感染者に対する差別やバッシングと非常によく似ていると思いました。日本人の間に「犯罪加害者とその家族は同罪」といった意識が浸透《しんとう》しているからです。犯罪被害者への同情や正義感でもありますが、「敵」とみなした相手を一斉《いっせい》にバッシングする排除の論理が働いているのでしょう。一種の処罰《しょばつ》感情とも言えます。この同調圧力が、加害者家族を苦しめます。ただし加害者家族に対するバッシング問題は、深刻ではあるけれど、いくつかの例外を除けば、大きな問題として一般《いっぱん》に認知される機会はこれまでありませんでした。ところが、加害者家族に対するバッシングとまったく同質の問題が、いま、コロナ禍をきっかけに大挙して噴《ふ》き出てきたわけです。③感染者やその家族に向けられた差別やバッシングというかたちで。感染者が悪くもないのに謝罪するのも、そうした圧力があるからですね。

鴻上　コロナがやっかいなのは、無症状《むしょうじょう》の感染者が少なくないことですね。誰が感染しているのか、あるいは自分が感染しているかもしれないといった恐怖《きょうふ》と不安が常につきまとう。

佐藤　だからこそ人びとは［A］暗鬼《あんき》になり、他人が信じられなくなり、「万人の万人に対する戦い」のなかに叩《たた》き込《こ》まれます。これはホッブズ(Thomas Hobbes)の言葉ですが、人間は法も国家もない「自然状態」になると、お互《たが》い殺し合いになるような状況になるという意味です。

鴻上　実際、すさんできましたよね、世の中が。**注2**SNSも、ネットニュースのコメント欄《らん》も、人を一方的に罵倒《ばとう》したり、非難したりするなど攻撃《こうげき》的なコメントがより目立つようになりました。間違《まちが》いなくコロナの影響《えいきょう》だと思います。

佐藤　そこで考えていかなければならないのは、同調圧力と相互《そうご》監視によって支えられる「世間」の問題です。

鴻上　いよいよ本題に近づいてきました。

　こうした同調圧力を生み出す「世間」とは、いったい何なのか。コロナによって炙り出された風景は、「世間」とどうつながるのか。佐藤さんとじっくり議論していきたいと思っています。

佐藤　「自粛」と聞いて僕がすぐに思い出したのは、二〇一一年の東日本大震災《だいしんさい》直後に人の姿が消えた異様な街の風景でした。あのとき、被災《ひさい》地に大挙して入ってきた外国メディアから絶賛されたのは、海外だったらこうした無秩序《むちつじょ》状態でおこりうる略奪《りゃくだつ》も暴動もなく、被災者が避難《ひなん》所できわめて冷静にかつ整然と行動していたことです。

　今回の自粛もそうですが、命令があったわけでもないのに、いったいなぜこういった行動を取れるのでしょう。僕の答えは簡単で、日本には海外、とくに欧米《おうべい》には存在しない「世間」があるからです。震災で「法のルール」がまったく機能を失っても、避難所では被災者の間で自然発生的に「世間のルール」が作動していたんですね。ところが欧米には社会はあるが、「世間」がないために、震災などの非常時に警察が機能しなくなり、社会のルールである「法のルール」が崩壊《ほうかい》すると、略奪や暴動に結びつきやすい。アメリカなどで災害時にスーパーなどが襲われ、商品が略奪されるのはそのためです。

鴻上　肝心《かんじん》なのはそこです。「世間」と「社会」はどこが違うのか。

佐藤　それがきわめて重要です。日本においては、「世間」と「社会」

もたせることができたことをうれしく思っている。

問八 ――線部⑥「兼春は一つ息をつき、刃先を、まだ何も刻まれていない木の欠片へと押し込んだ」とありますが、この時の兼春の思いを説明したものとしてもっとも適切なものを、次の**ア**～**エ**の中から一つ選び、記号で答えなさい。

ア 駒が選ばれなかったことにいつまでも納得できずにこだわっていては、師匠の駒の何が優れているか分からないことに気づき、自分は自分のやり方で師匠を超《こ》える駒を彫ろうとあらためて決意を固めている。

イ 棋将戦の対局に自分の駒が選ばれなかったのは、使い込まれた風を装って角を取ったからなのであり、これからは自分は自分のやり方で新たな駒を彫ること以外に師匠を超える方法はないと思っている。

ウ 国芳のような常軌《じょうき》を逸《いっ》した棋士の気にいる駒は、よくよく考えをめぐらせて彫らなければ狙《ねら》えないことに気づくとともに、自分なりの工夫でも国芳に選ばれた駒を超えるようなものは彫れるはずだと考えている。

エ 将棋の駒にあらかじめ目指すべき理想があると思い込んで、何が師匠に及ばないのかに思いなやんでいたが、師匠はそんなことを超越《ちょうえつ》していたことに気づき、あらためて駒彫りに精進《しょうじん》しようとしている。

問九 最終的に兼春は、国芳が白峯の駒をなぜ選んだと考えていますか。**三十五字以上四十五字以内**で説明しなさい（**句読点・記号も一字に数えます**）。

三 **次の〔文章1〕・〔文章2〕を読んで、後の問いに答えなさい。**

〔文章1〕

鴻上《こうかみ》 二〇二〇年の前半はコロナ禍《か》によってさまざまな風景が現れました。「自粛警察《じしゅくけいさつ》」「マスク警察」といった言葉に代表される、監視《かんし》や排除《はいじょ》の心情、あるいは差別と偏見《へんけん》。そうしたものが一気に炙《あぶ》り出されたと思います。なかでも、より分かりやすいかたちで可視化されたのが、日本社会の同調圧力だったのではないでしょうか。

同調圧力とは、少数意見を持つ人、あるいは異論を唱える人に対して、暗黙《あんもく》のうちに周囲の多くの人と同じように行動するよう強制することです。こうしたものに、僕《ぼく》はいまも、息苦しさを感じています。コロナが怖《こわ》い、確かにその通りなのですが、それ以上に、何かを強《し》いられることが、そして異論が許されない状況《じょうきょう》にあることが、何よりも怖い。

もちろんコロナ以前にもさまざまなかたちでの同調圧力は存在しました。たとえば学校や会社のなかで先輩《せんぱい》や上司に言われたことはどんなにムチャな命令でも黙《だま》って従うべきだとか、会社が苦しいんだからいまは我慢《がまん》しろとか、さまざまな理不尽《りふじん》を受け入れるしかない空気がありました。僕が以前からくりかえし述べている①「空気を読め」の風潮です。それが、コロナによって、明確に、そして狂暴《きょうぼう》になって現れてきたように感じるんです。②コロナは、確かに存在するくせに日本人および日本社会があいまいにしていたものを私たちに突《つ》きつけた気がします。

（中略）

社会の中に感染者を差別、排除しようとする強い空気を感じます。そこには病者への気遣《きづか》いも同情も見えない。ウイルスは人を選ばないのだから、誰《だれ》であっても感染する恐《おそ》れはありますよね。本来、頭を下

エ　自分の駒が選ばれなかった理由にこだわっているよりも、自分の技をひたすら磨《みが》くべきだと分かったから。

問二　――線部②「そうであるがゆえに異様だった」とありますが、どうしてですか。もっとも適切なものを、次の**ア**〜**エ**の中から一つ選び、記号で答えなさい。

ア　失礼なのは取材者なのに、「こちらこそ」と皮肉で返した国芳は並の勝負師ではないから。

イ　将棋への情熱は並々ならぬものなのに、冷静に答えている国芳の態度は普通ではないから。

ウ　場の空気が凍りつくような言葉にも、会釈ですますほど国芳は勝負に集中しているから。

エ　負けた悔《くや》しさから、取材者の言い間違いひとつでも見すごせない国芳はまともではないから。

問三　[A]に入れるのにもっとも適切なものを、次の**ア**〜**オ**の中から一つ選び、記号で答えなさい。

ア　愉快《ゆかい》な　**イ**　残酷《ざんこく》な　**ウ**　不可思議な

エ　馬鹿げた　**オ**　横暴な

問四　[B]に入れるのにもっとも適切なことばを**漢字**で答えなさい。

問五　――線部③「国芳は、躊躇いも気負いも感じさせない口調で言った」とありますが、どのような思いでこのように言ったのでしょうか。もっとも適切なものを、次の**ア**〜**エ**の中から一つ選び、記号で答えなさい。

ア　今までの自分のやり方を大きく変えてまで勝負に向かった国芳は、敗北を受けいれながら今後を考えている。

イ　異様な世界だと人々から言われるような将棋界で生きる国芳は、何事にも心を動かされることはないと思っている。

ウ　弟子と対戦しても無残に負けてしまった国芳は、すでに勝負の世界は自分の生きる世界ではないと考えている。

エ　スランプに陥って勝てなくなった国芳は、人々から注目されなくなるのは引退したも同然であると思っている。

問六　――線部④「この人は、知っているのだ」とありますが、何を知っているのでしょうか。もっとも適切なものを、次の**ア**〜**エ**の中から一つ選び、記号で答えなさい。

ア　国芳がすでに盛りを過ぎた棋士だと噂《うわさ》を流しているのは小平だということ。

イ　兼春が画面の向こうで、国芳の戦いぶりを冷静な目で見続けていること。

ウ　タイトルを失い続けることで、世の中に国芳の悪口を言う者がいること。

エ　試合にいくら負けたとしても、国芳を応援《おうえん》する人がたくさんいること。

問七　――線部⑤「取材者の言葉に、初めて国芳が微かに表情を和らげた」とありますが、この時の国芳の気持ちの説明としてもっとも適切なものを、次の**ア**〜**エ**の中から一つ選び、記号で答えなさい。

ア　呼び方まで知らずに失礼なことばかりするような取材者であったが、かわいい弟子をほめる言葉を聞いて気持ちが落ち着いた。

イ　勝負の厳しさを思い知らせる言葉をかけてきた取材者が、話題を弟子に振ったことで、勝ち負けだけでない対局の喜びが心に浮かんできた。

ウ　取材者の話し方にすばらしい対局だったという思いが感じられて、負けた悔しさも多少はなだめられたように感じている。

エ　「恩返し」は自分のねらった結果であり、自慢《じまん》の弟子に花を

切り捨てて将棋にのめり込み、頂点に立って何年経とうが満たされることも飽《あ》きることもなく、まだ新しい一手にここまで目を輝《かがや》かせられる人間。

これだけプレッシャーがかかる立場に置かれていながら、勝敗に飲み込まれることなく、将棋を愛し続けていられる異常な精神。

国芳には、目的も目標も必要がない。ただ将棋の可能性をもっと自らの目で見たいというだけで、自分を、戻るべき足場を躊躇いなく壊せる。

その熱量が、狂気でなくて何なのか。

〈では、今回の対局は、素晴らしい恩返しだったと〉

取材者がまとめるように言うと、国芳はしゃべりすぎたことに気づいたのか、恥《は》じるように目を伏《ふ》せ、〈ええ、そうですね〉とわずかに上ずった声のまま答えた。

〈これ以上の恩返しはないでしょう〉

国芳が、隣の生田と視線を合わせた瞬間、待ちに待ったようにフラッシュとシャッター音が溢《あふ》れ返る。

それでは次に、初戴冠《たいかん》となった生田新棋将に、という司会のアナウンスと同時に、兼春は席を立った。

大股《おおまた》でリビングを出ながら、だからだったのだ、と思う。

だから自分は、国芳英寛に駒を選び直されたことに、あれほど揺《ゆ》さぶられたのだ。

心に引っかかり続けていたのは、なぜ選ばれなかったのかではなかった。

この、誰もがかなわないほどの将棋への狂気を持った男が、自分の駒を選び、そして手放す間に、何を見ていたのか。

兼春は、工房として使っている自室に入る。

作業台の上にあった彫り途中の駒を奥へよけ、新しい駒木地を取り出す。

椅子《いす》を引き、座りながら印刀と彫り台を手に取った。

途端に、波が引いていくように、心が静かに透《す》き通っていく。

⑥兼春は一つ息をつき、刃先を、まだ何も刻まれていない木の欠片《かけら》へと押し込んだ。

（芦沢《あしざわ》　央《よう》「恩返し」による）

注1 **字母紙**～字を記した紙のこと。これを木地《きじ》にはり、その上から彫っていく。

注2 **定年を迎えている歳**～会社や役所の勤め人が、一定の年齢《ねんれい》で退職することが求められる、その年齢のこと。

注3 **3七桂**～「同銀」「歩打ち」「8二玉」「1六香」などと同様に将棋の駒をどのように動かしたのかの記録。

注4 **対局前検分**～対局者が実際の対局室で、空調や照明・座布団やひじかけ・駒や盤などを確認すること。

注5 **面取り**～駒の角を少し削ること。

問一 ――線部①「これ以上自分が気に病み続けるのが馬鹿げていることはたしかだった」とありますが、なぜ気に病み続けることが馬鹿げているのですか。もっとも適切なものを、次の**ア**～**エ**の中から一つ選び、記号で答えなさい。

ア 小平の言うとおり、弟子との勝負にこだわった国芳が縁起を担いで師匠の白峯の駒を選んだのだと分かったから。

イ 兼春の彫った駒が選ばれなかったことになやむのは、国芳の決断を非難することになりかねないと気づいたから。

ウ 調子のよい小平の言葉は信用のおけないものだけに、真に受けてもプラスにならないことに気づいたから。

するように。

〈もう一度、自分を鍛《きた》え直します〉

国芳は、真っ直ぐに前を向いて言った。

フラッシュが、それまでよりもさらに激しく、その顔を照らす。

〈今回、お弟子さんである生田七段が「恩返し」をされたわけですが、今の率直なお気持ちをお聞かせ願えますか〉

⑤取材者の言葉に、初めて国芳が微《かす》かに表情を和らげた。

〈彼とこうして本気で指すのは久しぶりでした。いや、ここまで一局に長い時間をかけて指したのは初めてかもしれません。タイトル戦という最高の舞台で、全力でぶつかり合えたことを嬉《うれ》しく思います〉

――全力で、と言いきるのだ。

力を出しきれなかったと、そうでなければ結果は違ったかもしれないと仄《ほの》めかすのではなく。

〈本当に、楽しい時間でした〉

国芳は、取材者に答えるというより、ひとりごちるように遠い目をした。

〈いや、あそこで同銀と来るとは、まったく予想もしなかったんですよ。だけど指されてみればなるほど、なんです。あれで八手前の歩打《ふう》ちが意味を持ってくる。本譜《ほんぷ》は8二玉《ぎょく》でしたが――〉

徐々《じょじょ》に口調が速くなり、声のトーンが上がっていく。

そのまま、ほとんどまくし立てるように符号《ふごう》を口にし続け、途中で一瞬言葉を止め、隣《となり》にいる生田に〈1六香《きょう》は〉と投げかけた。生田は報道陣をちらりと見てほんの少し戸惑《とまど》いを表したものの、口頭で手を返し、国芳がさらに符号を積み重ねていく。

まるで、唐突《とうとつ》に感想戦が始まってしまったかのようだった。

敗着はどこにあったのか、どの手を変えていればどう盤上の光景が変わったか。無数の分岐《ぶんき》に光を当て、対局者自身がたった今終えたばかりの戦いについて検討する――それは将棋における伝統の一つだが、考えてみれば異様な行為《こうい》だ。

対局中は各々《おのおの》の頭脳に閉じ込めていた思考を解放し、敗者の傷を抉《えぐ》りながら協力して可能性を掘《ほ》り起こす。

何手目について考えよう、と話し合うこともなく、暗黙の了解のように問題の局面に戻り、片方が本譜と異なる手を指せば瞬《また》く間にその後の展開が盤上に編み上げられていく。

彼らの頭の中には、棋譜だけでなく、対局中に思考に浮かんだ分岐までもが完全に記憶《きおく》されている。

だから、周囲には到底《とうてい》追いつけないような速さで会話が成り立つのだ。

兼春としても、対局自体よりもむしろわかりやすい形で彼らの超《ちょう》人《じん》ぶりがうかがえる感想戦を中継で見るのは好きだった。だが、今は記者会見の場であり――そもそも、この対局の感想戦は先ほど既《すで》に終わっているのだ。

おそらく、この会見のために感想戦を早く切り上げることになり、検討し足りなかった部分が局面を思い返したことで噴出《ふんしゅつ》してきてしまったのだろう。

しかし、周囲にいる人間のほとんどが理解できない言葉を饒舌《じょうぜつ》に語る国芳の姿は、二十二年もの間、将棋界の頂点に君臨し続け、絶対王者として神格化さえされてきた大ベテランのものではなかった。

少なくとも兼春の記憶にある国芳英寛は、常に穏やかで理知的な人格者として振る舞い続けてきた。

今は弟子とのタイトル戦の直後ということもあり、精神が高揚《こうよう》しているのだろう。ただ、それでもこれは――きっと、ずっと彼の核《かく》にあった姿なのだ。

将棋が好きで好きで好きすぎて、一般《いっぱん》的な社会人が歩む道をすべて

兼春の脳裏《のうり》で、小平の言葉が反響《はんきょう》する。

『口さがない将棋ファンの中には、さすがに国芳棋将の時代もこれで終わりだろうなんて言うやつもいるんですよ』

――④この人は、知っているのだ。

ぶるりと、背筋に悪寒《おかん》のようなものが走った。

国芳は、自分について世間がどんなことを言っているのか、理解している。――世間が自分に何を見て、何を期待しているのか。

夢や希望を託《たく》され、羨望《せんぼう》や妬《ねた》みを向けられ、一つタイトルを失冠するごとに落胆《らくたん》や激励《げきれい》や安堵《あんど》や嘲笑《ちょうしょう》の声を聞きながら、それでも盤の前に座り続けてきた。

たった一人の人間が背負うには、あまりに重すぎるものの中心に立ち続けた二十二年間。

これまでだってそれらを撥《は》ねのけて結果を出してきたのだから、大丈夫《だいじょうぶ》なのだろう、きっと常人では想像もつかないような精神力があるのだ、と片付けるのは短絡《たんらく》的だ。

日々成長し、絶頂期へと上り詰めていく間と、そこから下降していくときの精神が同じであるはずがない。

自分はもう終わりへ向かっているのか――それはおそらく、誰よりも国芳自身が考えてきたことなのではないか。

〈最近将棋ソフトを研究に使っておられるという話を聞いたのですが〉

質問を重ねたのは、先ほどとは別の取材者だった。

〈はい、使っています〉

国芳は短く答える。

そこで口を閉ざしたので、もう答えは終わりだろうかと兼春は思ったが、数秒して、国芳は再び口を開いた。

〈ただし、まだ使い慣れていません。それなのに、長く使い込んだような振りをしようとしていたと、第二局の直前に気づきました〉

第二局の直前――国芳の言葉に、何かを考えるよりも早く、身体の内側が強張る。あの、対局前検分の頃――そう考えた瞬間《しゅんかん》だった。

ふいに、ぞろりと内臓を撫《な》で上げられたような落ち着かなさを感じる。

何だろう。これは。何かを自分は知っている。この言葉――自分は、これとよく似た言葉を、耳にしたことがある。

『新しいうちから長く使い込んだような振りをする必要はない』

とん、と頭上から降ってくるように響いたのは、師匠の声だった。

ああ、そうだ。

靄《もや》が晴れるように、鮮明《せんめい》にその映像が浮かび上がる。

師匠は、**注5**面取りを深くして駒の滑りを良くしようとする自分に対し、この言葉を口にしていた。

そして、あのとき、国芳は駒を選び直す直前に、駒の角を指でなぞっていた。

さらに兼春の脳裏に、小平の笑顔が蘇《よみがえ》る。

『いやあ、この駒で指すだけで将棋が上手くなった気がしますよ』

小平は、国芳はまだ弟子に勝ちは譲らないと、タイトルを守り抜くのだという決意のために、師匠の駒を選んだのではないかと言った。

だが――それは、逆だったのではないか。

国芳は、それまでに長い時間と労力をかけて積み上げてきた自分の将棋を壊《こわ》そうとしていた。

『道具は使い手が育てるんですよ。どんどん使う人の手に馴染《なじ》んで、色合いも良くなっていく』

だから師匠の駒は、自分の駒に比べて面取りが浅い。立った角は、指に刺激《しげき》となって引っかかる。

まだ使い込まれていないことを、これから育っていくことを象徴《しょうちょう》

〈私はもう棋将ではありません〉

と言った。

場の空気が凍《こお》ったのが、画面越《ご》しにも伝わってくる。

大変失礼いたしました、と頭を下げる取材者に、国芳棋将――国芳英寛《えいかん》は、〈こちらこそ〉と会釈《えしゃく》をした。

その、怒気《どき》を感じさせない優雅《ゆうが》な素振《そぶ》りは、②そうであるがゆえに異様だった。兼春は、背筋が冷えていくのを感じる。

この人は、本当に取材者に対して怒《おこ》っているわけではないのだとわかった。だが、それでも訂正《ていせい》せずにいられない激しさが、この人の中にはある。

あの、今の、率直なお気持ちをお聞かせいただけますか、と取材者は恐《おそ》る恐る尋《たず》ね直した。おそらく、どう呼べばいいのかわからなかったのだろう。発言の前に不自然な間がある。

実際のところ、兼春としても彼《かれ》についてどう呼称するのがふさわしいのかわからなかった。

複数のタイトルで永世《えいせい》称号を持っているはずだが、永世称号は原則的に引退後に名乗ることが可能になるものだ。前例から言えば、前棋将を名乗ることも許されるけれど、本人がどういう意思でいるのかわからない。段位が九段であることは間違《まちが》いないとはいえ、長くタイトルを持ち続けていたために、もはや国芳九段という響《ひび》き自体に違和感《いわかん》がある。

――タイトルの有無《うむ》によって呼称が変わるというのは、何と **A** ことだろう。

周囲としてはそのつもりがなくても、まるで手のひらを返したような印象すら受ける。

そして、それは将棋の歴史において、幾度《いくど》となく繰《く》り返されてきたことなのだ。

かつて、華々《はなばな》しいデビューからわずか三年でタイトルを三つ奪取《だっしゅ》し、国芳英寛と七大タイトルを分け合う二強時代を築いて将棋ブームまで巻き起こした宮内冬馬《みやうちとうま》も、その翌年には防衛を果たせずにタイトル戦の舞台《ぶたい》から姿を消し、順位戦でも二度降級するというスランプに陥《おちい》った。

そのまま八年が経ち、話題に上ることもなくなっていた彼が、再び注目されるようになったのは、今から二年前――将棋ソフトの活用によって低迷期を抜《ぬ》け出したとされる宮内は、まるで忘れ去られていた時期などなかったかのように、将棋界の中心人物としてもてはやされている。

強ければ、誰《だれ》からも一目置かれる。そして、勝てなくなれば、否応《いやおう》なく向けられる目は減っていく。

あるいはそれは、将棋が誰にでもできる、運の要素が介在《かいざい》しないゲームだということも関係しているかもしれない。スポーツと違って、ルールさえわかれば誰にでも指すことができる。すべては盤上《ばんじょう》で明らかにされ、ただ、手を読む頭脳だけが問われる。だからこそ、その先で広がる差が途轍《とてつ》もなくシビアに横たわるのだ。

そして、この男は、そうしたほとんど狂気《きょうき》とも **B** 一重の世界の中で、頂点に君臨し続けてきた。

画面に映る国芳の顔は、フラッシュの光で間断なく照らされている。その上に、注4対局前検分で響き続けていたシャッター音が重なった。

きっと、この会見場には、あのときよりもたくさんの報道陣《じん》が詰めかけているのだろう。二十二年ぶりの無冠というニュースを伝えるために、無数のカメラのレンズが、国芳へ向けられている。

〈来るべきときが来たのだろうと感じています。でも、私はこれで終わるつもりはありません〉

③国芳は、躊躇いも気負いも感じさせない口調で言った。

見えた。駒を何度も指し比べながら、駒自体よりも、自分自身の何かを見定めようとするかのような——

兼春は、どこか狐《きつね》につままれたような気持ちになりながらも、工房《こうぼう》へ戻《もど》った。中断していた作業を再開するために、席に座り、彫り台と印刀《いんとう》を持って構える。

小平の解釈が真実だとしても、まったくの的外れだとしても、①これ以上自分が気に病み続けるのが馬鹿《ばか》げていることはたしかだった。とにかく自分は、自分の信じる道を進み続けるしかない。

意を決して、印刀を注1字母紙《じぼし》に押《お》し当てる。力が入りすぎないように意識しながら刃先《はさき》を滑《すべ》らせ——そこで手を止めた。

——やはり、勘《かん》は戻っていない。

いくら心理的な問題だったからといって、気にかかっていたことへの答えが与《あた》えられたくらいでは、急には元に戻らないということだろう。

だが、ここで考えを巡《めぐ》らせていても仕方ない。結局のところ、身体に覚え込《こ》ませた勘は、身体を動かすことでしか取り戻せないのだ。

兼春は新しい駒木地《こまきじ》を取り出し、一から工程をやり直すことにした。商品を作るためではなく、技術の鍛錬《たんれん》として、一つ一つの工程を丁寧《ていねい》になぞり直していく。

刃先が迷い、指が震《ふる》えるたびに、よくやった方だ、という甘《あま》い声が浮《う》かんだ。そもそも目標自体が大それていたのだ。自分には望外とも言えるほどの結果を出せたではないか。

すぐに焦点《しょうてん》がぶれる老眼をこすると、もう世間的にはとっくに注2定年を迎《むか》えている歳《とし》なのだということが思い出された。何も、恐《きょう》怖《ふ》に飲み込まれるほど自分を追い詰《つ》めることはない。もっと気楽に、人生を楽しめばいい——それでも、せめてこれまで通りに戻せるまではと続けてふた月が経《た》った頃《ころ》、棋将戦七番勝負が終了《しゅうりょう》した。

結局、勘は完全には戻らなかった。けれど、戻らないなら戻らないなりに、身体には新たな感覚が刻まれてきている。

棋将戦の約三ヵ月にも及《およ》ぶ激しい戦いを制したのは——国芳棋将ではなく、弟子の生田拓海《たくみ》だった。

国芳棋将は、実に二十二年ぶりに、すべてのタイトルを失冠《しっかん》したのだった。

兼春は、将棋中継《ちゅうけい》ではなく、夕方のニュース番組で、その報を知った。そして、妻と共に、無言のまま、国芳棋将の記者会見を観《み》た。

対局直後の国芳棋将の身体は、まるでこの二日間を飲まず食わずで過ごしていたかのように縮んで見えた。白髪《しらが》交じりの頭は乱れ、背は丸まっている。

だが、その表情は、どんな感情も悟《さと》らせないほど静かだった。疲《つか》れ果てて生気を失っているわけでも、敗北への屈辱《くつじょく》に強張《こわば》っているわけでもない。

ただ、淡々《たんたん》と、他人の対局について解説するかのように、〈力不足でした〉と告げた。

最後までどうなるかわからない接戦だったと思いますが、と取材者はフォローするように言ったが、〈注3 3七桂《けい》の時点で、もうかなり難しかったと思います〉と低く答える。

別の、どうやら将棋専門の記者ではないらしい取材者が、これで二十二年ぶりの失冠となるわけですが、と躊躇《ためら》いがちに切り出すと、〈そうですね〉とうなずいた。

その後に続けられる言葉を取材者は待ったようだったが、国芳棋将はもう答えることは答えたというように、唇《くちびる》を閉じている。取材者は、ええと、と口ごもってから、「国芳棋将は」と落ちた沈黙《ちんもく》を破った。

しかし、国芳棋将は穏《おだ》やかとも言える空気をまとったまま、

二〇二二年度　浅野中学校

【国　語】（五〇分）〈満点：一二〇点〉

【注意】 問題文には、原文（原作）の一部を省略したり、文字づかいや送りがなを改めたところがあります。

一　**次の――線部①～⑧のカタカナを漢字で、⑨・⑩の漢字の読みをひらがなで書きなさい。いずれも一画一画をていねいに書くこと。**

前途《ぜんと》①**ヨウヨウ**たる若者達が語り合う。

乱れた国を②**チュウコウ**する。

自信作だと③**ムネ**を張る。

体調をくずして④**フクヤク**する。

トラックが到着《とうちゃく》して⑤**シュウカ**の作業をする。

⑥**フクシン**の部下が活躍《かつやく》する。

二人はかつて⑦**メイユウ**であったが、今は敵対している。

友人が⑧**ベンゴ**してくれた。

幼い子供の笑顔で場が⑨**和**む。

老若⑩**男女**に人気のアーティスト。

二　**次の文章を読んで、後の問いに答えなさい。**

　長年棋士《きし》として活躍《かつやく》してきた国芳《くによし》は「棋将《きしょう》」という名称《めいしょう》のタイトル保持者である。国芳は弟子の生田《いくた》と、「棋将」の座をかけて師弟対決をすることになる。その棋将戦の対戦に使われる駒《こま》は、駒職人の兼春《かねはる》（春峯《しゅんほう》）の彫《ほ》った駒か、兼春にとって駒彫りの師匠《ししょう》である白峯《はくほう》の駒のどちらかであった。選ぶのは国芳である。最終的に国芳が選んだ駒は、白峯の彫った駒であった。兼春はなぜ自らの駒が国芳に選ばれなかったのかとなやんだ。そこで、駒選びの場にも立ち会っている小平から話を聞く。

　なお、「恩返し」とは将棋用語で、弟子が力をつけて師匠と戦い、弟子が勝って「指導のおかげ」だと頭を下げることである。

	師匠	弟子
棋士	国芳	生田
駒職人	白峯	兼春＝春峯

　小平は手を叩《たた》き合わせる。

「恩返しですよ。で、私はこう思ったわけです。もしかしたら、国芳棋将は春峯さんと白峯さんのやり取りを聞いて、自分はまだまだ恩返しをさせるわけにはいかないと思ったんじゃないか、ここで、駒師の師弟戦で弟子を勝たせるのは縁起《えんぎ》が悪いと思ったんじゃないかって」

「縁起？」

　はい、と小平は顎《あご》を引いた。

「つまり、国芳棋将は白峯さんと春峯さんの関係に、自分と弟子の関係を重ねて見たんじゃないかと思うんですよ。それで、絶対にここは譲《ゆず》らない、という自分への戒《いまし》めというか、決意表明のために、師匠である白峯さんの駒を選び直したんじゃないかって」

　小平が帰ってからも、残された言葉は兼春の頭の中で渦巻《うずま》き続けていた。

　あれは、国芳棋将の決意表明だった。

　その解釈《かいしゃく》は、妙《みょう》に納得できるもののような気がした。

　たしかに、あのとき国芳棋将は何かを決意しようとしているように

2022年度

浅野中学校 ▶解説と解答

算数 (50分) ＜満点：120点＞

解答

$\boxed{1}$ (1) 2 (2) **イ** $5\frac{5}{11}$分 **ウ** $38\frac{2}{11}$分 (3) **エ** 6 **オ** 7 **カ** 78cm^2 (4) **キ** $\frac{4}{9}$倍 **ク** 13分 (5) **図**…解説の図③～図⑤を参照のこと。／**理由**…(例) 解説を参照のこと。 $\boxed{2}$ (1) 56.52cm^3 (2) 4.5cm (3) $4\frac{4}{11}$cm $\boxed{3}$ (1) 解説の図①を参照のこと。 (2) **ア** 1通り **イ** 1通り **ウ** 4通り (3) **エ** 6通り **オ** 24通り (4) **カ** 24通り **キ** 576通り $\boxed{4}$ (1) 3秒後 (2) 15秒後 (3) 12, 60, 84, 132 $\boxed{5}$ (1) 13500cm^2 (2) **ア** 60cm **イ** 1800cm^2 (3) **ウ** 4通り **エ** 1600cm^2

解説

$\boxed{1}$ **逆算，時計算，割合と比，流水算，速さと比，構成**

(1) $11\frac{1}{3}\times2-\frac{1}{5}=\frac{34}{3}\times2-\frac{1}{5}=\frac{68}{3}-\frac{1}{5}=\frac{340}{15}-\frac{3}{15}=\frac{337}{15}$より，$\left(\square\div0.025+2\frac{1}{2}\right)\div\frac{11}{12}\times\frac{337}{15}=2022$，$\square\div0.025+2\frac{1}{2}=2022\div\frac{337}{15}\times\frac{11}{12}=\frac{2022}{1}\times\frac{15}{337}\times\frac{11}{12}=\frac{165}{2}$，$\square\div0.025=\frac{165}{2}-2\frac{1}{2}=\frac{165}{2}-\frac{5}{2}=\frac{160}{2}=80$ よって，$\square=80\times0.025=80\times\frac{1}{40}=2$

(2) 右の図①と図②の2回ある。10時ちょうどに長針と短針がつくる小さい方の角度は，360÷12×2＝60(度)だから，1回目は10時ちょうどから長針が短針よりも，90－60＝30(度)多く動いたときである。また，10時ちょうどに長針と短針がつくる大きい方の角度は，360－60＝300(度)なので，

図①

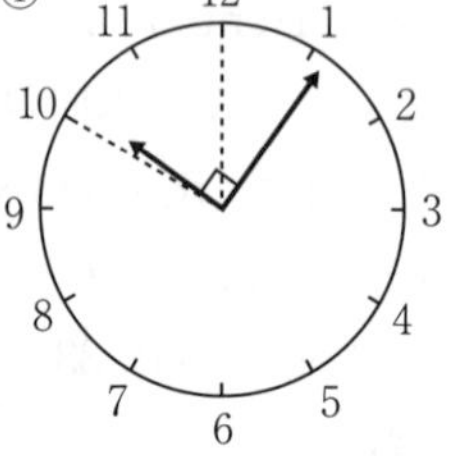

図②

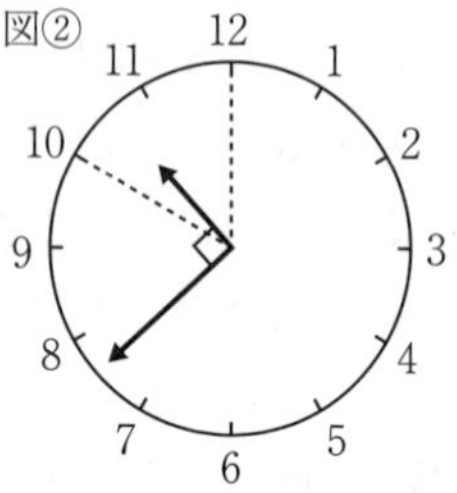

2回目は10時ちょうどから長針が短針よりも，300－90＝210(度)多く動いたときである。次に，長針は1分間に，360÷60＝6(度)，短針は1分間に，360÷12÷60＝0.5(度)動くから，長針は短針よりも1分間に，6－0.5＝5.5(度)多く動く。よって，30÷5.5＝$5\frac{5}{11}$(分)より，1回目は10時$5\frac{5}{11}$分(…イ)，210÷5.5＝$38\frac{2}{11}$(分)より，2回目は10時$38\frac{2}{11}$分(…ウ)とわかる。

(3) 円Xの面積の$\frac{1}{3}$と円Yの面積の$\frac{2}{7}$が等しいので，円Xの面積と円Yの面積の比は，$\frac{3}{1}:\frac{7}{2}=6:7$(…エ，オ)である。この比を用いると，重なっている部分の面積は，$6\times\frac{1}{3}=2$となるから，全体の面積は，6＋7－2＝11とわかる。これが143cm^2にあたるので，比の1にあたる面積は，143÷11＝13(cm^2)となり，円Xの面積は，13×6＝78(cm^2)(…カ)と求められる。

(4) モーターボートの静水時の速さを毎分$\boxed{1}$，川の流れの速さを毎分①とすると，上りの速さは毎分($\boxed{1}$－①)，下りの速さは毎分($\boxed{1}$＋①)となる。また，AからBまで行くとき，エンジンをかけて

いた時間は，10＋７＝17(分)だから，その間に上った距離《きょり》は，([1]－①)×17＝[17]－⑰となる。さらに，エンジンを切っていた時間は５分なので，その間に流された距離は，①×５＝⑤となり，AB間の距離は，[17]－⑰－⑤＝[17]－㉒と表すことができる。一方，ＢからＡまで行くときにかかった時間は５分だから，AB間の距離は，([1]＋①)×５＝[5]＋⑤と表すこともできる。これらが等しいので，[17]－㉒＝[5]＋⑤，[17]－[5]＝⑤＋㉒，[12]＝㉗，[4]＝⑨より，[1]：①＝$\frac{1}{4}$：$\frac{1}{9}$＝９：４とわかる。よって，川の流れの速さはモーターボートの静水時の速さの$\frac{4}{9}$倍(…キ)である。次に，この比を用いると，下りの速さは毎分，９＋４＝13だから，AB間の距離は，13×５＝65となる。したがって，故障しないときにAB間の上りにかかる時間は，65÷(９－４)＝13(分)(…ク)と求められる。

(5)　下の図③のように，はじめに２つの長方形に分け，それぞれの長方形の対角線の交点をＡ，Ｂとする。次にＡとＢを結ぶと，直線ABはそれぞれの長方形の面積を二等分するので，もとの図形の面積も二等分する。なお，下の図④のように分けたり，図⑤のように長方形を補ってもよい。

図③

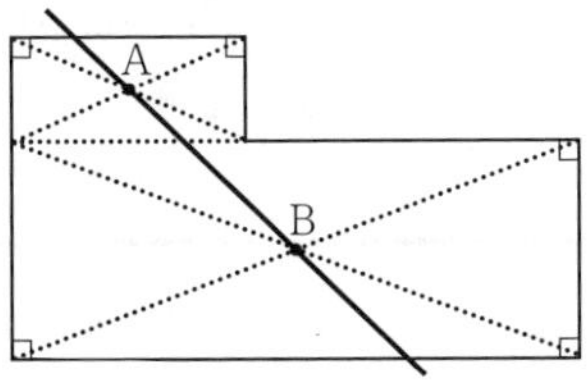

図④

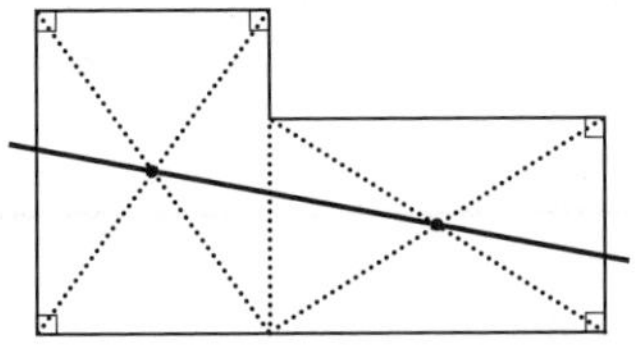

図⑤

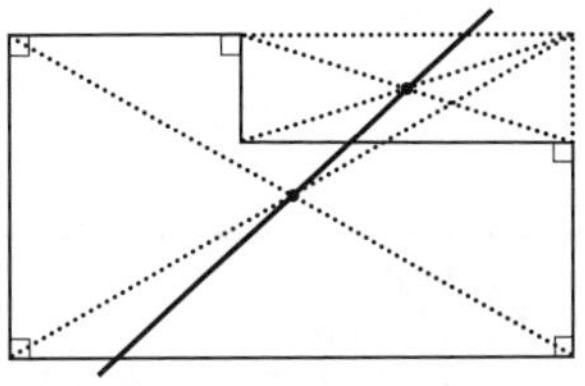

2　立体図形―水の深さと体積

(1)　立体Ａの底面積は，２×２×3.14－１×１×3.14＝(４－１)×3.14＝３×3.14(cm^2)だから，立体Ａの体積は，３×3.14×６＝18×3.14＝56.52(cm^3)となる。

(2)　立体Ａは水の中に完全に沈《しず》むので，立体Ａの体積の分だけ水面が上がる。また，容器の底面積は，６×６×3.14＝36×3.14(cm^2)だから，上がる水面の高さは，(18×3.14)÷(36×3.14)＝18÷36＝0.5(cm)と求められる。よって，水面の高さは，４＋0.5＝4.5(cm)になる。

(3)　容器に入れた水の体積は，36×3.14×４＝144×3.14(cm^3)である。また，水が入っている部分の底面積は，36×3.14－３×3.14＝(36－３)×3.14＝33×3.14(cm^2)なので，このときの水面の高さは，(144×3.14)÷(33×3.14)＝144÷33＝$\frac{48}{11}$＝$4\frac{4}{11}$(cm)と求められる。

3　条件の整理，場合の数

(1)　２行２列目に１を入れたとき，残り８マスの数字の入れ方は下の図①の２通りある。

(2)　２行２列目に３を入れたときは下の図②の１通り(…ア)，２行２列目に４を入れたときは下の図③の１通り(…イ)ある。よって，図①と合わせると全部で４通り(…ウ)となる。

図①

1	2	3	4
2	1	4	3
3	4	1	2
4	3	2	1

1	2	3	4
2	1	4	3
3	4	2	1
4	3	1	2

図②

1	2	3	4
2	3	4	1
3	4	1	2
4	1	2	3

図③

1	2	3	4
2	4	1	3
3	1	4	2
4	3	2	1

図④

1	2	3	4	…１行目
				…２行目
				…３行目
				…４行目

(3)　２，３，４の３つの数字を一列に並べる方法は，234，243，324，342，423，432の６通り(…エ)ある。よって，上の図④で，１行目は動かさずに，２行目，３行目，４行目を入れ替《か》える方法

も６通りある。つまり，１行目が{1，2，3，4}と並んでいるとき，図①～図③の２行目，３行目，４行目の入れ替え方が６通りずつあるから，残り12マスの数字の入れ方は全部で，４×６＝24(通り)(…オ)と求められる。

(4) １行目について，１列目には４通り，２列目には残りの３通り，３列目には残りの２通り，４列目は残りの１通りの入れ方があるので，１行目の入れ方は，４×３×２×１＝24(通り)(…カ)ある。また，１行目が決まっているとき，２行目，３行目，４行目の入れ方は24通りあるので，16個のマス目の数字の入れ方は全部で，24×24＝576(通り)(…キ)あることがわかる。

4 速さと比，整数の性質

(1) 【♩＝80】と【♩＝100】の一定時間に鳴る回数の比は，80：100＝４：５だから，右の図１のように，【♩＝80】が４回鳴る間に【♩＝100】は５回鳴る。また，【♩＝80】が１回鳴るのにかかる時間は，60÷80＝$\frac{3}{4}$(秒)なので，【♩＝80】が４回鳴るのにかかる時間は，$\frac{3}{4}$×４＝３(秒)と求められる。よって，次に同時に鳴るのは３秒後である。

図１

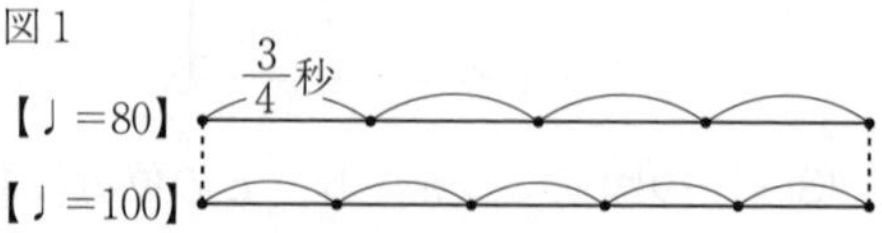

(2) (1)と同様に考える。【♩＝80】と【♩＝100】と【♩＝144】の一定時間に鳴る回数の比は，80：100：144＝20：25：36だから，【♩＝80】が20回鳴る間に，【♩＝100】は25回，【♩＝144】は36回鳴る。また，【♩＝80】が20回鳴るのにかかる時間は，$\frac{3}{4}$×20＝15(秒)なので，次に同時に鳴るのは15秒後である。

(3) 【♩＝144】が１回鳴るのにかかる時間は，60÷144＝$\frac{5}{12}$(秒)だから，【♩＝144】は５秒間で，５÷$\frac{5}{12}$＝12(回)鳴ることがわかる。よって，【♩＝ア】が５秒間で鳴る回数は11回以下である。ただし，たとえば８回の場合，12：８＝３：２なので，【♩＝144】が３回鳴る間に【♩＝ア】は２回鳴ることになる(上の図２を参照)。すると，次に同時に鳴るのが５秒後ではなくなるから，条件に合わない。つまり，条件に合う回数は，11以下で，12との間に１以外の公約数がない数なので，{1回，５回，７回，11回}とわかる。また，アにあてはまる数は５秒間で鳴る回数の，60÷５＝12(倍)だから，１回の場合は，１×12＝12，５回の場合は，５×12＝60，７回の場合は，７×12＝84，11回の場合は，11×12＝132と求められる。

図２

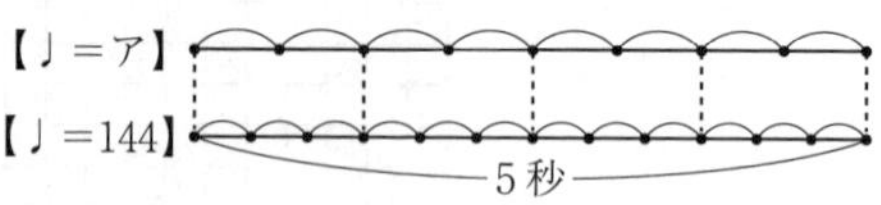

5 立体図形―相似，面積

(1) 下の図Ⅰで，三角形PEAと三角形CEDは相似であり，相似比は，PA：CD＝40：30＝４：３だから，AD：DE＝(４－３)：３＝１：３となる。これはADの長さが変わっても一定なので，真上から見ると下の図Ⅱのようになる(図の１マスは１辺10cmの正方形)。よって，影《かげ》の面積は，120×120－30×30＝13500(cm^2)である。

(2) アは下の図ⅢのAGの長さである。(1)と同様に考えると，PA：BF＝40：20＝２：１だから，AF：FG＝(２－１)：１＝１：１となる。よって，FGの長さは30cmなので，AGの長さは，30＋30＝60(cm)(…ア)とわかる。次に，真上から見ると下の図Ⅳのようになる(点Hの部分の高さは20cmと30cmだから，この部分の比は１：１と１：３になる)。したがって，図Ⅱから減ったのは，

上底が20cm，下底が40cm，高さが60cmの台形なので，その面積は，(20＋40)×60÷２＝1800(cm^2)(…イ)と求められる。

図Ｉ

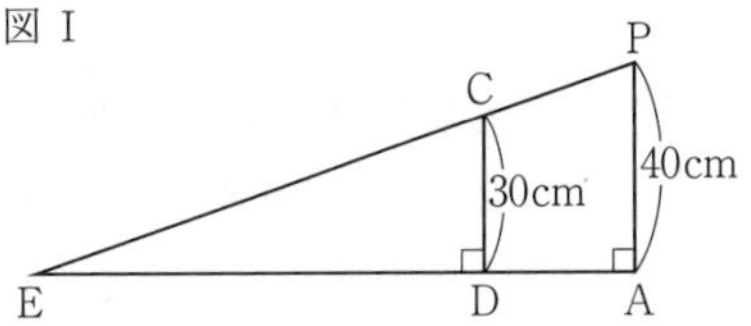

図Ⅲ

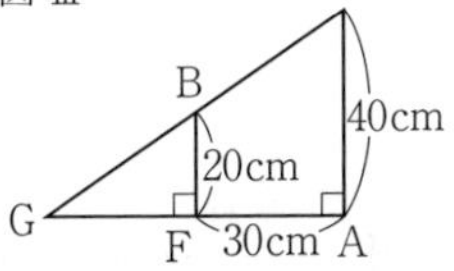

図Ⅱ

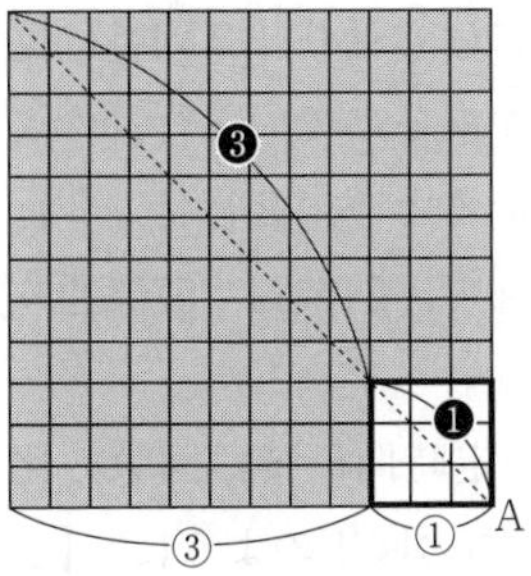

図Ⅳ

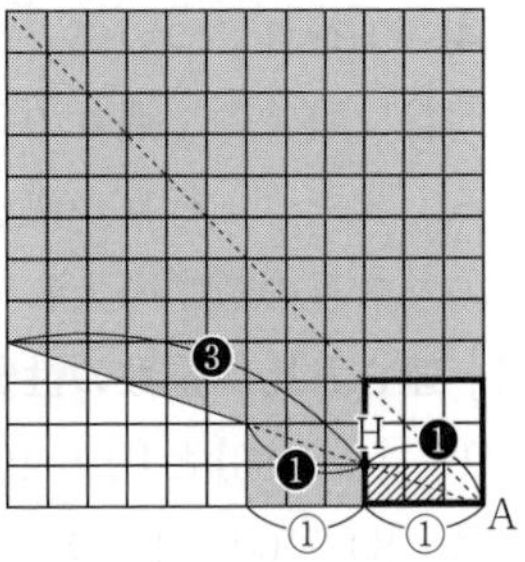

(3)　下の図Ⅴで，ａ，ｂ，ｃの位置にある立方体を取り除いたときの影はそれぞれ下の図Ⅵのようになり，これらの面積はすべて異なる(ｂとｂ′，ｃとｃ′を取り除いたときの面積はそれぞれ同じになる)。また，ｄの位置にある立方体を取り除いても，床にできる影は図Ⅱの場合と変わらない。よって，影の面積は全部で４通り(…ウ)ある。また，図Ⅱから減る面積が最も大きいのはａの位置にある立方体を取り除く場合であり，このとき減る面積は，40×40＝1600(cm^2)である。したがって，面積が最大のものと最小のものの差は1600cm^2(…エ)とわかる。

図Ⅴ

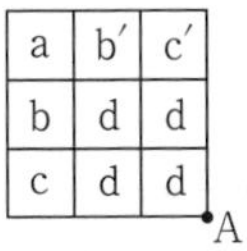

図Ⅵ

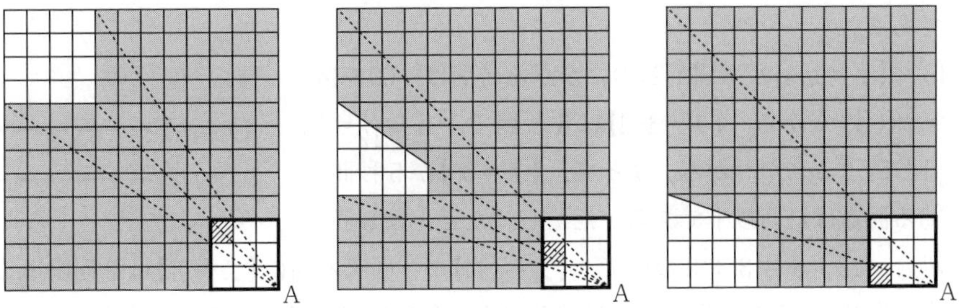

社　会　(40分)＜満点：80点＞

解　答

1　**問１**　イ　**問２**　エ　**問３**　ア，イ，ウ　**問４**　ア，イ，エ　**問５**　イ　**問６**　ア，ウ　**問７**　エ　**問８**　ア　**問９**　ア　**問10**　ア，オ　**問11**　イ　**問12**　ウ　**問13**　エ　**問14**　ウ　**問15**　エ　**問16**　イ　**問17**　ア　**問18**　ア　**問19**　ウ　**問20**　エ　**問21**　エ　**問22**　イ　**問23**　ア　**2**　(例)　地熱発電所は火山周辺の山地にしか建設できず，こうした場所は都市部から遠いので，送電のさいに失われる電力が大きいため。また，発電所の建設に時間がかかるうえ，大規模な発電設備をつくるのも難しいため。

解　説

1　**エネルギーとさまざまな産業の関係を題材にした問題**

問１　ジェンダーとは，社会的・文化的に形成されてきた男女の性差のことで，日本では歴史的な

背景や慣習などから，女性の社会進出が国際社会に比べて遅れていると指摘《してき》されることがある。日本のような社会的な差だけでなく，自由・平等という基本的な人権の面で男女の差がある国や地域もあるため，SDGsでは５番目の目標として「ジェンダー平等を実現しよう」をかかげ，国際社会にその達成をうながしている。

問２　吉野ヶ里遺跡は，佐賀県吉野ヶ里町と神埼《かんざき》市にまたがる弥生時代の環濠《かんごう》集落遺跡で，この時代に集落どうしの争いがあったことを示している。

問３　「受け入れる側の要因」によって移住が起こるということは，そこへ移住して暮らしたいと思うような条件が多いということである。ア～ウはいずれも生活が便利になる要因であり，そこで暮らしたいと思うような条件となるが，エは生活が不便になる要因で，移住したいと思う条件にはならない。

問４　ア，イ，エはいずれも鎌倉時代に西日本に広がり，室町時代には東日本へと広がった。踏《ふみ》車《ぐるま》という足踏《あしぶ》みの小型水車を使って川の水を田に引き入れるようになったのは，江戸時代初めのことである。

問５　アとエは1972年，イは2015年，ウは1997年に採択《さいたく》されたり設立されたりしたものなので，イが最も新しい。パリ協定は，2015年にフランスの首都パリで開かれた国連気候変動枠組《わくぐみ》条約第21回締約《ていやく》国会議(COP21)で調印されたもので，2020年以降の気候変動に関する国際的な目標や取り組みが定められた。

問６　稲の収穫高の約３％を納める税は租で，庸《よう》は労役の代わりに布を納める税である。また，地方が「藩」として支配されたのは江戸時代のことである。なお，渋染一揆《しぶぞめいっき》は江戸時代末期の1856年に岡山藩で起こった一揆で，倹約令の一環《いっかん》として，被差別部落の人の着物を渋染めか藍《あい》染めのものに限ると命じたため，これに反発した人々が一揆を起こした。

問７　ア　ヨーロッパと北米の人口は，2020年以降，ほぼ横ばいで推移すると予測されている。イ　2100年には，アジアとアフリカの人口は同じくらいになると予測されている。　ウ　2050年ごろに，世界の人口は100億人を超《こ》えると予測されている。　エ　［図１］・［図２］を正しく読み取っている。

問８　新潟県は全国で最も米の生産量が多いので，新潟県の農業産出額特化係数が特に高くなっているＡが米で，Ｂが麦類と判断できる。麦類の生産量は北海道が特に多いので，Ｂに大きく偏《かたよ》っているＣが北海道で，残ったＤが茨城県になる。なお，ＣとＤはいずれもいも類の係数が高いが，北海道ではじゃがいも，茨城県ではさつまいもの栽培がさかんである。統計資料は『日本国勢図会』2021／22年版による。

問９　青銅器や鉄器は弥生時代に大陸から日本へと伝えられ，銅鐸《どうたく》や銅鏡などの青銅器はおもに祭器として，鉄器は武器や農具などの実用品として用いられたと考えられている。

問10　価格の安い輸入材が増えたことが，日本の林業が低迷する一因となった。また，2019年の輸入材の量は約5000万m^3，国産材の量は約3000万m^3で，合計は約8000万m^3となるので，国産材の占《し》める割合，つまり日本の木材自給率は50％以下ということになる。

問11　高性能の空気清浄《せいじょう》機は技術革新の例ではあるが，労働力不足を補うことにはならない。ア，ウ，エは，人がやっていた仕事を機械で行えるようにした例である。

問12　明治時代初め，養蚕業がさかんだった群馬県の富岡に官営の富岡製糸場が建設され，1872年

に操業を開始した。製糸場では，蚕の繭《まゆ》からとれる糸をもとに生糸がつくられた。紡績《ぼうせき》工場は，綿花から綿糸をつくる工場である。

問13　近年はパートやアルバイト，派遣労働者や契約社員といった非正規雇用《こよう》の労働者の割合が増えており，全労働者の４割近くを占めるようになっているが，正社員との雇用条件に大きな差があることが問題となっている。そのため，2018年に「働き方改革関連法」とよばれる一連の法律が制定され，仕事の内容や責任の重さなどが同じと認められる場合には，正社員と非正規雇用労働者の間で差別を設けることを禁止する「同一労働同一賃金制」が企業に義務づけられた。

問14　ア　交換《こうかん》したタオルやシーツは洗濯してまた使うので，交換することがそのまま廃棄《はいき》につながるわけではない。　イ　タオルやシーツの交換は清潔さを保つために行うもので，環境への意識を高めることにはつながらないと考えられる。　ウ　タオルやシーツの交換をしなければ，それを洗うために用いる水や洗剤も減らせるので，環境保護につながる。よって，正しい。　エ　タオルやシーツを交換したとしても，破損がなければ縫《ぬ》い直す必要は生じない。

問15　地方税の税額は，地方税法の規定にもとづき，所得(収入)などに応じて地方自治体が定める。個人的に公共サービスの内容に不満があるからといって，納税者がみずから減額を申し出たとしても，受け入れられるものではない。

問16　法律が施行された時点ですでに働いていれば十歳以上でも働かせてよい，という第二条のただし書きから，十歳の子どもを働かせることはできないという原則が読み取れる。また，第三条の規定では，十五歳未満の者に一日十二時間以上の労働を禁じているのだから，十五歳未満でもそれ以下であれば働かせてよいのだとわかる。条文が「十歳未満」だった場合には十歳の子どもを働かせてもよいことになるので，それよりも上で十五歳よりも下の十二歳が選べる。

問17　ア　19世紀のアメリカの太平洋戦略について，正しく説明している。　イ　ペリー艦隊《かんたい》は大西洋を東に向かい，南アフリカからインド洋，東南アジアなどを経て日本に来航した。　ウ　1840～42年のアヘン戦争で清(中国)を破ったのはイギリスである。　エ　アメリカは共和国で，国王は存在しない。ペリーが江戸幕府に提出したのは，開国を求める大統領フィルモアの親書である。

問18　2015年に世界遺産に登録された「明治日本の産業革命遺産　製鉄・製鋼，造船，石炭産業」は，福岡・佐賀・長崎・熊本・鹿児島・山口・静岡・岩手の８県にまたがる構成資産からなる。品川台場(東京都)は，1853年のペリー来航ののち，沿岸警備を強化するため江戸幕府が江戸湾(東京湾)に設けた施設で，同遺産の構成遺産にはふくまれていない。なお，イは福岡県，ウは静岡県，エは長崎県にある構成資産。

問19　1941年７月，日本がフランス領だったインドシナ半島南部に侵攻《しんこう》すると，アメリカは翌８月，これに対抗して日本への石油の輸出を全面禁止した。日本は石油などの資源を求めて東南アジアへの進出を強める一方，アメリカと中国は日本の補給路を断とうと戦った。

問20　ア　天然ガスは石油や石炭と比べると，地球温暖化の原因となる二酸化炭素や酸性雨の原因物質の１つである窒素《ちっそ》酸化物の排出量が少ないため「クリーンなエネルギー」とよばれるが，一切排出しないというわけではない。なお，同じく酸性雨の原因物質の１つである硫黄酸化物はほとんど排出しない。　イ　シェールガスは，頁岩《けつがん》(シェール)とよばれる固い岩の層に堆積《たいせき》した天然ガスで，採掘《さいくつ》技術の進歩によって実用化と商業利用が可能となり，アメリカなどでさかんに生産され

ている。新潟県は天然ガスの産出量が全国第1位だが，これは従来型の天然ガスでシェールガスではない。　ウ　日本はおもに天然ガスを冷却《れいきゃく》して液体にした液化天然ガス(LNG)として，専用のタンカーで輸入している。パイプラインでは，気体の天然ガスが輸送される。　エ　天然ガスの利用について正しく説明している。

問21　1973年，イスラエルとアラブ諸国との間で第4次中東戦争が起こった。このとき，イスラエルを支援するアメリカなどに対抗して，アラブの産油国が原油の輸出制限や原油価格の引き上げなどを行ったため，石油をおもなエネルギー源としていた先進国は，(第1次)石油危機(オイルショック)とよばれる大きな経済混乱におちいった。なお，アは1991年に起こった湾岸戦争，イは2003年に起こったイラク戦争，ウは1980年に始まったイラン・イラク戦争についての説明。

問22　2021年7～8月に実施された東京2020オリンピックでは，「復興五輪」を印象づけるため，福島市の福島県営あづま球場で野球とソフトボールの競技が開催された。

問23　ア　東西冷戦の時代には，アメリカとソ連が競って核兵器の開発を進めていた。　イ　「原子爆弾」ではなく「水素爆弾」が正しい。　ウ　「長崎」と「広島」が逆である。　エ　ヨーロッパ諸国のうち，イギリスとフランスは核兵器を保有している。

[2] 地熱発電についての問題

地熱発電は，［資料2］にあるように，火山周辺の地中にある高温の水や水蒸気を利用してタービンを回し，発電する方法である。エネルギー源が半永久的に得られ，発電時に二酸化炭素などを排出しないことから，再生可能エネルギーの1つとして利用の促進《そくしん》が検討《けんとう》されている。しかし，［資料1］からわかるように，建設場所が火山の近くに限定され，しかもその多くが山地にある。また，こうした場所が大都市から遠いため，電気を送るさいに電力が失われる「送電ロス」が多くなる。さらに，［資料3］と［資料4］からは，発電所の建設に時間がかかることや，大きな電力をつくれる大規模な発電所を建設するのが難しいことも読み取れる。こうした事情から，地熱発電による発電量はあまり増えていないのが現状である。また，資料ではふれられていないが，建設可能な場所が国立公園内や観光地に位置することも多く，環境の保全や景観の面での調整が必要になることも，課題の1つとなっている。

理科 (40分) <満点：80点>

解答

[1] (1) 離弁花　(2) 完全変態　(3) エ，オ　(4) イ　(5) 4　(6) 2.4倍　(7) 4日後　(8) **え** ウ　**お** イ　[2] (1) エ　(2) 関東ローム　(3) ア　(4) Ⅱ，ウ　(5) ア　(6) ウ　(7) イ　[3] (1) B　(2) ウ　(3) エ　(4) **あ** 72.1　**い** 24.0　(5) ア　(6) イ　(7) **う** 500.0　**お** 500.4　[4] (1) **あ** モーメント　**い** 重心　(2) 36cm　(3) 20　(4) 21　(5) (F，6)　(6) (D，2)　(7) **5g**…(B，1)　**35g**…(F，1)

解説

[1] 生物のからだのつくり，蒸散，メダカについての問題

⑴　サクラやアブラナなどのように，花びらが１枚ずつ離《はな》れている花を離弁花《りべんか》といい，ツツジやアサガオなどのように花びらがくっついている花を合弁花という。

⑵，⑶　チョウ，アリ，カブトムシ，ハエ，カなどのように卵→幼虫→さなぎ→成虫と姿をかえることを完全変態という。なお，バッタ，カマキリ，セミ，トンボ，ゴキブリなどは，さなぎの時期がなく，卵→幼虫→成虫と姿をかえる不完全変態をする。

⑷　試験管Ａ～Ｃの水の減少量は，右の表①のようになる。これより，10時～12時の水の減少量がもっとも多いので，この時間帯に蒸散がもっとも活発に行われたことがわかる。

表①

	A	B	C
8時	100	100	100
10時	88　−12	91　−9	94　−6
12時	65　−23	73　−18	83　−11
14時	47　−18	59　−14	74　−9

⑸　10時～12時の時間帯に，試験管Ａ～Ｄで水分が放出された部分と水の減少量をまとめると，右の表②のようになる。したがって，10時～12時の時間帯で，葉の表側からの蒸散量は，23－18＝５（ｇ），葉の裏側からの蒸散量は，23－11＝12（ｇ）なので，茎《くき》からの水分の放出量は，23－（５＋12＋２）＝４（ｇ）と求められる。

表②

	A	B	C	D
水分が放出された部分	葉の表側		葉の表側	
	葉の裏側	葉の裏側		
	茎	茎	茎	
	水面	水面	水面	水面
水の減少量（ｇ）	23	18	11	2 (99−97)

⑹　10時～12時の時間帯で，葉の表側からの蒸散量は５ｇ，葉の裏側からの蒸散量は12ｇなので，葉の裏側からの蒸散量は葉の表側からの蒸散量の，12÷５＝2.4(倍)である。

⑺　水温18℃の水槽《すいそう》Ｆの場合，受精卵がふ化するまでにかかる日数は，250÷18＝13.88…より，14日なので，２月１日から14日たった２月15日に受精卵がすべてふ化すると予想される。水温32℃の水槽Ｈの場合も同様に，250÷32＝7.81…より，８日かかるので，２月３日から８日たった２月11日に受精卵がすべてふ化すると予想される。したがって，水槽Ｆでは水槽Ｈの，15－11＝４（日）後にふ化する。

⑻　図４で，アはかん臓，イはすい臓，ウは胃，エはひ臓，オはじん臓を示している。図２でメダカは消化器官に胃がなく，１本の長い消化管(腸)で消化を行っている。ヒトの場合，胃からペプシンを含《ふく》む消化液，すい臓からトリプシンを含む消化液を出している。

2 地層のつくりと柱状図についての問題

⑴　地層Ｂ中に水平なすじ模様が何本も見られるのは，粒《つぶ》の大きさが異なる細かい小石や泥《どろ》などがうすい層となり重なっているためである。これらの層をつくる土砂は流れる水のはたらきで運ばれたので，粒は角が取れて丸い。平べったい粒は水に流されにくいので，川の上流に堆積《たいせき》することが多く，地表で堆積した後に砂やれきによって押《お》しつぶされたわけではない。

⑵　関東地方には関東ローム(層)とよばれる，富士山や箱根山などの噴火《ふんか》で噴出した火山灰が降り積もってできた層がある。この層は，土に含まれている鉄分がさびて，赤かっ色をしているのが特ちょうである。

⑶　火山灰から粘土《ねんど》を取り除き，鉱物を取り出す方法を「わんがけ」という。蒸発皿に火山灰と少量の水を加えて，指の腹でおわんのかべをこするように押し洗いをした後，さらに水を入れてかき混ぜてからにごった水を捨てるといった作業を，水のにごりがなくなるまでくり返す。

⑷　火山灰は，火山の噴火で噴出された後に流れる水のはたらきをほとんど受けていないので，粒

はⅡの写真のように角張っている。

⑸　火山活動が一時的に中断すると，水や養分・土などが少ない火山灰の土地でも生育しやすいコケや地衣類が育ち，続いて一年草が生育し，しだいに土壌《どじょう》ができていくので，火山灰層中に植物由来の暗い色の地層があると，火山活動が中断した証拠《しょうこ》となる。なお，火山灰は西から吹《ふ》く偏西《へんせい》風《ふう》の影響《えいきょう》を受けるため，火山の東側に積もりやすく，短時間に大量に積もることが多いので層の中に生物が含まれて化石になることはほとんどない。また，火山灰はヒトの呼吸器官に影響するだけでなく，農作物への被害《ひがい》や交通網《こうつうもう》のまひなど，深刻な影響をおよぼすことがある。

⑹　地点X（標高80m）と地点Y（標高65m）の柱状図の標高を比べると右の図のようになり，それぞれの地層が見られる標高が等しいことから，この地域の地層はおよそ水平に堆積しており，地層の逆転は見られない。また，標高56mの地層は「砂やれきからできている層」である。さらに，標高45mの地点⑥では，45mより下に地層F，上に地層Gがあるので，地層B（標高55m）と地層E（標高50m）と地層G（標高45mより上側）は，すべて「砂やれきからできている層」になる。

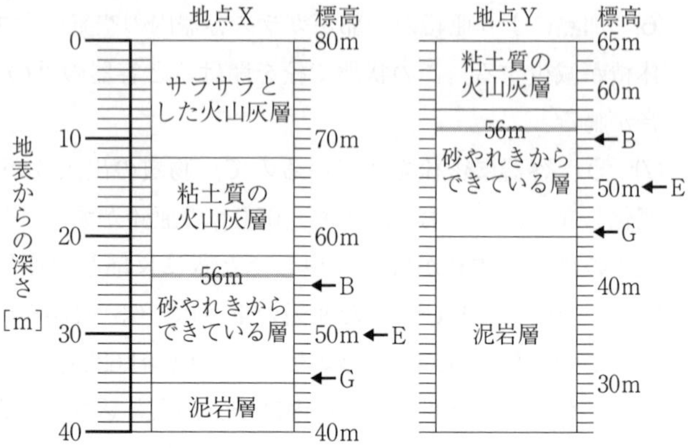

⑺　ア　水深が深いほど泥のような小さな粒が堆積することから，「砂やれきからできている層」の地層Bが堆積した当時の環境《かんきょう》の方が，「泥岩《でいがん》層」の地層Aのときよりも水深は浅かったと考えられる。　イ　海底で地層Aが堆積した後に，地球が寒冷化したり地殻《ちかく》変動があったりして海底が陸になり，地層Bが堆積するまでの間は堆積が中断したと考えられる。　ウ　火山灰のうち，地層Dのようなサラサラとした火山灰は，粒が重いので火山から近いところに降り積もり，地層Cのような粘土質の火山灰は，粒が軽いので火山から遠いところまで運ばれる。したがって，火山は少しずつ近づいていると考えられる。　エ　陸になっていると堆積は中断するが，水や風などによって侵食《しんしょく》される。

3　金属の燃焼と気体の発生についての問題

⑴　実験１より，銅が酸素と反応して黒色の酸化銅になるのと同じような反応で，水銀を加熱すると赤色の固体になるとあるので，気体Aは酸素とわかる。実験２より，亜鉛《あえん》と塩酸が反応して発生する気体Bは水素で，水素と酸素が反応して液体Cの水ができる。実験３より，水を分解すると酸素と水素が生じ，このうち酸素は鉄と反応することから，得られた気体Dは水素で，気体Bと同じ物質とわかる。

⑵　水素は水に溶《と》けにくいので，ウの水上置換《ちかん》法で集めるのがよい。

⑶　エのように，水素を酸化銅とともに加熱すると，銅と結びついていた酸素が水素と結びついて水が生じ，銅が得られる。なお，アは二酸化炭素，イは酸素，ウはアンモニアや塩化水素など，オは塩化水素など，カはアンモニアなどの性質である。

⑷　**あ**　亜鉛に加えた塩酸が300mLのとき，残った固体の重さは，$86.3-65.0=21.3$（g）増加する。よって，亜鉛に加えた塩酸が100mLのときには，残った固体の重さは，$21.3\times\frac{100}{300}=7.1$（g）増加し，

65.0＋7.1＝72.1(g)になる。　**い**　亜鉛に加えた塩酸が100mLのとき，発生した気体Bの体積は2.4Lで，残った固体の重さは7.1g増加する。亜鉛に加えた塩酸が1200mLのとき，残った固体の重さは，136.0－65.0＝71.0(g)増加しているので，発生した気体の体積は，$2.4\times\frac{71.0}{7.1}$＝24.0(L)とわかる。このとき，65.0gの亜鉛はすべて塩酸と反応して，塩酸が，$1200-100\times\frac{71.0}{7.1}$＝200(mL)余っている。

(5)　木炭を燃やすと，木炭に含まれる炭素と空気中の酸素が結びついて二酸化炭素が発生し，空気中に出ていくので，加熱後に残った物質の方がもとの物質よりも軽くなる。

(6)　加熱により亜鉛の一部がガラス容器内の空気に含まれる酸素と結びつくので，容器内の気体の体積が減少する。この状態で栓《せん》を開けると容器の外の空気が容器内に入り込《こ》むため，「プシュ」と音が鳴る。

(7)　**う**　容器に密栓をしているので，物質の出入りがないため，容器全体の重さは500.0gのまま変化しない。　**お**　(4)より，65.0gの亜鉛がすべて反応して発生した気体Bは24.0Lである。実験4の後，気体Bが1.8L発生したときに反応した亜鉛の重さは，$65.0\times\frac{1.8}{24.0}$＝4.875(g)なので，実験4で酸素と結びついた亜鉛の重さは，6.5－4.875＝1.625(g)となる。亜鉛6.5gと結びつく酸素の重さは，8.1－6.5＝1.6(g)だから，亜鉛1.625gと結びついた酸素の重さは，$1.6\times\frac{1.625}{6.5}$＝0.4(g)となる。栓を開けて容器内に空気が入り込むと，容器内の空気の重さは加熱前とほぼ同じになるため，容器全体の重さは亜鉛に酸素が結びついた分だけ重くなり，500.0＋0.4＝500.4(g)となる。

4　てこのつりあいについての問題

(1)　棒を回転させようとするはたらきを力のモーメントといい，モーメントは(その点にかかる重さ)×(支点からの距離《きょり》)で求められる。支点を中心とした右回りのモーメントの和と左回りのモーメントの和が等しいときに棒(てこ)はつりあう。また，物体全体の重さが集まっていると考えることができる点のことを重心といい，棒の太さが一様なときは棒の真ん中が重心となる。

(2)　重さ40gの棒の重心は，棒の左端《ひだりはし》から，60÷2＝30(cm)の位置にある。また，支点に加わる力の大きさは，20＋40＋40＝100(g)となる。左端から支点までの距離を□cmとして，棒の左端を回転の中心としたてこのつりあいを考えると，棒を右回りに回転させようとするモーメントは，40×30＋40×60＝3600，棒を左回りに回転させようとするモーメントは，100×□となる。したがって，100×□＝3600より，□＝36(cm)と求められる。

(3)　「う」の重さを△gとすると，下の棒における力のモーメントの式は，△×(30－20)＝10×20となり，△＝20(g)となる。

(4)　上の棒の左端に加わる重さは，10＋20＋15＝45(g)，上の棒を天井から吊《つ》るしている糸に加わる重さは，45＋40＋15＝100(g)で，上の40gの棒の重心は左端から30cmの位置にある。上の棒の左端を回転の中心とし，「え」の長さを◇cmとすると，40×30＋15×60＝100×◇が成り立ち，◇＝21(cm)と求められる。

(5)　まず，図4の下側から見たときのてこのつりあいを考えて，30gのおもりを1～7のどの位置に吊るせばよいかを求める。40gのおもりは回転に関係しないので，30gのおもりを吊るす位置を，支点である4の位置から■だけ右の位置とすると，30×■＝20×3，■＝2となり，支点から右に2目盛りずれた6の位置になる。次に，図4の右側から見たときのてこのつりあいを考える。30g

のおもりを吊るす位置を，支点であるDの位置から▲だけ左の位置とすると，30×▲＋20×３＝40×３が成り立ち，▲＝２より，支点から左に２目盛りだけずれたFの位置になる。これらより，おもりを吊るす位置は（F，６）になる。

⑹　図５を下側から見たとき，右回りのモーメントは，40×２＝80，左回りのモーメントは，20×２＋20×１＝60になる。10gのおもり１個を吊るすことで，左回りのモーメントを，80－60＝20増やすには，20÷10＝２より，10gのおもりを支点から２目盛りだけ左にずれた２の位置に吊るせばよい。また，図５を右側から見たとき，右回りのモーメントは，20×３＝60，左回りのモーメントは，20×３＝60となり等しくなっている。よって，10gのおもり１個を吊るす位置は，支点と同じDの目盛り上になるので，（D，２）におもりを吊るせばよい。

⑺　図６を下側から見たとき，右回りのモーメントは，40×３＝120になる。５gと35gのおもりを吊るして左回りのモーメントが120になるのは，５×３＋35×３＝120より，どちらのおもりも１の位置に吊るしたときだけとなる。次に，図６を右側から見たとき，右回りのモーメントは，20×３＝60になる。５gと35gのおもりを吊るして左右のモーメントが等しくなるのは，５×２＝10，35×２＝70より，５gのおもりを支点から２目盛り右のBの位置に，35gのおもりを支点から２目盛り左のFの位置に吊るしたときとなる。以上より，５gのおもりを（B，１）に，35gのおもりを（F，１）に吊るせばよい。

国語　（50分）＜満点：120点＞

解答

一　①～⑧　下記を参照のこと。　⑨　なご（む）　⑩　なんにょ　二　**問１**　エ　**問２**　イ　**問３**　イ　**問４**　紙　**問５**　ア　**問６**　ウ　**問７**　イ　**問８**　エ　**問９**　（例）　新たな手を求める国芳は，使い込んだ振りをした駒より育つ可能性を感じさせる駒にひかれたから。　三　**問１**　文化や～の力」　**問２**　ウ　**問３**　（例）　日本人の人間関係の根底には，排他的な同調圧力を生み出す「世間」という考え方があるから。　**問４**　**A**　疑心　**B**　前代　**問５**　イ　**問６**　ウ　**問７**　（例）　多様な人々が集まっても排他的にならず，横断的につながる原理を備えた場。　**問８**　オ　**問９**　エ

●漢字の書き取り

一　①　洋々（洋洋）　②　中興　③　胸　④　服薬　⑤　集荷　⑥　腹心　⑦　盟友　⑧　弁護

解説

一　漢字の書き取りと読み

①　「前途《ぜんと》洋々（洋洋）」は，将来が明るく開けているようす。　②　いったん途絶えたり衰《おとろ》えたりしていたものごとを再び盛んにすること。　③　音読みは「キョウ」で，「胸中」などの熟語がある。　④　薬を飲むこと。　⑤　荷物を集めること。　⑥　「腹心の部下」で，主君や上司が厚く信頼《しんらい》する部下。　⑦　固い約束を結んだ友。　⑧　その人の利益となるように主張して助けること。　⑨　音読みは「ワ」で，「平和」などの熟語がある。訓読みにはほかに「や

わ(らぐ)」などがある。　⑩「老若《ろうにゃく》男女」は，年齢《ねんれい》性別に関係なく，あらゆる人々。

二 **出典は芦沢央《あしざわよう》の『神の悪手』所収の「恩返し」による。**駒《こま》職人の兼春《かねはる》(春峯《しゅんほう》)は棋士《きし》の国芳《くによし》が自分の駒を選ばなかった理由を考え続けていたが，その国芳の記者会見をテレビで見て，ある答えに辿《たど》りつく。

問1　兼春は，棋将戦で使われる駒として国芳に選ばれたのが自分ではなく師である白峯《はくほう》のものだったことに悩《なや》み続けていたが，「自分の信じる道を進み続けるしかない」と思い直し，「技術の鍛《たん》錬《れん》」に励《はげ》もうとあらためて一から駒彫《こまぼ》りの工程をやり直している。駒の選定理由について気に病《や》んでいても，「刃先《はさき》が迷い，指が震《ふる》える」といった差し障《さわ》りが生じるだけで，「勘《かん》」を取り戻《もど》すための役には立たないと感じたのだから，エがふさわしい。

問2　本文の後半で，国芳が世間《せけん》の目や思いを一身に受け，背負《せお》い続けるという重圧のなか，それでも心から将棋を愛し，盤《ばん》の前に座《すわ》り続けていられる「異常な精神」の持ち主だと書かれていることをおさえる。タイトルを失った直後にもかかわらず，「棋将」と呼びかけたうかつな記者に対して「怒気《どき》を感じさせない優雅《ゆうが》な素振《そぶ》り」を見せた国芳の姿勢が，将棋への情熱と冷静さを並存《へいぞん》させた「異様」なものとして兼春の目には映ったのである。よって，イが選べる。

問3　「タイトルの有無《うむ》によって呼称《こしょう》が変わる」将棋界のおきてに，兼春は「まるで手のひらを返したような印象」を抱《いだ》いている。タイトルを失えば，「呼び方」によって容赦《ようしゃ》なく格づけがなされるのだから，イの「残酷《ざんこく》な」が合う。なお，「手のひらを返す」は，“急に態度を変える”という意味。

問4　運の要素が介在《かいざい》せず，手を読む頭脳だけが問われるゆえに厳然たる差の生まれやすい将棋において，国芳は「将棋の可能性をもっと自らの目で見たいというだけで，自分を，戻《もど》るべき足場を躊躇《ためら》いなく壊《こわ》せる」ような「狂気《きょうき》」に満ちている。つまり，将棋の世界とは，そういった棋士たちの集《つど》う「狂気とも紙一重の世界」だということになる。なお，「紙一重」は，きわめてわずかな差。

問5　二十二年ぶりに「無冠《むかん》」となった国芳は，記者会見で「来《きた》るべきときが来たのだろうと感じて」はいるが，「これで終わるつもりは」ないと言っている。この後，国芳が負けた対局について「高揚《こうよう》」しながら語っているのを見た兼春は，「頂点に立って何年経《た》とうが満たされることも飽《あ》きることもなく，まだ新しい一手に」目を輝《かがや》かせるそのようすに，尋常《じんじょう》ではない熱量を感じ取っている。無冠となってもなお，国芳は「躊躇いも気負いも」なく次の「新しい一手」を追い続けているのだから，アがよい。なお，「躊躇い」は，迷うこと。「気負い」は，負けまいという意気込《ご》み。

問6　続く部分に，「国芳は，自分について世間がどんなことを言っているのか，理解している」と書かれていることをおさえる。「口さがない将棋ファンの中には，さすがに国芳棋将の時代もこれで終わりだろうなんて言うやつもいるんですよ」という小平の言葉を思い出したように，記者会見での国芳のようすを見た兼春は，彼《かれ》が世の中に自らの悪口を言う者がいることを知っているのだろうと感じたのである。よって，ウが選べる。なお，「口さがない」は，人の悪口やうわさを無責任に言いふらすようす。

問7　弟子《でし》である生田から「恩返し」をされたことについて，率直《そっちょく》な気持ちを聞かせてほしいとたずねられた国芳は，「全力でぶつかり合えたことを嬉《うれ》しく思」うし，とても「楽しい時間」だったと答えている。問5でみたように，国芳の将棋に対する姿勢から考えて，この言葉は本心から出

たものと推測できるので，イがふさわしい。ア，ウ，エは，国芳が感じている将棋そのものの喜びをおさえていない。

問8　自分の彫った駒が「なぜ選ばれなかったのか」ではなく，棋士として「狂気」のような情熱を持った国芳がいったん自分の「駒を選び，そして手放す間に，何を見ていたのか」という点にひかれ，激しく「揺《ゆ》さぶられ」ていたのだと兼春が気づいたことに注目する。自分のものに比べて「面取りが浅い」師匠の駒を棋将戦に選んだ国芳が，記者会見で，将棋ソフトに慣れていないのに「使い込《こ》んだ」振《ふ》りをしていたと話すのを聞いた兼春は，師匠から「新しいうちから長く使い込んだような振りをする必要はない」と言われていたことを思い出している。つまり国芳は，「将棋の可能性」を求め，積み上げてきた自分の将棋を「躊躇い」なく壊そうとの思いで棋将戦に臨んでいたため，その姿勢にふさわしくない，あらかじめこなれた仕上がりの兼春の駒でなく，白峯の駒を選んだのである。このことに気づいた兼春の心は，未《いま》だ見ぬ将棋の可能性を求めて自分の将棋を壊そうとする国芳と，そうした境地があることを知っている師匠を思うなかで「透《す》き通って」いったのだから，エの「精進しよう」が合う。なお，兼春のようすから，師匠を超《こ》えようとしているという思いまでは読み取れないので，ア～ウは正しくない。

問9　問8でも検討したように，兼春の駒はあらかじめ角を深く彫り，「使い込んだよう」に仕上げられている。国芳は駒を手放す直前に「角を指でなぞって」おり，結果として，「使い手が育てる」という考えが表れた，師匠の「面取りが浅い」駒を選んだ。その選び方は，国芳が「長い時間と労力をかけて積み上げてきた自分の将棋」を壊して，将棋の「可能性」を探《さぐ》り，「新しい一手」を求める姿勢からきたものと考えられる。これをもとに，「今までの将棋を壊し新たな手を探す国芳は，これから育っていく駒がふさわしいと感じとったから」のようにまとめる。

[三] **〔文章1〕の出典は鴻上《こうかみ》尚《しょう》史《じ》・佐藤直樹《さとうなおき》の『同調圧力　日本社会はなぜ息苦しいのか』，〔文章2〕の出典は佐倉《さくら》統《おさむ》の『科学とはなにか　新しい科学論，いま必要な三つの視点』による**。前者では，コロナ禍《か》で可視化された日本社会における同調圧力の長所と短所，世間と社会の違《ちが》いなどが説明され，後者では，コロナ禍を例に，日本の「暗黙知《あんもくち》的な『場の力』」だけで乗り切る難しさを指摘《してき》し，専門的知見を使う必要性が述べられている。

問1　「『空気を読め』の風潮《ふうちょう》」に見られる同調圧力とは，「暗黙のうちに周囲の多くの人と同じように行動するよう強制すること」だと直前の段落で説明されている。こういった日本的な強制力について，〔文章2〕の最後から二つ目の段落では「文化や文脈に依存《いそん》する」「『場の力』」と表現されている。ここでの「文脈」とは，ものごとの背景，暗黙のうちに了解《りょうかい》し合っている種々の要素のことである。

問2　ことばのかかり受けでは，直接つなげてみて意味のまとまる部分が答えになる。確かに存在するくせに，日本人および日本社会があいまいにしていたものを，私たちに対して「コロナ」は「突《つ》きつけた」というつながりなので，ウが選べる。なお，文末の「気がします」は，話し手の心情をつけ加える働きをしている。

問3　日本人の間に浸透《しんとう》した「犯罪加害者とその家族は同罪」だという意識から起きる，「加害者家族に対する『バッシング問題』」と，コロナ感染《かんせん》者や家族に対して「差別，排除《はいじょ》」しようとする風潮が「よく似ている」と佐藤氏は語っている。つまり，同調圧力の強い日本では，理由いかんにかかわらず，感染した者を「敵」，さらにその家族も同罪とみなして一斉《いっせい》にバッシングする「排除

の論理」が働くうえ，見えない感染への「恐怖《きょうふ》と不安」が，それに拍車《はくしゃ》をかけているのだろうと述べられている。そして，この「同調圧力を生み出す」のが「世間」なのである。これをもとに，「日本には『社会』とは異なる『世間』というものがあり，その『世間』が同調圧力を生むから」のようにまとめる。

問4　**A**　誰《だれ》が感染しているのか，あるいは自分が感染しているかもしれないといった不安と恐怖がつきまとうなか，人々は何も「信じられなく」なっているのである。よって，疑ってかかると何でもないことも不安で疑わしくなることをいう「疑心暗鬼《あんき》」が合う。　**B**　新型コロナウイルス感染症は世界中に大混乱を招いたのだから，これまでに聞いたこともないほど大変なようすを表す「前代未聞《みもん》」が入る。

問5　直前の発言で，「あなたと関係のある人たち」で成り立っているのが世間，「あなたと何も関係がない人たちがいる世界」が社会だとした後，続く部分では，エレベーターで同乗しただけの人やホテルの廊下《ろうか》ですれ違った人と，日本人は何の会話もしないが，欧米の人は挨拶《あいさつ》をすると述べられている。つまり，世間に住み，社会に住んでいない日本人は，見ず知らずの人とは関係を築こうとしないのだから，イがよい。

問6　前後にある佐藤氏の発言に着目する。世間はたくさんあるので「外側と内側の区別」が「お互《たが》いの世間の間」にできて排他性が生じ，社会は「原理的に一つしかない」のでウチとソトがなく排他的にならない。また，社会には国やオフィシャルなものと対立する「パブリック」という概念《がいねん》があり，人々を「横断的につなぐ原理」として働く。よって，この内容を言い表したウがふさわしい。

問7　問5，問6でも検討したが，世間と違い「原理的に一つしかない」社会という場には，関係のない多様な人々に対する排他性などなく，「世間」全体を横断的につなぐパブリックという原理が働いている。これをもとに，「原理的に一つであるため排他的にならず，『世間』全体を横断的につなぐ場」のようにまとめる。

問8　「同調圧力」とは，「少数意見を持つ人，あるいは異論を唱える人に対して，暗黙のうちに周囲の多くの人と同じように行動するよう強制すること」をいう。オの「犯罪率の低さ」は同調圧力からくるものではないので，誤り。

問9　〔文章１〕の最後の段落で，日本は同調圧力によって治安が守られ，安全な国だと言われている一方，よいことばかりもたらされるわけではないことが示唆《しさ》されており，〔文章２〕では，同調圧力の強さゆえ，専門的知見をうまく活用できていないという問題点が指摘されている。つまり，日本における同調圧力は利点と欠点の両方をあわせ持っているのだから，エが合う。

2021年度　浅野中学校

〔電　話〕　(045) 421－3281
〔所在地〕　〒221-0012　神奈川県横浜市神奈川区子安台1－3－1
〔交　通〕　JR京浜東北線「新子安駅」・京浜急行線「京急新子安駅」より徒歩8分

【算　数】（50分）〈満点：120点〉

【注意】 定規・コンパス・分度器は机の上に出したり，使用したりしてはいけません。

1　**次の $\boxed{\text{ア}}$ ～ $\boxed{\text{コ}}$ にあてはまる数または語句をそれぞれ答えなさい。また，(4)の説明については，解答欄に説明を書きなさい。**

(1)　$\left\{\left(18-\frac{21}{25}\right)\div 0.13-\boxed{\text{ア}}\right\}\times 15\frac{2}{3}=2021$

(2)　全部で $\boxed{\text{イ}}$ 本の木があります。A地点からB地点までの道沿いに一定の間隔《かんかく》で $\boxed{\text{イ}}$ 本の木を植えたいと思います。A地点から植え始めて15m間隔で木を植えていくとすると，B地点まで植えることはできず，最後に植える木はB地点より119m手前に植えることになります。また，A地点から植え始めて20m間隔で木を植えていくとすると，B地点まであと9mのところまで植えることができ，3本の木が余ってしまいます。

そこで，A地点から植え始めて $\boxed{\text{ウ}}$ m間隔で木を植えていくとすると，A地点から植え始めてぴったりB地点で植え終えることができます。

(3)　濃度《のうど》30％の砂糖水を砂糖水Aとします。砂糖水Aを水でうすめて，濃度12％の砂糖水を作ろうと思います。45gの砂糖水Aに，水を105g入れてうすめたところ，予定より濃度のうすい砂糖水が150gできました。

そこで，この砂糖水に $\boxed{\text{エ}}$ gの砂糖水Aを追加すれば，濃度12％の砂糖水になります。

(4)　円周率とは，$\boxed{\text{オ}}$ の長さが $\boxed{\text{カ}}$ の長さの何倍かを表す数のことをいいます。ただし，$\boxed{\text{オ}}$，$\boxed{\text{カ}}$ はそれぞれ**漢字2字**で答えなさい。

次に［**図1**］のように，半径1cmの円と一辺の長さが1cmの正六角形をかきました。［**図1**］を参考にして，円周率が3より大きい理由を説明しなさい。

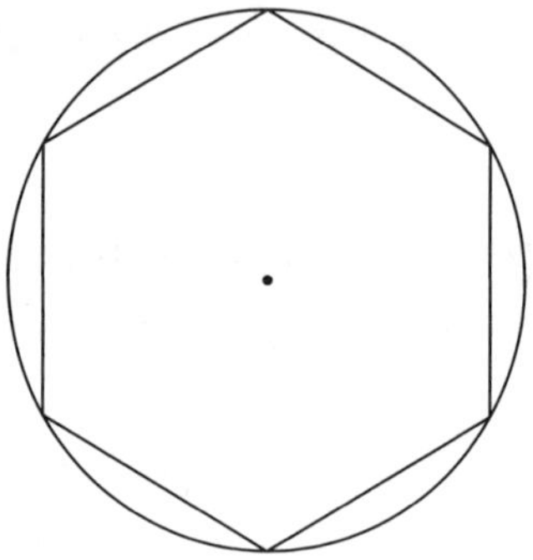

［**図1**］

(5)　1221のように一の位が0でなく，一の位から逆の順番で読んでも元の数と等しい数を回文数といいます。4桁《けた》の整数で3の倍数となる回文数は全部で $\boxed{\text{キ}}$ 個あります。

また，4桁の整数で11の倍数となる回文数は全部で $\boxed{\text{ク}}$ 個あります。

(6)　一辺の長さが4cmの正方形ABCDの対角線を半径とする円の面積は $\boxed{\text{ケ}}$ cm^2 です。

また，正方形ABCDの隣《となり》に同じ大きさの正方形EFGHが［**図2**］のように辺DCと辺EFがぴったり重なるように並んでいます。このとき，［**図2**］の状態から正方形ABCDのまわりをすべらずに正方形EFGHが時計回りに回転し，はじめて［**図3**］の状態になるまでに辺EFが通過した部分の面積は $\boxed{\text{コ}}$ cm^2 です。ただし，円周率は3.14とします。

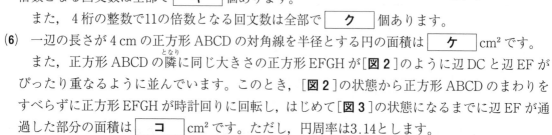

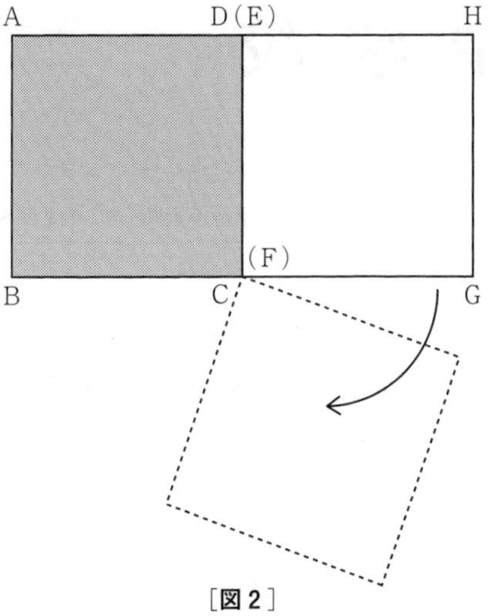

［図２］

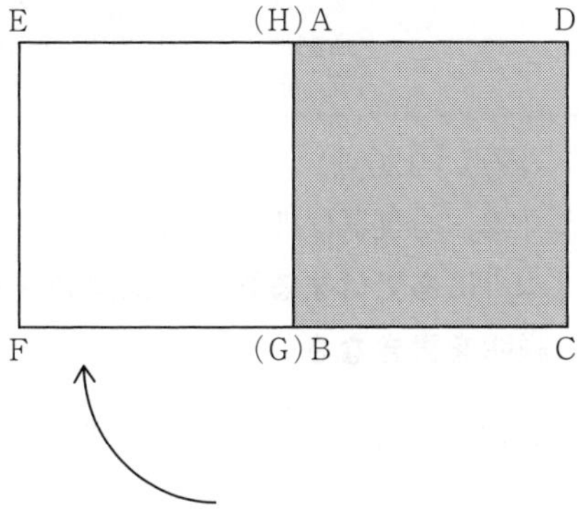

［図３］

2　ある工場でマスクを製造しています。機械Ａと機械Ｂの２台で作ると１日で22万枚を作ることができ，機械Ａと機械Ｃの２台で作ると１日で26万枚を作ることができ，機械Ｂと機械Ｃの２台で作ると１日で24万枚を作ることができます。３台の機械が１日に作るマスクの枚数はそれぞれ一定であるとして，次の問いに答えなさい。

(1)　機械Ａ，機械Ｂ，機械Ｃでそれぞれ１日に何万枚のマスクを作ることができますか。

(2)　３台の機械は，それぞれ決まった日数動かすと，１日止めて点検作業をする必要があります。機械Ａは２日動かすと１日，機械Ｂは３日動かすと１日，機械Ｃは１日動かすと１日，それぞれ機械を止めなくてはいけません。３台が同じ日に動き始めました。12日間で何万枚のマスクを作ることができますか。

(3)　**(2)**のように，３台の機械が同じ日に動き始め，点検作業を行うものとするとき，1000万枚のマスクが完成するのは何日目ですか。

3　１から15までの整数は，１，２，４，８のいくつかを足して作ることができます。ただし，１，２，４，８の１つのみで作る場合も含《ふく》みます。また，同じ数を複数回足して作ってはいけないものとします。

例えば，３は1＋2，７は1＋2＋4のように足して作ることができます。ただし，３を1＋1＋1，５を1＋2＋2，７を1＋2＋2＋2のように足して作ってはいけないものとします。

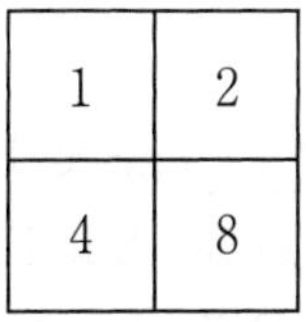

［**図１**］

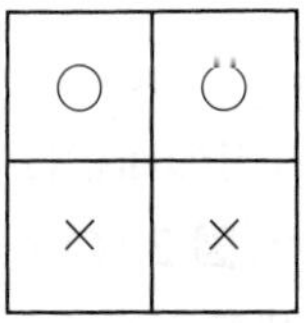

3＝1＋2

［**図２**］

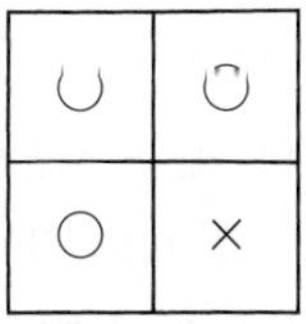

7＝1＋2＋4

［**図３**］

次に［**図１**］のように，縦，横が２マスずつの枠《わく》を用意し，左上のマスに１，右上のマスに２，左下のマスに４，右下のマスに８を対応させ，この４個のマスに「○」，「×」を書き込《こ》むことで１から15までの整数を表します。

例えば，３は1+2より[**図２**]のように表され，７は1+2+4より[**図３**]のように表されます。

このとき，次の問いに答えなさい。

(1) 10を，解答用紙の図に「○」，「×」を記入し表しなさい。

次にこの方法と同じようにして，縦，横が３マスずつの枠を用意し，上から一段目の左から右に１，２，４を，上から二段目の左から右に８，16，32を，上から三段目の左から右に64，128，256を９個のマスに対応させます。この９個のマスに「○」，「×」を書き込むことで整数を表します。

(2) このとき表すことができる整数で，最も大きな数を求めなさい。

(3) 432を，解答用紙の図に「○」，「×」を記入し表しなさい。

(4) [**図４**]の(ア)で表される数と(イ)で表される数の和を，解答用紙の図に「○」，「×」を記入し表しなさい。

○	○	○
○	○	×
○	○	×

(ア)

○	×	○
○	×	×
○	×	×

(イ)

[**図４**]

4 A君は自転車に乗ってＰ駅を出発し，線路沿いの道を一定の速さでＱ駅に向かいました。A君がＰ駅を出発してから３分後に，電車がＰ駅を出発してＱ駅に向かいました。電車がA君の４倍の速さでＰ駅とＱ駅の間を何回か行ったり来たりし，各駅に着くと５分間停車するものとします。

[**図１**]のグラフは，A君がＰ駅を出発してからＱ駅にたどり着くまでの時間と，A君と電車との間の距離《きょり》の関係を表したものです。このとき，後の問いに答えなさい。

ただし，線路や道は一直線で，道の幅《はば》や自転車，電車の長さは考えないこととします。

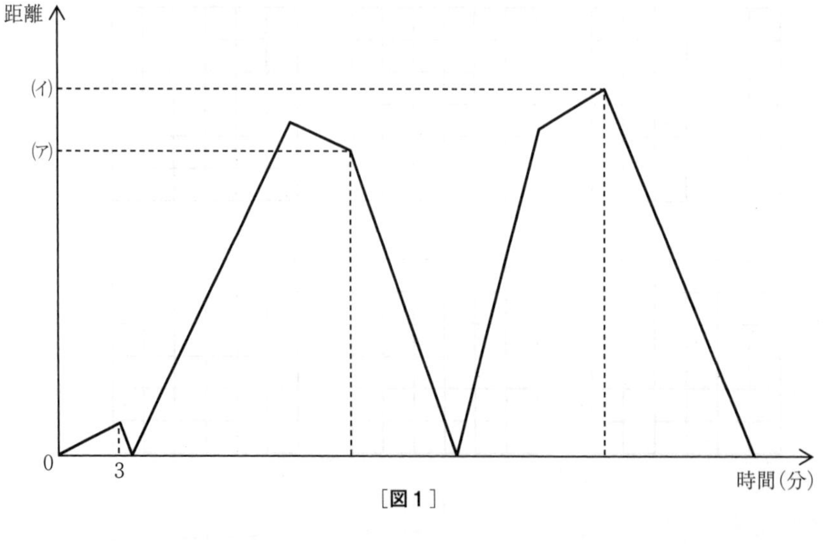

[**図１**]

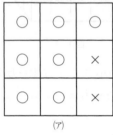

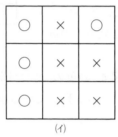

(1)　A君が電車に初めて後ろから追い越《こ》されるのは，A君がP駅を出発してから何分後ですか。

(2)　A君がQ駅にたどり着いたのは，A君がP駅を出発してから何分後ですか。

(3)　A君が電車と初めて正面から出会うのは，A君がP駅を出発してから何分何秒後ですか。

(4)　［**図１**］の(ア)にあてはまる数と(イ)にあてはまる数の比を求めなさい。

5　216個の同じ大きさの小さな立方体をすき間なくはりつけて大きな立方体を作り，［**図１**］のように点A～Hを定めます。このとき，次の問いに答えなさい。

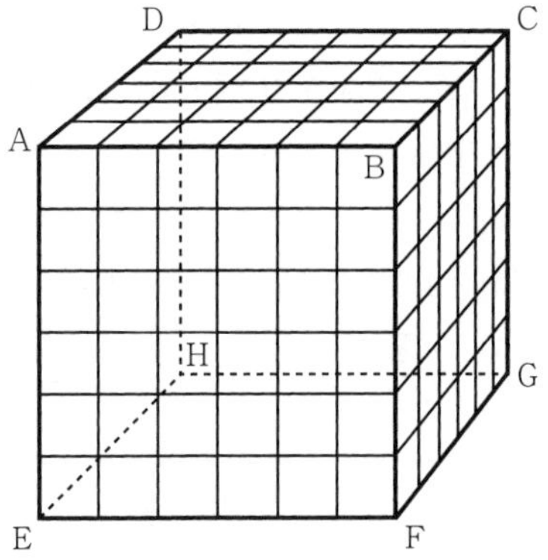

［**図１**］

(1)　面 ABFE から［**図２**］の色のついた部分の小さな立方体を反対の面 DCGH まで，まっすぐくり抜《ぬ》きました。このとき，残っている小さな立方体の個数を求めなさい。

(2)　**(1)**でくり抜いた後に，面 DCBA から［**図３**］の色のついた部分の小さな立方体を反対の面 HGFE まで，まっすぐくり抜きました。このとき，残っている小さな立方体の個数を求めなさい。

(3)　**(1)**，**(2)**でくり抜いた後に，面 BCGF から［**図４**］の色のついた部分の小さな立方体を反対の面 ADHE まで，まっすぐくり抜きました。このとき，残っている小さな立方体の個数を求めなさい。

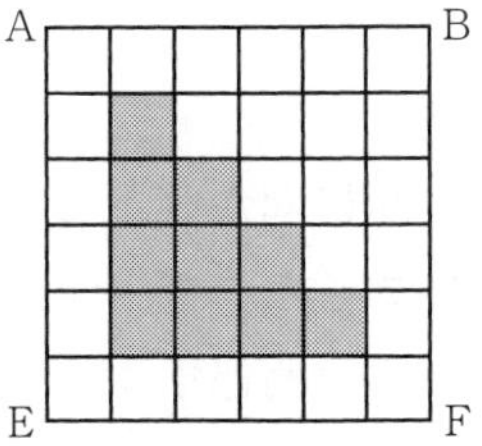

［**図２**］

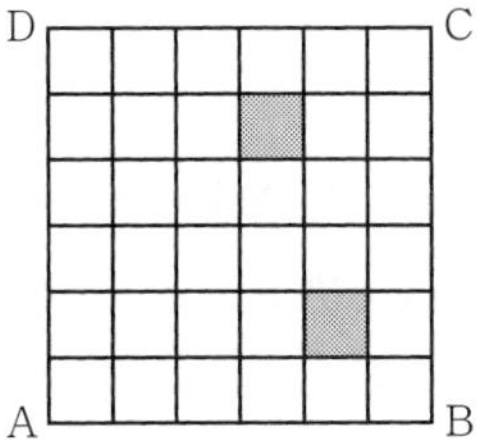

［**図３**］

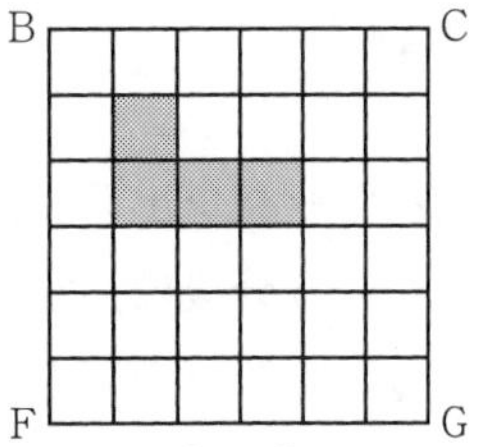

［**図４**］

(4)　**(1)**，**(2)**，**(3)**でくり抜いた後に，大きな立方体を点D，C，E，Fを含む面で切断しました。このとき，この切断によって切断された小さな立方体の個数を求めなさい。

（下書き用）

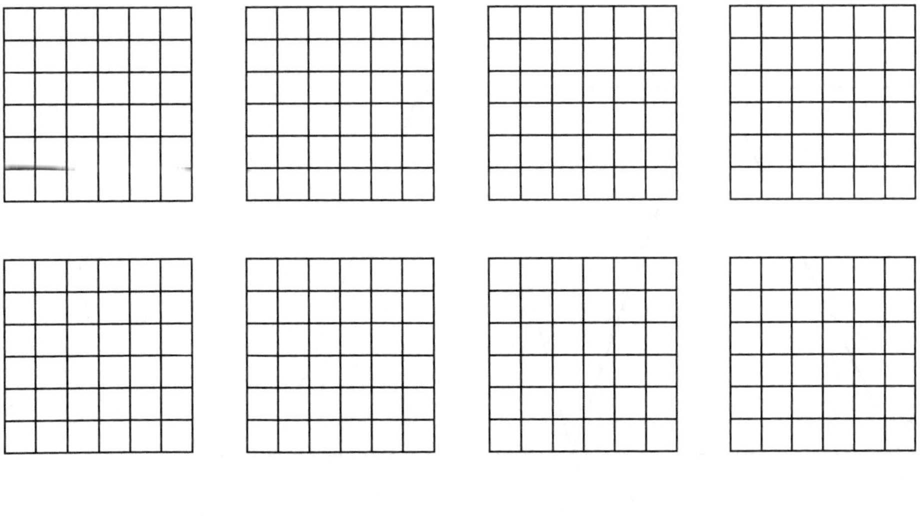

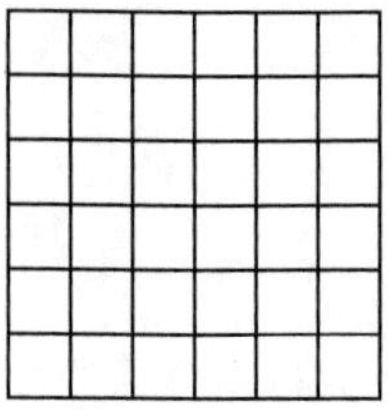

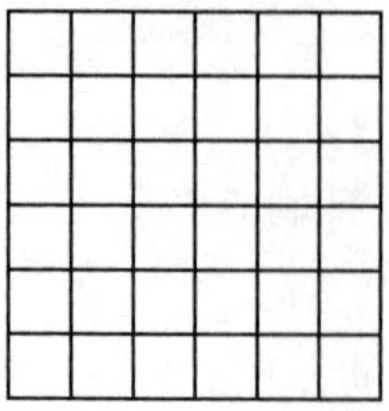

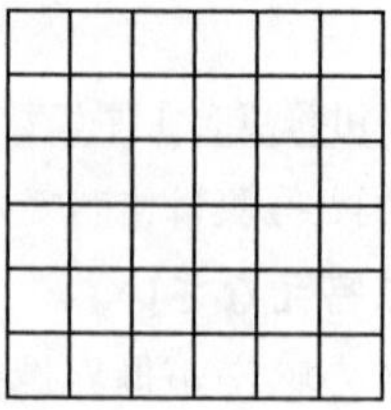

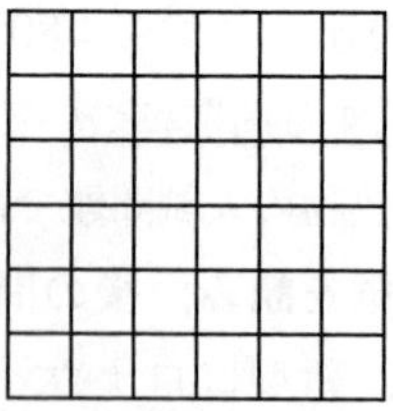

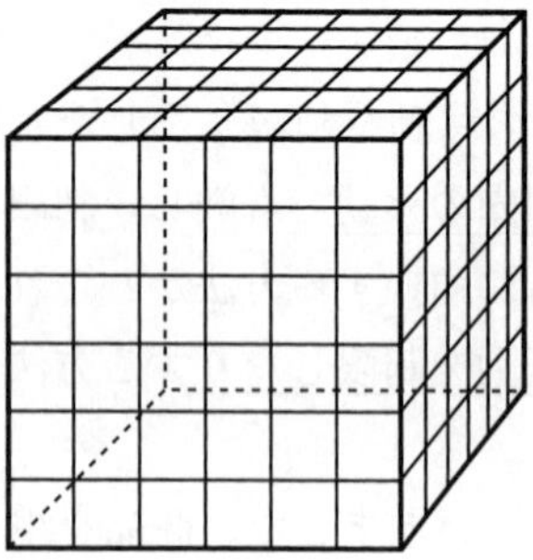

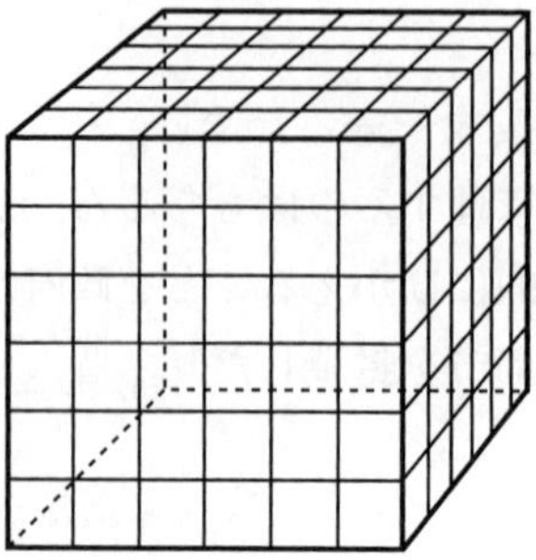

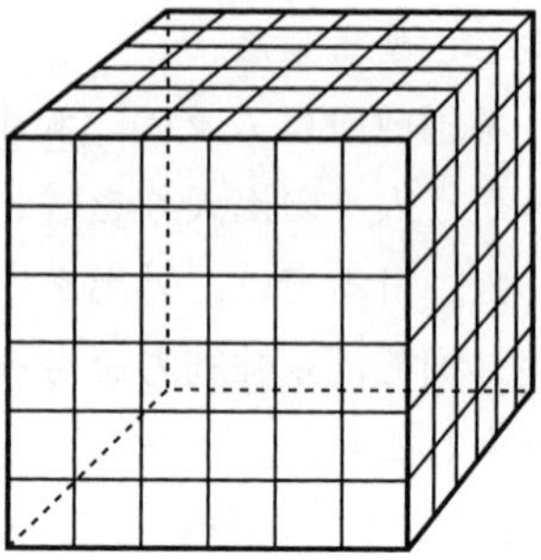

【社　会】（40分）〈満点：80点〉

【注意】 説明する問題については，句読点を1字に数えます。

〈編集部注：実物の入試問題では，図と写真はすべてカラー印刷です。〉

1　**次の文章を読み，後の問いに答えなさい。**

2020年，新型コロナウイルスの感染が世界規模で拡大しました。その拡大は①経済的な貧富の差，気候による生活環境の違いを問わず，国内外の「ヒト」「モノ」「カネ」の移動に大きな変化を生じさせました。

まず，各国政府は人々の②健康と安全を守るために，「ヒト」の移動を制限しました。国と国を行きかう人々の出入りを厳しく管理するのはもちろん，③国内の移動でも厳しい制限が課されました。日本では，外出を自発的にひかえることを政府からお願いする方法がとられましたが，諸外国では④強制力をもって都市を封鎖したり⑤個人の行動を制限したりする方法がとられたりもしました。

そして，「ヒト」が移動しないことで「モノ」の動きが停滞《ていたい》していきました。商品を生産する⑥工場が止まったり，世界中にはりめぐらされた商品を作り出すためのネットワークに混乱が生じたりすることで，世界中で貿易の縮小がみられました。具体例でいえば，中国からのマスクの輸入量が減少することで，日本でマスクの品薄《しなうす》状態が発生してしまったことがあげられます。

さらに，⑦「ヒト」や「モノ」が動かないことで世の中の「カネ」の回り方が急速に停滞していきました。中小企業や個人商店を中心に，業種では⑧飲食店や⑨観光業などにおいて，売り上げや利益が急減し，困窮《こんきゅう》してしまう状態が発生しました。こうした状況への対応として，様々な政策について政府はもちろんのこと，地方公共団体の長の提案やSNSでの活発な議論がみられました。

次に，「ヒト」「モノ」「カネ」の移動そのものの変化について，具体的にみていきましょう。大きく分けて三つの点があげられます。

一つ目に，⑩平日の通勤や通学のための移動が大幅に減少もしくは分散されました。これは，インターネットを利用した遠隔《えんかく》技術によって，自宅をはじめいろいろな場所で仕事や学習を行う機会が増えたためです。在宅時間が長くなることで，家族との関係性，⑪仕事と家事や育児のバランス，体調管理のための行動，在宅で完結する娯楽《ごらく》の広がりといった点があらためて注目を集めました。

二つ目に，仕事を目的とした大都市圏から大都市圏への中長距離の移動が減りました。具体的には，新幹線や飛行機を利用した⑫東京・大阪・名古屋などの都市圏を往復する出張が減りました。これは，インターネットを経由した遠隔での打ち合わせが普及《ふきゅう》したためです。仕事の内容や方法を含めた⑬働き方について，あらためて見直しがすすむ機会となりました。

三つ目に，自宅から近い場所での⑭買い物をするための移動が減少しました。これは，いわゆる「三密」を避《さ》けるためにインターネットショッピングや宅配サービスの利用が増えたためです。加えて，店で買い物をするにしても，回数を減らすための買いだめや，接触《せっしょく》を避けるためのキャッシュレス決済や電子マネーの利用などのさらなる普及がみられました。接触を避けるための行動様式については，学校生活などの日常だけでなく⑮大雨などの⑯災害時の避難《ひなん》所での問題など，様々な面で新たな対応が人々に求められました。

ここにあげた三つの共通点は，⑰インターネットを中心としてデジタル技術を利用することで，移動の制約に対応していることです。今後も「三密」を避ける人々の意識や，在宅勤務，デリバリーサービスが普及することで，「ヒト」「モノ」「カネ」の移動の総量は，⑱感染拡大前の水準まで回復しないかもしれません。⑲環境問題をはじめとして社会の持続可能性について⑳一人ひとりの行動が問われる現代においては，「ヒト」「モノ」「カネ」の移動の全体量を増やすことで経済成長が達成され社会が発展していく，そうしたわかりやすい社会の図式は成立しなくなるかもしれません。

むしろ，「ヒト」「モノ」の移動の減少を機会ととらえて㉑「カネ」の移動が活性化されたり，社会の持続可能性についての議論が活発になったりする，そんな新しいサービスや考え方が次々と生まれてくる社会が，すぐそこにやってきているのかもしれません。

問１　下線部①について――。

経済的な貧富の差を縮める効果がある政策としてもっとも適切なものを，次の**ア**～**エ**の中から１つ選び，記号で答えなさい。

ア　相続税の税率を上げる。　　**イ**　高額納税者の所得税率を下げる。

ウ　生活必需《ひつじゅ》品の消費税率を上げる。　　**エ**　法人税の税率を下げる。

問２　下線部②について――。

［**図１**］は横浜市内の人口分布と病院の分布を示したものです。なお病院は地域の中心となる「中核病院」とその他の一般の「病院」とで区分しています。また後の文**ア**～**エ**は［**図１**］の**A**～**D**のいずれかの地区について説明したものです。［**図１**］の**B**の説明としてもっとも適切なものを，後の**ア**～**エ**の中から１つ選び，記号で答えなさい。

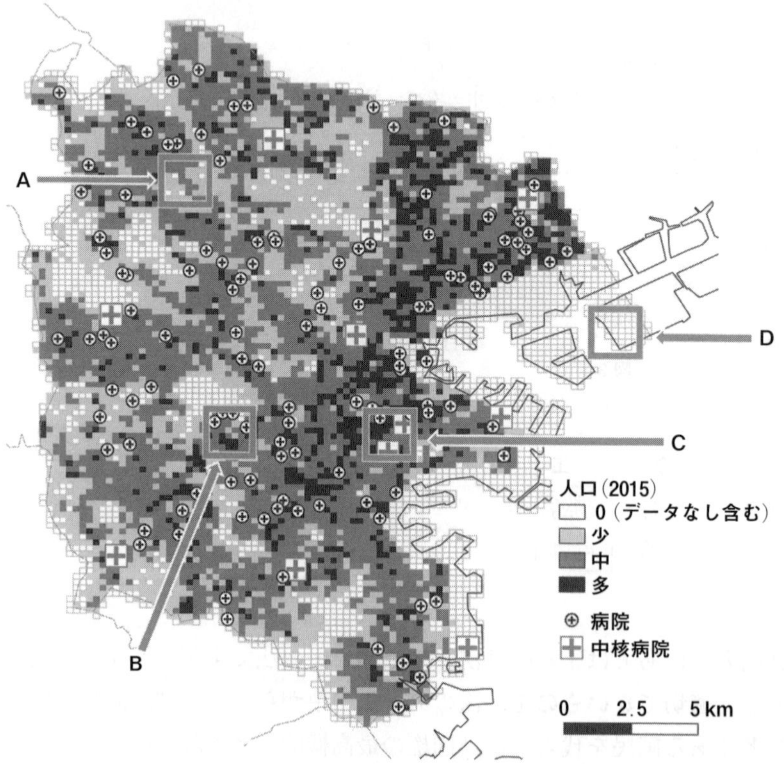

［**図１**］　　「横浜市」ホームページより作成

ア　この地区は，工場地帯が広がっており人口規模が少ないが，工場での事故に備えた医《い》療《りょう》体制が必要である。

イ　この地区は，市の中心部であり高度な医療を提供できるが，軽症《けいしょう》の際に行くと待ち時間が長くなるため症状に応じ診療《しんりょう》所を利用することが望ましい。

ウ　この地区は，住宅街であり一般の病院は多いものの，夜間に重症者の救急搬送《はんそう》が必要な場合には受け入れ可能な病院まで時間がかかりやすい。

エ　この地区は，農地が広がり人口規模は少ないため，周囲に病院が少ないことで医療サービスが不足している可能性がある。

問3　下線部③について――。

「ヒト」や「モノ」の移動の方法には様々な種類が存在します。［**図2**］は2017年度の国内移動における各交通機関の占める割合を示しており，**E**・**F**は貨物・旅客のいずれかです。また［**図3**］は鉄道と自動車について1990年度の貨物輸送量を100としたときの1960年度と2017年度の値を示したもので，**G**・**H**は鉄道と自動車のいずれかです。**E**と**G**にあてはまる組み合わせを，後の**ア**～**エ**の中から1つ選び，記号で答えなさい。

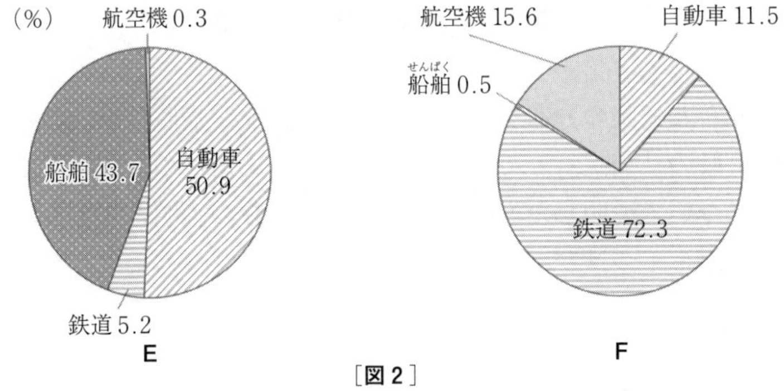

［**図2**］
「国土交通省」ホームページより作成

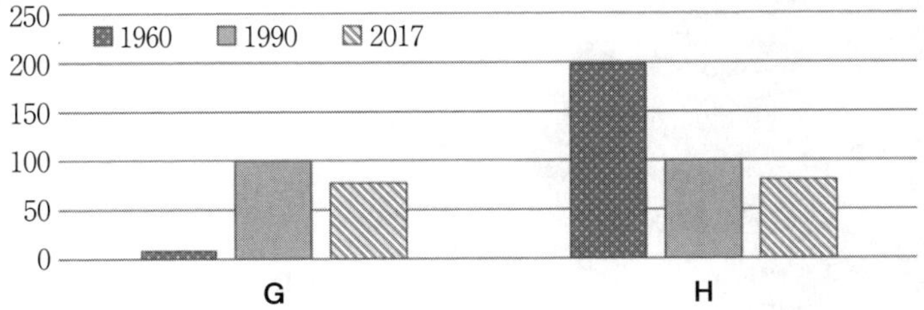

［**図3**］
「国土交通省」ホームページより作成

	ア	**イ**	**ウ**	**エ**
E	貨物	貨物	旅客	旅客
G	鉄道	自動車	鉄道	自動車

問4　下線部④について――。

この場合の「強制力」にあてはまるのは法律や条例などの法ですが，法律を制定する国会についての説明として**適切でないもの**を，次の**ア**～**エ**の中から1つ選び，記号で答えなさい。

ア　国会は，主権者である国民を代表する「国権の最高機関」とされている。

イ　国会は，法律案の議決に加えて予算の議決や条約の承認などの権限がある。

ウ　任期や解散の有無で衆議院は参議院より民意を強く反映させるため，いくつかの優越事《ゆうえつじ》項《こう》がある。

エ　国会で成立した法律は，内閣総理大臣によって国民に公布される。

問5　下線部⑤について――。

日本において，個人の行動を制限した時代として，太平洋戦争の時期があげられます。この時代の国民生活の説明として**適切でないもの**を，次の**ア**～**エ**の中から１つ選び，記号で答えなさい。

ア　地方の小学生は，空襲の被害を避けるために都市へ集団疎《そ》開《かい》させられた。

イ　軍隊で使う品物や兵器を作るために，鍋《なべ》や釜《かま》，銅像などが集められた。

ウ　戦争に反対する新聞や出版物などが厳しく取り締《し》まられた。

エ　多くの中学生や女学生は，兵器工場に動員された。

問6　下線部⑥について――。

新型コロナウイルスの感染拡大により2020年には多くの国の自動車工場も生産休止となりましたが，自動車製造は多くの国で重要な産業となっています。［**図４**］は1960年から2018年までの世界の自動車生産台数の推移を示したもので，［**図４**］の**Ｉ**～**Ｋ**はアメリカ合衆国，中国，日本のいずれかを示しています。［**図４**］の**Ｉ**～**Ｋ**と国名との正しい組み合わせを，後の**ア**～**カ**の中から１つ選び，記号で答えなさい。

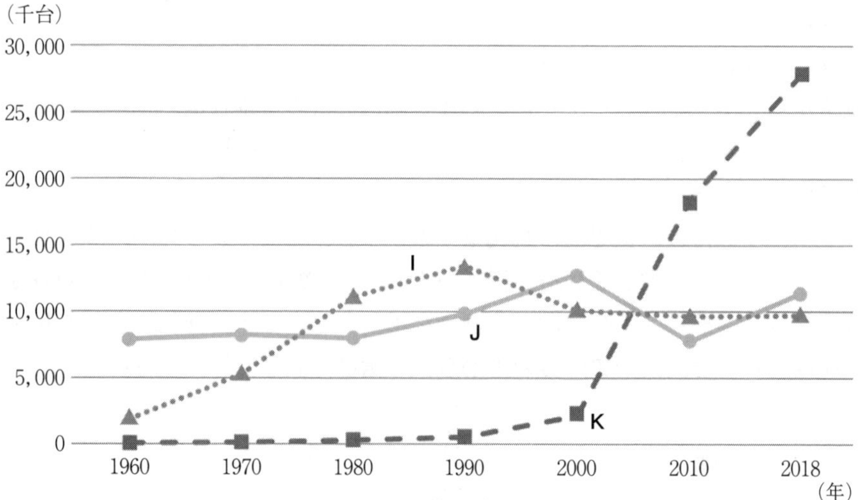

［**図４**］

『日本国勢図会』より作成

	ア	イ	ウ	エ	オ	カ
Ｉ	アメリカ合衆国	アメリカ合衆国	日本	日本	中国	中国
Ｊ	日本	中国	アメリカ合衆国	中国	アメリカ合衆国	日本
Ｋ	中国	日本	中国	アメリカ合衆国	日本	アメリカ合衆国

問7　下線部⑦について――。

これとは逆に，江戸時代末期に「鎖国」が終わると，「ヒト」「モノ」「カネ」は新たな動きを始め，国内経済に大きな影響を与えました。これについての説明として**適切でないもの**を，次の**ア**～**エ**の中から１つ選び，記号で答えなさい。

ア　輸出品の中心だった繭《まゆ》が国内で不足し，値段が大幅に上がった。

イ　外国産の安い綿織物が入ってきたため，国内の綿織物業が成り立たなくなった。

ウ　日本と外国では金と銀の交換《こうかん》比率が異なるため，日本の金が大量に流出した。

エ　江戸幕府が質の悪い金貨を作って流通させたため，物価が上がった。

問8　下線部⑧について――。

持ち帰る商品を買うために喫茶《きっさ》店に立ち寄ったところ，右のような表示がありました。この表示から考察できる次の４つの文のうち，「**ＳサイズとＬサイズでＬ比較してもあまり変わらない**」があてはまる空欄としてもっとも適切なものを，次の**ア**～**エ**の中から１つ選び，記号で答えなさい。

ホットコーヒー		
Ｓサイズ	240mL	280円
Ｌサイズ	480mL	380円

買う側の視点

・１杯あたりの価格と容量についての割安感は，［　**ア**　］。

売る側の視点

・１杯あたりの原料にかかる費用は，［　**イ**　］。

・１杯あたりの人件費・家賃・光熱費などの費用は，［　**ウ**　］。

・よって価格から費用を差し引いた利益が１杯の価格に占める割合は，［　**エ**　］。

したがって，買う側にとっても売る側にとってもＬサイズの売買は望ましいと言える。

問9　下線部⑨について――。

新型コロナウイルスにより世界的に観光業は大きな影響を受けましたが，これまで日本は外国人旅行客の存在により大きな利益を得ていました。［**図５**］は2018年の日本の各地方における外国人宿泊数と，その中での韓国人の割合を示したものです。［**図５**］の**Ｌ**～**Ｎ**と地方名との正しい組み合わせを，後の**ア**～**カ**の中から１つ選び，記号で答えなさい。

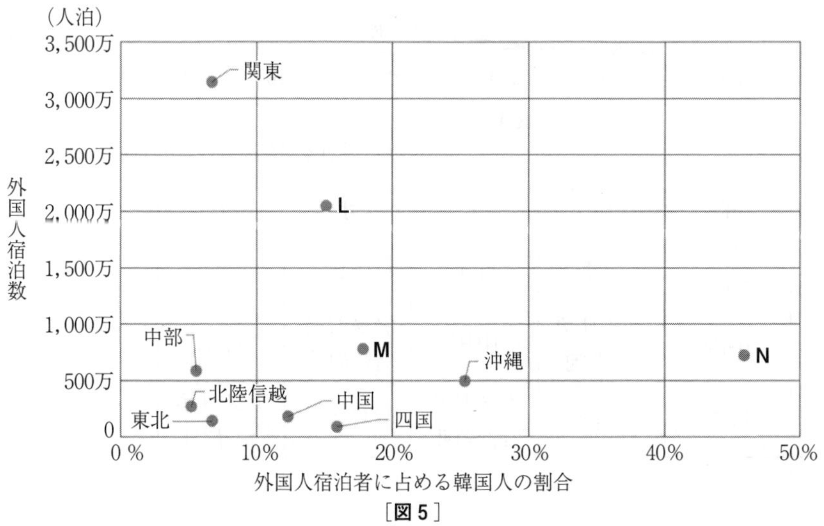

［**図５**］

「平成30年宿泊旅行統計調査」より作成

	ア	イ	ウ	エ	オ	カ
L	北海道	北海道	近畿	近畿	九州	九州
M	近畿	九州	北海道	九州	北海道	近畿
N	九州	近畿	九州	北海道	近畿	北海道

問10　下線部⑩について――。

自宅でも仕事ができるようになると通勤時間を考えなくてよくなるため，郊外《こうがい》に自宅を求める人が増えてくる可能性があります。現在とは違う理由ですが，過去にも都心から離れた郊外に住む人が増えた時期が長く続きました。1960～1990年代の東京大都市圏における郊外化についての説明として**適切でないもの**を，次の**ア～エ**の中から１つ選び，記号で答えなさい。

ア　高度経済成長期以降，都心の地価が急激に上がったことで地価の安い郊外への移動が増えた。

イ　太平洋戦争終了直後に生まれた団塊《だんかい》の世代が子育て世代になったことで，郊外の広い住宅を求めるようになった。

ウ　都心部は施設《しせつ》が老朽《ろうきゅう》化したことで魅力《みりょく》が下がり，郊外に建築された新しい住居の人気が高まった。

エ　バブル経済の崩壊《ほうかい》により地価が下落したことで，ニュータウンの建設が相次ぎ，郊外への人口流出は終息した。

問11　下線部⑪について――。

Ａ中学校の社会科の授業では「平等権」をテーマにレポートを書くことになりました。Ｘくんは「女性と男性が対等に働くにはどうすればよいか」を問題意識としてもちながら，「日本の女性と男性の間には働く環境における差があるのではないか」という仮説をたてました。その仮説の正しさを確認するうえで直接的に必要なデータとして適切なものを，次の**ア～エ**の中から**すべて**選び，記号で答えなさい。

ア　各国の男女別の第三次産業への就業率

イ　各国の男女別の年齢別労働力率

ウ　各国の男性の賃金を100としたときの女性の賃金

エ　各国の企業における管理職に占める女性の割合

問12　下線部⑫について――。

これらの3つの都市はいずれも江戸時代には城下町として発達しており，その立地場所には共通点が見られます。[**図6**]のデジタル標高地形図を参考にしながら，これらの城の共通点についての説明として**適切でないもの**を，後の**ア**～**エ**の中から1つ選び，記号で答えなさい。

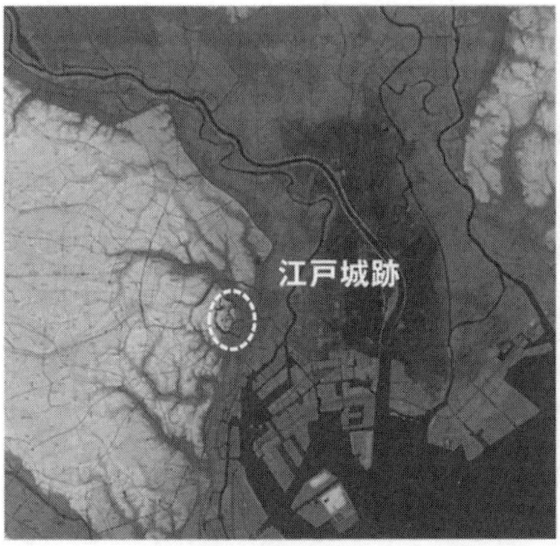

江戸城周辺

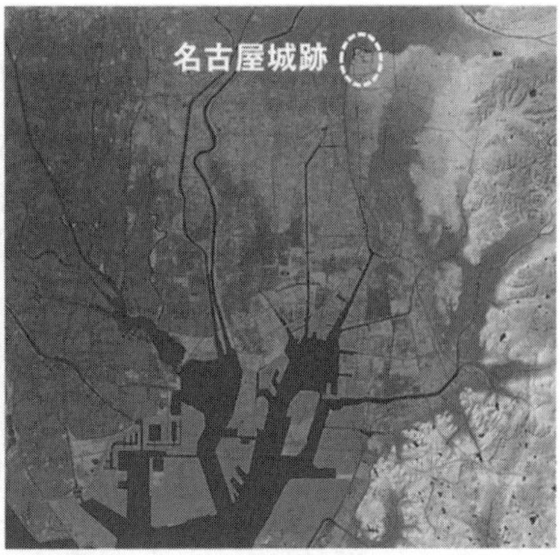

名古屋城周辺

※弊社ホームページにて，カラー印刷のものを掲載しています。必要な方はアクセスしてください。なお，下のQRコードからもアクセスできます。

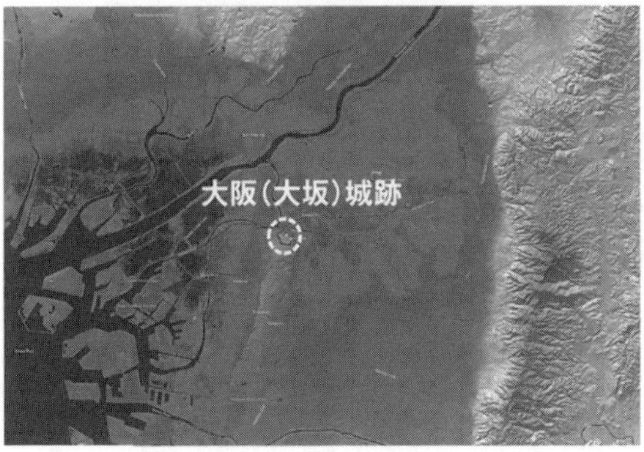

大阪(大坂)城周辺

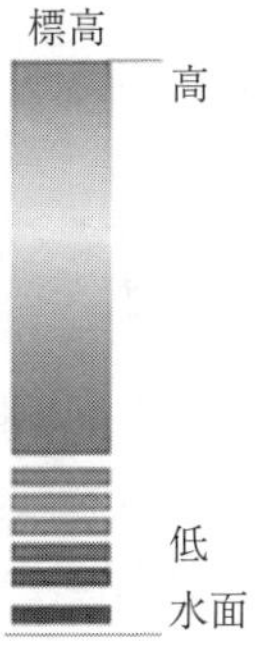

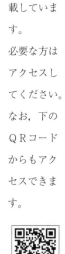

[**図6**]

「デジタル標高地形図」より作成

ア　いずれも河川が近くにあり，交易に便利で大都市として発達した。

イ　いずれも標高の低い場所を避けており，水害から逃れることができた。

ウ　いずれも台地の端にあり，防衛しやすい場所に城があった。

エ　いずれも周囲に扇状地が広がり，その平地に城下町が広がった。

問13　下線部⑬について――。

近年の日本の労働環境についての説明としてもっとも適切なものを，次の**ア**～**エ**の中から1つ選び，記号で答えなさい。

ア　少子高齢《こうれい》化による労働力人口の減少により，失業率は諸外国と比較《ひかく》して高い水準である。

イ　派遣《はけん》労働者など非正規雇用《こよう》の労働者が増加しており，契約《けいやく》社員との賃金格差が問題になっている。

ウ　仕事の成果ではなく，労働時間に応じて賃金を支払うフレックスタイム制を導入する企業が増えてきている。

エ　労働時間は徐々に減少しているが，有給休暇《きゅうか》や育児休暇の取得率は諸外国と比較して低い水準である。

問14　下線部⑭について――。

近年，コンビニエンスストア(以下コンビニ)の店舗《てんぽ》数は増加しており，いろいろなコンビニチェーンが競い合っています。しかし，コンビニの立地を見ると[**図 7**]の地図中に示されるとおり，同じコンビニチェーンが既存《きそん》の店舗のすぐ近くに出店しているケースもしばしば見られます。このような出店を行う理由として**適切でないもの**を，後の**ア**～**エ**の中から１つ選び，記号で答えなさい。

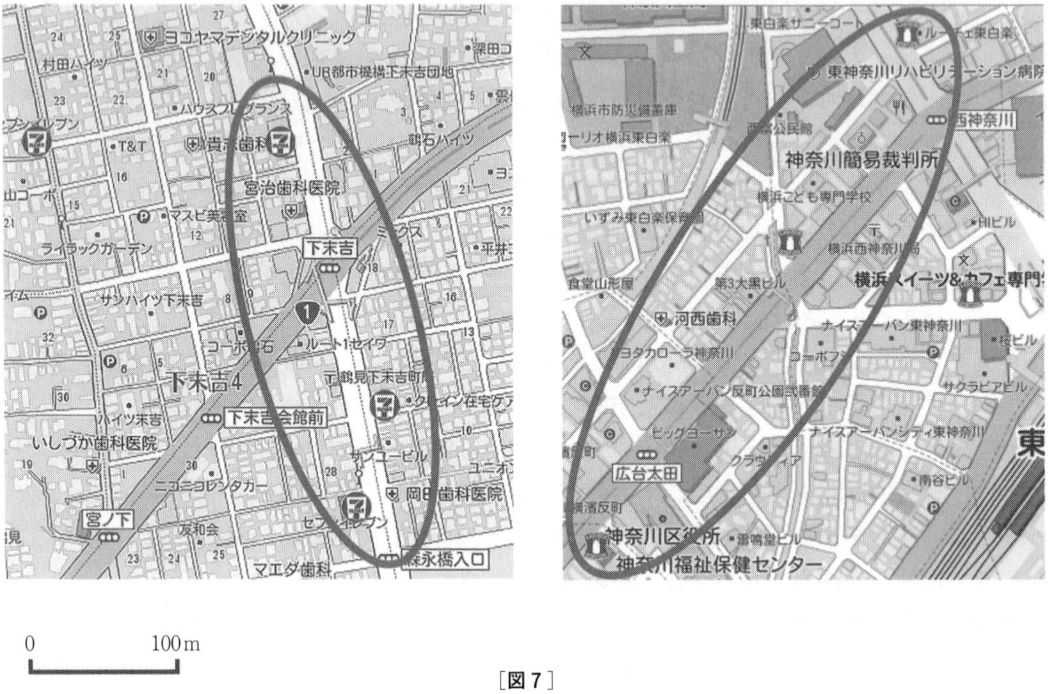

[**図 7**]

「セブンイレブン」「ローソン」ホームページより作成

ア　大きな道路に面した出店であることから車での来店者も多いので，入店しやすいように両方の車線沿いに出店を行っているから。

イ　コンビニの集客圏はとても狭《せま》いので，店舗どうしが近接していても客の奪《うば》い合いが生じることはないから。

ウ　コンビニは店舗面積が狭く在庫を抱えることができないので，一日に何度も商品を配送する必要があり輸送の効率性を高める必要があるから。

エ　集中して出店することで知名度が上がり他のコンビニチェーンが出店しにくくなるので，その地域からの売り上げを独占《どくせん》できるから。

問15　下線部⑮について――。

2020年７月には九州を中心に広い地域で豪雨《ごうう》災害に見舞《みま》われ，多くの人が感染症対策を行いながらの避難所での生活を余儀なくされました。洪水被害を減らすための取り組みとして**適切でないもの**を，次の**ア**～**カ**の中から**すべて**選び，記号で答えなさい。

ア　川幅を広げるとともに川底を掘り下げて，下流への排水量を増やす。

イ　多くの支流を１カ所で合流させることで，下流への排水量を増やす。

ウ　市街地全域をコンクリート化することで，排水のスピードをあげる。

エ　蛇行《だこう》する河川を直線に付け替え，排水のスピードをあげる。

オ　洪水が発生した際に一時的に水をためる遊水池を設置する。

カ　洪水が発生した際に避難先を明らかにするハザードマップを作成する。

問16　下線部⑯について――。

近代における大きな災害として，関東大震災がありました。これについての説明として**適切でないもの**を，次の**ア**～**エ**の中から１つ選び，記号で答えなさい。

ア　大正時代に起きた地震であった。

イ　関東大震災で経済が打撃《だげき》を受けた後，第一次世界大戦が起きて日本の輸出は落ち込んだ。

ウ　朝鮮人が暴動を起こすといううわさが流れ，多数の朝鮮人や中国人が殺された。

エ　正午ごろに起こった地震のため，家庭で使っていた火が広がって東京は大火災となった。

問17　下線部⑰について――。

インターネットを中心とした情報技術が発達することで考えられる問題点の記述として**適切でないもの**を，次の**ア**～**エ**の中から１つ選び，記号で答えなさい。

ア　インターネットを利用して情報を得やすい環境にいる人とそうでない環境にいる人との格差が生じやすくなる。

イ　インターネットでは高速の大容量通信が可能になり，映画や音楽の著作権が保護されないで入手できてしまうことがある。

ウ　インターネット上で特定の人物に関する個人情報やその人を傷つける言動が，拡散され社会的な問題を引き起こすことがある。

エ　インターネット上の情報は，政府などの行政機関が発信できることから多様な議論の可能性をせばめてしまうことがある。

問18　下線部⑱について――。

感染拡大を防ぐ対策は，人権をおびやかす危険性もあります。プライバシーの権利について注意が必要な例としてもっとも適切なものを，次の**ア**～**エ**の中から１つ選び，記号で答えなさい。

ア　特定の業種の飲食店について，営業時間を短くしたり座席数を減らしたりすることを，行政が各店舗に要請する。

イ　感染症の陽性者との接触の可能性を近接通信機能のデータ履歴《りれき》から検知し，スマートフォンのアプリで連絡する。

ウ　感染症の陽性者に対して，指定された医療機関に２週間ほど滞在させて経過を観察する。

エ　マスクが市中に流通するのを促《うなが》すため，政府がマスクを生産・配布したり，民間業者の不当な買い占めと転売を規制したりする。

問19　下線部⑲について――。

工場が稼働《かどう》したり，自動車を使用したりすることで，多くの物質が大気中に排出《はいしゅつ》されます。非常に小さな粒子であるPM2.5も大気中にただよい，呼吸器系に健康上の悪影響《えいきょう》をもたらすことがわかっています。［**図８**］は世界全域における2019年と2020年の３月末におけるPM2.5の飛散状況を示したものです。［**図８**］について説明した後の文章の下線部**ア**～**エ**の中から**適切でないもの**を１つ選び，記号で答えなさい。

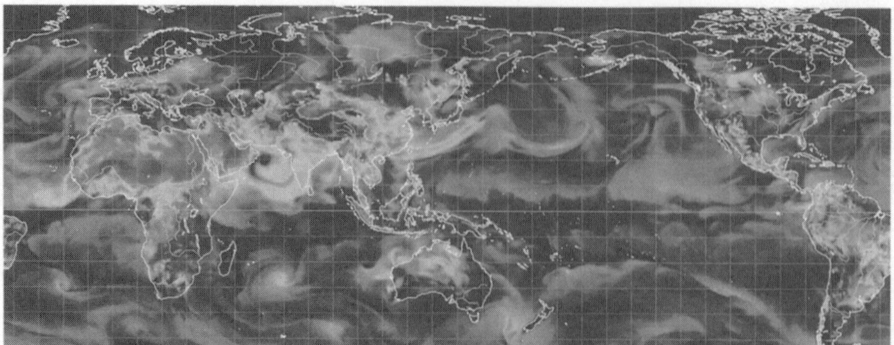

2019年３月31日

※弊社ホームページにて，カラー印刷のものを掲載しています。必要な方はアクセスしてください。なお，下のＱＲコードからもアクセスできます。

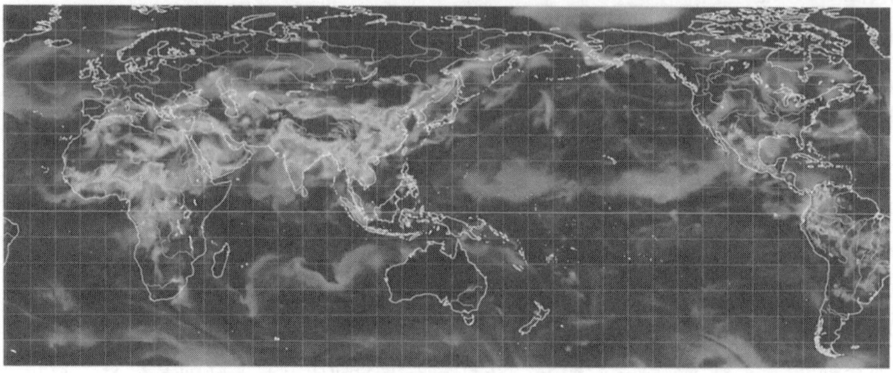

2020年３月31日

少　多

［**図８**］　「earth」より作成

［**図８**］から2019年には**ア**赤道付近を中心に多くのPM2.5が排出されていたことがわかる。特に排出が多いのはアフリカや東アジア地域であり，**イ**北アメリカやヨーロッパでは環境問題への意識の高さから元々排出量は少ない。多くの工場が稼働していなかった2020年には，全世界的に劇的にPM2.5の飛散状況が改善したが，一部残っている場所では，**ウ**火山や海塩，土ぼこりなどの自然由来のものも含まれている。またいずれの年を見ても**エ**大気汚染は東西方向へ伸びており，これは偏西風《へんせいふう》などの影響によるものであることが見て取れる。感染症への対策を行ったことにより地球環境が改善したことは皮肉な結果であるが，全世界が一丸となれば環境問題を解決できる証拠《しょうこ》であるとも言えるだろう。

問20　下線部⑳について――。

一人ひとりの行動が政治に反映される機会として，選挙があります。「選挙の投票率を上げるために，投票しなかった有権者に罰金《ばっきん》を科す」という政策案に反対する意見として適切なものを，次の**ア**～**エ**の中から**すべて**選び，記号で答えなさい。

ア　投票しなかった有権者の有無を調べることは，選挙の秘密が守られなければならないという選挙を実施するうえでの大切な原則を守れなくなる。

イ　罰金をおそれて投票をする人が増え，政策についてよく考えず知名度の高い候補者や政党への安易な投票が増えてしまう危険性がある。

ウ　日本国憲法では投票は義務ではなく権利として明記されているうえに，投票しない判断も政治に対する態度として自由に認められるべきである。

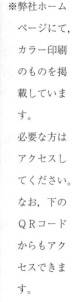

エ　すべての世代の投票率が上がることで，よりいっそう特定の年代や組織の声が政治に反映されやすくなり，公平性が保たれなくなってしまう。

問21　下線部㉑について——。

都市部から地方への「カネの移動」として，ふるさと納税という制度があります。これは，自分が応援《おうえん》したい自治体に寄付を行うと，居住地で納める所得税や住民税が軽減される制度です。寄付に対して返礼品をくれる自治体もあり，注目を集めています。ふるさと納税という制度への否定的な説明として**適切でないもの**を，次の**ア**～**エ**の中から１つ選び，記号で答えなさい。

ア　本来，行政サービスを受ける人が税を負担するという基本的な原則がゆがめられてしまう危険性がある。

イ　その地域の特産物を返礼品として全国に無料でアピールすることになってしまい，生産物の地産地消が妨《さまた》げられて地方の経済に打撃を与えている。

ウ　自治体間の地方税収入の奪い合いであり，都市部では税収が減る自治体がでてきて，良質な公共サービスの提供が妨げられる危険性がある。

エ　自治体の間で寄付金を呼び込むための返礼品競争が激化し，返礼品が地域の特産物でないなど本来の趣旨《しゅし》から外れてしまった事例もある。

2　次の文章を読み，後の問いに答えなさい。

2020年は新型コロナウイルスの影響で，移動の自由が制約された特別な年だったと言えます。日本の歴史に目を向けてみると，この「移動の自由への制約」は，「関所」を設置して行われた時代が長くありました。［**資料A**］と［**資料B**］は，各時代の「関所」に関連する資料です。

［**資料A**］

・室町時代には陸上，海上を問わず多数の関所がありました。兵庫《ひょうご》北関《きたぜき》は瀬戸内海を航行する船が入港を義務づけられていた①兵庫湊《みなと》に置かれた海上関所ですが，運営していた②東大寺は1445年，通行する船を一隻ごとに記録しました。［**図１**］はその帳簿《ちょうぼ》の写真で，［**表１**］はその帳簿のうち２つの船に関する記録を抜き出したものです。

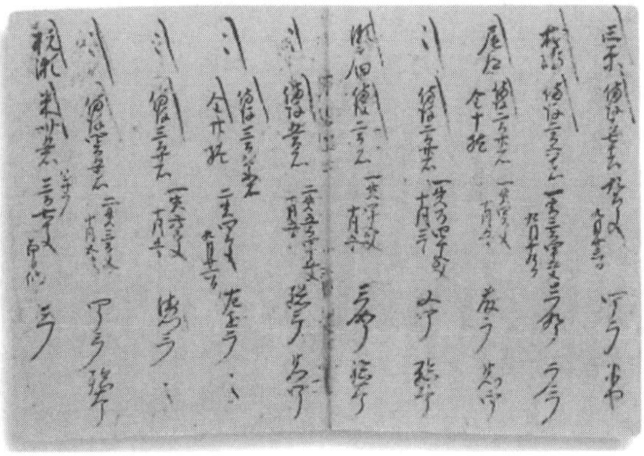

［**図１**］

［**表１**］

入港した日付	船の所属地	積み荷の内容	収入
二月五日	三原《みはら》	塩九十石《こく》	三百四十文《もん》
七月二十二日	鞆《とも》	莚《むしろ》二百枚	百四十五文

注　石…当時の体積の単位。

文…当時の貨幣の単位。

莚…わらなどで編んだしきもののこと。

・織田信長の家臣が書いた伝記『信長公記《しんちょうこうき》』には，以下のように書かれています。
「信長は，天下のため，また往来する旅人を気の毒に思って，領国中に数多くある関所を撤廃《てっぱい》した。」

[資料B]

・江戸時代初頭，箱根の芦ノ《あしの》湖畔《こはん》に箱根関所ができました。現在は，[**図2**]のように幕末の史料に基づいて復元されています。また[**図3**]は，江戸時代の箱根関所のようすを再現したものです。

[**図2**]

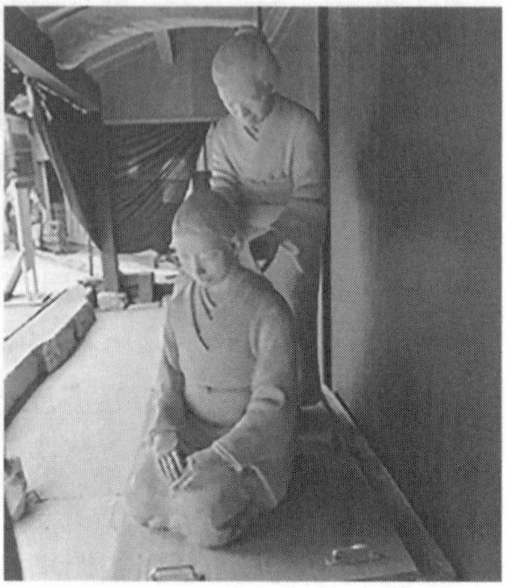

[**図3**]

問1　下線部①について――。
「兵庫湊」はかつて「大輪田泊」と呼ばれていました。12世紀にここを拠点に行われたのは中国のどの王朝との貿易ですか。もっとも適切なものを，次の**ア**～**エ**の中から1つ選び，記号で答えなさい。

ア　隋　　**イ**　唐　　**ウ**　宋　　**エ**　元

問2　下線部②について――。
「東大寺」は，どのような目的に基づいて建てられた寺院と言えますか。もっとも適切なものを，次の**ア**～**エ**の中から1つ選び，記号で答えなさい。

ア　古墳《こふん》に代わって豪族の力を示すために建てられた。
イ　疫病《えきびょう》や反乱で乱れる国を仏に守ってもらうために建てられた。
ウ　密教を取り入れた僧を保護するために建てられた。
エ　幕府の弾圧《だんあつ》に対抗するために建てられた。

問3　[**資料A**]の関所の役割と，[**資料B**]の関所の役割の違いを，織田信長の政策と，[**図2**]・[**図3**]の写真の意味にもふれながら，**110字以内**で説明しなさい。

【理　科】（40分）〈満点：80点〉

【注意】 定規・コンパス・分度器は机の上に出したり，使用したりしてはいけません。

〈編集部注：実物の入試問題では，図の一部と写真はカラー印刷です。〉

1 **次の文章を読んで，後の問いに答えなさい。ただし，地球は完全な球とします。**

私たちの住む地球はその誕生から約46億年が経ち，私たち人類の祖先は今から約700万年前に出現したと考えられています。人類が文明を築《きず》いたのを今から約１万年前として，地球の誕生から現在までを１年(365日)とするならば，人類が文明を築いてから現在に至るまでは約［　A　］ということになります。その歴史の中で①科学を通して地球についての様々なことがわかってきました。地球の形や大きさ，そして太陽系の成り立ちなどは紀元前の古代ギリシャの時代から議論されてきました。現在は人工衛星などの発明により，地球を外から見ることができますが，このような文明の利器を用いずとも天体の動きを実験から確かめることができます。１日の太陽の動きを[**実験１**]のようにして確かめました。

[**実験１**]

右の[**図１**]のように透明《とうめい》半球を用意し，中心にペンの先の影《かげ》がくるような位置を探して，●印をつけ，その時刻を記録しました。実験は８時～17時の間で行いました。その後，実験を行った日の太陽の通り道をわかりやすくするために●印をなめらかな線でつなぎ，透明半球のふちまで線をのばしました。ただし，実験は**日本**で行いました。

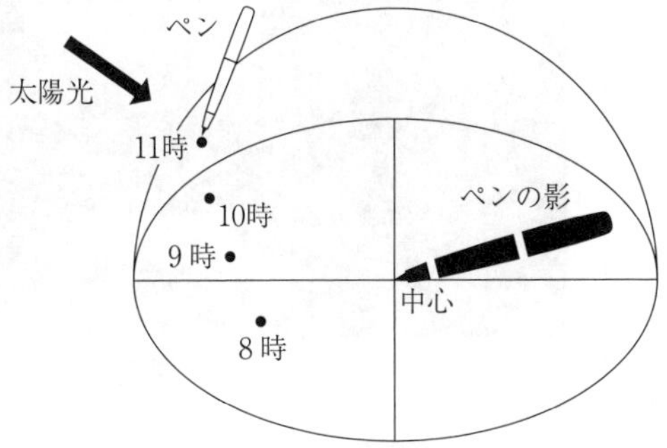

[**図１**]

2020年６月には日食が起こりました。このように日食や月食という現象を活用すると，太陽の大きさや月の大きさなども求めることができます。例えば，②月食では地球の大きさ(直径)と月の大きさ(直径)を比べることができます。月食の際の地球の円形の影は実際の地球の直径よりも月の直径１つ分小さいとします。月食の際に月がかけ始めたのが20時57分，皆既《かいき》月食が始まったのが22時２分，皆既月食が終わったのが23時49分，月食自体が終わったのが０時54分とします。これらの情報から月と地球の大きさの関係を求めることができます。③地球の大きさは紀元前３世紀頃にエラトステネスが太陽の南中高度と２地点間の距離《きょり》を用いて推定したのが科学的な測量の始まりと言われています。地球にいながら，壮《そう》大な宇宙について知る観測や実験はこのほかにもたくさんあります。現在の科学は人類の探求の蓄積《ちくせき》なのです。

(1) 文章中の［A］にあてはまる時間としてもっとも適切なものを，次の**ア**～**エ**の中から１つ選び，記号で答えなさい。

ア　９日　　**イ**　３時間　　**ウ**　８分　　**エ**　１分

(2) 下線部①について，実際の太陽と月の大きさは違いますが，現在地球から見るとほぼ同じ大きさに見えます。月は年間数cmずつ地球から遠ざかっており，地球誕生後に月が形成されましたが，当時の月の見かけの大きさは現在より20倍近く大きく見えたと考えられています。このときには地球から観測することができなかったと考えられる現象を，次の**ア**～**エ**の中から１つ選び，記号で答えなさい。

ア　皆既日食　　**イ**　金環《きんかん》日食　　**ウ**　部分日食　　**エ**　部分月食

(3) 太陽の動きについて述べた文としてもっとも適切なものを，次の**ア**～**エ**の中から１つ選び，記号で答えなさい。

ア　日の出の時刻は，いつも関東地方よりも関西地方のほうが遅《おそ》い。

イ　横浜で観測を行った場合，南中時刻は12時よりも遅い。

ウ　日本で西の空に上弦《じょうげん》の月が見えるとき，太陽は南の空に見える。

エ　南中高度は経度によって決まる。

(4) ［**実験１**］について，日本が冬至の日に**南半球**で実験を行ったとすると，このときの太陽の通り道としてもっとも適切なものを，次の**ア**～**エ**の中から１つ選び，記号で答えなさい。

ア

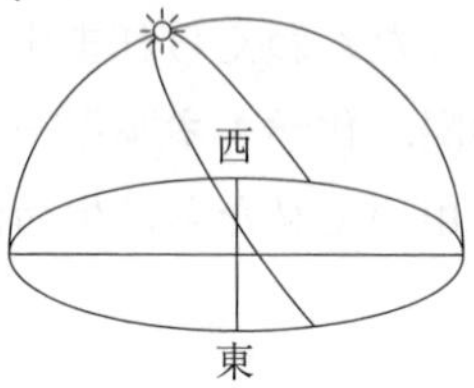

イ

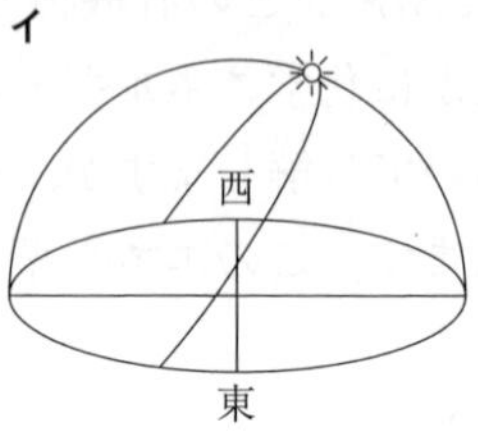

ウ

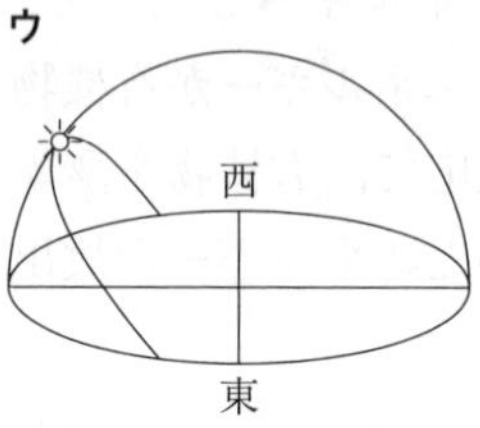

エ

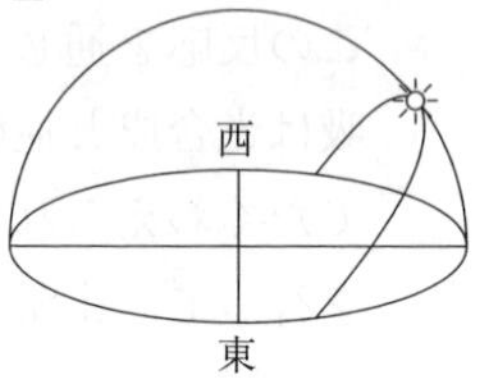

(5) ［**実験１**］について，透明半球のふちから８時の●印までの長さが5.25cm，17時から反対側の透明半球のふちまでの長さが2.68cmで，透明半球上の太陽の通り道の全長は21.43cmでした。このとき，日の出と日の入りが透明半球のふちだとすると，観測を行った日の日の出は何時何分ですか。ただし，太陽の動く速さは一定であるとします。

(6) 下線部②について，地球の大きさは月の大きさの何倍ですか。文章中の数値を用いて，小数第２位を四捨五入して**小数第１位**まで答えなさい。ただし，月食の際には月は地球の影の中心を通ったものとして考えること。

(7) 月の表面には隕石《いんせき》が衝突《しょうとつ》して形成されたすり鉢《ばち》状の地形が数多く見られます。この地形を何と言いますか。

(8) 下線部③について，南中高度のかわりに，緯度と経度を用いて地球の大きさを容易《ようい》に測定することができます。横浜を基点にして地球の大きさを測るとき，四則演算のみで簡単に求めるためには［**図２**］のどの地点と比べればよいですか。［**表１**］を参考にして，［**図２**］の**ア**～**エ**の中から適切なものを１つ選び，記号で答えなさい。

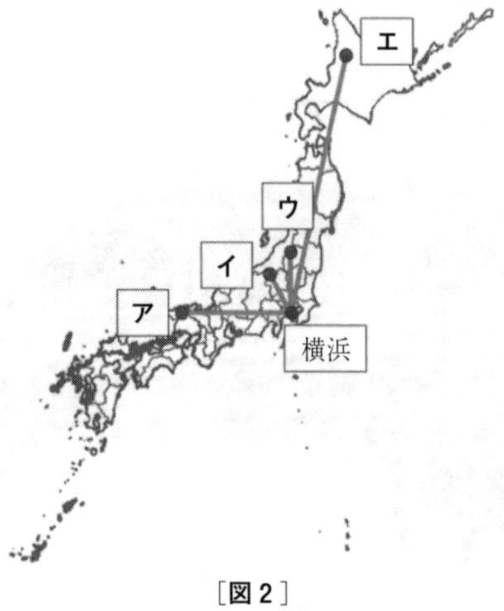

［**図２**］

［**表１**］

地点	緯度（北緯）	経度（東経）	横浜からの距離
横浜	35.49°	139.66°	
ア	35.49°	134.66°	451km
イ	36.49°	138.66°	143km
ウ	37.49°	139.66°	220km
エ	44.20°	142.19°	1000km

(9) 太陽が一定の速さで動いて見えるのは，地球が一定の速さで自転しているためです。太陽が1日にちょうど一回転して見えるとすると，地球の赤道上では時速何 km で自転していることになりますか。[**表1**]の数値を用いて求めなさい。

2 **次の文章を読んで，後の問いに答えなさい。**

マスクをして過ごすことの多い一年間だったと思います。ふだんは意識せずに行ってきた呼吸について考えることもあったのではないでしょうか。

呼吸を理解するために，植物が行う光合成について考えてみます。光合成は二酸化炭素と［ A ］から，光エネルギーを用いて，でんぷんなどの有機物と酸素を作り出す反応です。この反応を通じ，光エネルギーが有機物のなかに化学エネルギーとしてたくわえられます。呼吸は光合成と逆の反応で，有機物を酸素を用いて分解しますが，その際，化学エネルギーとしてたくわえられていたエネルギーが放出されます。このエネルギーを用いて私たちは生命活動を行っています。

光エネルギー
↓
光合成：二酸化炭素＋［ A ］ ――――→ 有機物 ＋ 酸素
呼　吸： 有機物 ＋ 酸素 ――――→ 二酸化炭素＋［ A ］
↓
生命活動に必要なエネルギー

安静時の1回の呼吸における空気の出し入れが400mL，ヒトの吸気に含まれる酸素は21%，呼気に含まれる酸素は16%とします。4秒に1回の呼吸をすると，1時間あたり［ B ］Lの酸素を消費する計算になります。この酸素は生命活動に必要なエネルギーを取り出すために使われます。

①動物の中には発達した呼吸器官を持たず，体表面のみで酸素を取り入れるものもいます。ただし，そのような動物は比較的《ひかくてき》小型のものに限られます。ヒトは肺を持ちますが，②昆虫《こんちゅう》のなかまや③魚類はヒトとは異なる呼吸器官を持ちます。私たちが鼻や口から吸った空気は気管を通り，20回を超《こ》える分岐《ぶんき》を経て肺胞《はいほう》という小さな袋《ふくろ》が集まった部位に届きます。ヒトの肺胞の表面積の合計は $70m^2$ を超え，④体重60kgのヒトの肺胞の表面積の合計を $72m^2$ とすると，体重1kgあたりに必要なガス交換《こうかん》のための面積は $1.2m^2$ となります。

(1) ［ A ］にあてはまる語句を答えなさい。

(2) ［ B ］にあてはまる数値を**整数**で答えなさい。

(3) 下線部①について，体表面のみで酸素を取り入れる生物を，次の**ア**～**ク**の中から1つ選び，記号で答えなさい。

ア コウモリ　　**イ** ニワトリ
ウ ヘビ　　**エ** ヤモリ
オ イモリ　　**カ** カエル
キ ミミズ　　**ク** アサリ

(4) 下線部②について，セミのぬけがらを半分に切り，内側を観察すると，[**図1**]のように白い繊維《せんい》状の呼吸器官を見ることができます。この器官の名称《めいしょう》を答えなさい。

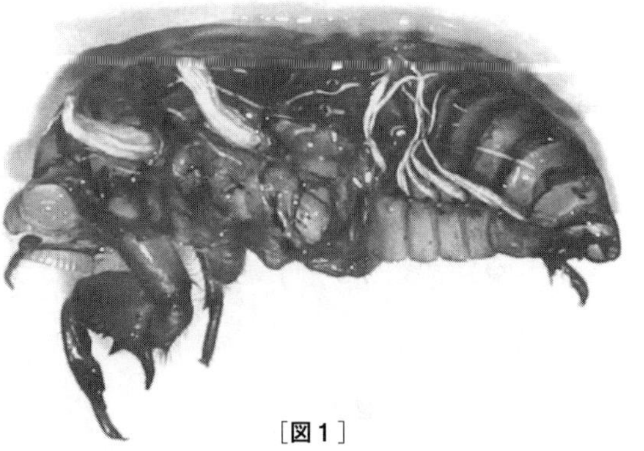

[**図1**]

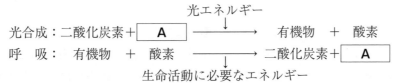

(5) 下線部③について，魚類はえらでガスを交換します。［**図 2**］はフナの模式図で，線の部分で切ったものを［**図 3**］に示しました。フナがガス交換をするときの水の流れとして正しいものを，下の**ア**～**カ**の中から１つ選び，記号で答えなさい。

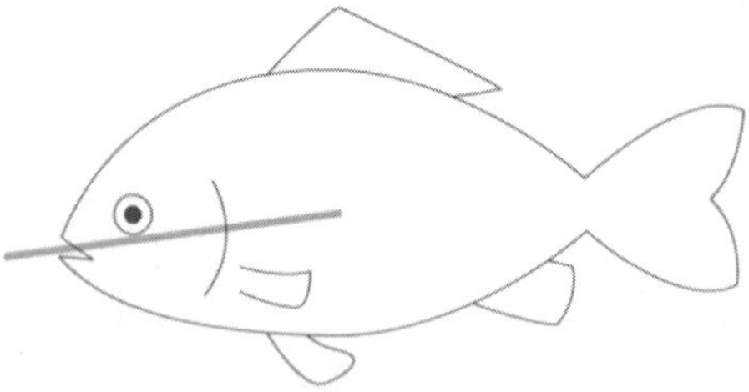

［図 2］

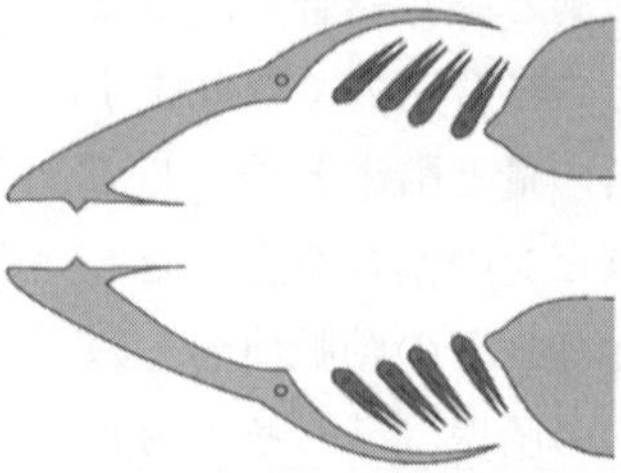

［図 3］

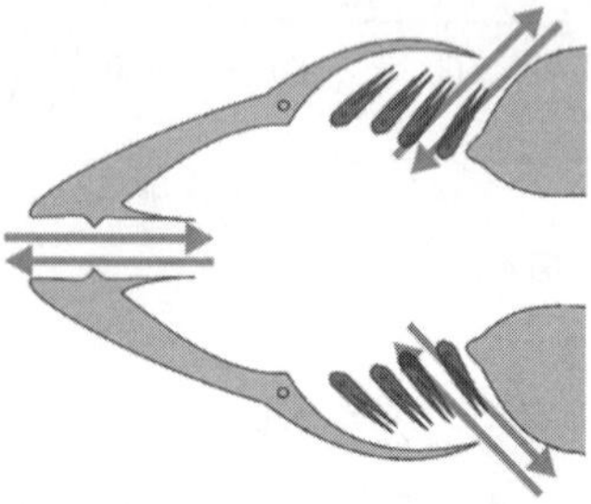

ア

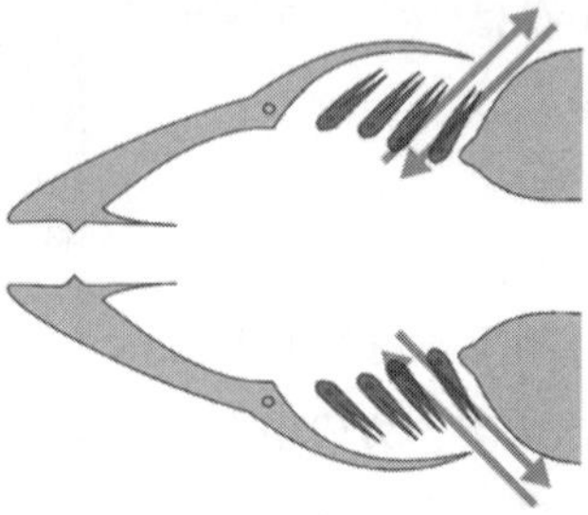

イ

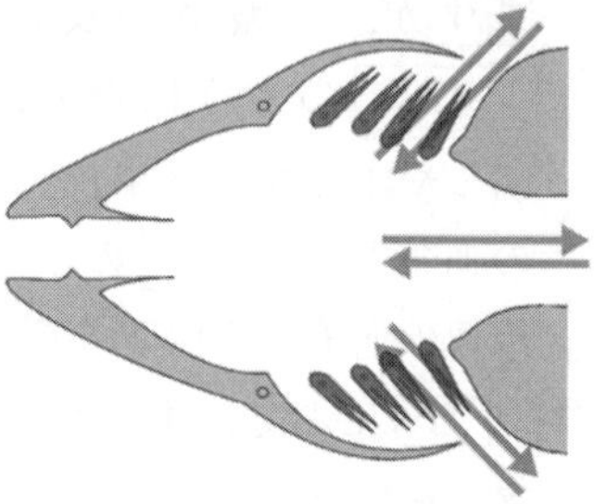

ウ

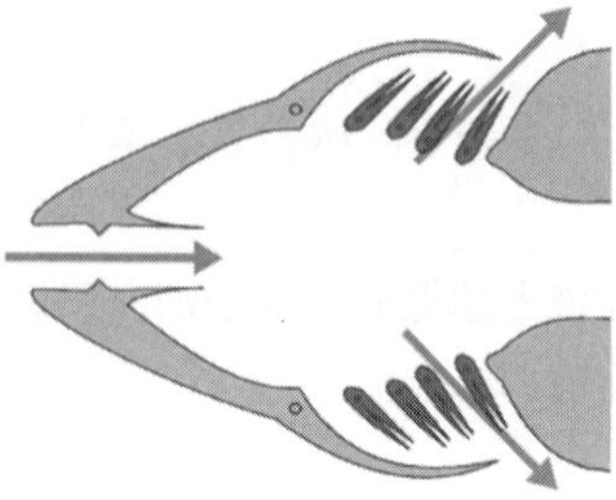

エ

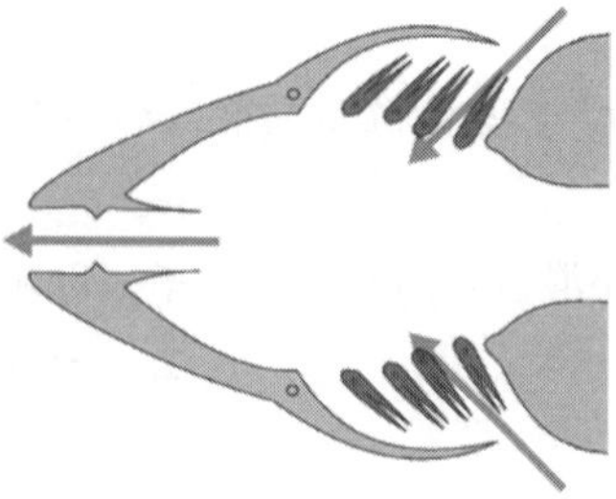

オ

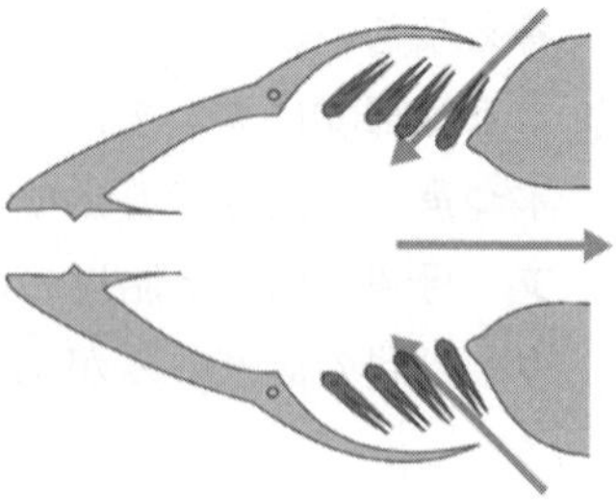

カ

(6) 下線部④について，重さと表面積の関係を考えてみます。１g あたりの体積は $1\,cm^3$ とします。図はすべて立方体で，辺の長さ，表面積，重さ，１g あたりの表面積の関係は［**表 1**］のようになります。体表面でのみガス交換をする立方体状の生物の，体重１kg あたりに必要な面積が $1.2m^2$ であるとすると，１辺は何 cm になりますか。［**表 1**］を参考にして答えなさい。

［**表 1**］

辺の長さ(cm)	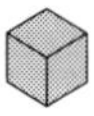 1	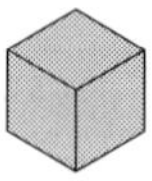 2	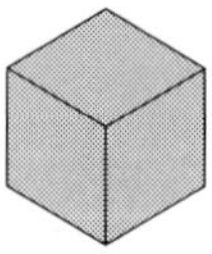 3	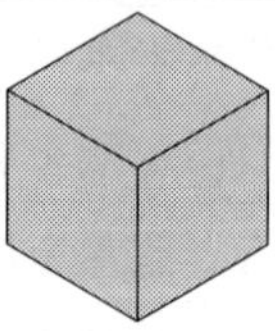 4
表面積(cm^2)	6	24	54	96
重さ(g)	1	8	27	64
１g あたりの表面積(cm^2)	6	3	2	1.5

ヒトの体内で酸素を運ぶのは［ C ］に含まれるヘモグロビンです。ヘモグロビンは酸素の量が多い場所では酸素と強く結合し，少ない場所ではその結合が弱くなります。［**図4**］は酸素の量と酸素と結合しているヘモグロビンの割合を表したもので，赤線**a**はヒトの動脈血のものです。⑤ヒトの胎《たい》児は「へそのお」でつながり母親から酸素を受け取りますが，妊娠《にんしん》中の女性の血液は［ D ］のようになり，酸素を放出しやすくなります。一方で，胎児の血液は［ E ］のようになり，母親の血液から酸素を受け取りやすくなります。

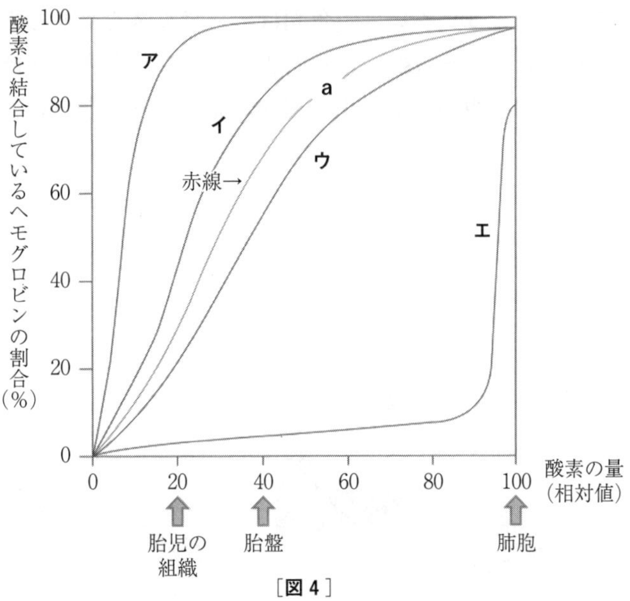

［**図4**］

(7) ［ C ］にあてはまるものを，次の**ア**～**カ**の中から1つ選び，記号で答えなさい。

ア 赤血球　**イ** 白血球　**ウ** リンパ球　**エ** 血小板　**オ** 血しょう　**カ** 血清

(8) ［ D ］と［ E ］にあてはまるものを，［**図4**］の**ア**～**エ**の中からそれぞれ1つずつ選び，記号で答えなさい。

(9) 下線部⑤について，「へそのお」を流れる血液について正しいものを，次の**ア**～**エ**の中から1つ選び，記号で答えなさい。

ア 母親の血液と胎児の血液が混ざりあう。　**イ** 母親の血液と胎児の血液が別々に流れる。

ウ 母親の血液のみが流れる。　**エ** 胎児の血液のみが流れる。

3 **5種類の気体A～Eに関する文章を読んで，後の問いに答えなさい。ただし，気体を水に溶《と》かしても，溶液の体積は変化しないものとします。**

次の［**表1**］は，5種類の気体A～Eの作り方や特徴《とくちょう》について書かれています。

［**表1**］

気体	作り方や特徴
A	亜鉛《あえん》に塩酸を加える。
B	過酸化水素水に二酸化マンガンを加える。
C	石灰石に塩酸を加える。
D	気体Aと窒素《ちっそ》を反応させる。肥料《ひりょう》の原料などに使われる。
E	気体Aと塩素を反応させる。水に溶けやすく，その溶液は塩酸とよばれ，鉄を溶かし，気体Aを発生する。

(1) 水酸化ナトリウム水溶液を加えると気体Aを発生する金属を，次の**ア**～**オ**の中から1つ選び，記号で答えなさい。

ア 鉄　**イ** 銅　**ウ** 金　**エ** 銀　**オ** アルミニウム

(2)　気体Bと気体Cのどちらにも**あてはまらないもの**を，次の**ア**～**オ**の中から１つ選び，記号で答えなさい。

ア　石灰水に吹《ふ》き込《こ》むと，溶液が白くにごる。　**イ**　水上置換で集めることが多い。

ウ　ものを燃やすはたらきがある。　**エ**　空気中で燃焼して水ができる。

オ　水に少し溶けて，その溶液は青色リトマス紙を赤く変化させる。

次の[**表２**]は，純水にBTB溶液を入れ，５種類の気体A～Eを吹き込んだ結果を表しています。

[**表２**]

気体の種類	気体A	気体B	気体C	気体D	気体E
溶液の色	緑色	緑色	黄色	**あ**	黄色

(3)　[**表２**]の **あ** にあてはまる色を，次の**ア**～**エ**の中から１つ選び，記号で答えなさい。

ア　赤色　**イ**　青色

ウ　黄色　**エ**　緑色

気体Aと気体Bを反応させると，液体Xができます。気体Aと気体Bの体積を変えて反応させると結果①～④のようになります。その結果を[**表３**]に示します。

[**表３**]

	結果①	結果②	結果③	結果④
気体Aの体積(L)	2.0	2.0	3.0	5.0
気体Bの体積(L)	1.0	2.0	2.0	3.0
液体Xの重さ(g)	1.60	1.60	**い**	4.00
反応しないで残った気体の体積(L)	0	1.0	0.5	**う**

(4)　[**表３**]の **い** ， **う** にあてはまる数値をそれぞれ答えなさい。

気体E 3.0Lを水1Lに溶かして溶液Yを作りました。溶液Yにいろいろな重さの水酸化ナトリウムを加えて完全に溶かした後，BTB溶液で溶液の性質を調べました。次に，その混合溶液を加熱し，水などを完全に蒸発させて，残った固体の重さを測定しました。その結果を次の[**表４**]に示します。

[**表４**]

加えた水酸化ナトリウムの重さ(g)	2.00	3.00	5.00	7.00	8.50
溶液の色	黄色	黄色	緑色	青色	青色
残った固体の重さ(g)	2.92	**え**	7.30	9.30	**お**

(5)　[**表４**]の **え** ， **お** にあてはまる数値をそれぞれ答えなさい。

(6)　溶液Yに水酸化ナトリウムを6.50g加えた溶液を中性にするためには，気体Eをあと何L溶かせばよいですか。

溶液Yにアルミニウムを加えると，気体Aが発生しました。溶液Yの体積とアルミニウムの重さを変えて発生した気体Aの体積を調べたら，次の[**表５**]のようになりました。

[**表５**]

溶液Yの体積(mL)	50	200	250	500
アルミニウムの重さ(g)	0.10	0.20	0.40	0.60
発生した気体Aの体積(mL)	80	240	**か**	720

(7) [**表 5**]の **か** にあてはまる数値を答えなさい。また，アルミニウムがどうなるかを，次の**ア**～**ウ**の中から１つ選び，記号で答えなさい。

ア すべて溶ける

イ 一部溶けないで残る

ウ まったく溶けないで残る

4 光に関する次の文章を読んで，後の問いに答えなさい。

太陽から地球に届く光はいろいろな現象を引き起こし，古くから人々の関心をひきつけてきました。私たちの身近なところにも，光が関係するいろいろな現象があります。例えば，金魚の入った水そうを横から見ると，①金魚が水面の上にもいるように見えます。また，②コップに入れたストローやコインを上から見ると，コップに水を入れる前と後で見え方が変化します。その他，夏の暑い日に離《はな》れた地面に水があるように見える「逃《に》げ水」という現象があります。

ガラスなどを通って空気中に出た太陽光がスクリーンに当たると，スクリーンが色づいて見えることがあります。これは[**図 1**]のように，③光の色によって屈折《くっせつ》する角度が少しずつ異なることが原因です。④ガラス製の器具Ａから屈折して別々の方向に出てきた色の光を⑤再び器具Ａを通して１か所に集めると，白色の光に戻《もど》ります。これは虹《にじ》ができる仕組みでもあります。虹は[**図 2**]のように，太陽光と視線のなす角度が約 42° の方向に見られます。[**図 2**]では色による屈折角の違いを表していませんが，実際は⑥水滴《すいてき》に入った太陽光が反射と屈折を経ることで，光の色に角度の差ができ，空が色づいて見えます。

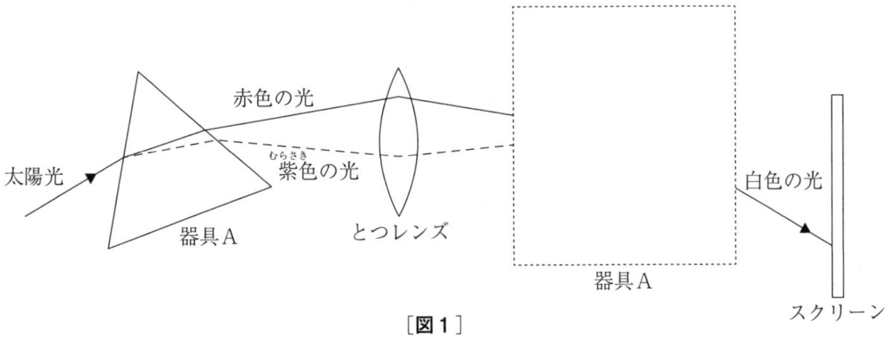

[**図 1**]

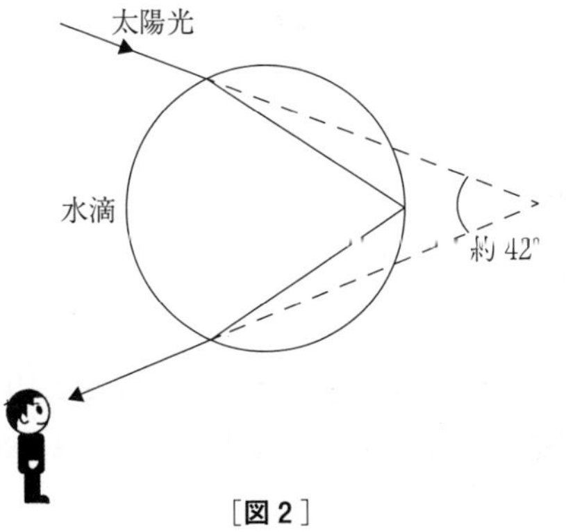

[**図 2**]

(1) 下線部①に関係する現象としてもっとも適切なものを，次の**ア**～**エ**の中から１つ選び，記号で答えなさい。

ア 全反射　　**イ** 乱反射　　**ウ** 屈折　　**エ** 分散

(2) 下線部②について，もっとも適切なものを，次の**ア**～**エ**の中から１つ選び，記号で答えなさい。

ア　ストローは折れ曲がって長く見え，コインはより深い位置に見える。

イ　ストローは折れ曲がって長く見え，コインはより浅い位置に見える。

ウ　ストローは折れ曲がって短く見え，コインはより深い位置に見える。

エ　ストローは折れ曲がって短く見え，コインはより浅い位置に見える。

(3) 下線部③について，［**図１**］から分かることとしてもっとも適切なものを，次の**ア**～**エ**の中から１つ選び，記号で答えなさい。

ア　光が空気からガラスに進むときは赤色の光の方がよく曲がり，ガラスから空気に進むときも赤色の光の方がよく曲がる。

イ　光が空気からガラスに進むときは赤色の光の方がよく曲がり，ガラスから空気に進むときは紫色の光の方がよく曲がる。

ウ　光が空気からガラスに進むときは紫色の光の方がよく曲がり，ガラスから空気に進むときは赤色の光の方がよく曲がる。

エ　光が空気からガラスに進むときは紫色の光の方がよく曲がり，ガラスから空気に進むときも紫色の光の方がよく曲がる。

(4) 下線部④について，［**図１**］の赤から紫に向かう色の順番としてもっとも適切なものを，次の**ア**～**カ**の中から１つ選び，記号で答えなさい。

ア　(赤)―緑―黄―青―(紫)　　**イ**　(赤)―緑―青―黄―(紫)

ウ　(赤)―黄―緑―青―(紫)　　**エ**　(赤)―黄―青―緑―(紫)

オ　(赤)―青―緑―黄―(紫)　　**カ**　(赤)―青―黄―緑―(紫)

(5) 下線部⑤について，［**図１**］の器具Ａの名称を答えなさい。また，白色の光に戻すために□に置く器具Ａの向きとして，もっとも適切なものを，次の**ア**～**エ**の中から１つ選び，記号で答えなさい。

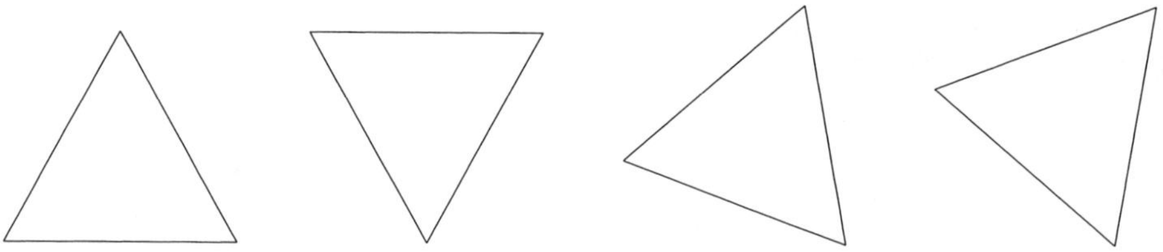

ア　　**イ**　　**ウ**　　**エ**

(6) 下線部⑥について，水滴中の赤色の光と紫色の光の進路の組み合わせとしてもっとも適切なものを，次の**ア**～**エ**の中から１つ選び，記号で答えなさい。ただし，赤色の光を実線で，紫色の光を点線で表しています。

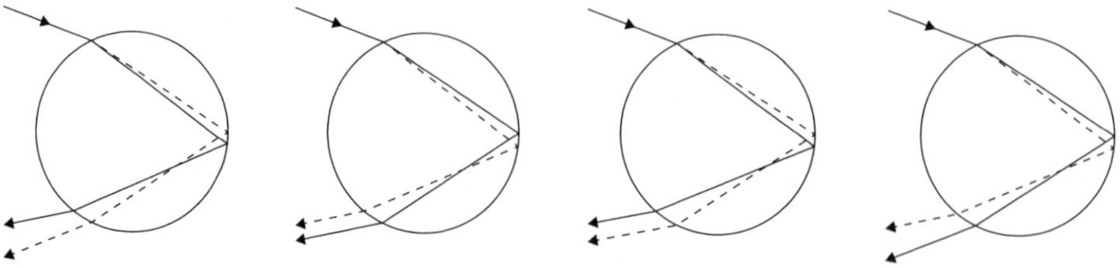

ア　　**イ**　　**ウ**　　**エ**

(7) 虹に関して**適切でないもの**を，次の**ア**～**エ**の中から１つ選び，記号で答えなさい。

ア 朝方は西の空に虹を見ることができる。

イ 南中高度の高い夏の正午付近は大きな虹が見える。

ウ 滝《たき》の近くでは雨上がりでなくても虹を見ることができる。

エ 日本では正午付近の南の空に虹を見ることはできない。

上空で水滴が十分に冷やされると，氷の結晶《けっしょう》(氷晶)になって落ちてくることがあります。［**図３**］のように，水平な状態のまま落ちてくる氷晶を太陽光が通って私たちの目に入ると，「逆さ虹」というめずらしい現象を見ることができます。この仕組みを考えてみましょう。［**図３**］の拡大図のように，太陽光は氷晶の上面に入射して側面で屈折して出てくるものとします。虹の原理と同じように，光の色によって屈折する角度が異なるため，赤色の光がくる方向の空が赤色に，紫色の光がくる方向の空が紫色に色づき，逆さまの虹のように見えます。

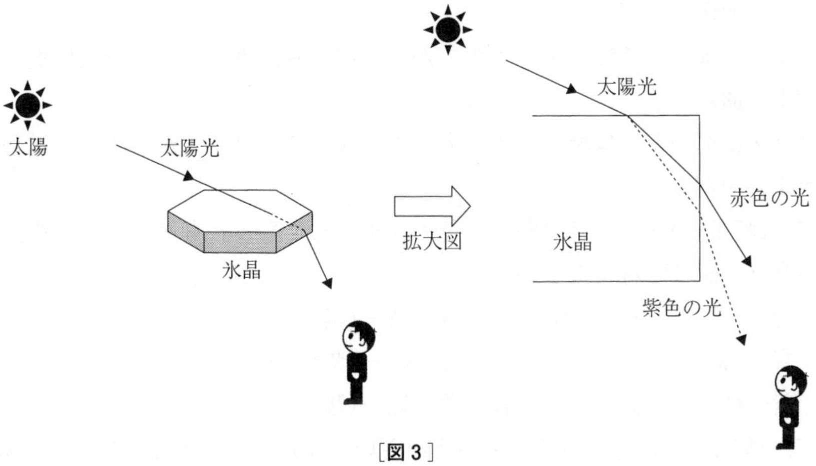

［**図３**］

(8) ［**図３**］で観測される「逆さ虹」としてもっとも適切なものを，次の**ア**～**エ**の中から１つ選び，記号で答えなさい。ただし，次の図は観測者が太陽に正面を向いたものとします。

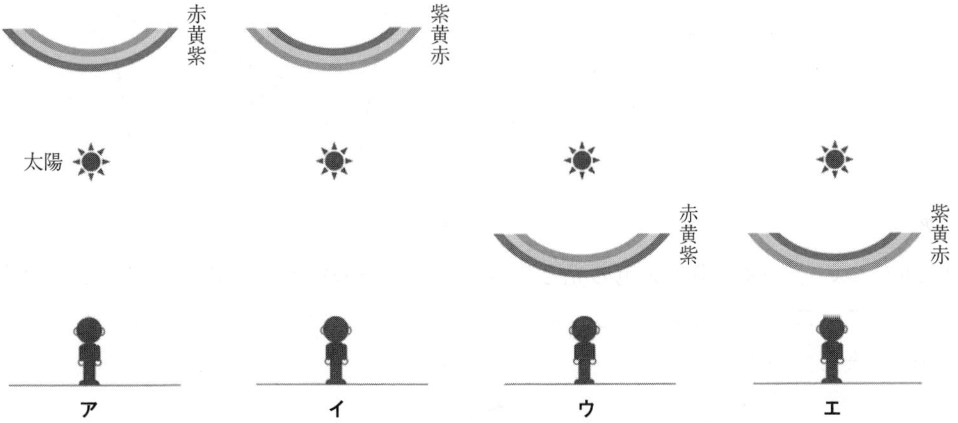

を形成する際に、子どもの頃の原体験が様々な作用をもたらす可能性について述べている。

エ　〔**文章1**〕では、「働く」ことに対する子どもと大人のイメージを、完全に一致させることは難しいと指摘している。一方、〔**文章2**〕では、大人になった後で取り組んだ仕事を通じて、多くの子どもに「働く」ことの楽しさを伝えられる可能性について述べている。

エ　**B**　精神　**C**　身体

問五　――線部③「先生は『先生』だし」とありますが、どういうことですか。その説明としてもっとも適切なものを、次の**ア**～**エ**の中から一つ選び、記号で答えなさい。

ア　筆者にとって、「先生」は社会的に必要な存在だという認識《にんしき》があったので、日常生活の中でその存在意義について改めて考える必要がなかったということ。

イ　筆者にとって、家族のような近い距離《きょり》にいるわけではない「先生」に対して、仕事内容について日常的に親しく質問することは難しかったということ。

ウ　筆者にとって、「先生」は子どもと同じ発想でものごとを考えるという印象が強かったので、自立した大人の職業として理解することは難しかったということ。

エ　筆者にとって、「先生」は当たり前のように日常生活の中にいる存在であり、数多くある職業の一つに従事している大人として認識していなかったということ。

問六　――線部④「あの煙には感謝しなければならない」とありますが、なぜですか。**〔文章2〕**をふまえてその理由を考え、次の説明文の□にあう形で、**十字以上十五字以内**で答えなさい（**句読点・記号も一字に数えます**）。

製紙工場の煙を見た筆者の経験が、□から。

問七　**D** は、次の**ア**～**オ**の五つの文から構成されています。五つの文を正しい順番に並べかえ、その順番を、解答用紙の形式に合わせて記号で答えなさい。

ア　十條製紙が引き継いだというその工場は、なんと僕が生まれる二年も前に閉鎖《へいさ》されていた。

イ　親や近所のおじさんおばさんがそう言っているのを、鵜呑《うの》みにしていたのだろう。

ウ　いつも友達と「王子製紙の工場がさあ」と言い合っていたのは、どうも僕たち共通の勘《かん》違いだったようだ。

エ　つまり、煙突から煙なんて出ているはずがなかったのだ。

オ　何だ、あれは十條製紙の工場だったのかと、この原稿《げんこう》を冒頭《ぼうとう》から書き改めようとして、また驚いた。

問八　――線部⑤「ここは敢えて調べないことにして、せっかく手に入った魅力的な謎を、しばらくこねくりまわしてみようと決めた」とありますが、筆者はどうしてこのように考えたのですか。**〔文章2〕**をふまえてその理由を考え、**二十字以上三十字以内**で答えなさい（**句読点・記号も一字に数えます**）。

問九　「働く」ということに関して、**〔文章1〕**・**〔文章2〕**からそれぞれ読み取れる内容をまとめた文として、もっとも適切なものを、次の**ア**～**エ**の中から一つ選び、記号で答えなさい。

ア　**〔文章1〕**では、子どもでも大人でもない「哲学者」になることで「働く」ということを対象化できると指摘《してき》している。一方、**〔文章2〕**では、子どもの頃に思い描く「働く」ことのイメージは、実際には誤った認識であることが多く、リアリティに欠けると述べている。

イ　**〔文章1〕**では、仕事が順調な大人ほど「働くとは何か」という問いかけを軽視しがちであると指摘している。一方、**〔文章2〕**では、大人になって実際に仕事に従事する経験を持つことで、「働くとは何か」という問いかけに答えることができるようになると述べている。

ウ　**〔文章1〕**では、実際に仕事に従事した経験のない子どもにとって「働く」ということを対象化して理解することは難しいと指摘している。一方、**〔文章2〕**では、「働く」ことのイメージ

なった。

　それにしても、時間というのは本当に過ぎ去るらしい。小学校時代に謎の煙をかぎながら、初めて思い描いた「働く人」に、いつのまにか自分もなっている。人生の大先輩《せんぱい》たちに比べたら、まだ経験は浅いけれど、気づけば二十年近く――小説家として働きはじめてからを数えても、十一年。

　自分の書いた「見えない人たち」も、誰かに何かのきっかけを与《あた》えてくれているだろうか。そんなことがあってくれたら嬉《うれ》しい。彼らは本物の人間と違って歳《とし》をとらないし、全国に出張もしてくれるけれど、誰かがページをひらいてくれないかぎり、絶対に出会うことができない。あの頃、否応《いやおう》なしに僕たちの目に入り、鼻に飛び込んできた謎の煙と、自分の小説と、どちらがたくさんの人にきっかけを与えているだろう。

（道尾《みちお》秀介《しゅうすけ》「煙の謎」による）

注1　王子製紙・十條製紙～製紙会社の名前。

注2　老舗～昔から代々続いている店舗《てんぽ》や企業。

問一　――線部①「子どもにしか哲学はできない」とありますが、なぜですか。その理由としてもっとも適切なものを、次の**ア**～**エ**の中から一つ選び、記号で答えなさい。

ア　目の前に興味深い現象が現れた時に、時間をかけてその状況を観察することに熱中できるような好奇心は、子どもにしかないから。

イ　仕事に専念して成果をあげなければならないという強迫《きょうはく》観念に捉《とら》われずに済む楽観的な発想は、子どもにしかないから。

ウ　すでに仕事に従事している大人とは違い、将来の職業選択《せんたく》の前に仕事の多様性について考える必要性は、子どもにしかないから。

エ　日々の仕事をこなすことだけに専念せずに、ものごとの根源的な疑問に立ち返って考えられる状況は、子どもにしかないから。

問二　――線部②「明確な答えをもつような問いではないばかりか、問いの意味さえ、定かではない」とありますが、どういうことですか。その説明としてもっとも適切なものを、次の**ア**～**エ**の中から一つ選び、記号で答えなさい。

ア　哲学の設定する課題はいずれも簡単に解決できるものではないのに加え、そもそも課題の内容をあらわす言葉そのものがとても難解な表現になってしまう傾向《けいこう》があるということ。

イ　哲学においては設定した課題に対する答えを導き出すことがとても難しいのに加え、課題を設定することそのものについても考え続けなければならないということ。

ウ　哲学は設定される課題が一般的にとても難解であり、答えに辿《たど》り着くまでに時間がかかるので、そのような課題を設定すること自体に意味があるのかどうか疑問が残るということ。

エ　哲学では答えを導くことが絶対に不可能な課題が設定されるので、そのような課題に取り組むことにどれほどの有益性があるのか分からなくなることが多いということ。

問三　[A] に入れるのにもっとも適切な言葉を、次の**ア**～**エ**の中から一つ選び、記号で答えなさい。

ア　穏《おだ》やか　**イ**　細やか　**ウ**　軽やか　**エ**　鮮《あざ》やか

問四　[B]・[C] に入れる言葉としてもっとも適切な組み合わせを、次の**ア**～**エ**の中から一つ選び、記号で答えなさい。

ア　**B**　物理　**C**　心理

イ　**B**　具体　**C**　抽象《ちゅうしょう》

ウ　**B**　形式　**C**　実体

いが届くと、「こいただろ」「お前がこいただろ」と、そばにいた相手とお決まりのやりとりをしていたものだ。

あの日、体育の時間、先生がポートボールか何かの説明をしているのを聞き流しながら、僕は煙突《えんとつ》の煙を眺めていた。眺めながら、働く大人のことを思った。あの製紙工場の煙の下では、たくさんの大人が働いている。あんなにおいの中心で働くのはさぞ大変に違いない。――そんなことを思いながら、自分もいつか大人になって働くのだなあと、たぶん生まれて初めて意識した。

子供時代は、働いている大人を見ることがほとんどなかった。共働きだった両親が家にいるのは働いていないときだし、③先生は「先生」だし、八百屋さんも魚屋さんもスーパーの店員さんも、「そういう人」という認識しかなかった。申し訳ないけれど、働いているという発想自体がなかったのだ。なのに製紙工場の煙を見て「働く大人」を思い、自分の将来のことまで想像したのはどうしてか。

きっと、その場所で働いている人の姿を、一度もこの目で見たことがなかったからだろう。目の前で働いている大人たちは、働いているように見えないのに、会ったこともない人たちに関しては働いている姿を想像できるというのは、奇妙《きみょう》なものだ。

僕を含《ふく》めて世の中には小説が大好きという人が多いけれど、実はここに秘密があると思っている。小説というのは考えてみれば、絶対に会わない人たちの話を読んでいるわけで、だからこそ、その人たちの考えていることや、見ている景色や、一人きりでいるときの横顔まで、リアルに想像できる。

インタビューなどで「小説家になったきっかけは何ですか?」と訊《き》かれることがよくある。いつもアレコレ頭をひねりながら言葉を返すのだが、じつのところ腹の中では「きっかけくらいで小説家になれたら世話ないよ」なんて考えている。でも、ひょっとしたら、小学校時代に見たあの製紙工場の煙は、きっかけの一つだったのかもしれない。見えない人たちを想像して心動かされるというのは、小説とそっくりだ。

当時は小説なんて読んだこともなかったけれど、いまこうして思い返してみると、小説を読んでいるときに見える景色と、あの煙を眺めながら胸の中に浮《う》かんだ景色は、リアルさの質が、よく似ている気がする。だとしたら、④あの煙には感謝しなければならない。

と、ここまで書いたところで、ふと思い立って王子製紙のことを調べてみた。

すると驚《おどろ》いたことに、王子製紙は王子に工場を持っていなかった。いや、昔はあったのだが、会社が分裂《ぶんれつ》した際、注1十條《じゅうじょう》製紙がその工場を引き継《つ》いだらしい。

D

――?

僕たちが眺めていたあの煙は、いったい何だったのだろう。あのにおいは、はたして何のにおいだったのだろう。僕が生まれて初めて思い描《えが》いた「働く大人」は、いったいどこの誰《だれ》だったのか。僕はいったい誰に、何に、きっかけをもらったのか。

インターネットのおかげで調べ物が楽になり、大抵《たいてい》の疑問はすぐに解決できるようになった。この疑問だってきっと、答えを知ろうと思えば簡単にできるのだろう。でも、⑤ここは敢《あ》えて調べないことにして、せっかく手に入った魅力《みりょく》的な謎《なぞ》を、しばらくこねくりまわしてみようと決めた。コンピューターの操作方法を覚えることが「使いこなす」ことだと思っていた時期が僕にもあったが、「使いこなす」というのはたぶん、こういうことなのだろう。最近ようやくわかるように

三　次の〔文章1〕・〔文章2〕を読んで、後の問いに答えなさい。

〔文章1〕

私たちの多くは、たえず前に進むことを強《し》いられている。そして哲《てつ》学《がく》は、私たちを立ち止まらせようとする。

たとえばひとは野菜を作ったり、書類を書いたり、パワーショベルを操作したり、商品を売ったりする。そのとき、どうすれば渋滞《じゅうたい》を避《さ》けて時間通りに取引先の会社に着けるかは考えても、「なぜひとは働くのか」とは問わない。どうすれば売れ行きを伸《の》ばすことができるかは考えても、「働くとはどういうことなのか」と考えこんだりはしないだろう。そんなことを考えていては、約束の時間に間に合わなくなるし、売れるものも売れなくなってしまう。仕事が順調にいっている人ほど、そういう「余計なこと」は考えないにちがいない。

だが、哲学の問いは問う者を立ち止まらせる。「働くとは何か」と考えて、ほかにこれといって何も働こうとしない。それは、「前に進め」という圧力に縛《しば》られた者の目からは、ちょうど蟻《あり》の行列に目を奪《うば》われてその場を動けなくなってしまった子どものような姿にも見えるだろう。哲学の問いは、「前に進め」という声から自由な者だけに許されている。だから、①子どもにしか哲学はできない。

しかし、同時に、子どもには哲学はできない。「なぜ働くのだろう」と問い続けているだけでは哲学とは言えない。そもそも、たんに「なぜ働くのだろう」と口にするだけでは、まだ問いにさえ到達《とうたつ》していない。それはたぶん、何かため息のようなものにすぎない。

哲学の問いは、②明確な答えをもつような問いではないばかりか、問いの意味さえ、定かではない。問いの答えが何であるかと、そもそも自分が問うている問いの意味は何かを、同時に手探りしていかなければならない。哲学の問いを問うにも、独特の技術と力を必要とする。それは子どもにはまだ難しいにちがいない。

さらに、哲学はいわば「 A 」でなければならない。働いたことがない人には労働のなんたるかはとらえられないが、しかし働くことに没入《ぼっにゅう》している人もまた、労働を客観的に見ることができない。働くことと働かないことのどちらか一方だけに身を沈《しず》め、そこから出ていくことのできない者には、「働く」ということそのものを対象化することはできないのである。哲学は、私たちの営みを、その実践《じっせん》に参加している者の視点からだけでなく、その実践の外にいる者の視点からもとらえるよう、要求してくる。自分がいまとっている視点にこだわるのではなく、自由にさまざまな視点からものごとをとらえなくてはならない。そして、子どもはそんなフットワークを身につけてはいない。だから、子どもにしか哲学はできない。しかし、子どもには哲学はできない。

この逆説の中に、哲学者たちはいる。彼《かれ》らは、大人でもない、子どもでもない。

哲学者なのだ。

（野《の》矢《や》茂《しげ》樹《き》 編『子どもの難問』による）

〔文章2〕

東京都北区、王子《おうじ》の町で育ったので、子供の頃《ころ》は注1王子製紙《せいし》の工場から立ちのぼる白い煙《けむり》をいつも眺《なが》めて過ごしていた。

王子製紙は明治時代からつづく製紙会社の注2老舗《しにせ》。当時の製紙工場から排出《はいしゅつ》されていた煙には独特のにおいがあり、さほど刺激《しげき》的ではないのだが、鼻の奥《おく》まで届き、 B 的ダメージよりも C 的ダメージのほうが大きく、はっきり言えばおならにそっくりなにおいだった。いまは臭気《しゅうき》を抑《おさ》える技術が取り入れられているようだけど、あの頃は違い、風向きによって僕《ぼく》たちの校庭に煙のにお

ウ　野生の馬を追って颯爽《さっそう》と走っていく
エ　野生の馬におずおずと近づく

D
ア　色の名前を生み出していく
イ　世の中の全ての色を知っている
ウ　自在に色を使い分けている
エ　無数の色で大空に絵を描いている

問七　――線部②「はっと胸を衝かれた感じがした」とありますが、「若葉」はこの時、「千夏」の言葉からどのようなことに気づいたと考えられますか。**二十五字以上三十五字以内**でわかりやすく説明しなさい（**句読点・記号も一字に数えます**）。

問八　――線部③「涙は止まってしまった」とありますが、なぜですか。その理由としてもっとも適切なものを、次の**ア**～**エ**の中から一つ選び、記号で答えなさい。

ア　「父」は「若葉」のためにルロイに似た仔猫を連れてきたのだが、「父」のあまりに楽しそうな様子からは本当に「若葉」のためを思っているとは感じられず、ただの自己満足のように思われてしまい、素直に喜べなかったから。
イ　死んでしまったルロイとの思い出から抜け出せずに苦しんでいた「若葉」にとって、ルロイの存在をすっかり打ち消してしまうような「父」の言動がまったく理解できず、ルロイの死を悲しめる状態ではなくなってしまったから。
ウ　「父」は「若葉」がルロイの死ときちんと向き合い、悲しみを受け止められるようになることを期待して、新しい仔猫を買ってきて元気づけようとしたのだが、そうした「父」の楽観的な発想にいらだちを覚えると同時に、考える気力を失ってしまったから。
エ　ルロイの死と向き合って徹底《てってい》的に悲しんだ後、「若葉」はルロイへの思いを断《た》ち切ろうと考えていたのに、「父」がルロイに似た仔猫を連れてきたことで、かえってルロイのことを思い出し、深い悲しみに沈《しず》んで疲《つか》れ切ってしまったから。

問九　本文の内容と一致《いっち》するものとしてもっとも適切なものを、次の**ア**～**エ**の中から一つ選び、記号で答えなさい。

ア　今の「若葉」の家族は、「父」の仕事が充実《じゅうじつ》してきたことで経済的に恵《めぐ》まれた生活を送ることができている一方で、互《たが》いに自分の思いを素直《すなお》に伝えあうことができておらず、それぞれの関係性にすれ違いが生じてしまっている。
イ　ルロイが死んだ直後から、「若葉」はルロイが左手に巻き付いてくるかのような不思議な感覚を覚えるようになったが、新しい家に引っ越してからもその感覚は続き、「若葉」だけは死んでしまったルロイの思い出をずっと忘れ去ることができずにいる。
ウ　昔の「若葉」の家は雑然とした下町にあり、懐かしい思い出がたくさん詰《つ》まった場所であるが、今の「若葉」の家はのどかな田園風景の広がる街にあり、空や田畑にも鮮やかな色の美しさが感じられる素晴らしい環境で、「若葉」は昔の家よりも気に入っている。
エ　昔の「若葉」の家族は、狭《せま》いからこそ家族がにぎやかに会話を交わすことのできる家の中で、ささやかながら幸せな生活を送っており、「若葉」はまさかルロイが死んでしまうとは予想もせず、ルロイと一緒にずっと幸せな生活が送れるものだと思っていた。

注3　古文～江戸時代以前の文章、およびそれらを扱《あつか》う国語の授業のこと。

注4　悄然と～元気がなさそうな様子のこと。

問一　――線部①「だから、の三文字を」とありますが、この表現がかかっている部分としてもっとも適切なものを、次の**ア**～**エ**の中から一つ選び、記号で答えなさい。

ア　言い聞かせる　　**イ**　はっきり三つの音に

ウ　区切って　　**エ**　まくしたて始めた

問二　[A] に入れるのにもっとも適切な表現を、**六字以上十字以内**で本文から探し、抜き出して答えなさい（**句読点・記号も一字に数えます**）。

問三　▼～▲ではさまれた部分の描写《びょうしゃ》から読み取れる「兄」についての説明としてもっとも適切なものを、次の**ア**～**エ**の中から一つ選び、記号で答えなさい。

ア　「兄」は陽気でいたずら好きな性格の持ち主で、悲観的なことばかり考えている他の家族に対して冗談《じょうだん》ばかり言ってからかっているので、他の家族からはあきれられている。

イ　「兄」は気持ちのこもっていない不愛想《ぶあいそう》な受け答えばかりをして家族を見くだしているが、不思議なことに他の家族には好意的に受けとめられ、一定の関係性が保たれている。

ウ　「兄」は他の家族の状況を落ち着いて見つめる心の余裕《よゆう》を持っており、「父」や「母」とも一定の距離《きょり》を保ちつつ、自然体でコミュニケーションを取ることができる。

エ　「兄」はいがみあう家族同士を結び付けることに心をくだき、「父」と「母」に対しては常に優しい言葉をかけ、反抗《はんこう》的な性格の「若葉」にもとても親身な姿勢で接している。

問四　▼～▲ではさまれた部分の描写から読み取れる「母」と「若葉」についての説明としてもっとも適切なものを、次の**ア**～**エ**の中から一つ選び、記号で答えなさい。

ア　左手に違和《いわ》感を覚えている「若葉」は、「母」に自分の状態を伝えようと必死になっているが、「母」は何でも自分で判断しようとする自己中心的な性格で、強い言葉で一方的に相手の話をさえぎってしまうので、「若葉」の気持ちを理解できずにいる。

イ　自分はきちんと身だしなみを整えていないのに、他人の生活態度は口うるさく注意する「母」の性格を、「若葉」は腹立たしく思っているが、「母」にさらに厳しく注意されることを恐れ、自分の気持ちを率直に伝えるのを控《ひか》えておとなしくしている。

ウ　「若葉」の左手のしぐさを不審《ふしん》に思った「母」は、「若葉」の本当の気持ちを探《さぐ》ろうと努力しているが、自分の世界に閉じこもって思わせぶりに左手を隠し、本当の気持ちをはっきり示さない「若葉」に対して、不満といらだちを感じている。

エ　周りから見るとちぐはぐなことをしてるのに、自分の考え方をかたくなに変えない「母」の性格を、「若葉」は苦々しく思っているが、一方で「若葉」自身も同じような性格の持ち主であることを自覚しているので、「母」だけでなく自分自身にも嫌気《いやけ》がさしている。

問五　[B] に入れるのに適切な表現を考え、**四字以内**で答えなさい（**句読点・記号も一字に数えます**）。

問六　[C]・[D] に入れるのにもっとも適切な言葉を、下の**ア**～**エ**の中からそれぞれ選び、記号で答えなさい。

C　**ア**　野生の馬の強さと美しさに嫉妬《しっと》する

　　イ　野生の馬からすごすごと後ずさる

ルロイを連れてきたのは父だった。いつだって若葉に何かを買ってやりたくても叶《かな》わず、その無念さを全部、もらってきた仔猫《こねこ》が背負っているみたいだった。母はおかんむりだったが、棄《す》ててこいと言われて若葉が大泣きしたために、仔猫は命拾いすることになった。

（中略）

状況《じょうきょう》が一変したのは、若葉が六年生になった頃のことだ。父の商売が急に勢いづいて、それまで住んでいた家を出、もっと大きな家を借りることになった。音楽好きな父は若葉に楽器をやらせるのが夢だったので、防音室つきの今の家を紹介《しょうかい》されるなり、その日のうちに決めてしまった。勿論《もちろん》、ルロイも一緒だ。ルロイはまだ若い猫だし、この家でずっと一緒に暮らせるだろうと、若葉は何の疑いもなく信じ込んでいた。

当然そうなるだろう、と思っていると、いきなり足をすくわれるものだと思い知らされたのは、去年のことだ。若葉が中学三年の五月、ちょうど一年前に、ルロイは六歳《さい》で死んでしまった。急な心臓の発作《ほっさ》だったらしい。生きているものがこんなにあっけなくいなくなるものなのかと、若葉はしばらくショックで涙《なみだ》も出ず、ようやく泣けるようになってからは、一ケ月くらい、目が溶《と》けそうなほど泣きに泣いた。

泣き止んだのは、哀《かな》しみが去ったからではなかった。驚《おどろ》かされて、泣いている場合ではなくなってしまったからだ。若葉をビックリさせることが大好きな父の思いつきで。

ある日、楽器の練習も出来ないまま、部屋にこもって泣いていたら、父がノックをして入ってきた。ひき結んだ唇《くちびる》が、今にも笑い出しそうに緩みかけている。何て顔だろう、と眉《まゆ》をひそめた若葉の目の前に、父は思わぬものを差し出して見せた。

仔猫だ。それもルロイとほとんど同じ毛並み、同じ柄《がら》の。

驚いて声も出ない若葉に、父は、すごく探したんだぞ、と誇らしげな顔をして見せた。

――喜んでるみたいにみえるんだろうか？

若葉はひどく混乱した。二度と帰ってこないはずだった愛《いと》おしいものと、泣きに泣いて、必死でお別れしようとしていたのに。まだ、泣き終わってもいなかったのに。

「いいか、ルロイは死んでない。この通り、またお前の所に帰ってきた。哀しいことは何も起きなかったんだ。嫌なことは全部忘れて、今日からこいつと楽しく暮らせばいい」

（中略）

それっきり③涙は止まってしまった。考えることも、思うことも、あまりに多すぎて、頭も心も、ショートしてしまったような感じだ。

仔猫はもちろん可愛《かわい》かった。父も母も兄も、特にこだわる様子もなく、新しい猫をルロイと呼び始めていた。だが若葉はどうしても、その名前を口にすることが出来ない。

迷いを晴らしたくて、部活に熱中するようになった。ある日、オーボエの管を羽根を使って掃除していたら、ふと、左手にまとわりつく猫の気配を感じた。ルロイだ、とすぐに分かった。ルロイはこの羽根が本当に大好きで、仔猫の頃など、振り回してみせると疲《つか》れて倒《たお》れるまで遊んでいたからだ。

忘れないで、と言われたような気がした。それで若葉は、二匹目に別の名前をつけようと思い立ったのだ。ルロイの弟だから、「おとうと」から二文字取って、トト、と名付けた。

それから、ルロイは時々現れるようになった。生きていた頃と同じように、若葉の左手に、ふわふわの暖かい前足を巻き付けてくるのだ。

（**香月夕花《かつきゆか》「左手のルロイ」による**）

注1　癇性～神経質で、ひどくきれい好きな性格。

注2　三和土～セメントや砂などで固めた、玄関などの土間。

してもきっぱりうなずいた。

「古い色の名前がすごくきれいで、それで好きになったの」

「色の名前？」

「例えば、同じ青色でも、天色《あまいろ》、紺碧《こんぺき》、水浅葱《みずあさぎ》……、微妙に違う色に、ちゃんと別の名前がついてるの」

はりのある澄んだ声が、なめらかに色の名前を読み上げていく。

「きれい」

「素敵《すてき》な名前でしょう？」

横並びになった彼女が、誇《ほこ》らしげに微笑《ほほえ》むのが見えた。誇っているのは自分のことではなくて、彼女自身も何かまばゆいものを見上げているのだと、なんとなく分かった。

「じゃあ、私が何か指さしたら、安西さん、色の名前を答えられる？」

いいわよ、と、ちょっとしたゲームを始めるような調子で千夏は言った。とはいえ、辺りに見えるものと言えば空と雲と田畑、たまに珍《めずら》しい色合いの家を見かけても、自転車ではすぐに行き過ぎてしまう。若葉はちょっと迷って、あれは？　と、空の眩《まぶ》しくない辺り——少し西寄りの雲のきわを指さしてみた。

「あの辺は、縹色《はなだいろ》かな……？　ううん、薄藍色《うすあいいろ》の方がいいかもしれない」

「じゃあ、そこの栗林《くりばやし》の下にはえてる草は？」

「光の加減で今は黄色っぽいから、萌黄色《もえぎいろ》かな」

「すごい、じゃあ、あの雲は？」

「卯《う》の花《はな》……、白練《しろねり》……、ううん、ちょっと青みがかって見えるから、白花色《しらはないろ》がいいかもしれない」

その声は、まるで千夏が［　D　］みたいに響いた。何か大切なものに呼びかけるように、千夏は次々に色に命を吹《ふ》き込んでいくのだ。若葉だって空を見る、雲を見る。けれどもいままでこんなにたくさんの色は感じなかった。目の前の世界が一気に鮮《あざ》やかになったようだ。

「すごい！　なんでそんなに知ってるの？」

千夏はふふ、と笑って、

「名前をつけなくちゃ、その色を区別できないから」

と、とっておきのものを取り出してみせるような調子で言った。

「名前を呼ばないと、その色はないのと同じになっちゃうでしょう？　なんとなく違う気がするって思っても、別々の色だってはっきりと分からなくなってしまう。だから名前を覚えて、ちゃんと呼んであげるの。他の色と一緒にされたりしないように」

②はっと胸を衝《つ》かれた感じがした。

ペダルをこぐ足がいつのまにか止まり、千夏からどんどん遅《おく》れていく。いつしか手が勝手にブレーキレバーを握《にぎ》って、若葉は注4悄然《しょうぜん》と立ち止まってしまった。

「どうしたの？」

少し先の方で、千夏が振り向く。

「なんでもない、今行く！」

我に返って、若葉は立ちこぎになり弾《はず》みをつけた。

（中略）

正真正銘《しょうしんしょうめい》のルロイ——一匹《ぴき》目の猫がやってきたのは、今からもう七年も前、若葉が九つの時のことだ。

その頃《ころ》、若葉達が暮らしていたのは、線路際に小さな家の建ち並ぶ下町だった。隣《となり》の家の友達と、窓を開けただけで話が出来る。電車が通ると会話は途切《とぎ》れ、まけじと大きな声を張り上げれば、どこかの窓が音を立てて閉ざされるような、無遠慮《ぶえんりょ》だけれども寛容《かんよう》さには乏しい、時に懐《なつ》かしいけれども、あまり帰りたいとも思えない町。

を上げて、耳をそばだてた。ややあって、玄関《げんかん》のチャイムが鳴る。迎《むか》えの車がやってきたらしい。父は電話を切り上げて、ソファの背にかけた上着に袖《そで》を通しながら、

「おい、誰か一緒《いっしょ》に乗ってくか」

とダイニングに向かって声をはりあげた。

「私、自転車で行くから」

そっけなく答えて、若葉は洗面所へ向かった。背後で兄が、「あ、俺《おれ》乗るわ」と答えるのが聞こえる。歯磨《みが》きの前に二人を見送ろうと、若葉は玄関で立ち止まった。もう大学の二年生だというのに、兄は未《いま》だにぎりぎりまで家を出ようとしない。鞄《かばん》をかついで慌《あわ》ただしく廊下《ろうか》をかけてきたと思うと、注2三和土《たたき》に飛び降り、靴《くつ》をつっかけながら振《ふ》り向きざま、

「お前、あんまり母さん怒《おこ》らせると蜂《はち》の巣にされるぞ。巻き添《ぞ》えはいやだからな」

ひょうひょうとそう言って、父のあとについていった。ドアが閉まる前の一瞬《いっしゅん》に手を振って、ふと、以前住んでいた家の玄関を思い出す。傷だらけの上がりかまちにボロボロの引き戸。見送る仕草《しぐさ》は今も同じなのに、全然別の光景だ。▲

（中略）

少しのんびりし過ぎた、と若葉は慌てて自転車を出した。

住宅街をしばらく走ると、最近開通したばかりの広い街道に出る。ここを十分ばかり行けば、道路沿いに学校のグラウンドが見えてくるのだ。緩《ゆる》い上り坂の向こうに、目がくらみそうに大きな空が広がっている。道の両側にはまだ畑や緑地がそこここに残っていて、五月のこの時期にはまぶしいような緑が広がるのだった。

少し走ったところで、道路の端に、片足をついて止まっている自転車が見えた。振り向いて手を振る娘《むすめ》は、若葉と同じ制服を着ている。

「おはよう！」

はつらつとした声が、朝の空気をふるわせた。安西千夏《あんざいちなつ》だ。

「ごめんね、待った？」

若葉が追いつくよりわずかに早いタイミングで、千夏もゆっくりとこぎ始めた。千夏とはいつもこの場所で落ち合う。今日みたいに千夏の方が待っていることもあれば、彼女《かのじょ》が横合いの路地から出てくるのを若葉が待つこともある。若葉達《たち》の高校は遠方から電車で通う生徒がほとんどだから、自転車通学はあまり多くない。千夏は数少ない自転車仲間なのだ。

「今日、一限から小テストなの、注3古文の」

千夏がちらりと振り向いて言った。クラスも部活も違《ちが》うから、共通の話題はあまりない。

「忘れてた。うちのクラスも今日だ」

何の準備もしていなかった。部活の練習にかまけて忘れていたのだ。

「私、古文って苦手だな……。あんなの憶《おぼ》えられないよ」

しおれたような若葉の声に、千夏は、

「私、得意なの」

と、きっぱり答えた。彼女は［　B　］をしない。得意なものは得意だとハッキリ言う。なのにちっとも嫌な感じがしないのは、話し方の真っ直ぐな響きのせいだろうと若葉は思った。自分を大きく見せようとしないかわりに、かばい立てすることもない。

千夏の活《い》き活きとした黒い髪《かみ》が、ポニーテールに結《ゆ》われて、若葉の目の端で揺れている。草の原を一直線に駆けていく五月の馬。千夏はそういう美しい生き物に似ていた。若葉はそのしっぽを追いかけながらずっと追いつけずにいるような、そんな気分になってくる。

「安西さん、古文好きなの？」

［　C　］みたいに、若葉は問いかける。うん、と千夏はまた

「母さん、何やってるの。服が汚《よご》れるよ」

パンをほおばりながら、兄がキッチンカウンターの向こう側を覗《のぞ》きこんだ。

「お掃除《そうじ》の人に入ってもらったら、引き出しの中がぐちゃぐちゃになっちゃったのよ。並びを変えられちゃ困るわ」

「気にしなきゃいいじゃないか。自分でやる時間なんかないんだから」

「こういうとこ、人に触《さわ》られるの嫌《いや》なのよ」

ふーん、と兄は気のない返事をした。引き出しの中を勝手に並べ替えられたら自分だっていやだな、と若葉はサンドイッチの切れ端《はし》を口の中に押《お》し込みながら思う。自分の性格の厄介《やっかい》なところは全部この人に似ているな、としみじみ感じて、淡《あわ》い色のスーツを汚してでも片付けをしたがる母が急に疎《うと》ましく思えてきた。

ねえ、困ったよねえ、と、左手にまとわりつく微妙《びみょう》な重みをあやすように揺《ゆ》らしながら、目には見えない気配に向かって若葉は呼びかける。人に言えない気持ちを抱《かか》えてしまったときには、いつだってこうしてきたのだ。

リビングの話し声がいつのまにか収まっている。やっと電話を切り上げたか、と思ったら、待ち構えていたようにまた呼び出し音がなった。父の口調が、険しい感じに切りかわる。今度は仕事の電話なのだろう。と、話し声に押しかぶせるように、うわあおん！　とギョッとするほど大きな猫《ねこ》の声が響いた。

とたんに、若葉の左手にまとわりついていた気配が、ふっとかき消える。

半開きになっていたドアから、猫がするりと入ってきた。「よう、ルロイ」と兄が呼びかける。部分長毛の、身体のとても大きな猫で、白黒の斑《ぶち》の毛並みがつやつや輝《かがや》いている。緑色の目がはっとするほど澄《す》んでいて、オスなのに表情がどこか愛らしい。若葉もこの子が大好きだ。なのに、顔を見るたび気が重くなる。

猫はキッチンカウンターの下に歩み寄ると、餌《えさ》用の深皿を前足で揺すぶりながら、いっそう大きな声で鳴き出した。これまた良く通る声なので、猫のくせに父に似たのではないかと思うくらいだ。と、当の父がつかつかとやってきて

「おい、なにか食い物をやってルロイを黙《だま》らせてくれよ。これじゃ電話にならん」

と、早口でささやきかけた。若葉はそっと左手を持ち上げて、感覚を確かめてみる。今はもう、何も感じない。どこか寂《さび》しい気持ちのまま立ち上がって、スティック型のおやつを戸棚《だな》から取り出すと、封《ふう》を切り、猫の目の前に差し出した。

「トト、食べな」

猫は途端《とたん》に鳴きやんで、おやつにむしゃぶりついた。目を細めて一心に食べるその顔を、若葉はつい、別の誰《だれ》かと比べてしまう。

猫が食べ終えるのを待って、自分の皿をキッチンへ持って行った。引き出しの片付けを終えたのか諦《あきら》めたのか、母はもう辺りを片付けて手を洗っている。若葉が近づくと声を潜《ひそ》めて、

「ちゃんとルロイって呼ばなきゃ可哀相《かわいそう》でしょう」

と、釘《くぎ》を刺《さ》した。

（中略）

でも若葉はどうしても、この子を「ルロイ」と呼ぶことが出来なかった。そっちの方がよっぽど可哀相じゃないか、と思えてならないのだ。

そう思った途端に、また左手にふわりと何かが巻き付くのを感じた。若葉はそれを抱《だ》きかかえるように、肘《ひじ》から先に右の手を添《そ》えてやる。空になったおやつの袋を名残《なごり》惜《お》しげにかじっていた猫が、ふっと顔

二〇二一年度 浅野中学校

【国 語】〈五〇分〉〈満点：一二〇点〉

【注意】 問題文には、原文（原作）の一部を省略したり、文字づかいや送りがなを改めたところがあります。

一 **次の――線部①～⑧のカタカナを漢字で、⑨・⑩の漢字の読みをひらがなで書きなさい。いずれも一画一画をていねいに書くこと。**

校長先生の①**コウワ**を聞き、中学生としての自覚を持った。
君の将来の②**テンボウ**を聞かせてください。
古くなった屋根を③**ホシュウ**する。
世界の平和を④**キキュウ**する。
ヘリコプターで農薬を⑤**サンプ**する。
友人は⑥**リロ**整然と自らの主張を述べた。
しっかり勉強して、入学試験に⑦**ソナ**える。
春から地元の企業《きぎょう》に⑧**ツト**める。
⑨**定石**どおりに計画を進める。
ここ一年のあなたの成長は、⑩**著**しい。

二 **次の文章を読んで、後の問いに答えなさい。**

①だから、の三文字を、いつも若葉《わかば》に言い聞かせる時のように、はっきり三つの音に区切って、父は電話にまくしたて始めた。

「だから、思い出すとつらいって言うんなら、そういうことは忘れちまえばいいんだよ。はじめっからなかったことにするんだ。……え？ そりゃ、そうはいかないときだってあるけどさ、気の持ちようだよ。それくらい上手《うま》くやりなよ、いい年なんだから」

若葉は右手だけ使ってサンドイッチを食べながら、テラスの向こうのリビングで忙《せわ》しなく歩き回っている父の様子を盗《ぬす》み見た。電話の相手はたぶん祖母だろう。何か愚痴《ぐち》っているらしいのは雰囲気《ふんいき》で分かる。父があまり話を聞かずに、むやみに励《はげ》まそうとするのもいつもどおりだ。

[A]されるのって、一体どんな気持ちだろう。

ぼんやり考えるうちに、薄《うす》切りのトマトが零《こぼ》れ落ちそうになったのを、若葉はあわてて口で受けた。左手は動かさない。今はだめだ。

▼父の声は広いテラスを回り込んで、ダイニングの側まで筒抜《つつぬ》けになっていた。この家に引っ越《こ》してからというもの、元から大きい声がさらに大きくなった気がする。やたらに広くて部屋数が多いから、声を張り上げなければ届かないのだ。初めのうちはそれが嬉《うれ》しくて、みんなやたらに大声を出したものだった――と昔のことに気を取られたとたん、テーブルの下に隠《かく》したままの左手が、ふいにずっしり重たくなった気がした。

「若葉、左手どうしたの。高校生にもなってみっともない」

キッチンでしゃがみ込んだまま母が言った。もう仕事用のスーツに着《き》替えているのに、引き出しの中の鍋《なべ》やフライパンを注1癇性《かんしょう》な仕草で並べ替えている。若葉は頑《がん》として左手を動かさずに、なんでもない、とはぐらかした。母がまなじりをつり上げて何か言いかける。と、狙《ねら》いすましたように階段を駆《か》け下りる足音が響《ひび》いて、兄が姿を現した。

「朝飯、なんでもいいや。すぐに食えるものない？」

どうやら寝坊《ねぼう》したらしい。

自分でやって、と母はしゃがんだままトーストの袋《ふくろ》を指さした。兄は一枚取り出すと、焼きもせずにハムとバターをたっぷりのせ、半分に折って、立ったままでかぶりつく。

2021年度

浅野中学校 ▶解説と解答

算数 (50分) ＜満点：120点＞

解答

[1] (1) 3 (2) イ…35本，ウ…18.5m (3) 25 g (4) オ…円周，カ…直径，説明…(例) 解説を参照のこと。 (5) キ…30個，ク…90個 (6) ケ…100.48cm^2，コ…50.24cm^2

[2] (1) 機械A…12万枚，機械B…10万枚，機械C…14万枚 (2) 270万枚 (3) 45日目

[3] (1) 解説の図①を参照のこと。 (2) 511 (3) 解説の図④を参照のこと。 (4) 解説の図⑤を参照のこと。

[4] (1) 4分後 (2) 52分後 (3) 27分12秒後 (4) 31：39

[5] (1) 156個 (2) 147個 (3) 132個 (4) 21個

解説

[1] 逆算，植木算，差集め算，濃度《のうど》，長さ，場合の数，面積，図形の移動

(1) $\left(18-\frac{21}{25}\right)\div0.13=\left(\frac{450}{25}-\frac{21}{25}\right)\div\frac{13}{100}=\frac{429}{25}\times\frac{100}{13}=132$より，$(132-\square)\times15\frac{2}{3}=2021$，$132-\square=2021\div15\frac{2}{3}=2021\div\frac{47}{3}=2021\times\frac{3}{47}=129$ よって，$\square=132-129=3$

(2) 20m間隔《かんかく》で植えるとき，余った3本も植え続けたとすると，下の図①のようになる。図①で，□の長さは，20×3－9＝51(m)だから，15m間隔と20m間隔ですべての木を植えた場合の長さの差は，119＋51＝170(m)とわかる。これは，20－15＝5(m)の差が間の数だけ集まったものなので，間の数は，170÷5＝34(か所)となり，木の本数は，34＋1＝35(本)(…イ)と求められる。また，A地点からB地点までの長さは，15×34＋119＝629(m)だから，ぴったり植えるためには，629÷34＝18.5(m)(…ウ)間隔で植えればよい。

図①

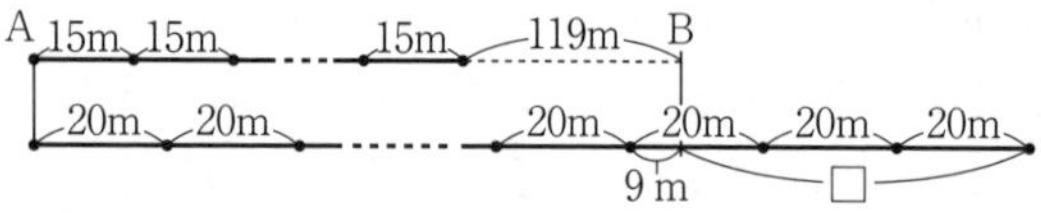

図②

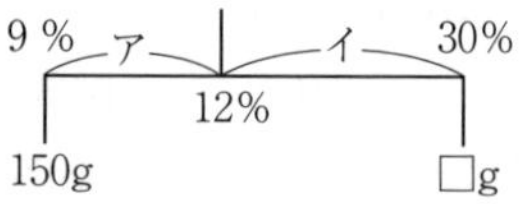

(3) (砂糖の重さ)＝(砂糖水の重さ)×(濃度)より，濃度30％の砂糖水A45 gに含《ふく》まれている砂糖の重さは，45×0.3＝13.5(g)とわかる。これに水を105 g入れると，砂糖の重さは13.5 g，砂糖水の重さは150 gになるので，濃度は，13.5÷150＝0.09，0.09×100＝9(％)になる。よって，追加する砂糖水Aの重さを□gとして図に表すと，上の図②のようになる。図②で，ア：イ＝(12－9)：(30－12)＝1：6だから，9％の砂糖水と30％の砂糖水の重さの比は，$\frac{1}{1}:\frac{1}{6}=6:1$とわかる。したがって，追加する砂糖水Aの重さは，$\square=150\times\frac{1}{6}=25$(g)と求められる。

図③

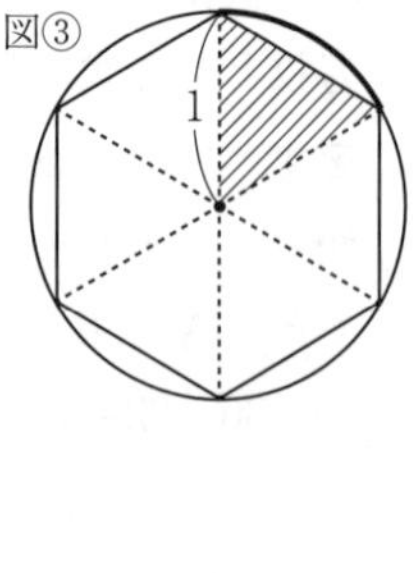

(4) (円周の長さ)＝(直径の長さ)×(円周率)より，(円周率)＝(円周の長さ)÷(直径の長さ)となる。つまり，円周率とは，円周の長さが直径の長さの何

倍かを表す数のことである。また，正六角形は，上の図③のように合同な6個の正三角形に分ける ことができる。ここで，円の半径を1とすると，正三角形の1辺の長さも1になる。すると，太線部分の長さは1よりも長くなるので，円周の長さは，$1\times6=6$よりも長くなる。このとき，円の直径は，$1\times2=2$だから，円周率は，$6\div2=3$よりも大きいことがわかる。

⑸　4桁《けた》の整数を$ABBA$とすると，3の倍数は各位の和が3の倍数になるので，$A+A+B+B=(A+B)\times2$が3の倍数になる。よって，$A+B$も3の倍数になるから，$A+B$として考えられる数と，そのときのA，Bの組み合わせは，それぞれ下の図④のようになる(Bは0でもよいことに注意)。図④で，2つの数が異なる(0を含まない)12通りについては2通り，2つの数が同じ3通りについては1通り，一方が0の3通りについても1通りの整数ができるので，3の倍数は全部で，$12\times2+3\times1+3\times1=30$(個)(…キ)ある。次に，$ABBA$は，$1000\times A+100\times B+10\times B+1\times A=(1000+1)\times A+(100+10)\times B=1001\times A+110\times B$と表すことができる。ここで，$1001\div11=91$，$110\div11=10$より，この数は必ず11の倍数になることがわかる。よって，Aとして考えられる数は0を除いた9通り，Bとして考えられる数は10通りあるので，全部で，$10\times9=90$(個)(…ク)と求められる。

図④

$A+B$	A，Bの組
3	(0，3)，(1，2)
6	(0，6)，(1，5)，(2，4)，(3，3)
9	(0，9)，(1，8)，(2，7)，(3，6)，(4，5)
12	(3，9)，(4，8)，(5，7)，(6，6)
15	(6，9)，(7，8)
18	(9，9)

図⑤

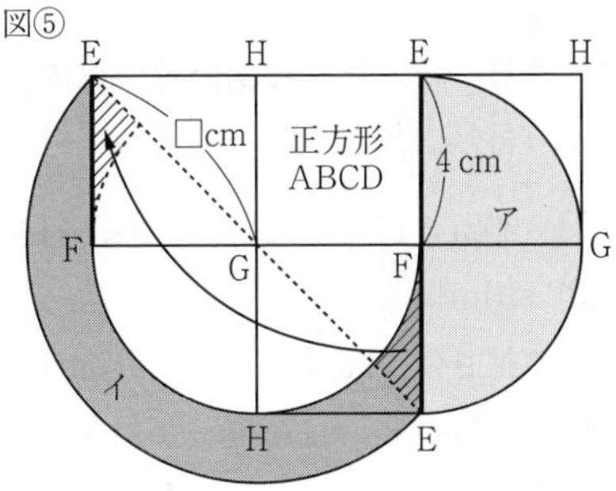

⑹　一辺の長さが4 cmの正方形ABCDの面積は，$4\times4=16$(cm²)である。また，正方形の面積は，(対角線)×(対角線)÷2で求めることもできるから，正方形ABCDの対角線の長さを□cmとすると，□×□÷2＝16(cm²)と表すことができる。よって，□×□＝16×2＝32(cm²)となるので，正方形ABCDの対角線を半径とする円の面積は，□×□×3.14＝32×3.14＝100.48(cm²)(…ケ)と求められる。次に，上の図⑤で，辺EFが通過したのは色をつけた部分である。このうち，アの部分は半径が4 cmの半円である。また，斜線《しゃせん》部分を矢印のように移動すると，イの部分は，半径が□cmの半円から半径が4 cmの半円を除いたものになる。すると，アとイの面積の和は，半径が□cmの半円の面積と等しくなるから，□×□×3.14÷2＝32×3.14÷2＝16×3.14＝50.24(cm²)(…コ)と求められる。

2　消去算，周期算

⑴　機械A，B，Cが1日に作る枚数をそれぞれⒶ万枚，Ⓑ万枚，Ⓒ万枚として式に表すと，右の図1のア～ウのようになる。これらの式をすべて加えると，(Ⓐ＋Ⓑ＋Ⓒ)×2＝22＋26＋24＝72(万枚)となるから，Ⓐ＋Ⓑ＋Ⓒ＝72÷2＝36(万枚)とわかる。ここからウの式をひくと，Ⓐ＝36－24＝12(万枚)と求められる。同様に，イ，アの式をひくと，Ⓑ＝36－26＝10(万枚)，Ⓒ＝36－22＝14(万枚)とわかる。

図1

Ⓐ＋Ⓑ　　＝22(万枚)…ア
Ⓐ　　＋Ⓒ＝26(万枚)…イ
　　Ⓑ＋Ⓒ＝24(万枚)…ウ

⑵　３台の機械が12日間で作る枚数をまとめると，右の図２のようになる。よって，12日間で作る枚数は，Ａが，12×８＝96(万枚)，Ｂが，10×９＝90(万枚)，Ｃが，14×６＝84(万枚)なので，全部で，96＋90＋84＝270(万枚)とわかる。

図２

機械Ａ(万枚)	12	12	0	12	12	0	12	12	0	12	12	0
機械Ｂ(万枚)	10	10	10	0	10	10	10	0	10	10	10	0
機械Ｃ(万枚)	14	0	14	0	14	0	14	0	14	0	14	0
合　計(万枚)	36	22	24	12	36	10	36	12	24	22	36	0

⑶　Ａは，２＋１＝３(日)ごと，Ｂは，３＋１＝４(日)ごと，Ｃは，１＋１＝２(日)ごとに同じ動きをくり返す。また，３と４と２の最小公倍数は12だから，Ａ，Ｂ，Ｃは12日ごとに同じ動きをくり返すことになる。次に，1000÷270＝３余り190より，12日間を３回くり返したときの残りが190万枚になることがわかる。また，１日あたりの合計は図２のようになるので，合計が190万枚をこえるまで加えると，36＋22＋24＋12＋36＋10＋36＋12＝188(万枚)，188＋24＝212(万枚)より，４周期目の９日目に1000万枚をこえることがわかる。よって，完成するのは，12×３＋９＝45(日目)である。

3　*N*進数

⑴　10＝２＋８だから，右の図①のようになる。

図①

×	○
×	○

⑵　下の図②で，９個のマスをすべて○にすると，１＋２＋４＋８＋16＋32＋64＋128＋256＝511になる。よって，表すことができる最も大きな整数は511である。なお，これは下の図③の二進法の位取りと同じ仕組みになっている。二進法で256の次の位は，256×２＝512の位なので，９桁で表すことができる最も大きな整数は512よりも１小さい数であり，512－１＝511と求めることもできる。

図②

1	2	4
8	16	32
64	128	256

図③

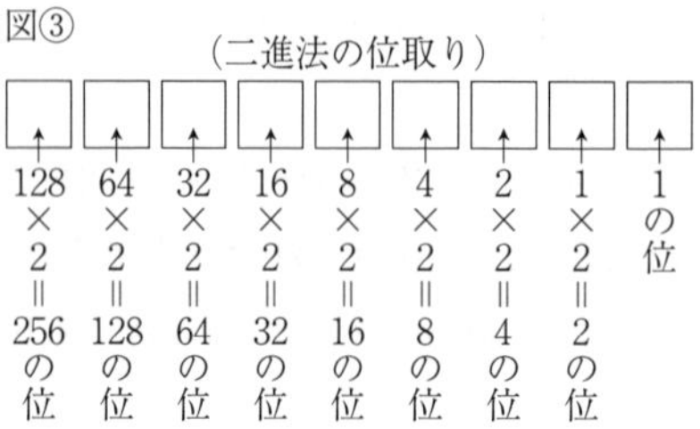

図④

×	×	×
×	○	○
×	○	○

図⑤

×	×	○
○	×	○
×	×	○

⑶　右の計算Ⅰから，432を二進法で表すと110110000となることがわかる。よって，１を○，０を×として図②に記入すると，上の図④のようになる。

⑷　問題文中の㋐で表される数は，１＋２＋４＋８＋16＋64＋128＝223であり，㋑で表される数は，１＋４＋８＋64＝77だから，㋐と㋑の和は，223＋77＝300となる。また，右の計算Ⅱから，300を二進法で表すと100101100となることがわかるので，図②に記入すると上の図⑤のようになる。

計算Ⅰ		計算Ⅱ	
2	) 432	2	) 300
2	) 216…0	2	) 150…0
2	) 108…0	2	) 75…0
2	) 54…0	2	) 37…1
2	) 27…0	2	) 18…1
2	) 13…1	2	) 9…0
2	) 6…1	2	) 4…1
2	) 3…0	2	) 2…0
	1…1		1…0

4　グラフ─速さと比，旅人算

⑴　Ａ君と電車の速さの比は１：４だから，Ａ君と電車が同じ時間で進む距離《きょり》の比も１：４となり，右の図Ⅰのように表すことができる。図Ⅰで，Ａ君は，④－①＝③の距離を進むのに３分かかるので，Ａ君が①の距離を進むのにかかる時間は，$3\times\frac{1}{3}=1$(分)とわかる。よって，Ａ君が電車に初めて追い

図Ⅰ

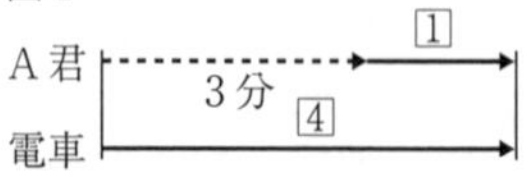

越《こ》されるのは，A君がP駅を出発してから，3＋1＝4（分後）である。

(2) 問題文中のグラフは，A君がQ駅に着くまでのようすを表したものである。また，A君がQ駅に着いたときのA君と電車の間の距離が0だから，A君と電車は同時にQ駅に着いたことがわかる。さらに，A君と電車がPQ間を進むのにかかる時間の比は，$\frac{1}{1}:\frac{1}{4}=4:1$なので，電車がPQ間を進むのにかかる時間を①として，A君がP駅を出発してからの時間と，A君と電車のP駅からの距離の関係をグラフに表すと，右上の図Ⅱのようになる。図Ⅱで，A君がP駅を出発してから電車が2回目にQ駅に着くまでの時間は，3＋①＋5＋①＋5＋①＝③＋13（分）となる。これが④と等しいから，③＋13＝④より，①＝13÷（4－3）＝13（分）と求められる。よって，A君がQ駅に着くのは，A君がP駅を出発してから，13×4＝52（分後）である。

図Ⅱ

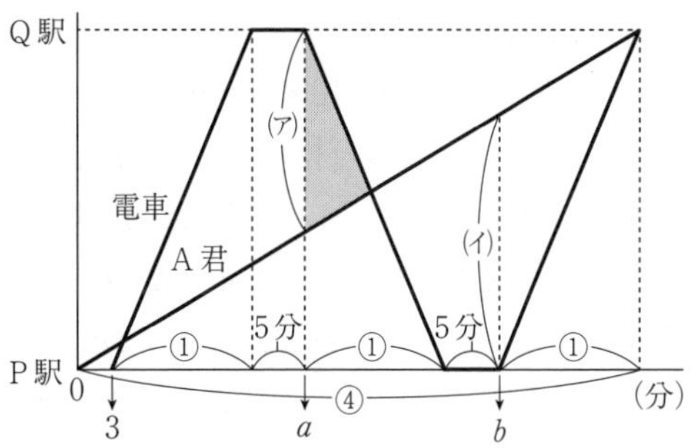

(3) A君の速さを毎分1，電車の速さを毎分4とすると，PQ間の距離は，1×52＝52となる。また，a＝3＋13＋5＝21なので，(ア)＝52－1×21＝31である。ここで，色をつけた部分では，A君と電車の間の距離は1分間に，1＋4＝5の割合で縮まるから，31の距離が縮まるのにかかる時間は，31÷5＝6.2（分）と求められる。よって，A君が電車と初めて正面から出会うのは，A君がP駅を出発してから，21＋6.2＝27.2（分後）である。これは，60×0.2＝12（秒）より，27分12秒後となる。

(4) b＝21＋13＋5＝39より，(イ)＝1×39＝39となるので，(ア)：(イ)＝31：39とわかる。

5 立体図形―構成，分割

(1) 右の図①で，色のついた正方形の個数は，1＋2＋3＋4＝10（個）である。これが奥《おく》に向かって6列くり抜《ぬ》かれたから，くり抜かれた立方体の個数は，10×6＝60（個）とわかる。よって，残っている立方体の個数は，216－60＝156（個）となる。

図①

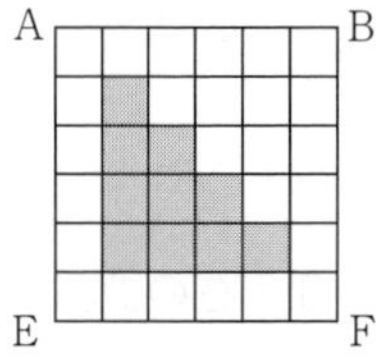

(2) (1)でくり抜かれた60個の立方体を段ごとに図に表すと，下の図②の色をつけた部分になる。また，面DCBAの方向からくり抜かれた立方体は太線で囲んだ部分であり，全部で，2×6＝12（個）ある。ただし，上から4段目の1個と上から5段目の2個はすでにくり抜かれているので，新しくくり抜かれた立方体の個数は，12－3＝9（個）である。よって，残っている立方体の個数は，156－9＝147（個）と求められる。

図②

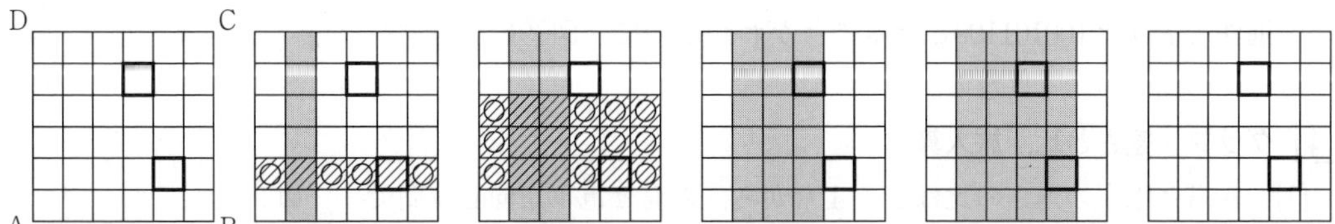

(3) 面BCGFの方向からくり抜かれた立方体は，図②の斜線をつけた部分である。このうち，新しくくり抜かれた立方体は○をつけたものだから，全部で，4＋11＝15（個）ある。よって，残ってい

る立方体の個数は，147－15＝132(個)である。

(4)　面BCGFの方向から見たときの切断面は，右の図③の太線のようになる。よって，図②に切断面をかき入れると，下の図④の太線のようになる。なお，図④では，くり抜かれたすべての立方体に色をつけている。また，各段の上の面の切り口を太実線で，下の面の切り口を太点線で表している。したがって，切断された立方体は，太実線と太点線にはさまれた立方体のうち，色のついていないものなので，全部で，6＋4＋0＋3＋2＋6＝21(個)ある。

図③

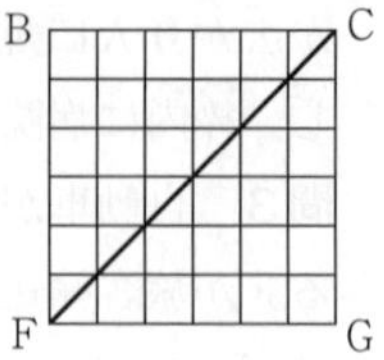

図④

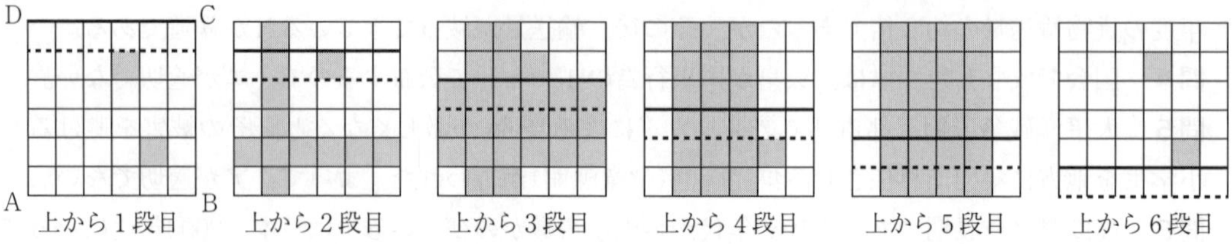

社　会　(40分)　<満点：80点>

解　答

1　**問1**　ア　**問2**　ウ　**問3**　イ　**問4**　エ　**問5**　ア　**問6**　ウ　**問7**　ア　**問8**　ウ　**問9**　ウ　**問10**　エ　**問11**　イ，ウ，エ　**問12**　エ　**問13**　エ　**問14**　イ　**問15**　イ，ウ　**問16**　イ　**問17**　エ　**問18**　イ　**問19**　ア　**問20**　イ，ウ　**問21**　イ　**2**　**問1**　ウ　**問2**　イ　**問3**　(例)　室町時代の関所は通行税をとることを目的としたもので，織田信長は流通を活発化するため，そうした関所を廃止した。江戸時代の関所は江戸防衛のために通行人や物資を取り調べる施設で，江戸から地方に向かう女性は特に厳しく調べられた。

解　説

1　**新型コロナウイルスの感染拡大にともなう社会の変化を題材とした問題**

問1　ア　相続税は所得税と同じように累進《るいしん》課税(収入や遺産が多いほど税率が高くなる)の制度がとられている。したがって，その税率を上げれば，相続額が多い人たちに多く負担してもらうことになるので，貧富の差を縮める効果が期待できる。　イ　高額納税者の所得税率を下げると，そうした人たちはより多くのお金を持つことになるので，貧富の差をいっそう拡大することになる。ウ　消費税は収入(所得)の多少にかかわらず税率が一律であるため，収入の少ない人ほど負担が重くなるという逆進性を持っている。そのため，生活必需《ひつじゅ》品の消費税率を上げると，収入の少ない人への負担がさらに増えることになるので，貧富の差の拡大につながる。　エ　法人税は企業の収入に課せられる税で，景気の活性化をはかる場合などには税率が下げられることがあるが，それ自体が貧富の差を縮めることにはつながらない。

問2　ア　横浜市内の工業地帯は埋立《うめたて》地が多い臨海地区を中心に広がっており，人口規模が少ないとあることから，Dと判断できる。　イ　市の中心部であることと，「高度な医療《いりょう》を提供でき

る」のは中核病院であると考えられることから，Cとわかる。　ウ「住宅街」なので人口規模が多いと考えられ，また，「一般の病院」が多いとあることから，Bがあてはまる。　エ「農地が広がり人口規模は少ない」とあることと，「周囲に病院が少ない」とあることから，内陸に位置し，枠内《わくない》に病院がないAと判断できる。

問3　自動車が半分以上を占《し》め，船舶《せんぱく》も40％以上を占めるEが貨物輸送で，鉄道が70％以上を占めるFが旅客輸送である。また，日本では高度経済成長期の1960年代に自動車が広く普及《ふきゅう》し（モータリゼーション），貨物輸送手段の中心が鉄道から自動車に移り変わっていった。したがって，1990年度と比べて1960年度の貨物輸送量が非常に少ないGが自動車輸送，1960年度の貨物輸送量は1990年度の貨物輸送量の約２倍であったが，その後，輸送量が減ってきているHが鉄道である。

問4　国会で成立した法律は，天皇が国事行為の１つとして公布するので，エが適切でない。

問5　太平洋戦争末期，都市部でアメリカ軍による空襲《くうしゅう》が激しくなると，その被害を避《さ》けるため，小学生を地方に集団で移住させる集団疎開《そかい》（学童疎開）が行われた。よって，アが適切でない。

問6　高度経済成長期にあたる1960年代から生産台数がのびているＩは日本，2000年代になって急激に生産台数がのびているKは，近年，急速に工業化と経済発展が進んだ中国である。残ったＪがアメリカ合衆国で，中国にぬかれるまでは，日本とアメリカ合衆国が世界の自動車生産台数で第１位，第２位を争っていた。

問7　1858年に欧米５か国と結んだ修好通商条約にもとづいて貿易が開始されると，日本からは蚕の繭《まゆ》からつくった生糸が大量に輸出され，国内では品不足となって値段が大幅に上がった。よって，アが適切でない。なお，ウとエについて，当時日本では金と銀の交換比率が１対５であったが，欧米では１対15であったため，イギリス商人などが日本に大量の銀を持ちこみ，金と交換《こうかん》することで大きな利益を得ていた。その結果，日本の金が大量に海外に流出し，金の不足に陥《おちい》った幕府が質の悪い金貨を発行したことから，物価の上昇を招いた。

問8　買う側にとっては，Ｓサイズの約1.4倍の価格で容量が２倍のコーヒーを買うことができるのだから，Ｌサイズを購入《こうにゅう》したほうが割安感がある。一方，売る側としては，ＳサイズとＬサイズでは，Ｌサイズのほうが容量は多いので，原料にかかる費用もやや多くなる。しかし，１杯あたりの人件費・家賃・光熱費などの費用は，Ｌサイズをつぐさいに，機械を動かす時間が多少長くなるとしても，ほぼ変わらないと考えられる。人件費・家賃・光熱費などの費用が同じならば，多少原料にかかる費用が多くなったとしても，それらが１杯の価格に占める割合は，販売価格が高いＬサイズのほうが小さいので，逆に利益は大きくなる。以上のことから，買う側にとっても売る側にとっても，Ｌサイズの売買が望ましいといえる。

問9　韓国人の割合が非常に高いNは，地理的に韓国に近く，航空機やフェリーなどを利用して短時間で来ることができる九州地方と判断できる。また，外国人宿泊数が関東地方についで多いＬは，京都・奈良・大阪などの人気観光地がある近畿地方で，残るMが北海道地方である。

問10　高度経済成長期の1960～70年代には都市部への人口集中が進み，都心の地価が急激に上がったことから，郊外でニュータウンの建設があいついだ。よって，エが適切でない。なお，バブル経済の崩壊《ほうかい》は1990年代初めのできごとである。

問11　男女別の第三次産業への就業率から，男女の働く環境の違いを直接読み取ることはできないので，アは不適切である。男女別の年齢別労働力率からは，結婚や出産，育児などの理由により離

職する女性が多い日本の労働環境が読み取れるので，イは適切といえる。また，ウとエも，職場における男女の格差を示すデータとなる。

問12　扇状地《せんじょうち》は，川が山地から盆地などの平地に出るところに形成される地形だが，大阪(大坂)城跡は周囲との高低差がそれほど大きくない場所にあり，周囲にも扇状地の特徴はみられない。西(左)に広がっているのは三角州である。また，江戸城跡の西側は台地状になっているが，ここにも城下町が発展した。

問13　ア　少子高齢化によって労働力人口は減少傾向《けいこう》にあるが，それでも日本の失業率は諸外国と比較《ひかく》して低い水準にある。　イ　契約《けいやく》社員も派遣労働者やパート，アルバイトなどとともに非正規雇用《こよう》の労働者であり，正規雇用の労働者との賃金格差が問題となっている。　ウ　フレックスタイム制とは，雇用主との協議のもとで導入される，労働者が自身の始業と終業の時刻を決定できる制度である。また，労働時間ではなく，仕事の成果に応じて賃金を支払う「成果主義」を導入する企業が，以前に比べて増えてきている。　エ　日本の労働者の労働時間は世界の中でも長いほうであったが，法改正などにより，近年は徐々に減少している。しかし，有給休暇《きゅうか》や育児休暇の取得率はまだ低く，特に男性の育児休暇の取得率が低いことが課題となっている。

問14　［図７］にあるような大きな道路に面したコンビニエンスストアは，車でさまざまな場所から客が訪れるため，集客圏《けん》はかなり広いと考えられる。

問15　多くの支流を１カ所で合流させると河川の水量が増し，氾濫《はんらん》の危険性が高まるから，イは適切でない。また，市街地全域をコンクリート化すると，雨水などが地面にしみこまず，一気に下水道などから河川に流れこんで水量が増えるので，洪水を引き起こすことにつながる。よって，ウも適切でない。

問16　第一次世界大戦は1914〜18年のできごとで，関東大震災はそれよりあとの1923年９月１日に発生した。なお，第一次世界大戦中の日本は好景気であったが，大戦後，ヨーロッパ諸国が復興するとともに日本は輸出が落ちこんで不景気となり，関東大震災はそれに追い打ちをかけた。

問17　インターネット上の情報を政府などの行政機関が監視すれば，多様な議論の可能性がせばまることも考えられるが，行政機関がさまざまな情報を発信することは，むしろ多様な議論の可能性を広げることにつながると考えられる。

問18　プライバシーの権利には，個人の私的な情報を勝手に公開されないといった権利もふくまれる。近接通信機能のデータ履歴《りれき》には，個人の行動記録などの私的な情報がふくまれるので，プライバシー保護の観点から，取りあつかいには注意が必要となる。

問19　赤道は，アフリカ大陸の中部(横幅がせまくなる部分)やインドネシアの島々，南アメリカ大陸北部(アマゾン川の河口付近など)を通っている。2019年３月31日の図をみると，PM2.5は赤道よりも北のアフリカ北部や西アジア，中国内陸部など北緯20〜40度付近の地域に多く分布していることがわかるので，アが適切でない。

問20　選挙の原則の１つである「秘密選挙」とは，無記名投票によって，だれがだれに投票したかがわからないようにすることであり，投票したかどうかを知られないようにすることではないので，アは適切でない。また，すべての世代の投票率が上がれば，特定の年代や組織の投じた票が全体に占める割合は小さくなるので，むしろ多様な声が政治に反映されやすくなると考えられる。よって，エも適切でない。イとウは，反対意見として適切である。

問21　ふるさと納税はもともと地方経済の活性化を目的の１つとして始められた制度である。また，自治体は受付を制限することができるので，地産地消を優先して返礼品を送付したり，地産地消を妨《さまた》げるような状況であれば対策をとったりすることもできると考えられる。

2　関所を題材とした歴史的なことがらについての問題

問１　「兵庫湊《みなと》」は現在の神戸港(兵庫県)にあたる。12世紀なかば，平清盛は現在の神戸港の一部にあたる大輪田泊《おおわだのとまり》を修築し，ここを拠点《きょてん》として宋(中国)との間で貿易を行って大きな利益をあげた。なお，隋は６～７世紀，唐は７～10世紀，元は13～14世紀の中国の王朝。

問２　奈良時代の８世紀前半には，疫病《えきびょう》や反乱などの社会不安があいついでいた。仏教を厚く信仰した聖武天皇は，仏教の力で国を守り，安らかに治めようと願い，地方の国ごとに国分寺・国分尼《に》寺を建てるよう命じた。そして，都の平城京には総国分寺として東大寺が建てられ，中には金銅の大仏がつくられた。

問３　［表１］中にある「収入」とは税収のことで，室町時代には，通行税を徴収することを目的として各地に多くの関所が設けられた。織田信長はそうした関所を廃止し，人や物資の行き来を活発化することで，商工業をさかんにしようとした。これに対し，江戸時代の関所は江戸の防衛を目的としたもので，街道の要所に［図２］のような施設を設けて通行する人や物資を取り調べた。特に，江戸に入ってくる武器と，江戸から地方に向かう女性は「入鉄砲に出女」とよばれて厳しく取り調べられた。こうした女性が厳しい取り調べを受けたのは，江戸の屋敷に住む大名の妻子が，参勤交代の制度を破って無断で国元に帰ることを防ぐためである。東海道の場合，今切(静岡県)の関所で「入鉄砲」を，箱根(神奈川県)の関所で「出女」を取り調べたとされる。［図３］は，「人見女」とよばれる係の女性(定番人の母親などで，小田原藩から雇《やと》われた)による取り調べのようすを再現したものである。

理　科　(40分)＜満点：80点＞

解　答

1　(1)　エ　(2)　イ　(3)　ア　(4)　イ　(5)　４時30分　(6)　3.6倍　(7)　クレーター　(8)　ウ　(9)　時速1650km　2　(1)　水　(2)　18　(3)　キ　(4)　気管　(5)　エ　(6)　0.5cm　(7)　ア　(8)　**D**　ウ　**E**　イ　(9)　エ　3　(1)　オ　(2)　エ　(3)　イ　(4)　**い**　2.40　**う**　0.5　(5)　**え**　4.38　**お**　10.80　(6)　0.9 L　(7)　400，イ　4　(1)　ア　(2)　エ　(3)　エ　(4)　ウ　(5)　プリズム，ウ　(6)　エ　(7)　イ　(8)　イ

解　説

1　太陽の動きや月についての問題

(1)　46億年は460000万年と表せるので，人類が文明を築いてからの約１万年は$\frac{1}{460000}$にあたる。地球の歴史を１年とすると，１年は，60×24×365＝525600(分)なので，１万年前は，525600×$\frac{1}{460000}$＝1.14…より，１分に相当する。

⑵　金環《きんかん》日食は，地球から見た太陽の大きさが月よりわずかに大きいときに，月のまわりから太陽がはみ出して輪のように見える現象である。月の見かけの大きさが現在より20倍近く大きいとすると，地球から見える大きさは太陽よりも月の方が大きくなるので，金環日食を観測することはできない。

⑶　東経135度の地点では，太陽の南中時刻が12時(正午)となるが，それより東に位置する横浜では南中時刻が12時よりも早い。そして，太陽の南中高度は，その土地の経度ではなく緯度《いど》によって決まる。また，上弦《じょうげん》の月が西の空に見えるのは真夜中なので太陽は見えない。

⑷　南半球では，太陽は東からのぼり，北の空高くを通って西に沈《しず》む。日本が冬至の日には，南半球では太陽高度が高くなり，イのように太陽は最も南寄りから出て，最も南寄りに沈む。

⑸　太陽は透明《とうめい》半球上を，８時から17時までの，17－８＝９(時間)に，21.43－5.25－2.68＝13.5(cm)動いたので，１時間には，13.5÷９＝1.5(cm)動くことがわかる。したがって，日の出から８時まで5.25cm進むのにかかった時間は，5.25÷1.5＝3.5時間＝３時間30分となり，観測を行った日の日の出の時刻は，８時－３時間30分＝４時30分となる。

⑹　月食の際，地球の円形の影《かげ》は実際の地球の直径よりも月の直径１つ分小さいので，地球の影の中を最も長い時間で横切る月のようすは，右の図のように考えられる。月A，Bより，月の直径１つ分の距離《きょり》を月が動くのにかかる時間は，20時57分から22時２分までの，22時２分－20時57分＝65(分間)となる。月A，Dより，地球の直径１つ分の距離を月が動くのにかかる時間は，20時57分から０時54分(24時54分)までの，24時54分－20時57分＝237(分間)とわかる。したがって，237÷65＝3.64…より，地球の大きさ(直径)は月の3.6倍と求められる。

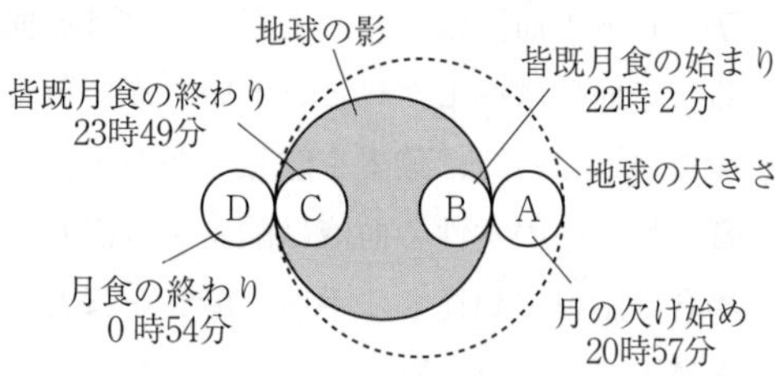

⑺　月などの天体の表面に見られる大小のくぼみは，過去に隕石《いんせき》が衝突《しょうとつ》してできたといわれているクレーターである。月には液体の水や大気がほとんどないため，クレーターができた当時のまま残っている。

⑻　地球を完全な球体と考えた場合，地軸《ちじく》を含《ふく》む断面の円周が地球の円周となり，経度が同じ横浜と地点ウを通る断面にできるこの２地点と地球の中心を結ぶおうぎ形が，地球の円周の一部となっている。したがって，このおうぎ形の中心角にあたる２地点での緯度の差と，弧《こ》の長さにあたる２地点の距離がわかれば，地球の大きさ(円周)を測定できる。

⑼　横浜と地点ウの緯度の差が，37.49－35.49＝２(度)，この間の距離が220kmなので，地球の円周は，$220\times\frac{360}{2}$＝39600(km)となる。これより，地球の赤道上で１日に１回転する時速は，39600÷24＝1650(km)と求められる。

2　植物と動物の呼吸についての問題

⑴　植物が行う光合成では，二酸化炭素と水を材料に，光エネルギーを用いて葉の葉緑体ででんぷんなどの有機物と酸素を作り出している。また，呼吸では，エネルギーを取り出すために酸素を使って有機物を分解し，二酸化炭素と水を放出している。

⑵　１回の呼吸で出し入れされる空気のうち，消費される酸素は，$400\times\frac{21-16}{100}$＝20(mL)とわかる。４秒に１回の呼吸は１分で，60÷４＝15(回)の呼吸になるので，１時間の呼吸数は，15×60＝900

(回)となる。よって，1時間あたりに消費する酸素の量は，$20\times900=18000$(mL)より，18Lと求められる。

(3)　ミミズは，しめった体表面で酸素を取り入れる皮ふ呼吸を行う。なお，コウモリ，ニワトリ，ヘビ，ヤモリは肺呼吸を行い，イモリとカエルの成体は肺と皮ふで呼吸している。また，アサリはおもに水中で生活し，えらで呼吸を行う。

(4)　セミの幼虫は，気門から空気を取り入れ，体内にはりめぐらされた細長い気管とよばれる呼吸器官で呼吸している。セミのぬけがらに見られる白い繊維《せんい》状のものは気管のぬけがらで，羽化のときにそのまま残ったものである。

(5)　魚類は，エのように口から吸いこんだ水をえらから放出するときに，えらにはりめぐらされた毛細血管から水に溶《と》けている酸素を体内に取り込《こ》んでいる。

(6)　体重1kg＝1000gあたりの表面積が$1.2m^2=12000cm^2$のとき，1gあたりの表面積は，$12000\div1000=12$(cm^2)となる。表1より，辺の長さと1gあたりの表面積は反比例の関係なので，辺の長さは，$1\div\frac{12}{6}=0.5$(cm)と求められる。

(7)　ヒトの血液のうち，固形成分には赤血球，白血球，血小板があり，液体成分には血しょうがある。赤血球はヘモグロビンという赤い色素を含み，酸素の多いところでは酸素と結びつき，酸素の少ないところでは酸素を離《はな》してわたすはたらきをしている。

(8)　妊娠《にんしん》中の女性の血液は酸素を放出しやすくなるとあるので，ウかエのいずれかとなるが，エの場合は胎盤《たいばん》に到達《とうたつ》する手前で酸素をほとんど放出してしまうので，ウが適切である。また，母親から酸素を受け取る胎児のヘモグロビンは，母親のヘモグロビンよりも酸素と結合しやすいはずなので，アかイのいずれかとなるが，アの場合はヘモグロビンに結合した酸素が胎児の組織にわたされず，血液中に酸素が残ったままになってしまうので，イが適切である。

(9)　へそのおには胎児の血液のみが流れている。なお，母親の胎盤では，母親の血液と胎児の血液との間で物質のやり取りが行われるが，お互《たが》いの血液が混ざりあうことはない。

3　気体の発生や中和についての問題

(1)　亜鉛《あえん》に塩酸を加えると水素(気体A)が発生し，水酸化ナトリウム水溶液《すいようえき》にアルミニウムを加えても水素が発生する。

(2)　気体Bは酸素，気体Cは二酸化炭素である。エの空気中で燃焼して水ができるものは水素なので，気体B，Cのどちらにもあてはまらない。なお，イとウは酸素，アと(イと)オは二酸化炭素にあてはまる。

(3)　BTB溶液は酸性のときに黄色，中性のときに緑色，アルカリ性のときに青色になる。気体Aの水素と窒素《ちっそ》が結びつくと気体Dのアンモニアになる。アンモニアが水に溶けてできたアンモニア水はアルカリ性を示すので，BTB溶液を加えると青色になる。

(4)　気体Aの水素と気体Bの酸素が結びつくと液体Xの水ができる。表の結果①と結果②を比べて，気体Bを1L増やしたにもかかわらず，できた液体Xの重さは変化せず，そのまま反応しないで残ったことから，結果①で示されるように，気体A2.0Lと気体B1.0Lが過不足なく反応して液体X1.60gができることがわかる。したがって，結果③で，気体A3.0Lと過不足なく反応する気体Bの体積は，$3.0\times\frac{1.0}{2.0}=1.5$(L)となり，生じる液体Xの重さは，$1.60\times\frac{3.0}{2.0}=2.40$(g)となる。次に，

結果④で，気体Ａ5.0Ｌと過不足なく反応する気体Ｂの体積は，$5.0\times\frac{1.0}{2.0}=2.5$（Ｌ）となるので，反応しないで残る気体Ｂの体積は，$3.0-2.5=0.5$（Ｌ）と求められる。

⑸　気体Ｅの塩化水素が溶けた溶液Ｙは塩酸である。これに水酸化ナトリウム5.00ｇを加えると過不足なく中和して，BTB溶液が緑色になる中性の食塩水になり，食塩7.30ｇが生じる。加えた水酸化ナトリウムが3.00ｇのときは塩酸が余るが，塩酸は気体が溶けているので蒸発させても固体が残らない。よって，残った固体は食塩で，その重さは，$7.30\times\frac{3}{5}=4.38$（ｇ）となる。また，水酸化ナトリウムを5.00ｇより多く8.50ｇ加えても，$8.50-5.00=3.50$（ｇ）分は反応せずに混合溶液中に残っており，中和によってできる食塩は7.30ｇのままで変わらないので，残った固体の重さは，$3.50+7.30=10.80$（ｇ）と求められる。

⑹　溶液Ｙは水１Ｌに気体Ｅが3.0Ｌ溶けていて，これが5.00ｇの水酸化ナトリウムと過不足なく反応するので，6.50ｇの水酸化ナトリウムと，$3.0\times\frac{6.50}{5.00}=3.9$（Ｌ）の気体Ｅがちょうど反応する。したがって，あと，$3.9-3.0=0.9$（Ｌ）の気体Ｅを溶かせばよい。

⑺　表５の溶液Ｙの体積を50mLにそろえると，右の表Ⅰのようになる。表Ⅰの①，②，④より，溶液Ｙの体積50mLに対して②と④ではアルミニウムの重さと発生した気体Ａの体積の間に比例関係が成り立っており，溶液Ｙが十分ある場合，アルミニウム0.05ｇを加えたときに発生する気体Ａは60mLとわかる。また，表Ⅰの①で発生した気体が80mLのとき，溶液Ｙ50mLと過不足なく反応するアルミニウムの重さは，$0.05\times\frac{80}{60}=\frac{1}{15}=0.066\cdots$（ｇ）となる。これより，表５で溶液Ｙが250mLのとき，反応したアルミニウムは，$\frac{1}{15}\times\frac{250}{50}=0.33\cdots$（ｇ）で，アルミニウムが一部残っていることになり，発生する気体Ａは，$80\times\frac{250}{50}=400$（mL）となる。なお，表５で実際に反応した値を示すと右の表Ⅱのようになる。

表Ⅰ

	①	②	③	④
溶液Ｙの体積(mL)	50	50	50	50
アルミニウムの重さ(ｇ)	0.10	0.05	0.08	0.06
発生した気体Ａの体積(mL)	80	60		72

表Ⅱ

反応した溶液Ｙの体積(mL)	50	150 (余りあり)	250	450 (余りあり)
反応したアルミニウムの重さ(ｇ)	0.066… (余りあり)	0.20	0.33… (余りあり)	0.60
発生した気体Ａの体積(mL)	80	240	400	720

4　光の進み方についての問題

⑴　水中を進んだ光が空気中に出るとき，光は屈折《くっせつ》するが，水中を進む光の道すじと水面とがなす角度が小さくなると，光は空気中に出ていかず，水面で反射して水中を進むようになる。この現象を全反射といい，この現象により水そうを横から見たときに金魚が水面の上にもいるように見えることがある。

⑵　水中から空気中へと出る光は，水面で境界面に近づくように屈折する。上から見ている人間からは，物体から出た光が実際よりも浅いところから出ているように見えるので，ストローは折れ曲がって短く見え，コインはより浅い位置に見える。

⑶　図１で，太陽光にふくまれる赤色の光は，空気中から器具Ａやとつレンズのガラスに進むときも，そこから空気中に進むときも屈折する大きさが小さいが，紫《むらさき》色の光は空気とガラスの境目で赤色の光よりも大きく屈折している。

⑷　太陽光にふくまれている光を大きく７つに分けると，順番に赤－橙《だいだい》－黄－緑－青－藍《あい》－紫となる。

⑸　器具Ａはプリズムといい，白色光をプリズムに通すと異なる色の光に分けられる。太陽光をプリズムやとつレンズに通したあと，もとの太陽光(白色の光)に戻《もど》すには，図１のとつレンズの中心線を対称《たいしょう》の軸として線対称になるようにプリズムを配置すればよい。

⑹　エのように，水滴《すいてき》に入るときと出るときに，紫色の光の方が赤色の光より大きく屈折する。

⑺　図２より，虹《にじ》は朝方の西の空や正午ごろの北の空のように太陽と反対になる方向に，雨や滝《たき》のしぶきのような水滴《すいてき》があるときに見えることがわかる。夏の正午付近は太陽高度が高く，虹が見える面が地平線に近づくため虹は見えにくくなる。

⑻　右の図ｉのように，太陽光は氷晶《ひょうしょう》で屈折して目に届くので，太陽よりも高い位置から光が来たように逆さ虹が見える。また，右の図ⅱのように，赤色の光よりも紫色の光のほうが屈折した光の傾《かたむ》きが大きいので，紫色の光の方が赤色の光よりも高い位置から来たように見える。よって，逆さ虹はイのように観測される。

図ｉ

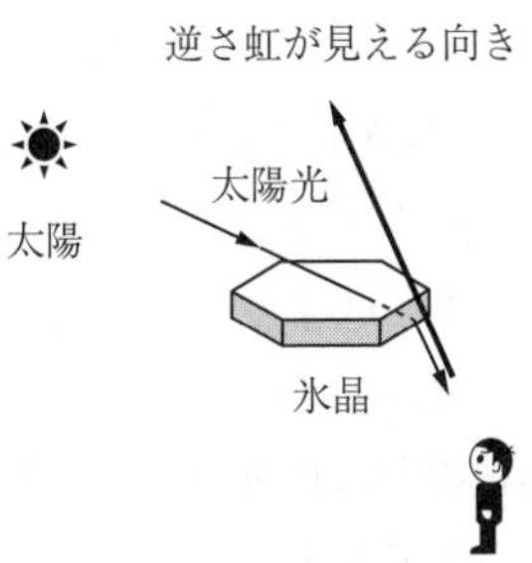

図ⅱ

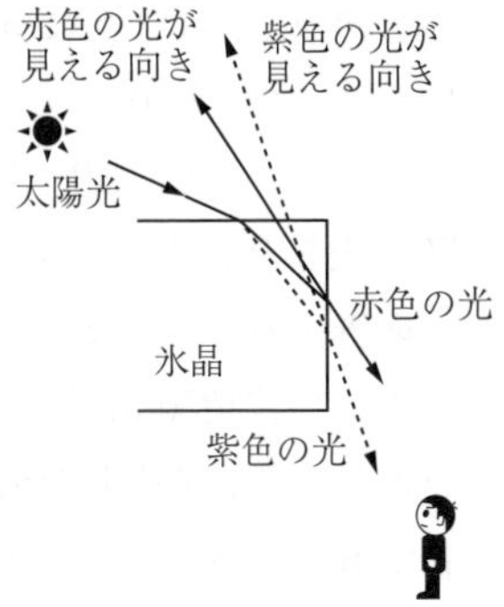

国　語　(50分)　＜満点：120点＞

解　答

一　①～⑧　下記を参照のこと。　⑨　じょうせき　⑩　いちじる(しい)

二　問１　ウ　問２　なかったことに　問３　ウ　問４　エ　問５　(例)　けんそん(謙遜)　問６　Ｃ　エ　Ｄ　ア　問７　(例)　ルロイは死んだ猫の名前であり，今の猫には別の名前が必要であること。　問８　イ　問９　ア

三　問１　エ　問２　イ　問３　ウ　問４　ア　問５　エ　問６　(例)　小説家になったきっかけの一つだ　問７　ウ→イ→オ→ア→エ　問８　(例)　謎の煙は人を立ち止まらせ，想像をかきたてる魅力があったから。　問９　ウ

●漢字の書き取り

一　①　講話　②　展望　③　補修　④　希求　⑤　散布　⑥　理路　⑦　備(える)　⑧　勤(める)

解　説

一　漢字の書き取りと読み

①　あるテーマについて大勢に分かり易く講義すること。　②　人生の行く末などを見通すこと。　③　壊《こわ》れたり傷《いた》んだりした部分を直すこと。　④　望み願うこと。　⑤　まき散らすこと。　⑥　話や考えなどの筋道。　⑦　音読みは「ビ」で，「準備」などの熟語がある。　⑧　音読

みは「キン」「ゴン」で，「出勤」「勤行」などの熟語がある。　⑨　もとは囲碁《いご》の用語で，昔から研究されてきて最善とされる決まった石の打ち方。転じて，ものごとを行うときに最適とされる方法。　⑩　音読みは「チョ」で，「著名」などの熟語がある。訓読みにはほかに「あらわ(す)」がある。

二　出典は『小説すばる』2017年８月号所収の香月夕花《かつきゆか》の「左手のルロイ」による。猫《ねこ》のルロイが死んですぐに，新しい仔猫《こねこ》をルロイと呼び始めた家族に対し違和《いわ》感を覚えながら，亡《な》きルロイの気配を感じる「若葉」のようすが描《えが》かれている。

問１　ことばのかかり受けでは，直接つなげてみて意味のまとまる部分が答えになる。「だから，の三文字を」どうしたのかというと，「区切っ」たとなる。

問２　電話の相手であろう祖母に対し，「だから，思い出すとつらいって言うんなら，そういうことは忘れちまえばいいんだよ。はじめっからなかったことにするんだ」と話す父のようすを見ていた「若葉」の思いをとらえる。最後のほうで，ルロイそっくりの仔猫を自分に差し出した父から「いいか，ルロイは死んでない。この通り，またお前の所に帰ってきた。哀《かな》しいことは何も起きなかったんだ。嫌《いや》なことは全部忘れて，今日からこいつと楽しく暮らせばいい」と言われ，混乱《こんらん》してしまったように，「若葉」はこのとき，「なかったことに」されてしまったルロイの存在を痛ましく感じているものと想像できる。

問３　家族に対する接し方から，兄の人柄《ひとがら》を読みとる。スーツに着替《きが》えているのに，「お掃除《そうじ》の人」への不満をもらしながら片づけをはじめた母に「服が汚《よご》れる」し，「自分でやる時間なんかない」のだから引き出しの中の並びなど「気にしなきゃいい」とは言ったものの，ゆずらないことを知った兄はそれ以上取り合わないようにしている。また，父に対してそっけない態度を取る「若葉」と違《ちが》い，兄はこだわりなく接している。さらに，「若葉」には「お前，あんまり母さん怒《おこ》らせると蜂《はち》の巣にされるぞ。巻き添《ぞ》えはいやだからな」と，「ひょうひょう」とした態度で言い去っている。以上から，冷静に家族のようすを見つめ，自分が取るべき距離《きょり》をはかっている兄の姿がうかがえるので，ウがふさわしい。

問４　「お掃除の人」のやり方が気に入らないと，出勤前のスーツ姿であっても自分で整理をし始める「癇性《かんしょう》な」母を見た「若葉」は，「自分の性格の厄介《やっかい》なところは全部この人に似ているな，としみじみ感じて〜疎《うと》ましく」思っている。現実に優先すべきことよりあくまでも自分の流儀《りゅうぎ》にこだわる母の性格と，自分の性格とはどこか似通った面があると思い，「若葉」は「嫌気がさし」たものと考えられるので，エが選べる。

問５　「私，古文って苦手だな……。あんなの憶《おぼ》えられないよ」とつぶやく「若葉」に対し，安西《あんざい》千夏《ちなつ》は「私，得意なの」と，「得意なものは得意だとハッキリ」言ったのだから，彼女《かのじょ》は「けんそん(謙遜)」しない性格だと判断できる。

問６　Ｃ　「ポニーテール」と「真っ直ぐ」な話し方から，「若葉」が千夏を「草の原を一直線に駆《か》けていく五月の馬」にたとえていることをおさえる。それに対し，「若葉」は彼女の「しっぽを追いかけながらずっと追いつけずにいる」と自分を卑下《ひげ》しているので，ここでは「野生の馬におずおずと近づく」ように問いかけたものと推測できる。　Ｄ　「古い色の名前がすごくきれい」だったことが「古文」を好きになった理由だと話したうえで，千夏は辺りの景色に感じられる色を豊かに表現している。そのようすが，あたかも千夏が「次々に色に命を吹《ふ》き込《こ》んでいく」ように感じら

れたのだから，アが正しい。

問7　周囲の景色を，さまざまな色で表現することに驚《おどろ》いた「若葉」から「なんでそんなに知ってるの」とかときかれた千夏は，「他の色と一緒《いっしょ》にされ」ないように区別するため，ちゃんと色の名前を覚え，呼んであげるのだと話している。その言葉に衝撃《しょうげき》を受けた「若葉」は，ルロイを決して「忘れない」ために，そして，左手のルロイが今も確かに存在すると証明するために，新しい仔猫をルロイと呼ぶよう釘《くぎ》を刺《さ》してくる母や，「嫌なことは全部忘れて」新しいルロイと暮らすことを求める父にしたがうべきではないと気づいたのである。これをもとに，「今の猫と死んだルロイは別の猫だから，違う名前で呼ぶべきだということ」のようにまとめるとよい。

問8　父から「今にも笑い出しそう」な顔で，誇《ほこ》らしげにルロイそっくりの仔猫を差し出され，「いいか，ルロイは死んでない〜嫌なことは全部忘れて，今日からこいつと楽しく暮らせばいい」と言われたことで，「若葉」の「涙《なみだ》」がぴたりと「止まってしまった」ことをおさえる。ルロイの死の悲しみに暮れる自分に対し，その存在を打ち消してしまうかのように，新しい仔猫をルロイに見立てようとふるまう行為《こうい》の浅はかさに，「若葉」は理解がついてゆかず「頭も心も，ショートしてしまった」のだから，イが合う。なお，ここでの「ショート」は，電気回路や電化製品の誤った接続による異常を，考えや気持ちが停止したことにたとえた表現である。

問9　イ　ルロイが死んだのは，「新しい家に引っ越《こ》してから」なので，合わない。　ウ　「空や田畑」に「鮮《あざ》やかな色の美しさ」を見出《みいだ》すことができたのは，安西千夏のおかげなので，正しくない。　エ　昔の狭《せま》い家で，「若葉」たちが「幸せな生活を送って」いたかどうかは描かれていないので，ふさわしくない。

三　**〔文章1〕の出典は野矢茂樹《のやしげき》編著の『子どもの難問―哲学《てつがく》者の先生，教えてください！』，〔文章2〕の出典は道尾秀介《みちおしゅうすけ》の「煙《けむり》の謎《なぞ》」による**。前者では，哲学は子どもにしかできないが子どもには哲学はできないという問題について述べられている。後者では，筆者が子どものころ製紙工場の煙を見て，その下で働く人々を意識したことを回想している。

問1　〔文章1〕の最初で，「私たちの多くは，たえず前に進むことを強《し》いられている。そして哲学は，私たちを立ち止まらせようとする」と述べられていることに注目する。「働くとは何か」という問い一つとっても，日々働き，「前に進め」という圧力に縛《しば》られた労働者(大人)には考える余裕《よゆう》などなく，そこからは自由な立場にある「子ども」にしか考えることはできないのだから，エがよい。

問2　続く部分で，哲学の問いは「問いの答え」と「自分が問うている問いの意味」を「同時に手《て》探《さぐ》りしていかなければなら」ず，問うにも「独特の技術力と力を必要とする」難しいものだと述べられているので，イがふさわしい。

問3　同じ段落の後半で，哲学はある営為《えいい》の「実践《じっせん》に参加している者の視点だけでなく，その実践の外にいる者の視点」にも立つこと，つまり片方に「こだわる」ことなく「自由にさまざまな視点」からものごとをとらえる「フットワーク」のよさが必要だと述べられている。よって，「軽やか」が入る。なお，「フットワーク」は，“足の運び方，機動力”という意味。

問4　B，C　製紙工場の煙は「さほど刺激的ではない」が，「鼻の奥《おく》まで届」く「おならにそっくり」なにおいだったと述べられている。筆者は，「におい」の刺激の強さによるダメージというより，「おなら」そっくりだったという気分的なダメージを受けたのだろうと想像できるので，ア

がよい。

問5　直前の段落で，子ども時代，製紙工場の煙を眺《なが》めていた筆者はふと「働く大人」を思い，「自分もいつか大人になって働く」のだろうと「生まれて初めて意識した」ことを振《ふ》り返っている。そのころは，先生，八百屋さん，魚屋さん，スーパーの店員さんなど，自分に身近な存在に対しては「働いている大人」という認識《にんしき》がなく，あくまで「そういう人」と思っていたのである。この説明をエが最も正確にまとめている。

問6　直前の段落で，「小学校時代に見たあの製紙工場の煙は，きっかけの一つだったのかもしれない。見えない人たちを想像して心動かされるというのは，小説とそっくりだ」と述べられていることに注目する。筆者にとって，「あの煙」は「小説家になったきっかけ」の「一つ」だといえるので，「感謝しなければならない」というのである。

問7　王子製紙のことを調べていた筆者は，会社の分裂《ぶんれつ》時，かつて王子にあった工場は十條《じゅうじょう》製紙が引き継《つ》いでいたということを知ったので，「いつも友達と『王子製紙の工場がさあ』と言い合っていたのは」勘違《かんちが》いだったと気づいたウが最初に来る。次に，それは「親や近所のおじさんおばさん」が言うのを「鵜呑《うの》みにしていた」からだと述べたうえで，「原稿を冒頭《ぼうとう》から書き改めよう」としているため，イ→オが続く。しかし，驚いたことに，十條製紙が引き継いだとされる「工場」自体，筆者が生まれる二年前に「閉鎖《へいさ》」されていた事実が判明し，そもそも「煙突から煙なんか出ているはずがなかった」という謎だけが残ったのだから，ア→エとつながる。

問8　ここでの「謎」は，子ども時代の筆者が見た「煙」とは「いったい何だった」のかということを指す。本文のなかほどで，昔，「煙」の下で働く人を想像したことが，あれこれと「見えない人たちを想像して心動かされる」点に魅力《みりょく》のある小説を書こうと思った一つのきっかけだったかも知れないと述べられているように，筆者はこの「謎」について，すぐ答えが導き出せるであろうインターネットをあえて調べず「こねくりまわして」みたいと考えている。これをふまえ，「煙の謎は，立ち止まって想像を広げたい魅力的なものだったから」といった趣旨でまとめればよい。

問9　「働くこと」に関する二つの文章の共通項は「子ども」である。〔文章1〕では，働いた経験がなければ「働く」ということを「対象化」できないのだから，子どもが「なぜ働くのだろう」と口にしても，まだ問いにすらならないと説明されている。〔文章2〕では，子ども時代に「製紙工場の煙」を見て，そこで「働く大人」のこと，「自分の将来」のことを想像して心動かされた経験は，「小説家」になった「きっかけの一つだったのかもしれない」と述べられている。ウが，このような〔文章1〕と〔文章2〕の内容について最もよくまとめている。

Dr.福井の

入試に勝つ！ 脳とからだのウルトラ科学

記憶に残る“ウロ覚え勉強法”とは？

人間の脳には，ミスしたところが記憶に残りやすい性質がある。順調にいっているときの記憶はあまり残らないが，まちがえて「しまった！」と思うと，その部分がよく記憶されるんだ（これは，脳のヘントウタイという部分の働きによる）。その証拠に，おそらくキミたちも「あの問題を解けたから点数がよかった」ことよりも，「あの問題をまちがえたから点数が悪かった」ことのほうをよく覚えているんじゃないかな？

この脳のしくみを利用したのが“ウロ覚え勉強法”だ。もっと細かく紹介すると，テキストの内容を一生懸命覚え，知識を万全にしてから問題に取り組むのではなく，テキストにざっと目を通した程度（つまりウロ覚えの状態）で問題に取りかかる。もちろんかなりまちがえると思うが，それを気にすることはない。まちがえた部分はよく記憶に残るのだから……。言いかえると，まちがえながら知識量を増やしていくのが“ウロ覚え勉強法”なのである。

ここで，ポイントが２つある。１つは，ヘントウタイを働かせて記憶力を上げるために，まちがえたときは「あ〜っ！」とわざとらしく驚くこと。オーバーすぎるかな……と思うぐらいでちょうどよい。

もう１つのポイントは，まちがえたところをそのままにせず，ここできちんと見直すこと（残念ながら，驚くだけでは覚えられない）。問題の解説を読んで理解するのはもちろんだが，必ずテキストから見直すようにする。そうすれば，記憶力が上がったところで足りない知識をしっかり身につけられるし，さらにその部分がどのように出題されるかもわかってくる。頭の中の知識を実戦で役立てられるようにするわけだ。

Dr.福井（福《ふく》井《い》一成《かずしげ》）…医学博士。開成中・高から東大・文Ⅱに入学後，再受験して翌年東大・理Ⅲに合格。同大医学部卒。さまざまな勉強法や脳科学に関する著書多数。

Memo

Memo

2020年度　浅　野　中　学　校

〔電　話〕（045）421－３２８１
〔所在地〕〒221-0012　神奈川県横浜市神奈川区子安台１－３－１
〔交　通〕JR京浜東北線「新子安駅」・京浜急行線「京急新子安駅」より徒歩８分

【算　数】（50分）〈満点：120点〉

【注意】　定規・コンパス・分度器は机の上に出したり，使用したりしてはいけません。

１　**次の ア ～ キ にあてはまる数をそれぞれ求めなさい。また，(5)の説明については，解答欄に説明を書きなさい。**

(1)　$\left\{7.68\div\left(1\frac{4}{25}+2.68\right)\times\boxed{\text{ア}}-5\right\}\div\frac{3}{4}=2020$

(2)　原価が400円の品物に520円の定価をつけて売りました。仕入れた品物の個数全体の75％より２個多く売れたとき，売り上げた金額は仕入れた金額に等しくなりました。このとき，仕入れた品物の個数は イ 個です。

(3)　［**図１**］のような長方形ABCDがあり，EFはADに平行です。また，GHはABに平行です。いま，点Pは秒速２cmで点Gから点Dまで，点Qは秒速16cmで点Fから点Eまで，点Rは秒速７cmで点Hから点Bまで矢印の方向に同時に出発し線上を動きます。このとき，［**図１**］のように，初めて３点P，Q，Rが一直線上に並ぶのは，３点が出発してから ウ 秒後です。

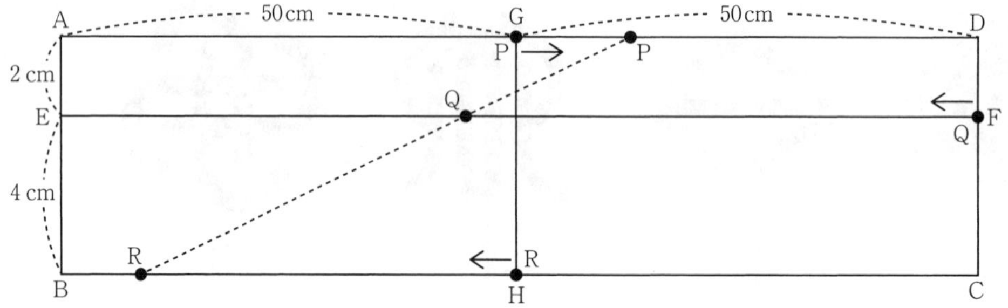

［**図１**］

(4)　はじめに黒玉と白玉がそれぞれ１個ずつあります。次の操作A，操作Bを何回か行い，玉の個数を変えていきます。

操作A：すべての黒玉をそれぞれ黒玉１個と白玉１個に変えます。

操作B：すべての白玉をそれぞれ黒玉１個と白玉１個に変えます。

例えば，はじめの状態から操作Aを１回，次に操作Bを１回行うと，

●○→●○○→●●○●○のように，黒玉３個と白玉２個になります。

はじめの状態から操作Aを続けて３回，次に操作Bを続けて５回行うと，黒玉は エ 個，白玉は オ 個になります。さらにこの状態から操作Aを続けて カ 回行うと，白玉が2020個になります。

(5)　一辺の長さが１cmの正三角形の辺または内部に２つの点を置くとき，この２つの点の距離《きょり》がもっとも長くなるような，その距離の長さは， キ cmです。

次に，[**図2**]のような一辺の長さが2cmの正三角形を考えます。この三角形の辺または内部のどこに5つの点を置いても，それらのうち，距離が1cm以下になる点の組が必ず1組以上あることを[**図2**]を用いて説明しなさい。

ただし，説明は「どこに5つの点を置いても，……」に続くような文で，解答欄に書きなさい。

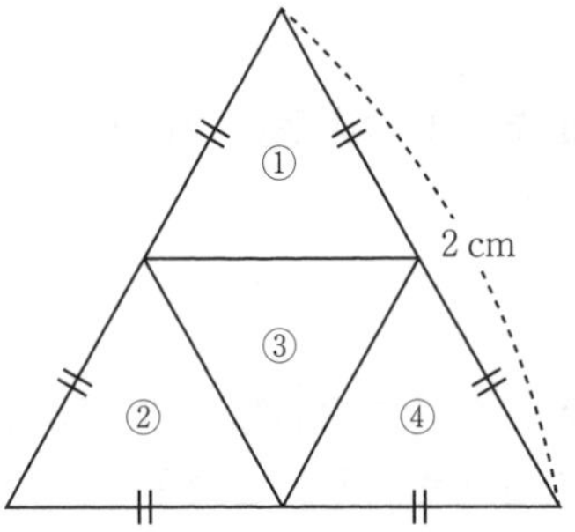

①，②，③，④はすべて一辺の長さが1cmの正三角形です。

[**図2**]

2 **神奈川県横浜市神奈川区にある浅野中学校は今年で創立100周年を迎《むか》えます。浅野中学校にゆかりのあるマークを集めてみました。このとき，後の問いに答えなさい。**

[**図3**]
浅野中学校

[**図4**]
横浜市

[**図5**]
神奈川県

[**図6**]
神奈川区

(1) [**図3**]は，浅野中学校を表すマークです。[**図3**]の「中」の形を一筆書きで書いたとき，書き方は全部で何通りありますか。

(2) [**図4**]は，横浜市を表すマークです。[**図7**]のようにA～Dの4つの部分を，赤・青・黄・緑の4色で塗《ぬ》り分けます。使わない色があってもよいとき，塗り方は全部で何通りありますか。ただし，AとBや，AとDのように隣《とな》り合う部分は異なる色を塗るものとします。

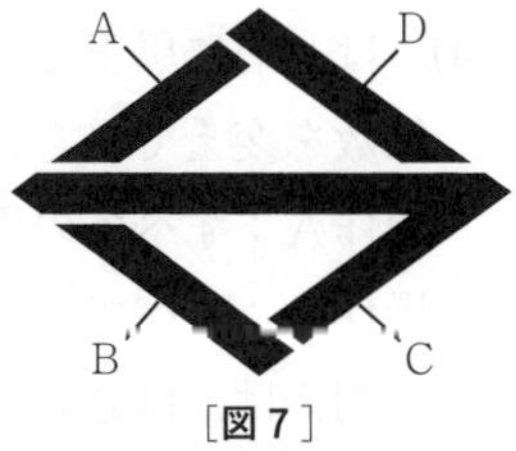

[**図7**]

(3) [**図5**]は神奈川県を表すマークで，1948年11月3日水曜日に制定されました。浅野中学校の創立日は1920年1月20日ですが，この日は何曜日ですか。ただし，現在の暦《こよみ》では，うるう年(2月が29日までの年)は次の①，②のように決められています。

① 西暦《せいれき》年号が4で割り切れる年をうるう年とする。

② ①の例外として，西暦年号が100で割り切れて400で割り切れない年はうるう年ではないとする。

(4) [**図８**]は，[**図６**]の神奈川区のマークを元に描《か》いた図形です。[**図８**]の **ア** にあてはまる数を求めなさい。ただし，[**図８**]は，点Ｐに関して点対称《たいしょう》になっています。また，点Ｐを中心として90°回転しても，もとの図形とぴったり重なるものとします。

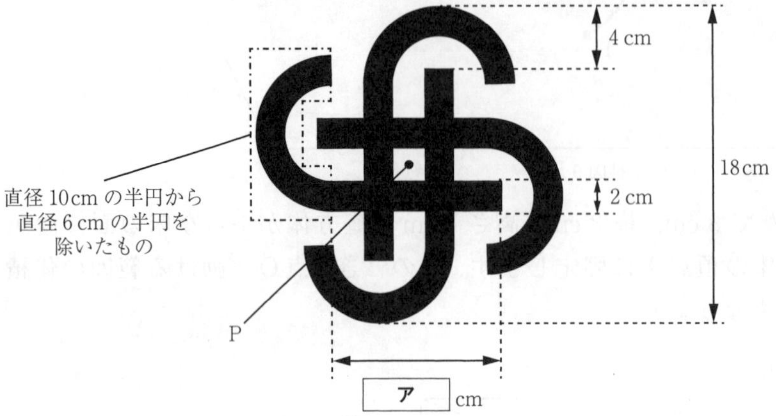

[**図８**]

(5) **(4)**の[**図８**]の黒い部分の面積は何 cm^2 ですか。ただし，円周率は3.14とします。

3

容積が200Ｌの２つの水そうＡ，Ｂがあり，水そうＡに120Ｌの水が入っています。この水そうＡに毎分６Ｌの割合で水を入れるのと同時に，ポンプ１台で水を抜き続けると，40分で水そうＡから水があふれ始めました。このとき，次の問いに答えなさい。ただし，ポンプ１台が抜く水の量はどれも同じで一定の割合であるとします。

(1) ポンプ１台が１分間に抜く水の量は何Ｌですか。

(2) 水そうＡに毎分６Ｌの割合で水を入れるのと同時に，ポンプ４台で水を抜き続けると，何分後に水そうＡが空になりますか。

(3) 水そうＡに毎分６Ｌの割合で水を入れるのと同時に，はじめはポンプ９台で水を抜き続けていましたが，途中《とちゅう》でポンプ３台が同時に壊《こわ》れたので，水そうＡが空になるまでに５分20秒かかりました。水を抜き始めてから何分後にポンプは壊れましたか。

(4) 水そうＡに毎分６Ｌの割合で水を入れるのと同時に，はじめはポンプ１台で水を抜き続けていき，その後５分ごとにポンプを１台ずつ追加して水を抜き続けていきます。水そうＡからポンプで抜いた水をすべて同時に空の水そうＢに移していくとき，水そうＡと水そうＢに入っている水の量が同じになるのは，水を抜き始めてから何分後ですか。

4

長さが３cmの１本の細いひもがあり，その両端《りょうたん》を点Ｐ，点Ｑとします。このとき，次の **ア** ～ **ウ** にあてはまる数をそれぞれ求めなさい。

ただし，球の体積は，(半径)×(半径)×(半径)×(円周率)×4÷3で求められ，円周率は3.14とします。また，ひもは太さを考えず，伸《の》び縮みしないものとします。

(1) 次のページの[**図９**]のように，点Ｐを平らな床《ゆか》の面に固定します。このとき，点Ｑが動ける範囲《はんい》の体積は，(**ア** ×3.14) cm^3 となります。

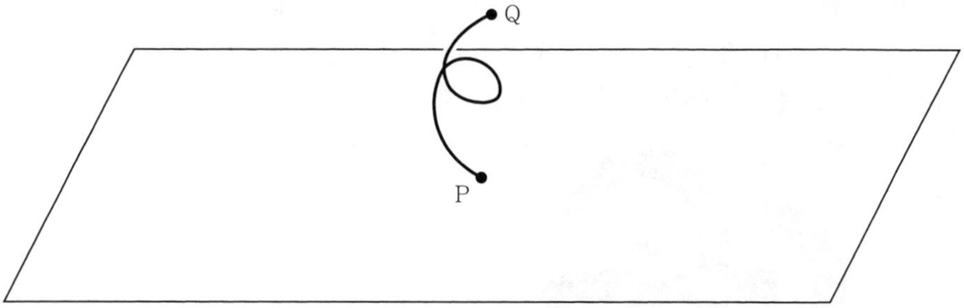

［**図9**］

⑵　［**図10**］のように，たて 3 cm，横 3 cm，高さ 4 cm の直方体が平らな床の面に置かれています。点Pを直方体の頂点Aに固定します。このとき，点Qが動ける範囲の体積は，（ **イ** ×3.14）cm^3 となります。

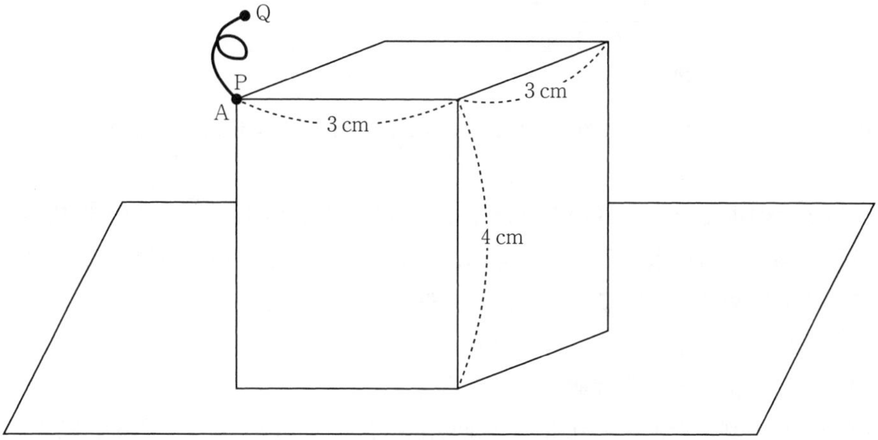

［**図10**］

⑶　［**図11**］のように，たて 3 cm，横 3 cm，高さ 4 cm の直方体が平らな床の面に置かれています。点Pを辺 AB の上で動かします。このとき，点Qが動ける範囲の体積は，（ **ウ** ×3.14）cm^3 となります。

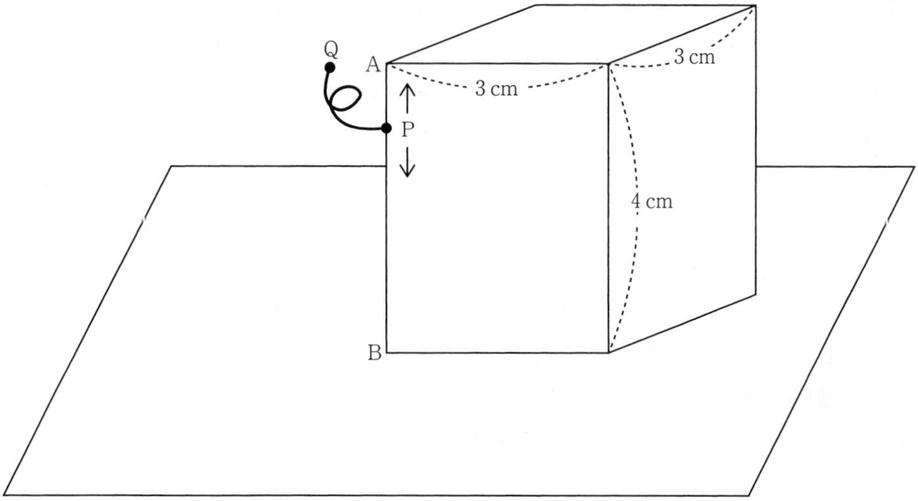

［**図11**］

5 **円周上に書かれた点を順に結んでできる星形の多角形について，次の問いに答えなさい。**

(1) ［**図12**］のように，円周上に異なる５個の点１，２，３，４，５を反時計まわりに取り，１→３→５→２→４→１と点１から反時計まわりに，２つ先の点を順に結んでできる星形の多角形を $\frac{5}{2}$ 角形とよぶことにします。

［**図12**］のような $\frac{5}{2}$ 角形の印のついた角の和を $\left\{\frac{5}{2}\right\}$ と書くことにするとき，$\left\{\frac{5}{2}\right\}$ を求めなさい。

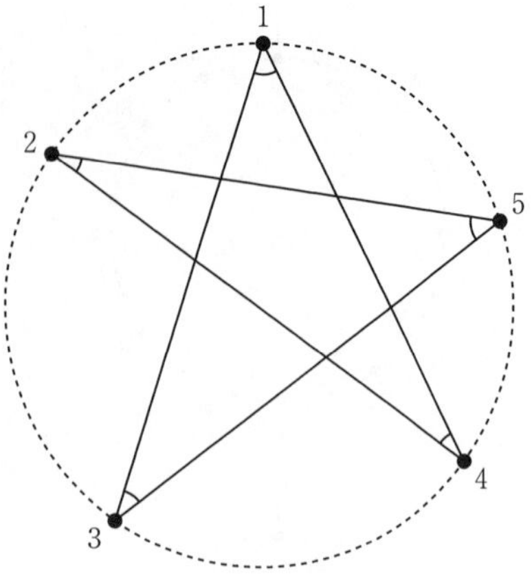

［**図12**］

(2) **(1)**と同じように，円周上に異なる X 個の点１，２，３，…，X を反時計まわりに取り，点１から反時計まわりに，Y 個先の点を順にすべての点を結んで星形の多角形ができるとき，できる星形の多角形を $\frac{X}{Y}$ 角形とよぶことにします。また，$\frac{X}{Y}$ 角形の角の和を $\left\{\frac{X}{Y}\right\}$ と表すことにします。

［**図13**］のような $\frac{7}{3}$ 角形の印のついた角の和 $\left\{\frac{7}{3}\right\}$ を求めるために，［**図14**］のように，点３と点５を結んでみます。すると，$\left\{\frac{7}{3}\right\}=\left\{\frac{5}{\boxed{\text{ア}}}\right\}=\boxed{\text{イ}}$ 度となることがわかります。

$\boxed{\text{ア}}$，$\boxed{\text{イ}}$ にあてはまる数をそれぞれ求めなさい。

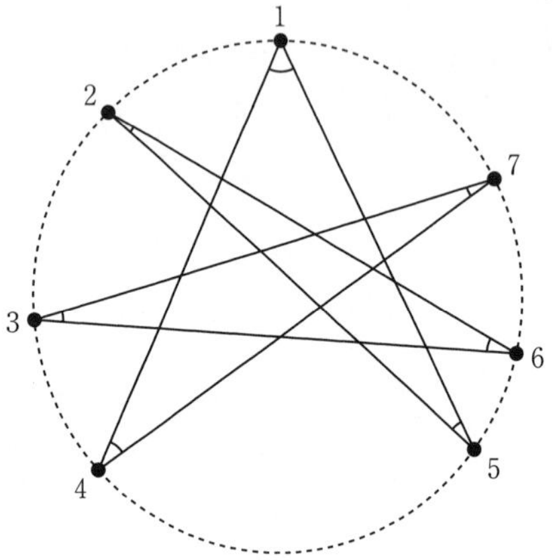

［**図13**］

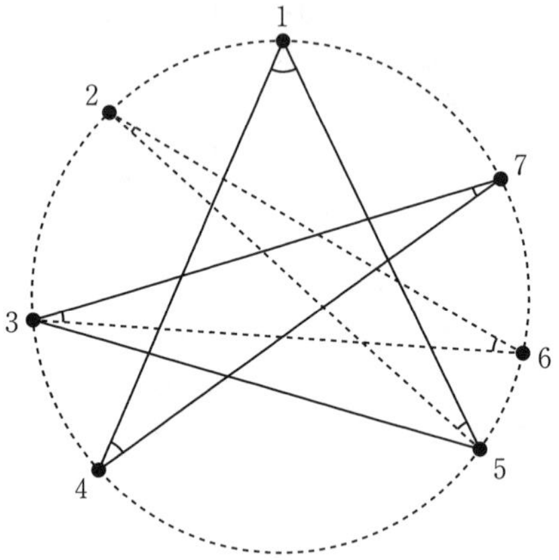

［**図14**］

(3) $\left\{\frac{9}{2}\right\}$ を求めなさい。

(4) $\left\{\frac{9}{\boxed{\text{ウ}}}\right\}=180$ 度となる数 $\boxed{\text{ウ}}$ をすべて求めなさい。ただし，答えが２つ以上になる場合は，「２，３」のように，答えと答えの間に「，」をつけなさい。

（下書き用）

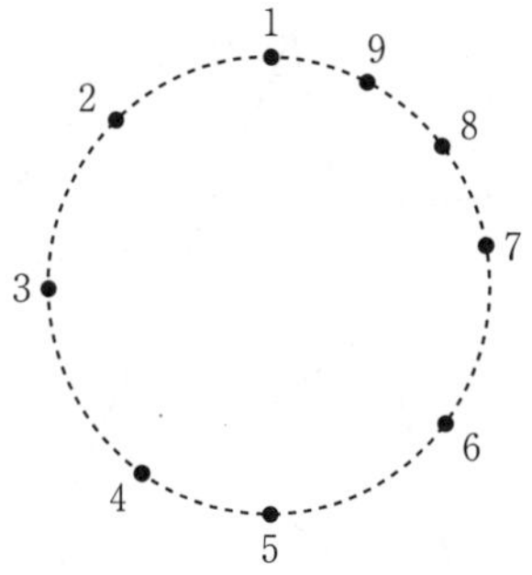
1
9
2
8
7
3
6
4
5

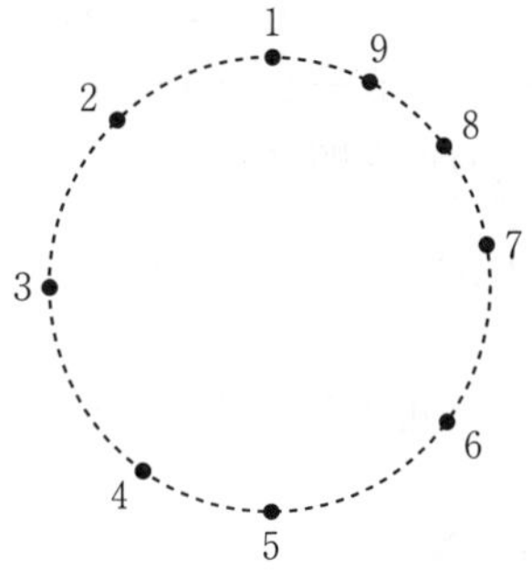
1
9
2
8
7
3
6
4
5

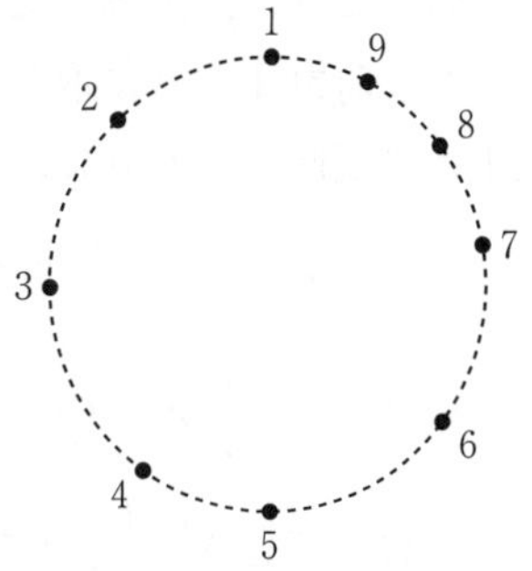
1
9
2
8
7
3
6
4
5

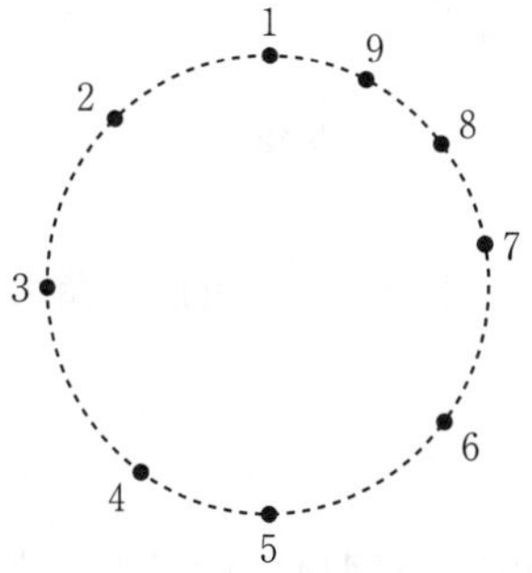
1
9
2
8
7
3
6
4
5

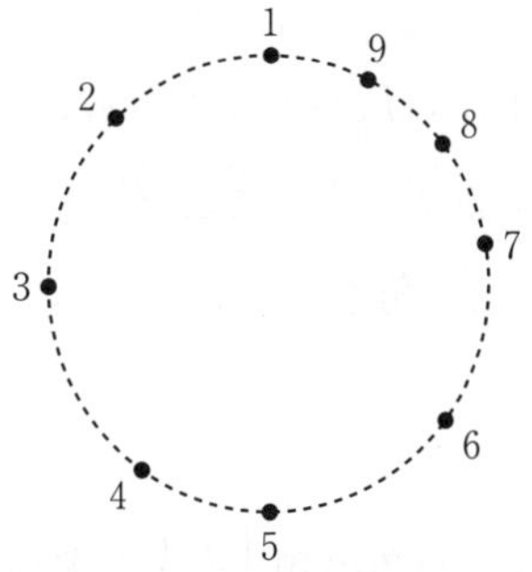
1
9
2
8
7
3
6
4
5

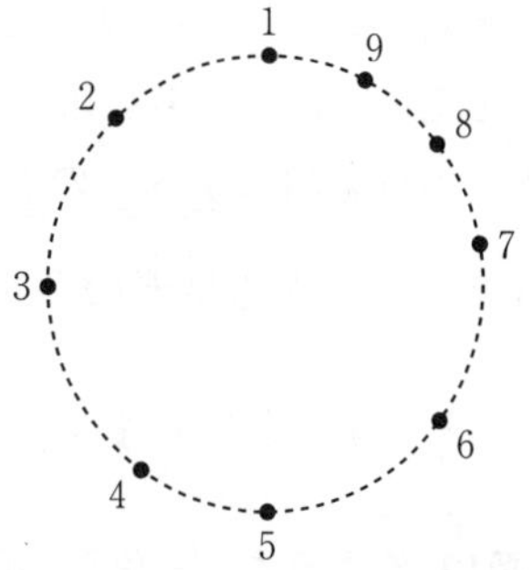
1
9
2
8
7
3
6
4
5

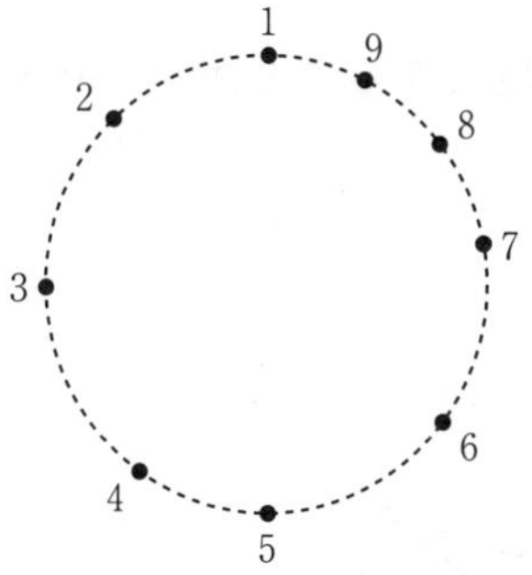
1
9
2
8
7
3
6
4
5

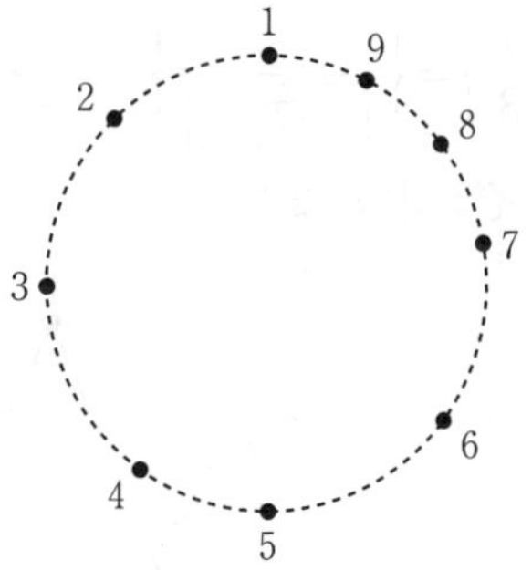
1
9
2
8
7
3
6
4
5

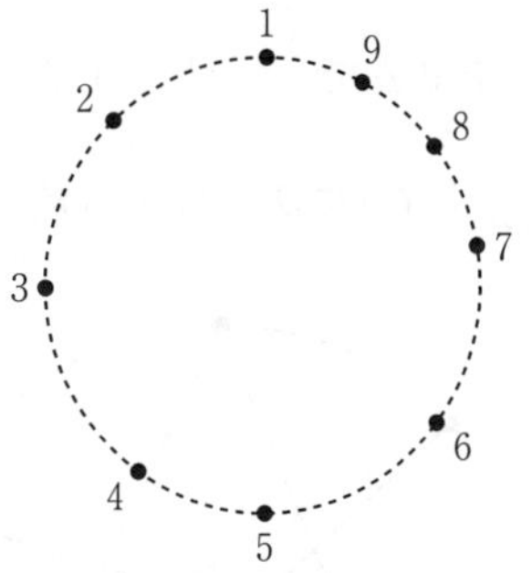
1
9
2
8
7
3
6
4
5

【社　会】（40分）〈満点：80点〉

【注意】 説明する問題については，句読点を1字に数えます。

〈編集部注：実物の入試問題では，写真はすべてカラー印刷，図も一部はカラー印刷です。〉

1　**次の文章を読み，後の問いに答えなさい。**

①2019年は②天皇の代替《だいが》わりがなされ，③元号も平成から令和に改められるなど，天皇の歴史を考える上で興味深い一年でした。例えば，今回の代替わりのように，生前の天皇から次の天皇に皇位が伝えられるのは202年ぶりのことで，その間の代替わりは天皇の死去によってなされていました。この事実からも，皇位継承《けいしょう》のあり方が不変ではなく，時代ごとに変わっていったことが分かるのではないでしょうか。古代から現代にいたるまでの歴史を振《ふ》り返りつつ，皇位継承のあり方から，天皇の歴史を探ってみることにしましょう。

皇位継承がどのようになされていったかを考える際にまず注目すべき出来事は，④645年の皇極《こうぎょく》天皇による譲位《じょうい》(退位)です。それまでの天皇は一度即位《そくい》したならば，亡くなるまで位にありましたが，これ以後，⑤譲位が制度化されていきます。そして，天武天皇の皇后であった　あ　天皇も697年に譲位し，太上《だいじょう》天皇(上皇)となります。皇位継承に際して，譲位という選択肢《せんたくし》が生まれたことは，上皇・法皇が政治を主導する院政を生み出すことにつながっていきました。

白河上皇から始まる院政ですが，その目的は自分の子孫に皇位を継承させることにありました。しかし，院政期の皇位継承は1156年に　い　の乱を引き起こすことにつながり，武士の時代をもたらすことになります。⑥武士が政治において大きな力を持つようになると，皇位継承にも関わるようになっていきました。こうした中で，自分の子孫に皇位を伝えるため，鎌倉幕府の皇位継承への介入《かいにゅう》を否定し，討幕運動を行った人物が後醍醐天皇でした。後醍醐天皇は鎌倉幕府の打倒《だとう》に成功するも，建武の新政は武士の離反《りはん》を招き，失敗に終わります。そして，二人の天皇が並び立つ南北朝時代となりました。1392年に南北朝の合一が果たされるも，争乱の中で経済的に衰退《すいたい》した朝廷《ちょうてい》では，以後，室町幕府の支援《しえん》のもとで皇位継承がなされるようになります。

一方，中世と比較《ひかく》するならば，⑦江戸時代の皇位継承は幕府の承認と支援のもとで，基本的には安定的になされました。ただ，何代にもわたって短命の天皇が続くなど，女性天皇や養子をはさむことで，何とかつないでいたことも事実です。皇位が再び大きな政治問題となるのは幕末です。ペリー来航にみられる対外的危機の中で尊王攘夷運動が高まり，天皇の政治的地位も向上していきました。

1867年の王政復古の大号令によって成立した明治国家において，天皇の地位をいかにして安定的なものとするかは重要な課題でした。そこで1889年，皇室制度についての基本的な法典である皇室典範《こうしつてんぱん》が定められます。そこには，譲位の不可や女性天皇の否定など，皇位継承に関することも定められており，それに基づく形で⑧近代の皇位継承はなされてきました。その骨格は戦後に新たに定められた皇室典範にも引き継《つ》がれ，現在にまでいたっています。

問1　下線部①について――。

2019年4月，財務省は2024年度上半期に新紙幣《しへい》を発行すると発表しました。一万円札に予定されている肖像《しょうぞう》の人物は本校の創立者である浅野總一郎《あさのそういちろう》に大きな影響《えいきょう》を与《あた》えました。その人物の名前を**漢字**で答えなさい。

問2　あ・い にあてはまるもっとも適切な語句を**漢字**で答えなさい。

問3　下線部②について——。

今回の代替わりに際して，大嘗祭《だいじょうさい》が行われました。これは，新しい穀物を神に供える儀式である新嘗祭《にいなめさい》のうち，天皇の即位後に行われるものです。新嘗祭は毎年行われていますが，現在では「ある祝日」になっています。「ある祝日」としてもっとも適切なものを，次の**ア**～**エ**の中から１つ選び，記号で答えなさい。

ア　勤労感謝の日　　**イ**　建国記念の日

ウ　憲法記念日　　**エ**　みどりの日

問4　下線部③について——。

元号の歴史の中で今回の改元を考えた時，「令和」の出典が中国の古典ではなく初めて日本の古典であった点に，大きな変化がありました。その日本の古典の名称《めいしょう》を**漢字**で答えなさい。

問5　下線部④について——。

645年に皇極天皇が譲位した理由としてもっとも適切なものを，次の**ア**～**エ**の中から１つ選び，記号で答えなさい。

ア　厩戸王（聖徳太子）に位を譲《ゆず》り，隋の脅威《きょうい》に対抗《たいこう》するため。

イ　白村江の戦いで，唐・新羅連合軍に敗北したことの責任をとるため。

ウ　中大兄皇子・中臣鎌足らによって，蘇我氏政権が倒《たお》されたため。

エ　壬申の乱に勝利した天武天皇に政治を任せるため。

問6　下線部⑤について——。

太上天皇（上皇）の制度が成立して以降，多くの天皇が譲位しましたが，興味深いことに，後土御門《ごつちみかど》から後奈良《ごなら》までの三代の天皇は，右の［**表１**］にあるように三代続けて在位したまま死を迎《むか》えました。本文の内容を参考にしつつ，その理由としてもっとも適切なものを，次の**ア**～**エ**の中から１つ選び，記号で答えなさい。

［**表１**］

天皇	上：生没年《せいぼつ》 下：在位期間
後土御門天皇	1442年～1500年 1464年～1500年
後柏原《ごかしわばら》天皇	1464年～1526年 1500年～1526年
後奈良天皇	1496年～1557年 1526年～1557年
正親町《おおぎまち》天皇	1517年～1593年 1557年～1586年

ア　いずれの天皇も病弱で短命であったため，譲位をする余《よ》裕《ゆう》がなかったから。

イ　ヨーロッパから来た宣教師がキリスト教を日本に伝え，朝廷がその影響を受けたから。

ウ　応仁の乱後，天皇が京ではなく，各地の戦国大名の拠点《きょてん》を転々としていたから。

エ　皇位継承のための資金を得ることが難しいほど，経済的困窮《こんきゅう》に陥《おちい》っていたから。

問7　下線部⑥について——。

武士の皇位継承への関与《かんよ》の例としてもっとも適切なものを，次の**ア**～**エ**の中から１つ選び，記号で答えなさい。

ア　源平の戦いの中で，源頼朝は京とは別に新たな天皇を鎌倉に迎えた。

イ　承久の乱に勝利した幕府は，後鳥羽上皇を隠岐《おき》に流し，新たな天皇を即位させた。

ウ　北条泰時が制定した御成敗式目は皇位継承についての法としても使用された。

エ　蒙古襲来（元寇）に際して，北条時宗は後醍醐天皇を即位させた。

問8　下線部⑦について——。

江戸幕府と朝廷の関係を説明した文としてもっとも適切なものを，次の**ア**～**エ**の中から1つ選び，記号で答えなさい。

ア　六波羅探題を設置して，朝廷の統制を行った。

イ　禁中並公家諸法度を定めて，天皇や公家の生活・行動を規制した。

ウ　幕府は朝廷による官位の授与《じゅよ》や改元・改暦《かいれき》の権限を否定した。

エ　幕府は朝廷の許可を得て，日米修好通商条約を結んだ。

問9　下線部⑧について──。

近代の皇位継承に関係する文として**適切でないもの**を，次の**ア**～**エ**の中から1つ選び，記号で答えなさい。

ア　王政復古の大号令が出される以前から，明治天皇は在位していた。

イ　明治天皇の死去を受けて，第一次世界大戦前に大正天皇は即位した。

ウ　大正天皇から昭和天皇への皇位継承は，譲位によってなされた。

エ　昭和天皇の在位は太平洋戦争をはさんで60年以上にわたった。

2　**次の文章を読み，後の問いに答えなさい。**

平成の終わりの時期，岐阜県関市にある「道の駅平成」という施設《しせつ》は多くの観光客で賑《にぎ》わいました。道の駅は全国に1,000駅以上あり，レストランや休憩《きゅうけい》施設，資料館のほか①産地直売所などが設置されています。道の駅は地域色豊かなサービスを提供するとともに，地域経済の活性化などの効果も期待されています。

富山県にも道の駅が15駅あります。富山県は，夏季の②日照に加え，黒部川や③神通川をはじめとする大小さまざまな河川を利用した④農業地帯として有名ですが，富山湾《わん》から水揚《みずあ》げされる魚介《ぎょかい》類を中心に発達した港町も多く，食に恵《めぐ》まれた県となっています。また⑤豊富な電力資源にも恵まれ，近年では日本海側屈指《くっし》の工業県に発展しました。

富山県北西部の氷見《ひみ》市では特に漁業が有名で「ひみ寒ぶり」をはじめ多くの魚が水揚げされています。近年は海の幸だけでなく最高級黒毛和牛の「氷見牛」や「氷見米」など山の幸も生産され，⑥ブランド力を高めることで消費者の購買《こうばい》意欲を高めています。しかし多くの地域がそうであるように，氷見市においても人口減少が進行しており⑦第1次産業就業者を取り巻く環境《かんきょう》にも変化が生じています。

そうした中で，⑧氷見市においては地域おこし協力隊制度を活用するなど，試行錯誤《しこうさくご》しながらまちづくりを行っています。2000年代以降，高速道路の整備や道の駅のリニューアルにより街の産業が活性化しましたが，⑨日帰り客が増えた一方で氷見市での宿泊《しゅくはく》客数は伸《の》び悩《なや》んでおり，今後のまちづくりの方策が検討されています。

問1　下線部①について──。

産地直売所の設置により生じる地域の変化について説明した文として**適切でないもの**を，次の**ア**～**エ**の中から1つ選び，記号で答えなさい。

ア　産地直売所の周辺地域における第1次産業の雇用《こよう》機会が増える。

イ　産地直売所で販売《はんばい》される作物の品質が均一化されて食の安全性が高まる。

ウ　産地直売所へ出荷する生産者同士のコミュニティが活性化しやすくなる。

エ　産地直売所を利用する生産者が6次産業化を進めやすくなる。

問2　下線部②について――。

富山市における2月3日の南中時刻が12時05分のとき，横浜市の南中時刻としてもっとも近いものを，次の**ア**～**エ**の中から1つ選び，記号で答えなさい。ただし，富山市は東経137度13＊分，横浜市は東経139度38分の地点とします。

＊分は度より下の単位であり，経度は60分で1度になります。

ア　11時55分　　**イ**　12時00分

ウ　12時10分　　**エ**　12時15分

問3　下線部③について――。

神通川流域では過去に重大な公害が発生しました。日本各地の公害について説明した文として**適切でないもの**を，次の**ア**～**エ**の中から1つ選び，記号で答えなさい。

ア　東北地方には，陸上から流入した栄養分などにより水域のプランクトンが大量発生して多くの魚介類が死滅《しめつ》した地域がある。

イ　関東地方には，地下の天然ガスを採掘《さいくつ》しすぎたために地下に空洞《くうどう》が生まれて地盤沈下《じばんちんか》を引き起こした地域がある。

ウ　近畿地方には，石油化学コンビナートから排出《はいしゅつ》された大気汚染《おせん》物質が原因となって住民の間で高熱病が広がった地域がある。

エ　九州地方には，化学工場から海や河川に排出された有機水銀を吸収した魚介類を食べた住民の間で多数の死者が発生した地域がある。

問4　下線部④について――。

次の[**表2**]は，4つの道県における農業品目別の産出額割合の上位5品目を示したものであり，**ア**～**エ**は，富山県，北海道，茨城県，静岡県のいずれかです。富山県にあたるものを，[**表2**]の**ア**～**エ**の中から1つ選び，記号で答えなさい。

[**表2**]

ア

品目	(%)
野菜	41.7
米	17.5
鶏卵《けいらん》	10.4
豚《ぶた》	8.1
いも類	5.7

イ

品目	(%)
生乳	29.1
野菜	16.6
米	10.0
肉用牛	7.9
いも類	5.9

ウ

品目	(%)
米	68.2
野菜	8.9
鶏卵	6.7
果実	3.3
豚	3.2

エ

品目	(%)
野菜	32.1
果実	13.3
工芸作物	9.3
米	8.7
花き	7.3

統計年次は2017年。「生産農業所得統計」より作成。

問5　下線部⑤について――。

次の[**表3**]は，3つの県における発電方式別の発電量割合(%)を示したものであり，**A**～**C**は，富山県，大分県，沖縄県のいずれかです。**A**～**C**と県名との正しい組み合わせを，後の**ア**～**カ**の中から1つ選び，記号で答えなさい。

[**表3**]

	火力	水力	太陽光	風力	地熱	その他
A	99.4	―	0.2	0.4	―	―
B	89.1	4.9	1.9	0.0	4.1	―
C	34.1	65.7	0.2	0.0	―	―
全国	81.4	9.5	1.2	0.7	0.2	7.0

統計年度は2018年度。「電力調査統計」より作成。

	ア	イ	ウ	エ	オ	カ
A	富山県	富山県	大分県	大分県	沖縄県	沖縄県
B	大分県	沖縄県	富山県	沖縄県	富山県	大分県
C	沖縄県	大分県	沖縄県	富山県	大分県	富山県

問６　下線部⑥について――。

近年，さまざまな分野でブランド力の向上を図る工夫が行われています。この理由の一つには，関税の引き下げで輸入品との差別化を図る必要性が高まったことがあげられます。関税が高いとその国の輸入量が増えにくいため，国際貿易の拡大によって関税は引き下げられつつあります。このことを踏《ふ》まえて，以下**(1)**・**(2)**の問いに答えなさい。

(1)　次の［**図１**］は，日本と外国との貿易の仕組みを簡単に示したものです。この図の中で，関税のやり取りを示した流れとして適切なものを，［**図１**］の**ア**～**エ**の中から１つ選び，記号で答えなさい。

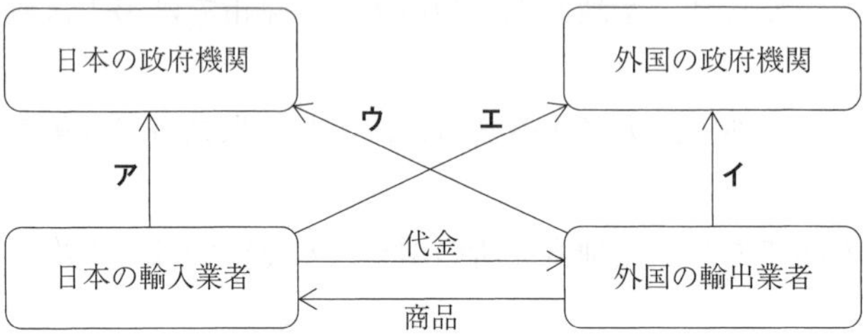

［**図１**］

(2)　関税は，その国および品目ごとに課税額が異なります。日本の基準で，コメよりも１kgあたりの関税額が高く設定されている農産物を，次の**ア**～**エ**の中から１つ選び，記号で答えなさい。

ア

イ

ウ

エ

問７　下線部⑦について――。

次の［**図２**］は，富山県の第１次産業就業者の割合を市町村ごとに示したものであり，**Ｊ**・

Kは2000年・2015年のいずれかを示した図です。［**図２**］とそれに関連することがらについて述べた文としてもっとも適切なものを，後の**ア**～**エ**の中から１つ選び，記号で答えなさい。

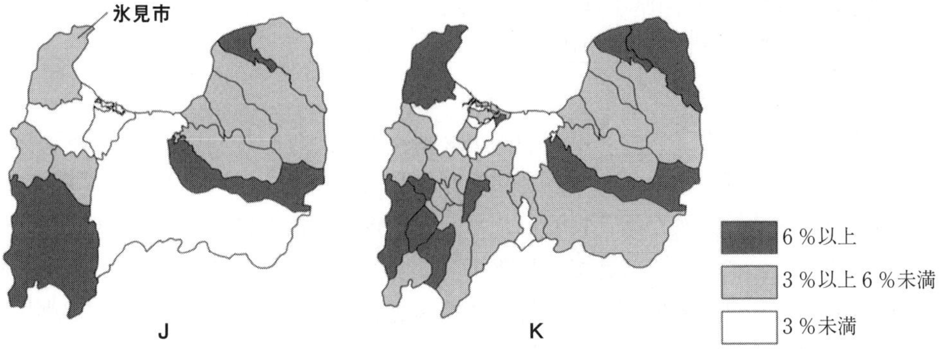

［**図２**］

「国勢調査」より作成。

ア　**J**は2000年，**K**は2015年の図であり，産地直売所の増えた氷見市では第１次産業就業者の割合が増加した。

イ　**J**は2000年，**K**は2015年の図であり，大都市へ若者が流出した氷見市では第１次産業就業者の割合が減少した。

ウ　**J**は2015年，**K**は2000年の図であり，産地直売所の増えた氷見市では第１次産業就業者の割合が増加した。

エ　**J**は2015年，**K**は2000年の図であり，大都市へ若者が流出した氷見市では第１次産業就業者の割合が減少した。

問８　下線部⑧について――。

氷見市は本校の創立者である浅野總一郎の出身地です。總一郎は数々の失敗を経験しながらも一代で浅野財閥《ざいばつ》を立ち上げ，京浜工業地帯の基礎《きそ》を築きました。

次の［**図３**］は，京浜工業地帯で生産された重化学工業製品の出荷額とその割合を示したものであり，**P**・**Q**は1986年・2016年のいずれかを示した図です。また，**X**～**Z**は金属工業，機械工業，化学工業のいずれかです。このうち，2016年と機械工業にあてはまる組み合わせを，後の**ア**～**カ**の中から１つ選び，記号で答えなさい。

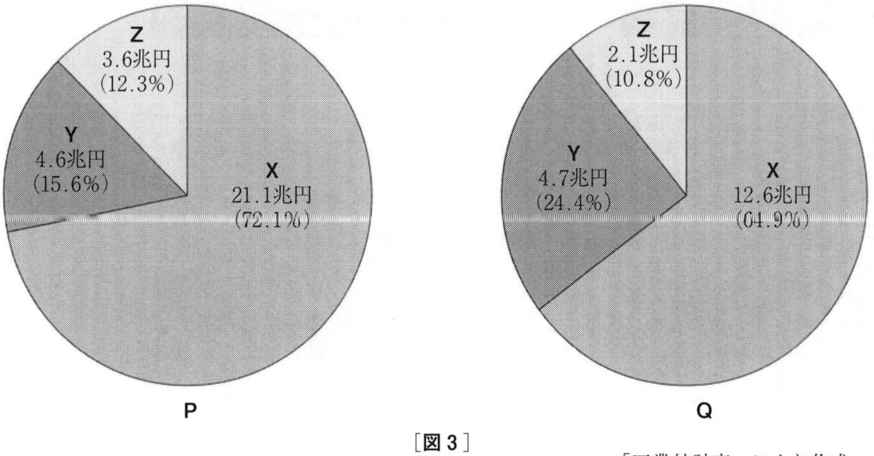

［**図３**］

「工業統計表」により作成。

	ア	イ	ウ	エ	オ	カ
2016年 機械工業	P X	P Y	P Z	Q X	Q Y	Q Z

問9　下線部⑨について――。

日帰り旅行者は，高速交通の発達などによって増加しています。次の[**表4**]は，４つの都道県における定期航空便が就航する空港の数と，鉄道輸送人数を1000としたときの航空輸送人数を示したものであり，**ア**～**エ**は，富山県，北海道，東京都，鹿児島県のいずれかです。東京都にあたるものを，[**表4**]の**ア**～**エ**の中から１つ選び，記号で答えなさい。

[**表4**]

	定期航空便が就航する空港の数	鉄道輸送人数を1000としたときの航空輸送人数
ア	12	30.4
イ	8	93.5
ウ	7	2.9
エ	1	5.2

統計年次は2016年。『データでみる県勢』より作成。

3　次の文章を読み，後の問いに答えなさい。

私たちの社会生活は様々な技術によって支えられています。スマートフォンや①電子マネー，電子決済などの登場で，ここ20年の間に私たちの生活は大きく変わり便利になりました。ただ，技術の進化による生活の変化自体は，進む速さに違《ちが》いはあるものの，必ずしも現代社会に特有のものではありません。

新しい技術が産業を発展させ社会を豊かにしてくれるという経験を，人間は今までも数多くしてきたのです。本校を創立した浅野總一郎も様々な事業を展開する中で，先進的な技術を産業の発展に活かそうとしました。例えば，自社のセメント工場に大学を卒業し最先端《さいせんたん》の技術や知識を持った人々を雇《やと》い入れ，工場の整備改良と生産力の向上に努めました。中でも回転窯《かいてんがま》という当時の最新技術を導入した結果，②浅野のセメントは一気に競争力が増したと言われています。また，後に海運業にも乗り出した總一郎は，燃料として［**あ**］ではなく石油を使う船の建造を考えていました。これらは当時の水準では高度な技術でしたが，總一郎は同時代の人たちの協力も得て実用化させる努力をしたのです。

一方，總一郎は新しい技術だけではなく，普通《ふつう》の人がゴミとして処分しそうな廃物《はいぶつ》を巧《たく》みに利用することが上手な人物でもありました。例えば，［**あ**］を燃焼させた後に残る産業廃《さんぎょうはい》棄物《きぶつ》のコークスを安価で買い，燃料や消毒薬という商品をつくり利益を得たのです。このように廃物を商品にするという總一郎の姿勢は，現代社会における③３Ｒ活動に通じるところがあります。

④高度経済成長を経験した20世紀の日本には，産業を支える優れた技術が数多く存在しました。しかし，技術の進歩は時に新たな課題を私たちに投げかけます。例えば1960年代に大きな問題となった⑤公害問題はそのような課題の一つです。こうした課題に答えるべく，昨今の技術は経済成長をもたらし，かつ環境にもやさしい技術という方向性を持たなければ評価されな

くなりました。浅野總一郎が得意だった廃物の活用という発想は，現代社会における技術の可能性を考える上でも役立つものだと言えるでしょう。

一方，現代社会では，単に技術を用いるだけでは解決するのが難しい問題が提起されているのも事実です。例えば，医療《いりょう》技術が発展したことで，日本人の平均寿命《じゅみょう》は男女とも伸び続けています。技術の発展がよい結果をもたらしたとも言える反面，社会の高齢《こうれい》化が進行することで，⑥高齢者介護《かいご》や社会保障制度をどのように維持《いじ》していくべきかが新たな難問となっています。つまり，技術の進歩が新たな社会問題を引き起こしているのです。また，技術は単に生産的な側面だけを持つものではなく，時には破壊《はかい》的な側面を持つこともあります。⑦技術を応用することによって人間の存在自体が脅《おびや》かされた事態も，人間は数多く経験をしています。実際に20世紀はこのような技術の負の側面が噴出《ふんしゅつ》した世紀でした。新技術を用いることで生じるこうした側面から眼をそむけてはならないのです。

本来，技術とは⑧人間が活動する上でこれができればよいと考えた内容を形にしたものであって，社会生活や人間の活動と密接に関わっていることを忘れてはなりません。浅野總一郎は様々な事業を行う中から技術の必要性に気がつき，その実用化に向けて努力しました。「今なければならない技術とは何か」について考えることが，私たちに求められています。

問１　[あ] にあてはまるもっとも適切な語句を**漢字２字**で答えなさい。

問２　下線部①について――。

電子マネーや電子決済の使用について述べたものとしてもっとも適切なものを，次の**ア**～**エ**の中から１つ選び，記号で答えなさい。

ア　IC カードなどの電子マネーの不正使用が問題になったので，スマートフォンを用いた電子決済では対策がなされ不正使用されることはなくなっている。

イ　電子マネーや電子決済を利用することで利用者は簡単に支払《しはら》いができる一方，導入する会社は利用者のデータを商品販売に活用することができる。

ウ　スイカやパスモなどの交通系電子マネーは発行した会社の路線では自由に利用できたが，最近全国すべての交通機関で利用できるようになっている。

エ　電子マネーや電子決済の利用が普及《ふきゅう》することによって，紙幣や硬貨《こうか》が利用される機会が減り景気に悪影響を与えることが心配されている。

問３　下線部②について――。

浅野のセメントが競争力を持った理由を次のように説明した場合，（**１**）（**２**）にあてはまるもっとも適切な言葉を**漢字１字**で答えなさい。

工場で様々な点を改良した結果，製品の（　**１**　）が一定の水準を満たすようになり，かつ生産効率が上がることでたくさんの製品をより（　**２**　）い値段で売ることができるようになったから。

問４　下線部③について――。

浅野總一郎によるコークスを利用した商品の開発は，３Ｒ活動の何に相当するか答えなさい。

問５　下線部④について――。

高度経済成長期に起きた出来事として**適切でないもの**を，次の**ア**～**エ**の中から１つ選び，記号で答えなさい。

ア　日本で初めてのオリンピックが東京で開催《かいさい》された。

イ　オフィスや工場の機械化(OA化，FA化)が進んだ。

ウ　冷蔵庫や洗濯機《せんたくき》など「三種の神器」が話題となった。

エ　エネルギー革命の進展によって炭鉱の閉山が増加した。

問6　下線部⑤について──。

公害問題は，利益の追求を最優先にして企業《きぎょう》が活動したことにより，その活動の外部にいた人々が影響を受けた問題であると言えます。これと同様に，企業活動の外部にいる人が損害を受けた事例としてもっとも適切なものを，次の**ア～エ**の中から1つ選び，記号で答えなさい。

ア　A市の中心部にあった工場が他の場所に移転してしまったため，商店街の売り上げが大《おお》幅《はば》に減り閉店する店が相次いだ。

イ　B駅から離《はな》れた場所に新しく大型のショッピングモールができたため，その付近の人々はB駅付近の商店街に買い物に行かなくて済むようになった。

ウ　C市の市議会で市の指定ゴミ袋《ぶくろ》の有料化が決定されたため，市民は従来のポリ袋より割高な指定ゴミ袋を買わなければならなくなった。

エ　Dさんの家の近くには史跡《しせき》が整備されずに放置されていたが，市の調査が終わり史跡公園になったためたくさんの人が訪れるようになった。

問7　下線部⑥について──。

高齢者介護や社会保障制度をとりまく現在の状況《じょうきょう》に関する記述としてもっとも適切なものを，次の**ア～エ**の中から1つ選び，記号で答えなさい。

ア　社会の高齢化によって政府が出費する社会保障費用が急速に増加しているため，社会保障制度に関わる資金をすべて地方自治体による負担とし，運用は政府が実施《じっし》することが決まった。

イ　日本の現在の社会保障の水準をそのまま継続《けいぞく》させることが将来的に困難になっているので，国や地方自治体が社会保障制度の運用から撤退《てったい》することが決まった。

ウ　社会の高齢化にともなって介護施設が不足するとともに，介護に対する要望も多様化しているため訪問診療《しんりょう》やホームヘルパーの派遣《はけん》が行われるようになった。

エ　社会保障制度を維持するための費用として法人税が増税されたにもかかわらず，福祉《ふくし》の財源が不足したため，さらに所得税を増税することになった。

問8　下線部⑦について──。

このような事態の例として核兵器《かくへいき》の存在をあげることができます。1990年代以降の核兵器のあり方をめぐる動きとしてもっとも適切なものを，次の**ア～エ**の中から1つ選び，記号で答えなさい。

ア　戦後，世界全体での核兵器の保有総数が最も多くなったのは2000年代前半であり，それ以降は核兵器の保有総数は減少している。

イ　2017年に核兵器禁止条約が採択《さいたく》され，米国と北朝鮮以外のすべての核保有国が条約に参加したことで，核兵器の全面禁止と根絶の方向性が示された。

ウ　核兵器に反対する市民運動は冷戦時代から存在するが，2017年にNGO団体「核兵器廃《はい》絶《ぜつ》国際キャンペーン(ICAN)」がノーベル平和賞を受賞した。

エ　冷戦下では米ソ英仏中の五カ国が核保有国だったが，冷戦終結後にインド，パキスタン，北朝鮮が新たな核保有国になっている。

問９　下線部⑧について――。

子どもから高齢者まであらゆる人々の社会生活がスムーズに営めるような技術的工夫を行うことが，現代の社会生活において重要なことであると認識されるようになっています。次の［**図４**］はこのような工夫の一例ですが，１つだけ特定の人々を対象として設置されたものがあります。それにあたるものを，［**図４**］の**ア**～**エ**の中から１つ選び，記号で答えなさい。

ア

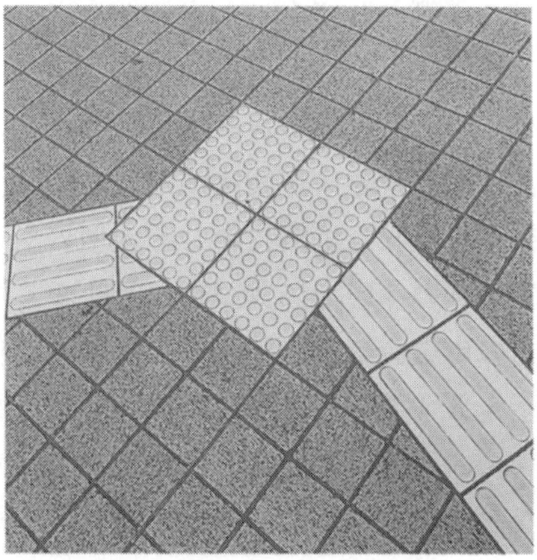

イ

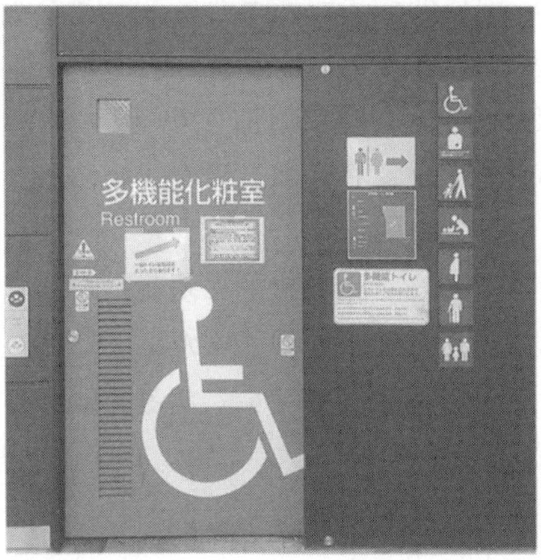

ウ

エ

［**図４**］

4　**次の文章を読み，後の問いに答えなさい。**

Ｘくんの通うＡ中学校は，2020年で創立100周年を迎えます。そこで，社会科の授業で「100年」を切り口に各自でテーマを決めて調べ学習をしました。Ｘくんは夏休みの帰省で祖父母の住む農村では人口が急激に減っていると聞いたので，100年にわたる日本の人口変化を調べることにしました。まず，図書館で人口に関する書籍《しょせき》を何冊か調べ，「国立社会保障・人口問題研究所」のデータが多く用いられていると気づきました。次に，Ｘくんはインターネットで「国立社会保障・人口問題研究所」のホームページを参照しました。そして，次に示す２つの似たような資料を見つけました。

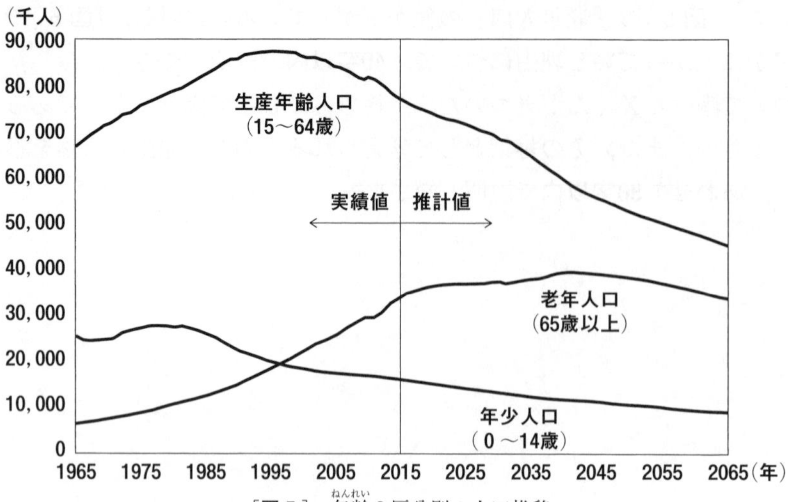

［**図5**］　年齢《ねんれい》3区分別の人口推移

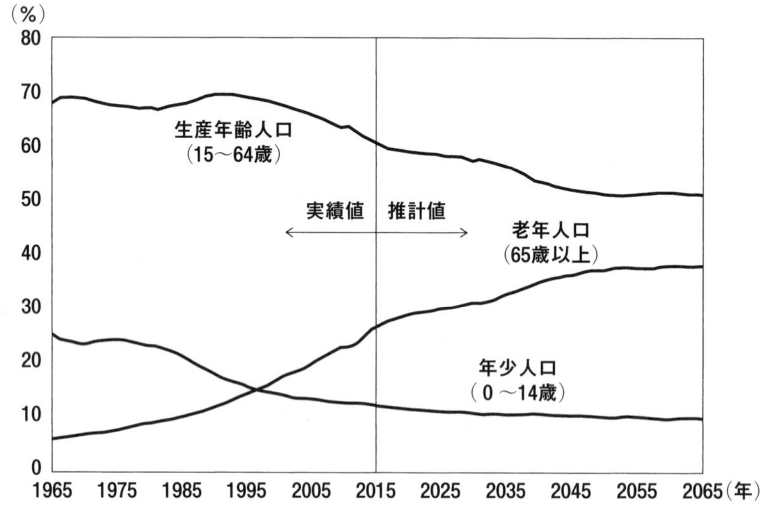

［**図6**］　年齢3区分別の人口割合の推移

「国立社会保障・人口問題研究所ホームページ」より作成。

［**図5**］と［**図6**］は，それぞれ1965年から2065年にかけての日本の年齢区分別の人口と人口割合の推移を示しています。

調べていくうちにXくんは，生産年齢人口を「生産活動に参加できる年齢の人口」と知りました。そして，今後さらに日本で深刻になるであろう問題に気づき，その対策を調べレポートすることにしました。下に示すのはXくんの作成中のワークシートと，先生からの一言です。

問題点	○○○○……………
対策	①
	②
	③
	…

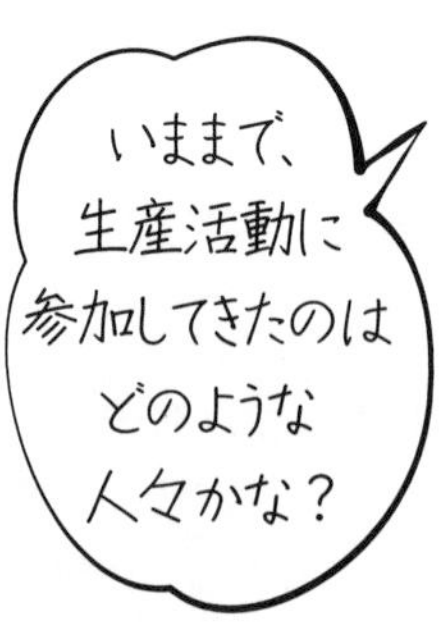

問 1　2045年以降について，［**図 5**］の「老年人口」の値が下がっているのに対し，［**図 6**］で「老年人口」の値がわずかに上がっている理由について，**40字以内**で説明しなさい。

問 2　生産年齢人口について調べたXくんが気づいた，今後さらに日本で深刻になるであろう問題点とは何かを示しなさい。また，その対策として考えられるものを，先生の言葉を参考にしながら 3 つ挙げて，あわせて**80字以内**で説明しなさい。

【理　科】（40分）〈満点：80点〉

〈編集部注：実物の入試問題では，図の半数はカラー印刷です。〉

1　**次の生徒と先生の授業中の会話を読んで，後の問いに答えなさい。**

生徒「先生，昨日の地震《じしん》は大きかったですね。」

先生「そうですね。皆《みな》さんが感じた大きな揺《ゆ》れは主要動と呼ばれています。この揺れの前に小さな揺れを感じませんでしたか。」

生徒「数秒間感じました。なぜ，２種類の揺れが起こるのですか。」

先生「この２つの揺れを起こす地震波は性質が異なっているからです。最初の小さな揺れを初期《しょき》微動《びどう》，後から感じた大きな揺れを主要動といいます。初期微動を起こす地震波を［　A　］，主要動を起こす地震波を［　B　］といいます。［**表１**］は３つの観測地点のデータです。このデータから地震の発生時刻を知ることができますね。」

［**表１**］

	震源距離《きょり》	初期微動発生時刻	主要動発生時刻	震度
観測地点㋐	25.2km	９時10分12秒	９時10分16秒	５強
観測地点㋑	［　C　］km	９時10分15秒	９時10分23秒	４
観測地点㋒	126.0km	９時10分24秒	［　D　］	１

生徒「地震発生時刻は［　E　］ですね。」

先生「そうですね。①緊急《きんきゅう》地震速報も発表されました。」

生徒「それにしても，日本ではたくさんの地震が発生しますよね。なぜですか。」

先生「地球はプレートと呼ばれる十数枚の固い岩盤《がんばん》によっておおわれています。プレートはアセノスフェアと呼ばれるやわらかい層の上を運動しています。地震はこのプレートの運動によって引き起こされるのですが，②［**図１**］のように日本は４枚のプレートの境界に位置しているため，とても多くの地震が発生します。」

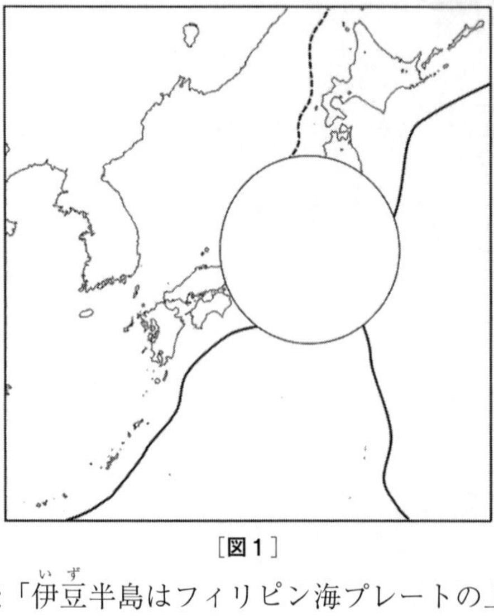

［**図１**］

生徒「伊豆《いず》半島はフィリピン海プレートの上にあるのですね。」

先生「そうです。伊豆半島が100万年ほど前に本州に衝突《しょうとつ》することで丹沢《たんざわ》山地が形成されました。」

先生「[**図２**]と[**図３**]は，それぞれ2011年の東北地方太平洋沖《おき》地震と2007年の京都府沖地震の震度分布です。」

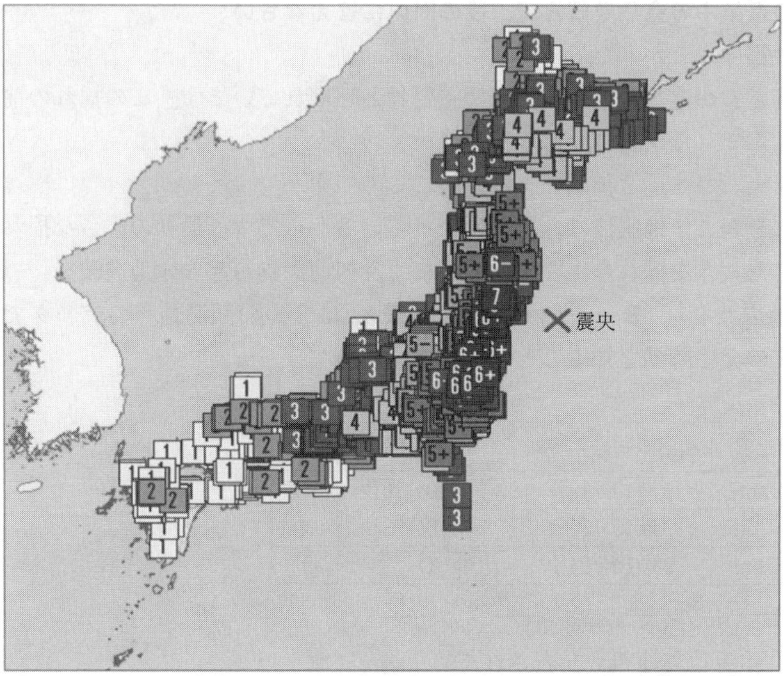

[**図２**]

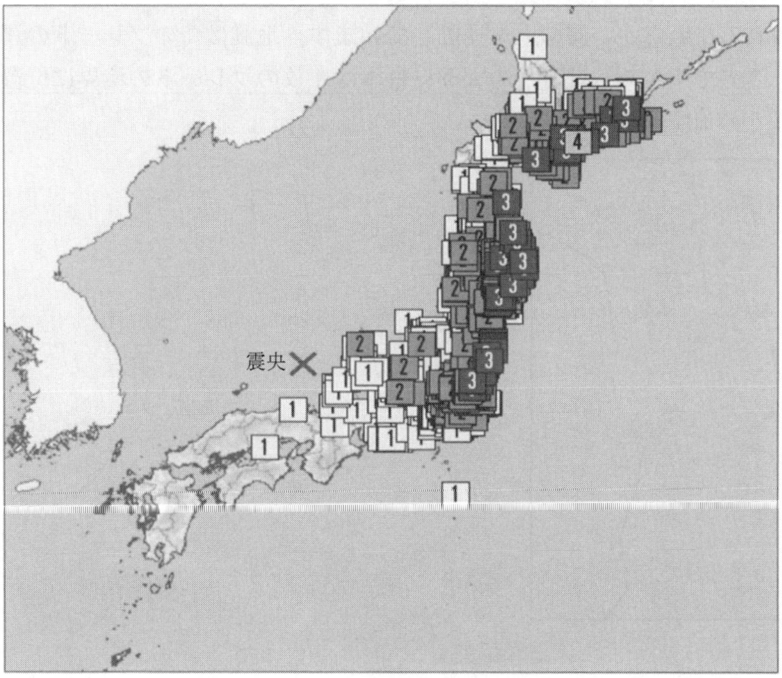

[**図３**]

気象庁ホームページをもとに作成

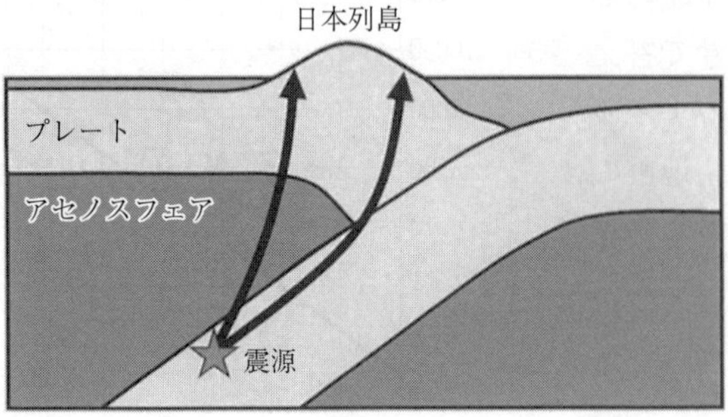

[**図 4**]

生徒「2011年の東北地方太平洋沖地震は太平洋プレートと北アメリカプレートの境界で発生したのですね。」

先生「東北地方太平洋沖地震は海溝《かいこう》型地震と呼ばれ，マグニチュード9.0の非常に大きな地震でした。マグニチュード6.7の京都府沖地震の [F] 倍のエネルギーをもっています。」

生徒「東北沖から九州地方まで地震波が到達《とうたつ》していますね。昨日の地震と同様に，震央に近いほど震度が大きいですね。しかし，京都府沖地震では，震央からはなれたところでより大きな震度が観測されているのはなぜですか。」

先生「これは，震源の深さが関係しています。震源が浅い地震は，地震波が地表面を [G] 伝わるため，震央から遠くなるにつれて，震度が小さくなります。これは，水面に水滴《すいてき》を落としたときの波紋《はもん》の広がり方と同じですね。しかし，京都府沖地震の震源の深さは374kmと非常に深いです。[**図 4**]は京都府沖地震の震源と地震波の道筋を示したものです。この図にもとづくと，震源は [H] の内部にあると推測できます。 [I] から，[**図 3**]のような震度分布になったと考えられます。このような地域を異常震域といいます。」

生徒「地面をハンマーでたたいたときに，土のグラウンドよりもコンクリートの地面の方がより遠くまで振動を伝えるのと同じですね。」

(1) [A] と [B] にあてはまる地震波の名称《めいしょう》をそれぞれ答えなさい。

(2) [C] にあてはまる距離と， [D] にあてはまる時刻をそれぞれ答えなさい。

(3) [E] にあてはまる時刻を答えなさい。

(4) 下線部①に関して，観測地点㋐で初期微動が発生してから７秒後に緊急地震速報が発表されました。震源距離が100.8kmの地点では，緊急地震速報を受け取ってから何秒後に主要動が発生しましたか。

(5) 下線部②に関して，[**図 1**]のまるい空白部分にあてはまる図としてもっとも適切なものを，次の**ア**～**エ**の中から１つ選び，記号で答えなさい。

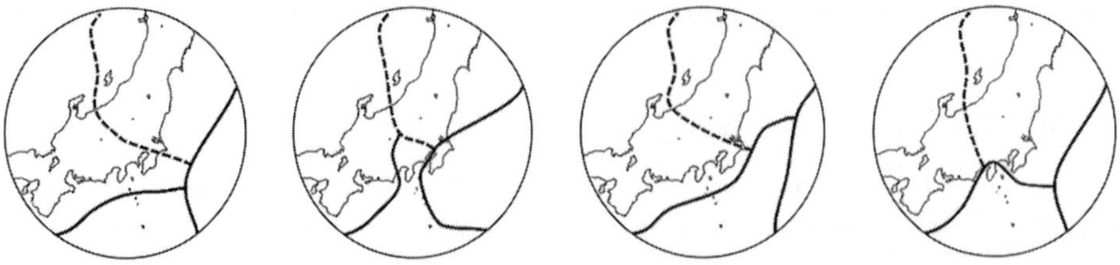

ア　**イ**　**ウ**　**エ**

(6) [F] にあてはまる数値としてもっとも近いものを，次の**ア**～**オ**の中から1つ選び，記号で答えなさい。ただし，マグニチュードと地震のエネルギーには［**図5**］のような関係があります。地震のエネルギーはマグニチュード7の地震のエネルギーを1としています。

ア　3.2

イ　32

ウ　280

エ　2800

オ　32000

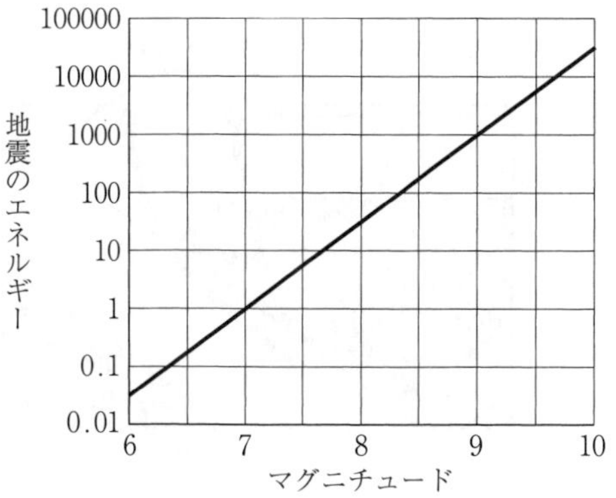

［**図5**］

(7) [G] にあてはまる語句としてもっとも適切なものを，次の**ア**～**エ**の中から1つ選び，記号で答えなさい。

ア　爆発《ばくはつ》的に　　**イ**　高速で　　**ウ**　同心円状に　　**エ**　一方向に

(8) [H] にあてはまるプレートの名称を，次の**ア**～**エ**の中から1つ選び，記号で答えなさい。

ア　太平洋プレート　　**イ**　北アメリカプレート

ウ　ユーラシアプレート　　**エ**　フィリピン海プレート

(9) [I] にあてはまる文としてもっとも適切なものを，次の**ア**～**エ**の中から1つ選び，記号で答えなさい。

ア　地震波が到達するのにかかった時間が短い

イ　固いプレートの内部を伝わった地震波は弱まりにくい

ウ　プレートの内部で発生した地震はマグニチュードが大きい

エ　アセノスフェアによって地震波が強められた

2　次の文章を読んで，後の問いに答えなさい。

日本には多くの生物が存在します。長野県と群馬県の境にある浅間山では標高の違《ちが》いによってさまざまな樹木の違いを観察することができます。標高1000mにはコナラが多く分布しており，①標高1200mまで上がると，アカマツが多く分布しています。さらに上がっていくと，標高1400mではカラマツが多く分布する森林が広がっています。

アカマツは4～5月頃《ごろ》になると花を咲《さ》かせ，開花してから一年半後に果実が成熟します。次のページの［**図6**］はアカマツの [A] のりん片を採取し，顕微鏡《けんびきょう》で観察したものです。

このような樹種の異なる森林で生活している生物を比較《ひかく》するために，［**図7**］のようなツルグレン装置《そうち》を用いて土壌《どじょう》中に存在する生物を調べることにしました。ツルグレン装置は採取した土壌に白熱電球の光を照射することで，電球の熱や光を避《さ》けて下方に移動する生物を採取する装置です。今回は採取した土壌から石と②根，大型の土壌動物(ミミズやムカデなど)を取り除いた後に，ツルグレン装置に土壌をのせ光を照射しました。土壌動物は，標本にするときなどによく用いられる [C] の入ったビーカーに落ちます。これをビーカーから取り出し，顕微鏡で観察したところ，どの森林においても一番多く生息していた土壌動物は③ダニであることが分かりました。

また④浅間山では2019年８月に小規模《きぼ》な噴火《ふんか》が起こり，入山規制《きせい》や近隣住民への避難勧告《ひなんかんこく》が行われました。小規模な噴火では土壌が残っているため森林ははやく回復しますが，⑤溶岩が流れるような大規模な噴火の場合は地面が溶岩でおおわれるため，森林の回復には時間がかかります。

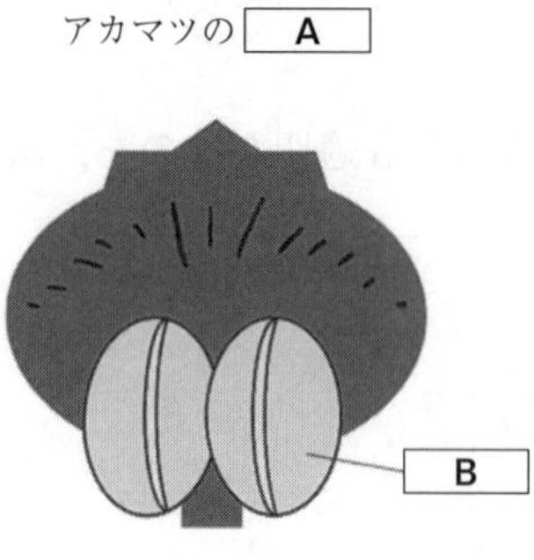

［図６］

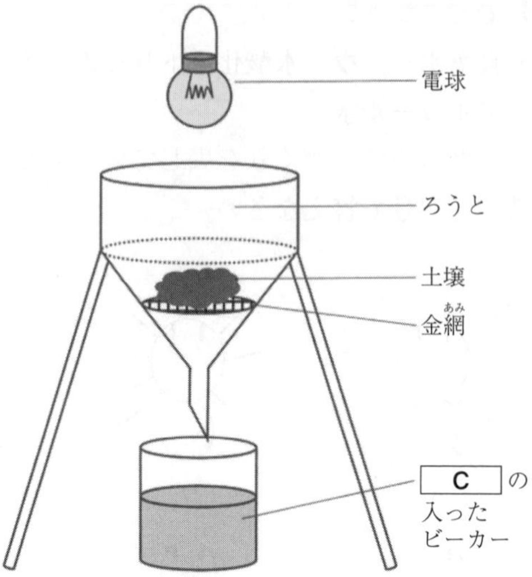

［図７］

(1) 下線部①に関して，アカマツやカラマツなどのマツ類は裸子《らし》植物に分類されます。裸子植物に分類される植物を次の**ア**～**ク**の中から**２つ**選び，記号で答えなさい。

ア イチョウ　**イ** クスノキ　**ウ** ソテツ　**エ** サクラ

オ トウモロコシ　**カ** ススキ　**キ** ブナ　**ク** アブラナ

(2) アカマツやカラマツと同じように，風によって花粉を飛ばす植物を，次の**ア**～**ク**の中から**２つ**選び，記号で答えなさい。

ア ヘチマ　**イ** アブラナ　**ウ** ヒマワリ　**エ** イネ

オ トウモロコシ　**カ** カボチャ　**キ** サクラ　**ク** ツツジ

(3) アカマツとカラマツは，それぞれどの樹木に分類されますか。次の**ア**～**エ**の中から**１つずつ**選び，記号で答えなさい。同じ記号を繰り返して選んでもかまいません。

ア 常緑広葉樹　**イ** 常緑針葉樹

ウ 落葉広葉樹　**エ** 落葉針葉樹

(4) ［**図６**］の A と B にあてはまる語句の組み合わせとしてもっとも適切なものを，次の**ア**～**カ**の中から１つ選び，記号で答えなさい。

	A	B
ア	お花	胚珠《はいしゅ》
イ	お花	子房《しぼう》
ウ	お花	花粉のう
エ	め花	胚珠
オ	め花	子房
カ	め花	花粉のう

(5) 下線部②に関して，右の図は取り除いた根を観察したものです。**X**は１つの細胞《さいぼう》からなり，**Y**は細胞分裂《ぶんれつ》がさかんな部位を保護しています。**X**と**Y**の名称をそれぞれ答えなさい。

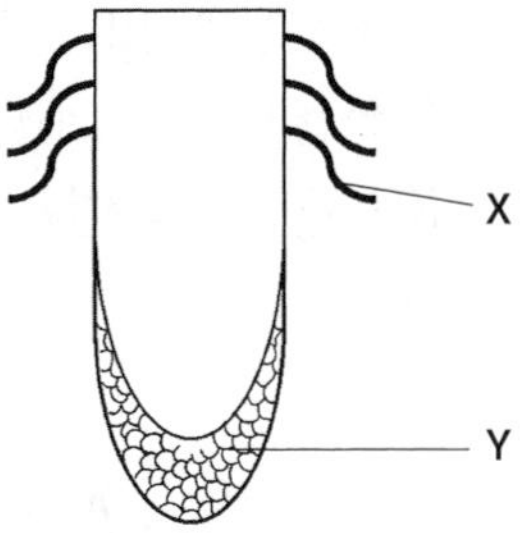

(6) [C] に入る語句としてもっとも適切なものを，次の**ア**～**オ**の中から１つ選び，記号で答えなさい。

ア 蒸留水　**イ** 食塩水　**ウ** 水酸化ナトリウム水溶液

エ 塩酸　**オ** アルコール水

(7) 下線部③に関して，ダニの体のつくりを表している図としてもっとも適切なものを，次の**ア**～**ク**の中から１つ選び，記号で答えなさい。

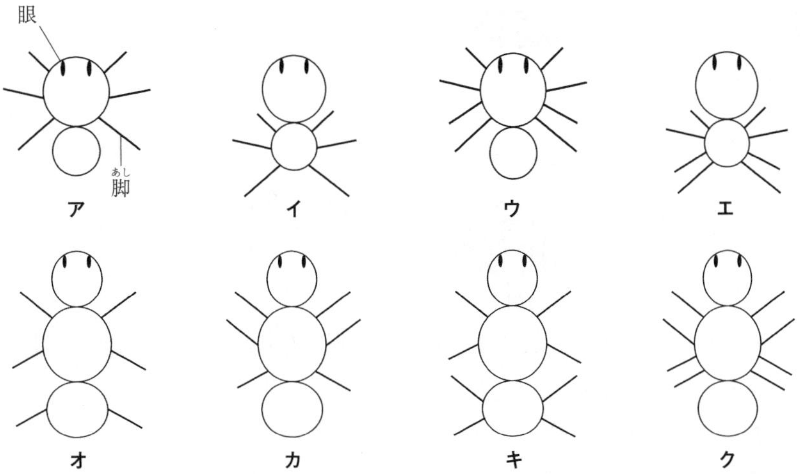

(8) 下線部④に関して，浅間山の山頂付近では風が強く，夏場は乾燥《かんそう》し冬場は雪が積もっているため，森林を形成することはできません。しかし，山頂付近では高山植物と呼ばれる植物が多くみられます。このような環境から推測して，高山植物がもつ特徴《とくちょう》としてもっとも適切なものを，次の**ア**～**エ**の中から１つ選び，記号で答えなさい。

ア 花をつけずに一生を終える植物だけ存在する。

イ 成長が他の植物に比べてはやく，背丈《せたけ》は高くなる。

ウ 葉は大きくやわらかく，蒸散量が多い。

エ 背丈は低いが，他の植物に比べて根の発達が良い。

(9) 下線部⑤に関して，大規模な噴火が起きた場合，森林は通常どのような順番で回復しますか。次の語句を回復する順に並べかえたとき，**4番目のもの**を，次の**ア**～**オ**の中から１つ選び，記号で答えなさい。

ア 陰《いん》樹

イ 一年草類

ウ コケ類・地衣類

エ 陽樹

オ 多年草類

3　**ものの燃え方に関する次の文章を読んで，後の問いに答えなさい。**

ものが空気中で燃えるときには燃える物質と空気中の酸素とが結びつく化学変化が起こります。ろうそくに火をつけて燃やすときは炎《ほのお》が見えます。ガスバーナーやアルコールランプを使うときや，木材を燃やすときも，炎をともなって燃えます。ものが燃えるときに，炎をともなわない場合もあります。炭を燃やすときには，赤く輝《かがや》いて燃えますが，炎は見えません。マグネシウムという金属の粉末を燃やすときも白く明るく輝き，炎が見えずに燃えることが多いです。

ろうそくとアルコールランプの炎の見た目を比べると，色や明るさだけでなく，燃えるときのすすの出やすさが異なります。このように燃やす物質の種類が変わると燃え方も違います。また，ガスバーナーでは，ガスに混ぜる空気の量を調節すると，炎の様子が変わります。このように燃やすものが同じ物質であっても，条件により燃え方は様々です。

(1)　ものが炎をともなって燃えるときについて，次の①～③の説明のいずれかの場合に分類することができます。

①　燃やそうとしたものが気体の物質で，その気体が燃える。

②　燃やそうとしたものが熱で気体に変化してから，その気体が燃える。

③　燃やそうとしたものが熱で分解し，気体となった別の物質が生じ，その気体が燃える。

ろうそくと木材の燃え方を，①～③の説明にしたがって分類するとき，説明の組み合わせとしてもっとも適切なものを，右の**ア**～**ケ**の中から１つ選び，記号で答えなさい。

	ろうそく	木材
ア	①	①
イ	①	②
ウ	①	③
エ	②	①
オ	②	②
カ	②	③
キ	③	①
ク	③	②
ケ	③	③

(2)　炭(炭素)やマグネシウムのように炎をともなわずに燃える物質についての説明としてもっとも適切なものを，次の**ア**～**オ**の中から１つ選び，記号で答えなさい。

ア　炎をともなわずに燃える物質はすべて金属の物質である。

イ　固体の物質が固体のまま酸素と結びつく化学変化を起こす。

ウ　固体の物質が燃えるときは，すべて炎をともなわずに燃える。

エ　低い温度で着火する物質は炎をともなわずに燃える。

オ　炎をともなわずに燃える物質には，とくに共通する点はない。

(3)　右の図はガスバーナーを示したものです。炎の調節のしかたとしてもっとも適切なものを，次の**ア**～**カ**の中から１つ選び，記号で答えなさい。

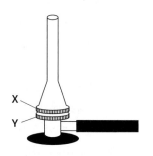

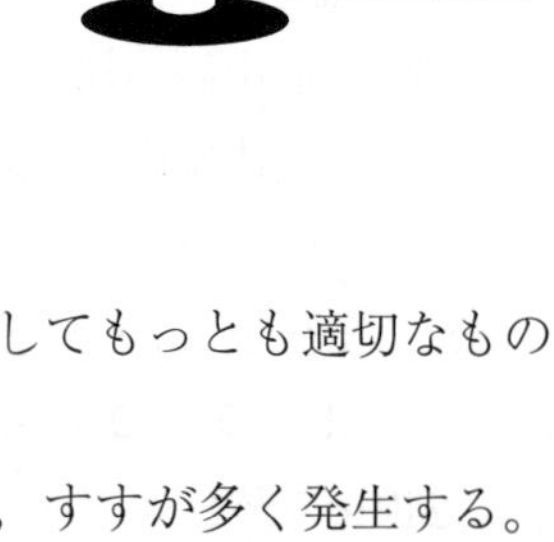

ア　**X**の空気調節ねじを開いて，黄色の炎にして用いる。

イ　**X**の空気調節ねじを開いて，青色の炎にして用いる。

ウ　**X**の空気調節ねじを開いて，炎の大きさを調節して用いる。

エ　**Y**の空気調節ねじを開いて，黄色の炎にして用いる。

オ　**Y**の空気調節ねじを開いて，青色の炎にして用いる。

カ　**Y**の空気調節ねじを開いて，炎の大きさを調節して用いる。

(4)　ものが燃えるときに，すすの発生をともなう現象についての説明としてもっとも適切なものを，次の**ア**～**オ**の中から１つ選び，記号で答えなさい。

ア　ガスバーナーを用いて都市ガスを燃やすとき，炎が青い場合には，すすが多く発生する。

イ　アルコールランプを用いてアルコールを燃やすとき，すすが多く発生する。

ウ　金属が燃えるとき，燃え残りが生じやすく，すすが多く発生する。

エ　炭素を含む物質が燃えるとき，熱分解によって炭素が散らばって，すすが発生する。

オ　炭素を含む物質が燃えるとき，物質に含まれる酸素と空気から得る酸素が不足していると，すすが発生しにくい。

物質をつくる粒《つぶ》について考えていくと，「原子」と呼ばれる粒にたどり着きます。物質はこの原子が結びついたり，集まったりしてできています。化学変化を起こすときには原子の組み合わせが変わり，異なる物質に変化します。ふだん気体で存在する物質は，いくつかの原子が結びつき，「分子」という粒をつくって存在しています。気体の酸素の様子を[**図 8**]に表しました。気体の酸素は，酸素の原子１粒ではなく，酸素の分子をつくって存在しています。

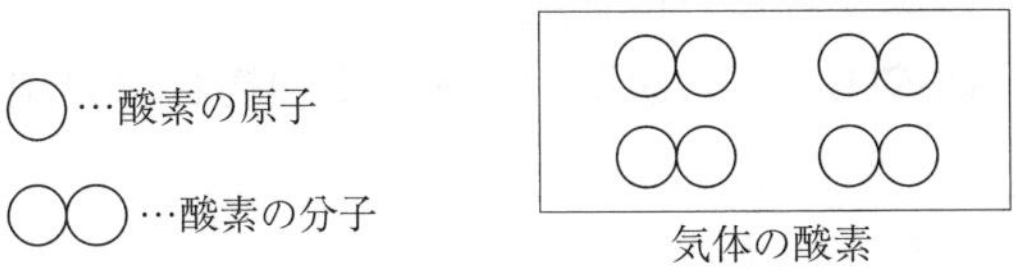

[**図 8**]

マグネシウムが燃えると，酸素と反応して酸化マグネシウムに変化します。このように複数の種類の原子が結びついてできた物質を「化合物」といいます。このときの重さの関係を[**実験 1**]に，模式図とともに表しました。

[**実験 1**]

マグネシウム６gをすべて酸化マグネシウムに変えたときには10gになりました。同様に，倍の量のマグネシウム12gでは酸化マグネシウムは20gになります。

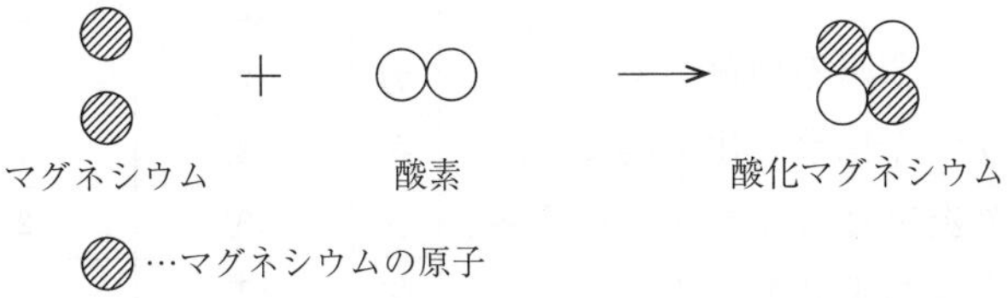

(5)　[**実験 1**]について，マグネシウム６gと結びついた酸素は何gですか。整数で答えなさい。また，これはどのような法則を用いて考えたことになりますか。もっとも適切なものを，次の**ア**～**エ**の中から１つ選び，記号で答えなさい。

ア　「アボガドロの法則」　同じ温度と圧力で同じ体積の気体の中には，気体の種類によらず同じ数の分子が存在する。

イ　「質量保存の法則」　物質が化学変化する際，反応前の物質の重さ(質量)の合計と，反応後に生じている物質の重さの合計は等しい。

ウ　「定比例の法則」　１つの化合物の中に含まれる原子の重さの比はいつでも一定である。

エ　「気体反応の法則」　気体が関わる化学変化では，反応に関係する気体および，反応後に得られる気体の体積比は，同じ温度と圧力では簡単な整数比となる。

(6)　[**実験 1**]の下線部はどのような法則を用いて考えたことになりますか。もっとも適切なものを，**(5)**の**ア**～**エ**の中から１つ選び，記号で答えなさい。また，この法則を用いて考えると，240gの酸化マグネシウムをつくるとき，マグネシウムは何g必要ですか。整数で答えなさい。

(7) 酸化マグネシウムは，［**実験 1**］の模式図のようにマグネシウムの原子と酸素の原子が 1：1 の割合で結びついています。マグネシウムの原子 1 個と酸素の原子 1 個の重さの比を，もっとも簡単な整数比で答えなさい。

炭素を燃やしたときの重さや体積の関係を模式図にして［**実験 2**］にまとめました。炭素が燃えるときに生じる物質には 2 種類あります。炭素の原子 1 個と酸素の原子 1 個が結びついてできた「一酸化炭素」という分子からなる物質と，炭素の原子 1 個と酸素の原子 2 個が結びついてできた「二酸化炭素」という分子からなる物質です。炭素が酸素と十分に触《ふ》れあって燃え，すべて二酸化炭素に変わるときを完全燃焼といいます。燃えたときに二酸化炭素だけでなく，一酸化炭素も生じる場合は不完全燃焼といいます。

［**実験 2**］

① 炭素 6 g をすべて二酸化炭素に変えたときは 22g になり，その体積は 12L でした。

② 炭素 6 g をすべて一酸化炭素に変えたときは 14g になり，その体積は 12L でした。

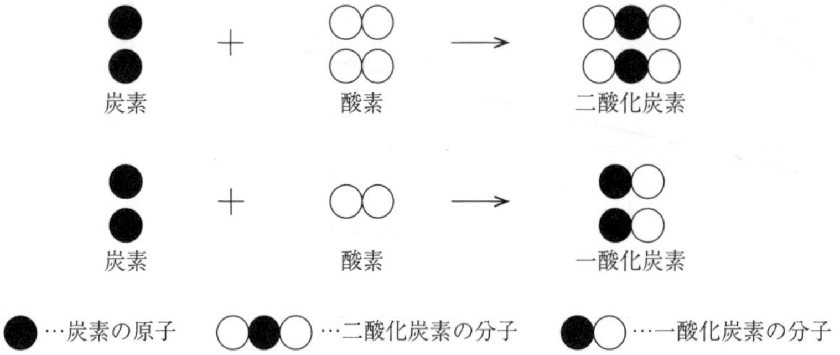

(8) ［**実験 2**］の結果から，炭素を燃やすとき，生じる二酸化炭素と一酸化炭素の割合にかかわらず同じ体積の気体が得られることが分かります。同じ量の炭素から二酸化炭素と一酸化炭素を得たとき，それぞれの体積が等しくなる理由にもっとも関連が深い法則を，(5)の**ア**～**エ**の中から 1 つ選び，記号で答えなさい。また，炭素 240g を燃やしたときに生じる気体の体積(一酸化炭素と二酸化炭素の合計の体積)は何 L ですか。整数で答えなさい。ただし，気体の体積は［**実験 2**］で調べたときと同じ温度と圧力とします。

(9) 炭素の原子 1 個と酸素の原子 1 個の重さの比を，もっとも簡単な整数比で答えなさい。

(10) ある量の炭素を燃やし，一酸化炭素と二酸化炭素が混ざった気体を得ました。これについて調べたところ，重さが 94g で体積は 60L でした。このとき，この気体の中に含まれる二酸化炭素の重さは何 g ですか。整数で答えなさい。

4 **次の文章を読んで，後の問いに答えなさい。答えが割り切れないものについては，小数第 2 位を四捨五入して答えなさい。**

電熱線に電流を流して，発生する熱の量を調べました。次のページの［**図 9**］のように，長さ 30cm の電熱線を，10℃，100g の水の中に入れ，電圧を 6.0V にすると電流は 2.0 A《アンペア》 でした。また，［**図10**］のように，電圧は 6.0V のままで，この電熱線を 3 分の 1 に切ったものを使って同様の実験をすると，電流は 6.0A になりました。

以下の実験では電源装置によって，電圧を常に 6.0V の状態で実験をします。また，電熱線以外では熱の発生はなく，発生した熱はすべて水の温度上昇《じょうしょう》に使われるものとして考えます。

実験で使った電熱線は，**(8)**で用いたもの以外どれも同じ太さでした。

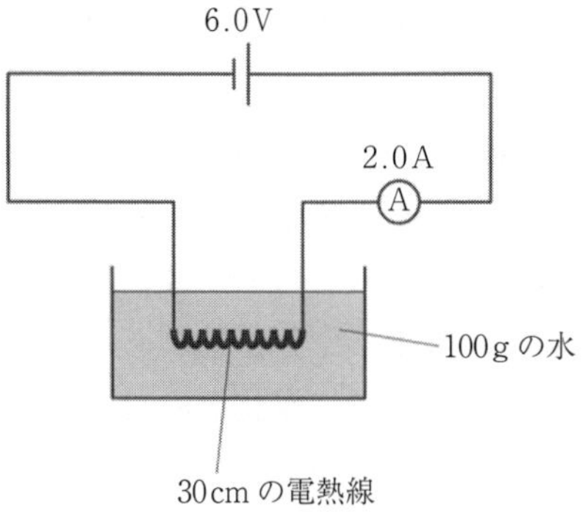

［**図 9** ］

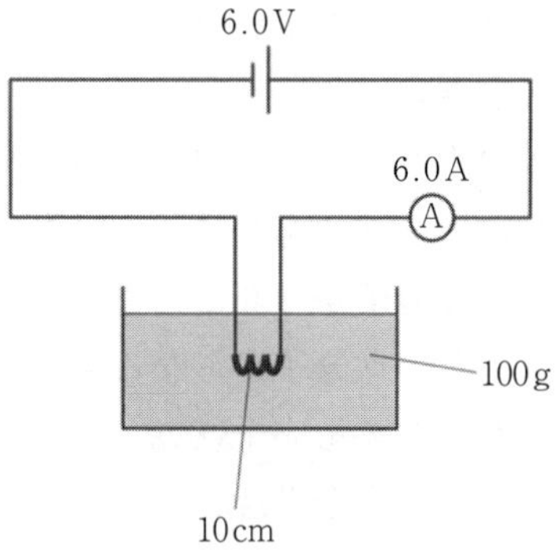

［**図10**］

30cmの電熱線と10cmの電熱線を入れた水の温度変化は［**図11**］のようになりました。

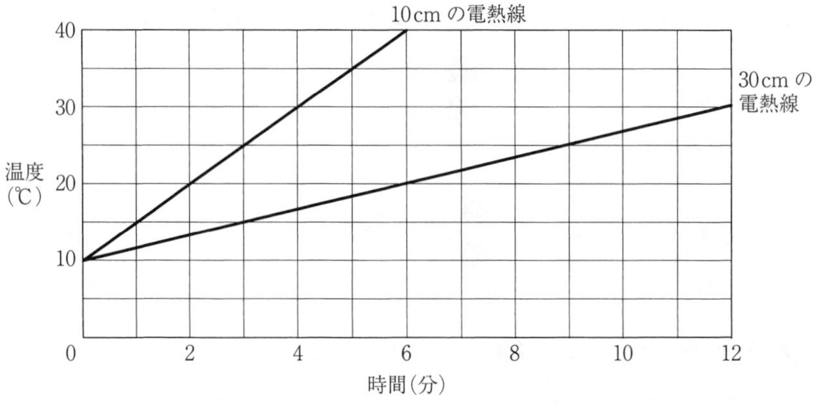

［**図11**］

長さの異なる電熱線で実験をしたところ，流れる電流は［**表 2** ］のようになりました。

［**表 2** ］

電熱線の長さ(cm)	5	10	15	20	25	30
電流(A)	12.0	6.0	4.0	3.0	2.4	2.0

(1) ［**図12**］のように，40cmの電熱線に電流を流したとき，電流は何Aになりましたか。また，10℃，200gの水の中に入れた電熱線に電流を4分間流したとき，水の温度は何℃になりましたか。

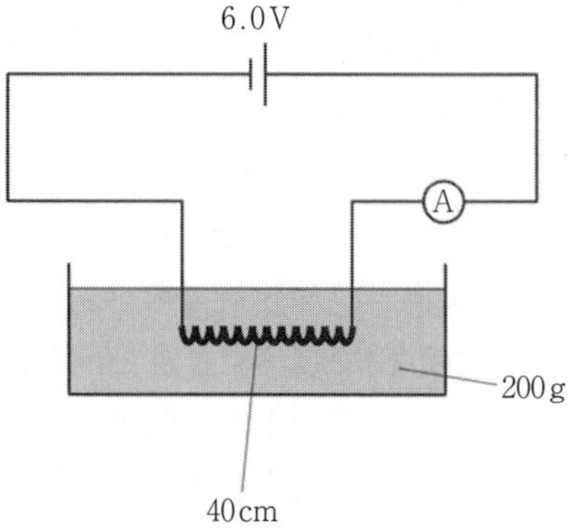

［**図12**］

次に，10cmと20cmの電熱線を［**図13**］のように直列につなぎ，それぞれ100gと200gの10℃の水の中に入れました。

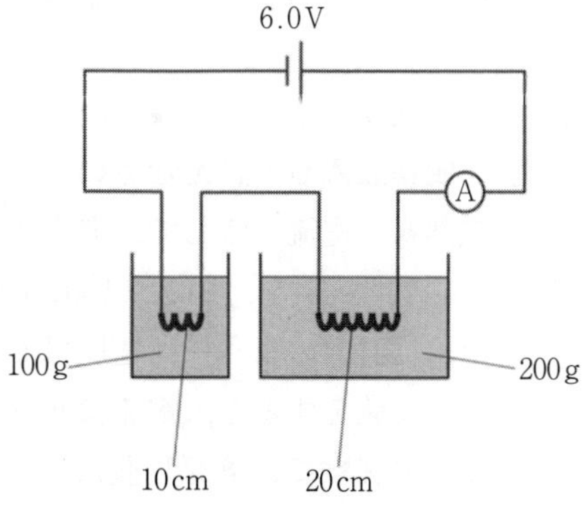

［**図13**］

(2)　この回路に電流を流したとき，それぞれの電熱線が出す熱の量の比と水の温度変化の比はどうなりますか。正しい組み合わせを，次の**ア**～**ケ**の中から１つ選び，記号で答えなさい。

	電熱線が出す熱の量の比 10cm：20cm	水の温度変化の比 100g：200g
ア	1：1	1：1
イ	1：1	1：2
ウ	1：1	2：1
エ	1：2	1：1
オ	1：2	1：2
カ	1：2	2：1
キ	2：1	1：1
ク	2：1	1：2
ケ	2：1	2：1

(3)　この回路のままで，水の量を変えて，10cmの電熱線を10℃，200gの水の中に入れ，20cmの電熱線を10℃，300gの水の中に入れて，電流を流しました。200gの水と300gの水の温度変化の比を，もっとも簡単な整数比で答えなさい。

今度は，２つの電熱線を［**図14**］のように並列につなぎ，それぞれの電熱線を10℃，100gの水の中に入れました。15cmの電熱線では電流は4.0A，25cmの電熱線では電流は2.4Aでした。

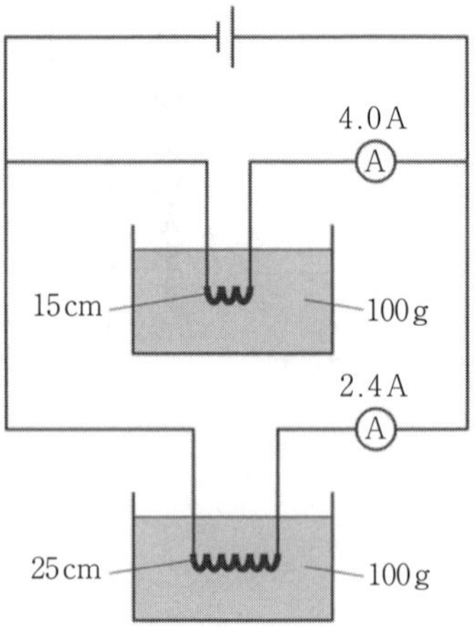

［**図14**］

(4)　この回路に電流を15分間流したとき，15cmと25cmの電熱線を入れた水の温度はそれぞれ何℃になりましたか。

(5)　並列にした２つの電熱線と，それぞれが出す熱の量について正しく述べているものを，次の**ア**～**ウ**の中から１つ選び，記号で答えなさい。

ア　熱の量は電熱線の長さに比例する。

イ　熱の量は電熱線の長さに反比例する。

ウ　熱の量は電熱線の長さにかかわらず同じである。

さらに，10cmと20cmの電熱線を［**図15**］のように並列につなぎ，10℃，300gの水の中に入れました。

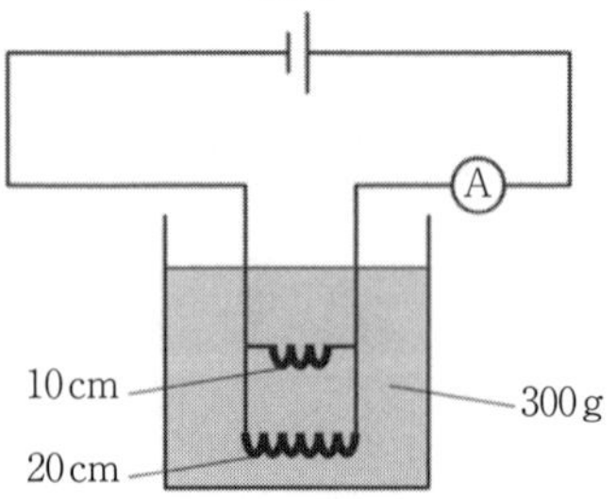

［**図15**］

(6)　並列につないだ２つの電熱線を１つの電熱線と考えた場合，２つの電熱線の出す熱の量の合計は何cmの電熱線の出す熱の量と同じですか。

(7)　この回路に電流を10分間流したとき，水の温度は何℃になりましたか。

最後に，［**図15**］の10cmの電熱線を，同じ長さで断面積が５分の１のものにかえ，10℃，300gの水の中に入れました。ただし，電熱線に流れる電流は断面積に比例します。

(8)　この回路に電流を８分間流したとき，水の温度は何℃になりましたか。

れずに考えることによって、先人が苦労して勉強や発見をしたときの心情に寄りそい、さまざまな場所をめぐる旅を通じて心を豊かに成長させ、前向きの姿勢で他人よりも満ち足りた人生を送ることができるということ。

イ　自分の考えを基本に置いて、他人の意見を批判する一方で世の中のさまざまな考えかたを吸収し、周囲と協力して責任ある行動をすることによって、文明の変化に対応しながら失敗や間違いを改め、ものごとがほんとうか嘘かどうかを見極め、堂々と将来を決められるということ。

ウ　自分の力で考え、他人の考えをあてにせずにテレビや新聞、コマーシャル、映画などの内容を正しく理解することによって、何がほんとうで何が嘘かを判断し、自然の本質を見極めて、過去の歴史から未来の行く末を推測しながら自分で将来の進路を選ぶことができるということ。

エ　自分で積極的に考え、他人の意見に振りまわされずに世の中のさまざまな考えかたを知り、責任を持ってものごとに取りくむことによって、失敗や間違いを改め、ものごとの真実と嘘を判断し、心の底から自信を持って自分の将来の目標や生きかたを選ぶことができるということ。

問十一　——線部⑨「見る方は、その『本』を制作者が調理したものを見ています」とありますが、それはどういうことですか。**四十字以上五十字以内**で答えなさい（**句読点・記号も一字に数えます**）。

入り口から王の墓までは直線で、曲がってはいませんでした」とありますが、それはどういうことですか。その説明としてもっとも適切なものを、次の**ア**～**エ**の中から一つ選び、記号で答えなさい。

ア 人類の意志や想定をはるかに超えている歴史の存在を、人間が想像することはできないこと。

イ 世界規模での人類の歴史の進み方は一直線であり、変化の時期を予測することが難しいこと。

ウ 科学的に説明することはできないあらゆるものごとを、一つ一つ地道に検証しつづけること。

エ 人々が他人の言葉を飲みこみ、ものごとを確かめなかったという失敗が明らかになったこと。

問七 ――線部⑤「自然を知ることで、自分の大きさもわかってきます」とありますが、それはどういうことですか。その説明としてもっとも適切なものを、次の**ア**～**エ**の中から一つ選び、記号で答えなさい。

ア 自然のすばらしさとおそろしさに畏敬の念を持つことによって、人間が長生きすることはあまりよくないと判断できるということ。

イ 自然の営みに感動して、その偉大《いだい》さを感じ取ることによって、自然の中で人間の生活が営まれている事実を理解できるということ。

ウ 美しく大きな自然に包まれて生きていると思うことによって、人間が他者の意見にまどわされずに、楽しく生きられるということ。

エ 自然の力強さに人間は太刀打ちできないと知ることによって、人間が本能的に生きなくてはならない現実を実感できるということ。

問八 ――線部⑥「スケッチをするのは、景色とのお見合いだ」とありますが、それはどういうことですか。次の□にあてはまる形で**四十字以上五十字以内**で答えなさい（**句読点・記号も一字に数えます**）。

スケッチとは、□ことである。

問九 ――線部⑦「本を読まない」とありますが、「本を読まない」ことでどのようなことがもたらされると筆者は考えていますか。その説明としてもっとも適切なものを、次の**ア**～**エ**の中から一つ選び、記号で答えなさい。

ア 勉強し、苦労し、発見した先人がのこした知恵を知ることができないので、本を読んだ後に旅に出るきっかけが失われること。

イ 文字で表現された内容を進んで理解するような機会がなくなり、単なる文明の利器の手軽なおもしろさで満足してしまうこと。

ウ 文明の利器の手軽なおもしろさに押されてしまい、テレビや映画を見ることに比べて、読書を楽しむことができなくなること。

エ 文明の変化を通じ、テレビやスマートフォンが積極的におもしろさを提供することでのみ、考える楽しさを人々に与えること。

問十 ――線部⑧「本を読む」とありますが、様々な本をたくさん読むことの利点について筆者はどのように考えていますか。本文全体をふまえつつ説明している文としてもっとも適切なものを、次の**ア**～**エ**の中から一つ選び、記号で答えなさい。

ア 自分のゆるぎない意見を大切にして、他人の意見にまどわさ

くさん本を読んで、世の中にはいろんな考えかたがあることを知りたいものです。

本を読むことは、ひとりの仕事ですから、競争にはなりません。また、表面だけきれいにするお化粧《けしょう》に比べて、本を読んでいることは、ほかの人にはわかりません。けれども心の中は美しくなり、ひそかに誇《ほこ》りを持つことができるのです。

（**安野光雅《あんのみつまさ》『かんがえる子ども』による**）

注1　流言～根拠《こんきょ》のないうわさ。
注2　霊長類～霊長目《れいちょうもく》のほ乳類の総称《そうしょう》。ゴリラやチンパンジーなどのサル類が属し、ヒトも含まれる。
注3　畏敬～心からおそれうやまうこと。
注4　津和野～島根県の南西部の町。筆者の出身地。
注5　デカルト～一五九六―一六五〇、フランスの哲学者、数学者。

問一　――線部①「そもそも『予報』なんですから、ほんとうのことはわからない、という大前提があります」とありますが、この「大前提」を筆者は別の箇所《かしょ》でどのように言いかえているでしょうか。それを表すもっとも適切な表現を本文から探し、**五字以内**でぬき出して答えなさい（**句読点・記号も一字に数えます**）。

問二　[A]に入れる表現としてもっとも適切なものを、次の**ア**～**エ**の中から一つ選び、記号で答えなさい。

ア　頼《たよ》ることができる情報を求めていくこと
イ　考えつづけていかなくてはならないこと
ウ　受けとめたうえで理解していくべきこと
エ　考えなくてもすむようになっていること

問三　[B]に入れる表現としてもっとも適切なものを、次の**ア**～**エ**の中から一つ選び、記号で答えなさい。

ア　役に立たないものでも、困っているときはすがってしまう
イ　最悪の事態になって困ると、かえって意外な活路が開ける
ウ　助かりそうもない非常に危険な状態から、どうにか助かる
エ　苦しいことも過ぎてしまえば、その苦しさを忘れてしまう

問四　――線部②「消費者をおぼれさせ、藁をつかみたい気持ちにさせています」とありますが、それはどういうことですか。その具体的な例として**適切でないもの**を、次の**ア**～**エ**の中から一つ選び、記号で答えなさい。

ア　人々が限定グッズの宣伝広告を見ることによって、販売店《はんばいてん》に殺到《さっとう》すること。
イ　人々が無料のゲームに親しむことによって、有料ゲームに誘《ゆう》導《どう》されること。
ウ　人々が季節の流行を取り入れて、新しい洋服や靴《くつ》を買いそろえていくこと。
エ　人々が季節の移り変わりに応じて、旬《しゅん》の食材を料理に取り入れていくこと。

問五　――線部③「人を信じさせる魔力がありました」とありますが、それはどういうことですか。その説明としてもっとも適切なものを、次の**ア**～**エ**の中から一つ選び、記号で答えなさい。

ア　人々が将来に期待する出来事がやがて実現すると発言すると、その出来事が起こりうること。
イ　人々が今後に望むことを言い当てる人物が現れると、その人物を信じ、心から頼りきること。
ウ　人々が未来に期待していることが今後に起こると言われると、思いがけず信じたくなること。
エ　人々が過去に待望したことが未来に現実になることにより、冷静な判断ができなくなること。

問六　――線部④「のちにピラミッドの中に入ったことがありますが、

……と思いましたが、風景だからいつも同じものがそこにある、というほうが間違いなのでした。そもそも、太陽や雲の位置が違いますし、船も同じ位置にいるわけではありませんし、天候も変われば、何より自分の気持ちも変わるので、その場所に戻ってみても、最初に出会った景色ではなくなっているわけです。よくわたしが、「⑥スケッチをするのは、景色とのお見合いだ」というと、みんな笑いますが、冗《じょう》談《だん》ばかりではありません。

スケッチをするために旅をして、道に迷ったり、宿が見つからなかったり、山の中の霧《きり》でおそろしい目にあったり、旅の苦労話はつきませんが、それでもやはり、その場に行って、スケッチするのはたのしいことです。

注5デカルトは、あらゆる本を読みつくしたあと、旅に出ました。実際に世の中に入って、世間と交わって、さまざまなことを学びとっていこうとしたのです。

（中略）

⑦本を読まないでも、生きていけます。でも、本を読んで生きた人は、同じ十年生きていても、二十年も三十年も生きたことになります。本にもいろいろありますが、多くの本には勉強し、苦労し、発見した先人がのこしたことが書いてあります。

たとえば、「アメリカ大陸を発見するきっかけになった、コロンブスの苦労」は岩波文庫で、たったの数百円で読めるのです。

本を書くとき、人は漠然《ばくぜん》と書くのではなく、言葉にする段階でよく考えています。それが、本をすすめる理由のひとつです。本はその著者が責任を持って、発言していると、デカルトもいっています。

本が読まれなくなったことは、文明の変化ともいえますが、わかりやすくいえば、テレビや、スマートフォンの持つ手軽なおもしろさに押されてしまったのだと思います。テレビは積極的に「おもしろさ」をわたしたちにさしだし、「おもしろがらせて」くれます。それに対して、本は、「自分で読む」ということをしなければ「おもしろさ」がわかりません。そして、こちらから積極的に働きかけなければ、何もしてくれない、という違いがあります。

テレビや映画は、受け身で見ることができます。特にテレビは、視《し》聴者《ちょうしゃ》をできるだけたくさん集めようとするので、見る人があまり考えないでも楽にわかる、あるいは知ることができるように作られています。

一方、「⑧本を読む」ということは、文字で書かれた場面や時間の経過を、自分自身でつかんでいくことになります。

もちろん、テレビや映画でも台本は「本」ですから、ディレクターや、監督《かんとく》など、制作者はそれがなくては仕事ができません。けれども⑨見る方は、その「本」を制作者が調理したものを見ています。

本は、自分が行こうとしなければだれも連れていってはくれません。それと比べて、テレビはつけてしまえば、勝手に情報がやってくるので、自分でその道をたどらなくても、最後まで連れていってくれます。その意味で本とテレビとは比べて考えるものではないのかもしれません。

そもそも本は、ひとつの道を自分でたどりながら読み、内容が理解できていく、そのことがおもしろいのです。

「本を読む」ことと、「自分で考える」ことはつながっていると思います。

「本を読むことは、自分の考えかたを育てること」です。とにかく、子どもたちには、自分で考えるくせをつけてほしいと思います。だれか偉《えら》い人がいっていたからとか、テレビでいっていたからとか、判断を他人に任せるようではつまらないではありませんか。でも、自分で考えるためには、日頃の訓練が必要です。頭がやわらかいうちに、た

い生きかたになってしまいます。

人間は何でもできる、と思っているけれど、昆虫《こんちゅう》や動物、植物など、自然のものは作れません。動物行動学者の日高敏隆《としたか》さんが、「自然はよくできている。たとえば、鼻でものをつかむゾウなんて、人は考えられなかっただろう」といっていました。

自然にはかないません。でも、自然にかなわない、と思うためには、自然を知らなければなりません。

注2霊長類《れいちょうるい》学者の河合雅雄《まさを》さんの本で読んだのですが、キョクアジサシは、最も長い距離《きょり》を移動するといわれる渡《わた》り鳥で、だれに教えられたわけでもないのに、白夜になる場所を知っていて、北極と南極の間を行ったり来たりするそうです。

ほ乳類の赤ちゃんも、だれかに教えられたわけではないのに、おっぱいを飲みます。生まれてすぐに、大きくなろうと一生懸命《けんめい》です。

そのような自然の姿には、頭がさがります。絵描きなんかよりも、はるかに自然はすごいものです。申しあわせたわけでもなく、本能的(遺伝子的)にそうなっている。そのことに感動します。

以前、国語の教科書を作ることになって、「水」について取りあげたほうがいいだろう、ということになりました。わたしは絵を担当していたのですが、水について書かれた文章を読むと、「水がないと生きていけない」などと、ただ水を賛美するような内容で、おもしろくない。水というのは、水害だったり、津波《つなみ》となって押しよせたりというように、人間にとってはおそろしいほどの、ものすごいエネルギーを持つ側面がある。水の持つ本質を書かないで、ありきたりなことを書いても意味がないと思いました。自然の水が持つ力はすごいもので、人間がかなうものではありません。

自然の中で生きていることを知り、その自然に心を動かされた経験が積みかさなって、自然に対する注3畏敬《いけい》と、「美しい」と思う感性が育てられていくのだと思います。

あるとき、注4津和野《つわの》の美術館建設にかかわった大工さんに「木の年輪って、なんてきれいなんだろう」と話したら、「それは自然が百年かかって描いたんですから」といっていました。

わたしたち人間も自然の中のいきもので、人間も死にます。そのことがわかると、ただ長生きすればいいというものではない、ということもわかります。そして、自然というものを畏敬の念を持って見ると、我々人間などは、取るにたらないものだと悟《さと》ることができます。⑤自然を知ることで、自分の大きさもわかってきます。

「自然」とはどのようなものかを知ろうとした日高さんは、そんなことを哲学者《てつがくしゃ》より、わかっていたと思います。

わたしは、街から街、国から国へと、ときに迷いながら旅をして、スケッチをしてきました。その場で腰《こし》をおろして絵を描いていると、その絵がうまくいかなくても、何とも心豊かな時間が過ぎていきます。そして、不思議なことに、同じ時間をかけていても、普段よりもたくさんの絵が描けます。そこに立っている木に、何を感じて描くか。そのことで絵は違ったものになるのだろうと思っています。

実際にスケッチをした場所は、写真で見た場所よりも、ずっと心に残るものです。写真を見て絵を描くことはできますが、わたしの場合、その写真に似た絵は描けても、実物を見て描いたものとはどこか違ってきます。人と会ったときがいい例で、写真で見た感じと、実際に会った感じが違うことがあるのと同じだろうと思います。

スペインを旅していたとき、ここで絵を描いたらいいかな、と思う場所がありました。でもはるばる日本から来たのだし、もっといい場所があるだろうと、先へ先へと進んでいきました。そして、「やっぱり最初に出会ったあの景色がいいな」と戻ってみたのですが、動かないはずの風景が、変わっているのです。せっかく描きに戻ったのに

わたしは、何もかも疑います。子どもの頃から疑っていました。神さまが罰を与えるとか、血液型でその人の性格がわかるとか、手相で運命をいいあてるとか。わたしたちが一番知りたい明日のことや、一寸先の闇《やみ》について、想像することはできても、それを科学的に説明することはできないと思い、それを知る超能力のある人の存在を疑いました。

戦時中、「写真週報」という一種の雑誌に載《の》っていたと、先生が話してくれたことで、いまも覚えていますが、ピラミッドの中に道がついていて、それは謎《なぞ》の地点でへこんでいたり、曲がっていたり、変化しながら前に進んでいるというのです。その変化のタイミングは、なんと、世界史を予言するかのように、史的大事件の起きる時期とピタリあてはまるというのです。そして、太平洋戦争にあてはめて、最後の事件が起こったところから、次に変化するところまでを測ってみると、あと四年でこの戦争(太平洋戦争)は終わるというのでした。

わたしは信じなかったけれど、この戦争があと四年で終わる、という話は③人を信じさせる魔力《まりょく》がありました。「待望」と「予言」がひとつになったとき、人々は理性を失って、何かにすがるように注1流言を信じようとしたのです。

④のちにピラミッドの中に入ったことがありますが、入り口から王の墓までは直線で、曲がってはいませんでした。

「よって、件《くだん》の如し」という成句を知っている人は少なくなりました。「件」とは、漢字の形のとおり、顔が人間で、体が牛の姿をした怪物のことで、その怪物が生まれると、一回だけ予言をするといわれていました。

戦争の末期には、その不思議な牛が、岡山県のどこかで生まれ、人間の声で、「戦争はあと四年で終わる」といい残して死んだのだそうな、という流言を信じた人がありました。これも、戦争が終わってほしいという「待望」が「理性」を失わせたのです。

（中略）

人の意見にまどわされないようにするためには、どんなことにも、心が動かされない頑丈《がんじょう》な地点に立って、つまり人がどうあろうと、自分はあわてない、という堂々とした考えかたが必要になります。

テレビでこういっていた、新聞にこう書いてあった、などと、自分の意見はなく、ただただ人のいうことを本気にするだけというのは良くないと思います。

「自分で考える」ことは、前向きの姿勢の第一歩です。自分でやろうという気持ちが大事だと、わたしは思っています。

以前、あるサイン会でこんなことがありました。

絵を描《か》いている人から、小さい声で「どんな鉛筆《えんぴつ》を使っているんですか。紙は何ですか？」と聞かれました。そのときわたしは「いくらでも教えるけれども、わたしに聞かないほうがいいのにな、自分で見つけた方が勉強になるのになあ」と思いました。

自分の考えで責任を持ってものごとに取りくめば、たとえ失敗したり、間違《まちが》ったりしたとしても、改めることができます。ところが、最近は、親が○○学校へ行くのがいいといったからとか、○○試験を受けたらいいといったからなど、自分で考えればいいのに、と思うことまで人任せで、自分で選ぶ力がなくなっているような気がします。

自分で考え、判断することの中から、これはほんとう、これは嘘《うそ》、とものごとを見極めていけるようになりたいと思うのです。「学問」とは、何がほんとうか、何が嘘かを判断していく、そのためにあるのだともいえます。

「自分の考え」がなくなってきている、ということは困ったことで、「自分の考え」がないと、無責任になってしまいます。人の意見に振りまわされたり、まどわされたりして過ごすようでは、おもしろくな

を積極的に探すことで部の中に居場所を見つけ、チームメイトからも信頼されてきたが、本当はレギュラーになってほしかったという伯母さんの思いを知り、このままでいいのか動揺している。

三 **次の文章を読んで、後の問いに答えなさい。**

この頃《ごろ》の天気予報は、「雨になるおそれがあるので、傘《かさ》を持ってお出かけになる方がいいでしょう」などと、天気予報以外のこともいいます。

天気予報は雨、晴れの情報だけでいいのに、「服を一枚持って出かけましょう」といったりします。サービスのつもりでいっているのだと思いますが、これは、ほんとうは自分で考えることです。

予報士に最後にいわれた、「一枚多めに着ていきましょう」という言葉がテレビを見ている人の頭に残って、そのとおりにしたら「暑かった」なんていうことがあると、文句をいったりします。でも、一枚余計に着ていこうといくまいと、それはこちらの責任です。①そもそも「予報」なんですから、ほんとうのことはわからない、という大前提があります。テレビを見ても、聞いても、自分で考えるという姿勢が大切です。

腰が痛いときはこういう運動をしたらいい、健康にはこんな食べものがいいらしい、という人がいるので、「どうして?」と聞くと、よく「テレビでそういっていた」「人がこういっていた」などと疑いもせずに答えることがあります。ただ何となく、だれかがいっていたからいい、と思ってしまう。テレビや新聞でいっていることをそのまま受けとり、自分で考えていないことは、日常的によくあることです。

ほかにも「 **A** 」に、どんなことがあるのか、ぜひ、考えてみてほしいと思っています。

「おぼれる者は藁《わら》をもつかむ」というのは、じつにいいことわざだと思っています。このことわざは、 **B** という意味がありますが、世の中のほとんどのものごとが、このことわざにあてはまります。

ものを売りつけようとする人は、この気持ちを利用しています。つまり、藁を売れば元手がかからず、もうかるので、藁を売りたい。そして、藁を買ってもらうためには、まず、おぼれさせなくちゃいけない。そして、つかんだ人は、それを藁とは思っていない。これは、振《ふ》りかえってみると、とてもよくあることです。

たとえば、「若見え」という言葉をわたしは疑っています。「このクリームで十歳、若く見えます」というようなコマーシャルがあります。「若く見えてどうするんだろう、年齢《ねんれい》相応の美しさを目標にすればいいのに」と思いますが、まず「若く見える方がいい」と思わせて、②消費者をおぼれさせ、藁をつかみたい気持ちにさせています。わたしたちはそれに気がついていません。

小じわをのばすクリームや、やせる薬など、そんなに早く効いたらこわくないだろうか? と思うほど、みるみるうちに効くというのですから、わたしは警戒《けいかい》します。実際に、美白効果とうたって、白いまだらができた事件がありました。

コマーシャルの短い時間の中でいいたいことをたくさんいおうとすると、そうなりやすいのか、棒グラフなどの統計グラフを持ちだして、説得しようとしている場面は、わたしにはかえって安易に見えます。グラフには科学的な装いがありますので、ますます信用できません。グラフは科学の所産ですが、それをよく見て内容を納得するためには時間がかかります。ところが、コマーシャルのグラフはすぐに消えてしまいます。

（中略）

イ　人のために努力できる

ウ　みんなに厳しくできる

エ　自分のために努力できる

問七　――線部⑤「見誤ってたのは、ぼくのほうだったわけだ」とありますが、「見誤ってた」内容はどのようなことですか。その説明としてもっとも適切なものを、次の**ア**〜**エ**の中から一つ選び、記号で答えなさい。

ア　伯母さんは大地がサッカー部のレギュラーだと思っているが、レギュラーになれない人のつらさも、バレーボールの選手だったのでわかると思っていたこと。

イ　伯母さんは、レギュラーになれない選手のつらさはわかっているので、大地がレギュラーになれなくても、サッカー部を続けさせてくれると思っていたこと。

ウ　大地がレギュラーでないことを伯母さんはわかっており、サッカー部の試合を観に来ないのは、それを明らかにして大地に恥をかかせないためだと思っていたこと。

エ　サッカー部のレギュラーにならないとサッカー部を続けさせてくれないと思い、レギュラーになったと言った大地のうそを、伯母さんは信じていると思っていたこと。

問八　――線部⑥「田崎さんは、伯母さんと結婚するんですか？」とありますが、大地は田崎さんとの今後の関係をどのように考えていますか。その説明としてもっとも適切なものを、次の**ア**〜**エ**の中から一つ選び、記号で答えなさい。

ア　田崎さんには同性の親しみやすさがあるので、ぜひ伯母さんと結婚してほしいと思い、田崎さんに自分の気持ちを伝えようと思っている。

イ　伯母さんと大地の生活に赤の他人の田崎さんが入ってくるのは不満だが、今日初めて話す田崎さんにそのことを言ってよいかどうか迷っている。

ウ　田崎さんと伯母さんが結婚するかどうかは最終的には二人の気持ちしだいだが、自分は田崎さんとどのくらいの距離を取るべきかを探ろうとしている。

エ　田崎さんと伯母さんがどうなるかは二人の問題だが、結婚した結果自分の居場所がなくなってしまうことが心配で、田崎さんに気に入られようとしている。

問九　――線部⑦「前にくらべて、やわらかくなった」とありますが、それはどういうことですか。**三十五字以上四十五字以内**で説明しなさい。

問十　本文では大地の変化がどのように描かれていますか。その説明としてもっとも適切なものを、次の**ア**〜**エ**の中から一つ選び、記号で答えなさい。

ア　サッカー部でレギュラーになることを伯母さんから期待されているので、ふがいない自分がその期待に応えられないことを負担に感じていたが、田崎さんのアドバイスをきっかけに自分の思いすごしに気づきはじめている。

イ　周囲の状況をきちんと理解して行動できるよさがあるのに、サッカー部でレギュラーになれない負担から、自分のよさに自信が持てずにいたが、伯母さんや田崎さんとのやりとりを通じて他人にはどう見えているかに気づきはじめている。

ウ　サッカー部でレギュラーになれないためにチームメイトや家族の目を気にしすぎるところがあり、自分らしさを見失ってしまっていたが、伯母さんや田崎さんからのアドバイスを受けて今のままの自分でよいのだと思えるようになってきている。

エ　サッカー部でレギュラーになれなくても、自分にできること

った。

イ　一緒に暮らすために伯母さんに気をつかっているのに、田崎さんの言葉から、大地の気づかいが伝わっていないことがわかって残念だった。

ウ　一緒に暮らしていて手間がかからないという程度の言葉で、大地と会ったことのない田崎さんが大地を話題にしているのが、おもしろくなかった。

エ　田崎さんが伯母さんの言葉を大げさに解釈し、自分を高く評価してくれていたことを知り、実際の自分を知って失望させるのではないかと心配になった。

問三　――線部②「行くなと言われるかと思って」とありますが、田崎さんは伯母さんがどうして「行くな」と言うと思ったのですか。その理由としてもっとも適切なものを、次の**ア**～**エ**の中から一つ選び、記号で答えなさい。

ア　伯母さんが大地を紹介する前に、田崎さんが一人で行くべきではないし、伯母さんは自分の意志をはっきり伝えるような性格の人だから。

イ　伯母さんと大地がうまくいっていないことを田崎さんには知られたくないし、伯母さんは細かい事情を説明せず、結論だけ言うような性格の人だから。

ウ　レギュラーでない大地の姿を、田崎さんには見せたくないと伯母さんは思っているのだが、伯母さんはそれをていねいに説明せず、一言で言うような性格の人だから。

エ　大地と田崎さんが今の段階で会って、お互いが悪い印象を持つことが心配だし、伯母さんは心配したことが現実にならないようあらゆる対策を立てるような性格の人だから。

問四　――線部③「レギュラーじゃないからお前はダメだ、なんて言わないわよ」とありますが、伯母さんのこの発言を大地はどのように受け取ったのですか。その説明としてもっとも適切なものを、次の**ア**～**エ**の中から一つ選び、記号で答えなさい。

ア　サッカーにまったく関心がないように見えた伯母さんが、「レギュラーだった人」の心理をよくわかっている発言をしたのに加え、本当は大地がレギュラーになることを期待していたことがわかって驚いた。

イ　伯母さんがこのように言ったのは大地をなぐさめるためのうそだったのだが、それどころか本心では「レギュラーじゃないからお前はダメだ」と思っていると大地は受け取り、それをはっきり言ったので驚いた。

ウ　伯母さんは大地がレギュラーでないことに内心では不満だったことが伝わる言い方を初めて口にしたのだが、大地はその内容よりも「しょうもないうそ」をついていたことを伯母さんが責めなかったことに驚いた。

エ　伯母さんは、レギュラーであった人の言いそうなことを説明したのだが、大地は「レギュラーじゃないからお前はダメだ」と口には出さないが心の中では思っている、という意味にとり、それを口に出したことに驚いた。

問五　――線部④「すごい理屈だ」とありますが、このように思った理由を左のように説明する場合、［　］に入る表現を、**十字以上十五字以内**で書きなさい。

担任の先生の言葉はいろいろな意味にとれるが、伯母さんは［　　　　］から。

問六　［**B**］に入れるのにもっとも適切な表現を、次の**ア**～**エ**の中から一つ選び、記号で答えなさい。

ア　自分に厳《きび》しくできる

「そうでなかったらさ、一度プロポーズを断った相手と、また付き合ったりしないよ」

それは、そうかもしれない。ただかたいだけの伯母さんなら、そこはきちんと線を引くだろう。例えば**注3**父にはそうしたように。

「そんなふうに絹子さんを変えた大地くんをね、一度見てみたかったんだ。絹子さんと一緒にではなく。一人で」

で、実際に見てみたら。その大地くんは、グラウンドを駆《か》けまわることもなく、ひたすらベンチに座ってたわけだ。

「絹子さん、健康にすごく気をつかってるでしょ？　甘いものも食べないし、辛《から》いものも食べない。油っこいものも食べない」

「はい」

「昔はそうでもなかったんだよ。甘いもの辛いもの、何でも食べてたし、お酒も結構飲んでた。結構というか、かなりかな」

「そうなんですか」

「そう。何で今みたいになったか、わかる？」

「いえ」

「絶対に死ねないから」

「え？」

「彼女が自分でそう言ってた。大地くんを引きとった以上、自分は絶対に死ねないんだって。すごい人だと思ったよ。男女は関係ない。惹かれちゃうよね、そういう人には。大地くん自身は聞いたことないでしょ？　そんなの」

「ないです」

「絶対に言わないと思うよ、彼女なら。だから、あれね、僕がこんなこと言ったのは、内緒ね。もし知ったら、怒るだろうから。頼むね」

「はい。言わないです」

「何かズルいな、僕は。一人で試合を観に行ったり、大地くんにこんなことを話したり。抜け駆けばっかりだ。本当なら、大地くんに気に入られるよう、うまく立ちまわらなきゃいけないのに。何か、逆へ逆へと行ってる。まあね、もう急ぐつもりはないんだよ。今日も、世間話をするために来た。大地くんが絹子さんの結婚に反対ならそれでもいい。ただ、僕が絹子さんの仲間でいることぐらいは、許してほしいんだ。そのついでに、大地くんの仲間だとも認めてもらえるとありがたい」

田崎さんを駅の改札口まで見送ったりはしなかった。田崎さん自身が、大型スーパーの前で、じゃあ、今日はどうもありがとう、と言ったからだ。

あ、はい、と言って、ぼくは頭を下げ、大型スーパーに入った。そして三階の文具コーナーで、ノートを一冊買おうとした。本当は必要なかったが、伯母さんにああ言った手前、買うしかなかったのだ。

（**小野寺史宜**《おのでらふみのり》**『ホケツ！』による**）

注1　秋月先生～「ぼく」の担任の先生。
注2　利実～「ぼく」のチームメイトの一人。
注3　父にはそうした～大地の両親は離婚した。母が大地を育て、父には会わせないのが離婚の条件で、母の死後も伯母さんはこの条件を守り、父を大地に会わせなかった。

問一　二箇所ある **A** には同じ漢字一字が入ります。その漢字を書きなさい。

問二　――線部①「何一つ問題を起こさない、よく出来た高校生だ」とありますが、大地はこれを聞いてどう思いましたか。その説明としてもっとも適切なものを、次の**ア**～**エ**の中から一つ選び、記号で答えなさい。

ア　田崎さんが大地をほめた伯母さんの言葉を事実だと思うふりをして大地の機嫌をとろうとするのがわかり、白けた気分にな

「うん。区画整理されてるから、すごくわかりやすかったよ」と田崎さんが答える。
　とっさの思いつきで、伯母さんに言った。
「ノート買わなきゃいけないから、ぼくが行くよ。駅まで」
　ちょっとわざとらしいような気もしたが、伯母さんはすんなり言う。
「そう。じゃあ、お願い」

＊

　というわけで、田崎さんと二人、みつば南団地を出て、駅までの道を歩く。
　まさにとっさの思いつきであって、何を話そうとか何を訊《き》きたいとかいうことはなかった。ただ田崎さんに慣れる。二人でいる時間をつくる。それだけでよかった。
「いやぁ、気づかれてたとは思わなかったよ」と田崎さんは言う。
「悪かったね、勝手なことしちゃって」
「いえ」
「せめて絹子さんと一緒《いっしょ》に行くべきだった」
「だったら一人のほうが」
「あぁ。それもそうか。いきなり二人では、驚くか」
「たぶん」
　みつば第三公園のわきを通った。第二じゃなく、第三。第二と同規模の公園だ。駅に行くときはそちらを通る。
　小さな女の子がブランコに乗ってた。お父さんらしき人が、後ろから女の子の背を押す。うまくこげない女の子の代わりに、ブランコを揺《ゆ》らしてやってる。
「あの」とぼくは言う。「⑥田崎さんは、伯母さんと結婚するんですか？」
　言葉はするりと出る。自分でも不思議だ。伯母さんには訊けないのに、この田崎さんには訊ける。男だから、なのか？
「おぉ。ストレートにきたね」と田崎さんは笑う。「でも、そうだよな。そういうことじゃないなら、何をしに来たのかって話になる。確かにね、僕は絹子さんと結婚したいよ。絹子さんもそう思ってくれてると思う」
「そうですか」
「そうですかって、それだけ？」
「はい。あの、ぼくがどうこう言うことじゃないから」
「どうこう言っていいことだと思うよ、充分《じゅうぶん》」
　それには返事をしなかった。そうですよね、とも言えないし、ちがいますよ、とも言えない。
「これこそ言うべきことじゃないかもしれないけどね。僕は五年前に一度、絹子さんにプロポーズしたんだ。でも断られた。そのときに、妹さんのことを聞いたんだよ」
　五年前。妹さんのこと。ということは、ぼくのこともだろう。つまり、ぼくを引きとらなきゃいけないということも、だ。
「残念だったけど、納得はしたよ。絹子さんらしいとも思ったかな。そもそもそういう面に惹《ひ》かれてたとこもあったしね。大学のころからそうだったよ。ほら、彼女、何ていうか、こう、筋《すじ》が一本通ってるでしょ？」
「通ってますね。一本どころじゃないかも」
「そうだな。二、三本通ってるかもしれない。それも、すごく太いのが。でもね、この何年かで、少し変わったよ。⑦前にくらべて、やわらかくなった。それは、大地くんと暮らすようになったからだと思う」
　そうだろうか。よくわからない。まあ、一緒に暮らすようになる前の伯母さんを、そんなには知らないせいでもあるけど。

よ。背番号が13なのは、レギュラーじゃないからであって、いい番号をほしがったやつがいるからじゃないんだ。ごめん。しょうもないうそついてた。ずっと」

「そう」伯母さんはあっさり言う。「別にいいじゃない、そんなこと」

「自分がレギュラーだった人は、みんなそう言うんだよ」

「言うでしょうね。③レギュラーじゃないからお前はダメだ、なんて言わないわよ」

驚《おどろ》いた。え、そんなこと言っちゃうの？　と思ったのだ。自分で言わせておきながら。

ぼくだけじゃなく、田崎さんも、それには少し驚いたらしい。

「レギュラーになれる人もいれば、なれない人もいる。それは当たり前。レギュラーになれなかったからくやしいと思う。それも当たり前。大人になってからもね、似たようなことは数多くあるの。会社でもある。例えば自分だけ仕事のプロジェクトから外されたりとかね」

「あるね」と田崎さんも同意する。「今、ちょっとドキッとしたよ。自分のことを言われたのかと思った。プロジェクトから外されるって」

「そういう結果だけを重視する人はたくさんいる。でもそうじゃない人も、たくさんではないけど、いる。見てる人はきちんと見てる。こないだの面談のとき、担任の先生が言ってたでしょ？　顧問《こもん》の先生が大地のことほめてたって。わたしね、あれ、すごくうれしかったわよ。大地は試合で何点もとってくれるからたすかるって言われるより、ずっとうれしかったと思う」

「あれは、そんな大した意味じゃないよ。ほら、先生は生徒を、どうにかほめなきゃいけないから」

「だとしても、うれしいじゃない。大地は先生がほめたくなる生徒だってことなんだから」

「注1秋月《あきづき》先生が気を利かせてそう言っただけかもしれないよ。五十嵐《いがらし》は、じゃなくて部の顧問は、そんなこと言ってないかもしれない」

「わたしはそうは思わない」と伯母さんは笑み混じりに言う。「でももしそうなら、それでもやっぱりいいじゃない。あの先生がうそをついてまで大地をほめたいと思ってくれたってことなんだから」

参った。④すごい理屈だ。前向き、なのか？　もしそうなら、まるで注2利実《としみ》だ。前向きすぎる。

あの面談のとき、あそこで秋月先生にああ言われたときに、伯母さんは、ぼくがレギュラーじゃないことに気づいたのかもしれない。五十嵐が言ったという、あれ。**B**。考えてみれば、レギュラーじゃない生徒にかける言葉っぽい。

いや、もしかすると、その前に。伯母さんは、とっくにわかってたのかもしれない。例えばぼくが背番号13のユニフォームを持ち帰ってきた時点で。いい番号をほしがるやつがいてさ、なんて言い訳のほうを、それこそ苦々しく聞いてたのかもしれない。サッカーに興味がなかったからじゃなく、ぼくがしょうもないうそをついてることがわかってたから、伯母さんは一度も試合を観に来なかったのだ。来たらぼくに恥《は》ずかしい思いをさせることになるから。自身バレーボール部にいた伯母さんなら、そのくらいのことはわかるだろう。ただでさえ頭がいい人なんだし。

レギュラーになれないなら部なんてやめちゃいなさい。そう言われたくないから、ぼくは自分がレギュラーだと伯母さんにうそをついた。⑤見誤ってたのは、ぼくのほうだったわけだ。

そんなこんなで二時間が過ぎ、田崎さんが言う。

「じゃあ、僕はそろそろ」

「駅までの道はわかる？」と伯母さんが尋ね、

よく出来た高校生。苦々しい。そんなようなことを言ったのだとしても、伯母さんは、面倒のないやつ、というくらいの意味で言ったんだと思う。実際、面倒はないはずだ。例えばぼくは、つかった鍋《なべ》や食器は伯母さんが帰宅する前に必ず洗っておくし、これは伯母さんが知らないことだけど、しずくが床《ゆか》にはね落ちないよう、小便は洋式便器に腰《こし》かけてする。

田崎さんは、どこからどう見ても、よさそうな人だった。角刈《かくが》りに真っ黒なサングラス、みたいな人や、長髪《ちょうはつ》に真っ黒なレザーパンツ、みたいな人が来ても、ぼくが伯母さんの相手として認めないなんてことはなかったはずだが、この田崎さんなら申し分ない。百点と言っていい。偏差値《へんさち》七十と言ってもいい。

ただ、そういうのとは別のところで、ぼくは限界を迎《むか》えつつあった。言われるくらいなら先に言ってしまおうと思った。そう。あのことだ。田崎さんが総体の試合を観に来たこと。試合の始めから終わりまで自分がベンチに座ってるのを、見られてしまったこと。

もう伯母さんに話は伝わってるのかもしれない。とっくにバレてるのかもしれない。それでも、指摘されるよりは自分で言うほうがましだ。

ぼくは田崎さんに言う。田崎さんを通して、伯母さんにも言うつもりで。

「総体の試合を、観に来られて、ましたよね？」

慣れない敬語をつかうので、言葉がただたどしくなる。途切《とぎ》れ途切れになる。

「ソウタイ？」

「あの、えーと、五月の試合。ゴールデンウィークの」

「あぁ。総体、か。総合体育大会、だ」そして田崎さんはあっけなく認める。「うん。観に行かせてもらったよ。何だ、気づいてたのか」

「さっき、もしかしたらって」

「すごいな。あのときはまだ面識がなかったのに」

「部員の誰かのお父さんかと思ったんですけど、誰のでもないみたいだったから」

「そうか。誰の父親でもないとなると、近所のサッカー好きなおじさんか、でなきゃ不審者《ふしん》ってことになるもんね」

「何、田崎くん、観に行ったの？」と伯母さんが尋《たず》ねる。

「うん」と田崎さんはやはりあっけなく答える。「大会があるって聞いたから、観に行かせてもらった」

「言ってよ」

「言ったら、②行くなと言われるかと思って」

つまり、そういうことだった。田崎さんは、伯母さんにも内緒《ないしょ》で、ぼくの試合を観に来たのだ。ぼくの試合を。ぼくが出ない試合を。

「一人では行かないで、とは言ってたと思うけど」と伯母さんが言う。

一連のその反応は、とても演技には見えない。

「悪いとは思ったんだけどね。見てみたかったんだよ、大地くんを。何ていうか、一人で。といっても、どんな子か確かめたかったとか、絹子に知られないようにしたかったとか、そういうことじゃないんだ。結果的には、そんな形になったけど」

「ぼく、ずっと座ってましたよね？　ベンチに」

「あぁ。うん」

「前半も後半も、ずっと。交代のためのアップもしない。後半、交代で出たのは、あれ、二年生です。試合、出たことないんですよ。練習試合ならちょこちょこありますけど、大会とかの試合には、一度も」

「そうなんだ」

そしてぼくは伯母さんに直接言う。顔じゃなく、胸のあたりを見て。

「だからさ、試合で点なんかとったことないし、とりようもないんだ

二〇二〇年度 浅野中学校

【国 語】（五〇分）〈満点：一二〇点〉

【注意】問題文には、原文（原作）の一部を省略したり、文字づかいや送りがなを改めたところがあります。

一 **次の――線部①～⑧のカタカナの部分を漢字で、⑨・⑩の漢字の部分をひらがなで書きなさい。いずれも一画一画をていねいに書くこと。**

二度目の東京オリンピックも、いよいよ①**カイマク**を迎えることになった。

果たしてこれだけの分量の書類を②**イチラン**しただけで理解できるだろうか。

関係機関による③**ササツ**によって、この部門には不正がないことが明らかになった。

日本の④**リョウユウ**する海域にはさまざまな天然資源がある。

祖父の遺産に対する相続税の⑤**エンノウ**を願い出ないと、とても一《いっ》括《かつ》では支払えない。

日本の古典芸能では古来より、流派の家元のことを⑥**ソウケ**と呼ぶ。

政治家は国民の思いがどこにあるか⑦**リュウイ**して事に当たってほしい。

戦場にいた夫が⑧**ジョタイ**するという知らせを聞いて、一日も早く戻《もど》ってきてほしいと願う。

そんな幼《おさな》い子どもの言うことを目の⑨**敵**にしてしかるんじゃない。

一念⑩**発起**し、人々の幸せを願って大仏を建立した。

二 **次の文章を読んで、後の問いに答えなさい。**

> 高校三年生でサッカー部員の宮島大地《みやじまだいち》（＝「ぼく」）は、中学に入学したころ母と死別し、独身の伯母《おば》さん（＝母の姉である絹《きぬ》子《こ》）に引き取られて、二人で暮らしている。六月の日曜の午後、伯母さんの交際相手の男性（＝田崎《たざき》さん）が、二人の家にやって来た。

その田崎さんを見て、あっ！　と声を上げそうになった。よく覚えてたな、と自分の記憶《きおく》力に感心した。

小さなレンズの丸メガネ。それで気づけたのだろう。田崎さんは、五月にあった総体予選の試合を観《み》に来た人だった。部員の誰《だれ》かの父親だろうと思ったものの、結局誰の父親かはわからなかった、あの人。誰の父親でもなかったわけだ。ぼくの関係者だったんだから。

「初めまして。田崎康雄《やすお》です。製[A]会社で働いてます。新聞とか本とかカタログとか、そういうものにつかう[A]をつくる会社です。絹子さんにはお世話になってます」

その初めましてで、田崎さんが自分の観戦にぼくが気づいてないと思ってることがわかった。だからぼくもそのことには触れず、同じ言葉を返した。

「初めまして。えーと、大地です」

（中略）

「大地くんのことは、絹子さんから聞いてるよ。①何一つ問題を起こさない、よく出来た高校生だとね」

「そんな言い方、してないわよ」

「してないけど。でも僕《ぼく》はそんな印象を持ったな」

2020年度

浅野中学校 ▶解説と解答

算数 （50分）＜満点：120点＞

解答

1 (1) 760 (2) 104個 (3) $3\frac{1}{3}$秒後 (4) エ 21個 オ 4個 カ 96回 (5) 1 cm／**説明**…(例) 解説を参照のこと。 2 (1) 12通り (2) 72通り (3) 火曜日 (4) 9 cm (5) 156.48cm^2 3 (1) 4 L (2) 12分後 (3) 2分後 (4) $13\frac{1}{3}$分後 4 (1) 18 (2) 31.5 (3) 45 5 (1) 180度 (2) ア 2 イ 180度 (3) 900度 (4) 4，5

解説

1 逆算，売買損益，比の性質，相似，数列，条件の整理

(1) $7.68\div\left(1\frac{4}{25}+2.68\right)=7.68\div(1.16+2.68)=7.68\div3.84=2$ より，$(2\times\square-5)\div\frac{3}{4}=2020$，$2\times\square-5=2020\times\frac{3}{4}=1515$，$2\times\square=1515+5=1520$ よって，$\square=1520\div2=760$

(2) 原価と定価の比は，400：520＝10：13である。また，仕入れた金額と売り上げた金額が等しいから，仕入れた個数を□個，売れた個数を△個とすると，10×□＝13×△と表すことができる。よって，□：△＝$\frac{1}{10}:\frac{1}{13}$＝13：10なので，仕入れた個数を⑬とすると，売れた個数は⑩となる。さらに，売れた個数は，⑬×0.75＋2＝[9.75]＋2と表すことができるから，[9.75]＋2＝⑩より，①にあたる個数は，2÷(10－9.75)＝8(個)と求められる。したがって，仕入れた個数は，8×13＝104(個)である。

(3) 点P，Q，Rが同じ時間で動く長さの比は2：16：7なので，右の図Iのように表すことができる。図Iのように点PからBCと直角に交わる直線を引くと，三角形PRIと三角形PQJは相似になる。このとき，相似比は，AB：AE＝(2＋4)：2＝3：1だから，RI：QJ＝3：1とわかる。また，RI＝⑦＋②＝⑨なので，QJ＝⑨×$\frac{1}{3}$＝③となり，JF＝⑯－③＝⑬，GD＝②＋⑬＝⑮と求められる。これが50cmだから，点Pが動いた長さは，$50\times\frac{2}{15}=\frac{20}{3}$(cm)となり，このようになるのは出発してから，$\frac{20}{3}\div2=\frac{10}{3}=3\frac{1}{3}$(秒後)と求められる。

図I

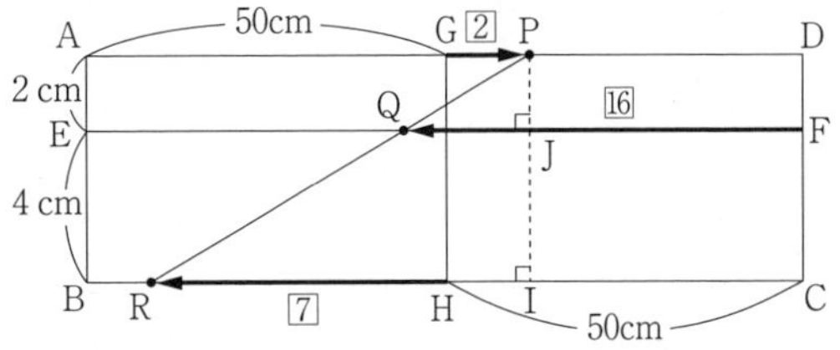

(4) 操作Aを行うと，黒玉の個数は変わらず，白玉の個数がそのときの黒玉の個数だけ増える。また，操作Bを行うと，白玉の個数は変わらず，黒玉の個数がそのときの白玉の個数だけ増える。よって，はじめの状態から操作

図II

操作 A A A B B B B B A A A

(黒玉：＋4 ＋4 ＋4 ＋4 ＋4　白玉：＋1 ＋1 ＋1 …… ＋21 ＋21 ＋21)

黒玉(個)	1	1	1	1	5	9	13	17	21	21	21	
白玉(個)	1	2	3	4	4	4	4	4	4	25	46	

Ａを３回と操作Ｂを５回続けて行うと上の図Ⅱのようになるから，黒玉は21個(…エ)，白玉は４個(…オ)になる。さらに，この状態から操作Ａを続けて行うと，白玉が21個ずつ増え続ける。したがって，白玉の個数が2020個になるまでの操作Ａの回数は，(2020－４)÷21＝96(回)(…カ)とわかる。

⑸　右の図Ⅲのように，２つの点の距離《きょり》がもっとも長くなるのは，２つの点が正三角形の異なる頂点にある場合である。よって，その長さは１cmとなる。次に，右の図Ⅳのように，５つのうち４つの点を①～④の正三角形の辺または内部に１つずつ置く。すると，５つ目の点を置くとき，いずれかの点と同じ正三角形の辺または内部に置くことになり，その長さは必ず１cm以下になる。つまり，どこに５つの点を置いても，①～④のいずれかには２つ以上の点が置かれる。また，一辺の長さが１cmの正三角形の辺または内部に２つの点があるとき，この２つの点の距離は１cm以下になるから，距離が１cm以下になる点の組が必ず１組以上ある。

図Ⅲ
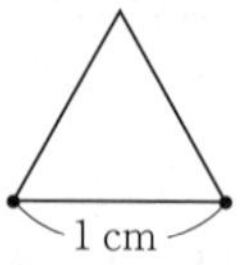

図Ⅳ
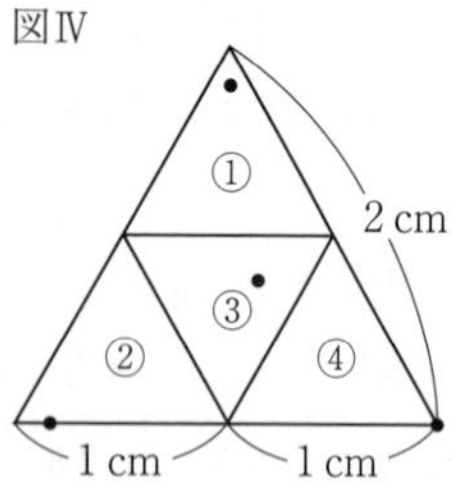

2　場合の数，日暦算《にちれき》，長さ，面積

⑴　右の図Ⅰで，Ａから書き始めると，Ａ→Ｂ→Ｃ→Ｂ→Ｃ→Ｄと進んで，Ｄで書き終わる。このとき，１回目のＢ→Ｃの道の選び方は{ア，イ，ウ}の３通りあり，Ｃ→Ｂの道の選び方は残りの２通り，２回目のＢ→Ｃの選び方は残りの１通りあるから，Ａで書き始めてＤで書き終わる場合の書き方は，３×２×１＝６(通り)となる。Ｄで書き始めてＡで書き終わる場合も同様であり，これ以外の書き方はないので，全部で，６×２＝12(通り)とわかる。

図Ⅰ
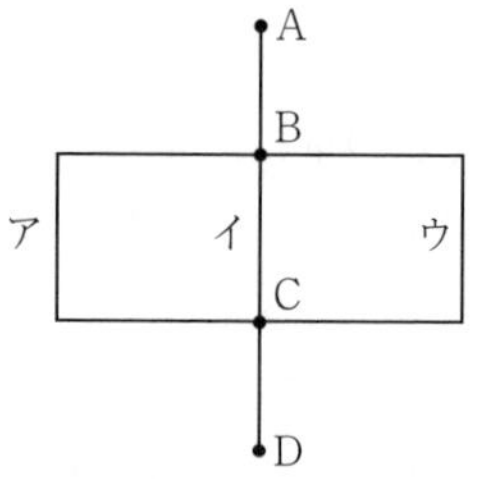

図Ⅱ
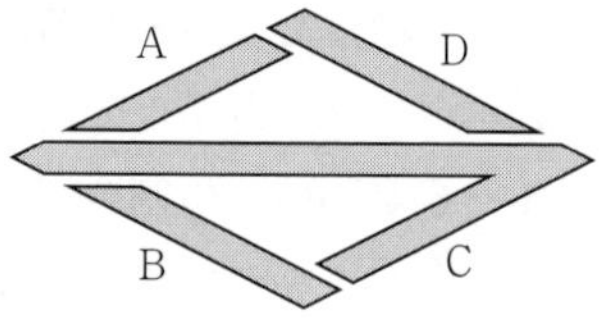

⑵　右上の図Ⅱで，Ａには４通りの色を塗《ぬ》ることができる。また，ＤはＡと隣《とな》り合っているので，ＤにはＡで使った色を除いた３通りの色を塗ることができる。さらに，ＣはＡ，Ｄと隣り合っているから，ＣにはＡ，Ｄで使った色を除いた２通りの色を塗ることができる。最後に，ＢはＣとだけ隣り合っているので，ＢにはＣで使った色を除いた３通りの色を塗ることができる。よって，塗り方は全部で，４×３×２×３＝72(通り)ある。

⑶　はじめに，1948年11月３日が水曜日であることを利用して，1949年１月20日の曜日を求める。１月20日は11月３日の，(30－３)＋31＋20＝78(日後)であり，78÷７＝11余り１より，これは11週間と１日後とわかるから，1949年１月20日は水曜日の１日後の木曜日になる。次に，365÷７＝52余り１より，１年後の同じ日付の曜日は後ろに１日ずれる。ただし，間にうるう年の２月29日をはさむ場合は，もう１日ずれることになる。1920年から1949年までは，1949－1920＝29(年)あり，その間にうるう年は，1920年，1924年，1928年，1932年，1936年，1940年，1944年，1948年の８回あるので，1949年１月20日の曜日は，1920年１月20日の曜日から，29＋８＝37(日分)後ろにずれたことになる。よって，37÷７＝５余り２より，1949年１月20日は後ろに２日ずれて木曜日になったから，1920年１月20日は木曜日の２日前の火曜日とわかる。

⑷　下の図Ⅲのように，斜線《しゃせん》部分と合同な図形を４個組み合わせたものである。また，斜線部分は，

半径が，10÷2＝5(cm)の半円から，半径が，6÷2＝3(cm)の半円を除いた図形に，長方形を組み合わせたものである。よって，イの長さは5cmだから，ウの長さは，18－(4＋5)＝9(cm)とわかる。さらに，アとウはどちらも長方形の長い方の辺の長さにあたるので，アの長さも9cmである。

図III

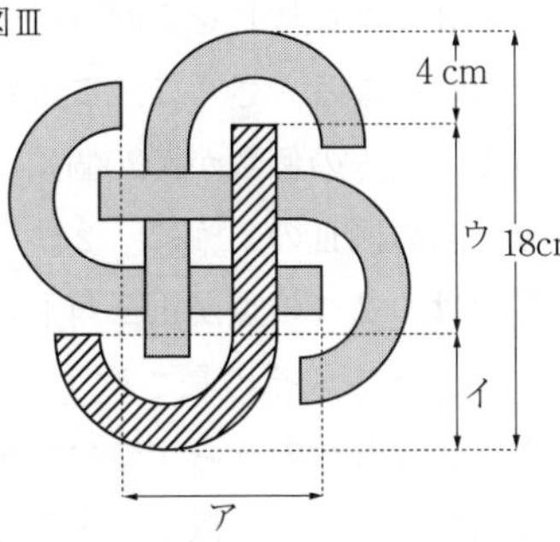

(5) 斜線部分について，半円から半円を除いた図形の面積は，(5×5－3×3)×3.14÷2＝8×3.14＝25.12(cm^2)とわかる。また，長方形の短い方の辺の長さは2cmだから，長方形の面積は，9×2＝18(cm^2)となり，斜線部分の面積は，25.12＋18＝43.12(cm^2)と求められる。これと同じ図形が全部で4個あるので，これらの合計は，43.12×4＝172.48(cm^2)とわかる。ただし，これらが重なった部分(1辺2cmの正方形)が4か所あり，それらの面積の合計は，2×2×4＝16(cm^2)だから，この図形の面積は，172.48－16＝156.48(cm^2)と求められる。

3 ニュートン算，つるかめ算

(1) Aに入っている水の量は，40分間で，200－120＝80(L)増えたから，毎分，80÷40＝2(L)の割合で増えたことになる。よって，ポンプ1台が1分間に抜《ぬ》く水の量は，6－2＝4(L)である。

(2) ポンプ4台が1分間に抜く水の量は，4×4＝16(L)なので，Aに入っている水の量は毎分，16－6＝10(L)の割合で減る。よって，Aが空になるのは，120÷10＝12(分後)とわかる。

(3) ポンプ9台で水を抜くと毎分，4×9－6＝30(L)の割合で減り，ポンプ，9－3＝6(台)で抜くと毎分，4×6－6＝18(L)の割合で減るから，右の図1のようにまとめることができる。ポンプ6台で5分20秒抜いたとすると，18×5$\frac{20}{60}$＝96(L)減るので，実際に減った量よりも，120－96＝24(L)少なくなる。よって，ポンプ9台で抜いた時間は，24÷(30－18)＝2(分)と求められる。つまり，ポンプが壊《こわ》れたのは抜き始めてから2分後である。

図1

(ポンプ9台)毎分30L ⎫ 合わせて
(ポンプ6台)毎分18L ⎭ 5分20秒で120L

(4) Aに入っている水の量は，最初の5分間は毎分，6－4＝2(L)の割合で増えるから，5分後にAに入っている水の量は，120＋2×5＝130(L)になる。また，Bに入っている水の量は，最初の5分間は毎分4Lの割合で増えるので，5分後にBに入っている水の量は，4×5＝20(L)になる。次に，5分後から0分後で，Aに入っている水の量は毎分，4×2－6＝2(L)の割合で減るから，10分後にAに入っている水の量は，130－2×5＝120(L)となり，Bに入っている水の量は毎分，4×2＝8(L)の割合で増えるので，10分後にBに入っている水の量は，20＋8×5＝60(L)になる。同様に考えると，10分後から15分後で，Aに入っている水の量は毎分，4×3－6＝6(L)の割合で減り，Bに入っている水の量は毎分，4×3＝12(L)の割合で増えるから，15分後に入っている水の量は，Aは，120－6×5＝90(L)，Bは，60＋12×5＝120(L)になる。これらをまとめると右の図2のようになるので，AとBに入っている水の量が同じになるのは10分後と15分後の間とわかる。10分後にはAの方が，120－60＝60(L)多く入っていて，この差は毎分，6＋12＝18(L)の割合で縮まるから，差がなくなるまでの時間は，60÷18＝3$\frac{1}{3}$(分)とわかる。よって，

図2

	A	B
5分後	130L	20L
10分後	120L	60L
15分後	90L	120L

AとBに入っている水の量が同じになるのは，水を抜き始めてから，$10+3\frac{1}{3}=13\frac{1}{3}$(分後)となる。

4 立体図形―図形の移動，体積

(1) 点Qが動ける範《はん》囲《い》は，下の図①のように，Pを中心とする半径3cmの半球の内側である。半径3cmの球の体積は，$3\times3\times3\times3.14\times4\div3=36\times3.14$(cm^3)だから，半球の体積は，$36\times3.14\div2=18\times3.14$(cm^3)とわかる。つまり，アにあてはまる数は18である。

図①

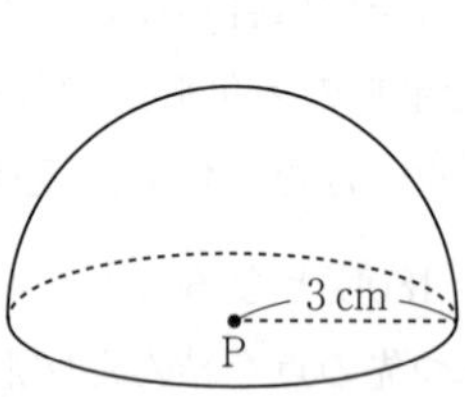

図②

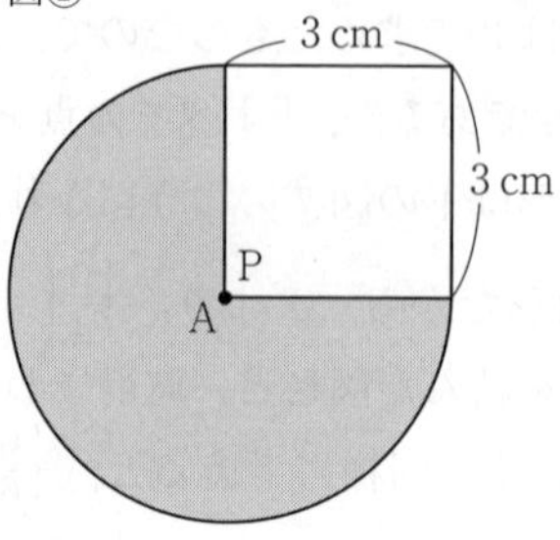

図③

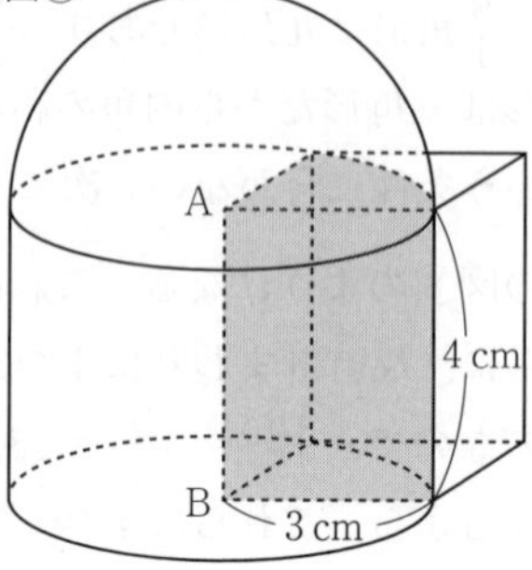

(2) 頂点Aの上側で点Qが動ける範囲は，図①と同じ半球になる。また，頂点Aの下側で点Qが動ける範囲を真上から見ると，上の図②のかげをつけた部分になる。これは図①の半球の$\frac{3}{4}$にあたるので，上側と下側を合わせると図①の半球の体積の，$1+\frac{3}{4}=\frac{7}{4}$(倍)となる。よって，その体積は，$18\times3.14\times\frac{7}{4}=31.5\times3.14$(cm^3)だから，イにあてはまる数は31.5である。

(3) 頂点Aの上側で点Qが動ける範囲は，図①と同じ半球になる。また，頂点Aの下側で点Qが動ける範囲は，上の図③のように，底面の円の半径が3cmで高さが4cmの円柱から，かげをつけた部分を除いた形の立体になる。このとき，底面積は，$3\times3\times3.14\times\frac{3}{4}=\frac{27}{4}\times3.14$(cm^2)なので，体積は，$\frac{27}{4}\times3.14\times4=27\times3.14$(cm^3)とわかる。よって，上側と下側を合わせると，$18\times3.14+27\times3.14=(18+27)\times3.14=45\times3.14$(cm^3)と求められる。したがって，ウにあてはまる数は45である。

5 平面図形―角度

(1) 下の図①のように，点3と点4を結ぶ。かげをつけた2つの三角形に注目すると，向かい合った角の大きさは等しいから，○＋●＝×＋▲となることがわかる。すると，求める5個の角の和は，下の図②のように，点1，3，4を結んでできる三角形の内角の和と等しくなるので，$\left\{\frac{5}{2}\right\}=180$度となる。

(2) 下の図③で，かげをつけた2つの三角形について(1)と同様のことを考えると，印のついた7個の角の和は，下の図④のように，点1，3，4，5，7からできる$\frac{5}{2}$角形の5個の角の和と等しくなることがわかる。よって，$\left\{\frac{7}{3}\right\}=\left\{\frac{5}{2}\right\}=180$度となるから，アにあてはまる数は2，イにあてはまる数は180である。

図①

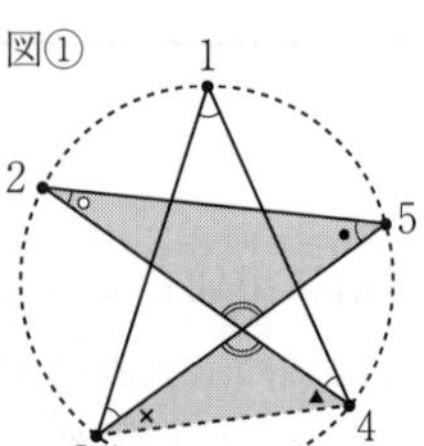

図②

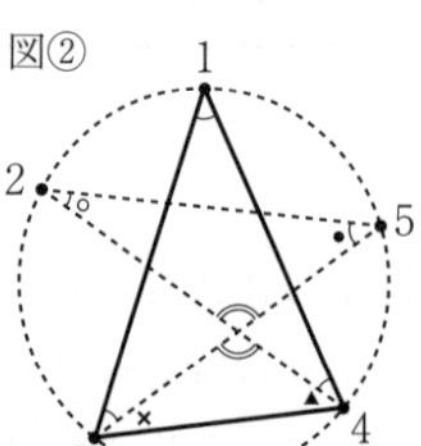

図③

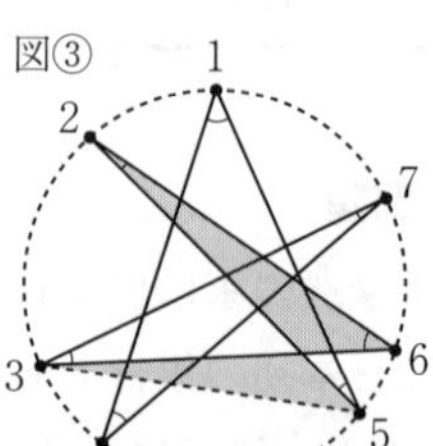

図④

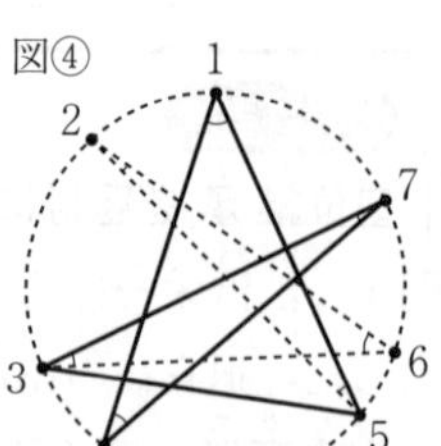

(3)　$\frac{9}{2}$角形は下の図⑤のようになる。図⑤のように点5と点6，点4と点7をそれぞれ結び，かげをつけた2つの三角形に注目すると，下の図⑥のようになる。よって，$\left\{\frac{9}{2}\right\}$は，点1，3，5，6，8を結んでできる五角形の内角の和と，点2，4，7，9を結んでできる四角形の内角の和を合わせたものになる。また，N角形の内角の和は，180×(N－2)で求めることができるから，五角形の内角の和は，180×(5－2)＝540(度)となり，$\left\{\frac{9}{2}\right\}$＝540＋360＝900(度)とわかる。

(4)　$\frac{9}{1}$角形は九角形であり，$\frac{9}{2}$角形は(3)で求めたものなので，どちらも条件に合わない。また，$\frac{9}{3}$角形は三角形だから内角の和は180度であるが，「すべての点を結んで星形の多角形ができるとき」という条件に合わない。次に，$\frac{9}{4}$角形は下の図⑦のようになり，かげをつけた三角形に注目すると，下の図⑧のようになる。これは$\frac{7}{3}$角形だから，(2)より，$\left\{\frac{9}{4}\right\}=\left\{\frac{7}{3}\right\}$＝180度となることがわかる。さらに，反時計まわりに4つ先の点を結んだ図形と，時計まわりに5つ先の点を結んだ図形は同じものなので，$\left\{\frac{9}{5}\right\}=\left\{\frac{9}{4}\right\}$＝180度となる。同様に考えると，$\left\{\frac{9}{6}\right\}=\left\{\frac{9}{3}\right\}$，$\left\{\frac{9}{7}\right\}=\left\{\frac{9}{2}\right\}$，$\left\{\frac{9}{8}\right\}=\left\{\frac{9}{1}\right\}$となるから，これらはすべて条件に合わない。よって，あてはまる数は4，5である。

図⑤
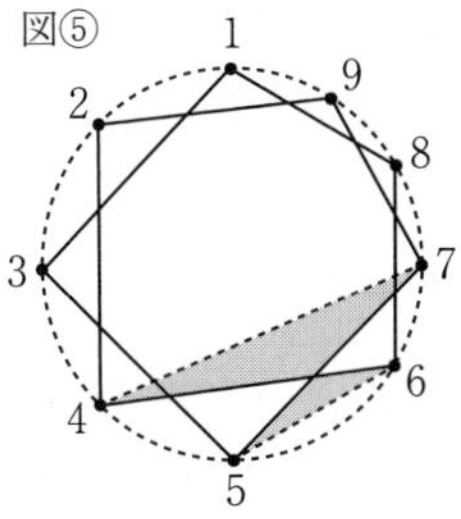

図⑥
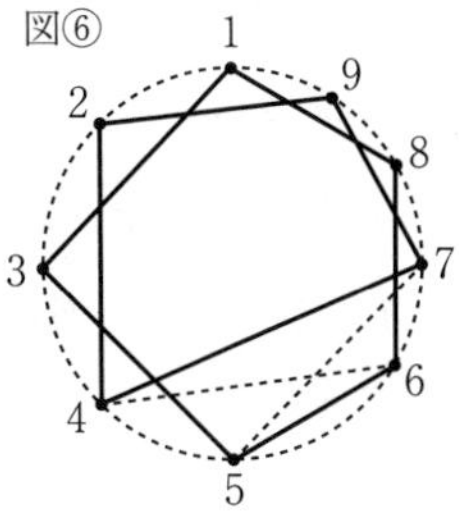

図⑦
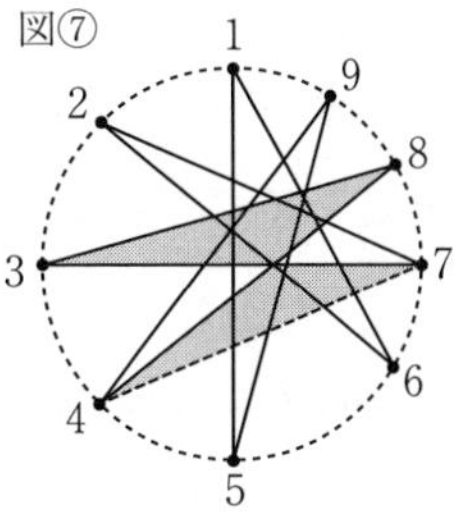

図⑧
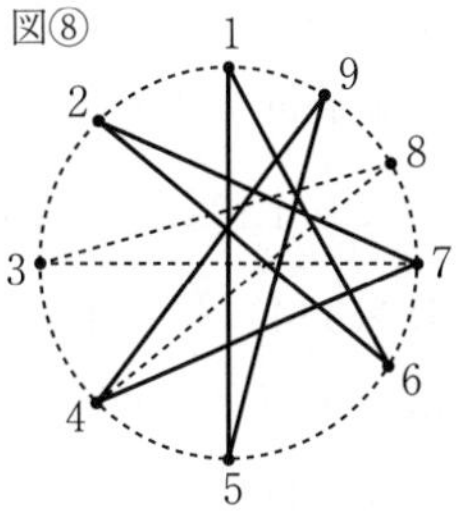

社　会　(40分)＜満点：80点＞

解　答

1 **問1**　渋沢栄一　**問2**　**あ**　持統　**い**　保元　**問3**　ア　**問4**　万葉集　**問5**　ウ　**問6**　エ　**問7**　イ　**問8**　イ　**問9**　ウ　**2** **問1**　イ　**問2**　ア　**問3**　ウ　**問4**　ウ　**問5**　カ　**問6**　(1)　ア　(2)　エ　**問7**　エ　**問8**　エ　**問9**　ウ　**3** **問1**　石炭　**問2**　イ　**問3**　**1**　質　**2**　安　**問4**　リサイクル　**問5**　イ　**問6**　ア　**問7**　ウ　**問8**　ウ　**問9**　イ　**4** **問1**　(例)　老年人口は総人口のように急激には減らないため，全体に占める割合が大きくなるから。　**問2**　(例)　日本では労働力不足が深刻になるので，高齢者を労働力として活用することや外国人労働者を積極的に受け入れること，女性の社会進出を進めることが対策として考えられる。

解　説

1　**皇位継承《けいしょう》を題材にした問題**

問1　渋沢《しぶさわ》栄一は埼玉県の豪農の家に生まれ，一橋家に仕えたのち，明治政府に出仕して財務を担当した。退官後の1873年に日本初の銀行である第一国立銀行を設立したのをはじめ，大阪紡績《ぼうせき》会社や東京瓦斯《ガス》，王子製紙の設立・経営にたずさわるなど，実業界で活躍《かつやく》した。渋沢の肖像《しょうぞう》画は，

2024年発行予定の新一万円札に採用されることになっている。なお，本校の創立者である浅野總一《そういち》郎《ろう》も明治～大正時代に活躍した実業家で，渋沢の支援を受けて事業を拡大していった。

問2　**あ**　持統天皇は天武天皇の皇后で，686年に天武天皇が亡くなると，皇后のまま約３年間政治を行ったのち，690年に即位《そくい》した。持統天皇は天武天皇が進めていた天皇中心の国づくりを引き継《つ》いで律令体制を整備するとともに，694年に都を藤原京に移した。697年には孫の文武《もんむ》天皇に譲《じょう》位《い》し，太上《だいじょう》天皇(上皇)となった。　**い**　1156年，崇徳《すとく》上皇(兄)と後白河天皇(弟)という皇室内の勢力争いに藤原氏内部の勢力争いがからみ，保元の乱が起こった。源氏と平氏も身内で分かれてそれぞれの側につき，平清盛と源義朝《よしとも》(頼朝の父)を味方につけた後白河天皇方が勝利した。貴族の争いを武士が解決したことにより，朝廷における武士の重要性は大きくなっていった。

問3　新嘗《にいなめ》祭は，新しい穀物を神に供えて感謝するとともに天皇みずからそれを食べ，翌年の豊作を祈る儀式で，天皇が即位して最初に行われる新嘗祭は大嘗《だいじょう》祭とよばれる。新嘗祭の日は明治時代に11月23日と定められ，現在は「勤労感謝の日」として国民の祝日になっている。なお，イの「建国記念の日」は２月11日，ウの「憲法記念日」は５月３日，エの「みどりの日」は５月４日。

問4　『万葉集』は奈良時代に成立した日本最古の歌集で，天皇や皇族，農民，兵士などさまざまな人々による歌約4500首が収録され，大伴家持《おおとものやかもち》らが編さんしたと考えられている。「令和」は，『万葉集』に収められた「梅花の歌」の序文にある「初春の令月にして気淑《きよ》く風和《やわら》ぎ」という大伴旅人《たびと》の歌の一節からとられた。

問5　645年，中大兄《なかのおおえの》皇子(のちの天智天皇)は中臣鎌足《なかとみのかまたり》らの協力を得て，皇室をしのぐほどの権力をふるっていた蘇我蝦夷《そがのえみし》・入鹿《いるか》父子を倒した。皇極《こうぎょく》天皇はこのとき退位して弟の孝徳天皇に譲位し，中大兄皇子と中臣鎌足は孝徳天皇のもとで，天皇を中心とする中央集権国家体制の確立をめざして大化の改新という一連の政治改革を進めた。なお，皇極天皇は孝徳天皇の死後，655年に再び即位し(これを重祚《ちょうそ》という)，斉明《さいめい》天皇となった。

問6　ア　いずれの天皇も50年以上生きており，「短命であった」とはいえない。　イ　フランシスコ＝ザビエルが日本にキリスト教を伝えたのは1549年のことなので，後土御門《ごつちみかど》天皇と後柏原《ごかしわばら》天皇およびその時期の朝廷がその影響を受けることはない。　ウ　平安京に都が移された894年から明治時代に入るまで，天皇の住まいは京都にあった。　エ　本文から，室町時代には朝廷が経済的に衰退《すいたい》し，皇位継承を幕府の支援のもとで行っていたことがわかる。後土御門天皇・後柏原天皇・後奈良天皇の在位期間は戦国時代に重なり，幕府の力が衰《おとろ》えていた。そのため，幕府の支援を得るのが難しく，皇位継承のための資金を得られなかったのだと考えられる。よって，正しい。なお，正親町《おおぎまち》天皇は織田信長と豊臣秀吉の援助を受けている。

問7　1221年，後鳥羽《ごとば》上皇は鎌倉幕府から朝廷に政権を取りもどそうとして，全国の武士に第２代執権《しっけん》北条義時を討《う》つ命令を出したが，味方する武士は少なく，幕府の大軍の前にわずか１か月で敗れた。幕府軍を率いた義時の子の泰時は京都にとどまって乱後の処理を行い，仲恭《ちゅうきょう》天皇を退位させて後堀河天皇を即位させるとともに，後鳥羽上皇を隠岐《おき》(島根県)に，順徳上皇を佐渡《さど》(新潟県)に，土御門上皇を土佐(高知県)に流した。これにより，朝廷の権威《けんい》が下がって幕府の優位が確立した。

問8　ア　江戸幕府が朝廷の統制のために設置したのは京都所司代で，六波羅《ろくはら》探題は鎌倉幕府が京都に設置した機関である。　イ　江戸幕府は1615年に禁中並《ならびに》公家諸法度《しょはっと》を定め，皇族や公家の生活・行動を規制した。よって，正しい。　ウ　幕府は朝廷による官位の授与や改元・改暦の権

限を否定しておらず，江戸時代を通じてたびたび改元が行われた。　エ　1858年，大老の井伊直《なお》弼《すけ》は，朝廷の許可を得ないまま，アメリカ総領事ハリスとの間で日米修好通商条約を結んだ。

問9　ア　明治天皇は1867年１月に即位した。同年10月に大政奉還が行われ，12月に王政復古の大号令が出された。　イ　明治天皇は1912年７月末に亡くなり，大正天皇が即位した。第一次世界大戦はその２年後の1914年に始まった。　ウ　大正天皇は1926年12月に亡くなり，昭和天皇が即位した。明治時代以降，天皇一代につき一つの元号という「一世一元制」が定められ，天皇が亡くなったときに皇位継承が行われるようになった。よって，適切でない。　エ　昭和天皇は1926年12月に即位し，1941～45年の太平洋戦争をはさんで1989年１月７日に亡くなるまで，およそ62年間(元号は64年まで)にわたって在位した。

2　富山県氷見市を題材にした問題

問1　産地直売所では，農家(生産者)で収穫された作物がそのまま販売されるのが一般的であるため，品質や大きさには均一性がなくなる。作物の品質を均一化するためには，その地域の農業協同組合などで作物を選別するといった作業が必要になるので，イが適切でない。

問2　横浜市(神奈川県)は富山市より東に位置するので，南中時刻がより早い。また，富山市は東経137度13分，横浜市が東経139度38分に位置するので，両市の経度差は，139度38分－137度13分＝２度25分と求められる。経度15度で１時間の時差が生じるので，１度あたりの時差は，60÷15＝４分で，２度25分における時差は，４×２度25分＝９分40秒となる。よって，12時05分の10分前にあたる11時55分が，横浜市の南中時刻にもっとも近い。

問3　ア　陸上から流入した栄養分などによってプランクトンが大量発生する現象は赤潮とよばれ，魚介類が死滅《しめつ》する原因となる。東北地方の三陸海岸沿岸でも，赤潮の被害が出た地域がある。
イ　関東地方に属する千葉県南東部の九十九里地域では，天然ガスの採掘《さいくつ》が原因で地盤沈下《じばんちんか》が起こった。　ウ　近畿地方に属する三重県の四日市市では，石油化学工場から排出《はいしゅつ》された亜硫酸《ありゅうさん》ガス(二酸化硫黄《いおう》)が原因で，四日市ぜんそくとよばれる公害病が発生した。高熱病ではないので，正しくない。　エ　九州地方西部の水俣《みなまた》湾では，化学工場の排水にふくまれていた有機水銀を魚介類が吸収し，それを食べた住民が水銀中毒になるという水俣病が発生した。

問4　富山県をふくむ北陸地方では，冬の積雪で田が使えないため水田単作を行っているところが多く，農業産出額における米の割合が高い。よって，ウがあてはまる。なお，近郊農業がさかんなため，野菜や鶏卵《けいらん》の割合が高いアは茨城県，生乳の割合が高いイは北海道，茶の生産量が多いため，工芸作物の割合が高いエは静岡県である。

問5　水力発電の割合がおよそ３分の２を占《し》めているＣには，県東部の立山連峰《れんぽう》から流れる黒部川や常願寺川沿いを中心に，多くの水力発電所が立地している富山県があてはまる。３つの中で唯一《ゆいいつ》地熱発電が行われているＢには，県南西部に連なる火山であるくじゅう連山の周辺に，八丁原《はっちょうばる》地熱発電所などが立地している大分県があてはまる。残ったＡが沖縄県である。

問6　(1)　関税は貿易品にかかる税で，一般的には自国の産業を守るため，輸入品にかけられる。関税は国税の間接税で，原則として納税者である輸入業者が国(政府)に納めることになっている。よって，アが正しい。　(2)　アは小麦，イはトウモロコシ，ウはコーヒー豆，エはコンニャクイモである。国内で消費される量のほとんどを輸入にたよっている小麦，トウモロコシ，コーヒー豆は，自国産業を保護する必要があまりないため，関税率は低い。一方，コンニャクイモは群馬県な

どでさかんに生産されており，国内で多くを自給できるため，これを保護する観点から高い関税がかけられている。

問7　日本では，第１次産業に分類される農林水産業の従事者が減少している。これは，若者が農村から大都市へと流出することで人口の高齢化が進み，跡継《あとつ》ぎが不足していることなども原因となっているので，全体的に割合が低いＪが2015年，Ｋが2000年のものだと判断できる。よって，エが適切である。なお，2000年以降，「平成の大合併《がっぺい》」とよばれる市町村合併が行われたため，Ｋに比べてＪのほうが市町村数が少なくなっていることも手がかりとなる。

問8　京浜工業地帯は東京都と神奈川県の東京湾岸に発達した工業地帯で，機械工業の割合が高く，かつては全国の工業地帯・地域の中で最大の出荷額をほこっていた。しかし，現在の出荷額は中京工業地帯や阪神工業地帯を下回っている。したがって，金額が大きいＰが1986年，Ｑが2016年となる。また，いずれの年でも最も大きな割合を占めているＸに，機械工業があてはまる。

問9　東京都には離島もあるため空港は複数あり，都心部では公共交通機関が発達しているため，示された４都道県の中では「鉄道輸送人数を1000としたときの航空輸送人数」が最も少なくなると判断できる。よって，ウがあてはまる。なお，面積が広く，空港数が多いアは北海道，奄美《あまみ》大島など離島があり，やはり空港が複数ある鹿児島県がイで，残ったエが富山県である。

3　社会生活を支える技術を題材にした問題

問1　船の燃料となり，コークスの原料となるものなので，石炭があてはまる。コークスは石炭を高温で加熱することによってつくられ，製鉄に利用されている。

問2　ア　スマートフォンを用いた電子決済もデータのやり取りである以上，不正使用の可能性はなくならない。　イ　電子マネーや電子決済には個人情報が記録されているため，導入する会社はそこから得た情報を商品の開発や販売に利用することができる。よって，正しい。　ウ　スイカはJR東日本，パスモは関東地方の私鉄・地下鉄を中心に利用できる交通系電子マネーで，利用範囲《はんい》外，あるいは未導入の交通機関では使えない。　エ　電子マネーや電子決済によって紙幣《しへい》や硬貨《こうか》の利用機会は減るが，ものやサービスと通貨のやり取り自体は行われているため，それが直接景気に悪影響を与えることはない。

問3　下線部②の前に「最先端の技術や知識を持った人々を雇《やと》い入れ，工場の整備改良と生産力の向上に努め」たことや，「当時の最新技術を導入した」ことが書かれているので，これによって製品の質が一定の水準を満たすようになったのだと考えられる。また，生産効率が上がって大量生産ができるようになれば，製品の値段は安くなる。

問4　「３Ｒ」とは，リデュース(ごみの減量)・リユース(ものの再使用)・リサイクル(ごみの再資源化)の３つを指す。「廃物を商品にする」ことは，ごみを資源として利用し，新たな製品にするリサイクルにあたる。

問5　1950年代から1970年代前半まで続いた高度経済成長期の前半には，冷蔵庫・洗濯機・白黒テレビという３つの家電製品が，「三種の神器」として人気を集めた。また，1964年にはアジアで初の開催となる東京オリンピックが開かれた。さらに，石炭から石油へとエネルギー源の中心が移行するエネルギー革命が起こり，炭鉱の閉山があいついだ。オフィスや工場でOA(オートメーション)化やFA(自動システム)化が進んだのは1980年代以降のことなので，イが正しくない。

問6　「企業活動の外部にいる人が損害を受けた事例」として適切なのは，企業活動の１つである

工場の移転によって経済的な損失が出たというアである。イは「損害を受けた事例」にあてはまらず，ウとエは企業ではなく市の活動による損害の事例にあたる。

問7　ア，イ　社会保障制度は，日本国憲法第25条２項で国にその整備や充実が求められているものなので，国が地方自治体任せにしたり，行政が撤退《てったい》したりすることはない。　ウ　高齢者介護の現状を正しく説明している。　エ　社会保障制度を維持するための費用は，広く国民から負担してもらうため，消費税増税などでまかなわれることになっている。

問8　ア　核兵器の保有総数は，第二次世界大戦後，「冷戦」とよばれる東西対立の激化にともなって増え続け，1980年代後半にピークをむかえたが，1989年に冷戦の終結が宣言されると，じょじょに減っていった。　イ　2017年に核兵器禁止条約が採択《さいたく》されたが，アメリカ(米国)をふくむ核保有国や，アメリカの「核の傘《かさ》」に守られている日本，韓国などはこれに参加していない。　ウ　2017年，非政府組織(NGO)の「ICAN(核兵器廃絶国際キャンペーン)」がノーベル平和賞を受賞した。よって，正しい。　エ　インドは冷戦終結以前の1974年に核実験を行い，核保有国となった。

問9　アのエレベーターとウの多機能化粧《けしょう》室(多機能トイレ)は，子どもや高齢者，障がいを持つ人など，誰もが使いやすいようにつくられている。また，エは外国人もふくめて誰が見てもわかりやすいようにデザインされている。しかし，イの点字ブロックは，視覚障がい者を対象として設置されるものである。

4　日本の人口とその問題点についての問題

問1　［図５］が人口の実数を示したグラフであるのに対し，［図６］は各区分の割合を示したグラフになっている。2045年ごろから老年人口もゆるやかな減少に転じるが，生産年齢人口がこれを上回る勢いで減っていくため，人口全体に占める老年人口の割合は増えることになる。

問2　［図５］より，今後，日本の生産年齢人口が減少していくため，労働力不足が深刻な問題になると推測できる。また，「いままで，生産活動に参加してきたのはどのような人々かな？」という先生の言葉に対する答えを考えると，日本で生産活動の中心となってきたのは，①生産年齢人口にあり，②日本人で，③男性であったとわかる。①への対策としては，老年人口にあたる人たちを労働力とすることが１つの解決策となる。そのためには，高齢者が健康に活動できる期間(健康寿《じゅ》命《みょう》)を長くするための取り組みが有効だろう。②への対策としては，外国人労働者の受け入れがあげられる。近年，介護や看護など特定の職種においては，EPA(経済連携《れんけい》協定)を結んだ国から積極的に労働者を受け入れるといった取り組みも進められており，こうした動きを継続していく必要があると考えられる。③への対策としては，女性の社会進出をうながすことが重要になる。日本は欧米に比べて会社経営者や国会議員における女性の割合が少なく，女性の社会進出が十分に進んでいるとはいえない現状にある。そのため，社会全体で女性が働きやすくなる環境づくりをしていくことが重要である。こうしたことによって高齢者や外国人，女性をふくめ，すべての人々にとって働きやすい社会ができれば，労働力の不足に歯止めがかけられるだろう。

理　科　（40分）＜満点：80点＞

解　答

1 (1) **A** P波　**B** S波　(2) **C** 50.4km　**D** 9時10分44秒　(3) 9時10分9秒　(4) 18秒後　(5) エ　(6) エ　(7) ウ　(8) ア　(9) イ　2 (1) ア，ウ　(2) エ，オ　(3) **アカマツ**…イ　**カラマツ**…エ　(4) ウ　(5) **X** 根毛　**Y** 根冠　(6) オ　(7) ウ　(8) エ　(9) エ　3 (1) カ　(2) イ　(3) イ　(4) エ　(5) 4g，イ　(6) ウ，144g　(7) 3：2　(8) ア，480L　(9) 3：4　(10) 66g　4 (1) 1.5A，12.5℃　(2) エ　(3) 3：4　(4) **15cm**…60℃　**25cm**…40℃　(5) イ　(6) 6.7cm　(7) 35℃　(8) 19.3℃

解　説

1 地震《じしん》と地震波の伝わり方についての問題

(1) 地震によって発生する小さな揺《ゆ》れ（初期微《び》動）を伝える波をP波，大きな揺れ（主要動）を伝える波をS波という。

(2), (3) 表1の観測地点㋐，㋒の震源距離《きょり》の差は，126.0－25.2＝100.8(km)で，この距離をP波は，24－12＝12(秒)で進んでいるので，P波の速さは秒速，100.8÷12＝8.4(km)である。したがって，25.2÷8.4＝3(秒)より，地震発生時刻は，9時10分12秒－3秒＝9時10分9秒となる。また，Cは，8.4×(15－9)＝50.4(km)と求められる。次に，観測地点㋐での値より，S波の速さは秒速，25.2÷(16－9)＝3.6(km)とわかるので，126.0÷3.6＝35(秒)より，Dは，9時10分9秒＋35秒＝9時10分44秒となる。

(4) 緊急《きんきゅう》地震速報が発表されたのは，地震発生の，3＋7＝10(秒後)である。したがって，震源距離が100.8kmの地点では，緊急地震速報を受け取ってから，100.8÷3.6－10＝18(秒後)に主要動が発生したと考えられる。

(5) 日本列島は，西側のユーラシアプレート，南側のフィリピン海プレート，東側の太平洋プレート，北側の北アメリカプレートの4つのプレートの境界に位置しており，その境界はエのようになっている。フィリピン海プレートの北端《たん》に伊豆半島があることで見分ける。

(6) 図5で，マグニチュード9.0の地震のエネルギー(1000)は，マグニチュード6.7の地震のエネルギー(0.1より大きく1より小さい)の，1000÷1＝1000(倍)から，1000÷0.1＝10000(倍)なので，エが選べる。

(7) 直後の一文に「これは，水面に水滴《すいてき》を落としたときの波紋《はもん》の広がり方と同じ」とあるので，ウの「同心円状に」があてはまる。

(8), (9) プレートは固い板状の岩石なので，その中を伝わる地震波はあまり弱まることなく伝わっていく。そのため，深いプレートの内部に震源があると，震源の真上の地点より遠い地点の方が震度が大きくなることがある。京都府沖地震では，固い太平洋プレート（図4で震源が位置しているプレート）の内部で発生した地震波が，太平洋プレートによって伝えられたため，図3のような震度分布になったと考えられる。

2 植物の種類と生活，土壌《どじょう》中の動物についての問題

(1)　胚珠《はいしゅ》が子房《しぼう》に包まれずむき出しになっている植物を，裸子《らし》植物という。裸子植物には，マツのなかまやイチョウ，ソテツなどがある。サクラやアブラナなどは胚珠が子房に包まれている植物で，被子《ひし》植物という。

(2)　花粉が風に運ばれて受粉する花を風媒《ふうばい》花という。イネやトウモロコシ，ムギ，ススキなどもマツと同じく風媒花をつける。

(3)　アカマツは一年中緑色の針状の葉をつけている常緑針葉樹である。カラマツも針状の葉をつけるが，秋～冬には葉を落とす落葉針葉樹である。

(4)　図６は，花粉の入ったふくろ(花粉のう)がついたりん片を表している。図６のつくりが多数集まってお花を構成する。

(5)　X　根の表皮細胞《さいぼう》の一部が伸《の》びてつくられる根毛である。　Y　根の先端《せんたん》にある，細胞分裂《ぶんれつ》の活発な部位を成長点という。Yはその成長点を保護している根冠《こんかん》とよばれるつくりである。

(6)　Cはアルコール水で，標本となる土壌動物を傷つけずに死なせるために用いられる。

(7)　ダニはクモのなかまであり，体は頭胸部と腹部に分かれていて，頭胸部に４対８本の脚《あし》がついている。

(8)　高山植物には短い夏に花をつけるものもあり，そのような種はいっせいに咲《さ》く。山頂付近は環《かん》境《きょう》がきびしいため，高山植物の成長はおそく，背丈《せたけ》は低くなっていて折れにくい。また，乾燥《かんそう》した土地で成長しているため，葉が小さくて厚く，根がよく発達している(蒸散量が少なく，効率よく水を吸収している)。

(9)　大規模の噴火《ふんか》の後の土地には，まずコケ類や地衣類と呼ばれる，きびしい環境でも育つことができる植物が生える。その後，一年草のなかまが増えて野原をつくり，さらに多年草のなかまが入りこんで増える。しばらくすると，明るい環境で大きく育つ陽樹の林が形成されるが，林が発達して内部に日光が届きにくくなると，陽樹の幼木が育ちにくくなり，やがて暗い環境でも幼木が育つ陰《いん》樹が増えて，最終的には陰樹の森林が形成される。

3　ものの燃え方についての問題

(1)　ろうそくの炎《ほのお》の場合，固体のろうが炎の熱で熱せられて液体になり，その液体が芯《しん》を伝ってのぼっていき，芯の先の方でさらに炎の熱であたためられて気体となったものが燃えている。木材の炎の場合，木材をつくっている成分が熱によって分解し，木ガスという燃える気体成分が発生して，その木ガスが燃えている。

(2)　炭やマグネシウムのように，燃えるときに気体成分を発生しない固体は，固体が直接空気中の酸素と結びついて燃焼反応が起こるので，炎を出さずに燃える。

(3)　Xはガスに混ぜる空気の量を調節する空気調節ねじ，Yは燃焼させるガスの量を調節するガス調節ねじである。ガス調節ねじを開いて点火すると，オレンジ色や赤色の炎となるが，これは不完全燃焼しているときの色なので，ガス調節ねじをおさえながら空気調節ねじをあけて空気量を調節し，炎の色を完全燃焼しているときの青色にする。

(4)　ア　都市ガスはメタンを主成分とする天然ガスで，炎がオレンジ色や赤色(不完全燃焼)の場合にはすすが発生することがあるが，青色(完全燃焼)の場合にはすすがあまり発生しない。　イ　アルコールはよく燃えるので，すすがあまり発生しない。　ウ　金属のように炭素を成分として含《ふく》まない物質が燃えるときには，すすが発生しない。　エ　すすは，炭素を成分に含む物質が不

完全燃焼し，熱分解によって発生した炭素が燃焼せずに散らばるために発生する。　オ　炭素を成分に含む物質が燃えるとき，物質に含まれる酸素と空気から得る酸素が不足している(不完全燃焼する)と，すすが発生しやすくなる。

(5)　マグネシウムと酸素が結びつく変化のように，物質が別の物質とはたらき合って，もとの物質とは別の物質ができる変化を化学変化といい，できた酸化マグネシウムのような物質を化合物という。物質が化学変化をするときには，反応前の物質の重さ(正確には質量)の和と，反応後にできた物質の重さの和は等しいという法則があり，これを「質量保存の法則」という。この法則によると，マグネシウム６ｇと酸素が結びついてすべて酸化マグネシウムに変わり，その重さが10ｇになったとき，結びついた酸素の重さは，10－６＝４(ｇ)と求められる。

(6)　実験１で，酸化マグネシウムの中のマグネシウムと酸素の重さの比は，マグネシウムが６ｇのときには，６：４＝３：２，マグネシウムが12ｇのときには，12：(20－12)＝３：２で，等しくなっている。このように，１つの化合物に含まれている原子の重さの比はいつでも一定であることが知られており，これを「定比例の法則」という。この法則によると，酸化マグネシウムの中のマグネシウムと酸素の重さの比は，６：４＝３：２なので，240ｇの酸化マグネシウムをつくるとき，マグネシウムは，$240\times\frac{3}{3+2}=144$(ｇ)必要となる。

(7)　酸化マグネシウムの中のマグネシウムと酸素の重さの比は３：２，個数の比は１：１である。よって，マグネシウム原子１個と酸素原子１個の重さの比は，$\frac{3}{1}:\frac{2}{1}=3:2$と求められる。

(8)　実験２で，炭素６ｇをすべて二酸化炭素に変えた①と，炭素６ｇをすべて一酸化炭素に変えた②は，どちらも体積が12Ｌで等しい。また，模式図より，炭素原子２個から二酸化炭素分子２個ができた①と，炭素原子２個から一酸化炭素分子２個ができた②は，できた分子の数が等しい。このように，気体の種類に関係なく，同じ数の気体分子がしめる体積は等しい(ただし，同じ温度・圧力のとき)ことがわかっており，これを「アボガドロの法則」という。この法則によると，炭素６ｇから一酸化炭素，二酸化炭素はどちらも12Ｌ生じるので，炭素240ｇを燃やしたときに生じる一酸化炭素と二酸化炭素の混合気体の体積は，一酸化炭素と二酸化炭素がどのような割合で混ざっていても，$12\times\frac{240}{6}=480$(Ｌ)となる。

(9)　(7)と同様に考える。実験２の①より，二酸化炭素の中の炭素と酸素の重さの比は，６：(22－６)＝３：８，個数の比は１：２なので，炭素原子１個と酸素原子１個の重さの比は，$\frac{3}{1}:\frac{8}{2}=3:4$と求められる。なお，実験２の②より，一酸化炭素の中の炭素と酸素の重さの比は，６：(14－６)＝３：４，個数の比は１：１なので，炭素原子１個と酸素原子１個の重さの比は，$\frac{3}{1}:\frac{4}{1}=3:4$と求めてもよい。

(10)　１ｇの一酸化炭素の体積は，$12\div14=\frac{6}{7}$(Ｌ)，１ｇの二酸化炭素の体積は，$12\div22=\frac{6}{11}$(Ｌ)なので，一酸化炭素と二酸化炭素の混合気体の重さが94ｇで体積が60Ｌであるとき，含まれている二酸化炭素の重さは，$\left(\frac{6}{7}\times94-60\right)\div\left(\frac{6}{7}-\frac{6}{11}\right)=66$(ｇ)である。

4　電流と発熱についての問題

(1)　表２より，電熱線の長さと電流の大きさは反比例しているので，40cmの長さの電熱線に電圧を6.0Ｖにして電流を流すと，電流は，$6.0\div\frac{40}{10}=1.5$(Ａ)になる。次に，図11より，温度上昇《じょうしょう》は電熱線の長さに反比例し，10cmの電熱線に電流を１分間流すと100ｇの水の温度は，15－10＝５(℃)上昇する。また，温度上昇は，水の重さに反比例し，電流を流した時間に比例する。よって，

40cmの電熱線を10℃，200ｇの水の中に入れて電流を４分間流すと，水の温度は，$5\div\frac{40}{10}\div\frac{200}{100}\times\frac{4}{1}=2.5$(℃)上昇して，$10+2.5=12.5$(℃)になる。

⑵　図13で，20cmの電熱線は，10cmの電熱線を２本直列につないだものと置きかえることができる。このようにした場合，10cmの電熱線を，左側の容器に１本，右側の容器に２本入れて，すべてを直列につないだと考えることができ，すべての電熱線に同じ大きさの電流が流れるので，左側の容器と右側の容器に入れている電熱線が出す熱の量の比は１：２となる。さらに，⑴で述べたように，温度上昇は水の重さに反比例する。したがって，水の温度変化の比は，$\frac{1}{100}:\frac{2}{200}=1:1$となる。

⑶　⑵と同様に考えると，水の温度変化の比は，$\frac{1}{200}:\frac{2}{300}=3:4$と求められる。

⑷，⑸　図14で，２本の電熱線を並列につないでいるので，これらの電熱線から発生する熱の量は，これらの電熱線を１本ずつ電源装置につないだときに発生する熱の量と同じになる(つまり，熱の量は電熱線の長さに反比例する)。よって，⑴と同様に考えると，15cmの電熱線を入れた容器では，水の温度が，$5\div\frac{15}{10}\times\frac{15}{1}=50$(℃)上昇して，$10+50=60$(℃)になり，25cmの電熱線を入れた容器では，水の温度が，$5\div\frac{25}{10}\times\frac{15}{1}=30$(℃)上昇して，$10+30=40$(℃)になる。

⑹　⑸で述べたように，電熱線を並列につないだとき，電熱線の出す熱の量は電熱線の長さに反比例する。したがって，図15で，10cmの電熱線の出す熱の量を１とすると，20cmの電熱線の出す熱の量は，$1\div\frac{20}{10}=0.5$となるので，２つの電熱線の出す熱の量の合計は，$1+0.5=1.5$となり，$10\div1.5=6.66\cdots$より，これは6.7cmの電熱線の出す熱の量と同じとわかる。

⑺　⑴と同様に考えると，水の温度は，$5\times1.5\div\frac{300}{100}\times\frac{10}{1}=25$(℃)上昇して，$10+25=35$(℃)になる。

⑻　図15の10cmの電熱線を，同じ長さで断面積(太さ)が５分の１のものにかえると，その電熱線の出す熱の量は，$1\times\frac{1}{5}=0.2$となるので，２つの電熱線の出す熱の量の合計は，$0.2+0.5=0.7$となる。よって，$5\times0.7\div\frac{300}{100}\times\frac{8}{1}=9.33\cdots$より，水の温度は9.3℃上昇して，$10+9.3=19.3$(℃)になる。

国　語　(50分)＜満点：120点＞

解　答

一　①～⑧　下記を参照のこと。　⑨　かたき　⑩　ほっき　二　**問1**　紙　**問2**　エ　**問3**　ア　**問4**　エ　**問5**　(例)　あくまでもほめ言葉と受け止める　**問6**　イ　**問7**　エ　**問8**　ウ　**問9**　(例)　自分が筋を通すことだけを考えるのではなく，他者のことも考えられるようになったということ。　**問10**　イ　三　**問1**　一寸先の闇　**問2**　エ　**問3**　ア　**問4**　エ　**問5**　ウ　**問6**　エ　**問7**　イ　**問8**　(例)　(スケッチとは，)時々刻々と変化している目の前の景色と自分との一回限りの出会いであり，その景色に感じた思いをこめて描く(ことである。)　**問9**　イ　**問10**　エ　**問11**　(例)　テレビや映画を見る側は，制作者が台本をもとにしてつくった作品を，受け身で見ているだけだということ。

●漢字の書き取り

一 ① 開幕 ② 一覧 ③ 査察 ④ 領有 ⑤ 延納 ⑥ 宗家
⑦ 留意 ⑧ 除隊

解 説

一 漢字の書き取りと読み

① 大会・行事・芝居《しばい》などが始まること。 ② ひととおり目を通すこと。 ③ 権限を持った機関が，強制的に調査すること。 ④ 領土として保有すること。 ⑤ 税金や授業料などを期日に遅《おく》れて納めること。 ⑥ 伝統的な芸能，とくに能，歌舞伎《かぶき》，邦楽《ほうがく》，邦舞などの舞台芸能において，その流派の主義や技術，様式などをもっとも由緒《ゆいしょ》正しく伝えている家。 ⑦ あるものごとに心をかけ，気をつけること。 ⑧ 兵役の解除。 ⑨「目の敵」で，自分に害をなすものとして敵視すること。また，その相手。 ⑩「一念発起」は，あることを成しとげようと決心すること。もとは仏教用語で，信心の気持ちを持つこと。

二 出典は小野寺史宜《おのでらふみのり》の『ホケツ！』による。母親を亡《な》くした「ぼく」（大地《だいち》）を引き取り，五年ほど暮らしてきた伯母《おば》さんが，付き合っている田崎《たざき》さんという男性を招き，「ぼく」に紹介《しょうかい》した日の出来事を描《えが》いている。

問1 直後で，田崎は「新聞とか本とかカタログ」などにつかうものをつくる会社で働いていると話しているので，「製紙会社」だとわかる。

問2 伯母さんが自分をおそらく「面倒《めんどう》のないやつ」程度の意味で話した内容を，「何一つ問題を起こさない，よく出来た高校生」だと田崎さんが大げさに解釈《かいしゃく》していることを受けた「ぼく」は，「苦々」しい感情を抱《いだ》いていることをおさえる。実際にはサッカー部の補欠なのに，レギュラーだと「うそ」をついていたことを苦々しく思い，「ぼく」は事実を「指摘《してき》されるよりは自分で言うほうがましだ」と考えたが，本当のことを話そうと思う一方で，実際の自分を知られたら伯母さんと田崎さんを失望させてしまうのではないかという心配もあったのだろうと推測できるので，エがふさわしい。なお，エ以外は，苦々しさの内容を正しくとらえていない。

問3 田崎さんが，伯母さんから「一人では行かないで」と言われていながら，内緒《ないしょ》で「ぼく」の「総体の試合」を観に来ていたことをおさえる。つまり，伯母さんは，田崎さんを「ぼく」に紹介する前に会わせるのは筋が通らないと考えたものと想像できるので，アが選べる。

問4 続く部分で，レギュラーになるという「結果だけを重視する人はたくさん」いるが，「そうじゃない人も」おり，「見てる人はきちんと見てる」と話していることから，伯母さんは本心から，「ぼく」がレギュラーになれなくても「別にいい」と言っているものとわかる。しかし，「ぼく」は，「レギュラーじゃないからお前はダメだ，なんて言わないわよ」というのは，伯母さんがむしろそう思っているからこそ出た言葉なのだろうと考えている。だから，「ぼく」は驚《おどろ》き，「え，そんなこと言っちゃうの？」と思ったのだから，エが正しい。

問5 秋月先生との面談のとき，顧問《こもん》が「ぼく」をほめていたということについて，「ぼく」と伯母さんの対照的な解釈を整理する。「先生は生徒を，どうにかほめなきゃいけないから」言っただけだと考えている「ぼく」に対し，伯母さんはそれでも「うれしい」し，「うそ」だとしても，そうまでして「ほめたいと思ってくれた」ことを喜んでいる。これをふまえ，「前向きな意味にしか

解釈しない」のような趣旨《しゅし》でまとめるとよい。

問6　顧問からのほめ言葉の中で，「レギュラーじゃない生徒にかける言葉っぽい」と「ぼく」が感じたものだから，「人のために努力できる」があてはまる。これは，「レギュラー」を支えている人物に対するほめ言葉だと受け取れる。

問7　「ぼく」が伯母さんに対し，自分は「レギュラー」だと「うそ」をついたのは，「レギュラーになれないなら部なんてやめちゃいなさい」と言われたくなかったからだが，問4～問6でみたように，伯母さんはレギュラーにこだわりがなく，顧問が「結果だけを重視」せず，「ぼく」のことを「人のために努力できる」とほめてくれたことが「うれしかった」と言っている。そういう伯母さんの価値観を知った「ぼく」は，自分が「しょうもないうそをついていたことがわかってたから～一度も試合を観に来なかったのだ。来たらぼくに恥《は》ずかしい思いをさせることになるから」だと思い至ったのである。つまり，エが伯母さんに対する「ぼく」の誤解にあたる。

問8　少し前に，「ぼく」が田崎さんを駅まで送ろうとしたのは「まさにとっさの思いつきであって，何を話そうとか何を訊《き》きたいとかいうことはなかった」けれど，「二人でいる時間」をつくり，「田崎さんに慣れ」たかったとあること，また，続く部分で，伯母さんと田崎さんの結婚《けっこん》について，自分が「どうこう言うことじゃない」と話していることから，「ぼく」は結婚に関して「最終的には二人の気持ちしだい」だと考えている一方で，田崎さんと話し，その人柄《ひとがら》を知ることで，彼《かれ》とどのような距離《きょり》感で接するべきかをはかろうとしていることがうかがえる。

問9　伯母さんには，もともと「すごく太い」筋が通っていたが，「ぼく」と暮らすようになったことで「やわらかく」なり，「一度プロポーズを断った」自分と「また付き合ったり」するようになったと田崎さんは話している。一方，「ぼく」も「そうかもしれない」と納得《なっとく》したうえで，「ただかたいだけの伯母さんなら，そこはきちんと線を引くだろう」と考えている。このことから，「ぼく」と暮らす以前の伯母さんなら「一度」決めたことは貫《つらぬ》き通したが，今はじゅうなんに物事へ向き合うようになったことがわかる。以上をふまえ，「『ぼく』と暮らすことで，ただ筋を通すだけでないじゅうなんさを，伯母さんが身につけたこと」のようにまとめる。

問10　問6で見たように，「ぼく」は周囲の状況《じょうきょう》を把握《はあく》して「人のために努力できる」人間だということがわかる。これまで，補欠なのにレギュラーだとうそをつくほどの劣等《れっとう》感を抱いていた「ぼく」は，「結果」がすべてではないという伯母さんの価値観を知り，自分の長所に気づかされているので，イが合う。

三　**出典は安野光雅《あんのみつまさ》の『かんがえる子ども』による。**「自分で考える」ことの大切さを，天気予報や予言などの例をあげて説明し，そのためには自然を知ること，本を読むことが役に立つと語っている。

問1　「予報」はまだ起きていない自然現象などを予測し，人々に知らせることなので，「ほんとうのこと」はわからないと書かれている。この「大前提」は，「中略」の直後の段落で，「一寸先の闇《やみ》」と言いかえられている。なお，もとは「一寸先は闇」ということわざで，ほんの少しの未来さえ予測できないことを意味する。

問2　「腰《こし》が痛いときはこういう運動をしたらいい，健康にはこんな食べものがいいらしい」という人に対して理由をたずねると，「テレビでそういっていた」「人がこういっていた」と返ってくると書かれているように，直前の段落では，人々が「テレビや新聞でいっていることをそのまま受け

とり，自分で考えていない」ということの例があげられている。本文の最初にある，「天気予報」で流れる情報に関しても人々がうのみにしてしまうこともあわせ，「ほかにも」「自分で考え」なくなっている事例として「どんなことがあるのか，ぜひ，考えてみてほしい」と筆者は述べているのだから，エがあてはまる。

問３　「おぼれる者は藁《わら》をもつかむ」は，“困りきっているときは，本当は頼《たよ》りにならないものにもすがってしまう”という意味。似た意味の言葉には，「苦しいときの神頼《かみだの》み」などがある。

問４　筆者は，「藁をつかみたい気持ち」でいる消費者の心理を，「ものを売りつけようとする人」が利用していると指摘《してき》している。つまり，元手のかからない「藁」を売るため，消費者の困りごとにつけこむのだと言っている。たとえば，「若く」見られたいという強い願望につけこめば，効果があるかどうかもわからない「小じわをのばすクリーム」という「藁」を売りつけやすくなる。それと同様の事例なので，ア～ウがあてはまる。

問５　太平洋戦争が「あと四年で終わる」という話は，ピラミッドの中にある道が謎《なぞ》の位置でへこんでいたり，曲がっていたりしている「タイミング」とぴったり重なるとした，世界史の予言である。単なる「流言」でありながら人々がそれを信じたのは，戦争が早く終わってほしいという「待望」が「理性」を失わせ，何かにすがりたい気持ちになっていたからなので，ウが選べる。

問６　少し前に，太平洋戦争の終結時期についての予言は，ピラミッドの中の道がへこんでいたり，曲がっていたりしていることにあてはめたものだったにもかかわらず，実際のピラミッドの道は曲がってなどいなかったと書かれていることに注目する。つまり，誰《だれ》も事実を確かめないまま流言をうのみにしたということだから，エがよい。

問７　傍線《ぼうせん》部⑤は，同じ段落と，その直前の二つの段落で述べられていることがらのまとめにあたる。筆者は，人間が「自然の中で生きている」と知ることと「自然に心を動かされた経験」を積むことによって，「自然に対する畏敬《いけい》」と「美しい」と思う感性を養うことができるとしたうえで，たとえば「自然が百年かかって描いた」木の年輪の美しさに触《ふ》れたとき，「人間などは，取るにたらない」存在だとわかるのだと述べている。よって，イがふさわしい。

問８　「お見合い」は結婚相手にふさわしいかどうかを判断するため，男女が人を介して会うことをいうが，ここではスケッチ，つまり描きたい風景との出会いをたとえている。筆者は，旅先でスケッチを繰《く》り返した経験から，実際に見て「何を感じて描くか」が大事であり，写真で見て描くのとは違《ちが》うと述べている。また，同じ場所であっても天候，ものの配置，自分の気持ちまで変わるため，ここで描いたらいいかなと思った風景を，後で戻って描こうとすると，「最初に出会った景色」ではなくなっていたという体験もしている。要するに，実際の景色を見て，何かを感じて描こうと思えるかどうかは一期一会といってよいめぐり合わせであり，それを筆者は「景色とのお見合い」と表したのである。

問９　本を読むおもしろさは，文字で書かれた場面や時間の経過を自分自身でつかみ，「自分で考える」ことにある。逆に，テレビやスマートフォンは「受け身」のままで考えなくとも「楽にわかる」「手軽なおもしろさ」なので，イがふさわしい。

問10　最後の段落で，「本を読むことは，ひとりの仕事」で「競争にはなりません」と述べられていることをおさえる。よって，アの「他人よりも満ち足りた人生を送ること」は競争にあたるので，正しくない。また，イの「周囲と協力」も「ひとりの仕事」である読書の性質に合わない。そして，

「過去の歴史から未来の行く末を推測しながら自分で将来の進路を選ぶこと」については述べられていないので，ウもふさわしくない。

問11 「見る方」とは，「テレビや映画」を見る側を指している。制作側は「台本」を「調理」して番組や映画をつくるが，見る側は提供されたものを「受け身」で見るだけなのである。これをもとに「テレビや映画の制作者が，台本を解釈してつくり出したものを，見る側は受け身で見ているだけだということ」のような趣旨でまとめる。

2019年度　浅　野　中　学　校

〔電　話〕(045) 421－3281
〔所在地〕〒221-0012　神奈川県横浜市神奈川区子安台1－3－1
〔交　通〕JR京浜東北線「新子安駅」・京浜急行線「京急新子安駅」より徒歩8分

【算　数】（50分）〈満点：120点〉

【注意】定規・コンパス・分度器は机の上に出したり，使用したりしてはいけません。

1　次の[ア]～[サ]にあてはまる数をそれぞれ求めなさい。

(1)　$990\div\left\{\left(33\frac{1}{6}-\boxed{\text{ア}}\right)\times\frac{15}{26}\right\}+875=2019$

(2)　ボールペン1本は鉛筆《えんぴつ》1本より20円高く，ボールペン2本と鉛筆3本を合わせた金額は440円です。ボールペンと鉛筆を合わせて100本買い，600円の箱に入れて買ったところ，金額がちょうど1万円になりました。

このとき，ボールペン1本は[イ]円で，買ったボールペンの本数は[ウ]本です。

(3)　1から200までの整数のうち，2で割ると余りが1で，3で割ると余りが2となる整数は[エ]個あります。

この[エ]個の中で，5で割ると余りが3と**ならない**整数は[オ]個あります。

(4)　一日に80分遅《おく》れる時計Aと一日に48分進む時計Bがあり，正午にこの2つの時計を正確な時刻に合わせました。この日，時計Aが午後4時15分を示すとき，正しい時刻は午後[カ]時[キ]分で，時計Bは午後[ク]時[ケ]分を示します。

(5)　立方体と円柱の一部を重ね合わせて，立体を作りました。この立体の上面は［**図1**］のようになり，［**図1**］の矢印の方向から見た側面は［**図2**］のようになります。立体の体積は[コ]cm³，表面積は[サ]cm²になります。ただし，円周率は3.14とします。

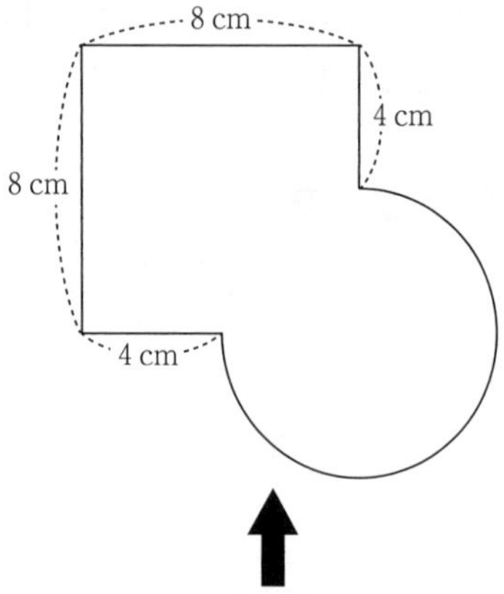

［**図1**］

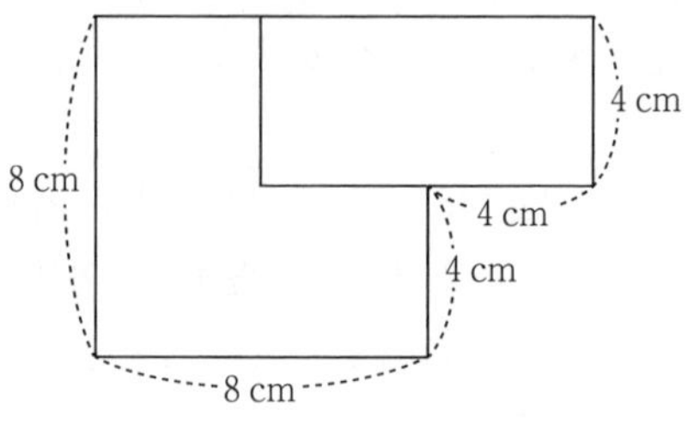

［**図2**］

2　次の文章を読み，[ア]～[オ]にあてはまる数をそれぞれ求めなさい。

A君は，［**図3**］のような2枚の長方形の紙を利用して，1から20までの和を求めたところ，1＋2＋3＋…＋20＝[ア]となりました。

さらにA君は，1×1＋2×2＋3×3＋…＋20×20を求める方法を先生から教わりました。先

生は正三角形の紙に[**図4**]のように，上から1段目に1を1個，2段目に2を2個，3段目に3を3個，…，20段目に20を20個書きました。そうすると，正三角形の紙に書かれた数の和を求めればよいことになります。

次に先生は，[**図4**]の紙を3枚用意し，[**図5**]のように並べました。

1枚目，2枚目，3枚目の上から1段目に書かれた3つの整数の和は [**イ**] です。

また，1枚目，2枚目，3枚目の上から2段目の左に書かれた3つの整数の和は [**ウ**] です。このことに注目すると，$1\times1+2\times2+3\times3+\cdots+20\times20=$ [**イ**] $\times$ [**エ**] $\div3=$ [**オ**] となります。

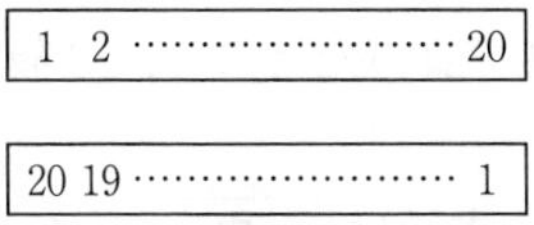

［**図3**］

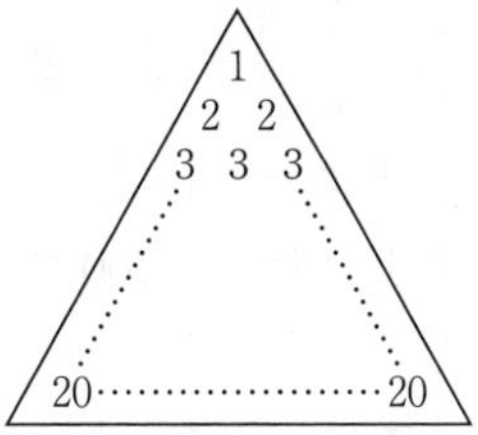

［**図4**］

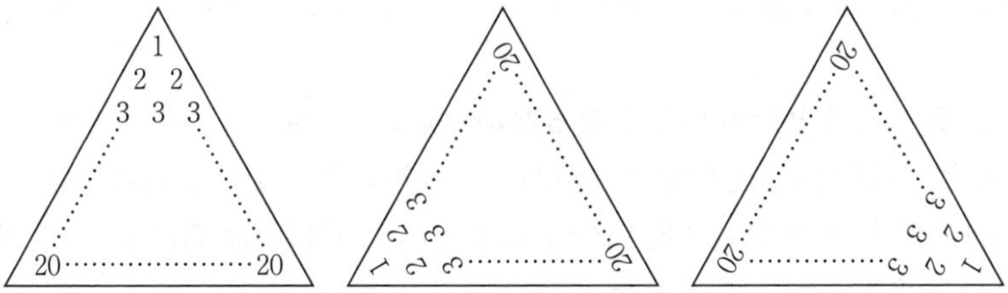

1枚目　2枚目　3枚目

［**図5**］

3　ある菓子《かし》工場の直売店では，定価が1個200円の菓子を，客が買った個数によって値引きして販売《はんばい》しています。1個の売り値の決め方は，25個以下のときは定価のまま，26個から45個までは1個増えるごとに売り値が5円ずつ安くなり，46個以上の場合は45個のときと1個の売り値は同じものとします。

例えば26個買うときの代金は $195\times26=5070$ (円)，27個買うときの代金は $190\times27=5130$ (円)となります。[**表1**]は個数，売り値，代金をまとめたものです。最大で50個まで買うことができるものとするとき，次の問いに答えなさい。

[**表1**]

個数	売り値	代金
25	200	5000
26	195	5070
27	190	5130
⋮	⋮	⋮
50	[**ア**]	[**イ**]

(1) [**表1**]の [**ア**]，[**イ**] にあてはまる数をそれぞれ求めなさい。

(2) 25個以上買う場合，代金が一番安くなるのは何個のときですか。それらをすべて求めなさい。答えが2つ以上になる場合は，「2、3」のように，答えと答えの間に「、」をつけなさい。

(3) 25個以上買う場合，代金が一番高くなるのは何個のときですか。それらをすべて求めなさい。答えが2つ以上になる場合は，「2、3」のように，答えと答えの間に「、」をつけなさい。

4　A，B，C，Dの4人でじゃんけんを1回します。このとき，次の問いに答えなさい。

(1)　4人の手の出し方は全部で何通りありますか。

(2)　2人だけが勝つ場合，4人の手の出し方は全部で何通りありますか。

(3)　グーを出した人が勝つ場合，4人の手の出し方は全部で何通りありますか。

(4)　全員が同じ手を出さないであいこになる場合，4人の手の出し方は全部で何通りありますか。ただし，解答用紙に考え方や式も書きなさい。

5　［**図6**］のような一辺の長さが3 cmの正六角形ABCDEFがあります。点Pは辺AB上を動くことができ，点Qは辺CD上を動くことができます。PQを2：1に分ける点をRとするとき，次の問いに答えなさい。

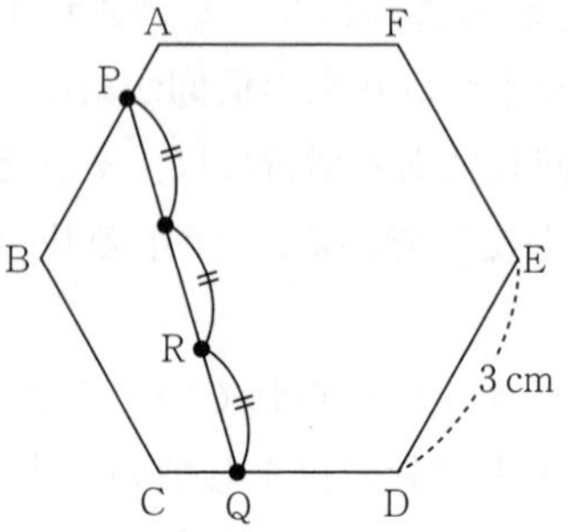

［**図6**］

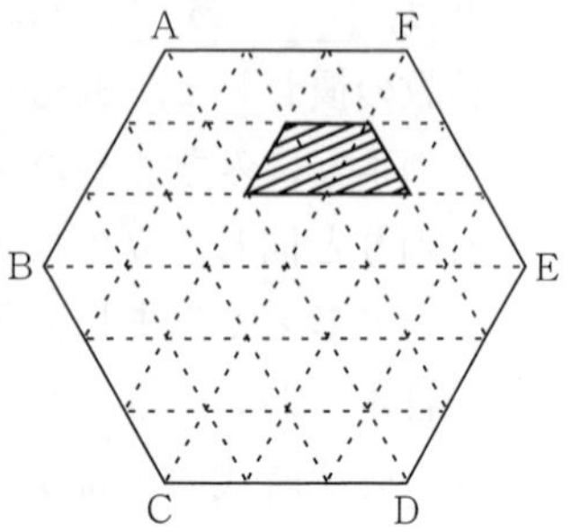

［**図7**］

(1)　点Pが点Aに止まっていて，点Qが辺CD上を点Cから点Dまで動くとき，点Rの動く線の長さを求めなさい。

(2)　点Qが点Cに止まっていて，点Pが辺AB上を点Aから点Bまで動くとき，点Rの動く線の長さを求めなさい。

(3)　点Pが辺AB上を，点Qが辺CD上をそれぞれ自由に動くとき，点Rの動くことができる範《はん》囲《い》を，［**図7**］の例のように解答用紙の図に斜線《しゃせん》で示しなさい。

(4)　**(3)**で求めた範囲の面積は，正六角形ABCDEFの面積の何倍になりますか。

(5)　点Rが**(3)**で求めた範囲を動くとき，三角形EFRの面積が最も小さくなるのは，三角形EFRの面積が，正六角形ABCDEFの面積の何倍になるときですか。

（下書き用）

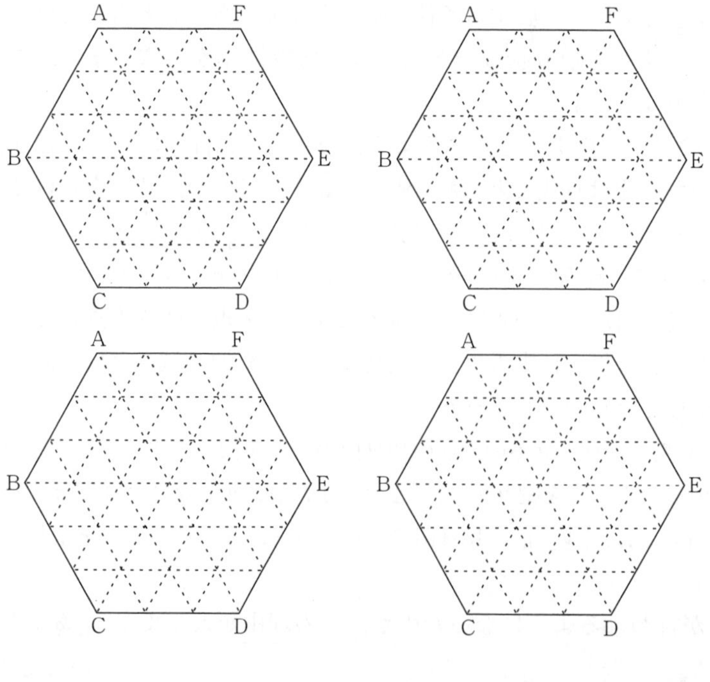

【社　会】（40分）〈満点：80点〉

〈編集部注：実物の入試問題では，絵画と写真はすべてカラー印刷，地図やグラフも大半はカラー印刷です。〉

1　次の文章を読み，後の問いに答えなさい。

みなさんは盆踊《ぼんおど》りに参加したことがありますか。日本では８月の中旬《ちゅうじゅん》にお盆休みといって，多くの人々が里帰りをします。しかし，なぜこのような慣習があるのでしょうか。例えば盆踊りは，［　あ　］に催《もよお》されるようになったとされます。そもそも盆とは，死者を供養する仏教の慣わしと，祖先の霊《れい》をまつる在来の信仰《しんこう》が結びついた日本独自のものであるとされます。このようにみなさんの身の回りにある慣習には，それぞれに背景や理由があります。ここでは，盆踊りと同じく夏の代表的な文化である，「土用《どよう》の丑《うし》の日にウナギを食べる」のはなぜか，について考えてみましょう。

日本においてウナギは古代から食べられていたことが分かっており，全国約130カ所の①縄文・弥生時代の遺跡《いせき》からウナギの骨が出土しています。また，万葉集の中には大伴家持《おおとものやかもち》がよんだウナギの歌があります。その内容は，「夏痩《や》せした知人にウナギをすすめる」といったものです。

鎌倉時代には，②宇治周辺でウナギ漁が盛んでした。また，室町時代にウナギは「宇治丸」と呼ばれた鮨《すし》として食され，③室町幕府の役人や公家たちが参加する宴会《えんかい》などでも振《ふ》る舞《ま》われていたと考えられています。なお，現在のようなウナギの食べ方が普及《ふきゅう》するようになったのは，④関東で濃《こ》い口しょうゆが開発された江戸時代でした。

そして「土用の丑の日にウナギを食べる」という慣習が生まれたのも江戸時代です。一説には，平賀源内が「本日，土用の丑の日」というキャッチコピーを考案したのが始まりとされます。ここで言う「土用の丑の日」とは，［　い　］前の18日間の(注)土用のうち，丑の日のことです。もともとこの時期に夏バテ対策で精のつくものを食べる習慣や，丑の日に「う」のつくものを食べると良いという言い伝えもあったことから，この表現が受け入れられたのかもしれません。さらに，江戸時代は⑤食文化の発展する条件が揃《そろ》った時期であることも，忘れてはならない背景でしょう。なお，ウナギを取り扱《あつか》う店としては，高級料亭《りょうてい》から露店《ろてん》まで，さまざまな形態が出現したことが分かっています。

以上のように，「土用の丑の日」にウナギを食べるようになったのは江戸時代でしたが，そこに至るまでにも日本のウナギ文化は時代ごとの状況《じょうきょう》に影響《えいきょう》を受けつつ，時間をかけて変化してきたことが分かります。ウナギに関する近年の動向をみると，⑥環境汚染《かんきょうおせん》によるウナギ漁の衰退《すいたい》や，絶滅危惧種《ぜつめつきぐしゅ》への指定・養殖《ようしょく》技術の発展といったウナギ資源の減少に関連した動きが出てきています。一方で我が国は日本の食文化を世界に発信する取り組みも進めており，ウナギ料理もこれに含《ふく》まれます。今後，日本のウナギ文化はウナギ資源の減少という昨今の動向を受けて，どのように変化していくのでしょうか。

（注）「土用」とは，立春・立夏・立秋・立冬の直前の18日間のことを指します。そしてその18日間に「子《ね》，丑，寅《とら》」といった十二支を割り振り，「土用の子，丑，寅」などと呼びました。つまり夏の「土用の丑の日」とは，［い］前の18日間の土用のうち，丑の日のことを指しています。

問１　［あ］には，なぜ盆踊りが行われるようになったのか，その理由が入ります。［あ］にあて

はまる内容としてもっとも適切なものを，次の**ア**～**エ**の中から１つ選び，その記号で答えなさい。

ア　農業や漁業，林業などに従事する人々の労をねぎらうため

イ　遠くからやってくる家族や観光客をもてなすため

ウ　死後の世界から戻《もど》ってきた先祖や死者を慰《なぐさ》め，送り出すため

エ　成仏のできない死者の霊を慰め，無事に成仏してもらうため

問２　[い] にあてはまるもっとも適切な語句を，次の**ア**～**エ**の中から１つ選び，その記号で答えなさい。

ア　立春

イ　立夏

ウ　立秋

エ　立冬

問３　下線部①について――。

［**表１**］は縄文時代と弥生時代の違《ちが》いについてまとめたものです。後の［**文１**］は，どの違いを根拠《こんきょ》としていますか。［**表１**］の**ア**～**エ**の中から正しいものを**すべて**選び，その記号で答えなさい。

［**表１**］

選択肢《せんたくし》	違い	具体的な内容
ア	土器	【縄文】　縄目《なわめ》の模様をつけ，分厚くもろい。色は黒褐色《こっかっしょく》。 【弥生】　薄手《うすで》で固く，簡単な模様しかない。色は赤褐色《せきかっしょく》。
イ	墓の構造	【縄文】　集落の中に共同墓地が作られ，人々は埋葬《まいそう》された。 【弥生】　地域ごとに墓の構造が統一され，大型の墓が出現した。
ウ	副葬品《ふくそうひん》	【縄文】　副葬品の内容に，特徴《とくちょう》的な違いはあまりない。 【弥生】　多量の青銅器や鉄器が埋葬された墓が一部で出現した。
エ	道具	【縄文】　弓矢やつり針，すり石など。 【弥生】　鍬《くわ》や田げた，石包丁など。

［**文１**］

縄文時代は身分の差がない社会であったと言われているが，弥生時代には身分差が生じていたと言われている。

問４　下線部②について――。

宇治においてウナギ漁が盛んになった理由として**適切でないもの**を，次の**ア**～**エ**の中から１つ選び，その記号で答えなさい。

ア　両替商《りょうがえしょう》の登場により，貨幣《かへい》の流通が活発になったから。

イ　近くにウナギを消費する大都市があったから。

ウ　漁師集団が大寺社から漁業に関する特権を与《あた》えられていたから。

エ　陸上交通や水上交通の要衝《ようしょう》に位置していたから。

問５　下線部③について――。

［**文２**］は，室町幕府のしくみを説明したものです。これを図にしたものとしてもっとも適切なものを，後の**ア**～**エ**の中から１つ選び，その記号で答えなさい。

［**文２**］

「室町幕府の地方機関には，鎌倉府などがあった。足利尊氏は鎌倉幕府の基盤《きばん》であった関東をとくに重視し，東国の支配は鎌倉府に任せた。鎌倉府の組織は室町幕府とほぼ同じで，権限も大きかったため，やがて室町幕府としばしば衝突《しょうとつ》するようになった。」

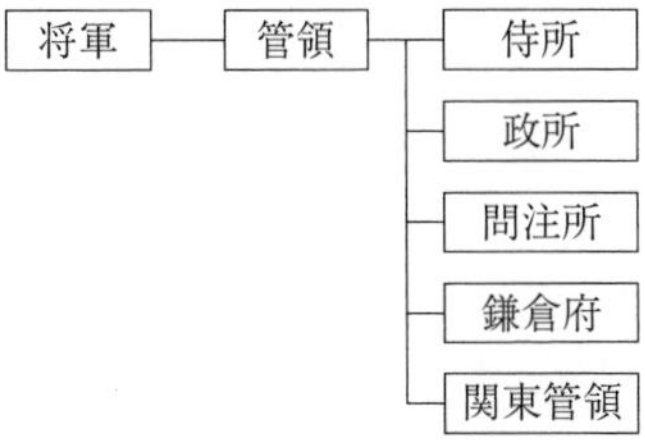

ア

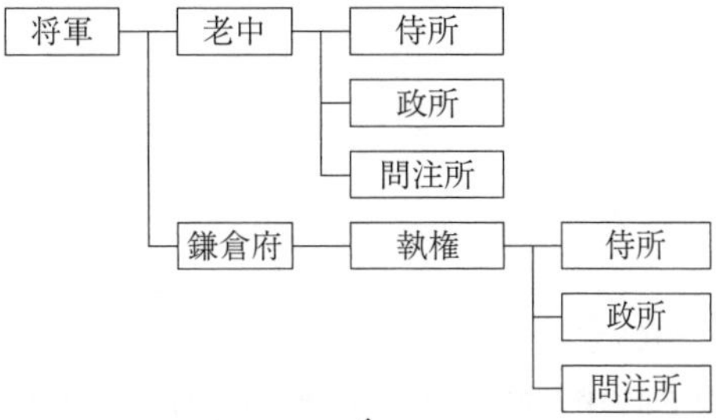

イ

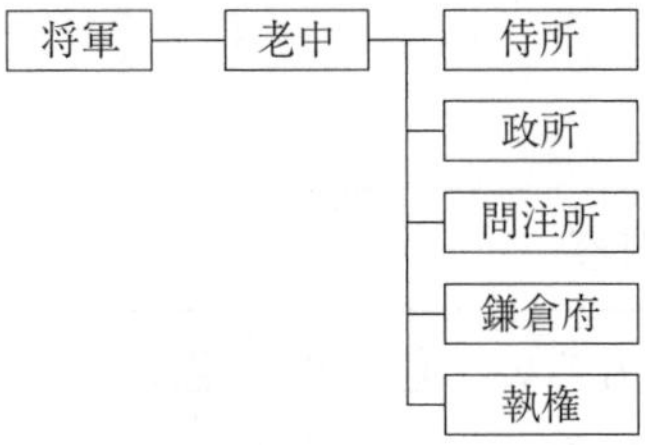

ウ

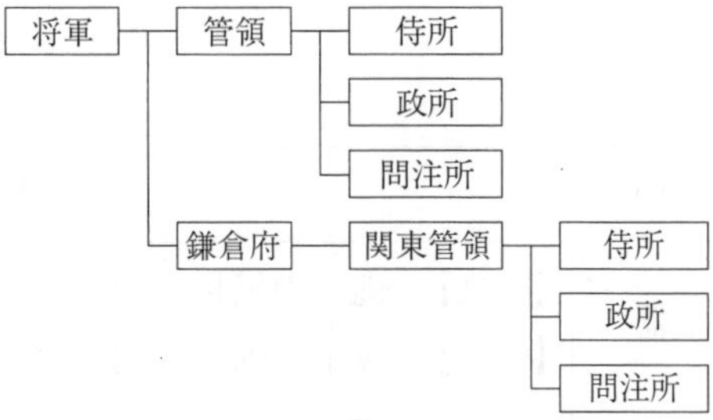

エ

（注）　図を簡略化するため，一部の役職を省略して作成した。

問６　下線部④について――。

［**図１**］は，江戸時代の関東で濃い口しょうゆが開発された過程についての一説をまとめたものです。［**う**］にあてはまる内容にかかわる絵としてもっとも適切なものを，後の**ア**～**エ**の中から１つ選び，その記号で答えなさい。

江戸の発展により人口が増加すると，江戸では品不足になった。

⇩

［**う**］の発展により，大坂から江戸へ多くの品物が運ばれるようになった。その中で，大坂から薄口《うすくち》しょうゆが江戸へ運ばれた。

⇩

大坂からもたらされる薄口しょうゆに対抗《たいこう》して，江戸近郊《きんこう》で濃い口しょうゆが開発されると，評判が広まり江戸では濃い口しょうゆが使われるようになった。

［図１］

ア

イ

ウ

エ

問7　下線部⑤について——。

江戸時代において食文化が発展した条件として**適切でないもの**を，次の**ア**～**エ**の中から1つ選び，その記号で答えなさい。

ア　新田開発により耕地が広がり，生産力が発展した。

イ　料理本の出版が盛んになり，調理技術が一般《いっぱん》に普及した。

ウ　同業者の組合である座が結成され，商業活動が盛んになった。

エ　流通網《もう》が整備されて，全国各地の特産品が行き渡《わた》るようになった。

問8　下線部⑥について——。

日本において，明治以降に発生した環境問題について述べた文章として**適切でないもの**を，次の**ア**～**エ**の中から1つ選び，その記号で答えなさい。

ア　明治時代に近代化政策が進められて産業革命が起こった一方で，渡良瀬川《わたらせがわ》流域では農作物に被害《ひがい》が出た。

イ　1940年代前半の京浜《けいひん》地域では，産業活動が活発になり人口も増加したため，東京湾《わん》において水質汚染が深刻化した。

ウ　高度経済成長は同時に大気汚染の問題を発生させ，その対策として公害対策基本法ができた。

エ　1970年代から80年代にかけて，国民一人ひとりの生活水準が向上したことで，自動車の排出《はいしゅつ》ガス問題などが生じた。

問9　日本におけるウナギ食文化に関する説明として**適切でないもの**を，本文を参考にして，次の**ア**～**エ**の中から1つ選び，その記号で答えなさい。

ア　古代において，ウナギは滋養強壮《じようきょうそう》になる食べ物として考えられていた。

イ　中世において，農村ではウナギが盛んに消費されたが，都市ではウナギ信仰の広まりから食用とならなかった。

ウ　近世において，ウナギを提供する移動式の簡易な食べ物屋が増加し，外食産業が発達した。

エ　現在において，国産ウナギの価格はおおむね上昇傾向《じょうしょうけいこう》にある。

2　次の文章を読み，後の問いに答えなさい。

みなさんは将来，どのような分野の職業に就きたいと考えていますか。人々が生活するうえで必要とされるものを生み出したり，提供したりする経済活動のことを産業といいます。産業を分類する方法はいろいろありますが，イギリスのコーリン＝クラークが考案した産業分類が有名です。それは「第一次産業」「第二次産業」「第三次産業」というように①すべての産業を大きく三つに分ける方法です。ここでは日本の産業の状況について，分野別にみていきましょう。

第一次産業とは人間が自然環境を直接利用して行う分野で，農業・林業・水産業が該当《がいとう》します。そのなかでも日本の産業といえば長い間，②稲作《いなさく》を中心とした農業でした。現在では稲作だけでなく③各地の自然環境に合わせて，さまざまな農業が行われています。しかし④貿易の自由化が進み，日本の農業も厳しい状況に置かれています。さらに第一次産業で働く人々の減少や高齢《こうれい》化も課題となっています。

第二次産業とは，地球上のさまざまな資源を使って工業原料や工業製品を作る鉱工業のことをいいます。地殻《ちかく》の変動が激しい地域に位置する日本列島には多くの種類の鉱物が存在していますが，埋蔵《まいぞう》量は乏《とぼ》しく⑤国内の鉱山はほとんどが閉山しています。また化石燃料も乏しい国です。現在，⑥エネルギー資源の中心となっているのは石油ですが，そのほとんどを海外からの輸入にたよっています。日本では原材料を輸入し製品を作りあげて海外へ輸出する［　あ　］貿易が行われてきたので⑦工業地帯は太平洋ベルトに集中しています。さらに1970年代の２度の［　い　］をきっかけに工業地域は内陸部にも広がっていきました。しかし，近年では賃金の安い海外へ工場を移転し，現地生産する企業《きぎょう》が増えています。こうして国内の工業が衰退していくことを産業の［　う　］といいます。

第三次産業は⑧商業やサービス業など製品の流通やサービスにかかわる産業です。かつて日本の各地に個人商店の集まった商店街がありました。しかし近ごろは商店街の衰退が目立ち，⑨商業施設《しせつ》のあり方も変化してきています。さらにコンピュータや携帯《けいたい》電話の普及により，買い物のスタイルにも変化が生じ，インターネットによる通信販売《はんばい》が盛んになってきています。サービス業のなかでも，とくに情報技術産業の発展は目覚ましいものです。

このような産業分類の方法は現状に合っていないという指摘《してき》があります。というのも社会の変化や技術の進歩により⑩産業のあり方は日々，変化しているのです。人工知能（AI）が将来の産業を大きく変えてしまうと予測する人もいます。今後，日本の産業もますます変わっていくことでしょう。みなさんも社会や産業の変化を的確にとらえて，正しい判断ができるようになってください。

問１　［　あ　］～［　う　］にあてはまるもっとも適切な語句を**漢字**で答えなさい。

問2　下線部①について——。

それぞれの産業の人口の割合は，国ごとの事情や経済発展の度合いによって異なります。次の[**図2**]は，産業別人口構成について，日本といくつかの国とを比べたもので，**A**～**C**は，アメリカ合衆国(アメリカ)・中国・マレーシアのいずれかです。**A**～**C**の組み合わせとして正しいものを，後の**ア**～**カ**の中から1つ選び，その記号で答えなさい。

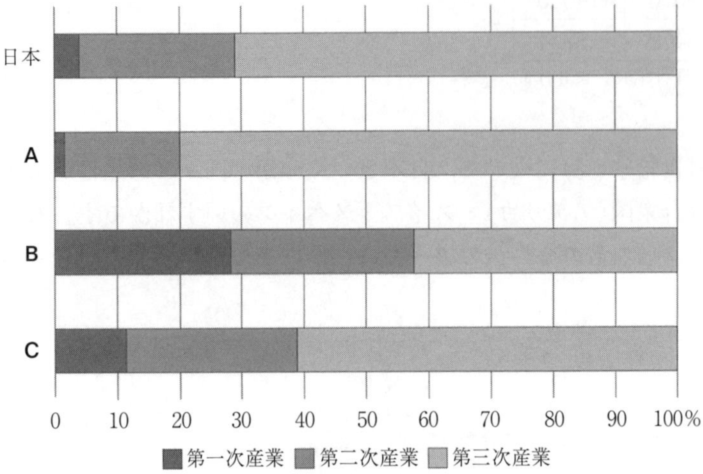

『データブック オブ・ザ・ワールド2018』より作成

[**図2**]

	ア	**イ**	**ウ**	**エ**	**オ**	**カ**
A	アメリカ	アメリカ	中国	マレーシア	マレーシア	中国
B	中国	マレーシア	アメリカ	アメリカ	中国	マレーシア
C	マレーシア	中国	マレーシア	中国	アメリカ	アメリカ

問3　下線部②について——。

日本の稲作の状況について説明した文としてもっとも適切なものを，次の**ア**～**エ**の中から1つ選び，その記号で答えなさい。

ア　耐寒《たいかん》性品種の開発が進んだため，近年の米の年間収穫《しゅうかく》量は東北地方の合計よりも北海道地方のほうが多くなっている。

イ　現在の一人あたりの年間米消費量は第二次世界大戦後のピークだった年の半分以下にまで減少している。

ウ　ミニマムアクセス(最低輸入機会)の導入にともない，主食用の米の自給率は減少し続けている。

エ　日本人の米の消費量減少による米余りにともない，国が米の生産量を抑《おさ》える減反政策が継続《けいぞく》されている。

問4　下線部③について——。

日本列島は多様な自然環境が特徴です。次のページの[**表2**]はいくつかの県の県庁所在都市について，1月と8月の平均気温と降水量を示したもので，**ア**～**エ**は岡山市・仙台市・長野市・新潟市のいずれかです。長野市に当たるものを，後の**ア**～**エ**の中から1つ選び，その記号で答えなさい。

［**表 2**］

	平均気温(℃)		平均降水量(mm)	
	1月	8月	1月	8月
ア	−0.6	25.2	51.1	97.8
イ	1.6	24.2	37.0	166.9
ウ	2.8	26.6	186.0	140.6
エ	4.9	28.3	34.2	87.4

『平成30年版理科年表』より作成

問 5　下線部④について――。

［**図 3**］は2013年の食料自給率(%)について，日本といくつかの国々とを品目別に比べたもので，**A**～**C**はアメリカ合衆国(アメリカ)・スイス・スペインのいずれかです。**A**～**C**の組み合わせとしてもっとも適切なものを，後の**ア**～**カ**の中から１つ選び，その記号で答えなさい。

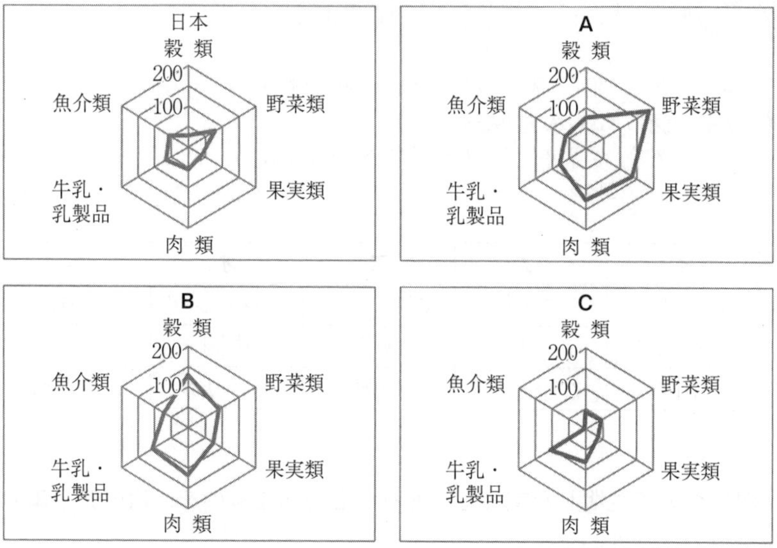

（注）「穀類」は食料と飼料の合計，「魚介《ぎょかい》類」は食料と飼肥料用の合計。

「農林水産省」ホームページより作成

［**図 3**］

	ア	**イ**	**ウ**	**エ**	**オ**	**カ**
A	アメリカ	アメリカ	スイス	スペイン	スペイン	スイス
B	スイス	スペイン	アメリカ	アメリカ	スイス	スペイン
C	スペイン	スイス	スペイン	スイス	アメリカ	アメリカ

問 6　下線部⑤について――。

日本にも，ほぼ完全に自給できている鉱産資源があります。それは次のうちどれですか。もっとも適切なものを，次の**ア**～**エ**の中から１つ選び，その記号で答えなさい。

ア　金鉱　　**イ**　銅鉱　　**ウ**　石灰石　　**エ**　りん鉱石

問 7　下線部⑥について――。

石油の安定供給のために日本が実施《じっし》してきた政策について説明した文として**適切でないもの**を，次の**ア**～**エ**の中から１つ選び，その記号で答えなさい。

ア　石油代替《だいたい》エネルギーの導入によって，石油への依存《いぞん》度はエネルギー総供給量の５割以下になった。

イ　石油の輸入先を中東以外に分散化したことによって，政情不安定な中東地域への依存度は輸入量の５割以下になった。

ウ　外国企業が開発し掘削《くっさく》した石油を購入《こうにゅう》するのではなく，海外での自主開発油田の獲得《かくとく》に力を入れた。

エ　石油の急激な価格変動や戦争などによる石油需給《じゅきゅう》量の変化に備えて，民間備蓄《びちく》と国家備蓄の両方式で備蓄した。

問８　下線部⑦について――。

［**表３**］は日本の主な工業の，製造品出荷額(2017年)について上位５位までの都道府県名を示したものです。**A**～**C**の組み合わせとしてもっとも適切なものを，後の**ア**～**カ**の中から１つ選び，その記号で答えなさい。

［**表３**］

	１位	２位	３位	４位	５位
食料品	北海道	埼玉県	愛知県	**B**	**A**
化学工業製品	**A**	**C**	大阪府	山口県	岡山県
鉄鋼	愛知県	**B**	**A**	大阪府	広島県
電気機械	愛知県	静岡県	三重県	**B**	**C**
輸送用機械	愛知県	静岡県	**C**	群馬県	福岡県

（注１）「化学工業製品」には石油製品・石炭製品を含む。
（注２）「電気機械」には電子部品・デバイス・電子回路・情報通信機械を含む。
『工業統計表』より作成

	ア	**イ**	**ウ**	**エ**	**オ**	**カ**
A	神奈川県	神奈川県	千葉県	兵庫県	千葉県	兵庫県
B	千葉県	兵庫県	神奈川県	神奈川県	兵庫県	千葉県
C	兵庫県	千葉県	兵庫県	千葉県	神奈川県	神奈川県

問９　下線部⑧について――。

商業は，仕入れた商品を消費者に販売する小売業と，生産者などから品物を仕入れ，それを小売業者に販売する卸売《おろしうり》業とに分けられます。［**表４**］は大阪市・札幌市・名古屋市・横浜市の各都市の小売業販売額と卸売業販売額とを示したものです。横浜市に当たるものを，次の**ア**～**エ**の中から１つ選び，その記号で答えなさい。

［**表４**］

	小売業販売額(億円)	卸売業販売額(億円)
東京(区部)	150,767	1,631,396
ア	45,782	369,855
イ	40,119	66,877
ウ	34,756	238,838
エ	22,899	76,662

『平成28年経済センサス活動調査』より作成

問10　下線部⑨について――。

［**図 4**］は，コンビニエンスストア(コンビニ)・大型スーパー(スーパー)・百貨店(デパート)の販売額の推移を示したものです。**A**～**C**の組み合わせとしてもっとも適切なものを，後の**ア**～**カ**の中から１つ選び，その記号で答えなさい。

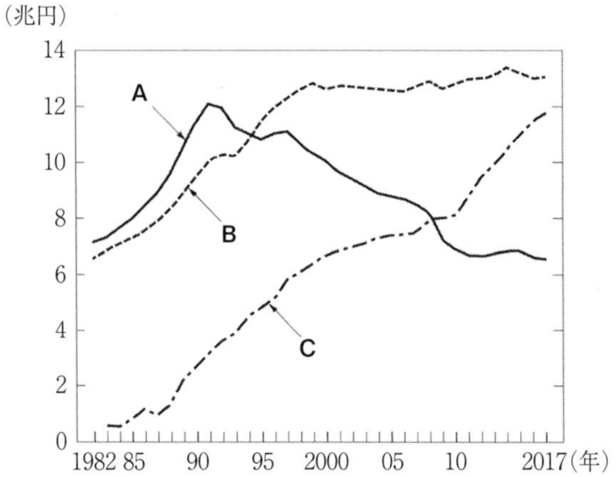

『日本国勢図会2018/2019』より作成

［**図 4**］

	ア	**イ**	**ウ**	**エ**	**オ**	**カ**
A	コンビニ	コンビニ	スーパー	デパート	スーパー	デパート
B	スーパー	デパート	コンビニ	コンビニ	デパート	スーパー
C	デパート	スーパー	デパート	スーパー	コンビニ	コンビニ

問11　下線部⑩について――。

産業や社会の変化にともなって地図記号も変化していきます。次の**ア**～**エ**は国土地理院発行の２万５千分の１地形図(拡大)で，図中の  の中の地図記号は平成14年式が用いられています。この中でもっとも新しい平成25年式では使われなくなった地図記号を，次の**ア**～**エ**の中から１つ選び，その記号で答えなさい。

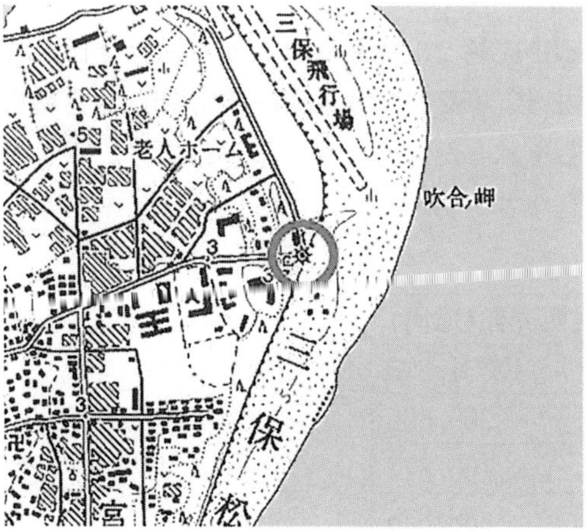

ア

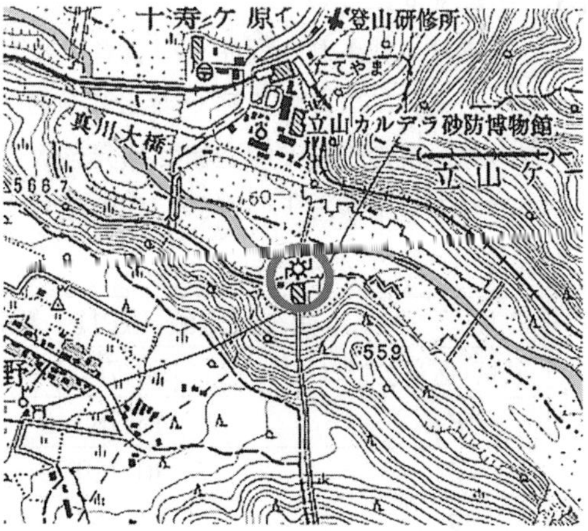

イ

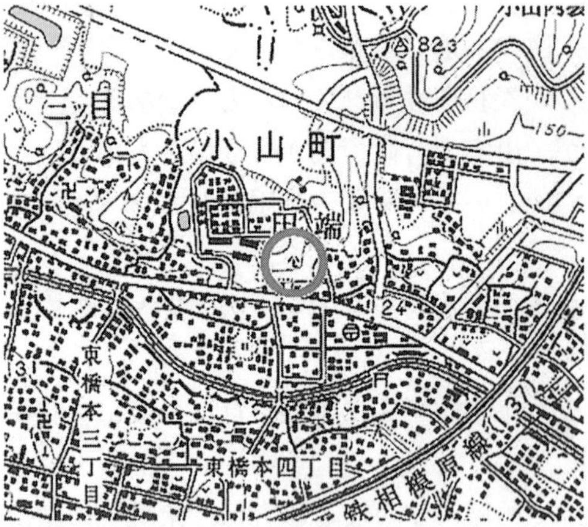

ウ

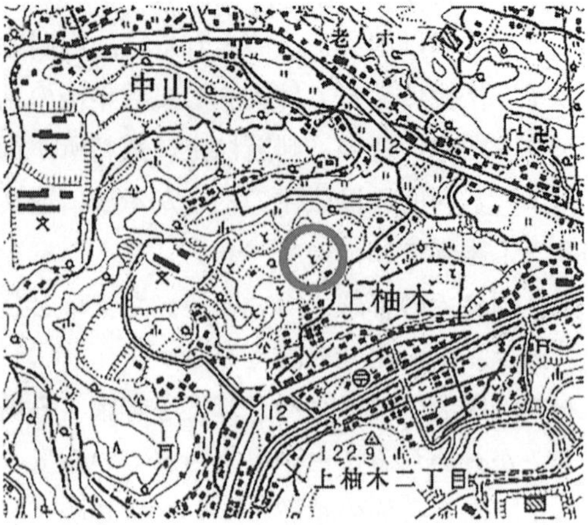

エ

3 次の文章を読み，後の問いに答えなさい。

私たちの生活のあり方は法律や政治の方針によって様々な角度から決められています。たとえみなさん一人ひとりがまったく賛同していなかったとしても，１つの①法律の施行《しこう》によって，少なからずみなさんのあるべき姿が決められてしまうことになります。また，［あ］が閣議決定する国の政治方針もこれと同じ側面を持つと言えるでしょう。したがって，私たちの意思をいかにして法律や政治方針の決定に反映させるべきか，よく考えることが民主主義を実現させる上で重要です。

ところで，私たち一人ひとりの意思を反映させるためにはどのようにすべきなのでしょうか。これは意外に難しい問題です。②国会では，議決を行う前に様々な角度から議論を行って慎《しん》重《ちょう》に審議《しんぎ》を行っていますが，国民の納得のいく議論が行われているか疑問視される場合もあります。国民の代表者を選ぶ選挙制度については，③議会政治が主流となった19世紀以降，どのような方法がもっとも民主主義的なのかが模索《もさく》されてきました。日本でも国会議員をどのように選出すべきかをめぐって，何度か制度が改められた結果，④現在の選挙制度に至っています。このように，どのような意思の決め方が民主主義的であるのかは一様ではなく，常に議論が繰《く》り返されてきました。

一方で，様々な場面で民主主義的な決定が行われるように制度面の充実《じゅうじつ》も必要となります。日本国憲法第四十一条では，国会を国権の最高機関と定めています。つまり，政権や⑤行政機関は［い］権の決定に従って職務を行うことになるため，ある特定の人物，部署，政権の意図によって国民生活が左右されるような事態を避《さ》けることができるのです。このような考え方は国政のレベルだけではなく，⑥地方自治や私たちの⑦日常の社会生活の中にも生かされています。

近年，憲法改正の動きが加速しています。この国が100年後も⑧公平で民主主義的であることを保障する憲法とは何か，将来の有権者であるみなさんは主体的に考えなければなりません。

問１ ［あ］・［い］にあてはまるもっとも適切な語句を**漢字２字**で答えなさい。

問２ 下線部①について――。

法律の施行に関する内容として**適切でないもの**を，次の**ア**～**エ**の中から１つ選び，その記

号で答えなさい。

ア　法律は国会で決められた後，内閣総理大臣の名前で公布される。

イ　法律によっては実施して数年後の見直しが義務づけられている場合がある。

ウ　法律に基づく判断は主に裁判所が行うが，事実上行政機関が行う場合もある。

エ　裁判所には法律の内容が憲法に違反《いはん》していないか判断する権限がある。

問３　下線部②について――。

国会での審議について述べた文章としてもっとも適切なものを，次の**ア**～**エ**の中から１つ選び，その記号で答えなさい。

ア　国会で法律案や予算案を審議する場合は，衆議院が先に審議を行った後に参議院で審議が行われることが決められている。

イ　ある条約の承認について衆議院と参議院での議決が異なる場合は，衆議院の議決を国会の議決と見なすことが決められている。

ウ　国会での法律案審議は外部の専門家の意見を聞いた後に委員会で審議され，本会議で議決されることになっている。

エ　衆議院や参議院が必要であると判断した場合，国会に証人を呼び政治が正しく行われているかどうかを調査することができる。

問４　下線部③について――。

近代になって選挙が行われるようになると，選挙は国民の代表を選ぶものである以上，公平に行うべきであるという意見もたくさん出てきました。例えば，19世紀初めのイギリスの法律家のベンサムは，当時問題になっていた選挙における不公平を改めるために活動した人ですが，次のような考え方に基づいて公平な選挙制度の実現を求めました。

「社会の利益という言葉が意味を持つのは，次のような場合である。社会とは，いわば個々の人々から形成される一つの団体である。それでは，社会の利益とは何であろうか。それは社会を構成している個々の人々の利益の総計に他ならない。」

「個人の利益とは何かということを理解することなしに，社会の利益について語ることは無益である。」

（ベンサム『道徳及《およ》び立法の諸原理序説』。なお，わかりやすく書き改めたところがあります。）

公平な選挙のあり方について，この考え方に従って述べているとは**言えないもの**を，次の**ア**～**エ**の中から１つ選び，その記号で答えなさい。

ア　選挙制度には１人１票の原則を盛り込《こ》むべきである。

イ　選挙制度は１票の格差に配慮《はいりょ》して決定されなければならない。

ウ　選挙制度は社会全体の利益に配慮して決められるべきである。

エ　選挙制度は多数決を生かす形で決定されなければならない。

問５　下線部④について――。

［**表５**］は2017年に行われた衆議院議員選挙のある選挙区の投票結果です。これを見て，後の問いに答えなさい。

［**表５**］

候補者	得票数	得票率(%)	比例代表重複
A	63,013	38.30	○
B	56,534	34.36	◎
C	26,420	16.06	
D	16,511	10.03	◎
E	2,059	1.25	

比例代表重複　○小選挙区で当選　◎小選挙区で落選したが比例代表で当選
空欄《くうらん》は比例代表に重複立候補していない候補者
「朝日新聞デジタル　2017年衆議院議員選挙開票速報」ホームページより作成

次にあげる**ア**～**エ**は衆議院議員の選挙区選挙に関して述べたものですが，［**表５**］で示した選挙結果から指摘することが**できないもの**を１つ選び，その記号で答えなさい。

ア　B候補とD候補が比例代表で復活当選したため，この２人に投じられた票は結果的に完全に無駄《むだ》にならずに済んでいると考えることができる。

イ　C候補より得票数はおよそ１万票少ないD候補が，比例代表で復活当選しているのはこの選挙区で示された民意と矛盾《むじゅん》していると考えることができる。

ウ　当選したA候補の得票率が38.3%である一方，他の候補者の得票率の合計は61.7%となり，民意が必ずしも反映されていないと考えることができる。

エ　政党に所属していない人も選挙区には立候補できるため，比例代表に立候補していないC候補とE候補は無所属の候補者であると考えることができる。

問６　下線部⑤について――。

日本の行政機関について述べたものとしてもっとも適切なものを，次の**ア**～**エ**の中から１つ選び，その記号で答えなさい。

ア　2020年東京オリンピック，パラリンピックを見据《みす》えて2015年に誕生したスポーツ庁は，文部科学省に所属する組織である。

イ　特許や意匠《いしょう》，商標などの知的財産権は新たな国益を生み出すため，特許庁は内閣府に所属している。

ウ　国民生活の安全と国家の秩序《ちつじょ》の維持《いじ》に関係する警察庁，消防庁，海上保安庁は防衛省に所属する組織である。

エ　気象警報や地震《じしん》，火山情報などを発表する気象庁は，近年の環境変化に関する専門的知識が求められるため環境省に所属している。

問７　下線部⑥について――。

地方自治について述べたものとしてもっとも適切なものを，次の**ア**～**エ**の中から１つ選び，その記号で答えなさい。

ア　市町村長が首長として不適切であると住民が判断する場合，その自治体の有権者の過半数の署名が集まれば解職される。

イ　地方議会は条例の制定や予算の議決を行う権限を持つが，首長は議会の決定を拒否《きょひ》し差し戻す権限を持っている。

ウ　地方行政が健全かつ民主主義的に行われているかどうかを確かめるため，一部の地方公共団体ではオンブズマン制度を導入している。

エ　本来国の仕事である選挙事務や戸籍《こせき》事務，水道の整備などは法定受託《じゅたく》事務として地方公共団体が行っている。

問8　下線部⑦について──。

日常の社会生活において，ある特定の立場の人たちだけが得をすることがないように様々な機関が存在します。次の**ア〜エ**はそのような機関の業務について述べたものですが，その中から**政府から独立している機関が行っているもの**を１つ選び，その記号で答えなさい。

ア　商品に対する不当表示を監視《かんし》し，消費者の保護を行う。

イ　紙幣《しへい》を発行し，通貨が問題なく流れるように監視している。

ウ　銀行に対する監視を行い，預金者の保護を行う。

エ　労働に関する問題の仲裁を行い，働く人々の権利を保護している。

問9　下線部⑧について──。

私たちの日常生活で公平性は当たり前のように求められていることですが，公平とは何かは簡単には答えが出ない場合もあります。例えば，税金の負担についても公平性が問題になりますが，どのような徴収《ちょうしゅう》の方法が公平かは立場によって異なります。次にあげるＸさん，Ｙさんの公平についての考え方をふまえて税収全体を増やそうとする場合，後の**ア〜エ**の税金のうちどれを増税すべきですか。それぞれ適切なものを**すべて**選び，その記号で答えなさい。

（Ｘさん）

公平であるとは全員が等しいということである。したがって，税金については各個人や各団体が同じ場面で等しい額を支払《しはら》う必要がある税金の増税を中心に考えるべきである。

（Ｙさん）

公平であるとは結果的に生活の格差がないということを意味する。したがって，税金についてはたくさんお金を得た個人や団体が多く支払うことが求められる。

ア　消費税　　**イ**　関税　　**ウ**　所得税　　**エ**　法人税

4

次の文章を読み，後の問いに答えなさい。

古来より日本列島ではさまざまな自然災害が発生し，何度も大きな被害を受けてきました。このような国に住む私たちはどのようなまちづくりを行うのがよいのか，資料をもとに考えてみましょう。

［**図５**］は過去に何度も津波《つなみ》被害を受けた宮城県における1884〜2045年の人口の推移を示しています。2020年以降の数値は推計値です。また［**図６**］と［**図７**］は宮城県石巻市周辺における1910年代の５万分の１の地形図および同じ範囲《はんい》の2000年代の地図です。なお，［**図７**］の黄色に着色された地域（編集部注：灰色に見える地域）は2011年の東日本大震災《だいしんさい》で津波被害を受けた地域を示しています。

時代が進むにつれて建築技術が発達したにもかかわらず，明治三陸津波（1896年）や昭和三陸津波（1933年）より東日本大震災（2011年）の津波による死者の方が多くなっています。これは**地震や津波の規模の違いという要因以外**にも理由が存在します。

［**図５**］〜［**図７**］を読み取り，なぜ東日本大震災の被害が過去に比べ拡大したのかを答えたうえで，今後はどのような場所にどのようなまちづくりを行うのがよりよいと考えられるか，合

わせて**90字以内**で答えなさい。

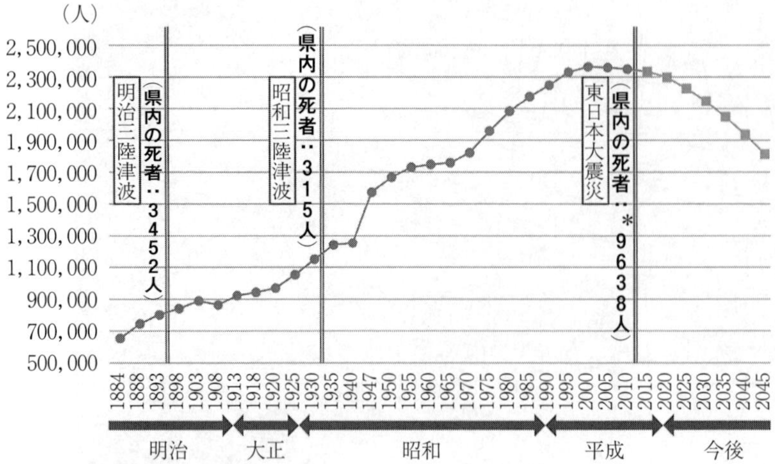

*行方不明者などは含まない

『日本帝国《ていこく》統計年鑑《ねんかん》』・『国勢調査』・「国立社会保障・人口問題研究所」資料及び宮城県ホームページなどをもとに作成

［**図5**］ 宮城県の人口推移

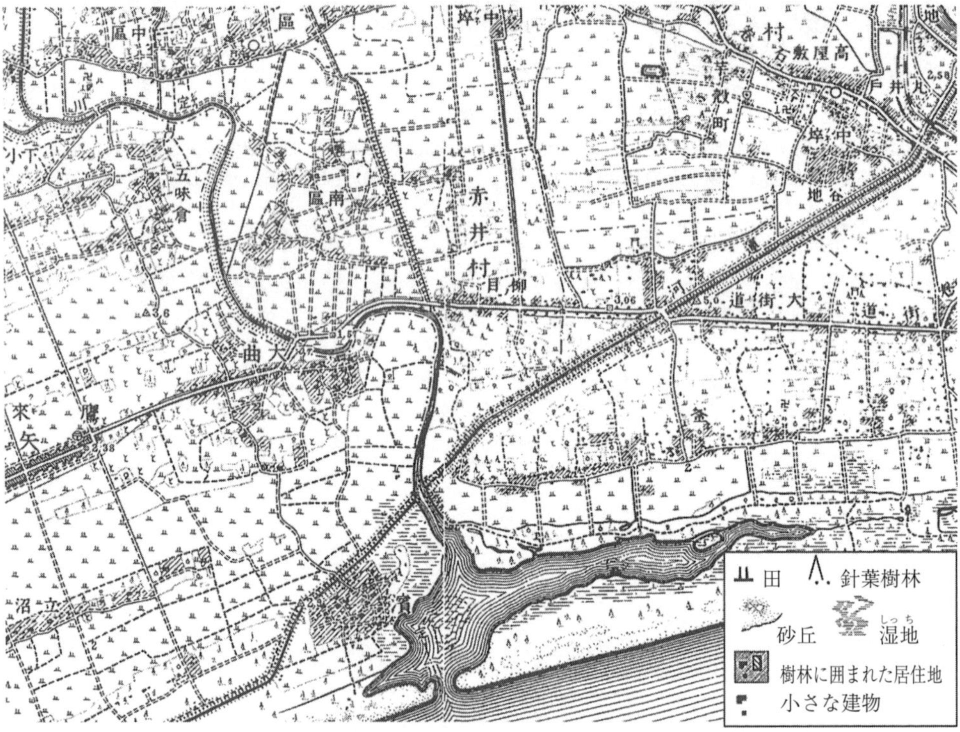

［**図6**］ 1910年代の石巻市周辺

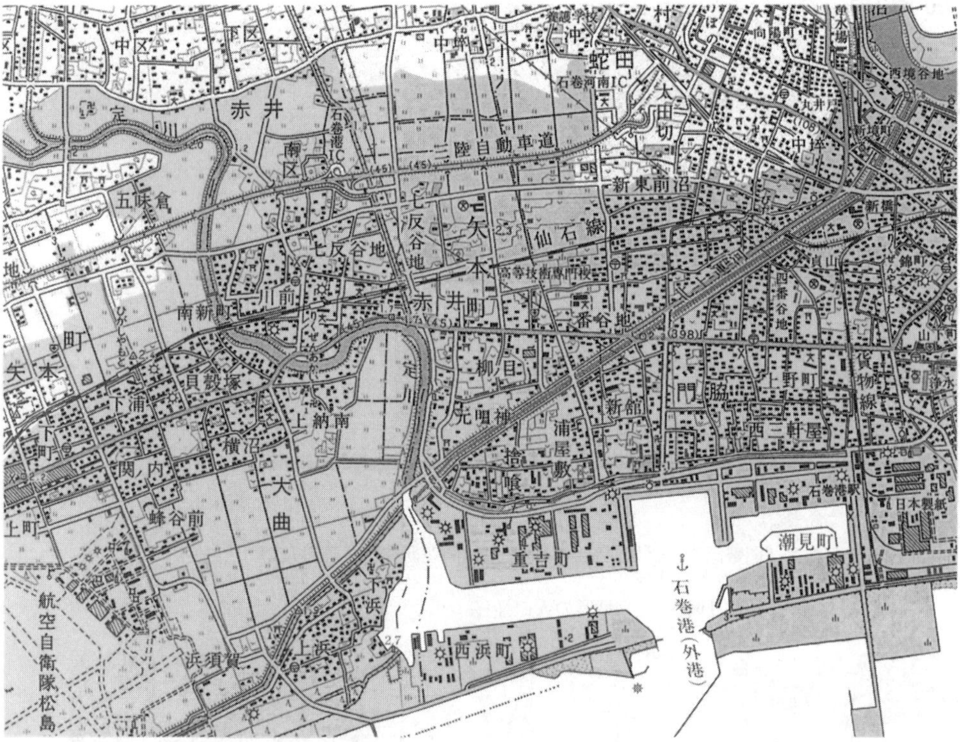

［**図7**］ 2000年代の石巻市周辺

国土地理院発行の5万分の1地形図「石巻」・「松島」及び『東日本大震災津波詳細《しょうさい》地図』をもとに作成

〈編集部注：編集上の都合により，図6，図7ともに原図の90%に縮小してあります。〉

【理　科】（40分）〈満点：80点〉

〈編集部注：実物の入試問題では，一部の写真と図はカラー印刷です。〉

1　次の文章を読んで，後の問いに答えなさい。

メダカではメスが産んだ卵にオスが精子をかけ受精がおこなわれます。受精卵は成長して父親と母親の両方から性質を受けついだ子となります。

植物も受精をして子をつくることが多いのですが，種子植物ではイチョウやソテツといった一部の［ A ］植物を除き，精子はつくられません。サクラの仲間で，花の構造や種子のでき方が似ているモモでは，雄《お》しべの先端《たん》の［ B ］でつくられた花粉が雌《め》しべの先端の［ C ］につくと，花粉は発芽し［ D ］を伸ばします。これが［ E ］のなかにある［ F ］に達すると受精がおこなわれ，［ E ］全体は果実に，［ F ］は種子になります。

栽培《さいばい》されているモモにはいくつかの種類がありますが，白桃《とう》という種類の花では花粉がほとんどつくられないため，効率よく果実を得るためには花粉を多くつくる種類から得た花粉を用いて人工受粉をおこなう必要があります。黄桃など，異なる種類の花では花粉が多くつくられるため，人工受粉用の花粉を得るために利用されています。白桃の花に黄桃の花粉をつけて受粉させた場合，［ G ］として出荷されます。これは，モモの食用部分は［ E ］の一部が変化した場所だからです。種子を育てた場合は両親とは異なった子ができるため，親と同じ種類にはなりません。果樹では地上部と地下部は異なる品種であることが一般的で，白桃も［ H ］という方法で木を増やしています。

イネにもいくつかの種類が知られていますが，日本で食用に栽培されているイネは，大きく分けて，ウルチとモチに分けられます。私たちがふだん主食として食べている米はウルチ米といい，粘《ねば》り気の少ないアミロースというデンプンと，粘り気の多いアミロペクチンというデンプンが含まれています。一方で，餅《もち》や煎餅《せんべい》の原料になるモチ米はアミロースをつくる性質を失っており，デンプンとしては粘り気の多いアミロペクチンのみを含んでいます。モチ米の栽培には注意が必要で，特にウルチ米の花粉がつかないよう他の種類とは地域を分けて栽培されます。それは①<u>モチ米にウルチ米の花粉がつくと，ウルチ米の性質をしめす米ができてしまうからです</u>。

(1)　メスのメダカの図としてもっとも適切なものを，次の**ア**～**エ**の中から1つ選び，記号で答えなさい。

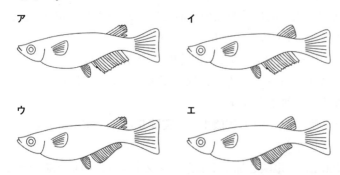

ア

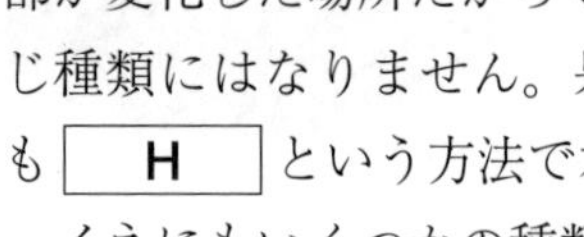

イ

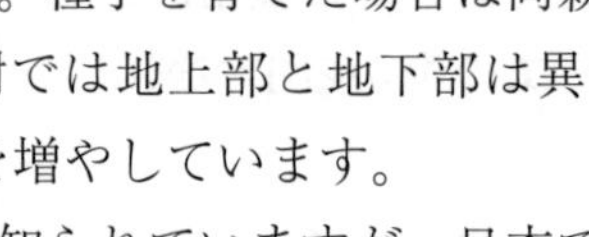

ウ

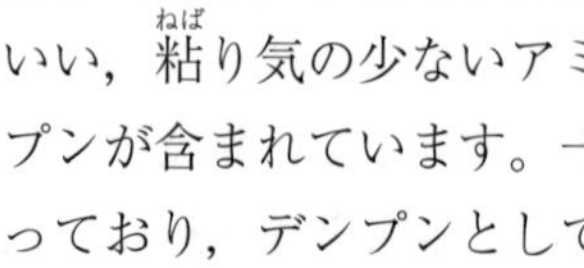

エ

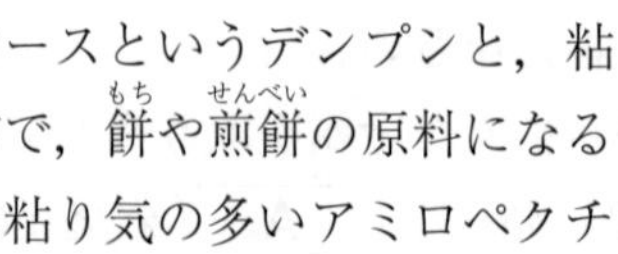

(2)　［ A ］～［ F ］にあてはまる語句を，次の**ア**～**シ**の中からそれぞれ1つずつ選び，記号で答えなさい。

ア　やく　　**イ**　がく　　**ウ**　子房《ぼう》　　**エ**　柱頭

オ　花糸　　**カ**　花柱　　**キ**　花弁(花びら)　　**ク**　花粉管
ケ　被子　　**コ**　裸子　　**サ**　胞子　　**シ**　胚珠《はいしゅ》

(3)　[G] にあてはまる文を，次の**ア**～**エ**の中から１つ選び，記号で答えなさい。

ア　果実はすべて白桃
イ　果実はすべて黄桃
ウ　果実はすべて白桃と黄桃の中間の品種
エ　白い果実のものは白桃として，黄色い果実のものは黄桃

(4)　[H] にあてはまる語句を書きなさい。

(5)　モモの花は完全花ですが，イネの花は不完全花です。モモの花にあって，イネの花にないものを，次の**ア**～**オ**の中から**２つ**選び，記号で答えなさい。

ア　雄しべ　　**イ**　雌しべ　　**ウ**　花弁(花びら)　　**エ**　えい　　**オ**　がく

(6)　右の写真はカキの果実の断面です。イネの食用部分(白米)に相当するものを，右の**ア**～**エ**の中から１つ選び，記号で答えなさい。

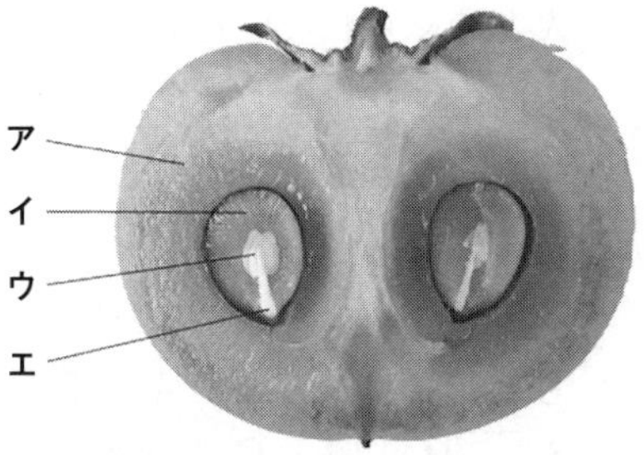

(7)　**(6)**で選んだ部分の名称を書きなさい。

(8)　下線部①に関して，他の種類の花粉がつくと食用部分の性質が変化するものを，次の**ア**～**エ**の中から１つ選び，記号で答えなさい。

ア　リンゴ　　**イ**　トウモロコシ　　**ウ**　スイカ　　**エ**　ジャガイモ

2　次の文章を読んで，後の問いに答えなさい。

私たちは自然に存在する鉱石から様々な金属を取り出して利用しています。例えば，日本古来の「たたら製鉄」では，炉《ろ》の中に砂鉄と [A] を交互《ご》に入れ，熱風を送り込んで鉄を取り出します。砂鉄は火成岩に含《ふく》まれる磁鉄鉱などが，風化に伴って分離《り》され，堆《たい》積したものです。

鉄は空気中の酸素と結びつきやすく，スチールウールをガスバーナーで加熱すると，燃えて [B] さびと呼ばれる酸化鉄が主にできます。この酸化鉄は磁鉄鉱の成分です。一方，スチールウールを湿《しめ》った空気中に放置しておくと，鉄が徐々《じょじょ》に酸素と結びついて，[C] さびと呼ばれる別の酸化鉄ができます。人工的に鉄製品の表面を [D] さびで覆《おお》うと，内部の鉄がさびにくくなるので，調理器具や工具などで利用しています。

マグネシウムリボンをガスバーナーで加熱すると，白く明るい光を出しながら燃えて，[E] 色の酸化マグネシウムに変わります。一方，銅線をガスバーナーで加熱しても燃えませんが，表面が [F] 色の酸化銅に変わります。

マグネシウムの粉末と銅の粉末を使って，次の[**実験１**]～[**実験５**]を行いました。ただし，実験で用いた塩酸の濃《のう》度はすべて同じです。

[**実験１**]　マグネシウムの粉末に100mLの塩酸を加えました。マグネシウムの重さを変えて，①発生した気体の体積をそれぞれ調べました。[**表１**]はその結果をまとめたものです。

［**表１**］

マグネシウムの重さ(g)	1.0	2.0	3.0	4.0	5.0
発生した気体の体積(L)	1.0	2.0	3.0	3.5	3.5

［**実験２**］　マグネシウムの粉末をステンレス皿の上にうすく広げ，ガスバーナーで十分に加熱しました。マグネシウムの重さを変えて，加熱後に残った固体の重さをそれぞれ調べました。［**図１**］はその結果をまとめたものです。

［**実験３**］　［**実験２**］で加熱後に残った固体に塩酸を加えました。固体は溶《と》けましたが，気体の発生は見られませんでした。

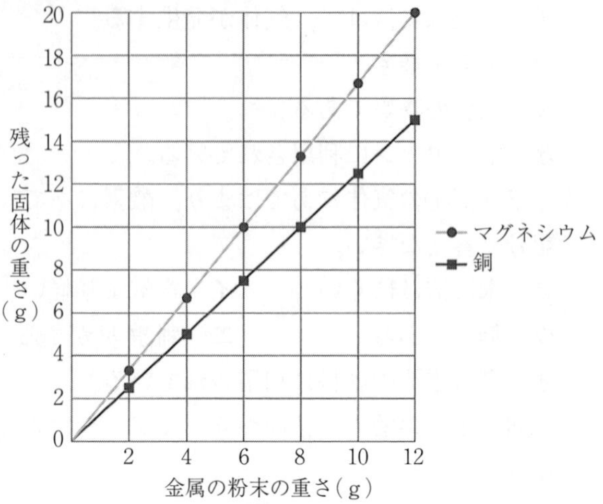

［**図１**］

［**実験４**］　銅の粉末について，［**実験２**］と同様の実験を行いました。［**図１**］はその結果をまとめたものです。

［**実験５**］　［**実験４**］で加熱後に残った固体に塩酸を加えました。固体は溶けましたが，気体の発生は見られませんでした。

(1)　A にあてはまるものを，次の**ア**～**カ**の中から１つ選び，記号で答えなさい。

ア　石灰石　　**イ**　消石灰　　**ウ**　ミョウバン

エ　食塩　　**オ**　木炭　　**カ**　重そう

(2)　B ～ F にあてはまる色の組み合わせを，次の**ア**～**ク**の中から１つ選び，記号で答えなさい。

	B	C	D	E	F
ア	赤	黒	赤	白	黒
イ	赤	黒	赤	黒	白
ウ	赤	黒	黒	白	黒
エ	赤	黒	黒	黒	白
オ	黒	赤	赤	白	黒
カ	黒	赤	赤	黒	白
キ	黒	赤	黒	白	黒
ク	黒	赤	黒	黒	白

(3)　鉄にあてはまり，砂鉄にあてはまらないものを，次の**ア**～**オ**の中から**２つ**選び，記号で答えなさい。

ア　塩酸に溶けて，気体が発生する。

イ　水酸化ナトリウム水溶《よう》液に溶けて，気体が発生する。

ウ　電気を通さない。

エ　磁石に引きよせられる。

オ　使い捨てカイロに利用されている。

(4) マグネシウムにあてはまり，銅にあてはまらないものを，次の**ア**～**オ**の中から**2つ**選び，記号で答えなさい。

ア うすい硫《りゅう》酸水溶液に溶けて，気体が発生する。

イ 石灰水に溶けて，気体が発生する。

ウ 電気を通す。

エ 銀色の物質である。

オ 鍋《なべ》やヤカンに利用されている。

(5) 下線部①の気体にあてはまり，酸素にあてはまらないものを，次の**ア**～**オ**の中から**2つ**選び，記号で答えなさい。

ア 水に溶けにくい。　　**イ** 空気より軽い。

ウ 無色である。　　**エ** 刺激臭《しげきしゅう》がする。

オ 燃料電池の燃料に利用されている。

(6) 同じ重さの酸素と結びつく，マグネシウムと銅の重さの比を，もっとも簡単な整数比で求めなさい。

(7) 銅の粉末6.4gをある程度加熱したところ，残った固体は6.8gでした。これに十分な量の塩酸を加えました。溶け残った固体は何gですか。

(8) マグネシウムの粉末6.4gをある程度加熱したところ，残った固体は7.6gでした。これに十分な量の塩酸を加えました。発生した気体は何Lですか。

(9) マグネシウムと銅の混合粉末7.0gを十分に加熱したところ，残った固体は10.5gでした。混合粉末に含まれていた銅は何gですか。

(10) (9)と同じ混合粉末7.0gに含まれているマグネシウムを，すべて溶かすのに必要な塩酸は何mLですか。

3 次の文章を読んで，後の問いに答えなさい。

私たちの住む地球は太陽系の中で3番目に太陽に近い惑《わく》星です。太陽系には全部で8つの惑星があり，地球はそれらの中でも，唯一《ゆいいつ》生命の存在が確認されている独特な天体であると言えます。最古の生命の化石は約［　**A**　］年前の地層から見つかっています。

今日では，地球外の生命の存在や太陽系がどのようにつくられたかを調べるために，望遠鏡や探査機を用いた調査が行われています。①レンズ式の望遠鏡は［**図2**］のように，2つのレンズを用いて天体を観察します。このとき，②対物レンズが結んだ実像を，接眼レンズを通して虚《きょ》像として見ることになります。③望遠鏡はこの2つのレンズの焦点距離《しょうてんきょり》によって倍率が異なります。［**図3**］は，天体をレンズ式の望遠鏡で見るときの模式図で，レンズ1が対物レンズ，レンズ2が接眼レンズです。F1とF2はそれぞれ，レンズ1とレンズ2の片方の焦点で，スクリーンはレンズ2の焦点とレンズ2の間に位置しています。このスクリーンに映った像は裏側からも見ることができます。

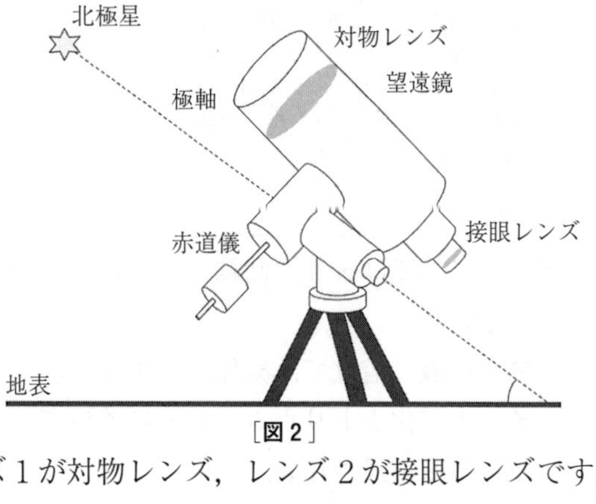

［**図2**］

また，望遠鏡を「赤道儀《ぎ》」と呼ばれる台にのせた場合，④「極軸《じく》」と呼ばれる赤道儀の軸を北極星に合わせると，望遠鏡を天体の動きに合わせることができます。

ハワイにある⑤すばる望遠鏡は，天体から放たれた光を集め，遠くの天体を観測することが可能です。また，チリにあるアルマ望遠鏡は，天体が発する電波をとらえて観測を行います。

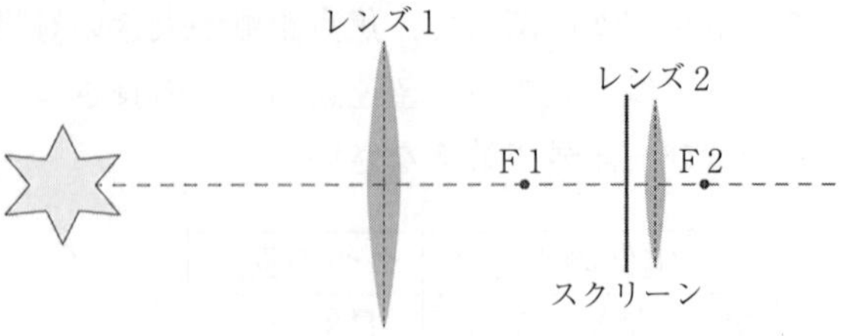

［**図3**］

多くの探査機が送られた火星では，生命の存在に不可欠な [B] がかつて存在したと考えられています。火星は地球に比較的近い惑星で，⑥2018年7月31日，地球に約6000万 km まで大接近しました。また，宇宙航空研究開発機構(JAXA)は，太陽系がどのように誕生したかを調べるために探査機「はやぶさ2」を打ち上げ，2018年6月27日に小惑星 [C] に到着し，9月22日には分離した機体が着地したことが確認できました。

(1) [A] にあてはまる数値としてもっとも適切なものを，次の**ア**～**エ**の中から1つ選び，記号で答えなさい。

ア　46億　　**イ**　35億　　**ウ**　5億　　**エ**　700万

(2) [B] にあてはまる語句としてもっとも適切なものを，次の**ア**～**エ**の中から1つ選び，記号で答えなさい。

ア　気体の酸素　　**イ**　気体の水

ウ　液体の酸素　　**エ**　液体の水

(3) 右の写真は [C] にあてはまる小惑星です。その名前を**カタカナ**で答えなさい。

画像クレジット：JAXA，東京大学など

(4) 下線部①に関して，レンズ式の望遠鏡で月を観察したときの見え方としてもっとも適切なものを，次の**ア**～**エ**の中から1つ選び，記号で答えなさい。

肉眼で見たときの月

ア

イ

ウ

エ

引用写真：『国立天文台ホームページ』

(5) 下線部②に関して，焦点距離が大きい対物レンズをもつ望遠鏡にかえたとき，スクリーンに映る実像の大きさと望遠鏡のつつの長さはどのようになるでしょうか。次の**ア**～**エ**の中から1つ選び，記号で答えなさい。

	実像の大きさ	つつの長さ
ア	大きくなる	長くなる
イ	大きくなる	短くなる
ウ	小さくなる	長くなる
エ	小さくなる	短くなる

(6) 下線部③に関して，次の**ア**～**エ**の対物レンズと接眼レンズの焦点距離の組み合わせのうち，もっとも大きな倍率になるものを1つ選び，記号で答えなさい。

	対物レンズ	接眼レンズ
ア	600mm	10mm
イ	600mm	20mm
ウ	900mm	10mm
エ	900mm	20mm

(7) 下線部④に関して，横浜市(北緯《い》35度，東経140度)で望遠鏡を組み立てたとき，極軸と地表のなす角は何度ですか。

(8) 下線部⑤に関して，すばる望遠鏡の名前の由来となった天体としてもっとも適切なものを，次の**ア**～**エ**の中から1つ選び，記号で答えなさい。ただし，かっこ内の星座は写真の天体を含んでいる星座を示しています。

ア (はくちょう座)

イ (おうし座)

ウ (オリオン座)

エ (アンドロメダ座)

引用写真：『国立天文台ホームページ』

(9) 下線部⑥に関して，火星が地球に接近するとき，［**図 4**］のように太陽―地球―火星がほぼ一直線に並んでいます。火星と太陽の距離は，地球と太陽の距離の1.5倍であり，約1.88年で太陽の周りを公転します。次に太陽―地球―火星の順に一直線に並ぶのはいつ頃《ごろ》ですか。もっとも適切なものを，次の**ア**～**エ**の中から１つ選び，記号で答えなさい。ただし，地球と火星は円軌《き》道を公転しているものとします。

ア　2020年２月頃

イ　2020年６月頃

ウ　2020年10月頃

エ　2021年２月頃

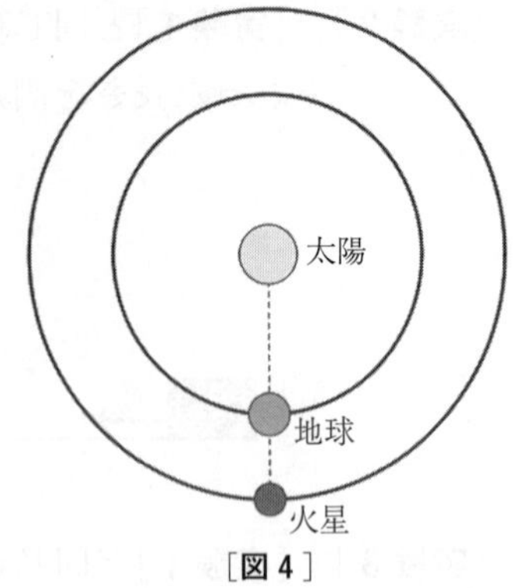

［**図 4**］

(10) (9)で，火星が地球からもっとも離《はな》れたときの距離は，もっとも接近したときの距離の何倍ですか。

4 次の文章を読んで，後の問いに答えなさい。

なめらかで摩擦《まさつ》の無視できるレール状の斜《しゃ》面と，大きさは同じでいろいろな重さの球を使って［**実験１**］～［**実験３**］を行いました。

［**実験１**］［**図５**］のように，いろいろな重さの球を，はなす高さの位置を変えて転がし，水平な面での速さを測定しました。重さ 120g の球を用いたときには，水平な面での速さは［**図６**］のようになりました。

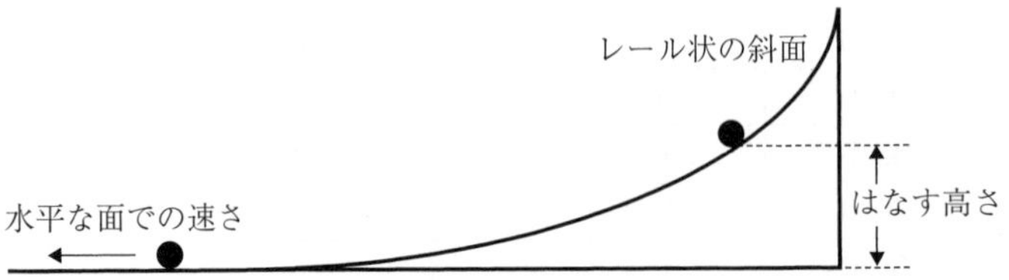

［**図５**］

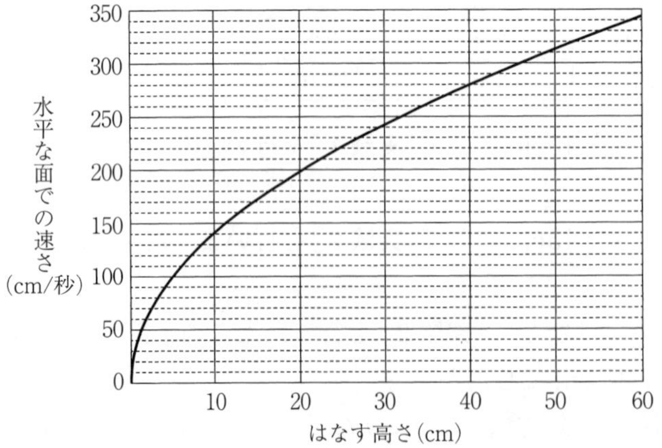

［**図６**］

［**実験２**］　［**実験１**］と同じ球と装置を使い，［**図７**］のように，固定した粘《ねん》土にさした釘《くぎ》に当て，ささった長さを測定しました。

［**図７**］

［**実験３**］　［**実験１**］と同じ球と装置を使い，［**図８**］のように，左端を固定したばねに当てました。ばねに当たった球はばねを押し縮めましたが，もっとも縮んだときの縮んだ長さを測定しました。

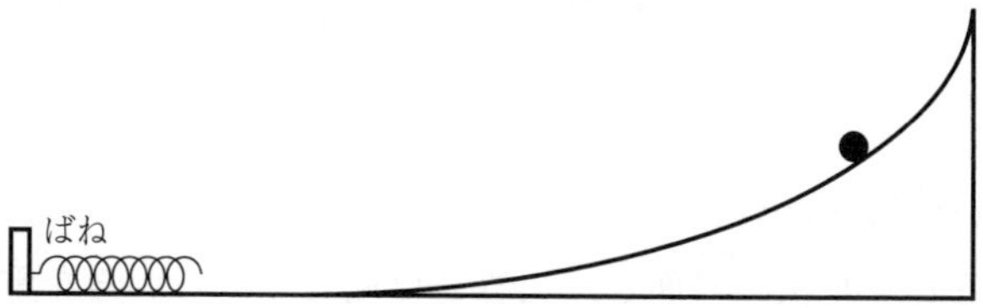

［**図８**］

［**実験１**］～［**実験３**］までの結果の一部をまとめると，［**表２**］のようになりました。

［**表２**］

球の重さ(g)	はなす高さ(cm)	水平な面での速さ(cm/秒)	釘がささった長さ(cm)	ばねが縮んだ長さ(cm)
40	10	140.0	0.4	4.0
40	20	198.0	0.8	5.7
40	30	242.5	1.2	6.9
80	10	140.0	0.8	5.7
80	20	198.0	1.6	8.0
80	30	242.5	2.4	9.8
120	10	140.0	1.2	6.9
120	20	198.0	2.4	9.8
120	30	242.5	3.6	12.0

(1)　重さが200gの球で，はなす高さを10cmにして［**実験１**］を行いました。水平な面での速さは何cm/秒ですか。

(2)　重さが100gの球で，はなす高さを15cmにして［**実験２**］を行いました。釘がささった長さは何cmになりますか。

(3)　重さが100gの球をある高さからはなして［**実験２**］を行ったところ，釘がささった長さは2.5cmでした。球をはなす高さは何cmでしたか。

(4)　［**表２**］を用いて，［**実験３**］に関する次の①，②のようなグラフをつくるとどのようになりますか。もっとも適切なものを，下の**ア**～**ウ**の中からそれぞれ１つずつ選び，記号で答えなさい。

① 球の重さは 80g

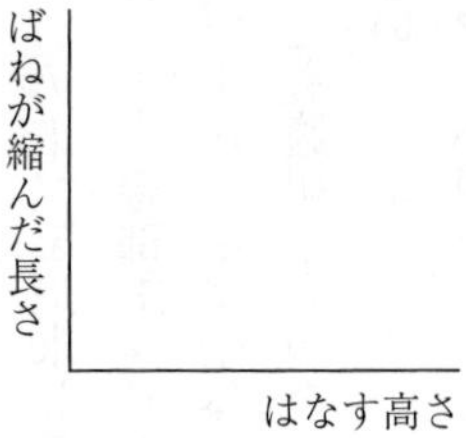

② 球の重さは 40g

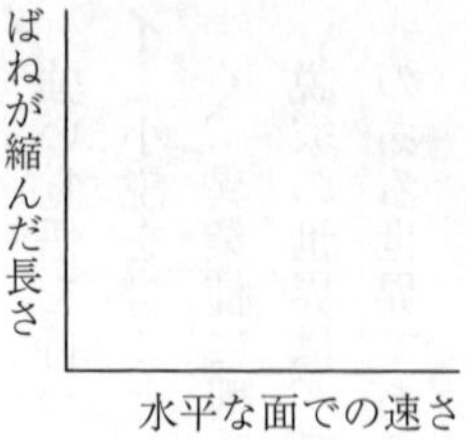

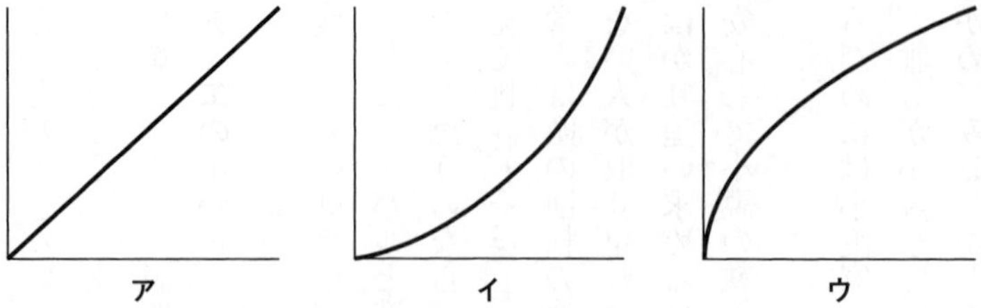

(5) 重さが 40g の球を，ある高さからはなして[**実験 3**]を行ったところ，ばねの縮んだ長さは 8.0cm でした。ばねに当たる前の水平な面での速さは何 cm/秒ですか。

(6) (5)で，球をはなす高さは何 cm でしたか。

エ　頭の切れしか持ち合わせない人は、表現の表面的な切れ味の鋭さに依存するあまり、読者に飽きられることを恐れ個人的なテーマを追求し続けることができないから。

問九　――線部⑦「リングにようこそ」とありますが、どういうことですか。本文全体の論旨を踏まえつつ説明している文としてもっとも適切なものを次の**ア**～**エ**の中から一つ選び、記号で答えなさい。

ア　小説家として生き残るためにはライバルに負けない強靭な忍耐力が必要であり、つねにライバルと戦い続けることが必要である。小説家になりたいと思うのならば、根気よく戦い続ける強い覚悟を持ったうえで挑戦《ちょうせん》してほしい、ということ。

イ　小説を書くという営みは頭の回転の速い人には長続きしづらく、異業種に興味のない人が取り組むべき表現分野である。小説家の世界は、効率ばかり追い求める世俗とは異質の、温かみのある世界であり、安心して小説の執筆に挑戦してほしい、ということ。

ウ　小説を執筆し続けるためには小説家としての優れた核のようなものが必要であり、誰もが小説家でいられるわけではない。その資質の有無は確かめてみるしかなく、小説を書く強い動機と生き残れる自信があるならば、挑戦してほしい、ということ。

エ　小説家は経験を積むことを重視するタイプの人間であり、実際に多くの小説家が多様な経験を積んできた。小説家を志望する人は、孤独な執筆作業に耐え経験を重ねつつ、同僚の小説家と支え合いながら積極的に小説の執筆に挑戦してほしい、ということ。

ア　「頭の回転の速い人々、聡明な人々」は、もともと小説の執筆を人生の一つのステップとしてしか考えていないから。

イ　「頭の回転の速い人々、聡明な人々」は、小説という表現形式では自身の述べたいことが端的《たんてき》に伝わらないことに気付いたから。

ウ　「頭の回転の速い人々、聡明な人々」は、自分が、完成度の高い、才気ある小説を書き続けることができるという自信がないから。

エ　「頭の回転の速い人々、聡明な人々」は、言いたいことを小説で「置き換え《パラフレーズ》」するより異業種で「置き換え《パラフレーズ》」するほうが効率的だと思ったから。

問五　――線部③「小説を書くというのは、とにかく実に効率の悪い作業なのです」とありますが、小説家が「実に効率の悪い作業」に向き合うのはなぜですか。**三十字以上四十字以内**で答えなさい（**句読点・記号も一字に数えます**）。

問六　――線部④「富士山を見物に出かけた二人の男」とありますが、ここでは「二人の男」はどのような人物として描《えが》かれていますか。次の**《説明文》**の［Ⅰ］、［Ⅱ］に入れるのに適切な表現を自分で考え、［Ⅰ］は**五字以上十字以内**で、［Ⅱ］は**十字以上十五字以内**で答えなさい（**句読点・記号も一字に数えます**）。

《説明文》

「頭の良い方の男」は、物事を［　Ⅰ　］人物として描かれている。一方、「あまり頭の良くない方の男」は、物事を［　Ⅱ　］ことを大切にする人物として描かれている。

問七　――線部⑤「これはもう『効率以前』の問題ですね」とありますが、この表現から読み取れることはどのようなことですか。その説明としてもっとも適切なものを次の**ア**～**エ**の中から一つ選び、記号で答えなさい。

ア　小説家は、明確な答えにたどりつける「頭の切れる人」とは本質的に異なり、明確な答えを必ずしも求めない存在である、ということ。

イ　小説家は、どのような職種でも自身を適応させられる「頭の切れる人」とは違い、自身を適応させることを決然と拒《こば》んでいる、ということ。

ウ　小説家は、無駄《むだ》なく考察する能力を持ち合わせた「頭の切れる人」のように仕事をこなすことをめざしているが、全く足元にも及ばない、ということ。

エ　小説家は、自身の表現の完成度にばかり興味を抱いており、「頭の切れる人」のように伝える内容まで考えることができないので比較にならない、ということ。

問八　――線部⑥「そのような頭の切れだけでやっていける年月は――わかりやすく『小説家としての賞味期限』と言っていいかもしれませんが――せいぜい十年くらいのものではないでしょうか」とありますが、それはなぜですか。その説明として**適切でないもの**を次の**ア**～**エ**の中から一つ選び、記号で答えなさい。

ア　頭の切れしか持ち合わせない人は、何年も時間を費やしながら粘り強く根源的なテーマについて考察と表現を繰り返しつつ自身にとっての新境地を切りひらくことができないから。

イ　頭の切れしか持ち合わせない人は、小説家という職業の人間として、小説を執筆し続けようとする動機や、長期間孤独に表現を模索する持続力を持ち合わせていないから。

ウ　頭の切れしか持ち合わせない人は、個人的なテーマをそのままのかたちで表現できる異業種に魅力を感じるようになり、小説という表現形式に興味をおぼえなくなるから。

つ書くのも、人によってはそれほどむずかしくない。簡単だとまでは言いませんが、できないことではありません。しかし小説をずっと書き続けるというのはずいぶんむずかしい。誰にもできることではない。そうするには、さっきも申し上げましたように、特別な資格のようなものが必要になってくるからです。それはおそらく「才能」とはちょっと別のところにあるものでしょう。

じゃあ、その資格があるかどうか、それを見分けるにはどうすればいいか？　答えはただひとつ、実際に水に放り込《こ》んでみて、浮《う》かぶか沈むかで見定めるしかありません。乱暴な言い方ですが、まあ人生というのは本来そういう風にできているみたいです。それにだいたい小説なんか書かなくても（あるいはむしろ書かないでいる方が）、人生は聡明に有効に生きられます。それでも書きたい、書かずにはいられない、という人が小説を書きます。そしてまた、小説を書き続けます。そういう人を僕はもちろん一人の作家として、心を開いて歓迎《かんげい》します。

⑦リングにようこそ。

（村上春樹《むらかみはるき》『職業としての小説家』による）

注1　**ダイナミズム**～内に秘めたエネルギー。
注2　**ファジーな**～あいまいな。
注3　**リング**～ボクシングなどの格闘技を行う試合場。
注4　**ネイチャー**～性質。
注5　**ドライブ**～動機。

問一　A、B、C に入れるのにもっとも適切な語を次の**ア**～**エ**の中から一つ選び、記号で答えなさい。ただし、同じ選択肢《せんたくし》を二度以上選んではいけません。

ア　しかし　**イ**　だから　**ウ**　ところで　**エ**　ましてや

問二　〰〰線部①、②の表現の、文中における意味としてもっとも適切なものを後の**ア**～**エ**の中から一つ選び、記号で答えなさい。

①　強弁している
ア　大きな声で叫《さけ》んでいる。
イ　堅苦《かたくる》しく話している。
ウ　こわごわと述べている。
エ　無理に言い張っている。

②　辛気くさい
ア　受け入れがたい。
イ　気が滅入《めい》る。
ウ　他人に厳《きび》しい。
エ　雰囲気《ふんいき》が悪い。

問三　――線部①「知性や教養や知識」とありますが、ここではどのようなものとして位置づけられていますか。その説明としてもっとも適切なものを次の**ア**～**エ**の中から一つ選び、記号で答えなさい。

ア　個々の生き方に豊かさを与《あた》え、充実《じゅうじつ》した人生を送る手助けをしてくれるもの。
イ　小説家として人気を保ち長い年月を生き抜《ぬ》いていく手助けをしてくれるもの。
ウ　論理的な思考によって物事の性質を言葉にする手助けをしてくれるもの。
エ　物語が持つゆっくりしたスピード感に合わせていく手助けをしてくれるもの。

問四　――線部②「頭の回転の速い人々、聡明な人々が――その多くは異業種の人々ですが――小説をひとつかふたつ書き、そのままどこかに移動していってしまった」とありますが、それはなぜですか。その説明としてもっとも適切なものを次の**ア**～**エ**の中から一つ選び、記号で答えなさい。

一人であとに残って、実際に自分の足で頂上まで登ってみます。そうするには時間もかかるし、手間もかかります。体力を消耗《しょうもう》して、へとへとになります。そしてその末にようやく「そうか、これが富士山というものなのか」と思います。理解するというか、いちおう腑《ふ》に落ちます。

　小説家という種族は（少なくともその大半は）どちらかといえば後者の、つまり、こう言ってはなんですが、頭のあまり良くない男の側に属しています。実際に自分の足を使って頂上まで登ってみなければ、富士山がどんなものか理解できないタイプです。というか、それどころか、何度登ってみてもまだよくわからない、あるいは登れば登るほどますますわからなくなっていく、というのが小説家の注4ネイチャーなのかもしれません。そうなると⑤これはもう「効率以前」の問題ですね。どう転んでも、頭の切れる人にはできそうにないことです。

　だから小説家は、異業種の才人がある日ふらりとやってきて小説を書き、それが評論家や世間の人々の注目を浴び、ベストセラーになったとしても、さして驚きはしません。脅威《きょうい》を感じたりすることもまずありません。［C］腹を立てたりもしません（と思います）。なぜならそのような人々が、小説を長期間にわたって書き続けるのは稀《まれ》なケースであることを、小説家は承知しているからです。才人には才人のペースがあり、知識人には知識人のペースがあり、学者には学者のペースがあります。そしてそういう人たちのペースはおおかたの場合、長いスパンをとってみれば、小説の執筆《しっぴつ》には向いていないみたいです。

　もちろん職業的小説家の中にだって才人と呼ばれる人はいます。頭の切れる人もいます。ただ世間的に頭が切れるというだけではなく、小説的にも頭の切れる人です。しかし僕の見たところ、⑥そのような頭の切れだけでやっていける年月は――わかりやすく「小説家としての賞味期限」と言っていいかもしれませんが――せいぜい十年くらいのものではないでしょうか。それを過ぎれば、頭の切れに代わる、より大ぶりで永続的な資質が必要とされてきます。言い換えるなら、ある時点で「剃刀《かみそり》の切れ味」を「鉈《なた》の切れ味」に転換することが求められるのです。そして更《さら》には「鉈の切れ味」を「斧《おの》の切れ味」へと転換していくことが求められます。そのようないくつかの転換ポイントをうまく乗り越えられた人は、作家として一段階大柄《おおがら》になり、おそらく時代を超えて生き残っていきます。乗り越えられなかった人は多かれ少なかれ、途中で姿を消して――あるいは存在感を薄《うす》めて――いくことになります。あるいは頭の切れる人が落ち着くべき場所に、すんなりと落ち着いていきます。

　そして小説家にとって「落ち着くべき場所にすんなり落ち着く」というのは、率直に言わせていただければ、「創造力が減退する」のとほとんど同義なのです。小説家はある種の魚と同じです。水中で常に前に向かって移動していなければ、死んでしまいます。

　というわけで僕は、長い年月飽《あ》きもせずに（というか）小説を書き続けている作家たちに対して――つまり僕の同僚《どうりょう》たちに対して、ということになりますが――一様に敬意を抱いています。当然のことながら、彼らの書く作品のひとつひとつについては個人的な好き嫌《きら》いはあります。でもそれはそれとして、二十年、三十年にもわたって職業的小説家として活躍《かつやく》し続け、あるいは生き延び、それぞれに一定数の読者を獲得《かくとく》している人たちには、小説家としての、何かしら優れた強い核《コア》のようなものが備わっているはずだと考えるからです。小説を書かずにはいられない内的な注5ドライブ。長期間にわたる孤独な作業を支える強靭《きょうじん》な忍耐力。それは小説家という職業人としての資質、資格、と言ってしまっていいかもしれません。

　小説をひとつ書くのはそれほどむずかしくない。優れた小説をひと

すよ」という話をします。ところがその置き換え《パラフレーズ》の中に不明瞭《ふめいりょう》なところ、ファジーな部分があれば、またそれについて「それはね、たとえばこういうことなんですよ」という話が始まります。その「それはたとえばこういうことなんですよ」というのがどこまでも延々と続いていくわけです。限りのないパラフレーズの連鎖《れんさ》です。開けても開けても、中からより小さな人形が出てくるロシアの人形みたいなものです。これほど効率の悪い、回りくどい作業はほかにあまりないんじゃないかという気さえします。最初のテーマがそのまますんなりと、明確に知的に言語化できてしまえれば、「たとえば」というような置き換え作業はまったく不必要になってしまうわけですから。極端な言い方をするなら、「小説家とは、不必要なことをあえて必要とする人種である」と定義できるかもしれません。

B 小説家に言わせれば、そういう不必要なところ、回りくどいところにこそ真実・真理がしっかり潜《ひそ》んでいるのだということになります。なんだか①強弁しているみたいですが、小説家はおおむねそう信じて自分の仕事をしているものです。だから「世の中にとって小説なんてなくたってかまわない」という意見があっても当然ですし、それと同時に「世の中にはどうしても小説が必要なのだ」という意見もあって当然なのです。それは念頭に置く時間のスパンの取り方にもよりますし、世界を見る視野の枠《わく》の取り方にもよります。より正確に表現するなら、効率の良くない回りくどいものと、効率の良い機敏なものとが裏表になって、我々の住むこの世界が重層的に成り立っているわけです。どちらが欠けても(あるいは圧倒的劣勢《あっとうてきれっせい》になっても)、世界はおそらくいびつなものになってしまいます。

あくまで僕の個人的な意見ではありますが、小説を書くというのは、基本的にはずいぶん「鈍臭《どんくさ》い」作業です。そこにはスマートな要素はほとんど見当たりません。一人きりで部屋にこもって「ああでもない、こうでもない」とひたすら文章をいじっています。机の前で懸命《けんめい》に頭をひねり、丸一日かけて、ある一行の文章的精度を少しばかり上げたからといって、それに対して誰《だれ》が拍手をしてくれるわけでもありません。誰が「よくやった」と肩《かた》を叩《たた》いてくれるわけでもありません。自分一人で納得し、「うんうん」と黙《だま》って肯《うなず》くだけです。本になったとき、その一行の文章的精度に注目してくれる人なんて、世間にはただの一人もいないかもしれません。小説を書くというのはそんな作業なのです。やたら手間がかかって、どこまでも②辛気《しんき》くさい仕事なのです。

世の中には一年くらいかけて、長いピンセットを使って、瓶《びん》の中で細密な船の模型を作る人がいますが、小説を書くのは作業としてはそれに似ているかもしれません。僕は手先が不器用だし、とてもそこまで面倒《めんどう》なことはできませんが、それでも本質の部分では共通するところがあるかもしれないと思います。長編小説ともなれば、そのような細かい密室での仕事が来る日も来る日も続きます。ほとんど果てしなく続きます。この手の作業がもともと性にあった人でないと、あるいはそれほど苦にしない人でないと、とても長く続けられるものではありません。

子供の頃《ころ》何かの本で、④富士山を見物に出かけた二人の男についての話を読んだことがあります。二人ともそれまで富士山というものを目にしたこともありません。頭の良い方の男は富士山を麓《ふもと》のいくつかの角度から見ただけで、「ああ、富士山というのはこういうものなんだ。なるほど、こういうところが素晴らしいんだ」と納得してそのまま帰って行きます。とても効率がいい。話が早い。ところがあまり頭の良くない方の男は、そんなに簡単には富士山を理解できませんから、

小説家は多くの場合、自分の意識の中にあるものを「物語」というかたちに置き換《か》えて、それを表現しようとします。もともとあったかたちと、そこから生じた新しいかたちの間の「落差」を通して、その落差の注1ダイナミズムを梃子《てこ》のように利用して、何かを語ろうとするわけです。これはかなりまわりくどい、手間のかかる作業です。

自分の頭の中にある程度、鮮明な輪郭《りんかく》を有するメッセージを持っている人なら、それをいちいち物語に置き換える必要なんてありません。その輪郭をそのままストレートに言語化した方が話は遥《はる》かに早いし、また一般《いっぱん》の人も理解しやすいはずです。小説というかたちに転換《てんかん》するには半年くらいかかるかもしれないメッセージや概念《がいねん》も、そのままのかたちで直接表現すれば、たった三日で言語化できてしまうかもしれません。あるいはマイクに向かって思いつくがままにしゃべれば、十分足らずで済んじゃうかもしれません。頭の回転の速い人にはもちろんそういうことができます。聞いている人も「なるほどそういうことか」と膝《ひざ》を打つことができる。要するに、それが頭がいいということなのですから。

また知識の豊富な人なら、わざわざ物語というような注2ファジーな、あるいは得体の知れない「容《い》れ物」を持ち出す必要もありません。あるいはゼロから架空《かくう》の設定を立ち上げる必要もありません。手持ちの知識をうまく論理的に組み合わせ言語化すれば、人々はすんなり納得し、感心することでしょう。

少なくない数の文芸評論家が、ある種の小説なり物語なりを理解できない——あるいは理解できたとしても、その理解を有効に言語化・論理化できない——理由はおそらくそのへんにあるのかもしれません。彼《かれ》らは一般的に言って、小説家に比べて頭が良すぎるし、頭の回転が速すぎるのです。つまり物語というスローペースなヴィークル（乗り物）に、うまく身体性を合わせていくことができないのです。

A 往々にして、テキストの物語のペースを自分のペースにいったん翻訳《ほんやく》し、その翻訳されたテキストに沿って論を興《おこ》していくことになります。そういう作業が適切である場合もあれば、あまり適切ではない場合もあります。うまくいく場合もあれば、あまりうまくいかない場合もあります。とくにそのテキストのペースがただのろいだけではなく、のろい上に重層的・複合的である場合には、その翻訳作業はますます困難なものになり、翻訳されたテキストは歪《ゆが》んだものになってしまいます。

それはともかく、②頭の回転の速い人々、聡明《そうめい》な人々が——その多くは異業種の人々ですが——小説をひとつかふたつ書き、そのままどこかに移動していってしまった様子を僕は何度となく、この目で目撃《もくげき》してきました。彼らの書いた作品は多くの場合「よく書けた」才気のある小説でした。いくつかの作品には新鮮《しんせん》な驚《おどろ》きもありました。しかし彼らが小説家として注3リングに長く留まることは、ごく少数の例外を別にして、ほとんどありませんでした。「ちょっと見学してそのまま出ていった」というような印象すら受けました。

あるいは小説というのは、多少文才のある人なら、一生に一冊くらいはわりにすらっと書けちゃうものなのかもしれません。またそれと同時に聡明な人たちはおそらく小説を書くという作業に、期待したほどメリットを発見できなかったのでしょう。ひとつかふたつ小説を書いて、「ああ、なるほど、こういうものなのか」と納得して、そのままよそに移っていったのだと推測します。これならほかのことをやった方が効率がいいじゃないか、と思って。

僕にもその気持ちは理解できます。③小説を書くというのは、とにかく実に効率の悪い作業なのです。それは「たとえば」を繰《く》り返す作業です。ひとつの個人的なテーマがここにあります。小説家はそれを別の文脈に置き換えます。「それはね、たとえばこういうことなんで

打ち消されていった」とありますが、これはどういうことですか。その説明としてもっとも適切なものを次の**ア**〜**エ**の中から一つ選び、記号で答えなさい。

ア　歩は負担が軽そうなので図書委員になりたかったが、新しく転校してきた歩には自由に委員を決める権利は与えられず流れに身を任せるしかなかったということ。

イ　歩は自分の趣味《しゅみ》を活かせる図書委員になりたいと思っていたが、委員長という面倒《めんどう》な仕事を押《お》しつけられたと感じた晃の仕返しによってかなえられることはなかったということ。

ウ　歩は経験したことのある図書委員になりたいと思っていたが、晃やクラスの皆に推されて副委員長という責任ある役職を引き受けなければならなくなったということ。

エ　歩は表に出るのが苦手なので図書委員になりたかったが、負担の重い役割を歩に押しつけようというクラスの皆の圧力によってやむなくあきらめなければならなくなったということ。

問六　――線部④「二人は余計に驚いていた」とありますが、この時の二人の気持ちとしてもっとも適切なものを次の**ア**〜**エ**の中から一つ選び、記号で答えなさい。

ア　新しいクラスで副委員長になったというだけでも信じられないと思ったが、さらに短い期間で周りから信頼を得て推薦されたということがわかり、うれしく思った。

イ　慣れないクラスの中で副委員長を引き受けることになったと聞いただけで不安を感じたのに、さらにその役職を周りから押しつけられたようだと知って、歩の立場を心配した。

ウ　消極的な歩が副委員長を引き受けたと聞いてよいことだと思ったが、さらに少人数学級だからこのような役職を引き受ける機会があるのだと気づき、運命を感じた。

エ　転校してすぐに副委員長になったということに違和感《いわかん》を抱いていたのに、さらに歩がクラスの生徒から推薦されたと言ったので、そんなはずはないと不審《ふしん》に思った。

問七　――線部⑤「学級会の成功はね、僕の出番がないことだからね」とありますが、室谷先生が考える「学級会のあるべき姿」を**二十字以上二十五字以内**で説明しなさい（**句読点・記号も一字に数えます**）。

問八　＝＝線部あ、いの二か所では、表現が異なっています。これは歩の状況《じょうきょう》の変化から生じていると考えられます。それはどのような変化ですか。**三十字以上四十字以内**で説明しなさい（**句読点・記号も一字に数えます**）。

三　次の文章を読んで、後の問いに答えなさい。

僕《ぼく》は思うのですが、小説を書くというのは、あまり頭の切れる人に向いた作業ではないようです。もちろんある程度の①知性や教養や知識は、小説を書く上で必要とされます。この僕にだって最低限の知性や知識は備わっていると思います。おそらくというか、たぶん。本当に間違いなくそうなのかと正面切って尋《たず》ねられると、もうひとつ自信はありませんが。

しかしあまりに頭の回転の素早い人は、あるいは人並み外れて豊富な知識を有している人は、小説を書くことには向かないのではないかと、僕は常々考えています。小説を書く――あるいは物語を語る――という行為はかなりの低速、ロー・ギアでおこなわれる作業だからです。実感的に言えば、歩くよりはいくらか速いかもしれないけど、自転車で行くよりは遅《おそ》い、というくらいのスピードです。意識の基本的な動きがそのような速度に適している人もいるし、適していない人もいます。

「⑤学級会の成功はね、僕の出番がないことだからね。」

放課後に男子六人で行動する際も、晃が意見を出し、歩が助言をして、六人の小さな集団が動いていく。あるとき晃と歩のやり取りを見ていた内田は、左大臣、左大臣と手を叩いてはしゃいだ。歩はその渾名《あだな》が別に嫌《いや》ではなかったが、内田は晃に睨《にら》まれて肩《かた》を竦《すく》めた。いずれにせよ、東京の区立中学と同じように、あるいは浜松の市立中学と同じように、歩はこの第三中学でも学級に馴染むことができた。この頃になると、二階の自室の、学習デスクも、スライド式の本棚も、ライトブラウンのロフトベッドも、いつの間にか日当たりのいい六畳間に馴染んでいた。他人の部屋は、歩の部屋になっていた。オーク材の楕《だ》円《えん》テーブルも、最初からそこにあったように居室に馴染み、冷ややかな木材の匂いは、一家の生活の匂いに変わった。

ある日の下校時、大量の苗《なえ》を載《の》せた田植機《たうえき》が迷うことなく田圃《たんぼ》の泥《どろ》の中へ突入《とつにゅう》していく様を見て、自転車を停めた。田植機は畦道《あぜみち》と平行して進み、泥土《でいど》の中には五列の黄緑色の点線が描《えが》かれていく。その点線のあまりの正確さに、歩は数学の図形を想像した。あの規則正しく整列した稲が、成長し、やがて撓《たわ》わに穂《ほ》を実らせる。始業式の日の早朝の、澄《す》み通る大気が鼻腔を抜けていく感じを想起しながら思う。同じ空気の中にいるのだから、ⓘ稲や、野菜や、果物や、動物や、鳥や、昆虫と同じように、自分達もまた健康に育つだろう。

（高橋弘希《たかはしひろき》『送り火』による）

問一 A に入れるのにもっとも適切な語を「**(中略)**」の後の本文から**漢字二字**で抜き出して答えなさい。

問二 ――線部①「父はなぜかくすくすと笑い」とありますが、これはなぜですか。その理由としてもっとも適切なものを次の**ア**～**エ**の中から一つ選び、記号で答えなさい。

ア 新しい職場ですでに多くの友達を作っていることを知らない歩の質問がかわいらしかったから。

イ 大人になると友達などできないということを理解していない歩の質問を愚《おろ》かだと思ったから。

ウ 大人の社会のことを知らず友達ができたかと無邪気《むじゃき》に聞いてくる歩の発言が微笑《ほほえ》ましかったから。

エ 職場を移るたびに友達をうまく作れない自分に対する無神経な歩の発言を許そうと思ったから。

問三 B は、次の**ア**～**エ**の四つの文から構成されています。四つの文を正しい順番に並べかえ、その順番を、解答用紙の形式に合わせて記号で答えなさい。

ア 憧れだった二階の自室は持つことができた。

イ 代わりに西側の丸太階段を登った先には、畑の跡地が広がっていた。

ウ しかし家に芝生の庭はなかった。

エ 仕方なく外套《がいとう》を羽織り、庭先を散歩した。

問四 ――線部②「男子六人の中からリーダーを決めるならば、晃以外に考えられない」とありますが、歩がこのように思ったのはなぜですか。その理由として適切なものを次の**ア**～**オ**の中から**すべて**選び、記号で答えなさい。

ア 晃はすでに一度学級委員長を務めたことがあるから。

イ 歩にはグループの力関係を見抜く観察力があったから。

ウ 歩は学級内の有力な人物に取り入ろうと考えていたから。

エ 晃は男子グループで行動する時、常にリーダーシップを発揮しているから。

オ 歩は、晃が男子だけではなく、女子たちからも厚く信頼《しんらい》されていることを感じていたから。

問五 ――線部③「歩の図書委員になるという目論見は、その拍手に

返答を待つ間もなく学級には盛大な拍手が起こり、③歩の図書委員になるという目論見《もくろみ》は、その拍手に打ち消されていった。

夕食時、学校で副委員長になったことを告げると、父母は目を丸くしていた。あゆが自分で立候補をしたの、母に訊かれ、友達に推薦されたのだと答える。すると④二人は余計に驚《おどろ》いていた。

「こりゃ、明日は赤飯を炊《た》かないとな。」

副委員長を務めることと、赤飯がどう繋がるのかは分からないが、父はその後、随分と早いペースでビールを呷《あお》りながら、

「しかし少人数の学級は、皆に役割が与《あた》えられる点は良いのかもな。マンモス校だと、殆どがその他大勢になってしまうものな。」

父は郊外《こうがい》の新興住宅地で育ち、かつ子供が多い世代だった。中学校は一学年十クラスにも及《およ》び、全校生徒は千人を超《こ》えたという。確かにそれだけの人数がいたら、その他大勢になる生徒が殆どだろう。しかし第三は第三で、解体寸前の学校だった。三学年はかろうじて学級になっているが、二学年と一学年は複式学級で、仮にこの学校が存続しても、次年度に進学してくる生徒は三人にも満たないと言われている。教員も確保できず、複数教科を掛《か》け持ちしている教師も多い。やはり統合されて然《しか》るべき学校だった。

翌日から、副委員長の仕事が始まった。集会時に点呼をする、給食時にいただきますの挨拶《あいさつ》をする、学級会で書記をする、その程度だった。浜松《はままつ》の中学で担った飼育委員より、よっぽど楽だった。あのときは夏休みも分担で登校し、炎天《えんてん》の下、鶏《にわとり》小屋や兎《うさぎ》小屋の清掃《せいそう》や餌《えさ》やりをしたのだった。移動教室の際には、晃と並んで列の先頭に立つ。この学校で背の順に並ぶならば、歩、内田、稔《みのる》、近野、晃、藤間、の順番で、いずれにせよ自分は先頭だった。しかし今は、副委員長という役割の為《ため》に、皆の先頭に立って歩く。それは図書委員や、美化委員では得られなかった、小さな満足を、歩の中にもたらした。父が赤飯を炊こうと言ったのも、分かる気がしてきた。息子が少し成長したように、感じたのかもしれない。

学級会では、教室内に置かれた〝議題箱〟に投稿《とうこう》のあった内容について話し合う。朝の挨拶について、掃除《そうじ》の仕方について、授業中の私語について。多数決ではなく、話し合いで決めるというのが、教師の方針で、唯一《ゆいいつ》の指示でもあった。議論が煮詰《につ》まると、おめはどう思う、としばしば晃に意見を求められた。この際の歩の発言は、やがて辿《たど》り着く学級全体の答えの下敷《したじ》きになることが多かった。晃は感心していたが、これには理由があった。歩は書記でもあったので、皆の考えを要約して黒板に板書していたゆえ、議論がどういう方向へ流れているのか把握しやすかった。何も特別なことではない。このことを晃に言うと、それは特別なことだと答えた。同じことば、稔にやらせてもできねぇだろう。稔はそれを聞くと、やはり気弱そうな眉《まゆ》を寄せるのだった。

学級会の間、室谷先生は殆ど何もせず、発言もせず、窓側の自身の椅子《いす》に座って、皆の議論を眺めていた。いつもクリーム色のニットベストを着た、三十代後半の教師――、後になって知ったが、彼は昨年度に県東の別の市から、第三に赴任したという。矢中先生には他国のスパイが来たと揶揄《やゆ》されたけどね、と彼は笑っていた。過去にこの地方は、東西で違う藩《はん》に分かれていたという。西側の津軽藩が裏切った経緯もあり、未だ相手側の土地の人に敵愾心《てきがいしん》を持つ者もいるらしい。歩にしてみると、よく分からない考え方だった。何百年も前の事柄《ことがら》なのだし、同じ県民同士、仲良くすればいい。

学級会後の休み時間に、先生は話し合いに参加しないんですか、と尋《たず》ねてみたことがある。すると室谷先生は窓から射す陽差しの中で、殆ど癖《くせ》と思われるような柔和《にゅうわ》な笑みを浮かべて、

教師が、黒板に歩の氏名を記し、通り一遍《いっぺん》の紹介《しょうかい》をする。この地域では珍《めずら》しい転校生に、皆は好奇《こうき》の瞳《め》で歩を見た。教室には十二人の男女が座っており、それはこの中学に在籍《ざいせき》する三学年の全生徒だった。

学級会後の休み時間、歩は一人の少年に話しかけられた。あの公衆銭湯の湯船に見た顔だった。切れ長の一重瞼《ひとえまぶた》の目、形の良い鼻梁《びりょう》、薄《うす》い唇《くちびる》――、制服を着て、頭髪《とうはつ》を整えた姿だと、随分《ずいぶん》と大人びて見えた。なんでも彼は彼で、噂《うわさ》に聞いていた転校生だと気づいていたという。

そこへ出席簿《ぼ》を小脇《こわき》に抱《かか》えた教師がやってきて、お、もう友達ができたのか、にこやかに言う。少年が経緯《けいい》を説明する。そういえば晃《あきら》と歩は、同じ地域に住んでいるんだったな、じゃあ、晃が学校内を案内してやれよ、そう言い残して教師は教室を出ていった。二人は顔を見合わせた。せば、案内してやっか、そう言って、晃は歩を教室から連れ出した。晃は殆《ほとん》ど初対面の歩に対して、戯《おど》けて見せることも、愛想《あいそ》笑いをすることもない。しかし無愛想でもなく、ただはっきりとものを言う。晃は学級の中心的人物だと直感した。転校を繰り返したせいか、歩は学級の力関係を把握《はあく》することに長《た》けていた。

（中略）

校庭の桜がぽつりぽつりと咲《さ》き始めた頃《ころ》、学級では三学年の担当委員決めが行われた。歩はこれまで通り、図書委員か美化委員をするつもりだった。最初に学級委員長の立候補を募《つの》ったが、挙手はない。室谷先生の指示で、話し合いで委員長を決めることになる。二学年時は委員長も副委員長も女子が担ったので、三学年は男子がやるべきだと女子グループは主張した。話し合いは、男子六人の中から誰《だれ》を委員長にするか、という方向へ流れていく。途中で再び立候補を募るが、やはり挙手はない。藤間《ふじま》が、せばアミダクジで決めるべ、と言いだしたが、運ではなく議論で決めろ、と教師に叱責《しっせき》される。

歩にはこれらのやり取りが、全くの無意味に見えた。②男子六人の中からリーダーを決めるならば、晃以外に考えられない。そして本当は、誰もがそのことを分かっている。途中、話し合いを終始見ていた歩も、意見を求められる。それで仕方なく、皆が思っていることを代弁した。

「僕《ぼく》は晃君が委員長をやるべきだと思うけれど。」

「なしてそう思う？」

すぐさま鋭《するど》い口調で晃に問われ、歩は戸惑《とまど》ったが、思っている通りのことを口にした。

「僕達六人で何かをするとき、君がいつも率先して物事を決め、行動に移すだろう。同じことを学級でやればいいだけだし、逆に同じことは、君にしかできないよ。」

それを聞くと、晃にしては珍しくどこか慌《あわ》てた様子で、歩から視線を逸《そ》らし、やや紅潮した自身の頬《ほほ》を手の平で撫《な》でた。そこへ教師がやってきて、

「どうだ、東京から来た新しい仲間が、おまえを推薦《すいせん》しているわけだし、委員長をやってみたらどうだ。」

すると晃もようやく観念した様子で、せば俺《おれ》が委員長さなります、と立候補をした。皆から拍手《はくしゅ》があがり、歩も一緒《いっしょ》になって手を叩《たた》く。歩にしてみれば、それは至極当然の成り行きだった。が、この後の学級委員長の宣言で、歩はびくりと背中を震《ふる》わせることになる。

「三学年の委員長ば務めます。この学校で委員長ば務めるのは二度目です。学級がまとまるよう、精一杯頑張《せいいっぱいがんば》りたいと思います。副委員長には、歩君ば推薦します。彼は東京で過ごしてたはんで、俺達にはない、新しい知識や、考えば持ってらと思います。ぜひ副委員長として、自分を補佐《ほさ》して欲しいと思います。」

に磨硝子の戸を開けると、湯煙《ゆけむり》の漂《ただよ》う浴槽《よくそう》には、二人の先客の姿があった。歩と同じ年頃《としごろ》の少年が一人、五歳《さい》ほどの男児の姿が一人。歩と父が浴槽へ浸《つ》かると、少年は気を使ったのか風呂《ふろ》から上がった。少し遅《おく》れて、男児も少年を追うように、風呂場から出た。

銭湯からの帰りがけ、歩は珈琲《コーヒー》牛乳を飲みながら、火照《ほて》った顔で河を眺《なが》めた。父は隣で、やはり火照った顔で、フルーツ牛乳など飲んでいた。河辺は鉄柵《てっさく》で区切られており、柵の向こうは五メートル程の護岸壁《がんぺき》になっている。河はその護岸の底を流れる。対岸は急峻《きゅうしゅん》な山の斜面《しゃめん》と繋《つな》がっており、谷底を流れる河にも見える。山の落葉樹は、裸《はだか》の梢《こずえ》に萌黄《もえぎ》色の葉を僅《わず》かにつけたばかりで、未だ隙間《すきま》が目立った。夏になれば、この山は緑の堆積《たいせき》を増すだろう。

河面《かわも》の所々では、巨大《きょだい》な岩石が顔を出していた。岩石の周囲で、水は流れたり滞《とどこお》ったりしている。せせらぎはそこから響いてくる。歩はふと、さきほど湯船に見た少年を思い出した。彼《かれ》が中学三年生ならば、数日後には学校の教室で顔を合わせることになる。

「お父さんはもう、職場に新しい友達はできた?」

歩が訊《き》くと、①父はなぜかくすくすと笑い、

「大人になるとね、友達になるとか、ならないとか、そういう関係じゃなくなってくるんだよ。」

「それって寂《さび》しい?」

すると今度は困ったような微笑《ほほえ》みを浮《う》かべた後に、首を傾げて見せた。ときに母が見せる仕草に似ていた。父はフルーツ牛乳を一息に飲み干した後に、

「歩も新しい学校に、早く馴染めるといいな。」

歩にとっては、三度目の新しい中学校だった。

始業式の朝、歩は時計が鳴る一時間も前に目を覚ました。もう一度、頭を枕《まくら》へのせてみるが、意識が醒《さ》めている。

B

もう何年も耕されていないのか、畝《うね》も畑道もない。平原には斑《まだら》に緑色の野草が生え、斑に褐色《かっしょく》の崩《くず》れた落葉が残り、そのどちらにも均等に霜が降りていた。白い息を吐《は》きながら、その絨毯《じゅうたん》模様の平原を歩いた。途中《とちゅう》、菜の花に似た黄色い花群を見つける。しかし近づいてみると、菜の花とは葉の形が明らかに違《ちが》う。掌《てのひら》ほどの大きな葉が放射状に垂れ、茎《くき》の根元では白い球体が土《ど》壌《じょう》から顔を出している。どうやら蕪《かぶ》の花らしい。畑の主の死後も、そこで自生しているのだ。

蕪の花の向こうに、集落一帯を一望にできた。前方に標高五百ほどの黒い山が聳《そび》え、その山裾《やますそ》を南西に向かって河が流れる。銭湯からの帰路に、父と眺めた河だ。その河辺に、五十世帯余りが点在している。山間に溜《た》まる朝霧の中に、瓦《かわら》屋根の民家、三角屋根の銭湯、トタン屋根の燃料店、半壊《はんかい》した納屋《なや》、ブルーシートを被《かぶ》せた小屋、骨組みだけのビニルハウス、用途《ようと》不明の煙突《えんとつ》、杉《すぎ》にボルトを打った電信柱、廃校《はいこう》になった学校の校舎などが、朧気《おぼろげ》に浮かぶ。霧の中から鶏鳴《けいめい》が響く。東の稜線《りょうせん》から黄金色の朝日が射し、集落一帯をあまねく照らし始める。すると霧が引いていく。薄闇《うすやみ》が剝《は》がされ、日光による確かな影《かげ》が、煙突や電柱から伸びていく。

陽光のせいか、歩き回ったせいか、身体が熱くなり、歩は外套《がいとう》のボタンを外した。深呼吸をすると、透《す》き通る冷ややかな大気が、鼻腔《びこう》を抜《ぬ》ける。㋐この大気の下では、稲《いね》も、野菜も、果物も、動物も、鳥も、昆虫《こんちゅう》も、健康に育つかもしれない。歩は朝日に眩《まばゆ》い銀色の霜を踏《ふ》み砕《くだ》きながら、畑の跡地《あとち》から引き返した。と、台所の磨硝子の向こうに、明かりが灯っていることに気づく。換気扇《かんきせん》のシャッターが開いている。母が朝食の支度《したく》を始めたらしい。

始業式後の学級会で、歩は皆《みな》の前に立った。担任の室谷《むろや》という男性

二〇一九年度 浅野中学校

【国 語】（五〇分）〈満点：一二〇点〉

【注意】問題文には、原文（原作）の一部を省略したり、文字づかいや送りがなを改めたところがあります。

一 次の――線部①～⑧のカタカナの部分を漢字で、⑨・⑩の漢字の部分をひらがなで書きなさい。いずれも一画一画をていねいに書くこと。

もうすぐプレゼントが①**トド**く。

②**ジャッカン**の不安が残る。

文化人類学を③**センモン**とする。

この庭園は④**フゼイ**がある。

結婚式《けっこんしき》で⑤**シュクジ**を述べる。

今になって思えば⑥**ガテン**がいく。

患者《かんじゃ》に被害を及ぼす医療《いりょう》⑦**カゴ**は、あってはならない。

意味⑧**シンチョウ**な笑みを浮かべる。

命令に⑨**背反**する。

自身のふるまいを⑩**省**みる。

二 次の文章を読んで、後の問いに答えなさい。

歩《あゆむ》がこの土地を訪れたのは、未《いま》だ早朝には霜《しも》が降りる春先のことだった。商社勤めの父は転勤が多く、一家は列島を北上するように引越《ひっこ》しを繰《く》り返していた。そして東京での生活が一年半ほど続いたところで、再び転勤の内示《ないじ》が出た。今度は遥《はる》か北地の平川に勤めるという。歩はその地名を聞いて首を傾《かし》げた。地理は得意だが、聞いたことがない。津軽《つがる》地方の幾《いく》つかの町や村が合併して、新しくできたばかりの市なのだという。父の役職から考えると、次期は東京本社で管理職として勤める可能性が高い。管理職への昇進《しょうしん》前に、僻地《へきち》へ飛ばされるのは社の慣例だという。単身赴任《ふにん》をする案もあったが、結局一家はこの土地へと越してきた。父の親戚《しんせき》が、平川からそう遠くない土地に空き家を所有していたのだ。父母は一軒家《いっけんや》に憧《あこが》れがあった。歩は二階の自分の部屋と、芝生《しばふ》の庭に憧れがあった。その親戚は、電話口で父に言ったという。

――人が住まない家はすぐ駄目《だめ》になる、ぜひ使って欲しい、死んだ親父とお袋《ふくろ》も喜ぶだろう。

平川より更《さら》に北、山間に広がる集落の、東の高台に家はあった。玄《げん》関《かん》の磨硝子《すりがらす》の引戸を開けると、冷ややかな木材の匂《にお》いがした。六畳《ろくじょう》の居室が三つ並び、その三つ目の部屋の隣《となり》に仏間《ぶつま》がある。そこが仏間と分かるのは、角の一枚の畳《たたみ》が、ちょうど仏壇《ぶつだん》の形に褪《あ》せていたからだ。二階にもほぼ同じだけの広さがある。家族三人で住むには、些《いささ》か広すぎる家だった。二階の東側の六畳間が、歩の自室になった。日当たりが良くて過ごしやすいでしょうと、母が決めた。越してきた翌日、その部屋に、学習デスク、スライド式の本棚《ほんだな》、ライトブラウンのロフトベッドなどが、業者によって運び込《こ》まれた。 A の部屋に、自分の慣れ親しんだ家具が並べられていく。数週が過ぎれば、家具は部屋に馴染《なじ》み、そしてここは自分の部屋になるだろうと思った。

父は一足先に、この土地へ越してきていた。歩の転入学は学年変わりの時期がいいだろうと、一ヶ月ほど単身赴任の形を取っていたのだ。その父に連れられて、坂を下った先の川沿いにあるという公衆銭湯《せんとう》を訪れた。歩いて五分の距離《きょり》で、入浴料も安い。銭湯に番台《ばんだい》の姿はなく、入口に〝入浴料百円〟と記された木箱が置いてあった。父がその木箱に百円玉を二枚入れると、箱の中で小銭の音が響《ひび》いた。タオルを片手

2019年度

浅野中学校 ▶解説と解答

算数 (50分)＜満点：120点＞

解答

[1] (1) $31\frac{2}{3}$ (2) イ 100円 ウ 70本 (3) エ 33個 オ 27個 (4) カ 4時 キ 30分 ク 4時 ケ 39分 (5) コ 662.72cm³ サ 502.72cm² [2] ア 210 イ 41 ウ 41 エ 210 オ 2870 [3] (1) ア 100 イ 5000 (2) 45個 (3) 32，33個 [4] (1) 81通り (2) 18通り (3) 14通り (4) 36通り [5] (1) 2 cm (2) 1 cm (3) 解説の図④を参照のこと。 (4) $\frac{2}{27}$倍 (5) $\frac{1}{6}$倍

解説

[1] 逆算，和差算，つるかめ算，整数の性質，速さと比，体積，表面積

(1) $990\div\left\{\left(33\frac{1}{6}-\square\right)\times\frac{15}{26}\right\}+875=2019$より，$990\div\left\{\left(33\frac{1}{6}-\square\right)\times\frac{15}{26}\right\}=2019-875=1144$，$\left(33\frac{1}{6}-\square\right)\times\frac{15}{26}=990\div1144=\frac{990}{1144}=\frac{45}{52}$，$33\frac{1}{6}-\square=\frac{45}{52}\div\frac{15}{26}=\frac{45}{52}\times\frac{26}{15}=\frac{3}{2}$ よって，$\square=33\frac{1}{6}-\frac{3}{2}=33\frac{1}{6}-1\frac{1}{2}=32\frac{7}{6}-1\frac{3}{6}=31\frac{4}{6}=31\frac{2}{3}$

(2) 右の図Ⅰから，ボールペン5本分の金額が，440＋20×3＝500(円)とわかるから，ボールペン1本の値段は，500÷5＝100(円)であり，鉛筆《えんぴつ》1本の値段は，100－20＝80(円)とわかる。また，ボールペンと鉛筆を合わせて100本買ったとき，箱代を除いた金額は，10000－600＝9400(円)である。鉛筆だけを100本買ったとすると，80×100＝8000(円)となり，実際よりも，9400－8000＝1400(円)安くなる。よって，鉛筆とボールペンを1本ずつ交換《こうかん》すると，100－80＝20(円)高くなるから，買ったボールペンの本数は，1400÷20＝70(本)と求められる。

図Ⅰ

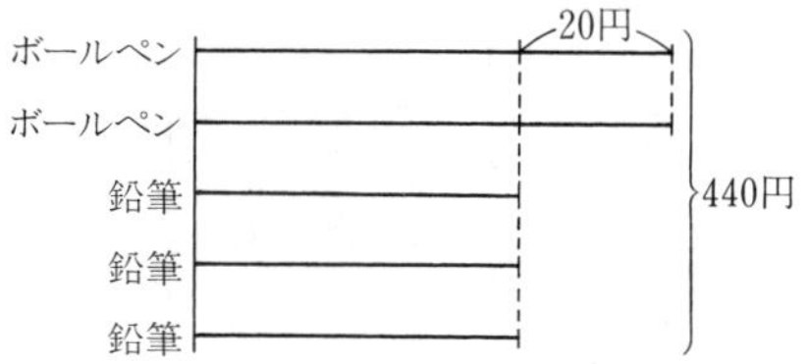

(3) 2で割ると余りが1になる整数は{1，3，5，…}であり，これらは2の倍数よりも，2－1＝1小さい数と考えることができる。同様に，3で割ると余りが2になる整数は{2，5，8，…}であり，これらは3の倍数よりも，3－2＝1小さい数と考えることができる。よって，両方に共通する整数は，2と3の公倍数よりも1小さい数である。また，2と3の最小公倍数は6なので，このような整数は，6の倍数よりも1小さい数である。つまり，6×□－1(□は整数)と表すことができる数である。(200＋1)÷6＝33余り3より，□にあてはまる整数は1～33の33個あることがわかるから，このような整数も33個ある。次に，このような整数は小さい方から順に{5，11，17，23，29，…}となるので，この中で5で割ると余りが3となる最も小さい整数は23とわかる。また，5で割ると余りが3となる整数は6と5の最小公倍数である30ごとにあらわれるから，1から200までの中には{23，53，83，113，143，173}の6個ある。したがって，5で割ると余りが3と

ならない整数は，33－６＝27(個)ある。

(4)　一日は，60×24＝1440(分)なので，時計Ａは一日に，1440－80＝1360(分)動き，時計Ｂは一日に，1440＋48＝1488(分)動く。よって，正確な時刻と時計Ａと時計Ｂが動く速さの比は，1440：1360：1488＝90：85：93だから，右の図Ⅱのように表すことができる。図Ⅱで，⑧⑤にあたる時間が，60×４＋15＝255(分)なので，①にあたる時間は，255÷85＝３(分)と求められる。よって，⑨⓪にあたる時間は，３×90＝270(分)だから，270÷60＝４余り30より，時計Ａが午後４時15分を示すときの正しい時刻(□)は午後４時30分とわかる。同様に，⑨③にあたる時間は，３×93＝279(分)なので，279÷60＝４余り39より，時計Ａが午後４時15分を示すときに時計Ｂが示す時刻(△)は午後４時39分とわかる。

図Ⅱ

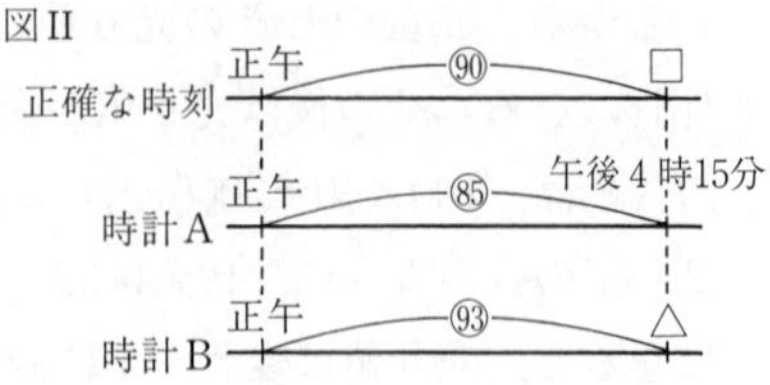

(5)　この立体は，右の図Ⅲのように，立方体と円柱の$\frac{3}{4}$の立体を組み合わせたものである。立方体の体積は，８×８×８＝512(cm³)であり，円柱の$\frac{3}{4}$の立体の体積は，４×４×3.14×$\frac{3}{4}$×４＝48×3.14＝150.72(cm³)だから，この立体の体積は，512＋150.72＝662.72(cm³)となる。次に，立方体の表面のうち見えている部分の面積は，８×８×６－４×４×２＝352(cm²)である。また，円柱の$\frac{3}{4}$の立体について，底面積１つ分は，４×４×3.14×$\frac{3}{4}$＝12×3.14(cm²)，側面積は，４×２×3.14×$\frac{3}{4}$×４＝24×3.14(cm²)なので，この立体の表面積は，352＋12×3.14×２＋24×3.14＝352＋(24＋24)×3.14＝352＋150.72＝502.72(cm²)となる。

図Ⅲ

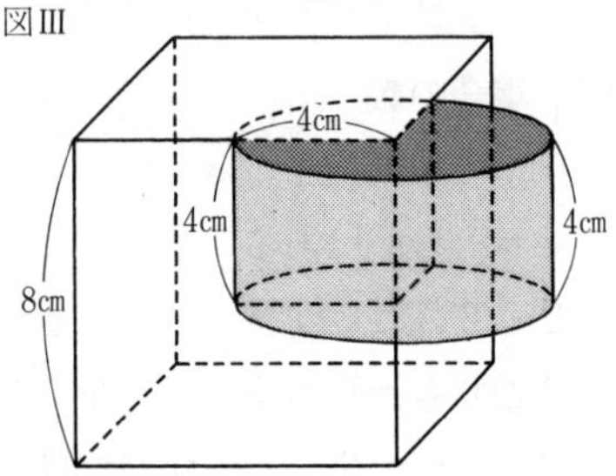

2　数列

１から20までの整数の和は，１＋２＋３＋…＋20＝(１＋20)×20÷２＝210である。次に，下の図で，上から１段目に書かれた３つの整数(○で囲んだ整数)の和は，１＋20＋20＝41であり，上から２段目の左に書かれた３つの整数(●で囲んだ整数)の和は，２＋19＋20＝41である。このように，３枚の紙の同じ部分に書かれた３つの整数の和はすべて41になる。これが全部で210組あるから，３枚の紙に書かれた整数の和は，41×210＝8610となり，１枚の紙に書かれた整数の和は，8610÷３＝2870とわかる。つまり，１×１＋２×２＋３×３＋…＋20×20＝41×210÷３＝2870と求めることができる。

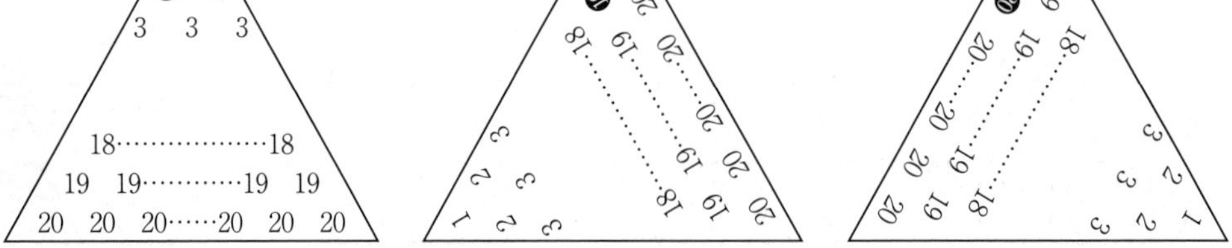

3　売買損益

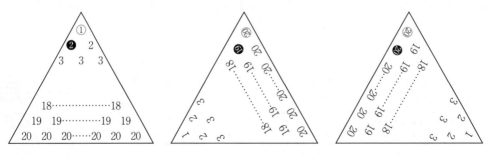

⑴　はじめに，個数が45個のときの売り値を求める。25個から45個までは，45－25＝20(個)増えているから，45個のときの売り値は25個のときよりも，５×20＝100(円)安くなり，200－100＝100(円)になる。その後は売り値が変わらないので，50個のときの売り値も100円であり，50個のときの代金は，100×50＝5000(円)と求められる。

⑵　下の表のように，代金は32個までは増えるが，その後は45個までは減る。ところが，45個以上になると，売り値は変わらずに個数が増えるので，代金も増える。よって，代金が一番安くなるのは45個のときである。

⑶　下の表から，代金が一番高くなるのは32個と33個のときとわかる。

個　数	25	26	27	28	29	30	31	32	33	34	…	45	46	…	50
売り値	200	195	190	185	180	175	170	165	160	155	…	100	100	…	100
代　金	5000	5070	5130	5180	5220	5250	5270	5280	5280	5270	…	4500	4600	…	5000

＋70円　＋60円　＋50円　＋40円　＋30円　＋20円　＋10円　＋０円　－10円　減少　増加

4　場合の数

⑴　１人の出し方は{グー，チョキ，パー}の３通りずつあるから，４人の出し方は，３×３×３×３＝81(通り)ある。

⑵　２人だけが勝つとき，勝つ２人の選び方は，$\frac{4\times3}{2\times1}$＝６(通り)ある。また，勝つ人が出す手が３通り考えられるので，全部で，６×３＝18(通り)となる。

⑶　グーを出した人が勝つ場合，４人の手はグーかチョキの２通りしかないので，４人の出し方は，２×２×２×２＝16(通り)となる。ただし，全員がグーまたはチョキの場合はあいこになるから，16－２＝14(通り)と求められる。

⑷　全員が同じ手を出さないであいこになるのは，２人だけが同じ手を出して，残りの２人がそれとは異なる手を出す場合なので，右の３つの場合がある。㋐の場合，グーを出す２人の選び方が６通りあり，チョキを出す人の選び方が残りの２通り，パーを出す人の選び方が残りの１通りあるから，６×２×１＝12(通り)となる。㋑，㋒の場合も同様なので，全部で，12×３＝36(通り)とわかる。

㋐ グーグーチーパ
㋑ チーチーグーパ
㋒ パーパーグーチ

5　平面図形―図形上の点の移動，長さ，面積

⑴　点ＰがＡに止まっていて，点Ｑが辺CD上をＣからＤまで動くとき，点Ｒは下の図①のように動く。ここで，小さな正三角形の１辺の長さは１cmだから，このとき点Ｒが動く線の長さは２cmである。

⑵　点ＱがＣに止まっていて，点Ｐが辺AB上をＡからＢまで動くとき，点Ｒは下の図②のように動く。よって，このとき点Ｒが動く線の長さは１cmである。

図①
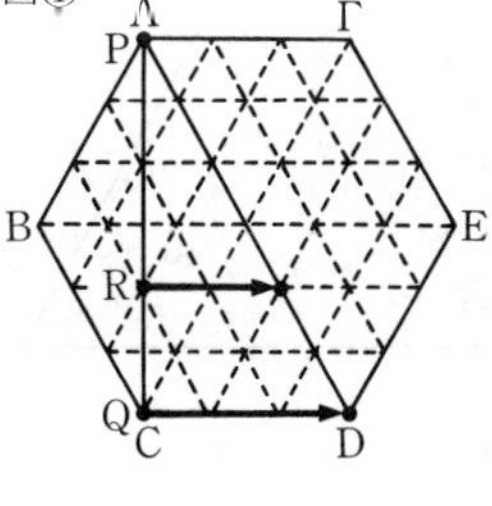

図②
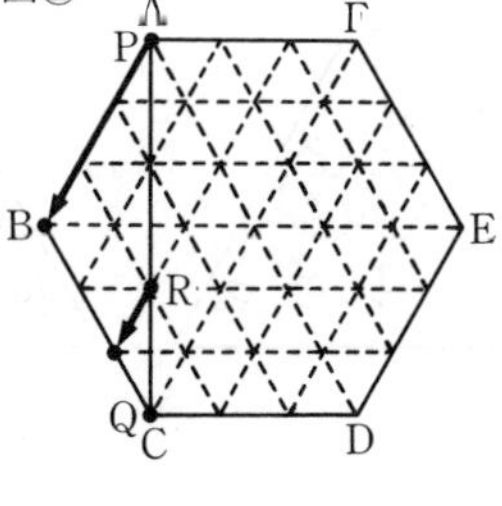

図③
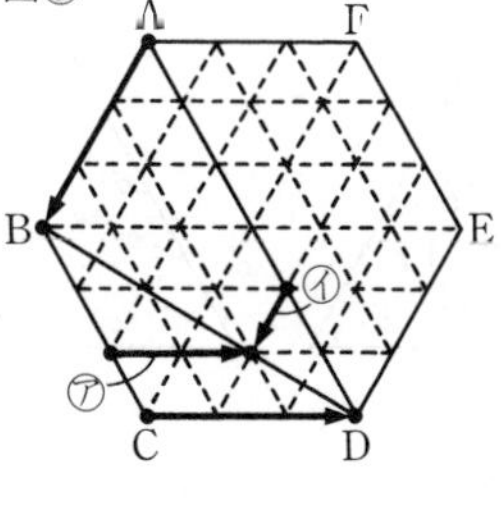

図④
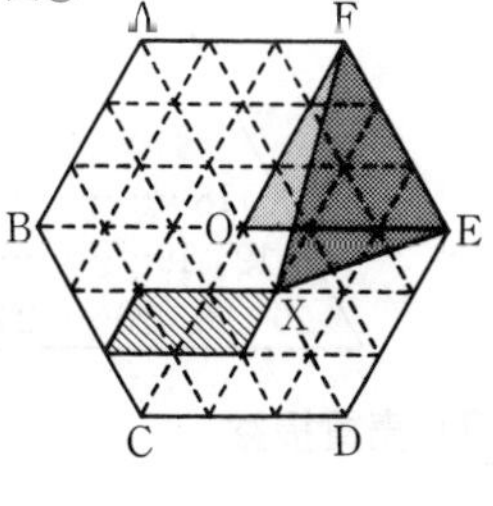

(3)　点ＰがＢに止まっていて，点Ｑが辺CD上をＣからＤまで動くとき，点Ｒは上の図③の㋐のように動く。また，点ＱがＤに止まっていて，点Ｐが辺AB上をＡからＢまで動くとき，点Ｒは図③の㋑のように動く。これらと図①，図②を合わせると，点Ｒの動くことができる範囲《はんい》は上の図④の斜線《しゃせん》部分になる。

(4)　小さな正三角形１個の面積を１とすると，図④の三角形OEFの面積は，１＋３＋５＝９になるので，正六角形ABCDEFの面積は，９×６＝54とわかる。また，図④の斜線部分の面積は４だから，斜線部分の面積は正六角形ABCDEFの面積の，$4 \div 54 = \frac{2}{27}$(倍)である。

(5)　三角形EFRの面積が最も小さくなるのは，EFを底辺と考えたときの高さが最も短くなるときなので，点Ｒが図④の点Ｘにいるときである。このとき，辺EFとXOは平行だから，三角形EFXの面積は三角形OEFの面積と等しくなる。よって，三角形EFXの面積は正六角形ABCDEFの面積の$\frac{1}{6}$倍である。

社　会　(40分)＜満点：80点＞

解　答

1　**問1**　ウ　**問2**　ウ　**問3**　イ，ウ　**問4**　ア　**問5**　エ　**問6**　ア　**問7**　ウ　**問8**　イ　**問9**　イ　**2**　**問1**　**あ**　加工　**い**　石油危機　**う**　空洞化　**問2**　ア　**問3**　イ　**問4**　ア　**問5**　エ　**問6**　ウ　**問7**　イ　**問8**　オ　**問9**　イ　**問10**　カ　**問11**　エ　**3**　**問1**　**あ**　内閣　**い**　立法　**問2**　ア　**問3**　エ　**問4**　イ　**問5**　エ　**問6**　ア　**問7**　イ　**問8**　イ　**問9**　**Xさん**…ア，イ　**Yさん**…ウ，エ　**4**　(例)　人口が増加し，特に沿岸部の平地に人口が集中したことが津波による被害を拡大させたので，今後は高台に住居や公共施設などを移すとともに，適切な避難場所を確保することが必要となる。

解　説

1　ウナギと日本の食文化を題材とした歴史の問題

問1　本文に，盆《ぼん》は「死者を供養《くよう》する仏教の慣わしと，祖先の霊《れい》をまつる在来の信仰が結びついた」ものだとあるので，ウがあてはまる。盆は正式には「盂蘭盆会《うらぼんえ》」といい，旧暦の７月15日前後，あるいは新暦の８月15日前後に行われる仏教行事である。盆踊《ぼんおど》りは念仏踊りが起源とされ，その後，民俗芸能として各地でさまざまな形態となって受け継《つ》がれていった。

問2　旧暦では，立春・立夏・立秋・立冬が四季の区切りとされ，現代の暦《こよみ》ではそれぞれ２月４日ごろ，５月５日ごろ，８月７日ごろ，11月６日ごろにあたる。また，「土用」とはそれぞれの直前18日間をいう。本文には「夏バテ対策で精のつくものを食べる習慣」とあるので，暑い時期，つまり立秋の直前18日間を指すのだとわかる。

問3　文字のない古代においては，支配者階級がその権力の大きさを後世に示す手段として，大きな墓をつくらせることがあった。日本でも，身分差が生じるようになった弥生時代から墳丘《ふんきゅう》を持つ大型の墓や，副葬品《ふくそうひん》として銅鏡や銅矛《どうほこ》などの青銅器や鉄器，勾玉《まがたま》などがそえられた墓が見られるようになった。よって，イとウがあてはまる。土器や道具の違いからは，人々の暮らし方の変化を

読み取ることはできるが，身分の違いを示す直接の根拠《こんきょ》とはならない。

問４　両替《りょうがえ》商が登場するのは，おもに関西で用いられた銀と，おもに関東で用いられた金を交換《こうかん》する必要性が高まった江戸時代のことなので，アが適切でない。

問５　［文２］に，「東国の支配は鎌倉府に任せた」「鎌倉府の組織は室町幕府とほぼ同じ」とあることから，将軍の補佐役として管領《かんれい》が置かれ，その下に「侍所《さむらいどころ》（軍事・警察など）」「政所《まんどころ》（一般政務・財政など）」「問注所（訴訟《そしょう》など）」があるのと同じように，将軍の直下にある鎌倉府の補佐役として関東管領が置かれ，下部組織として「侍所」「政所」「問注所」があるエがあてはまる。

問６　江戸時代には，多くの物資を安く運べる方法として海運業が発達した。河村瑞賢《ずいけん》が開いた西廻《まわ》り航路と東廻り航路のほか，江戸―大坂間には定期航路が開かれ，菱垣廻船《ひがきかいせん》や樽《たる》廻船が多くの物資を運んだ。よって，菱垣廻船を描いたアがあてはまる。なお，イは江戸時代に手紙や小荷物などを運んだ飛脚《ひきゃく》を描いたもの。ウは竜骨車《りゅうこつしゃ》とよばれる灌漑《かんがい》用の道具，エは運送業者の馬借《ばしゃく》で，ともに鎌倉～室町時代に見られるようになった。

問７　座は鎌倉・室町時代に発達した商工業者の同業組合なので，ウが適切でない。

問８　1940年代前半は第二次世界大戦（1939～1945年）中で産業活動は停滞《ていたい》しており，特に京浜地域は空襲《くうしゅう》で大きな被害を受けているので，イが適切でない。

問９　本文中では，「古代」が縄文・弥生時代，「中世」が鎌倉時代と室町時代，「近世」が江戸時代にあたる。このうち，「中世」にあたる室町時代にはウナギが鮨《すし》として食され，「室町幕府の役人や公家たちが参加する宴会《えんかい》などでも振《ふ》る舞《ま》われていた」とあることから，農村だけでなく都市でも食用とされていたことがわかる。よって，イが適切でない。

２　産業の分類を題材とした地理の問題

問１　**あ**　資源や原材料を輸入し，それらをもとに生産した工業製品を輸出する貿易の方法を加工貿易という。長い間，日本の貿易の特色となっていたが，近年は機械類など製品の輸入も増えてきており，その特色はうすれてきている。　**い**　1973年に第四次中東戦争が起こったさい，アラブの産油国が原油の生産量削減《さくげん》と価格の大幅な引き上げを行ったことから，世界の経済が大きく混乱した。これを第一次石油危機（オイル・ショック）という。また，1979年にはイラン革命の影響《えいきょう》で第二次石油危機が起こり，原油価格が再び大きく上昇した。これをきっかけに日本の工業は鉄鋼業のような「素材型産業」から，自動車などをつくる「加工組立型産業」に中心が移り，沿岸部だけでなく内陸部にも工業地域が広がっていった。　**う**　日本国内で工業製品を生産するよりも，土地代や人件費の安い海外で生産するほうが生産コストを低くおさえられるため，工場を国内から海外に移す企業が増えた。この結果，国内の製造業がおとろえていく現象を，産業の空洞《くうどう》化という。

問２　一般に，先進国のほうが，商業やサービス業，運輸・通信業などの第三次産業の割合が高くなる。また，アメリカでは機械化された大規模農業が普及《ふきゅう》した結果，第一次産業の割合が非常に小さくなった。よって，Ａにはアメリカ合衆国があてはまるとわかる。中国は，工業化と経済発展が著しい都市部では第二次・第三次産業の割合が高いものの，国家全体では農村部が多く，第一次産業の割合も高いので，Ｂにあてはまる。残るＣがマレーシアで，工業化を中心に経済発展が進み，第二次産業と第三次産業の割合が比較《ひかく》的高い。

問３　ア　近年，北海道の米の生産量は新潟県と全国第１位を争っているが，2017年の全国生産量に占《し》める割合は7.4％で，東北６県合計の生産量の27.0％に比べてかなり少ない。統計資料は『日本

国勢図会』2018／19年版による(以下同じ)。　イ　2016年における一人あたりの年間米消費量は約54kgで，第二次世界大戦後で最も多かった1962年の約118kgの半分以下になっている。　ウ　現在，ミニマムアクセス(最低輸入機会)ぶんの米の大部分は加工用にまわされており，それ以上の輸入ぶんについても高い関税が課せられていることから，主食用の米の自給率はほぼ100％で推移している。　エ　1960年代後半には，米の生産効率上昇や食生活の洋風化などにともない，米余りが起こるようになった。そのため政府は，稲の作付面積を減らす減反政策を進めてきたが，2018年度で廃止された。

問４　長野市は中央高地の気候に属し，１月の平均気温が０℃を下回ることや，年間を通して降水量が少ないこと，夏と冬の気温差が大きいことなどが特徴《とくちょう》となっている。よって，アがあてはまる。なお，１月の降水量が非常に多いウは日本海側の気候に属する新潟市，１月，８月とも平均気温が最も高く，平均降水量が少ないエは岡山市，残るイは仙台市。

問５　魚介《ぎょかい》類がほぼ０％のCは，内陸国であるスイスのグラフだとわかる。残る２つのうち，穀類と肉類の自給率が100％を超《こ》えているＢが，小麦や畜産物の輸出量が多いアメリカ合衆国となる。Aは農業がさかんなスペインで，トマトなどの野菜やオリーブ・柑橘《かんきつ》類の輸出量が多い。

問６　石灰石は鉄鋼の生産やセメントの原料などに利用される。国内各地に鉱山があるが，大分県や山口県などの生産量が特に多く，国内でほぼ自給できる数少ない鉱産資源である。

問７　日本の石油(原油)は中東(西アジア)諸国からの輸入に依存しており，近年は約８割で推移している。1980年代に７割程度まで下がったこともあるが，国内需要が高まった中国やインドネシアなどからの輸入が困難になったこともあり，中東諸国への依存度が再び高まった。よって，イが適切でない。

問８　化学工業製品が全国第１位となっているＡには，京葉工業地域が広がる千葉県があてはまる。京葉工業地域では，千葉市と君津市で鉄鋼業，市原市で化学工業が発達している。輸送用機械で愛知県，静岡県につぐ製造品出荷額をあげているＣには，横浜市や横須賀市に大規模な自動車工場がある神奈川県があてはまる。残ったＢは兵庫県で，神戸市や加古川市，姫路市に製鉄所があり，鉄鋼業が発達している。

問９　４都市のうち，卸売《おろしうり》業販売額が最も多いアは，伝統的に卸売業がさかんな大阪市，ついで卸売業販売額が多いウは，中京圏《けん》の物流の中心である名古屋市，小売業販売額が少ないエは，４都市のなかで最も人口が少ない札幌市と判断できる。残るイが横浜市である。横浜市の卸売業販売額がそれほど多くないのは，経済的に東京との結びつきが強く，東京都内の卸売業者と取引きする小売業者が多いためと考えられる。

問10　1980年代になってデータがとられるようになり，その後，急速に販売額をのばしているCは，３つのなかでは新しい業態で，24時間営業などによって飛躍《ひやく》的に店舗《てんぽ》数と販売額をのばしたコンビニエンスストア(コンビニ)があてはまる。一方，近年，郊外型の大型スーパーにおされるなどして販売額が落ちこみ，店舗の閉鎖があいついでいるデパートがAにあてはまる。残ったＢが大型スーパーで，都市の郊外には映画館などを備えた複合型の施設も多い。

問11　かつて日本では繊維産業が工業の中心で，生糸をつくるための桑畑が各地に見られた。しかし，繊維産業の衰退《すいたい》とともに桑畑も減少し，平成25年式の２万５千分の１の地形図から，桑畑(Y)の地図記号が使われなくなった。よって，エが選べる。なお，ア(☼)は灯台，イ(⊶☼⊷)は発電所・

変電所，ウ(亾)は竹林の地図記号。

[3] 政治のしくみと憲法に関する問題

問1　**あ**　内閣総理大臣が議長となり，国の政治方針を決めるために国務大臣全員が出席して開かれる会議を閣議といい，その意思決定は出席者全員の賛成を原則としている。　**い**　行政とは，法律にもとづいて実際に政治を行うことである。法律は立法権を持つ国会が制定するのだから，行政機関は立法権の決定に従って職務を行うことになる。

問2　国会が制定した法律は，天皇によって公布される。法律の公布は，日本国憲法第7条で定められた天皇の国事行為の1つである。よって，アが適切でない。なお，イについて，法律によっては，制定時に積み残した課題や将来の変化への対応を考えるため，数年後に見直すことを定める場合がある。ウについて，行政は法律にもとづいて行われ，行政機関などが行った行為が法律に適合するかどうかが問われた場合には，裁判所がこれを判断することになるが，法律がすべての問題に対応しているわけではない。そのため，厚生労働大臣が定める生活保護の基準や，文部科学大臣が行う教科書検定などのように，法律の解釈《かいしゃく》が現場の担当者の裁量や判断に委ねられる場合もある(行政裁量)。エについて，すべての裁判所は，法律の内容が憲法に違反していないかどうかを具体的な裁判を通して判断する違憲立法審査権を持っている。

問3　ア　予算については衆議院に先議権があるが，法律案は衆参どちらの院で先に審議してもよい。　イ　条約の承認について両院の決議が異なった場合，両院協議会が開かれて両院の代表者が話し合い，それでも意見が一致しなければ，衆議院の議決が国会の議決とされる。　ウ　委員会での審議のさい，予算や歳入にかかわる重要法案については，専門家や利害関係者の意見を聞く公聴会の開催が義務づけられている。しかし，一般の法律案の審議では，公聴会の開催は任意とされている。　エ　国会が持つ国政調査権について述べた文として正しい。

問4　ベンサムは，社会が「個々の人々から形成される」といっているのだから，1人1票という選挙制度は，これに従っているといえる。また，社会の利益が「社会を構成している個々の人々の利益の総計」ともいっているので，「社会全体の利益に配慮」しながら，全体の「総計」をはかる手段として多数決を用いた選挙制度も，ベンサムの考え方に沿っているといえる。イで述べられている1票の格差は，個々人の平等に関する問題であり，ここで述べられているベンサムの考えとは直接結びつくものではないと考えられる。

問5　衆議院議員選挙で，候補者が小選挙区選挙と比例代表選挙に重複立候補するかどうかは，候補者の所属する政党が決めることである。つまり，C候補とE候補はいずれかの政党に所属している可能性もあるので，[表5]からエの内容を指摘することはできない。

問6　ア　文部科学省の外局として設置されたスポーツ庁の説明として正しい。　イ　特許庁は経済産業省に所属している。　ウ，エ　警察庁は内閣府に属する特別な機関で，国家公安委員会の管理のもとに置かれている。また，消防庁は総務省の外局，海上保安庁と気象庁はともに国土交通省の外局である。

問7　ア　市町村長に対して，有権者の3分の1以上(有権者数40万人以下の場合)の署名によって解職請求が行われた場合，住民投票で過半数の賛成があれば解職が成立する。　イ　地方議会の議決に対して，首長はこれを拒否《きょひ》し，議会に差し戻す権限を持っている。ただし，議会が出席議員の3分の2以上の賛成で再可決した場合，首長はこれを拒否できない。　ウ　オンブズマンは，

行政に対する住民の苦情を処理したり，不正の監視《かんし》や告発を行ったりする人のことで，行政監視官ともよばれる。スウェーデンで生まれた制度で，日本でも一部の地方自治体で取り入れられているが，「地方行政が健全かつ民主主義的に行われているかどうかを確かめる」役割は，むしろ地方自治体の監査委員にあたえられたものである。　エ　水道の整備は国の仕事ではなく，もともと地方公共団体が行っている。

問８　イで説明されているのは，紙幣を発行する「発券銀行」としての働きを持つ日本銀行である。日本銀行は日本の中央銀行で，金融の中心的組織だが，政府からは独立した立場にある。なお，アは消費者庁，ウは金融庁の業務で，いずれも内閣府に属する。エにあてはまるのは中央労働委員会で，国家公安委員会や公正取引委員会などとともに，行政委員会とよばれる行政機関の１つ。

問９　Xさんの考え方によれば，「各個人や各団体が同じ場面で等しい額を支払う」ことが公平なのだから，誰が買っても税率が一定である消費税や関税を増税すべきということになる。これに対し，Yさんの考え方に従えば，「たくさんお金を得た個人や団体が多く支払う」ことが公平なのだから，累進《るいしん》課税制度をとる所得税や，企業の利益に対して課税される法人税を増税すべきということになる。

4　地震や津波における被害と防災対策についての問題

［図５］から，21世紀初めの宮城県の人口は，明治時代初期に比べて約３倍に増えていることがわかる。また，［図６］と［図７］から，かつて田や桑畑が広がっていた石巻市の沿岸部や河口付近に，その後多くの建物が建てられ，この地域の津波被害が大きかったことが読み取れる。こうしたことから，東日本大震災の津波による死者が多くなったのは，人口が増えたうえ，その人口が津波の被害を受けやすい沿岸部の平地に集中していったためだと考えられる。したがって，今後のまちづくりには，海岸から離れた地域や高台に住居や公共施設を移すことや，住民が速やかに避難《ひなん》できる場所を確保することが必要となってくる。

理　科　(40分)　＜満点：80点＞

解　答

1　(1)　エ　(2)　**A**　コ　**B**　ア　**C**　エ　**D**　ク　**E**　ウ　**F**　シ　(3)　ア
(4)　つぎ木　(5)　ウ，オ　(6)　イ　(7)　胚乳　(8)　イ　2　(1)　オ　(2)　キ
(3)　ア，オ　(4)　ア，エ　(5)　イ，オ　(6)　3：8　(7)　4.8ｇ　(8)　4.6Ｌ　(9)
2.8ｇ　(10)　120mL　3　(1)　イ　(2)　エ　(3)　リュウグウ　(4)　エ　(5)　ア
(6)　ウ　(7)　35度　(8)　イ　(9)　ウ　(10)　５倍　4　(1)　140cm/秒　(2)　2.4cm
(3)　25cm　(4)　①　ウ　②　ア　(5)　280cm/秒　(6)　40cm

解　説

1　なかまのふやし方と遺伝についての問題

(1)　メスのメダカは，せびれに切れこみがなく，しりびれが三角形に近い形をしている。一方，オスのメダカは，せびれに切れこみがあり，しりびれが平行四辺形に近い形をしている。

(2)　**A**　イチョウやソテツは，胚珠《はいしゅ》が子房《しぼう》に包まれてなく，むき出しになっている裸子《らし》植物である。

B　雄《お》しべの先端《せんたん》には，やくと呼ばれる袋《ふくろ》状のつくりがあって，その中で花粉がつくられる。

C　雌《め》しべの先端は柱頭と呼ばれ，ふつう花粉がつきやすいようにねばりけをもっている。　D～F　花粉が雌しべの柱頭につくと，花粉から花粉管と呼ばれる管が雌しべの中へ伸《の》びていく。花粉管が子房の中にある胚珠に達すると，花粉管の中を移動してきた精細胞《せいさいぼう》(精子と同じようなはたらきをする細胞)が胚珠の中にある卵細胞と受精する。受精が行われると，子房全体は果実に，胚珠は種子にそれぞれ成長する。

(3)　モモの食用部分は子房が成長してできた果実の部分なので，白桃《はくとう》の花に黄桃の花粉をつけ受粉させてできた食用部分は白桃の体をつくる細胞からできている。したがって，外見や果肉の性質は白桃となっている。

(4)　白桃の雌しべに黄桃の花粉をつけてできた種子は，白桃と黄桃からそれぞれの性質の一部を受けついでいるので，その種子から育つ樹木にできる果実は白桃とは限らない。そこで，白桃だけを果実としてつける木を，他の樹木の切り株に差しこんで育てる方法が行われることがある。このような方法をつぎ木という。

(5)　イネの花には花弁(花びら)がなく，がくもない。雄しべ，雌しべ，花弁，がくがそろっている花を完全花というのに対し，イネのような花を不完全花という。イネの花では，花の内部を守るえいというつくりがある。

(6)，(7)　イネは有胚乳種子で，発芽のための栄養分を胚乳にたくわえている。白米として食用にしているのは胚乳の部分である。カキの種子ではイが胚乳にあたる。

(8)　他の種類の花粉がつくと，種子の性質が変化するため，種子を食用としているトウモロコシが選べる。なお，リンゴの食用部分はおもに花しょう(花をつけている台にあたる部分)が成長した部分，スイカは子房が成長して果実となった部分，ジャガイモの食用部分は地下の茎《くき》に栄養分がたくわえられてできたものである。

2　金属のいろいろな反応についての問題

(1)　たたら製鉄では，おもに鉄に酸素が結びついた酸化鉄でできている砂鉄に木炭を混ぜて加熱し，木炭のおもな成分である炭素と酸素を結びつかせて砂鉄から酸素をうばい，金属の鉄を取り出す。

(2)　B　鉄を空気中で強く加熱すると，黒っぽい色をした酸化鉄，いわゆる黒さびができる。

C　湿《しめ》った空気中では，鉄は徐々《じょじょ》に酸素と結びついて赤っぽい色をした酸化鉄，いわゆる赤さびをつくる。　D　鉄の黒さびはキメが細かく，膜《まく》のように鉄の表面を覆《おお》うことができるので，内部を保護することができる。調理器具や工具などの鉄製品では，人工的に表面に黒さびをつくる処理をしていることがある。　E　光や熱を発しながら激しく酸素と結びつく反応を燃焼という。マグネシウムが燃焼すると，白色の酸化マグネシウムになる。　F　銅を空気中で強く加熱すると，黒色の酸化銅になる。

(3)　鉄は塩酸に溶《し》けて水素を発生するが，砂鉄は塩酸に少し溶けても，気体が発生しない。また，使い捨てカイロには鉄粉が入っていて，鉄粉と酸素が結びつくときに発生する熱を利用している。なお，鉄は水酸化ナトリウム水溶液《すいようえき》とは反応せず，金属なので電気をよく通す。鉄も砂鉄も磁石に引きよせられる。

(4)　マグネシウムはうすい硫酸《りゅうさん》に溶けて水素を発生するが，銅はうすい硫酸には溶けない。また，マグネシウムは銀色っぽい色をしているが，銅は赤っぽい光沢をもった色をしている。なお，マグ

ネシウムも銅も石灰水には溶けず，気体も発生しない。また，どちらも金属なので電気をよく通す。銅は熱を伝えやすく，鍋《なべ》やヤカンなどに利用されている。

(5)　マグネシウムが塩酸に溶けて発生する気体は水素である。水素は空気の約0.07倍の重さで空気より軽いが，酸素は空気の約1.1倍の重さで空気よりやや重い。燃料電池は，燃料となる水素と空気中の酸素が結びつくときに発生するエネルギーを電気に変えている。なお，水素と酸素はどちらも水に溶けにくく，無色・無臭《むしゅう》の気体である。

(6)　図1より，6gのマグネシウムに酸素が結びつくと10gの酸化マグネシウムができている。このとき，マグネシウムと結びついた酸素の重さは，10－6＝4(g)なので，結びつくマグネシウムと酸素の重さの比は，6：4＝3：2である。また，8gの銅が酸素と結びつくと10gの酸化銅ができているので，銅と酸素が結びつくときの重さの比は，8：(10－8)＝8：2＝4：1となっている。酸素の重さ2に結びつくマグネシウムと銅の重さの比を比べると，同じ重さの酸素と結びつくマグネシウムと銅の重さの比は，3：8となることがわかる。

(7)　銅に結びついた酸素の重さは，6.8－6.4＝0.4(g)である。銅と酸素が結びつくときの重さの比は4：1なので，0.4gの酸素と結びついた銅の重さは，0.4×4＝1.6(g)と求められる。したがって，酸素と結びつかずに残っている銅は，6.4－1.6＝4.8(g)であり，これが塩酸に溶けずに残る。

(8)　マグネシウムと結びついた酸素の重さは，7.6－6.4＝1.2(g)である。マグネシウムと酸素が結びつくときの重さの比は3：2だから，1.2gの酸素と結びついたマグネシウムの重さは，1.2×3÷2＝1.8(g)となる。したがって，酸素と結びつかずに残っているマグネシウムは，6.4－1.8＝4.6(g)である。表1でマグネシウム1.0gに十分な量の塩酸を加えると1.0Lの水素が発生しているので，4.6gのマグネシウムに十分な量の塩酸を加えると4.6Lの水素が発生する。

(9)　混合粉末の7.0gがすべてマグネシウムであるとすると，十分に加熱してすべて酸化マグネシウムに変わったときの重さは，$7.0\times\frac{3+2}{3}=11\frac{2}{3}$(g)となり，10.5gよりも，$11\frac{2}{3}-10.5=1\frac{1}{6}$(g)だけ重い。1.0gのマグネシウムと銅にそれぞれ酸素が十分に結びついたとき，酸化マグネシウムは，$\frac{3+2}{3}=1\frac{2}{3}$(g)，酸化銅は，$\frac{4+1}{4}=1\frac{1}{4}$(g)できる。したがって，7.0gのマグネシウムのうち1.0gを銅に変えると，加熱後に残る固体の重さは，$1\frac{2}{3}-1\frac{1}{4}=\frac{5}{12}$(g)だけ小さくなるので，混合粉末中の銅の重さは，$1\frac{1}{6}\div\frac{5}{12}=2.8$(g)と求められる。

(10)　表1より，塩酸100mLにちょうど溶けるマグネシウムの重さは，$1.0\times\frac{3.5}{1.0}=3.5$(g)である。(9)の混合粉末中に含《ふく》まれるマグネシウムの重さは，7.0－2.8＝4.2(g)なので，これをすべて溶かすには塩酸が，$100\times\frac{4.2}{3.5}=120$(mL)必要となる。

3　天体の観測と望遠鏡のつくりについての問題

(1)　地球が誕生したのは約46億年前，地球に生物が誕生したのは35億～40億年前といわれている。

(2)　火星は，表面に水が流れてできたようなあとが発見されていることなどから，液体の水が存在した，または存在していると考えられている。

(3)　「はやぶさ2」が2018年6月27日に到着《とうちゃく》した小惑星は「リュウグウ」である。

(4)　図2のようなレンズ式の望遠鏡では，対物レンズで実像をつくり，その実像を接眼レンズで拡大して見るしくみになっている。対物レンズでできた実像は，肉眼で見る実物とは上下左右が逆転する。これを接眼レンズで拡大してみるときには，虫めがねでものを拡大して見るときと同じよう

に虚像《きょぞう》を見ているので，観察している像は上下左右が逆転したものである。

⑸　右の図①のように，焦点距離《しょうてんきょり》が大きいレンズの場合（焦点がＦ３の場合）には，焦点距離が小さいレンズの場合（焦点がＦ４の場合）よりもスクリーンに映る像は大きさが大きくなるが，レンズから遠い位置にできる。このことから，焦点距離が大きい対物レンズをもつ望遠鏡にすると，実像の大きさは大きくなり，望遠鏡のつつの長さは長くなる。

図①

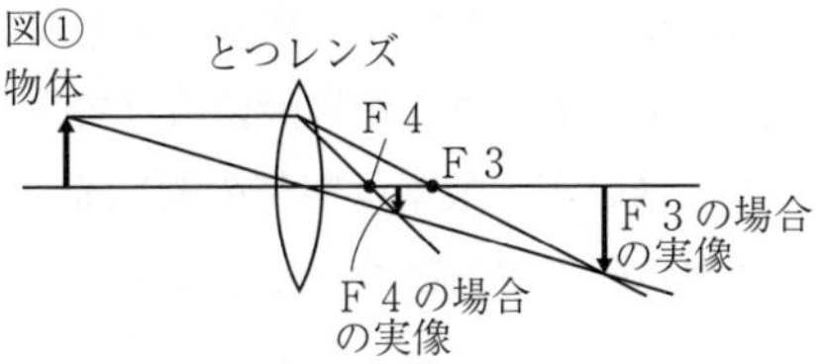

⑹　右の図②のように，レンズで虚像を見る場合，焦点距離が小さいレンズ（焦点がＦ５の場合）の方が焦点距離が大きいレンズ（焦点がＦ６の場合）よりも大きな像を見ることができる。⑸で述べたことと合わせると，実像をつくる対物レンズの焦点距離が大きく，虚像をつくる接眼レンズの焦点距離が小さい方が，倍率は大きくなる。

図②

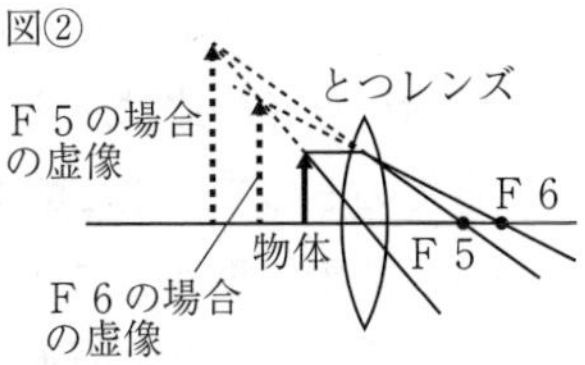

⑺　北半球では，ある地点における北極星の高さ（高度）とその地点の緯度（北緯）はおよそ等しい。よって，北緯35度の横浜市では，極軸《きょくじく》と地表のなす角を35度にすればよい。

⑻　おうし座には，プレアデス星団と呼ばれる星の集まりが見られる。「すばる」は，この星の集まりの日本の呼び名である。

⑼　１年間で太陽の周りを公転する角度は，地球が360度，火星が約，$360 \div 1.88 = \frac{360}{1.88}$（度）なので，再び太陽—地球—火星がこの順に一直線に並ぶには，$360 \div \left(360 - \frac{360}{1.88}\right) = 360 \div \frac{360 \times (1.88-1)}{1 \times 1.88}$ $= \frac{1.88}{0.88} = 2.13\cdots$より，約2.1年かかる。したがって，2018年７月31日の約2.1年後なので，ウが選べる。

⑽　⑼で火星が地球からもっとも離《はな》れるのは，太陽をはさんで地球—太陽—火星がこの順に一直線に並ぶときである。このとき，太陽と地球の距離を２とすると，太陽と火星の距離は，２×1.5＝３，図４のときの火星と地球の距離は，３－２＝１なので，火星がもっとも離れたときの地球からの距離は，２＋３＝５となり，もっとも接近したときの，５÷１＝５（倍）になる。

4　斜面《しゃめん》を転がる物体の運動についての問題

⑴　表２で，はなす高さが10cmのとき，球の重さを40ｇ，80ｇ，120ｇと変えても，水平な面での速さはいずれも140cm/秒で等しくなっている。よって，球の重さを200ｇにしても，水平な面での速さは140cm/秒である。表２より，球の重さに関係なく，同じ高さから転がした球の水平な面での速さは等しいことがわかる。

⑵　表２で，球の重さが一定のとき，はなす高さと釘《くぎ》がささった長さは比例している。また，はなす高さが一定のとき，球の重さと釘がささった長さは比例しているとわかる。よって，重さが160ｇではなす高さが15cmのときに釘がささる長さは，球の重さが40ｇ，はなす高さが10cmのときをもとにすると，$0.4 \times \frac{160}{40} \times \frac{15}{10} = 2.4$（cm）と求められる。

⑶　球の重さが100ｇではなす高さを10cmとすると，釘がささる長さは，$0.4 \times \frac{100}{40} = 1$（cm）となる。したがって，球の重さが100ｇで釘がささった長さが2.5cmになるとき，球をはなした高さは，$10 \times \frac{2.5}{1} = 25$（cm）である。

⑷　①　表２で，球の重さが80ｇのとき，はなす高さを10cm，20cm，30cmにすると，ばねが縮んだ長さがそれぞれ，5.7cm，８cm，9.8cmとなっている。はなす高さが一定に増えているのに対

し，ばねの縮んだ長さの差は，8－5.7＝2.3(cm)，9.8－8＝1.8(cm)としだいに小さくなっている。これをグラフに表すと，ウのようになる。　②　球の重さが40gのとき，水平な面での速さは，140cm/秒から198cm/秒へ，198÷140＝1.4…(倍)，140cm/秒から242.5cm/秒へ，242.5÷140＝1.7…(倍)となると，ばねが縮んだ長さが，4cmから5.7cmへ，5.7÷4＝1.4…(倍)，4cmから6.9cmへ，6.9÷4＝1.7…(倍)となっていて，水平な面での速さとばねが縮んだ長さはおよそ比例しているといえる。よって，グラフは原点を通る右上がりの直線のアが適する。

⑸　表2より，球の重さが40gで水平な面での速さが140cm/秒のとき，ばねが縮んだ長さは4cmである。⑷の②より，球の重さが一定のとき，水平面での速さとばねが縮んだ長さは比例の関係にあるので，ばねの縮んだ長さが4cmの2倍の8cmのときの水平面での速さは，140cm/秒の2倍の280cm/秒になる。

⑹　図6で，水平な面での速さが280cm/秒となるときのはなす高さを読み取ると，球をはなす高さは40cmとわかる。

国　語　(50分)　＜満点：120点＞

解　答

一　①～⑧　下記を参照のこと。　⑨　はいはん　⑩　かえり(みる)　二　**問1**　他人　**問2**　ウ　**問3**　エ→ア→ウ→イ　**問4**　イ，エ　**問5**　ウ　**問6**　ア　**問7**　(例)　生徒達みんなが議論に参加して，自主的に決めること。　**問8**　(例)　新しい環境に何となく期待していた転校初日の段階から，周りに馴染んだという変化。　三　**問1**　**A**　イ　**B**　ア　**C**　エ　**問2**　①　エ　②　イ　**問3**　ウ　**問4**　イ　**問5**　(例)　一つの個人的なテーマを別の文脈で書き続けるところに，真理が潜むと信じているから。　**問6**　Ⅰ　(例)　効率的に要点だけ見る　Ⅱ　(例)　理解するには時間や手間をかける　**問7**　ア　**問8**　エ　**問9**　ウ

●漢字の書き取り

一　①　届(く)　②　若干　③　専門　④　風情　⑤　祝辞　⑥　合点　⑦　過誤　⑧　深長

解　説

一　漢字の書き取りと読み

①　送ったものが，相手のところにつくこと。　②　少ないようす。　③　ある一つのことだけを研究したり，受け持ったりすること。　④　しみじみした味わい。上品なおもむき。　⑤　祝いの言葉。　⑥　「合点がいく」は“理解できる”“納得《なっとく》する”という意味。　⑦　過《あやま》ちや誤り。　⑧　「意味深長」は，言動のうらに深い意味がかくれているようす。　⑨　取り決めや命令に背《そむ》くこと。　⑩　音読みは「セイ」「ショウ」で，「反省」「省略」などの熟語がある。訓読みにはほかに「はぶ(く)」がある。

二　**出典は高橋弘希《たかはしひろき》の『送り火』による。**父親の転勤で青森県の山間部に引越《ひっこ》した「歩《あゆむ》」が，転校先の級友達と馴染《なじ》んでいくようすなどを描《えが》いている。

問1　青森への転勤の内示を受けた父親とともに，一家が親戚《しんせき》の所有する空き家に引越したことをおさえる。続く部分で，「歩」は「数週が過ぎれば，家具は部屋に馴染み，そしてここは自分の部屋になるだろうと思った」こと，最後から二つ目の段落で，ここでの生活に慣れてきたころ，「他人の部屋は，歩の部屋になっていた」とあることから，「他人」があてはまる。

問2　「歩」が「お父さんはもう，職場に新しい友達はできた？」と聞いたのに対し，父は「大人になるとね，友達になるとか，ならないとか，そういう関係じゃなくなってくるんだよ」と答えていることに注意する。新しい環境《かんきょう》で暮らすようになったことで，父も自分と同様「友達」づくりを大きな関心事としているのだろうと考えて質問してきた「歩」に対し，父は少年らしい初々《ういうい》しさを感じて「くすくすと笑」ったのだから，ウが選べる。

問3　「歩」は朝早くに「目を覚まし」，家の外に出ていることが前後からわかるので，まずは「外《がい》套《とう》を羽織り，庭先を散歩」したとするのが自然である。また，本文の最初のほうで，「歩」には「二階の自分の部屋と，芝生《しばふ》の庭に憧《あこが》れがあった」と書かれているので，引越した後，「二階の自室」は持てたが「芝生の庭はなかった」という説明が続くものと考えられる。そして，そこには芝生の「代わりに～畑の跡地《あとち》が広が」っており，「もう何年も耕されていないのか，畝《うね》も畑道も」なかったというのだから，エ→ア→ウ→イの順につなげると文意が通る。

問4　「歩」はこの後，自分達「六人で何かをするとき」，「率先《そっせん》して物事を決め，行動に移す」ことのできる晃《あきら》こそ「委員長をやるべきだ」と言っているので，エが選べる。また，転校が多く，「学級の力関係を把握《はあく》することに長《た》けていた」「歩」は，晃が学級の中心人物であることを始業式の日にとらえていたのだから，イもふさわしい。なお，晃が「すでに一度学級委員を務め」ていたことを，「歩」が知っていたかどうかはわからないので，アは合わない。また，ウやオのように，「歩」が晃に取り入ろうとするようす，晃が女子達から信頼《しんらい》されているようすは描かれていないため，正しくない。

問5　(中略)の直後にあるように，「歩はこれまで通り，図書委員か美化委員をするつもりだった」が，晃から副委員長に推薦《すいせん》され，級友達からも「盛大な拍手《はくしゅ》」で承認《しょうにん》されたことで引き受けざるを得なくなり，「目論見《もくろみ》」が外れたのだから，ウが合う。

問6　前後から両親の反応の推移を整理する。「歩」が副委員長になったことは，両親にとって「目を丸く」するほど意外なできごとだったうえに，「友達に推薦《すいせん》された」と聞いて「余計に驚《おどろ》」き，父は「赤飯を炊《た》かないと」と言って喜びを表したのだから，アがよい。

問7　少し前に，学級会での「議題」は，「多数決ではなく，話し合いで決める」のが「教師の方針で，唯一《ゆいいつ》の指示」だったとある。つまり，室谷《むろや》先生が考える「学級会のあるべき姿」とは，生徒達が多数決によらず話し合って決めることだといえる。

問8　それぞれの二重ぼう線部の最後と，澄《す》んだ大気の下で健康に育つものに「自分達」がふくまれているかどうかに注目する。二重ぼう線部㋐の「かもしれない」は不確実な可能性を表す言い回しであり，「育つ」なかに「歩」は描かれていない。一方，二重ぼう線部㋑の「だろう」は何らかの根拠《こんきょ》をもとに推定する言い回しで，「育つ」なかに「自分達」もふくんでいる。二重ぼう線部㋐が「歩」の登校初日を，二重ぼう線部㋑が新しい環境や級友に馴染みつつある時期の心情と対応していることをふまえ，「新しい生活に何となく期待していた段階から，環境やクラスに馴染んできたという変化」のような趣旨《しゅし》でまとめる。

三 **出典は村上春樹《むらかみはるき》の『職業としての小説家』による。**小説を書き続けるとはどういうことなのか，それができる人の資質とはどういうものなのかを，対照的な資質の人と比べつつ説明している。

問1　A　小説家より頭の回転が速い文芸評論家は，「物語」のペースに身体性をうまく合わせられないため，「物語」を「自分」のペースで翻訳《ほんやく》するというつながりなので，前のことがらを理由・原因として，後にその結果をつなげるときに用いる「だから」が合う。　B　個人的なテーマを繰《く》り返し別の文脈で語る小説家の作業を「不必要」とする意見があるが，小説家からすれば「不必要なところ」にこそ「真実・真理」が潜《ひそ》んでいるというのだから，前のことがらを受けて，それに反する内容を述べるときに用いる「しかし」が入る。　C　小説家は，「異業種の才人」の小説が注目を浴びたとしても，驚《おどろ》いたりおびえたりはしないし，腹など立てることはないと言っている。よって，“なおさら”という意味を強めた「ましてや」があてはまる。

問2　①「強弁する」と似た意味の言葉には，「こじつける」などがある。　②「辛気《しんき》くさい」と似た意味の言葉には「陰気《いんき》な」などがある。

問3　「知性や教養や知識」を備えた「頭の切れる人」は，「メッセージや概念《がいねん》」を「ストレートに言語化」できると四つ目の段落で述べられているので，ウがふさわしい。

問4　続く部分に注目する。「ひとつの個人的なテーマ」を繰り返し「別の文脈に置き換《か》え」る小説家の非効率的な作業に，「メッセージや概念」を「ストレートに言語化」できる「頭の回転の速い人々」は「メリットを発見できな」いというのだから，イが正しい。

問5　ぼう線部③をふくむ段落と次の段落で説明されている。小説家は，「不必要なところ，回りくどいところにこそ真実・真理がしっかり潜んでいる」と信じているので，「ひとつの個人的なテーマ」を繰り返し別の文脈に置き換えて語るのである。これを整理して，「あるテーマを繰り返し別の文脈に置き換えて書くところに真実が潜むと信じているから」のようにまとめる。

問6　続く部分から読み取る。　Ⅰ「頭の良い方の男」は「富士山を麓《ふもと》のいくつかの角度から見た」だけで納得《なっとく》するとある。このことを，筆者は「効率がいい。話が早い」と評しているので，「素早《すばや》く要点だけ見る」人物として描かれているものとわかる。　Ⅱ「あまり頭の良くない方の男」は，富士山を理解しようと，「時間」や「手間」をかけて「実際に～頂上まで登って」みるのだから，物事を「自分自身で実際に体験してみる」ことを大切にする人物として描かれているものと考えられる。

問7　「これ」は，富士山に「何度登ってみてもまだよくわからない」，登れば登るほど「ますますわからなくなっていく」とたとえられた小説家の性質を指す。問6でみたように，「頭の良い方の男」は，効率的に要点をつかんで納得するが，小説家という「あまり頭の良くない方の男」は，効率以前に，要点をつかむことが「理解」だとは考えていないのだから，アが正しい。

問8　「頭の切れ」で小説を書く人が「読者に飽《あ》きられることを恐《おそ》れ」るとは本文には書かれていないので，エが合わない。

問9　小説家の「リング」では，「異業種の才人がある日ふらりとやってきて」小説を書いても驚かれないので，職業としての許容度が高い。ただし，小説を「書かずにはいられない内的なドライブ」や「孤独《こどく》な作業を支える強靭《きょうじん》な忍耐《にんたい》力」という，小説家としての資質の有無は，「実際」に書き続けてみないとわからないと筆者は述べている。その「リング」へ「ようこそ」と「歓迎《かんげい》」しているのだから，ウがふさわしい。なお，小説家は，「ライバル」との勝ち負けを競《きそ》う仕事ではない

ため，アは誤り。また，小説の執筆《しっぴつ》は一人きりの作業で「誰《だれ》が拍手《はくしゅ》をしてくれるわけでも」ないので，イやエの「温かみ」「支え合い」も合わない。

Memo

Memo

2018年度　浅　野　中　学　校

〔電　話〕 (045) 421－3 2 8 1
〔所在地〕 〒221-0012　神奈川県横浜市神奈川区子安台１－３－１
〔交　通〕 JR京浜東北線「新子安駅」・京浜急行線「京急新子安駅」より徒歩８分

【算　数】 (50分) 〈満点：120点〉

【注意】 定規・コンパス・分度器は机の上に出したり，使用したりしてはいけません。

1　**次の ア ～ ケ にあてはまる数をそれぞれ求めなさい。**

(1)　$\frac{1}{9}\times\left\{\left(\frac{1}{5}+\frac{3}{7}\right)\times\boxed{\text{ア}}-\left(\frac{3}{4}+0.24\right)\div 9\right\}=\frac{3}{700}$

(2)　半径４cmの11個の円が［図１］のように接しています。［図１］のように円の中心を結んでできる11角形の内角の和は イ 度になります。

また，［図１］の色のついたおうぎ形の面積の和は ウ cm^2 になります。ただし，円周率は3.14とします。

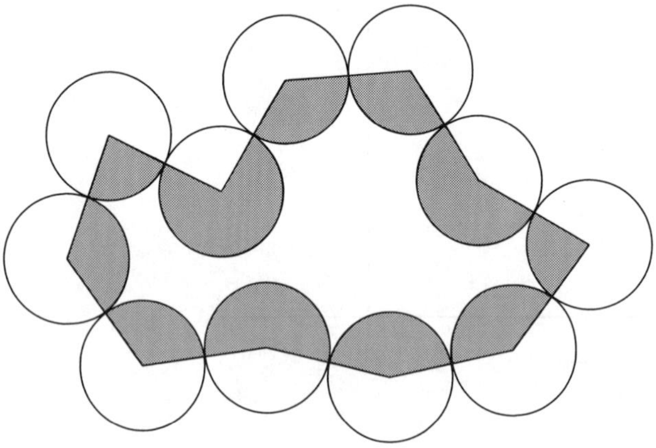

［図１］

(3)　列車Ａは速さが毎秒17m，長さが55m，列車Ｂは速さが毎秒 エ m，長さは オ mです。列車Ｂは長さ388mのトンネルを抜《ぬ》けるのに21秒かかります。また，列車Ｂが列車Ａに追いついてから追い抜くまでに25秒かかります。

(4)　３時から４時の間で，長針と短針のつくる角が180度になるのは３時 カ 分です。

また，３時から４時の間で，［図２］のような時計の文《も》字《じ》盤《ばん》の１と７を結ぶ直線に関して長針と短針が対称《たいしょう》な位置になるのは３時 キ 分です。

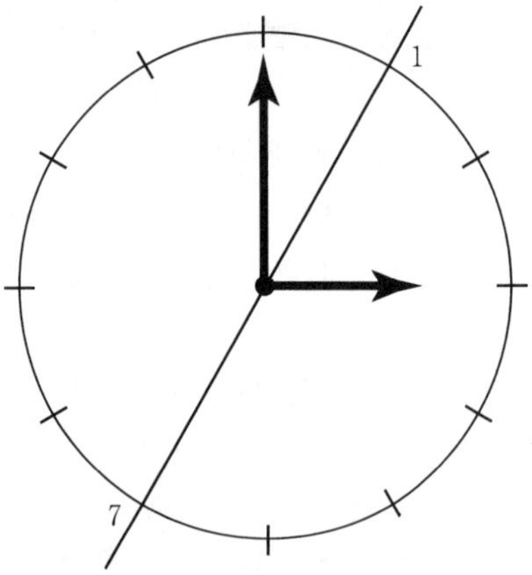

［図２］

(5)　９個の同じあめ玉を３組に分ける分け方は ク 通りあります。ただし，どの組にも１個以上あめ玉があるものとします。

また，９個の同じあめ玉を３人に分ける分け方は ケ 通りあります。ただし，どの人もあめ玉を１個以上もらうものとします。

2 ［**図3**］のような直方体の形をしたガラスの水そうが，高さ15cmの長方形の板Aと高さ25cmの長方形の板Bによって垂直に仕切られています。Xの部分の真上の蛇口《じゃぐち》から一定の割合で水を注いだ時間と，Xの部分の水面の高さの関係を表したグラフが［**図4**］です。ただし，水そうのガラスの厚さと板の厚さは考えないものとします。このとき，次の問いに答えなさい。

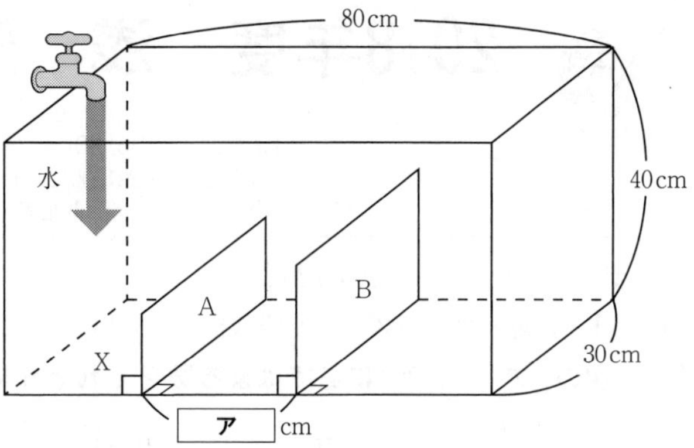

［**図3**］

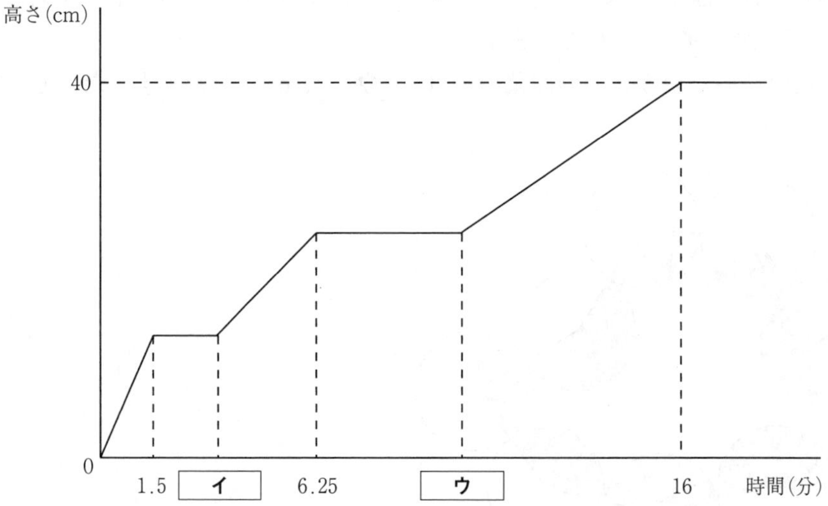

［**図4**］

(1) 水そうに毎分何Lの水を注いでいますか。

(2) ［**図3**］の［ア］，［**図4**］の［イ］，［ウ］にあてはまる数をそれぞれ求めなさい。

3 1以上の整数を入力すると，ある操作をして，1つの整数を出力する4つの装置A，B，C，Dがあります。

装置Aに整数○を入力すると，整数△を出力するとき，○—［A］→△のように表します。各装置について，操作は次のとおりです。

装置A：整数○を入力すると，○どうしをかけた整数△を出力します。

例えば，7—［A］→49，8—［A］→64となります。

装置B：整数○を入力すると，同じ整数どうしをかけても○を超《こ》えない最大の整数△を出力します。

例えば，49—［B］→7，63—［B］→7，64—［B］→8となります。

装置C：整数○を入力すると，装置Bの操作をした後，装置Aの操作をした結果△を出力します。

例えば，49—［C］→49，65—［C］→64となります。

装置D：整数○を入力すると，装置Bの操作をした結果として○が出力されたとき，装置Bに

入力できる整数の個数△を出力します。

例えば，7―[D]→15 となります。

理由は，装置Bに入力する整数が49以上63以下のとき7が出力され，49以上63以下の整数の個数は15だからです。

このとき，次の問いに答えなさい。

(1) 300―[B]→[ア]，300―[C]→[イ]，19―[D]→[ウ]のとき，[ア]，[イ]，[ウ]にあてはまる整数を求めなさい。

(2) ◇―[C]→16 のとき，◇にあてはまる整数のうち最も大きい整数を求めなさい。

(3) ◎―[B]→☆―[D]→◎のとき，☆が1以上6以下で◎にあてはまる整数をすべて求めなさい。ただし，2つの◎は同じ整数とします。

4 [**図5**]のような流れを自由につくれるドーナツ型の水そうがあります。この中を魚Aが[**図5**]の点線上を回って泳いでいます。流れがない状態で，魚Aは水そうを1周するのに15秒かかります。ただし，魚Aの泳ぐ力は一定とします。

また，魚Aには，流れがあると流れに逆らって進む性質があり，流れがないと時計回りに進む性質があります。なお，水の流れと魚Aの泳ぐ向きはすぐに変わるものとします。このとき，次の問いに答えなさい。

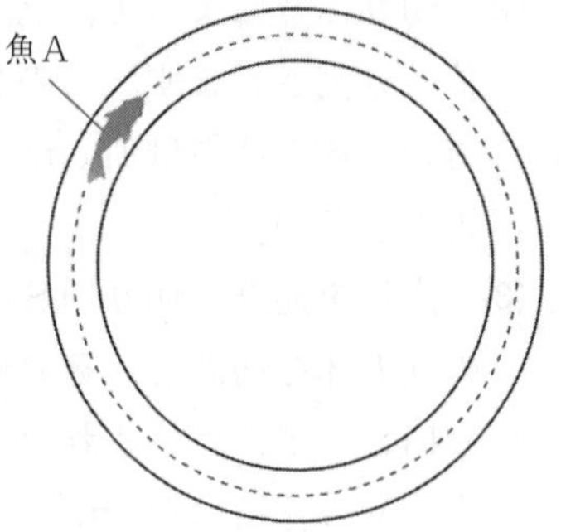

[**図5**]

(1) 反時計回りに毎秒2cmの流れをつくったところ，魚Aは時計回りに泳ぎだし，水そうを1周するのに20秒かかりました。魚Aの速さは，流れがない状態で毎秒何cmですか。

(2) 最初に反時計回りに毎秒2cm，次に反時計回りに毎秒1cmの流れをつくったところ，魚Aが1周するのに18秒かかりました。反時計回りに毎秒2cmにしていた時間は何秒ですか。

(3) 最初に反時計回りに毎秒2cm，次に時計回りに毎秒1cm，最後に反時計回りに毎秒1cmの流れをつくったところ，魚Aが1周するのに25.5秒かかりました。反時計回りに毎秒1cmの流れにしていた時間が，時計回りに毎秒1cmにしていた時間の2倍であるとき，反時計回りに毎秒2cmにしていた時間は何秒ですか。

5　［**図6**］のような1辺の長さが6 cmの立方体ABCD-EFGHがあります。

辺AD，CDを2等分する点をそれぞれM，Nとします。3点F，M，Nを通る平面でこの立方体を切断し，その切り口をSとします。このとき，次の問いに答えなさい。

ただし，角すいの体積は，（底面積）×（高さ）×$\frac{1}{3}$で求められます。

(1)　切り口Sの辺を解答用紙の図に書き入れなさい。ただし，切り口の辺以外のものは書いてはいけません。

(2)　切り口Sによって，立方体ABCD-EFGHは2つの立体に分割されます。この2つの立体のうち，点Bを含《ふく》む方の立体の体積は何 cm^3 ですか。ただし，考え方や式も書きなさい。

(3)　点Dを通り，切り口Sに平行になるようにもう一度この立方体を切断し，その切り口をTとします。2つの切り口SとTにはさまれた立体をVとします。このとき，立体Vの体積は何 cm^3 ですか。

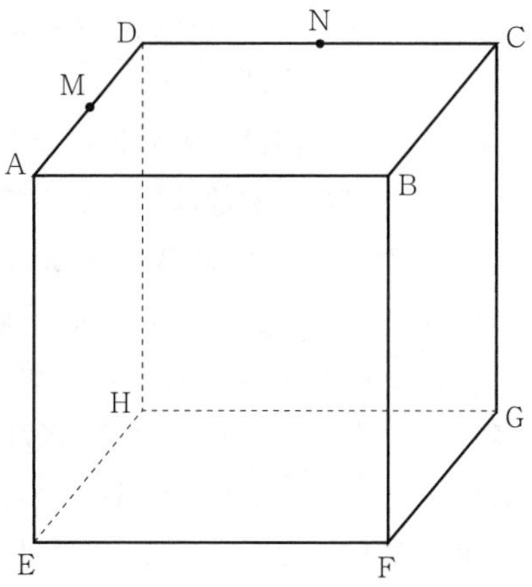

［**図6**］

（下書き用）

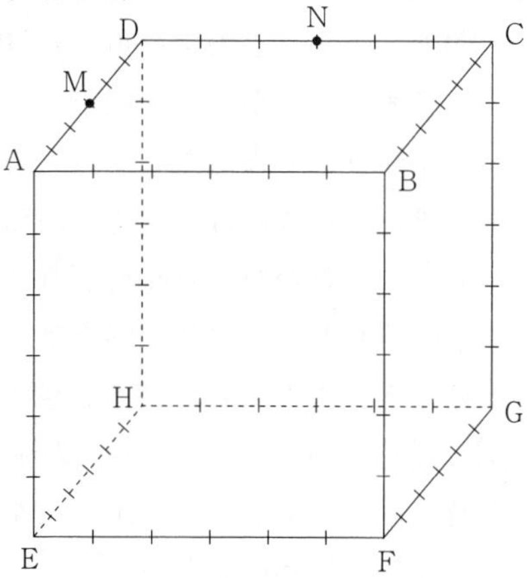

【社　会】（40分）〈満点：80点〉

〈編集部注：実物の入試問題では，絵画と写真はすべてカラー印刷，地図やグラフも大半はカラー印刷です。〉

1　**次の文章を読み，後の問いに答えなさい。**

［**図１**］

［**図２**］

［**図１**］は，①フィンセント・ファン・ゴッホが彼の祖国《そこく》で描《えが》いた「チューリップ畑」という作品です。ゴッホは，祖国にとどまらず，隣国《りんごく》ベルギーの美術学校で学び，フランスで活動しました。［**図２**］は，ゴッホの「タンギー爺《じい》さん」という作品です。人物の背景には，歌川広重らの［**あ**］が複数描かれています。ゴッホのように，日本美術に影響《えいきょう》を受けた外国人は多くいました。たとえば，大森貝塚の発掘《はっくつ》で知られるモースです。ここで彼が発見した［**い**］土器は，土器に文様をほどこすという点で，現在確認できる日本美術の最も古い例の一つとされます。さらに彼は，日本各地から陶磁器《とうじき》を収集しましたが，これらは，アメリカにあるボストン美術館のコレクションの土台となっています。モースのすすめで来日した学者フェノロサは，現存《げんそん》する世界最古の木造建築である［**う**］寺が所蔵する，観音菩薩立像《かんのんぼさつりゅうぞう》の公開を実現しました。これは，飛鳥時代の②聖徳太子に似せて造立された像といわれます。

ボストン美術館には，日本美術がほこる有名な絵巻物が所蔵《しょぞう》されています。その一つが，［**図３**］の「吉備大臣入唐《きびだいじんにっとう》絵巻」です。奈良時代における③遣唐使の吉備真備《きびのまきび》が描かれています。

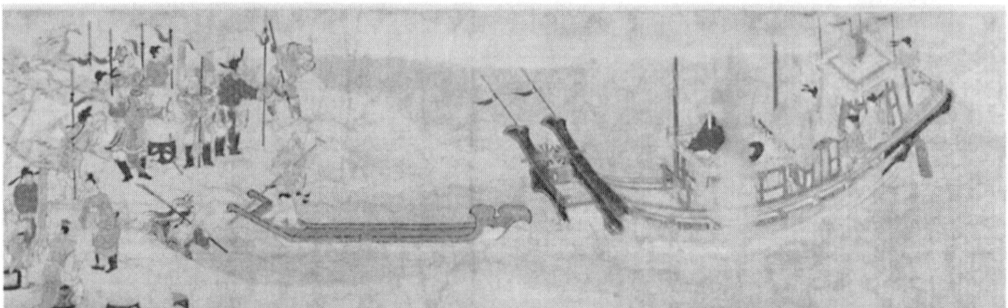

［**図３**］

またフェノロサが収集にかかわった［**図４**］の「④平治物語絵巻　三条殿夜討巻《さんじょうどのようちのまき》」も，ボストン美術館が所蔵する絵巻物として有名です。

［**図 4**］

一方，国内にある絵巻物といえば，［**図 5**］の「蒙古襲来《もうこしゅうらい》絵詞《えことば》」が有名です。鎌倉時代の⑤元軍との戦いにおける竹崎季長《たけざきすえなが》という武士の活躍《かつやく》が描かれています。

［**図 5**］

［**図 6**］

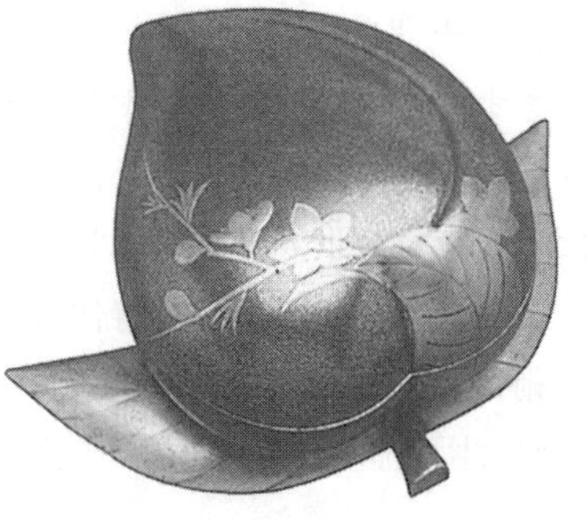

［**図 7**］

［**図 6**］は，日本から外国へ輸出された伊万里焼《いまりやき》です。現在の佐賀県有田を中心とする地域で焼き物の製造がさかんになった歴史的背景には，豊臣秀吉が命じた朝鮮出兵があります。このとき朝鮮から連れてこられた陶工によって，日本にその技術が伝わったとされます。［**図 6**］の中心に見えるマークは，オランダの「東インド会社」という会社の印です。貿易の窓口となった⑥長崎のオランダ商館には，さまざまな輸出品が集まりました。［**図 7**］のような蒔絵《まきえ》という技法を用いた漆器《しっき》もその一つです。現在フランスのヴェルサイユ宮殿《きゅうでん》美術館が所蔵するこの漆器は，オーストリアからフランスに嫁《とつ》いだマリー・アントワネットという王妃のコレクションの一つでした。

日本文化が欧米諸国に影響を与えた運動は，「ジャポニスム」とよばれます。また，日本は

万国博覧《はくらん》会で自国の文化を宣伝しました。たとえば，1873年のウィーン万博では，⑦大隈重信が博覧会の総裁《そうさい》を務め，日本の国力を示すとともに，ジャポニスムの影響力をいっそう拡大することに成功しました。ところが，明治時代以降に日本が西洋化（文明開化）を推進した結果，やがてジャポニスムの流行は廃《すた》れていきました。しかし，その後も日本文化自体が廃れることはなく，現在では，新しい形のジャポニスムやクールジャパンとよばれる運動が起こっています。

問1　[あ]～[う]にあてはまるもっとも適切な語句を**漢字**で答えなさい。ただし，[あ]は**漢字3字**で答えなさい。

問2　下線部①について――。

ゴッホの祖国はどこですか。本文中から**カタカナ**で抜き出し，答えなさい。

問3　下線部②について――。

聖徳太子について説明した文として**適切でないもの**を次の**ア**～**エ**の中から**すべて**選び，記号で答えなさい。

ア　聖徳太子は，蘇我氏の血を引いていた。

イ　聖徳太子は，持統天皇の摂政として，政治を助けた。

ウ　聖徳太子は，遣隋使として阿倍仲麻呂を中国に派遣した。

エ　聖徳太子は，冠位十二階や十七条の憲法を定めた。

問4　下線部③について――。

遣唐使について説明した文として**適切でないもの**を次の**ア**～**エ**の中から１つ選び，記号で答えなさい。

ア　東大寺の正倉院には，遣唐使船が持ち帰った宝物《ほうもつ》が保管されている。

イ　鑑真が，遣唐使船に乗って来日し，唐招提寺を開いた。

ウ　唐で学んだ吉備真備は，大化の改新に参加した。

エ　菅原道真の提案によって，遣唐使が中止された。

問5　下線部④について――。

［**図4**］の絵巻物と平治の乱について説明した文として適切なものを次の**ア**～**エ**の中から**すべて**選び，記号で答えなさい。

ア　この絵巻物には，武士に襲《おそ》われる貴族が描かれている。

イ　この絵巻物には，貴族に仕えた女性は描かれていない。

ウ　平治の乱の後，保元の乱が起きた。

エ　平治の乱の後，源頼朝が伊豆に流された。

問6　下線部⑤について――。

元軍との戦いについて説明した文としてもっとも適切なものを次の**ア**～**エ**の中から１つ選び，記号で答えなさい。

ア　北条政子の訴《うった》えにより，御家人が団結して，元軍を追い払《はら》った。

イ　元軍との戦いに勝利した後，将軍と御家人の主従関係が強まった。

ウ　竹崎季長は御家人ではなかったので，絵巻物を描かせ，ほうびを求めた。

エ　元軍は，毒矢や「てつはう」とよばれる火薬兵器を用いた。

問 7　下線部⑥について――。

長崎について説明した文としてもっとも適切なものを次の**ア**～**エ**の中から１つ選び，記号で答えなさい。

ア　江戸幕府は，「鎖国《さこく》」しつつも，長崎の出島を通じて朝鮮と交流していた。

イ　江戸幕府がキリスト教を禁止しても，長崎にはキリシタンが残った。

ウ　長崎の港は，日米和親条約で下田の港とともに正式に開かれた。

エ　長崎では，1955年に第１回原水爆禁止世界大会が開かれた。

問 8　下線部⑦について――。

大隈重信は，立憲改進党を結成しました。このことは，［**表１**］(上から，出来事の起こった順番に並べている)における**ア**～**オ**のどこに入る出来事ですか。次の**ア**～**オ**の中から１つ選び，記号で答えなさい。

［**表１**］

ア
西郷隆盛が指導《しどう》した西南戦争が起こる。
イ
伊藤博文が初代内閣総理大臣になる。
ウ
大日本帝国憲法が発布《はっぷ》される。
エ
衆議院議員の最初の選挙が行われる。
オ

2

次の文章を読み，後の問いに答えなさい。

あなたは蕎麦《そば》とうどんのどちらの方が好きですか？　もちろん個人の好みはありますが，この二つの麺類《めんるい》のどちらを好むかには地域性が関わっているとされます。

次のページの［**図８**］はタウンページに掲載《けいさい》されている各都道府県の蕎麦屋・うどん屋の店舗《てんぽ》数の比率を地図化したもので，値が高いほど蕎麦屋の方が多く，低いほどうどん屋の方が多いことを示します。一般《いっぱん》に東日本で蕎麦を，西でうどんを好むとされますが，［**図８**］を見ると東西差だけともいえません。違《ちが》いはなぜ生まれるのでしょう。

信州蕎麦の一つである①戸隠《とがくし》蕎麦をはじめ，わんこ蕎麦，出雲蕎麦の三つは三大蕎麦として有名ですが，それ以外でも山岳《さんがく》地域や冷涼《れいりょう》な②北日本を中心に蕎麦食が盛んです。また茨城県，静岡県や熊本県も蕎麦屋が多いですが，関東には③関東ロームが，熊本県南部には［　あ　］台地が広がり，両者とも火山性の痩《や》せた土がある地域です。つまりソバは低温で栄養分に乏《とぼ》しい土地でも栽培《さいばい》可能な作物といえます。

一方，讃岐うどんで有名な香川県は年間を通じて晴天が多く，同じく三大うどんの一つである水沢うどんで知られる④群馬県渋川《しぶかわ》市も内陸部であるため雨の少ない地域です。また，稲庭《いなにわ》うどんが有名な［　い　］県湯沢市は，奥羽山脈により冷害をもたらすやませが遮《さえぎ》られ，同緯度の太平洋側よりも夏季に温暖になります。うどんの原料である小麦はソバより温暖で降水量の少ない気候を好むといえます。

つまり，両者を分ける原因としてソバと小麦の栽培条件の違いといった地形・気候的要素がありますが，それだけではありません。次に食べ方にも注目してみましょう。

蕎麦のつけ汁は一般に濃口醤油《こいくちしょうゆ》と⑤かつお節から作りますが，うどんのかけ汁は昆布《こんぶ》だしに薄口《うすくち》醤油を加えたものが多くなっています。江戸時代，関西では日本海側を通り運ばれた北海道産昆布が好まれていました。しかし北海道から江戸まで船で運ぶと，太平洋を流れる黒潮に逆らうことになり輸送が困難でした。そのため江戸では良質の昆布を手に入れにくく，代わりに長期保存が可能なかつお節が好まれたことに由来します。流通や歴史も食文化に影響を与えているのです。

考えてみると日本には，素麺《そうめん》やきしめん，ご当地ラーメンなど豊かな麺食文化があります。これは粉をこね，茹《ゆ》でるのに必要な良質な水が豊富にあるから可能なことです。そしてその水は森林により供給されていますが，近年の林業の衰退《すいたい》に伴《ともな》って⑥森林の管理がなされず，水資源の減少や悪化が心配されています。また，日本の食料自給率は極めて低く，伝統的食文化さえも材料は海外からの⑦輸入に頼っています。近年は地元食材を地元で提供する［　う　］運動が展開されていますが，自給率は低水準に留まっています。食文化は時代の状況《じょうきょう》にも大きく左右されるものでもあるのです。

このように何気ない日々の食事一つにも多くの背景があることを考えながら，食事してみてください。何かこれまでと違ったものが感じられるかもしれません。

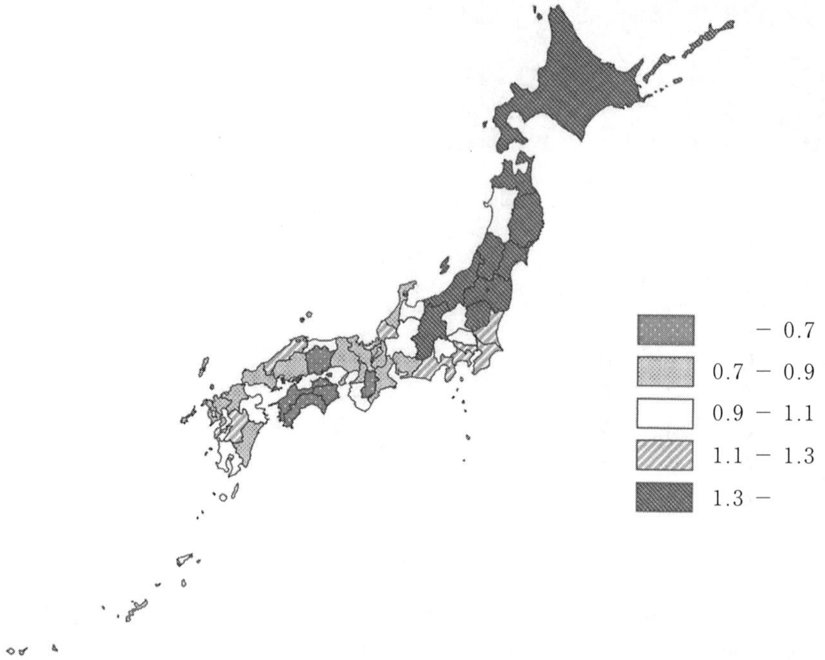

［**図８**］　蕎麦屋／うどん屋マップ　　　『タウンページ』より作成

問１　空欄［　あ　］～［　う　］にあてはまるもっとも適切な語句を答えなさい。ただし，［　い　］と［　う　］は**漢字**で答えなさい。

問 2　下線部①について――。

［**図 9**］中の**A**～**C**は戸隠蕎麦，わんこ蕎麦，出雲蕎麦で有名な都道府県のシンボル(県の花・県の鳥・県の木)のどれかです。組み合わせとしてもっとも適切なものを後の**ア**～**カ**の中から１つ選び，記号で答えなさい。

A　ボタン

B　ライチョウ

C　ナンブアカマツ

［**図 9**］

	戸隠蕎麦	わんこ蕎麦	出雲蕎麦
ア	A	B	C
イ	A	C	B
ウ	B	A	C
エ	B	C	A
オ	C	A	B
カ	C	B	A

問 3　下線部②について――。

［**図10**］中の３つの気象観測施《し》設《せつ》の場所と雨温図**A**～**C**の組み合わせとしてもっとも適切なものを後の**ア**～**カ**の中から１つ選び，記号で答えなさい。

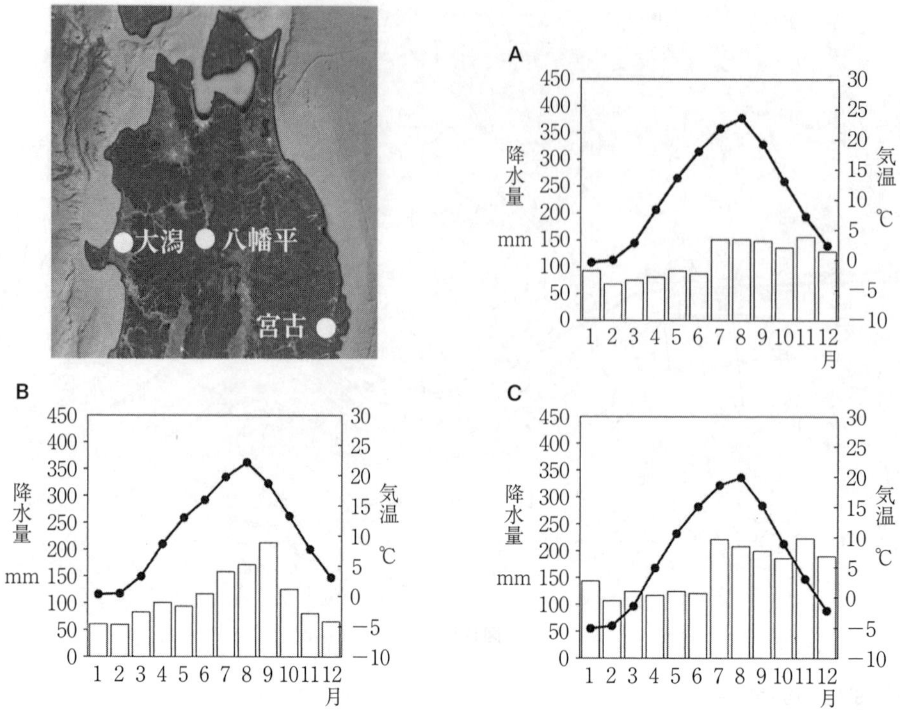

［**図10**］　「気象庁」ホームページより作成

	A	**B**	**C**
ア	大潟	宮古	八幡平
イ	大潟	八幡平	宮古
ウ	宮古	大潟	八幡平
エ	宮古	八幡平	大潟
オ	八幡平	大潟	宮古
カ	八幡平	宮古	大潟

問４　下線部③について――。

関東ロームについて説明した文として**適切でないもの**を次の**ア**～**エ**の中から１つ選び，記号で答えなさい。

ア　富士山や箱根山，浅間山などの山々に由来する土である。

イ　土の中に含まれる鉄分が雨水などにさらされて錆《さ》びて赤色の土となる。

ウ　偏西風で火山灰が飛ばされ，噴火《ふんか》した山の西側を中心に分布している。

エ　関東ロームは台地を形成し，水もちが悪いことから稲作に不向きである。

問５　下線部④について――。

［**図11**］は群馬県渋川市周辺の25000分の１地形図（一部改）です。［**図11**］について説明した文として**適切でないもの**を次の**ア**～**エ**の中から１つ選び，記号で答えなさい。

ア　吾妻《あがつま》川は複数の河川と合流しながら西から東へと流れている。

イ　図中の**P**の地点に降った雨は宮沢川を通じて吾妻川に流れ込む。

ウ　吾妻川の南岸には，郵便局や小学校，発電所などが立地している。

エ　JR 吾妻線は多くのトンネルや切り立った岩がけの横を通過している。

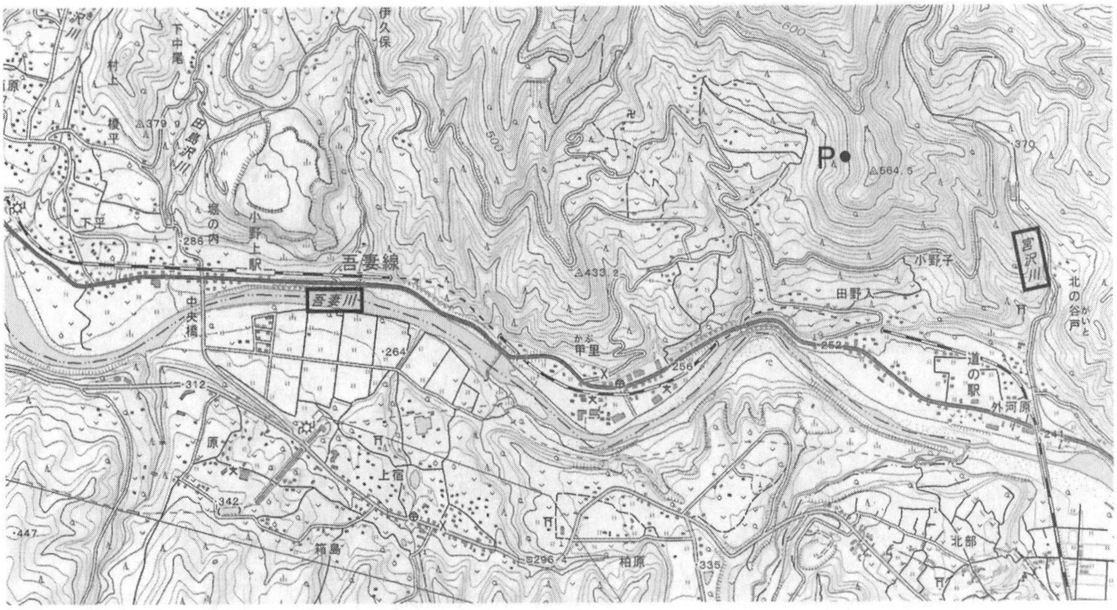

［**図11**］

問６　下線部⑤について――。

［**図12**］の**A**～**C**はいわし類・かつお類・たら類のいずれかの魚種別漁獲《ぎょかく》量の上位５都道府県を塗りつぶして示したものです。**A**～**C**の組み合わせとしてもっとも適切なものを後の**ア**～**カ**の中から１つ選び，記号で答えなさい。

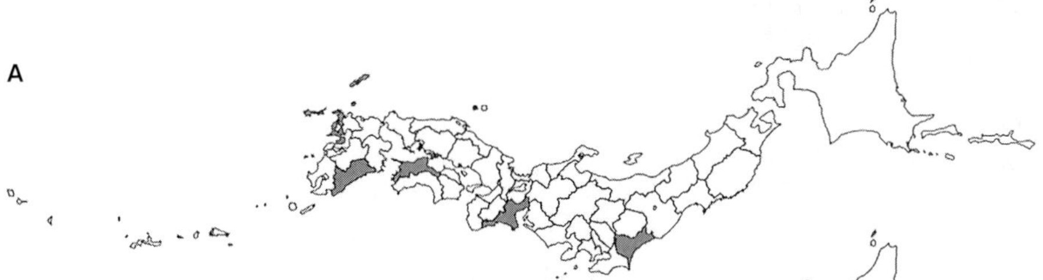

［**図12**］

農林水産省『平成27年度漁業・養殖業生産統計』より作成

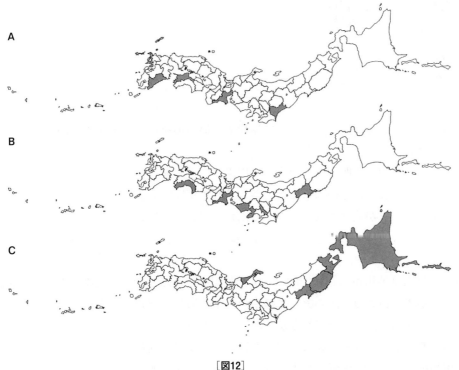

	A	B	C
ア	いわし類	かつお類	たら類
イ	いわし類	たら類	かつお類
ウ	かつお類	いわし類	たら類
エ	かつお類	たら類	いわし類
オ	たら類	いわし類	かつお類
カ	たら類	かつお類	いわし類

問7　下線部⑥について――。

［**図13**］は，2015年度における日本の土地利用の内訳を示したものであり，［**図14**］は1975年を基準としてそれぞれの土地利用ごとに，現在までにどれだけ増減したのかを比率で示したものです。図中の**A**～**D**の組み合わせとしてもっとも適切なものを後の**ア**～**エ**の中から１つ選び，記号で答えなさい。

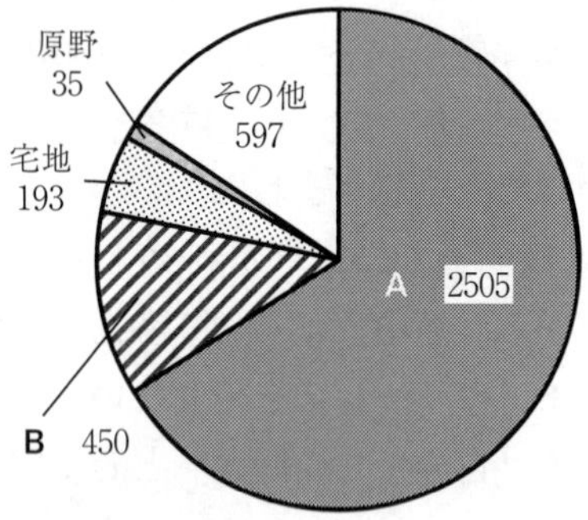

単位：万 ha

［**図13**］　2015年度の土地利用の様子

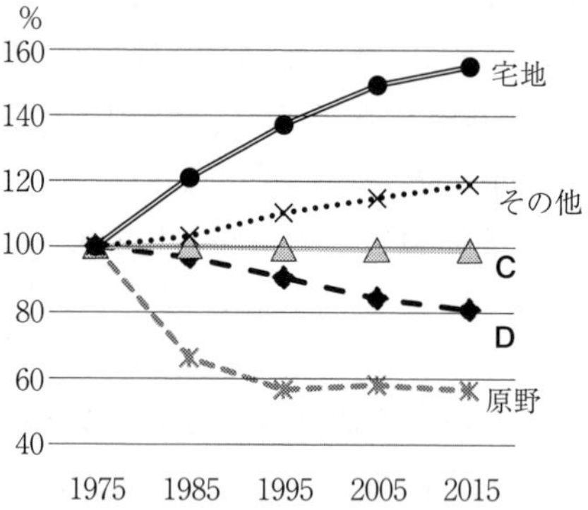

［**図14**］　土地利用の増減率

国土交通省『平成29年度土地白書』より作成

	A	B	C	D
ア	森林	農地	森林	農地
イ	森林	農地	農地	森林
ウ	農地	森林	森林	農地
エ	農地	森林	農地	森林

問8　下線部⑦について――。

海外の食料に依存することで起こる可能性がある問題について説明した文として**適切でないもの**を次の**ア**～**エ**の中から１つ選び，記号で答えなさい。

ア　海外からの安価な農作物が大量に日本国内に流入することで，国際競争力の低い日本の農業が一層衰退することが心配されている。

イ　農作物の生産には水が必要なため，他国の水資源を奪《うば》うことになり，降水量の多い日本が国際的な批判を受けることにつながる。

ウ　食料の輸送により多くの化石燃料が消費されることで，大気中の二酸化炭素濃度《のうど》が上《じょう》昇《しょう》して地球温暖化につながる。

エ　世界的な人口減少により農業従事者が減少し食料不足となることで，食料の安定的な輸入が困難になると考えられている。

3　**次の文章を読み，後の問いに答えなさい。**

ある日の放課後，Ｘくんは学校からの帰路を急ぎました。電車で２駅離《はな》れた場所の習い事に行く時刻がせまっていたためです。クラス①代表を選出するホームルームがのびてしまい，学校を出るのが遅《おそ》くなってしまったのです。

帰宅すると，いつものように②お母さんはパートで働いているため不在でしたが，かまわず出発の準備を始めました。持ち物の確認が終わると，自転車に乗って駅前の自転車置き場へ向かいました。その際，急いでいるときほど交通に関する③法律を守って安全に運転することを心がけました。

夕刻の駅周辺には，スピーカーを使って政治的な呼びかけをする人々，新装開店の④広告が入ったポケットティッシュを配る人，１機のエレベーターを待つベビーカー利用者の列，⑤駐《ちゅう》輪《りん》禁止区域に放置された自転車，買い物客でにぎわうスーパーマーケット，著名人を起用して⑥市長選挙への投票を呼びかけるポスターなど，なにげない日常の光景がありました。

駐輪場に自転車を置いたところで，Ｘくんは水筒《すいとう》を忘れたことに気づき，近くの自動販売《はんばい》機で500mLのスポーツドリンクを，定期券にチャージした⑦電子マネーを使って160円で１本購入《こうにゅう》しました。買った直後に「⑧同じものが駅前のスーパーマーケットではもっと安く買えるのではないか」と考えがよぎりましたが，時間がないので先を急ぎました。

早歩きで改札を抜《ぬ》けて駅のホームに着くと，ちょうど時間通りに電車が到着《とうちゃく》したところでした。Ｘくんはいつもの車両に乗り込み，呼吸を整えながら，道中でぼんやり考えていたことを頭の中で整理してみました。なにげない日常の中に，モノやサービスを売りたい人と買いたい人の結びつき，社会を成立させるルールと権利，そして「自分たちの問題」として解決すべき課題などが，確かにあるのだと思いました。

目的の駅に到着した電車のドアが勢いよく開かれ，Ｘくんは一歩を踏《ふ》み出しました。

問１　下線部①について――。

Ｘくんの通う学校では３分間英語スピーチコンテストがあり，各クラスの代表者１名が本戦で競い合います。ＸくんのクラスではＹくんとＺさんの２名の最終候補者にしぼられました。そこで，次のような選出方法をとりました。

(1)　それぞれのスピーチに対し，３つの項目《こうもく》ごとにどちらが優れているかを班ごとに分かれて少人数で話し合う

(2)　３つの項目のうち２つ以上の支持を得た人を「班としての支持」とする

(3)　(2)の多数決の結果をクラス代表とする

次の[**表２**]は集計の結果を示しています。[**表２**]の空欄を必要に応じて補ったうえで，「Ｚさんを支持する人」が集計結果を見たときの意見として**想定できないもの**を後の**ア**～**エ**の中から１つ選び，記号で答えなさい。

［**表2**］

	話し方・態度	英語の発音	内容	班としての支持
1班	Z	Z	Z	
2班	Y	Y	Z	
3班	Z	Z	Z	
4班	Y	Z	Y	
5班	Z	Y	Y	
項目ごとの結果				

ア　スピーチは内容こそがもっとも重要だから，Ｚさんがクラス代表になるべきだ。

イ　項目ごとの結果はＺさんへの支持が多く，Ｚさんがクラス代表になるべきだ。

ウ　少人数の話し合いは多数決より重要だから，Ｚさんがクラス代表になるべきだ。

エ　クラス代表の選び方に問題があり，選び方についてもう一度話し合うべきだ。

問2　下線部②について――。

［**図15**］は，通称《つうしょう》「M字カーブ」といわれる，年齢毎《ねんれいごと》の働く女性の割合を1970年と2016年とで比較《ひかく》しています。［**図15**］から読み取れることとしてもっとも適切なものを後の**ア**～**エ**の中から１つ選び，記号で答えなさい。

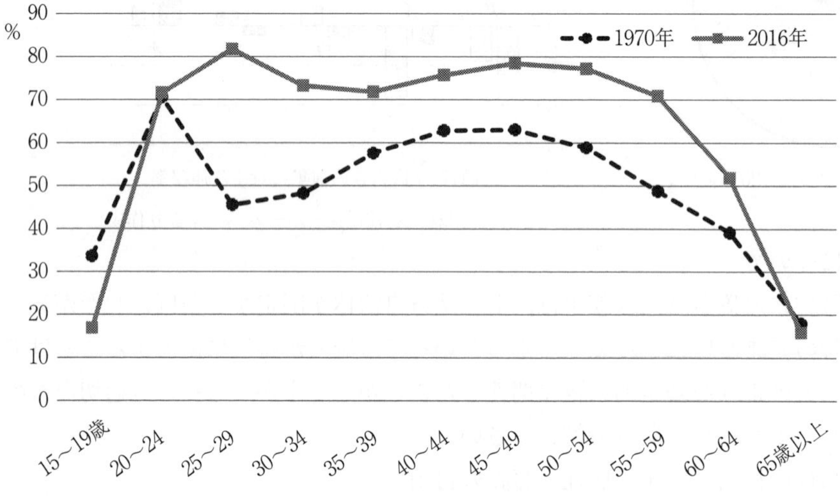

［**図15**］　女性の年齢別労働力率

総務省統計局『労働力調査』より作成

ア　M字カーブの底が浅くなってきている背景には，女性が出産や育児を機会に仕事をやめる場合が増えていることがあげられる。

イ　M字カーブの底が右に移ってきている背景には，女性が結婚《けっこん》する年齢が社会全体として遅くなってきていることがあげられる。

ウ　「15～19歳」で労働力率が低くなってきている背景には，女性の高等教育機関への進学率が低下してきていることがあげられる。

エ　「45～49歳」でどちらの年も労働力率が再び上がっている背景には，男性の育児休暇の取得で女性が働きやすくなっていることがあげられる。

問３　下線部③について――。

法律の上位にくるものとして憲法がありますが，その異なる点や同じ点について述べた文として**適切でないもの**を次の**ア～エ**の中から１つ選び，記号で答えなさい。

ア　憲法は法律とちがい，改正には国民投票の手続きが必要である。

イ　憲法は法律とちがい，国家権力に制約を課すことが主たる目的である。

ウ　憲法は法律と同様に，制定者は国民ということになっている。

エ　憲法は法律と同様に，その改正の公布は天皇が国事行為《こうい》としておこなう。

問４　下線部④について――。

［**図16**］と［**図17**］は，テレビ・インターネット・新聞・雑誌・ラジオにおける広告費について示したものです。

［**図16**］は2016年におけるそれぞれの広告費の比率を示したものであり，［**図17**］は2015年と2016年について，それぞれ前年に対する広告費の伸《の》び率を示したものです。このうち，テレビを示すものを次の**ア～オ**の中から１つ選び，記号で答えなさい。

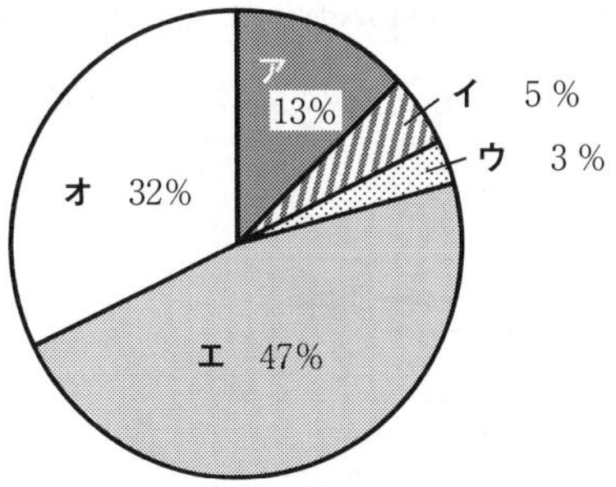

［**図16**］　広告費の比率(2016年)

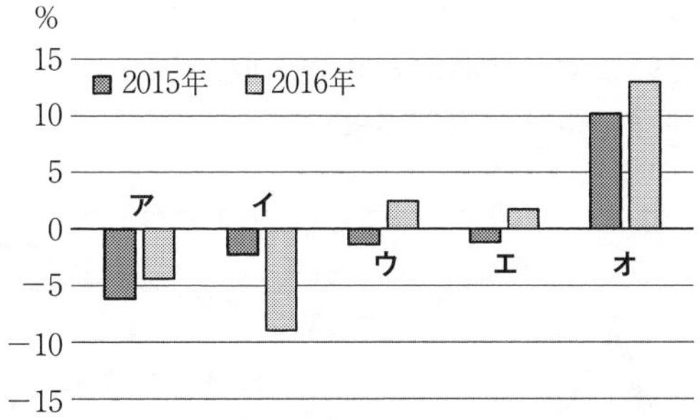

［**図17**］　広告費の前年に対する伸び率

「株式会社電通」ホームページより作成

問５　下線部⑤について――。

駐輪禁止区域に放置された自転車は，その地方自治体が制定する条例にしたがって処分されます。通行のさまたげになっているからといって，個人が勝手に撤去《てっきょ》することはできません。それは，どのような基本的人権に関連したことがらですか。もっとも適切なものを次の**ア～エ**の中から１つ選び，記号で答えなさい。

ア　集会・結社の自由　　**イ**　居住・移転の自由

ウ　不法逮捕《たいほ》の禁止　　**エ**　財産権の保障

問６　下線部⑥について――。

市長や知事といった地方公共団体の首長は住民による選挙によって選ばれますが，国政では内閣の長である内閣総理大臣は国会議員の中から国会の議決によって選ばれます。このように，内閣が国会の信任によって成立し，国会と内閣が連帯して責任を負う制度の名称を答えなさい。

問７　下線部⑦について――。

電子マネーを利用することで得られる企業《きぎょう》にとってのメリットのうち，店の売上の増加に直接に影響《えいきょう》するとは限らないものもあります。それについて述べた次の文の［**あ**］にあてはまるもっとも適切な語句を**漢字２字**で答えなさい。

電子マネーを利用した顧客《こきゃく》の［　**あ**　］を集積し，商品開発などに役立てる。

問 8　下線部⑧について――。

160円で買ったスポーツドリンクの価格が気になったＸくんが帰宅してから調べたところ，駅前のスーパーマーケットでは特売価格の108円で販売されていました。さらにインターネットの価格比較サイトで最安値を調べると，１本あたり87円で買えることがわかりました。このことが起きる理由について述べた次の文の［い］にあてはまる語句を本文中から**漢字２字**で抜き出し，答えなさい。

Ｘくんは結果的に，調べたり移動したりするための［　い　］を数十円分のコスト(費用)とみなして消費行動をしたことになる。

4　次の文章を読み，後の問いに答えなさい。

歴史学とは当時の人々が書いた文章や，発掘調査によって見つけられた「もの」史料などから，様々な出来事についての背景・理由・過程・結果・影響などを考えていく学問であり，過去に起きた出来事について暗記することばかりが，歴史を学ぶことではありません。資料に基づきながら考えてみることはとても大切です。

大河ドラマやゲームなどでよく取り上げられる戦国時代に多くの合戦があった理由の一つをこの視点から考えてみましょう。

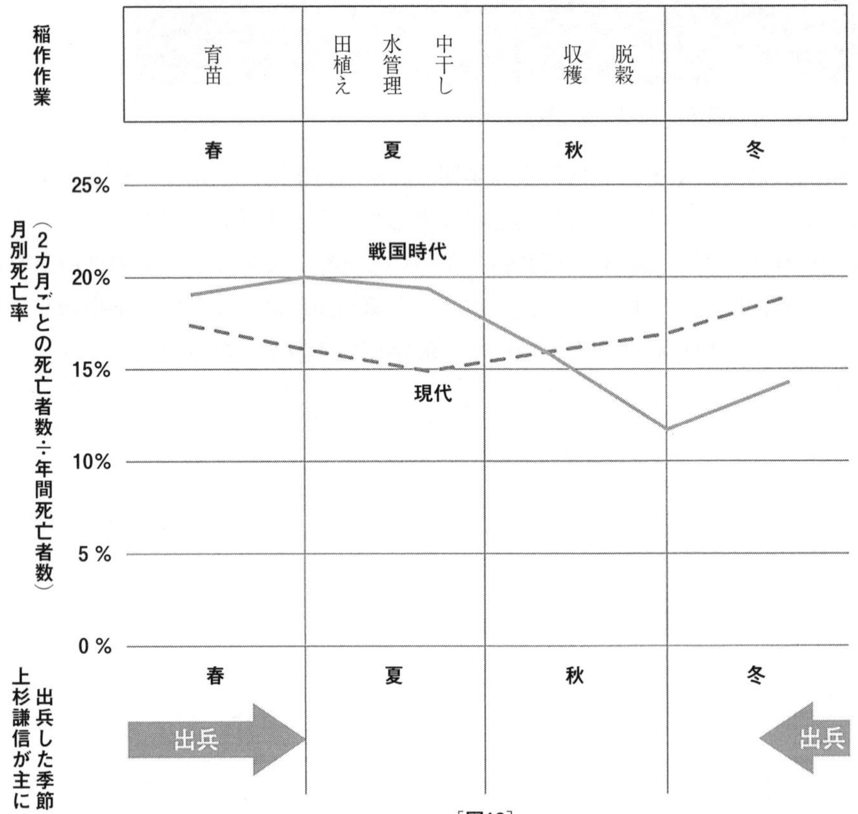

［図18］

黒田基樹『百姓から見た戦国大名』などをもとに作成

[**図19**]　戦場で脅《おど》し取る武士の様子

【設問】　越後国の戦国大名である上杉謙信は永禄《えいろく》年間(1558～1570年)，小田原を拠点《きょてん》とする北条氏と戦うべく，特定の時期に関東への出兵を繰り返しました。出兵した理由の一つに支配地域の拡大も考えられますが，[**図18**]と[**図19**]に基づいて考察していくと，別の理由が浮《う》かび上がってきます。戦国時代の死亡率が現代と比べてある季節に高くなる要因を指摘《してき》した上で，上杉謙信が特定の時期に出兵した理由について，**90字以内**で説明しなさい。

【理　科】（40分）〈満点：80点〉

〈編集部注：実物の入試問題では，写真はすべてカラー印刷です。〉

1　**次の文章を読んで，後の問いに答えなさい。**

ヒトの消化系は，口→食道→胃→十二指腸《じゅうにしちょう》→小腸→大腸→肛門《こうもん》の順につながっている1本の消化管と，消化液を分泌《ぶんぴ》する消化腺《せん》とからなっています。

食物としてとり入れたタンパク質，脂肪《しぼう》，炭水化物(デンプンなど)は，消化液のはたらきで，吸収されやすい小さな物質に分解されます。例えば，胃液は主に［A］を分解し，すい液は［B］を分解します。

消化によって生じた小さな物質は，小腸で吸収されます。小腸の壁《かべ》にはたくさんの柔毛《じゅうもう》があり，①表面積を大きくすることで，効率よく吸収することができます。

(1)　［A］と［B］にあてはまる語句を次の**ア**～**キ**の中からそれぞれ1つずつ選び，記号で答えなさい。

ア　タンパク質　　**イ**　脂肪

ウ　炭水化物　　**エ**　タンパク質と脂肪

オ　タンパク質と炭水化物　　**カ**　脂肪と炭水化物

キ　タンパク質と脂肪と炭水化物

(2)　下線部①のような例は，他にもあげられます。次の文中の［C］と［D］にあてはまる部位の名称《めいしょう》をそれぞれ答えなさい。

植物の根に見られる［C］は，表面積を大きくすることで，効率よく水や養分を吸収します。また，動物の肺にある［D］は，表面積を大きくすることで，効率よくガス交換《こうかん》を行います。

2　**次の文章を読んで，後の問いに答えなさい。**

①日本の各地には，その地域にしか生息していない生物がいます。一方で，その地域には生息していない生物もいます。つまり，②生物はその地域の環境《かんきょう》に適応しながら，進化してきたといえます。

しかし，もともとその地域に生息していなかったのに，人間の活動によって他の地域から持ち込まれた③外来種が，その地域の生態系などに大きな影響《えいきょう》を与えるケースが起きています。2017年6月に兵庫県の神戸港で発見された後，各地で次々と存在が確認され，ニュースで話題になった［X］は，外来種の一例といえるでしょう。

(1)　下線部①の例として，次の条件**A**～**C**にあてはまる生物をそれぞれ後の**ア**～**カ**の中から1つずつ選び，記号で答えなさい。

条件**A**　主に日本の高山に生息している被子《ひし》植物

ア　マツ　　**イ**　シラカンバ(シラカバ)　　**ウ**　ツツジ

エ　スギ　　**オ**　シラビソ　　**カ**　イチョウ

条件**B**　北海道には生息していない生物

ア　タンチョウヅル　　**イ**　クマゼミ

ウ　サクラ　　**エ**　メタセコイア

オ　ヒグマ　　**カ**　アキアカネ

条件**C**　沖縄県にしか生息していない絶滅《ぜつめつ》が心配される鳥

ア　コジュケイ　　**イ**　オカメインコ　　**ウ**　キジ

エ　ハヤブサ　　**オ**　ヤンバルクイナ　　**カ**　カワセミ

(2)　下線部②の例として，砂漠《さばく》に生息しているサボテンは夜に気孔《きこう》を開き，昼は閉じていることがあげられます。その理由を述べた次の文の D と E にあてはまる語句を後の**ア**～**オ**の中からそれぞれ１つずつ選び，記号で答えなさい。

砂漠に生息しているサボテンは光合成を行うのに気孔から D を吸収する必要がありますが，気孔を開くと E が失われるので，気温が下がる夜に気孔を開き， E が失われるのを最小限におさえています。

ア　酸素　　**イ**　二酸化炭素　　**ウ**　光　　**エ**　熱　　**オ**　水分

(3)　下線部③に対して，もともとその地域に生息していた生物を在来種といいます。日本の在来種を次の**ア**～**カ**の中から１つ選び，記号で答えなさい。

ア　アライグマ　　**イ**　ミドリガメ　　**ウ**　ウシガエル

エ　オオカナダモ　　**オ**　アオダイショウ　　**カ**　セイタカアワダチソウ

(4)　 X にあてはまる生物の名称を**カタカナ**で答えなさい。

3　**次の文章を読んで，後の問いに答えなさい。**

ある地域で[**図１**]のような地層が観察されました。**A**層，**B**層，**C**層をまとめたものが**X**層で，**D**層，**E**層，**F**層をまとめたものが**Y**層です。**X**層は地層が水平に堆積《たいせき》している水平層です。**Y**層では，①地層が圧縮力によって曲げられた地質構造や，花こう岩が入り込んでいる様子が見られました。この花こう岩は，地下深くにあったマグマが浮力《ふりょく》によって上昇《じょうしょう》し，冷えて固まったものです。花こう岩の中から，②手のひらサイズのはんれい岩が見つかりました。また，③**B**層と**E**層から化石が発見され，**E**層の化石は恐竜《きょうりゅう》でした。**X**層と**Y**層の境界は不整合であり，地層の逆転はないものとします。

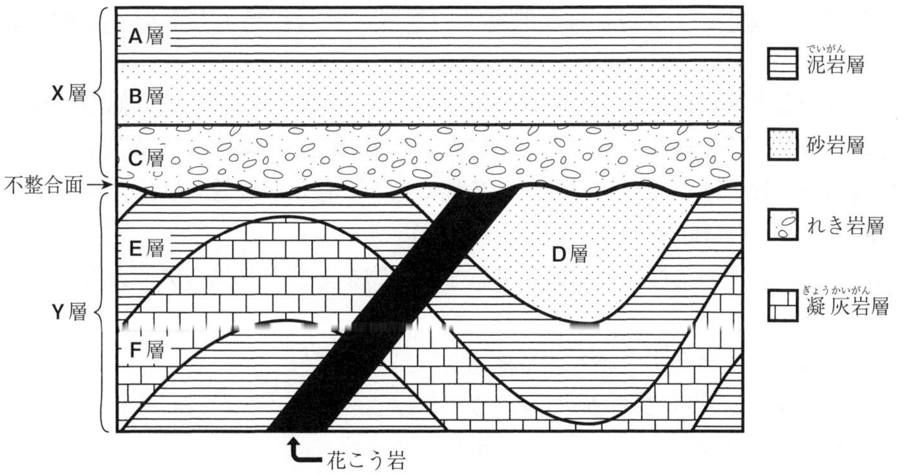

[**図１**]

(1)　下線部①の構造の名称を答えなさい。

(2)　**X**層が堆積したときの，海水面と海岸線の変動について説明した文としてもっとも適切なものを次の**ア**～**エ**の中から１つ選び，記号で答えなさい。

ア　海水面は時間とともに上昇し，海岸線は内陸側へと移動した。

イ　海水面は時間とともに上昇し，海岸線は海側へと移動した。

ウ　海水面は時間とともに下降し，海岸線は内陸側へと移動した。

エ　海水面は時間とともに下降し，海岸線は海側へと移動した。

(3)　泥岩，砂岩，れき岩は，粒《つぶ》の大きさによって区分されています。「泥と砂」および「砂とれき」の粒の大きさの境界としてもっとも適切なものを次の**ア**～**カ**の中からそれぞれ１つずつ選び，記号で答えなさい。

ア　$\frac{1}{16}$ mm　　**イ**　$\frac{1}{4}$ mm　　**ウ**　$\frac{1}{2}$ mm

エ　1 mm　　**オ**　2 mm　　**カ**　4 mm

(4)　下線部②に関して，はんれい岩が見つかる前に経た過程としてもっとも適切なものを次の**ア**～**エ**の中から１つ選び，記号で答えなさい。

ア　マグマが入り込んだとき，マグマの熱で泥岩がはんれい岩に変化した。

イ　マグマが入り込んだとき，マグマが地下水によって急に冷やされ，はんれい岩ができた。

ウ　**Y**層よりも地下深くにあったはんれい岩が，マグマに取り込まれて一緒《いっしょ》に上昇した。

エ　海底に落下したはんれい岩が，周りよりも比重が大きいため，海底から発見場所まで沈《しず》んでいった。

(5)　下線部③に関して，**B**層で見つかる可能性がある化石を次の**ア**～**エ**の中から１つ選び，記号で答えなさい。

ア　サンヨウチュウ

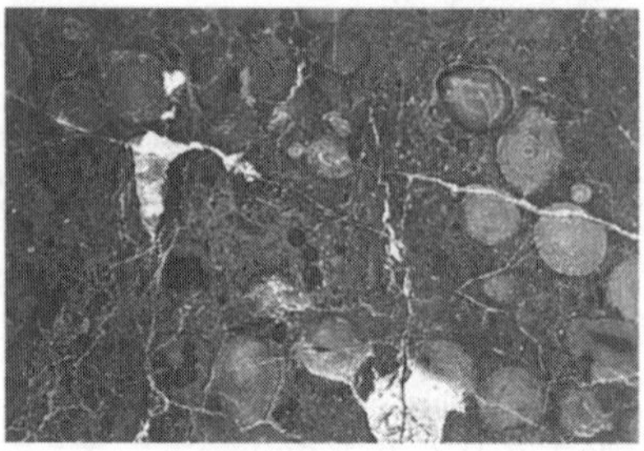

イ　フズリナ

ウ　マンモスの歯

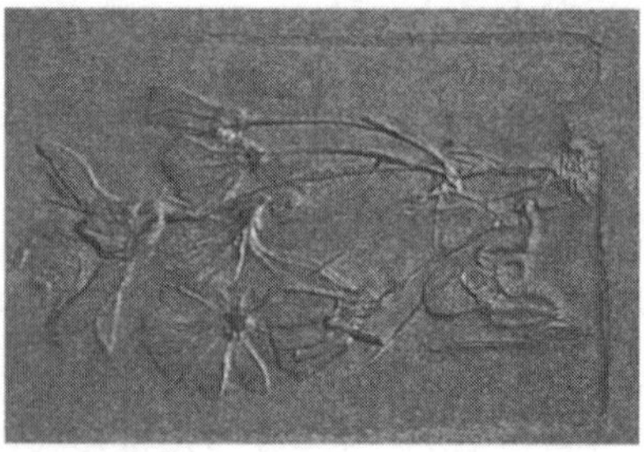

エ　ウミユリ

(6)　花こう岩を採取して表面を観察し，さらに，顕微鏡《けんびきょう》で観察しました。花こう岩の表面の写真(**Ⅰ**または**Ⅱ**)と顕微鏡で観察した写真(**ⅰ**または**ⅱ**)，および花こう岩に多く含《ふく》まれる白っぽい鉱物の組み合わせとしてもっとも適切なものを後の**ア**～**ク**の中から１つ選び，記号で答えなさい。

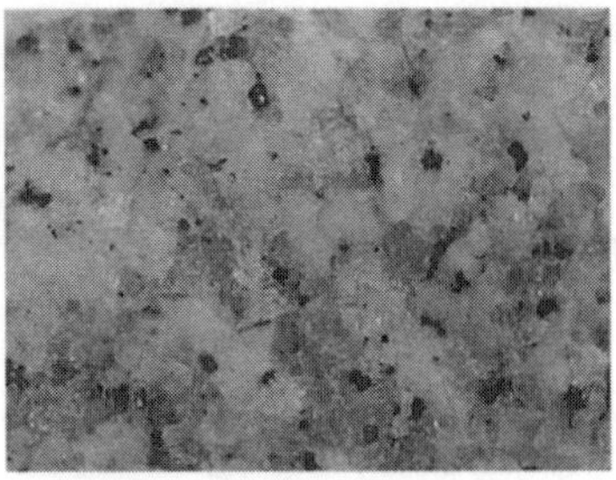

I

II

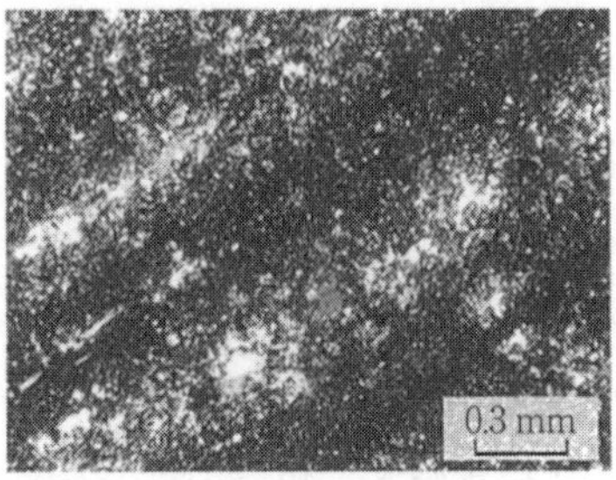

i

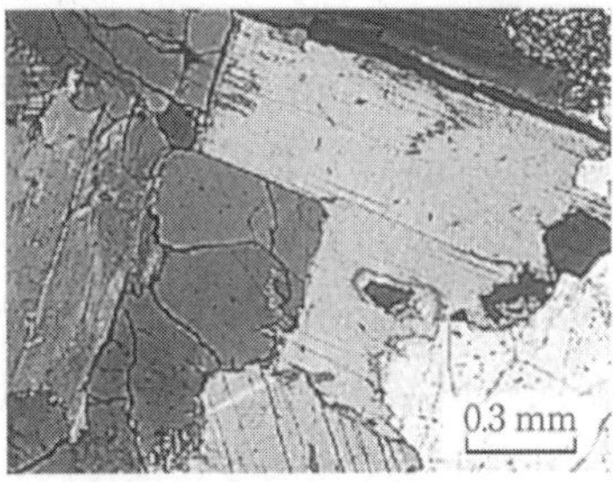

ii

写真 i と ii の引用文献：『地学基礎　改訂版』（啓林館）

	表面の写真	顕微鏡の写真	白っぽい鉱物
ア	I	i	キセキ，カンランセキ
イ	I	i	セキエイ，チョウセキ
ウ	I	ii	キセキ，カンランセキ
エ	I	ii	セキエイ，チョウセキ
オ	II	i	キセキ，カンランセキ
カ	II	i	セキエイ，チョウセキ
キ	II	ii	キセキ，カンランセキ
ク	II	ii	セキエイ，チョウセキ

(7)　**Y**層が形成されたときの活動**ア**～**エ**を起こった順序で正しく並べたとき，**2番目**と**3番目**に起こった活動を，それぞれ記号で答えなさい。

ア　マグマが入り込んだ。

イ　下線部①の構造が形成された。

ウ　**F**層，**E**層，**D**層が堆積した。

エ　陸地となり侵食《しんしょく》を受けた。

(8)　観察された地層について説明した文としてもっとも適切なものを次の**ア**～**エ**の中から**1**つ選び，記号で答えなさい。

ア　花こう岩の中から見つかったはんれい岩は，黒っぽい火山岩である。

イ　**F**層は地層を対比するのに有効である。

ウ　**C**層は花こう岩が入り込んだときに，熱の作用を受けている。

エ　**A**層，**B**層，**C**層は層の厚さがほとんど同じであるため，堆積にかかった時間も同じである。

4 **次の文章を読んで，後の問いに答えなさい。**

塩化水素を水に溶《と》かして，[**表1**]の水溶液《ようえき》**A**～**E**をつくりました。水溶液**C**と**E**の濃度《のうど》は水溶液**B**と同じでした。また，つくった水溶液の温度はすべて20℃でした。

ただし，塩化水素を水に溶かしても，水溶液の体積は変化しないものとします。

[**表1**]

水溶液	A	B	C	D	E
塩化水素の体積(L)	1	2	4	5	Y
水の体積(mL)	100	100	X	200	300

(1) 水溶液**A**にBTB溶液を加えると，何色になりますか。次の**ア**～**オ**の中から1つ選び，記号で答えなさい。

ア 赤　**イ** 青　**ウ** 黄　**エ** 緑　**オ** 無

(2) [**表1**]の X と Y にあてはまる数値をそれぞれ答えなさい。

水酸化ナトリウム(固体)を水に溶かすと熱が発生します。[**表2**]は水酸化ナトリウムを20℃の水に溶かしてつくった水溶液**F**～**J**の温度を表しています。

ただし，水酸化ナトリウムを水に溶かしても，水溶液の体積は変化しないものとします。また，発生した熱は水溶液の温度を上げるのにすべて使われ，水溶液1mLの温度を1℃上げるのに必要な熱の量は常に一定とします。

[**表2**]

水溶液	F	G	H	I	J
水酸化ナトリウムの重さ(g)	1	2	4	4	6
水の体積(mL)	100	100	100	200	Z
水溶液の温度(℃)	22.6	25.2	30.4	25.2	25.2

(3) 水溶液**F**にフェノールフタレイン溶液を加えると，何色になりますか。次の**ア**～**オ**の中から1つ選び，記号で答えなさい。

ア 赤　**イ** 青　**ウ** 黄　**エ** 緑　**オ** 無

(4) [**表2**]の Z にあてはまる数値を答えなさい。

水溶液中で塩化水素と水酸化ナトリウムが反応すると熱が発生します。水溶液**A**に水酸化ナトリウム1.78gを溶かしたところ，水溶液は中性になり，温度は30.6℃になりました。次に，その水溶液を加熱して，水を完全に蒸発させると，白い固体が2.6g残りました。

ただし，水溶液中で塩化水素と水酸化ナトリウムが反応しても，水溶液の体積は変化しないものとします。また，発生する熱の量は，反応した水酸化ナトリウムの重さに比例します。発生した熱は水溶液の温度を上げるのにすべて使われ，水溶液1mLの温度を1℃上げるのに必要な熱の量は常に一定とします。

(5) 水溶液**B**にBTB溶液を加えた後，水溶液**H**を混ぜました。混ぜた後の水溶液は何色になりますか。次の**ア**～**オ**の中から1つ選び，記号で答えなさい。

ア 赤　**イ** 青　**ウ** 黄　**エ** 緑　**オ** 無

(6) 水溶液**C**と**E**にフェノールフタレイン溶液を加えた後，それぞれに水酸化ナトリウム8gを溶かしたとします。溶かしたときに見られる色の変化としてもっとも適切なものを次の**ア**～**エ**の中から1つ選び，記号で答えなさい。

ア　**C**だけ色が変化する。

イ　**E**だけ色が変化する。

ウ　**C**と**E**の両方とも色が変化する。

エ　**C**と**E**の両方とも色は変化しない。

(7)　水溶液**D**に水酸化ナトリウムを何g溶かすと，水溶液は中性になりますか。

(8)　**(7)**で水溶液が中性になったとき，水溶液の温度は何℃になりますか。

(9)　水溶液**E**と**J**を混ぜました。次に，その水溶液を加熱して，水を完全に蒸発させると，白い固体は何g残りますか。答えの数値が割り切れない場合は，小数第2位を四捨五入して，**小数第1位**まで求めなさい。

5　**次の文章を読んで，後の問いに答えなさい。**

［**図2**］のように，自動車**A**と**B**がまっすぐな道路を走っています。自動車**A**と**B**が横1列に並んだ瞬間《しゅんかん》を0秒として，このときから自動車**A**と**B**の時間と速さの関係を調べました。［**図3**］と［**図4**］は，自動車**A**と**B**の時間と速さの関係を表したグラフです。ただし，自動車の速さは一瞬で変えることができるものとします。

また，自動車がサイレンを鳴らしたときに，空気中でサイレンの音が伝わる速さは気温によって異なります。気温が0℃のときの音の速さは毎秒331mで，気温が1℃上がるごとに毎秒0.6mずつ速くなります。

なお，自動車が動きながらサイレンを鳴らしても，自動車の速さに関係なく，音はすべての方向に同じ速さで伝わります。

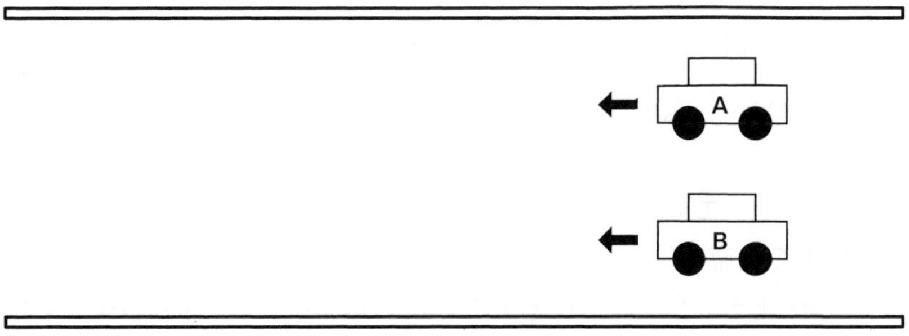

［**図2**］

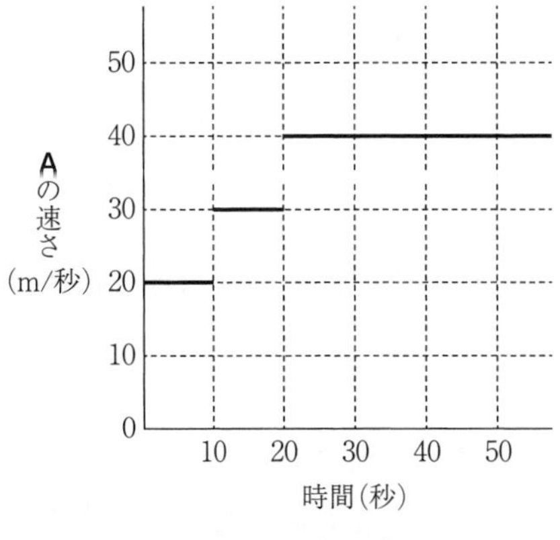

［**図3**］

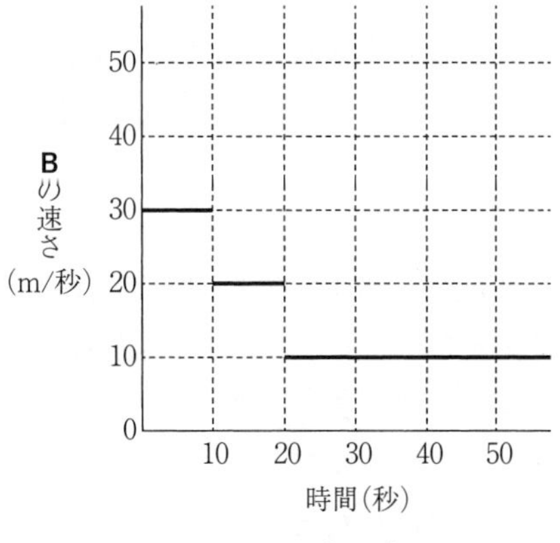

［**図4**］

(1)　0～10秒の10秒間と，20～30秒の10秒間について考えます。自動車**B**から見て自動車**A**は，それぞれ毎秒何m近づきますか，それとも遠ざかりますか。数値を答え，解答欄の「近づく・遠ざかる」の中からあてはまるものを選び，◯で囲みなさい。

(2)　［**図５**］は時間と自動車**B**の移動距離《きょり》の関係を表すグラフをかくためのものです。解答欄の図に，10秒，20秒，50秒における自動車**B**の移動距離を，それぞれ点『•』で表し，０～50秒のグラフをかきなさい。

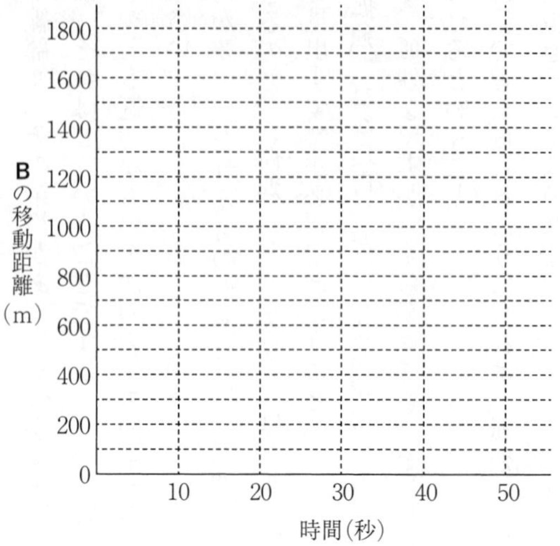

［**図５**］

(3)　自動車**A**が自動車**B**に追いつくまでの移動距離は何mですか。

(4)　気温が15℃のとき，空気中を音が伝わる速さは毎秒何mですか。

以下の(**5**)～(**7**)の問いは，答えの数値が割り切れない場合は，小数第３位を四捨五入して，**小数第２位**まで求めなさい。

(5)　気温が15℃のとき，自動車**A**が30～50秒の20秒間，サイレンを鳴らしました。自動車**B**の運転者がこのサイレンの音を聞き始めるのは，自動車**A**がサイレンを鳴らし始めてから何秒後ですか。

ただし，音が伝わる間に，自動車**B**が動くことを考える必要があります。

(6)　(**5**)において，自動車**A**が50秒のときに鳴らしたサイレンの音を，自動車**B**の運転者が聞くのは50秒のときから何秒後ですか。

(7)　(**5**)と(**6**)の結果を用いると，自動車**A**が20秒間鳴らしたサイレンの音を，自動車**B**の運転者が聞くのは何秒間ですか。

同じ回数の振動《しんどう》を短い時間で聞くときには高い音に聞こえ，長い時間で聞くときには低い音に聞こえます。そのため，①サイレンの音は，自動車**A**と自動車**B**が近づくときには高い音に聞こえ，遠ざかるときには低い音に聞こえます。

(8)　(**5**)において，自動車**A**が鳴らしたサイレンの音は，自動車**B**の運転者にはどのように聞こえますか。次の**ア**～**ウ**の中から１つ選び，記号で答えなさい。

ただし，止まっている自動車**A**がサイレンを鳴らして，その音を止まっている自動車**B**の運転者が聞く場合と比べるものとします。

ア　高い音に聞こえる　　**イ**　低い音に聞こえる　　**ウ**　変わらない

(9)　下線部①のような現象を何といいますか。

問七　――線部⑥「そういう自由な人生を送っている人たち」とはどういう人たちですか。**十五字以上二十字以内**で説明しなさい（**句読点・記号も一字に数えます**）。

問八　――線部⑦「寂しさがもしマイナスだとすれば、それはプラスあってのマイナスだと捉えることができる」とありますが、それはどういうことですか。その内容を説明したものとしてもっとも適切なものを次の**ア**～**エ**の中から一つ選び、記号で答えなさい。

ア　寂しさを感じられるのは、賑やかで幸せなときがあったからだということ。

イ　賑やかで楽しく感じるのは、人とのつながりを求めているからだということ。

ウ　寂しいと感じるのは、心の底で賑やかな状態を望んでいるからだということ。

エ　将来幸せになれると信じられるのは、今の寂しさを楽しめるからだということ。

問九　――線部⑧「その余裕があり、それが『美』でもある」とありますが、それはどういうことですか。その内容を説明したものとしてもっとも適切なものを次の**ア**～**エ**の中から一つ選び、記号で答えなさい。

ア　何か夢中になれるものがあれば、「孤独」を感じることはなくなるので、「孤独」とつき合うには、まず物事のなかに美しさを見出す姿勢が必要だということ。

イ　「孤独」だから自分だけの時間が持てるという価値を持つことで、孤独な現実がいくら辛くても、それと直面できる強さを得られるということ。

ウ　自分で考えられるようになれば「孤独」に対しても余裕を持って向き合えるようになり、そのように生きる姿勢には魅力《みりょく》がある、ということ。

エ　良いときも悪いときもあり、変化していくのが人間なのだとあきらめることができれば、気分に流されない、芯《しん》の通った立派な人物になれるということ。

ての価値がなくなってしまうから。

イ　思考することは面倒な作業に違いないが、それを避《さ》けることによって、エンタテインメントの感動しか得られなくなり、現実の世界で誰とも絆を持てなくなるから。

ウ　考えることをやめると、次第に物事の善悪の判断ができなくなり、周囲の人間に危害をおよぼす迷惑な存在になってしまうから。

エ　孤独が嫌《きら》いな自分について考えなくなると、自分の存在の価値を疑うようになり、本来の自分の好きなことを犠牲《ぎせい》にしてまでも人から好かれようとしてしまうから。

問二　――線部②「寂しさや孤独が、実は人間にとって非常に大事なものだ」とありますが、それはなぜですか。**三十五字以上四十字以内**で答えなさい（**句読点・記号も一字に数えます**）。

問三　二箇《か》所の□には同じ言葉が入ります。その言葉としてもっとも適切なものを文中から**四字**で抜き出しなさい。

問四　――線部③「そう『思い込まされている』」とありますが、それはどういうことですか。その内容を説明したものとしてもっとも適切なものを次の**ア**～**エ**の中から一つ選び、記号で答えなさい。

ア　多くの娯楽《ごらく》作品において、孤独な主人公が登場することで、孤独を感じることではじめて仲間の価値に気づける、と思ってしまうということ。

イ　多くの娯楽作品において、仲間との絆が描かれることで、仲間がいないとしたら、自分に欠陥《けっかん》があるように感じてしまうということ。

ウ　多くの娯楽作品において、人とのつながりがテーマにされることで、仲間とずっと一緒にいないと不安に感じるようになってしまうということ。

エ　多くの娯楽作品において、友情が取り上げられることで、そうした作品に感動しなければいけないと思い込まされてしまうということ。

問五　――線部④「TVも映画もアニメも小説も漫画も、この安易な『感動』で受けようとする」とありますが、それはなぜですか。その理由としてもっとも適切なものを次の**ア**～**エ**の中から一つ選び、記号で答えなさい。

ア　泣くことさえできれば感動的な作品だと評価される風潮《ふうちょう》が、世間にはあるから。

イ　エンタテインメント作品は子どもの観客向けに、道徳的な要素が必要になるから。

ウ　多くの人に受け入れられやすく、道徳的な内容も含み、物語も作りやすいから。

エ　恋愛《れんあい》よりも、仲間や家族を扱った方が多くの人にとって身近な内容になるから。

問六　――線部⑤「そういったものを、ときには認めることが必要なのではないか、と僕は強く感じている」とありますが、それはなぜですか。その理由としてもっとも適切なものを次の**ア**～**エ**の中から一つ選び、記号で答えなさい。

ア　一般とは違う考えを認めることが、人と生きていくということだから。

イ　人の考えを否定してしまうと、仲間は離れていってしまうから。

ウ　仲間の理解があってはじめて、人生を本当に楽しめるようになるから。

エ　自分の力では気づけなかった美しさや楽しさの存在に気づかされるから。

ている。その「自由さ」は、けっして異常ではない。どちらかというと、僕はその方が人間的であり、より高いレベルの楽しさだ、と評価したいくらいだ。

もう一つ言えることは、⑥そういう自由な人生を送っている人たちは、他者と競争をしないし、平和を望んでいるし、人に迷惑《めいわく》をかけないマナーも持っている。世界中の人がこんなふうになったら、戦争もなくなるし、争いもなくなるのではないか、と思える。どうして、彼らの生き方を否定することができるだろう。

さて、もう少し深く考えてみよう。そもそも「楽しさ」と「寂しさ」というのは、光と影《かげ》であって、どちらかだけが存在するものではない、ということが、自分や他者の観察からわかってくるはずである。それは、波のように揺《ゆ》れを繰り返す運動の上のピークと下のピークでしかない。楽しさがあるから、寂しさを感じるのだし、また、寂しさを知っているから、楽しいと感じるのである。

もしも、毎日がパーティで、ずっと大勢と一緒《いっしょ》にいて、常に賑やかな時間を過ごす、という王様のような生活だったらどうだろう。想像してみてほしい。おそらく、長続きはしない。少し静かな自分一人の時間が欲しい、と感じるにきまっている。もちろん、この逆に、ずっと一人だけの生活をしていると、たまには誰か遊びにきてくれないかな、と自然に思う。どちらの状態が良くて、どちらが悪いというものではなく、賑やかで楽しい時間も、静かな寂しい時間も、いずれも必要なのではないか。そして、どちらかに偏《かたよ》ることのない変化こそが、まさに「生きている」という面白さ、醍醐味《だいごみ》であって、苦しみのあとに楽しみがあり、賑やかさのあとに静けさがある、その変化こそが、「楽しさ」や「寂しさ」を感じさせるともいえる。（中略）

したがって、寂しさが何故いけないものか、と考えている本章における一つの答というのは、そのいけなさの理由は何かと問い直すことで理解できるだろう。悪とは善からの変化であり、善とは悪からの変化であるのだから、すなわち、⑦寂しさがもしマイナスだとすれば、それはプラスあってのマイナスだと捉えることができる。

しかも、こういった変化は当然ながら、生きているうちは繰り返される。まさに「波動」なのだ。ということは必然的に、「寂しい」「孤独だ」と感じることが、そののちに訪れる「楽しさ」のための準備段階なのである。「いけない」というのも、「良い」状態へのジャンプのために屈《かが》んでいる瞬間《しゅんかん》なのであって、多少の苦労というか面倒はつきものだ。

このように、「孤独」を感じたときには、それだけこれから「楽しさ」がある、というふうに解釈《かいしゃく》すれば良い。それを知っている人が、「さび」の世界に浸ることができる。⑧その余裕《よゆう》があり、それが「美」でもある。

（森《もり》　博嗣《ひろし》『孤独の価値』による）

注1　エンタテインメント～映画やテレビなどで発表される娯楽《ごらく》作品。
注2　エッセンス～要素。
注3　穿った～物事のかくれた部分を言い当てた。
注4　類型～パターン。
注5　条件反射～ある条件が整うと、同じような反応をするようになること。
注6　メディア～情報を伝達する手段。新聞やテレビなど。

問一　――線部①「その症状の方が、寂しさや孤独よりもずっと危険な状態だと思われる」とありますが、それはなぜですか。その理由としてもっとも適切なものを次の**ア**～**エ**の中から一つ選び、記号で答えなさい。

ア　思考することから逃《のが》れると、自分で物事の判断ができず、周りからの命令でしか動けないロボットのようになり、人間とし

おそらく、人間が持っている本能的な感覚を利用しているものと思われるが、多くの注1エンタテインメントでは、仲間の大切さを誇大《こだい》に扱《あつか》う傾向があるし、またそれに伴《ともな》って、孤独が非常に苦しいものだという感覚を、受け手に植えつけているように観察される。ドラマやアニメでも、そういった演出が過剰《かじょう》に繰《く》り返される。これは、たとえば「家族愛」などでも同様で、そういった種類の「感動」は、作り手にとっては技術的に簡単であり、また受け手も生理的に受けつけないというものではない。このため、みんなが利用する結果となり、社会に広く出回る。この注2エッセンスさえ入れておけばまちがいない、という定番になっているのだ。

④TVも映画もアニメも小説も漫画《まんが》も、この安易な「感動」で受けようとする。注3穿《うが》った見方をすれば、安物の感動である。そういったもので現代社会は溢《あふ》れ返っているように僕には見える。愛する人が死ねば悲しい、でも、その寂しさから救ってくれるのはやはり仲間だ、というありきたりの「感動」がいかに多いことか。受け手も、そういった注4類型を繰り返し見せられれば、注5条件反射的に自然に涙が流れるようになるだろう。人が死ぬ場面や、泣き叫《さけ》ぶ場面、親子や恋《こい》人《びと》が引き離《はな》される場面で、涙が出るのは自然である。ただし、涙が出ることが、すなわち「感動」ではない。よく、「号泣《ごうきゅう》もの」だと作品の宣伝をすることがあるが、泣くことができれば優れた作品だという評価が、完全に間違っている。人を泣かせることなど、誰《だれ》にでもできる。それは「暴力」に似た外力であって、叩《たた》かれれば痛いと感じるのと同じ単純な反応なのだ。

しかし、このような「感動の安売り」環境に浸って育った人たちは、それらが感動的なもので、素晴らしいものだという洗脳《せんのう》を少なからず受けるだろう。□がさらに進み、植えつけられたものがその人にとっての価値観になり、常識にもなる。自分で考えなくなると、それが「普通《ふつう》」で絶対的なものになり、そうでないものは「異常」だとさえ感じるようになる。

結局、こうして植えつけられた観念からすると、孤独は、排除《はいじょ》しなければならない異常なものになる。あってはならないものだから、孤独を感じるだけで、自分を否定することにつながる。その観念がどこから来たのかと考えもしない。そこに危険がある。(中略)

あまりにも、注6メディアに流れる虚構《きょこう》が一辺倒《いっぺんとう》だ、ということに最大の問題があるだろう。たとえば、家族にも友達にも関係なく強く生きている人間を描くことがあるだろうか。友達や家族に裏切られても、自分一人で楽しく生きている道があると教えることがあるだろうか。どうしても、そういうものは寂しさを伴ってしか表現できない。一般の人はこうは考えないよね、と決めつけてしまっているからだ。

少数派であっても、その生き方や価値観を無視してはいけない。仲間や家族が人生で最高に大切なものでなくても、けっして異常ではないし、また寂しいわけでもない。それ以外にも、楽しさはいくらでもあるし、また美しいものだって沢山《たくさん》ある。⑤そういったものを、ときには認めることが必要なのではないか、と僕は強く感じている。

一般的ではないだろうけれど、たとえば、天体観測に一生を捧《ささ》げる人生だってある。数学の問題を解くことが、なによりも大事だという人生だってある。仏像を彫《ほ》るために、命を懸《か》ける人生だってある。そこには、仲間とか家族とか、親しさとか愛とか絆《きずな》は存在しない。ただ自分一人がいる。普通の人には、それは寂しい人生であり、まちがいなく孤独に見えるだろう。しかし、本人にとっては全然そうではない。それが楽しいと感じ、いきいきとして笑顔で毎日を送っているのだ。現に、僕はそういう人間を何人か知っている。彼《かれ》らは、僕から見ると、むしろ一般の人たちよりも、よほど楽しそうに見える。人生を謳歌《おうか》し

の方が、寂しさや孤独よりもずっと危険な状態だと思われる。思考しなかったら、つまりは人間ではない。人間というのは、考えるから人間なのだ。したがって、考えることを放棄《ほうき》してしまったら、それこそ救いようがない、という状態になってしまう。

知らず知らずのうちに、考えるのは面倒《めんどう》だから、考えない方が楽だから、とずるをするようになってしまう。まずは、この姿勢を改める意味でも、簡単なことから考えてみることをおすすめしたい。

寂しいと、どんな悪いことが貴方《あなた》に起こるのか？

寂しいと泣けてくる、寂しいとなにもしたくなくなる、寂しいと体調も悪くなる、というようにいろいろなマイナス現象が人によって生じると思う。逆に、楽しいと、うきうきして何事にも積極的になれ、重かった躰《からだ》も軽く感じられ、体調も良くなる。

これらは、現象として観察されることだ。なかには、涙《なみだ》が出ることが寂しいこと、やる気がなくなることが寂しいことだ、というように定義をしてしまう人もいるだろう。

けれども、よくよく考えてみると、やはり、寂しいことが悪いことだという先入観があるから、いろいろなマイナスが表面化するのではないか。多くの人が単に思い込みだけで「寂しさ」を必要以上に悪く捉《とら》えているように、僕には見える。

「じゃあ、寂しいとなにか良いことがある？」そう尋《たず》ねる人もたぶんいるだろう。

それが、実はある。いろいろな面で、そういうことが実際にある。わかりやすい話をまずすると、「賑《にぎ》やか」なのは良いこと、その反対の「寂しい」のは悪いこと、というように一般《いっぱん》に捉えられているけれど、この場合の「寂しい」というのは、「静かで落ちついた状態」というふうにも言い換《か》えられる。パーティなどは賑やかだが、茶室の中は静かだ。日本古来の伝統美には、「わび、さび」の精神があることはご存じだろう。これは、つまり「侘《わび》しい」こと、「寂しい」ことだ。

自然の中、山奥《やまおく》へ足を踏《ふ》み入れると、そこには都会にはない静けさがある。これは「寂しさ」以外のなにものでもない。こういった環《かん》境《きょう》が、人間にとってマイナスだとはけっしていえないはずだ。むしろ、そういった「静けさ」がとても大事な場面がある。たとえば、ものを考えるときには、「賑やかさ」は煩《うるさ》くて邪魔《じゃま》になるだけだ。数学の問題を解くときには、周《まわ》りで友達たちが楽しそうに騒《さわ》いでいる場所は、明らかにマイナスではないか。

なかには、「寂しいといろいろ考えてしまって余計に憂鬱《ゆううつ》になる」と言う人もいる。この言葉が示しているのは、「賑やかなところではなにも考えなくても良い」という点である。もしかして、人は［　　］を本能的に望んでいるのだろうか、と思えるほどである。

考えることが苦痛だ、と感じる人には、寂しさはたしかにマイナスかもしれない。寂しさのプラス面が活用できない、ということになるからだ。では、音楽を聴《き》くときはどうだろうか。自分の好きな音楽をじっくり聴きたいときには、周りは静かな方が良いのでは？

音楽を真剣《しんけん》に聴くという「精神集中」は、実は思考に近いものだと僕は思っている。同様に、読書に浸《ひた》る、絵を描《か》くことに没頭《ぼっとう》する、というのも思考に近い。これらに共通しているのは、「個人の活動」であって、静かな環境が相応《ふさわ》しい。大勢の中にあっては、気が散ってしまい、やりにくくなる。

このように少し考えるだけで、②寂しさや孤独が、実は人間にとって非常に大事なものだということがわかってくるはずだ。この点についても、詳《くわ》しくは後述したい。

もう一度話を戻して、何故そこまで「寂しさ」を遠ざけようとするのか、と考えてみると、次に思い浮《う》かぶのは、③そう「思い込まされている」という点である。

問七 [C]、[D]に入る表現としてもっとも適切なものを下の**ア**〜**エ**の中からそれぞれ一つずつ選び、記号で答えなさい。

C
ア しつけが厳しかったもので
イ わたし、日本語教師ですもの
ウ 日本語で苦労している母をずっと見てきましたから
エ それは、伸一さんたちの言葉遣いが良くないからですわ

D
ア もっとひどかったのは妹です。中国語も話せませんでしたから
イ この話は止《や》めましょう
ウ まあ、すぐ馴《な》れましたけど
エ でも、大変だったのは私だけではありません

問八 ——線部④「おねえちゃんがいたから、エミちゃんは日本語にはあまり苦労しなかった」とありますが、日本語を教えるだけでなく、姉がしてくれたこととして具体的に挙げられていることを**十五字以上二十字以内**で説明しなさい（**句読点・記号も一字に数えます**）。

問九 本文全体をふまえて、姉と妹の関係について説明したものとしてもっとも適切なものを次の**ア**〜**エ**の中から一つ選び、記号で答えなさい。

ア 頑張《がんば》りすぎてしまう姉をいつも心配していた妹は、結婚が決まってから、肩の力が抜けた姉の様子をうれしく思うが、国際結婚には苦労もあるだろうと不安に感じている。

イ 台湾から引っ越したとき、一家では誰《だれ》も日本語を流暢《りゅうちょう》に話せなかったため、姉が家族のために日本語を率先して勉強していたが、当時の妹はまだ幼く、そのことを覚えていない。

ウ 強い意志を持ち、自分の力で人生を切り拓《ひら》いていく姉に妹は勇気を与《あた》えられ、姉は本音を話せるほどに妹を信頼《しんらい》しており、それぞれお互《たが》いを尊重し合い、良好な関係を続けている。

エ 自分のあとを追っかけて、人生の選択《せんたく》をする妹をかわいく感じているが、いつまでも幼い部分が心配なので、姉は嫌《きら》われることを承知で妹をしつこく注意することにしている。

三 **次の文章を読んで、後の問いに答えなさい。**

ここで考えるのは、死に直結するわけでもないのに、どうして、我々の多くは孤独《こどく》をそれほどまで怖《おそ》れるのか、という問題である。この傾向《けいこう》は、特に若者に多い。やはり、社会全体をまだ知らない、社会と自分の関係も不明瞭《ふめいりょう》だ、という時期に抱《いだ》く孤独感は、無視できないほど本人に影響《えいきょう》を与《あた》えることがある。実は、本書を書こうと思ったのも、できれば、その得体《えたい》の知れない孤独感のようなものを、少しでも和《やわ》らげることができないか、と思ったからだ。すなわち、僕《ぼく》は、そういった孤独感が、主として外界の観察不足と本人の不自由な思考から生じるものだと感じていて、「思い込《こ》み」を取り除くことと、少し「考えてみる」ことが、危機的な孤独からの脱出《だっしゅつ》の鍵《かぎ》になると考えているからである。

たしかに、寂《さび》しさは、自身の状態としてマイナスである。気持ちの良いものではない。長く続くと、だんだん自分の存在自体が嫌《いや》なものに思えてくる。こんな状態が今後も長く続くのなら死んだ方がましだ、と考えるのも不自然ではない。その悲観的な予測自体は、間違《まちが》いとはいえないからだ。

ただ、そのまえに、やはり「寂しさ」が何故《なぜ》いけないことなのか、を考えてみよう。どうして、こんなに嫌なものに感じてしまうのか、ということだ。それは、絶対的な地獄《じごく》の苦しみなのだろうか？

こういった場合に、「嫌なものは嫌なんだからしかたがない」と言う人が多い。これは、典型的な「思考停止」であって、①その症状《しょうじょう》

分も手伝わなければいけない、という義務感にかられている。

イ　「姉」は苦労しながら、生徒にとってどのような教え方が良いのか模索《もさく》しながら、教材作りに工夫をこらそうとしているのに対し、「わたし」は「姉」を心配し、手伝わなければいけないと感じている。

ウ　「姉」は不安や責任を感じながら、自分の仕事として教材作りを、まじめにしているのに対し、「わたし」は作業そのものに楽しさを見いだして負担感を感じずに取り組んでいる。

エ　「姉」は仕事が忙しくなり、姉妹で過ごす時間が減ってしまったので、家にいるときは一緒《いっしょ》の時間を大切にしているのに対し、「わたし」も教材作りをともにすることで、姉の気遣《きづか》いに応えようとしている。

問四　――線部②「あいまいに笑った」とありますが、ここでの「姉」の気持ちを説明したものとしてもっとも適切なものを次の**ア**～**エ**の中から一つ選び、記号で答えなさい。

ア　母の言葉で自分が子どもだったときのことを思い出し、生徒と同じぐらいの年齢《ねんれい》のときに周囲の大人に何をしてほしかったかを考え、日本語を教えてもらうだけではなかったはずだと気づき、日本語の先生というよりも前に大人として何をするべきか悩《なや》んでいる。

イ　生徒に日本語を教えることができず、先生として最初の壁にぶつかっているのに、それに気づかず、のんきに昔の話ばかりしている母親に不満を感じる一方で、母親が自分を大切に思ってくれているのも分かり、冷たくもできず、笑顔で感情をごまかしている。

ウ　先生の練習をずっとしてきたのだから、と励ます母親をありがたく思うが、生徒のために日本語を教えられていない状況《じょうきょう》を解決しなければいけないという焦《あせ》りが強く、意識が母親よりも仕事のことに向いてしまい、母親には適当な反応しかできないでいる。

エ　妹のために一生懸命だった昔の自分を思い出し、照れ臭《くさ》さを感じる一方で、日本語を使えるようにさせることが自分の仕事なのに、つい生徒の気持ちになって話を聞いてしまい、うまく日本語を教えられていないことに先生としての自信がもてずにいる。

問五　**B**には、担任の先生の「姉」に対する頼《たの》みごとが入りますが、どのような内容だと考えられますか。その内容としてもっとも適切なものを次の**ア**～**エ**の中から一つ選び、記号で答えなさい。

ア　日本語を好きになるようたくさんお話をしてあげてください

イ　中国語で莉莉に許先生の幼かったときのことを話してあげてください

ウ　できるだけ多く日本語を聞かせてあげてください

エ　中国語でたくさん莉莉の話を聞いてあげてください

問六　――線部③「あなただって……」とありますが、そのあとにどのような言葉が続くと考えられますか。その言葉としてもっとも適切なものを次の**ア**～**エ**の中から一つ選び、記号で答えなさい。

ア　周《まわ》りの日本人と違う環境《かんきょう》であることに複雑な思いを抱《いだ》いてきたはずだから。

イ　社会で働く前に学生として何か好きなことに夢中になりたいと思うはずだから。

ウ　姉と同様に日本語教師になる方が、生まれたときの環境を活かせるはずだから。

エ　日本語では自分の気持ちを思うように伝えられない苦労をしてきたはずだから。

――歓歓ちゃんも、そうだったんでしょうね。

というと、母がはじめて口を開いた。

――はじめは、大変だった。でも、がんばった。ね。

どことなく誇《ほこ》らしげな口調だった。姉が曖昧《あいまい》に笑う。

――実は、連絡帳《れんらくちょう》、わたしの代わりにこの子、書いていた。

――連絡帳って、あの連絡帳？

瀬戸さんのお母さんが驚いて聞き返す。

――そう、わたし、日本語、じょうずじゃない。歓歓、手伝ってくれた。

母の告白に、へええ、と一同が驚く。やめてよ、と姉は眉《まゆ》をひそめて母を肘《ひじ》でこづく。瀬戸さんが苦笑しながら、ということは、という。

――ひょっとしたら、莉莉も、自分で書いているかもな。

わたしは、わたしの連絡帳も姉が書いていたと話そうかどうしようか考えあぐねていたが、

――エミちゃんは？

瀬戸さんのお母さんが、わたしのほうへと身をのりだした。

――エミちゃんは、学校に入ったときどうだったの？

私は頭を掻《か》きながら、

――わたしは……赤ちゃんのときから日本語だったので。

母が得意げに付け加える。

――④おねえちゃんがいたから、エミちゃんは日本語にはあまり苦労しなかった。

（**温又柔**《おんゆうじゅう》**『来福の家』による**）

注1 **「祝贺濑户老师和许老师的结婚！　恭喜恭喜」**～「瀬戸先生と許《きょ》先生、結婚おめでとう」という意味の中国語。

注2 **母語**～幼児期に習得される言語。

注3 **クーピー**～芯《しん》だけの色えんぴつ。クレヨンのような発色をもつ。

注4 **入学手続き**～「わたし」の中国語学校へ入学する手続きのこと。

注5 **生成り**～素材そのものの色。

注6 **お色直し**～結婚式で新郎と新婦が衣装を変えること。

注7 **beautiful**～「美しい」という意味の英語。

問一 〰〰線部①、②の言葉の、文中における意味としてもっとも適切なものを後の**ア**～**エ**の中からそれぞれ一つずつ選び、記号で答えなさい。

① いそしんだ

ア 秘密で作業を行った。
イ まじめに作業に努めた。
ウ 作業に苦労した。
エ 作業を楽しんだ。

② 嘆息する

ア 小さく声を出す。
イ 悲しみ、なげく。
ウ 驚いて息をのむ。
エ ため息をもらす。

問二 [A]には「姉」が力になりたいと考えている相手が入りますが、どのような人だと考えられますか。**三十字以上四十字以内**でわかりやすく答えなさい（**句読点・記号も一字に数えます**）。

問三 ――線部①「わたしたち姉妹がリビングのテーブルに陣取って薛莉莉ちゃんのための教材をつくっている」とありますが、ここでの「姉」と「わたし」の取り組み方について説明したものとしてもっとも適切なものを次の**ア**～**エ**の中から一つ選び、記号で答えなさい。

ア 「姉」は教材作りに熱中することで、仕事の不安から逃《のが》れようとしているのに対し、「わたし」は「姉」の気迫《きはく》に負け、自

るい黄褐色《おうかっしょく》のドレスの生地は、麻《あさ》。純白はまばゆすぎると姉は注5生《き》成《な》りのドレスを選んだ。注6お色直しは、しなかった。父と腕《うで》を組んで歩いた衣裳《いしょう》のまま、祝ってもらいたいと姉が希望したのだった。二十人の参列者のうち十七人が新郎《しんろう》側の親族。新婦側は、両親とわたしの三人だけだった。

——この手紙を、パパとママのことばである中国語、あるいは台湾語でも書ければよかった。だけれども、わたしにとってはやっぱり、日本語で気持ちを伝えるのがいちばん自然なので、日本語にしました。

披露宴《ひろうえん》で、家族宛《あて》の手紙をよみあげた姉の声は、最後までしゃんとしていた。震えてすらいなかった。泣かない新婦に寄り添《そ》うようにして立っていた新郎のほうが、目を赤くしていた。

その日の午前、教会で、神父は結婚誓約書《せいやくしょ》へ署名する新婦の名前をみて、注7beautiful、と呟いた。それから新郎にむかって微笑《びしょう》をすると、

——あなたがたは、海を越えて結ばれたのです。どうかどうか、お幸せに！

なめらかな日本語でいったのだそうだ。新婦と新郎は、顔をみあわせながらそっと笑った。

新郎の名は、瀬戸伸一。新婦の名前が、許歓歓だった。

——歓歓ちゃんがはじめて家に遊びに来てくれたとき……

挙式の半年前、瀬戸家と許家がはじめて勢ぞろいして食事をしたときだった。

——日本育ちであるとは聞いていたんだけど、歓歓ちゃんの日本語がとっても上手で、驚《おどろ》いちゃった。うちの息子たちよりもずっと、きちんとしていて……

瀬戸さんのお母さんがそういうと、わたしたちはみんな、どっと笑った。

——だって［ C ］。

わざとおどけた口調で姉がいう。

——おかげで、伸一は歓歓ちゃんに出会えたんですものね！

瀬戸さんのお母さんがいうと、また笑いが沸《わ》いた。（中略）

——日本語は、歓歓にとっては母国語のようなものですから。

といったのは父だった。姉が父のことばに大きくうなずく。だから日本語はできてあたりまえなんですよ、と照れくさそうに笑う。

——キョさんは七歳《さい》のときから日本の小学校に通っているんだ。

瀬戸さんが自分の両親にむかってそういってから、

——二年生、だっけ？

姉に確認した。ウン、と姉は父と母のほうをみて、そうだったわよねという。父も母も、そうそうとうなずく。

——それまで、日本語は？

瀬戸さんのお母さんがたずねる。ぜんぜん、と姉が即答《そくとう》すると父も母も苦笑いを浮かべる。

——台湾で、知り合いの日本人から少しだけひらがなは教わっていましたが……転校したばかりのときは、一言もわかりませんでした、

一息ついてから、両親のほうをちらっとみやると、

——［ D ］。

笑い顔でいった。そうだったの、しみじみと瀬戸さんのお母さんがいう。

——キョさんが担当してくれた莉莉という子もそうなんだけど、中国語圏《けん》の、特に女の子は、優秀《ゆうしゅう》な子が多いですね。はじめはぜんぜん日本語ができなくとも、あっという間に他の子に追いつく……そんな気がします。

父と母にむかって、瀬戸さんがいう。瀬戸さんのお母さんが、

「そういえば、注4入学手続きは済んだの？」

「そうみたいね」

「まるでひとごとね……入学式はいつ？」

「いつだったかな」

姉が②嘆息《たんそく》するのが聞こえる。まったくエミちゃんはノンキなんだから、と子どもの頃から何百遍《べん》もいっていたことをいう。

わたしは、姉に中国語を習ってみようかな、といったときのことを思い出す。

——ほんとうに？

信じられないというニュアンスの滲《にじ》んだ声だった。わたしはおかしくなった。

——どうしてそんなにびっくりするの？

だって、と姉はいった。

——エミちゃんは、中国語になんてまるっきり興味がないとばかり思っていたわ。

おねえちゃんと違《ちが》って？　いおうとして呑《の》み込《こ》む。すると姉が、

——でもなんだって急に？

——わたしだって中国語を喋ってみたいし、書いてみたいもの。

わたしとしては、特に、思いを込めてそういったわけではないけど、すこしのまのあと、受話器のむこうで、そうよねと呟いた姉の声は、わたし以上に真剣《しんけん》味《み》を帯びていた。

——そりゃあ、そうよね。③あなただって……（中略）

——祝贺瀬戸老师和许老师的结婚……

はじめ、小学生が書いたとはとても思えなかった。端正《たんせい》な文字だった。わたしの字よりおとなっぽいね、といったら、姉だけでなく瀬戸さんも笑ったのだった。

——僕《ぼく》なんかがみたら、あっというまに日本の生活に馴染《なじ》んでいるように思えるけど……きっと、僕らのようなふつうの日本人には想像もできないような苦労があって必死でがんばっているんだろうね。

そういいながら瀬戸さんが姉に目配せするのだが、姉はわざとちがうほうをむいてわたしと母にお茶をいれる。わたしは、その端正な中国語の文字を書いたおなじ人物が日本語で書いた文字を思い出していた。

——きょせんせい、ありがとう。だいすき。せつりりより。

ぎごちなくはあるけれど、ひとつひとつを懸命に書いた、というのが伝わってくる文字だった。すごい、わたしは嘆息した。

——莉莉ちゃんって、日本語がぜんぜんできなかったよね。おねえちゃんが教えたから、この手紙も書けたってことじゃない？

わたしがそういうと、姉は肩《かた》をすくめて、まあね、と笑う。子どものときから、照れるといつも、姉はそうするのだった。この手紙は宝物ね、わたしがいうと、もちろんよ、と姉はうれしそうにうなずく。

今度は母が手紙を手にとった。

——いい子。

手紙の文字を読み終えると母がいった。わたしたちはびっくりして母のほうを振《ふ》り返った。母が、涙声になっていたからだった。鼻を啜《すす》りながら母は続けた。

——とってもいい子。おねえちゃん、いいおしごとみつけた。よかったね。

泣くことないじゃないの、と呟いた姉の声も心なしか震《ふる》えていた。

場面は姉の歓歓と瀬戸伸一《しんいち》の結婚式へとうつる。

——パパ、ママ。日本で、わたしたちを育ててくれてありがとう。

身内だけの、ほんのささやかな結婚式だった。姉が纏《まと》っていたあか

の。わたしは［A］の力になりたいのよね。

　薛莉莉ちゃんが、まさにそういう子どもだった。料理人であるおとうさんが知人の経営する中国料理屋で働くことになったので、日本にやってきた。両親から渡日《とにち》を知らされたのは、その二ヶ月前。日本語は一言も話せなかった。そこで、薛莉莉ちゃんの注2母語である中国語が堪能《たんのう》な姉が、薛莉莉ちゃんの学校へと派遣《はけん》されることになったのだ。養成講座を修了《しゅうりょう》したばかりだった新米日本語教師の姉にとって初めてのお仕事だった。

　――緊張《きんちょう》しちゃう。まるで、わたしが転入生になったみたい。

　初仕事の前夜、姉が始終、そわそわしていたのを覚えている。幸いなことに、姉と薛莉莉ちゃんは相性がよかったようだ。毎週二回、国語と道徳の時間に、姉と薛莉莉ちゃんは図書室で集中的に日本語を勉強することになった。週二回、二時間足らずの授業のために、姉は毎日、薛莉莉ちゃんのための教材作りに①いそしんだ。わたしも、姉がつくった教材に注3クーピーで色づけする手伝いをした。塗《ぬ》り絵遊びのようなその作業がわたしはいやではなかったし、あんたが色を塗ってくれた絵、莉莉ちゃんが喜んでたわ、と姉にいわれるとついつい嬉《うれ》しくなって余計にはりきってしまう。新しいクーピーのセットを買いそうになったぐらいだった。①わたしたち姉妹がリビングのテーブルに陣取《じんど》って薛莉莉ちゃんのための教材をつくっているのをみて母がからかう。まるで学校ごっこね。おねえちゃんが先生役、エミちゃんが生徒。ちっちゃいときから、あなたたちは、いつもそうやって遊んでいたものね。

　――ママ、ごっこじゃないわ。おねえちゃんは、本当にセンセイなのよ。

　姉も、そうよそうよ、遊びじゃないのよという。あら、と母。だってほら、昔、エミちゃんがおねえちゃんのつくった教科書を一生懸《いっしょうけん》命《めい》読んでいたのを思い出して。含《ふく》み笑いをしながら母はいう。

　――エミちゃんは、ひらがな、おねえちゃんに教えてもらったんだもんね。

　そうだった。父の銀色のボールペンを鞭《むち》の代わりに、姉は壁《かべ》に貼《は》った五十音表をひとつひとつ差しながら、わたしに、あいうえお、かきくけこ……と教えてくれたのだった。

　――おねえちゃんは、あの頃からセンセイになる練習をしてたのね。

　姉は、わたしが色を塗り終えた教材をホチキスで留めながら②あいまいに笑った。姉は、始めたばかりの仕事に対して決して自信満々で臨《のぞ》んでいたわけではなかったのだ。今日も莉莉ちゃん、図書室に移動したとたん、中国にいたときのことを喋《しゃべ》り出してね。余計なおしゃべりは遮《さえぎ》って勉強させなきゃ、とも思ったんだけど、嬉しそうに喋っているのを聞いていると、それを黙《だま》らせて無理やり勉強させるのがかわいそうになってくるの。だってご両親も忙《いそが》しくて、お家では夜遅《おそ》くまでひとりぼっちだっていうのよ。わたし、こんなんじゃ先生失格かなあ……そう呟《つぶや》いていたこともあった。だからこそ、薛莉莉ちゃんの学校に行くようになって一ヶ月ほど経ったとき、

　――許《きょ》先生が来ると、莉莉の表情が、明るくなるんです。

薛莉莉ちゃんの担任の先生がそういってくれたの、と照れながらいったときの姉は心底嬉しそうだった。その先生は、姉が迷っているのを見抜《みぬ》いて励《はげ》ましてくれたという。

　――莉莉は、ふだん、ことばがわからない中、必死にがんばっているんです。だから許先生も、日本語を教える、というよりは、［B］。それが、莉莉にとって次もがんばろうって力になるんですから……

　よかったね、とわたしは姉にいった。莉莉ちゃんは、いい先生と出会えて。すると姉が、あたしもよかったわ、と片目をつぶる。

二〇一八年度
浅野中学校

【国語】（五〇分）〈満点：一二〇点〉

【注意】問題文には、原文（原作）の一部を省略したり、文字づかいや送りがなを改めたところがあります。

一　次の――線部①～⑧のカタカナの部分を漢字で、⑨・⑩の漢字の部分をひらがなで書きなさい。いずれも一画一画をていねいに書くこと。

協会の①**キソク**を確認する。

ことわざの②**ゴヨウ**を指摘《してき》され、恥《はじ》をかいた。

全体の流れを③**シキ**する。

友の④**チュウゲン**に従う。

⑤**セイジツ**な態度を心がける。

現状に⑥**アンジュウ**して、挑戦《ちょうせん》しないのはもったいない。

彼《かれ》は私にとって⑦**ムニ**の親友である。

相手に⑧**コウサン**をする。

⑨**夜半**過ぎに、事件は起きた。

⑩**人家**の灯りが、ぼんやりと見えてきた。

二　次の文章を読んで、後の問いに答えなさい。

主人公の「わたし」（エミ）は物心がつく前に、家族（母、姉の歓歓《かんかん》、父）と台湾《たいわん》から日本に引っ越《こ》しをしてきた。現在、私は大学卒業後、中国語学校に通い、中国語を学んでいる。次の部分は結婚《けっこん》した姉と「わたし」が電話で話をしている部分である。

姉の夫を、中国語では「姐夫《ジェフー》（jiě fū）」という。わたしは冗談《じょうだん》めかして、

「ジェフは元気？」

電話のむこうの姉にいう。だれよそれ、という姉の呆《あき》れ顔が目に浮《う》かぶ。

「瀬戸《せと》さんなら元気よ。春休みで子どもたちはいないけど、あいかわらず慌《あわただ》しくしているわ」

姉の夫である瀬戸さんは、小学校の先生だった。五年生を担当している。姉たちの新居には、結婚式のときの家族写真と共に、瀬戸さんの担任しているクラスの子どもたちからの寄せ書きが窓辺に飾《かざ》られていた。先生おめでとう、幸せになってください、といった言葉のなかに、ひとつだけ**注1**「祝贺瀬戸老师和许老师的结婚！　恭喜恭喜」と、中国語のメッセージがあった。書いたのは、薛莉莉《せつりり》ちゃんという女の子だった。薛莉莉ちゃんは、二年前、瀬戸さんが担任をしているクラスに転入してきた。瀬戸さんのクラスの子どもたちは瀬戸先生の結婚相手が姉だと知ると、なんだぁ、それって莉莉の先生じゃんか、といったそうだ。

大学の中国語学科を卒業し、日本語教師の養成学校に通っていた頃《ころ》から、姉は、子どもに日本語を教えたいとよく話していた。

――正直いって、おとなに教えるというのにはあんまり興味がない

2018年度

浅野中学校 ▶解説と解答

算数 (50分)＜満点：120点＞

解答

[1] (1) $\frac{13}{55}$ (2) イ 1620度 ウ 226.08cm^2 (3) エ 毎秒23m オ 95m (4) カ $49\frac{1}{11}$分 キ $50\frac{10}{13}$分 (5) ク 7通り ケ 28通り [2] (1) 毎分6L (2) ア 30 イ 3.75 ウ 10 [3] (1) ア 17 イ 289 ウ 39 (2) 24 (3) 3，5 [4] (1) 毎秒8cm (2) 6秒 (3) 16.5秒 [5] (1) 解説の図②を参照のこと。 (2) 75cm^3 (3) 66cm^3

解説

[1] 逆算，角度，面積，通過算，時計算，場合の数

(1) $\frac{1}{5}+\frac{3}{7}=\frac{7}{35}+\frac{15}{35}=\frac{22}{35}$，$\left(\frac{3}{4}+0.24\right)\div 9=(0.75+0.24)\div 9=0.99\div 9=0.11$より，あたえられた式は，$\frac{1}{9}\times\left(\frac{22}{35}\times\square-0.11\right)=\frac{3}{700}$となる。したがって，$\frac{22}{35}\times\square-0.11=\frac{3}{700}\div\frac{1}{9}=\frac{3}{700}\times\frac{9}{1}=\frac{27}{700}$，$\frac{22}{35}\times\square=\frac{27}{700}+0.11=\frac{27}{700}+\frac{11}{100}=\frac{27}{700}+\frac{77}{700}=\frac{104}{700}=\frac{26}{175}$より，$\square=\frac{26}{175}\div\frac{22}{35}=\frac{26}{175}\times\frac{35}{22}=\frac{13}{55}$となる。

(2) N角形の内角の和は，180×(N－2)度である(右の図①は四角形の場合であるが，内角の和が180度の三角形が，4－2＝2(個)できる)。よって，11角形の内角の和は，180×(11－2)＝1620(度)(…イ)となる。また，色のついた11個のおうぎ形の半径はすべて4cmであり，中心角の和は1620度だから，面積の和は，$4\times 4\times 3.14\times\frac{1620}{360}=72\times 3.14=226.08$(cm^2)(…ウ)と求められる。

図①

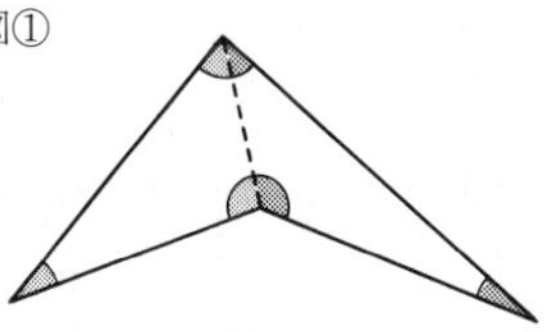

(3) 列車Bの長さを□mとすると，列車Bがトンネルを抜《ぬ》けるときのようすは右の図②のようになる。また，列車Aが25秒で走る長さは，17×25＝425(m)なので，列車Bが列車Aを追い抜くときのようすは右の図③のようになる。図②で，列車Bが21秒で走る長さは(388＋□)mと表すことができ，図③で，列車Bが25秒で走る長さは，55＋425＋□＝480＋□(m)と表すことができる。この差は，(480＋□)－(388＋□)＝480－388＝92(m)だから，列車Bの速さは毎秒，92÷(25－21)＝23(m)(…エ)と求められる。また，列車Bが21秒で走る長さは，23×21＝483(m)なので，列車Bの長さは，483－388＝95(m)(…オ)である。

図②

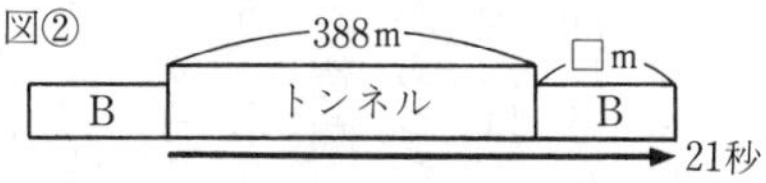

図③

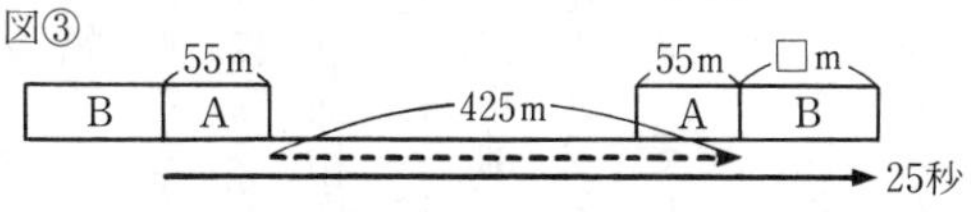

(4) 3時に長針と短針がつくる角は90度だから，長針と短針のつくる角が180度になるのは，3時から長針が短針よりも，90＋180＝270(度)多く動いたときである。また，長針は1分間に，360÷

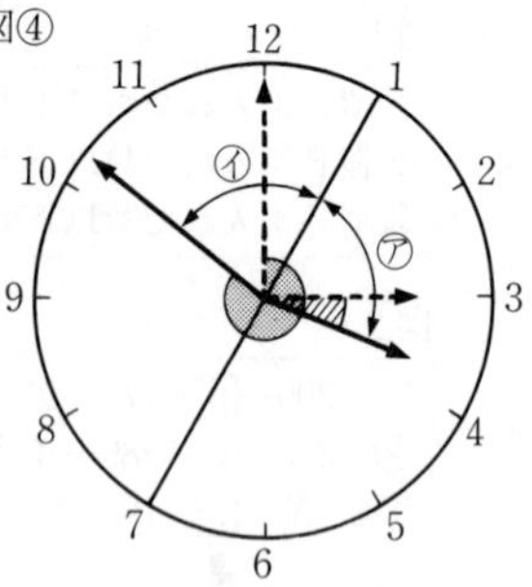

図④

60＝6(度)，短針は1分間に，360÷12÷60＝0.5(度)動くので，長針は短針よりも1分間に，6－0.5＝5.5(度)多く動く。よって，270÷5.5＝$49\frac{1}{11}$(分)より，3時$49\frac{1}{11}$分(…カ)とわかる。次に，右の図④の㋐と㋑の角が等しくなる時刻を求める。3時から図④のようになるまでに，短針が動いた角(斜線《しゃせん》をつけた角)を$\boxed{0.5}$とすると，長針が動いた角(かげをつけた角)は$\boxed{6}$となる。これを使うと，㋐の角は，30×2＋$\boxed{0.5}$＝60＋$\boxed{0.5}$と表すことができ，㋑の角は，360－$\boxed{6}$＋30＝390－$\boxed{6}$と表すことができる。これが等しいから，60＋$\boxed{0.5}$＝390－$\boxed{6}$，$\boxed{6}$＋$\boxed{0.5}$＝390－60，$\boxed{6.5}$＝330より，$\boxed{1}$＝330÷6.5＝$50\frac{10}{13}$(度)と求められる。したがって，$\boxed{6}$＝$50\frac{10}{13}$×6なので，3時から長針が動いた時間は，$50\frac{10}{13}$×6÷6＝$50\frac{10}{13}$(分)となる。つまり，求める時刻は3時$50\frac{10}{13}$分(…キ)である。

(5) 9個のあめ玉を3組に分ける分け方は，(1，1，7)，(1，2，6)，(1，3，5)，(1，4，4)，(2，2，5)，(2，3，4)，(3，3，3)の7通り(…ク)ある。また，これを3人に分ける分け方は，＿の場合は3通りずつ，……の場合は，3×2×1＝6(通り)ずつ，＝の場合は1通りある。よって，全部で，3×3＋6×3＋1＝28(通り)(…ケ)と求められる。

2 水の深さと体積

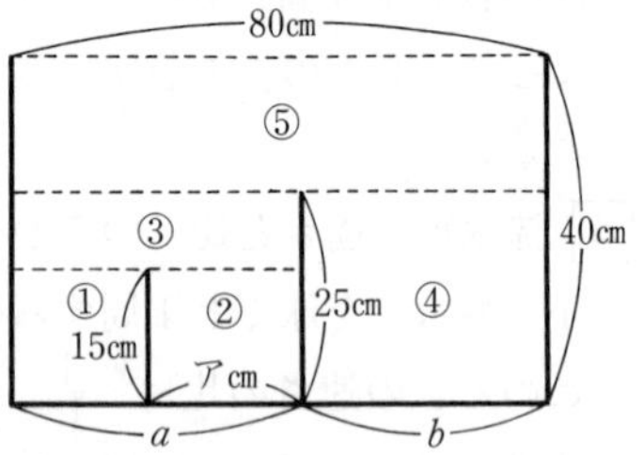

(1) 右の図の①～⑤の順に水が入る。水そうの容積は，30×80×40＝96000(cm^3)であり，水そうがいっぱいになるのにかかった時間が16分だから，水を注いだ量は毎分，96000÷16＝6000(cm^3)，6000÷1000＝6(L)とわかる。

(2) (①＋②)の部分と(①＋②＋③)の部分の高さの比は，15：25＝3：5なので，体積の比(水を入れた時間の比)も3：5になる。また，(①＋②＋③)の部分に水を入れた時間は6.25分だから，(①＋②)の部分に水を入れた時間(イ)は，6.25×$\frac{3}{5}$＝3.75(分)とわかる。同様に，(①＋②＋③＋④)の部分と(①＋②＋③＋④＋⑤)の部分の高さの比(水を入れた時間の比)は，25：40＝5：8であり，(①＋②＋③＋④＋⑤)の部分に水を入れた時間は16分なので，(①＋②＋③＋④)の部分に水を入れた時間(ウ)は，16×$\frac{5}{8}$＝10(分)と求められる。よって，(①＋②＋③)の部分と④の部分に水を入れた時間の比は，6.25：(10－6.25)＝6.25：3.75＝5：3だから，体積の比も5：3であり，横の長さの比(図のa：b)も5：3となる。したがって，a＝80×$\frac{5}{5+3}$＝50(cm)とわかる。さらに，①の部分と②の部分に水を入れた時間の比(横の長さの比)は，1.5：(3.75－1.5)＝2：3なので，②の部分の横の長さ(ア)は，50×$\frac{3}{2+3}$＝30(cm)と求められる。

3 約束記号，整数の性質

(1) Pが整数で，$P×P＝Q$となるとき，QをPの平方数という。ここで，Pを平方数を作る数と呼ぶことにすると，装置A～Cの操作はそれぞれ下の図1のように言い換《か》えることができる。すると，300以下で最大の平方数は，17×17＝289だから，ア，イはそれぞれ下の図2の①，②のようになる。また，装置Bから19が出るような整数をXとすると，③のようになる。ここで，19×19＝361，20×20＝400なので，Xとして考えられる整数は361以上400未満(399以下)とわかる。その個

図1

装置A：入れた数の平方数を出す
装置B：入れた数以下で最大の平方数を作る数を出す
装置C：入れた数以下で最大の平方数を出す

図2

① 300→B→17 …ア
② 300→C→289…イ
③ X→B→19
↓
③′ 19→D→39 …ウ

図3

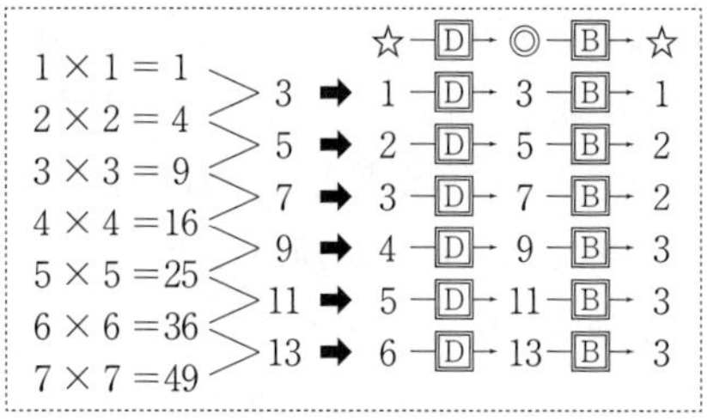

数は，399－361＋1＝39(個)だから，ウは③′のようになる。

(2) ◇以下で最大の平方数が16になるようにすればよい。ここで，16の次に大きい平方数は，5×5＝25なので，◇は16以上24以下となる。よって，◇にあてはまる最も大きい整数は24である。

(3) 装置Bに入れる数と装置Dから出てくる数が同じだから，上の図3のように，装置Bと装置Dの順番を入れかえることができる。図3で，平方数の差は，3，5，7，…のように2ずつふえるが，これは，1以上4未満の整数が3個，4以上9未満の整数が5個，9以上16未満の整数が7個，…あることを表していて，それぞれ装置D，Bには図3のように対応する(たとえば，1以上4未満の整数は3個あるので，装置Dに1を入れると3が出て，これを装置Bに入れると1が出る)。よって，2つの☆の値が一致するのは☆が{1，2}の場合であり，このときの◎の値は{3，5}である。

4 流水算，速さと比，つるかめ算

(1) 静水上を泳ぐと1周するのに15秒かかり，流れに逆らって泳ぐと1周するのに20秒かかるから，このときの速さの比は，$\frac{1}{15}:\frac{1}{20}=4:3$である。この差が流れの速さ(毎秒2cm)にあたるので，比の1にあたる速さは毎秒，2÷(4－3)＝2(cm)となり，静水上の速さは毎秒，2×4＝8(cm)とわかる。

図①

時計回りに毎秒6cm ｝合わせて
時計回りに毎秒7cm ｝18秒で120cm

(2) (1)から，1周の長さは，8×15＝120(cm)とわかる。また，最初の速さは毎秒，8－2＝6(cm)，途中からの速さは毎秒，8－1＝7(cm)であり，どちらも時計回りに泳ぐから，右上の図①のようにまとめることができる。毎秒7cmの速さで18秒泳いだとすると，7×18＝126(cm)進むので，実際よりも，126－120＝6(cm)長くなる。よって，毎秒6cmの速さで泳いだ時間(反時計回りに毎秒2cmにしていた時間)は，6÷(7－6)＝6(秒)と求められる。

図②

時計回りに毎秒6cm ｝合わせて
時計回りに毎秒$\frac{7}{3}$cm ｝25.5秒で120cm

(3) 最初は時計回りに毎秒6cm，次は反時計回りに毎秒7cm，最後は時計回りに毎秒7cmの速さで泳ぐ(これらをそれぞれ㋐，㋑，㋒とする)。㋑と㋒の時間の比が1：2だから，㋑を1秒，㋒を2秒とすると，反時計回りに，7×1＝7(cm)と，時計回りに，7×2＝14(cm)泳ぐ。すると，1＋2＝3(秒)で，時計回りに，14－7＝7(cm)泳ぐことになるので，平均すると，時計回りに毎秒，7÷3＝$\frac{7}{3}$(cm)の速さで泳いだことになる。これと㋐を合わせると，どちらも時計回りに泳ぐから，上の図②のようにまとめることができる。毎秒$\frac{7}{3}$cmの速さで25.5秒泳いだとすると，$\frac{7}{3}$×25.5＝59.5(cm)進むので，実際よりも，

120−59.5＝60.5(cm)短くなる。よって，毎秒6cmの速さで泳いだ時間(反時計回りに毎秒2cmにしていた時間)は，$60.5\div\left(6-\frac{7}{3}\right)=16.5$(秒)とわかる。

5 立体図形—分割，体積

図①

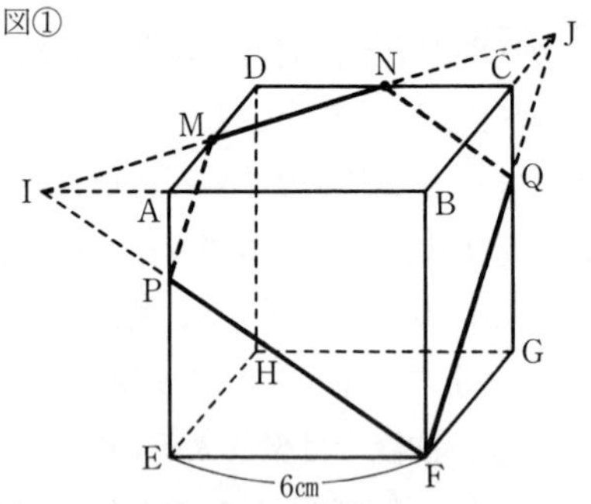

図②

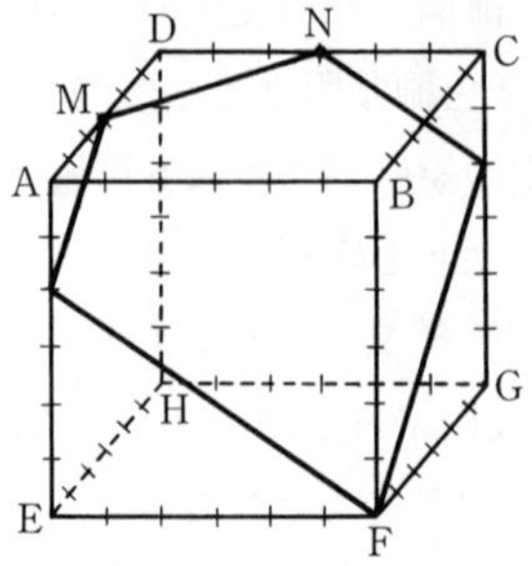

図③

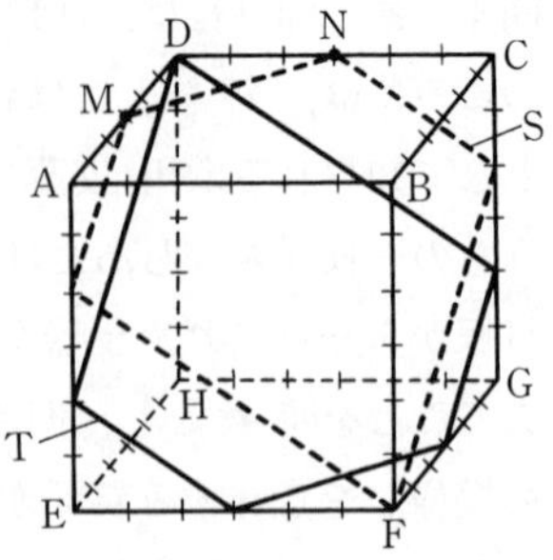

(1) 上の図①のように，MとNは同じ面上にあるから，直接結ぶことができる。次に，NMとBA，MNとBCを延長した直線が交わる点をそれぞれI，Jとする。さらに，IとF，JとFを結ぶ直線がAE，CGと交わる点をそれぞれP，Qとすると，切り口Sは五角形PFQNMとなる。そして，三角形DMNと三角形AMIは合同な直角二等辺三角形なので，AIの長さは，6÷2＝3(cm)である。また，三角形AIPと三角形EFPは相似であり，相似比は，3：6＝1：2だから，APの長さは，$6\times\frac{1}{1+2}=2$(cm)とわかる。同様に，CQの長さも2cmなので，切り口Sは上の図②のようになる。

(2) 点Bを含《ふく》む立体の体積は，図①の三角すいF−BJIの体積から，2つの合同な三角すいP−AMIとQ−CJNの体積をひいて求めることができる。ここで，これら3つの三角すいは相似であり，相似比は，BF：AP：CQ＝6：2：2＝3：1：1だから，体積の比は，(3×3×3)：(1×1×1)：(1×1×1)＝27：1：1となる。よって，点Bを含む立体の体積は，三角すいP−AMIの体積の，(27−1×2)÷1＝25(倍)なので，$\left(3\times3\times\frac{1}{2}\times2\times\frac{1}{3}\right)\times25=75$($cm^3$)と求められる。

(3) 切り口Tは上の図③の実線の五角形である。ここで，図②と図③は回転すると同じになるから，図③の点Hを含む立体の体積は，図②の点Bを含む立体の体積と等しく75cm^3とわかる。また，切り口SとTにはさまれた立体の体積は，立方体の体積から，図②の点Bを含む立体の体積と図③の点Hを含む立体の体積をひいて求めることができるので，6×6×6−75×2＝66(cm^3)となる。

社　会 (40分) ＜満点：80点＞

解　答

1 **問1** **あ** 浮世絵　**い** 縄文　**う** 法隆　**問2** オランダ　**問3** イ，ウ　**問4** ウ　**問5** ア，エ　**問6** エ　**問7** イ　**問8** イ　2 **問1** **あ** シラス　**い** 秋田　**う** 地産地消　**問2** エ　**問3** ア　**問4** ウ　**問5** イ　**問6** ア　**問7** ア　**問8** エ　3 **問1** ウ　**問2** イ　**問3** ウ　**問4** エ　**問5** エ　**問6** 議院内閣制　**問7** 情報　**問8** 時間　4 (例) 戦国時代に死亡率が上がるのは米が不足する春から夏で，この時期の農民には多くの農作業もあるが，冬であれば農民を兵士

として使うことができ，相手の収穫した米をうばい取ることもできるから。

解　説

1　日本美術の欧米への影響《えいきょう》を題材にした問題

問1　**あ**　浮世絵は，江戸時代前期の元禄文化のころに菱川師宣《ひしかわもろのぶ》が大成し，同時代後期の化政文化のころには，錦絵《にしきえ》とよばれる多色刷り版画としてつくられ，流行した。「東海道五十三次」の作者として知られる歌川(安藤)広重の絵はゴッホにも影響を与え，ゴッホは広重の「名所江戸百景」のうちの一枚「大はしあたけの夕立」を模写している。　**い**　縄文時代の人々のごみ捨て場である貝塚から発見された土器なので，縄文土器だとわかる。縄文土器は厚手の黒褐色《こっかっしょく》で縄《なわ》目の文様があることを特徴《とくちょう》とし，明治時代に来日したアメリカ人動物学者エドワード・モースが用いた，「縄の模様」を意味する英語が，その名のもとになっている。　**う**　法隆寺は聖徳太子(厩戸《うまやと》王)が大和《やまと》国(奈良県)北西部の斑鳩《いかるが》に建てた寺で，現存する世界最古の木造建築物として知られ，1993年にユネスコ(国連教育科学文化機関)の世界文化遺産に登録された。

問2　問題文から，祖国に「チューリップ畑」が広がることや，隣国《りんごく》がベルギーであることが読み取れるので，オランダだと判断できる。オランダ(首都アムステルダム)は西ヨーロッパに位置し，国土を干拓《かんたく》によって広げてきた。平たんな国土の多くが農地として活用され，チューリップの球根を栽培する園芸農業がさかんに行われている。南でベルギーと，東でドイツと接し，北部と西部は北海に面している。

問3　ア　聖徳太子の祖母は蘇我馬子《そがのうまこ》の姉妹で，太子は馬子と協力して政治を行った。　イ　聖徳太子は，593年に推古天皇の摂政《せっしょう》となった。　ウ　607年，太子は小野妹子を遣隋使として隋(中国)に派遣した。阿倍仲麻呂は奈良時代初めの717年に，遣唐使として唐(中国)にわたった人物。　エ　太子は天皇中心の国づくりをすすめるなかで，603年に冠位十二階の制，604年に十七条の憲法を定めた。

問4　吉備真備《きびのまきび》は奈良時代に活躍《かつやく》した貴族で，717年，阿倍仲麻呂らとともに留学生として遣唐使船で唐にわたり，帰国後は聖武天皇のもとで政権をになっていた橘諸兄《たちばなのもろえ》とともに政治を主導した。大化の改新は，645年から中大兄《なかのおおえの》皇子(のちの天智天皇)と中臣鎌足《なかとみのかまたり》が中心となって始めた政治改革なので，ウが適切でない。

問5　［図４］は「平治物語絵巻」のなかの「三条殿夜討巻《さんじょうどのようちのまき》」。鎌倉時代につくられた絵巻の一部で，1159年の平治の乱のさい，藤原信頼《のぶより》と源義朝《よしとも》の軍勢が，後白河上皇の御所(三条殿)を襲撃《しゅうげき》する場面が描《えが》かれている。示された部分の左下には，倒《たお》れこむ男性の貴族や，そうした貴族に仕えていたと考えられる女性が倒れこんでいるようすが見られる。源氏はこの戦いで平清盛の軍勢にやぶれ，幼かった源頼朝は伊豆の蛭《ひる》ヶ《が》小島《こじま》(静岡県)に流された。よって，アとエの２つが正しい。なお，ウの保元の乱は1156年に起こった戦い。

問6　ア　北条政子が御家人に結束を訴《うった》えたのは，1221年の承久の乱のときである。　イ　元軍との戦い(元寇《げんこう》)は国土防衛戦争であったため，元軍を追い払《はら》うことに成功しても，新しい領地が得られたわけではなかった。そのため，幕府は活躍した御家人たちに十分な恩賞(ほうび)を与えることができず，将軍と御家人の主従関係がゆらぐこととなった。　ウ　竹崎季長《たけざきすえなが》は肥後国(熊本県)の御家人で，絵師に依頼《いらい》し，元寇のさいのみずからの活躍を「蒙古《もうこ》襲来絵詞《えことば》」に描かせた。

エ　元寇のさい，日本の武士は元軍の集団戦法や，「てつはう」という火薬兵器に苦戦したが，御家人たちの活躍に加え，暴風雨が発生したこともあり，元軍を追い払うことに成功した。

問７　ア　朝鮮との交流は，対馬《つしま》藩(長崎県)の宗氏を通じて行われていた。　イ　江戸幕府は1612年に幕府領に出したキリスト教の禁教令を，翌13年には全国におよぼした。また，戦国時代にキリシタン大名が領地としていた九州を中心に絵踏《えふみ》を行い，キリシタン(キリスト教徒)の取りしまりを強化した。しかし，密かにキリスト教を信仰する人々も多く，1637年には島原(長崎県)・天草(熊本県)のキリシタンらが一揆《いっき》を起こした(島原・天草一揆)。よって，正しい。　ウ　長崎の港は，1854年，日露和親条約が結ばれたときに開かれた。　エ　第１回原水爆禁止世界大会(1955年)は，広島で開催《かいさい》された。

問８　西南戦争は1877年，伊藤博文が初代内閣総理大臣となったのは1885年，大日本帝国憲法が発布されたのは1889年，初の衆議院議員総選挙は1890年のことである。大隈重信がイギリス流の立憲政治をめざして立憲改進党を結成したのは1882年のことなので，イにあてはまる。

2　食文化の地域性を題材にした問題

問１　**あ**　熊本県南部や鹿児島県にはシラスとよばれる火山灰土の台地が広がっている。シラスは水持ちが悪いため稲作には適さず，畑作や畜産を中心に農業が行われている。　**い**　稲庭うどんは，秋田県南部に位置する湯沢市稲庭町を中心につくられる，秋田県の特産品である。　**う**　「地元食材を地元で提供する」運動は，「地産地消(運動)」とよばれる。地域産業の活性化，地域の食料自給率向上といった効果が期待できるほか，輸送距離《きょり》を縮めることで，輸送のさいに発生する二酸化炭素の排出《はいしゅつ》量を減らすこともできる。

問２　戸隠蕎麦《とがくしそば》は長野県，わんこ蕎麦は岩手県，出雲《いずも》蕎麦は島根県の蕎麦として知られている。Ｃの「ナンブアカマツ」は，その名に岩手県北部～中部の古いよび名である「南部」がふくまれていることから，岩手県の県の木だと判断できる。Ｂのライチョウは中部地方の山岳《さんがく》地帯に生息する鳥で，国の特別天然記念物に指定されている。よって，長野県の県の鳥にあてはまる。残ったＡのボタンは島根県北部の中海に浮かぶ大根島でさかんに生産され，島根県の県の花とされている。

問３　Ｂは，夏の降水量が多く，冬は乾燥《かんそう》する太平洋側の気候の特徴を示しているので，太平洋側の宮古(岩手県)の雨温図だとわかる。残るＡとＣのうち，奥羽《おうう》山脈中に位置する八幡平《はちまんたい》(秋田県・岩手県)のほうが気温が低いと判断できるので，Ｃの雨温図には八幡平があてはまる。残ったＡが，大潟(秋田県)の雨温図である。

問４　偏西風は西から東へ向かって吹《ふ》く風なので，関東地方やその周辺で火山が噴火《ふんか》して灰が飛ばされると，火山の東側を中心に降り積もることになる。また，関東ロームが富士山や箱根山，浅間山などの東側に広がっていることも，それを示している。

問５　Ｐの地点は山の西側の斜面《しゃめん》に位置しているので，この地点に降った雨は，宮沢川ではなく西側の川を通じて吾妻《あがつま》川に流れこむ。よって，イが正しくない。

問６　Ｂは，高知県や，焼津《やいづ》港がある静岡県がふくまれているので，かつお類だとわかる。また，Ｃは寒い地域に集中していることから，冷たい水にすむ魚であるたら類があてはまる。残ったＡには，いわし類があてはまる。

問７　日本の国土は森林の占《し》める割合が高く，その割合はおよそ３分の２にのぼるので，Ａが森林，Ｂが農地となる。また，少子高齢化や跡継《あとつ》ぎ不足が原因となって，農家の戸数や耕地面積は減少し

ているので，より減りはばの大きいDが農地だと判断できる。

問8　日本では，少子高齢化にともなって人口が減少する傾向にあるが，世界の人口は増加傾向にあり，2050年には98億人になると予想されている。よって，エが適切でない。

3 日常生活と政治や経済のかかわりを題材にした問題

問1　ア 「内容」の項目に注目すると，５班中３班がＺさんを支持しているので，正しいといえる。　　イ 「項目ごとの結果」を集計すると，いずれの項目でもＺさんが５分の３の支持を得ている。　　ウ 「少人数の話し合い」は班ごとの話し合いにあたる。「班としての支持」を集計すると，５班中３つの班がＹさんを支持しているとわかるので，こちらを重視した場合，「Ｚさんがクラス代表になるべきだ」という意見は想定できない。　　エ　ア～ウで見たように，集計の仕方で結果が変わるので，「選び方に問題」があるといえる。

問2　かつて，働く女性の多くが結婚・出産や育児をきっかけに仕事をやめ，育児が落ち着いたころに改めて仕事にもどるというライフスタイルだったため，女性の年齢別労働力率のグラフは，20代後半から30代で大きく減少する「M字カーブ」を描いていた。しかし，大学まで進学し，その後就職する女性が増えたことや，育児休業の制度が整えられたことなどを背景に「M字カーブ」の底は浅くなり，結婚する年齢も全体的に遅《おそ》くなってきている。よって，イが選べる。

問3　日本国憲法は国民が定めたとする「民定憲法」であり，憲法の改正も最終的には国民投票で承認され，天皇が国民の名で公布することになっている。しかし，法律は日本国憲法第41条で「国の唯一《ゆいいつ》の立法機関」と規定された国会が制定するものなので，ウが適切でない。

問4　［図16］において広告費の比率が大きいエが，広告にタレントなどを使い，大がかりな撮影でつくられたものもあるテレビだと判断できる。［図17］で最も伸び率が大きいオがインターネット，インターネットに押されて伸び率がマイナスになっているア，イのうち，より不特定多数の目にふれるため，広告費を多くとっているアが新聞で，イが雑誌。残るウにはラジオがあてはまる。

問5　日本国憲法は第29条で「財産権は，これを侵《おか》してはならない」と定めているため，たとえ放置された自転車であっても，個人の所有物を他人が勝手に撤去《てっきょ》すると，財産権を侵害《しんがい》することになる。しかし，むやみに自転車を放置することは「公共の福祉(社会全体の利益)」に反するため，撤去するさいには条例を定め，地方自治体が撤去するのである。よって，エがふさわしい。

問6　日本の政治では，内閣は国会の信任によって成立し，国会に対し連帯して責任を負うという議院内閣制のしくみが採用されている。日本国憲法第66条３項でも，「内閣は，行政権の行使について，国会に対し連帯して責任を負う」として，これを規定している。

問7　電子マネーがチャージされたカードには，電子マネーだけでなく，カードの持ち主の性別や住所，年齢などの情報が記録されている場合が多い。どのような客がいつ，どこで，どのような場面で電子マネーを用いたかといった情報を集積することで，企業は顧客《こきゃく》のニーズ(要求)をつかみ，商品開発に役立てている。

問8　Ｘくんが自動販売機でスポーツドリンクを買ったとき，「時間」がなかったことが本文から読み取れる。つまり，Ｘくんは調べたり移動したりするためにかかる「時間」をコスト(費用)とみなして消費行動をしたことになる。

4 上杉謙信の出兵時期とその理由についての問題

［図18］から，戦国時代の死亡率は春～夏にかけて高く，秋～冬にかけて下がっていくことが読

み取れる。秋～冬には収穫した米が十分にあるが，春～夏には不足するため，これが死亡率の高さにつながっているのだと考えられる。また，越後《えちご》国(新潟県)の戦国大名である上杉謙信が冬～春に出兵しているのは，農民を兵士としてかり出すためだと推測できる。夏は田の管理，秋は収穫や脱穀でいそがしいが，越後国では冬の間，積雪で田が使えず，農作業ができない農民を兵力としてかり出せるからである。さらに，[図19] のように，戦場で略奪行為《りゃくだつこうい》を行うことは，自軍の食料を確保できるだけでなく，敵軍の食料を減らせるため，戦いを優位にすすめることにつながる。特に，越後国から，北条氏の拠点《きょてん》である小田原(神奈川県)までは長旅になり，多くの軍勢の食料を運ぶのは難しいと考えられることから，敵地にも食料が豊富な冬～春をねらって出兵し，戦地で略奪行為を行ったのだと考えられる。また，戦国時代には，敵の領地に侵入して作物を刈《か》り取る「刈り働き」，田畑を焼き払う「焼き働き」のほか，実りきらない作物を刈り取ってしまう「青田刈り」など，食料の調達をさまたげる戦法がしばしばとられた。

理　科　(40分) ＜満点：80点＞

解　答

1 (1) **A** ア　**B** キ　(2) **C** 根毛　**D** 肺ほう　2 (1) **条件A**…イ　**条件B**…イ　**条件C**…オ　(2) **D** イ　**E** オ　(3) オ　(4) ヒアリ　3 (1) しゅう曲　(2) ア　(3) **泥と砂**…ア　**砂とれき**…オ　(4) ウ　(5) ウ　(6) エ　(7) **2番目**…イ　**3番目**…ア　(8) イ　4 (1) ウ　(2) X 200　Y 6　(3) ア　(4) 300　(5) イ　(6) ア　(7) 8.9 g　(8) 46.5℃　(9) 8.8 g　5 (1) **0～10秒**…毎秒10m，遠ざかる　**20～30秒**…毎秒30m，遠ざかる　(2) 右の図　(3) 500m　(4) 毎秒340m　(5) 0.86秒後　(6) 2.57秒後　(7) 21.71秒間　(8) イ　(9) ドップラー効果

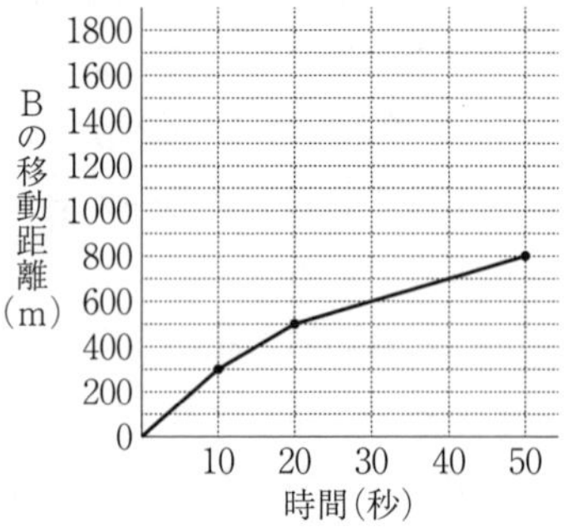

解　説

1 消化器官についての問題

(1) **A** 胃液はペプシンという消化酵素《こうそ》がふくまれていて，タンパク質をある程度分解してペプトンにする。　**B** すい液には，すい液アミラーゼ，リパーゼ，トリプシンなどの消化酵素がふくまれていて，すい液アミラーゼは炭水化物(デンプン)，リパーゼは脂肪《しぼう》，トリプシンはタンパク質の消化に関係している。

(2) 植物の根の先端《せんたん》付近には，根毛とよばれる細い毛状の根が多数出ていて，表面積を大きくして水の吸収を効率よく行えるようになっている。また，肺の内部では気管支の先端が肺ほうとよばれる無数の小さな袋状《ふくろじょう》のつくりになっていて，そのまわりを毛細血管が取りまく。肺ほうは表面積を大きくして，酸素と二酸化炭素の交換《こうかん》を効率よく行えるようにしている。

2 生物と環境についての問題

(1) **条件A**…シラカンバとツツジは被子《ひし》植物，マツとスギ，シラビソ，イチョウは裸子《らし》植物である。

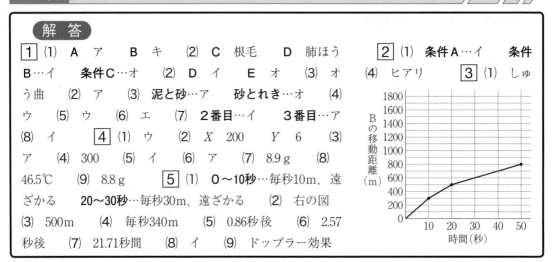

被子植物のうち，ツツジは平地にも育つが，シラカンバは標高1000～1200mあたりに生えていて，日本の山で見られる。　**条件B**…温暖な地域に生息するクマゼミは，近年その生息域の北限が北上して東北地方南部でも確認されたといわれるが，北海道では見られない。　**条件C**…ヤンバルクイナは沖縄県に固有の鳥で，環境省が出しているレッドリストに絶滅《ぜつめつ》危惧《きぐ》種として記載《きさい》されている。

⑵　**D**　光合成は，光のエネルギーを利用して二酸化炭素と水からデンプンと酸素をつくるはたらきである。二酸化炭素は，葉の表面にある気孔《きこう》から取り入れる。　**E**　気孔から水分が水蒸気のすがたで出ていく。このはたらきは蒸散とよばれる。

⑶　アオダイショウは，もとから日本にいたヘビの一種である。なお，アライグマやミドリガメ(アカミミガメ)，ウシガエル，オオカナダモ，セイタカアワダチソウは，観賞用や食用などの目的で外国から日本に持ち込《こ》まれて野生化した外来種になる。

⑷　ヒアリは南アメリカ大陸原産で，アメリカ合衆国や中国などに分布域を広げている毒性の強いアリである。2017年，中国から神戸港に運ばれてきたコンテナの中から見つかって以来，日本各地でヒアリの確認が報告されている。

3　地層のつくりについての問題

⑴　地層が大きな力を受けて波の形のように曲げられた地形を，しゅう曲という。

⑵　X層では，下のC層がれき岩層で，その上のB層が砂岩層，さらにその上のA層が泥《でい》岩層となっている。小さい粒《つぶ》ほど沈《しず》みにくく，河口から離《はな》れた深い海底に堆積《たいせき》するから，上の層ほど小さい粒でできた層になっている地層は，堆積した当時，海面が時間とともに上昇《じょうしょう》した(海底が深くなった)と考えられる。海面が上昇すれば，海岸線は内陸側へ移動する。

⑶　土砂の粒は，大きさが$\frac{1}{16}$mm未満のものを泥《どろ》，$\frac{1}{16}$～2mmのものを砂，2mm以上のものをれきとよんでいる。

⑷　はんれい岩と花こう岩は，どちらもマグマが地下の深いところでゆっくりと冷え固まった深成岩であるが，ふくまれている鉱物の種類や割合が異なる。図1の地層では，花こう岩をつくったマグマがすでにあったはんれい岩を取り込んで上昇したと考えられる。

⑸　Y層とX層の間には不整合が見られるので，B層はE層よりかなり時間が経ってから堆積したことがわかる。E層に中生代に栄えた恐竜《きょうりゅう》の化石が見つかったことから，B層で見つかる化石は恐竜が栄えた時代よりも後の時代の生物の化石となる。よって，新生代に栄えたマンモスの歯の化石が選べる。なお，サンヨウチュウやフズリナは，中生代よりもさらに前の古生代に栄えた生物である。ウミユリは古生代に栄えた生物であるが，現在でもその子孫が見られることから「生きた化石」とよばれている。

⑹　花こう岩は白っぽい(無色や白色)鉱物のセキエイ，チョウセキを多くふくみ，ほかに黒色の鉱物である黒ウンモなどがふくまれている。岩石の表面はⅠのように見え，顕微鏡《けんびきょう》では深成岩なのでⅱのように大きな結晶《けっしょう》がかみ合ったつくりが観察できる。

⑺　Y層は，F層，E層，D層の順に堆積した後，大きな力を受けてしゅう曲が形成された。そこにマグマが入り込み，これらの層をつらぬいた。そして，その後土地が隆起《りゅうき》して陸地となり，地表が侵食《しんしょく》されてでこぼこになり，再び海底に沈んでその上にX層がたい積したことで，不整合面がつくられた。

(8)　ア　はんれい岩は黒っぽい深成岩である。　イ　火山灰などの火山ふん出物が堆積し固まってできた凝灰《ぎょうかい》岩層は，短時間で広いはん囲に堆積し，火山のふん火により組成が異なるため，離れた地点の地層を対比するときの手がかりとしてよく用いられる。　ウ　Y層とX層の境は不整合で，不整合は長い年月をかけて形成される。また，マグマの侵入はこの不整合がつくられる前に起きている。　エ　地層の層の厚さと堆積にかかった時間との間には必ずしも一定の関係があるわけではない。堆積にかかった時間は，同じ厚さの層でも運ばれてきた土砂の粒の大きさや量などによって変わる。

4　中和についての問題

(1)　塩化水素の水溶液《すいようえき》は，塩酸とよばれる酸性の水溶液である。よって，BTB溶液を加えると黄色になる。

(2)　塩化水素と水の体積の比が等しければ，濃度《のうど》が同じになる。B，C，Fは濃度が同じであり，塩化水素と水の体積の比が，2：100＝1：50である。したがって，Xは，4×50÷1＝200，Yは，1×300÷50＝6と求められる。

(3)　水酸化ナトリウムを水に溶《と》かした水酸化ナトリウム水溶液はアルカリ性となる。フェノールフタレイン溶液は，酸性や中性の水溶液では無色であるが，アルカリ性の水溶液では赤色を示す。

(4)　水酸化ナトリウムの重さと水の体積の比が同じであれば，水溶液の温度上昇は等しくなる。水溶液の温度が同じになったGとJを比べると，2：100＝6：Zより，Z＝100×6÷2＝300である。

(5)　Aに水酸化ナトリウム1.78gを溶かすと中性になったことから，1Lの塩化水素と1.78gの水酸化ナトリウムが過不足なく中和する。Bには2Lの塩化水素がふくまれていて，この塩化水素を溶かした塩酸は，1.78×2＝3.56(g)の水酸化ナトリウムと過不足なく中和して中性になる。Hには3.56gよりも多い4gの水酸化ナトリウムが溶けている。したがって，BとHの混合溶液はアルカリ性となり，BTB溶液を加えると青色を示す。

(6)　CもEも酸性なので，はじめフェノールフタレイン溶液は無色である。Cは4Lの塩化水素を溶かしているので，1.78×4＝7.12(g)の水酸化ナトリウムと過不足なく中和して中性になる。よって，水酸化ナトリウムを8g加えたときには水酸化ナトリウムが余り，混合溶液はアルカリ性になるため，フェノールフタレイン溶液は赤色に変わる。一方，Eは塩化水素が6L溶けていて，1.78×6＝10.68(g)の水酸化ナトリウムと過不足なく中和して中性になるので，水酸化ナトリウムを8g加えたときには塩化水素が余り，混合溶液は酸性になる。そのため，フェノールフタレイン溶液は無色のまま変化しない。

(7)　Dには5Lの塩化水素が溶けているので，1.78×5＝8.9(g)の水酸化ナトリウムと過不足なく中和し中性となる。

(8)　混合してできた水溶液の体積が100mLの場合，水酸化ナトリウム1.78gと1Lの塩化水素が過不足なく中和して，温度が，30.6－20＝10.6(℃)上昇している。(7)の場合，中和している量が5倍になっているので，混合溶液が100mLならば温度は，10.6×5＝53(℃)上昇することになる。表2のHとIを比べると，反応した水酸化ナトリウムの重さが同じでも，水溶液の体積が，200÷100＝2(倍)になれば，上昇温度は，(25.2－20)÷(30.4－20)＝$\frac{1}{2}$(倍)になっている。(7)では混合溶液の

体積が200mLなので，上昇温度は，$53\div\frac{200}{100}$＝26.5(℃)で，水溶液の温度は，20＋26.5＝46.5(℃)と求められる。

⑼　Eは6Lの塩化水素が300mLの水に溶けていて，Jは6gの水酸化ナトリウムが300mLの水に溶けている。1Lの塩化水素は1.78gの水酸化ナトリウムと過不足なく反応し，2.6gの白い固体(食塩)をつくるので，EとJを混ぜると，Jにふくまれる6gの水酸化ナトリウムがすべて反応し，$2.6\times\frac{6}{1.78}$＝8.76…より，8.8gの白い固体(食塩)ができ，塩化水素が余る。この混合溶液を加熱し水を蒸発させると，余っている塩化水素も気体となり空気中に逃げていき，8.8gの固体が残る。

5　物体の運動についての問題

⑴　0～10秒の10秒間は，Aの速さが毎秒20m，Bの速さが毎秒30mなので，Bから見るとAが毎秒，30－20＝10(m)の速さで後方に遠ざかっていく。そして，20秒のとき，Aは，20×10＋30×10＝500(m)進み，Bは，30×10＋20×10＝500(m)進んでいて，AとBは再び横1列に並ぶ。20～30秒の10秒間は，Aの速さが毎秒40m，Bの速さが毎秒10mなので，Bから見るとAが毎秒，40－10＝30(m)の速さで前方に遠ざかっていく。

⑵　Bは，0秒のときには0m，10秒のときには，30×10＝300(m)，20秒のときには，300＋20×10＝500(m)，50秒のときには，500＋10×30＝800(m)進んだ位置にいる。グラフにこれらを点で記し，速さが一定の間は移動距離《きょり》に規則正しく増えるので，それぞれの点を順に直線でつなげばよい。

⑶　⑴の解説を参照のこと。

⑷　気温が15℃のとき，空気中を音が伝わる速さは，331＋0.6×15＝340(m)である。

⑸　⑴で述べたことから，再びAとBに追いついた20秒から10秒後の30秒には，AとBの間の距離が，30×10＝300(m)になっている。Aが発したサイレンの音とBが向かい合ってこの300mの距離を進むと考えると，300÷(340＋10)＝0.857…より，Bの運転者がサイレンの音を聞き始めるのは0.86秒となる。

⑹　50秒のときにAとBの間の距離は，30×(50－20)＝900(m)で，50秒のときに鳴らしたサイレンの音がBに届くまでの時間は，900÷(340＋10)＝2.571…より，2.57秒後である。

⑺　Aがサイレンの音を鳴らし始めた時刻から時間をはかると，Bがサイレンの最初の音を聞くのは0.86秒後であり，サイレンの最後の音を聞くのは，20＋2.57＝22.57(秒後)になる。よって，Bの運転者がサイレンの音を聞いている時間は，22.57－0.86＝21.71(秒間)とわかる。

⑻　⑸のとき，サイレンの音を鳴らすAがBの運転者から遠ざかっているので，サイレンの音は低い音に聞こえる。

⑼　観測者や音源が移動しているとき，音源から出た音の高さが変化して聞こえる現象を，ドップラー効果という。

国　語　(50分)＜満点：120点＞

解　答

一　①～⑧　下記を参照のこと。　⑨　やはん　⑩　じんか　　二　**問1**　①　イ　②

エ　**問2**　(例)　自分の意思とは関係なく，突然，日本で暮らさなくちゃいけなくなった子どもたち　**問3**　ウ　**問4**　エ　**問5**　エ　**問6**　ア　**問7**　C　イ　D　ウ　**問8**　(例)　連絡帳を母の代わりに書いてくれたこと。　**問9**　ウ　**三**　**問1**　ア　**問2**　(例)　精神を集中して行う個人の活動のためには，静かな落ちついた状態が必要だから。　**問3**　思考停止　**問4**　イ　**問5**　ウ　**問6**　エ　**問7**　(例)　自分一人でなにかに打ち込む人たち。　**問8**　ア　**問9**　ウ

●漢字の書き取り

一　①　規則　②　誤用　③　指揮　④　忠言　⑤　誠実　⑥　安住　⑦　無二　⑧　降参

解　説

一　漢字の書き取りと読み

①　行為《こうい》や手続きなどを行うさいの標準として定めたことがら。　②　間違《まちが》った使い方をすること。　③　全体がまとまりのある動きをするように，人々を指図すること。　④　まごころをこめた忠告の言葉。　⑤　いつわりのない，真面目《まじめ》なようす。　⑥　向上心を持たず，現状に満足すること。　⑦　かけがえのないこと。二つとないこと。　⑧　戦いに負けて，相手にしたがうこと。　⑨　真夜中。　⑩　人の住む家。

二　出典は温又柔《おんゆうじゅう》の『来福の家』による。

家族で台湾《たいわん》から渡日《とにち》し，当時は小学二年生だった姉が今は日本語教師として働くようす，その縁《えん》で結婚《けっこん》が決まったいきさつ，「わたし」が中国語を学び始めたことなどを，言葉に関するできごとを背景に「わたし」の視点から描《えが》いている。

問1　①「いそしむ」は，励《はげ》むこと。　②　がっかりしてため息をつくこと。

問2　前後の内容を整理する。「おとな」より「子ども」に「日本語を教えたい」というのが姉の希望である。また，姉にとって薛莉莉《せつりり》ちゃんは，「力になりたい」と思う「まさにそういう子ども」だった。具体的には，親の仕事の都合で渡日したが，「渡日を知らされたのは，その二ヶ月前」で，「日本語は一言も話せなかった」子である。これをもとに，「親の都合で否応なく渡日することになり，日本語ができないまま苦労している子どもたち」のようにまとめる。

問3　「わたし」の「手伝い」は，「姉がつくった教材にクーピーで色づけする」ことである。その作業は「塗《ぬ》り絵遊び」のようで「いやではなかった」だけでなく，莉莉ちゃんが喜んでいたと姉から聞き，「わたし」は「嬉《うれ》しくなって余計にはりきって」いる。ウだけが，作業を楽しむ「わたし」のようすをおさえている。

問4　少し後の場面に，「照れる」と「肩《かた》をすくめて，まあね，と笑う」のが姉の癖《くせ》だとある。また，ぼう線部②のすぐ後には，「先生失格かなあ」と悩《なや》む姉のようすが描かれている。具体的には，勉強そっちのけで「中国にいたときのこと」を喋《しゃべ》る莉莉ちゃんに，「無理やり勉強させるのがかわいそう」と思ってしまうため，先生としての自信をなくしていたのである。つまり，妹にひらがなを教えていたころから「センセイになる練習をしてたのね」という母の言葉に照れ笑いしつつも，自信が持てず「あいまい」な笑い方をしたものと考えられるので，エが合う。アは，先生としての自信をなくしている点をおさえていない。また，イのような，母親への「不満」は読み取れない。莉莉ちゃんとの勉強については，ウのような「解決しなければ」という「焦《あせ》り」ではない。勉強を

させるべきなのに，嬉しそうに話す莉莉ちゃんを止めるのもかわいそうという迷いである。

問5　担任と姉の言葉から，莉莉ちゃんの状況《じょうきょう》を整理する。両親が忙《いそが》しいため，莉莉ちゃんは「夜遅《おそ》くまでひとりぼっち」で過ごし，日本語がわからない中，「必死にがんばっている」。だから，姉(許先生)が来る日は，中国語で「中国にいたときのこと」を喋れるのが嬉しく，表情も「明るくなる」のである。つまり，「次もがんばろうって力」は，姉と母語で喋ることによって湧《わ》くのだから，エがよい。

問6　「あなただって」という言い方には，自分と同じという気持ちがふくまれる。台湾で生まれ，小学校二年生から日本で暮らすことになった姉と，「赤ちゃんのときから日本語だった」「わたし」は，言葉の苦労に関しては同じではない。共通するのは，日本で暮らす台湾人としての経験だから，アが合う。

問7　**C**　瀬戸《せと》さんの母親に「日本語がとっても上手」とほめられた姉の「おどけた」返答である。瀬戸さんの母親はその返答を受けて，「おかげで，伸一《しんいち》は歓歓《かんかん》ちゃんに出会えた」と言っているので，イの「わたし，日本語教師ですもの」が合う。姉が日本語を教えた薛莉莉ちゃんの担任が瀬戸さんで，二人はその出会いから結婚にいたったのである。　**D**　姉の体験談を聞いた瀬戸さんはすぐ続けて，莉莉ちゃんも同じだと話している。「はじめはぜんぜん日本語ができなくとも，あっという間に他の子に追いつく」というのだから，姉は日本語が「一言」もわからなかったが，ウのように「すぐ馴《な》れ」たのだと推測できる。

問8　直前の部分で，「わたし」は自分の連絡《れんらく》帳も「姉が書いていた」と言おうかどうか迷っている。日本語があまり「じょうずじゃない」母親の代わりに，姉が書いてくれていたのである。

問9　ア「わたし」が姉の結婚を「不安」に感じるようすは書かれていない。　イ「わたし」は，姉にひらがなを教わったことを覚えている。　エ　姉は「ノンキ」な「わたし」を心配しているが，しつこく注意してはいない。

三　**出典は森博嗣《もりひろし》の『孤独《こどく》の価値』による**。どうして多くの人が「寂《さび》しさ」を過剰《かじょう》に怖《おそ》れるのか，その理由を考察するとともに，「寂しさ」が人間にとって大事なものであるということを説明している。

問1　「その症状《しょうじょう》」とは，「孤独」を怖れる理由を考えず，「嫌《いや》なものは嫌」という「思考停止」におちいった状態を指す。筆者はすぐ続けて，「思考しなかったら，つまりは人間ではない」「考えるから人間なのだ」「考えることを放棄《ほうき》してしまったら～救いようがない」と述べている。また本文の中ほどで，「孤独」への怖れは「仲間の大切さを誇大《こだい》に扱《あつか》う」メディアによって植えつけられた観念なのに，自分で考えなくなると，それが「絶対的」なものになるため，「孤独を感じるだけで，自分を否定」してしまう危険もあると指摘《してき》している。アが，この内容に最も近い。

問2　同じ文の最初に「このように少し考えるだけで」とあり，「このように」とは，直前の六段落で「寂しさや孤独」について考察してきた内容を指す。「ものを考える」，「音楽を真剣《しんけん》に聴《き》く」，「読書に浸《ひた》る」，「絵を描《か》くことに没頭《ぼっとう》する」といった「精神集中」の必要な「個人の活動」には，「寂しさ」とも言える「静かで落ちついた状態」が「非常に大事」なのである。以上を整理して，「読書に没頭するといった個人の活動には，精神集中のできる静かな状態が必要だから」のようにまとめる。

問3　一つ目の空らんの前では，「寂しいといろいろ考えてしまって余計に憂鬱《ゆううつ》になる」と言う人

を例にあげているので，そういう人が「本能的に望んでいる」のは「考えない」ことだと言える。四字という字数指定なので，「思考停止」が合う。二つ目の空らんの前後も，「洗脳」されれば「自分で考えなくなる」という文脈なので，「思考停止」がふさわしい。

問4　「そう」とは，同じ文中の「そこまで『寂しさ』を遠ざけようとする」という心情を指し，「そこまで」とは，問１でも見たように，人間性の放棄とも言える「思考停止」までして「寂しさ」を遠ざける，度をこしたようすを表す。過度に「寂しさ」を避《さ》けたいと思い込《こ》ませるメディアのやり方は，続く四段落に説明されている。メディアで扱われる娯楽《ごらく》作品は「仲間の大切さを誇大に扱う」ため，「寂しさから救ってくれるのはやはり仲間だ」というのが「常識」になり，「孤独」を感じるだけで自分は「異常」だとさえ感じるようになるのだから，イがよい。イ以外は，「孤独」な自分を「異常」だと感じてしまうほどの悪影響《えいきょう》をとらえていない。

問5　「この安易な『感動』」とは，「仲間の大切さ」や「家族愛」を強調した「感動」である。そういう種類の「感動」は，「技術的に簡単」な類型化した物語だから，作り手にとって楽な仕事になる。また，人の本能的な感覚に働きかけるため，受け手も生理的に「受けつけ」やすい。それで「みんなが利用する結果となり，社会に広く出回る」のだから，ウが合う。

問6　「そういったもの」とは，「仲間や家族」を人生の中心にしない生き方や価値観を指す。具体的には，「天体観測」，「数学の問題を解く」こと，「仏像を彫《ほ》る」ことなどに「ただ自分一人」で命を懸《か》けるような生き方や価値観である。普通《ふつう》の人には「寂しい」「孤独」なものに見えても，彼《かれ》らの生き方や価値観を認めれば，そこには「楽しさ」も「美しいもの」も沢山《たくさん》あることがわかるのだから，エがよい。

問7　直前の段落で，「そういう自由な人生を送っている人たち」について述べている。具体的には，「天体観測」，「数学の問題を解く」こと，「仏像を彫る」ことなど，「ただ自分一人」で「一生を捧《ささ》げる」ほど大事なものを持ち，それを楽しむ人たちである。彼らの人生には「仲間とか家族とか，親しさとか愛とか絆《きずな》は存在しない」が，彼らはいきいきと「人生を謳歌《おうか》している」のである。これをふまえ，「自分一人で打ちこめるなにかを持つ人たち」のようにまとめる。

問8　「賑《にぎ》やかで楽しい時間」と「静かな寂しい時間」がどちらかに偏《かたよ》らず繰《く》り返されるからこそ人生は味わい深く，その繰り返しによって，人は「楽しさ」や「寂しさ」を感じることができると前にある。「寂しさ」を感じられるのは，「賑やかで楽しい時間」があったからこそだというのだから，アが合う。

問9　筆者は本文を通して，「『寂しさ』が何故《なぜ》いけないことなのか」を考察しており，「寂しさ」を必要以上に悪く捉《とら》える「思い込み」を取り除き，「少し『考えてみる』」ことで，「得体の知れない孤独感」を和《やわ》らげることができると伝えている。簡単なことからでも自分で考えるようになれば，「孤独」も人間にとって大事なものであること，「孤独」への「思い込み」がメディアに「植えつけられた」ものであること，「孤独」と「楽しさ」は「光と影《かげ》」であることなどがわかり，「孤独」ともうまく向き合えるようになるというのだから，ウがふさわしい。筆者は，自分や他者を観察することで，「楽しさ」と「寂しさ」は「どちらかだけが存在するものではない」ということがわかると述べており，エのように「あきらめる」という消極的な態度は合わない。また，「気分に流されない，芯《しん》の通った立派な人物」を評価しているとも読み取れない。

Dr.福井の 入試に勝つ！脳とからだのウルトラ科学

睡眠時間や休み時間も勉強!?

みんなは寝不足になっていないかな？　もしそうなら大変だ。睡眠時間が少ないと，体にも悪いし，脳にも悪い。なぜなら，眠っている間に，脳は海馬《かいば》という部分に記憶をくっつけているんだから。つまり，自分が眠っている間も頭は勉強しているわけだ。それに，成長ホルモン（体内に出される背をのばす薬みたいなもの）も眠っている間に出されている。昔から言われている「寝る子は育つ」は，医学的にも正しいことなんだ。

寝不足だと，勉強の成果も上がらないし，体も大きくなりにくく，いいことがない。だから，睡眠時間はちゃんと確保するように心がけよう。ただし，だからといって寝すぎるのもダメ。アメリカの学者タウブによると，10時間以上も眠ると，逆に能力や集中力がダウンしたという研究報告があるんだ。

睡眠時間と同じくらい大切なのが，休み時間だ。適度に休憩するのが勉強をはかどらせるコツといえる。何時間もぶっ続けで勉強するよりも，50分勉強して10分休むことをくり返すようにしたほうがよい。休み時間は，散歩や体操などをして体を動かそう。かたまった体をほぐして，つかれた脳を休ませるためだ。マンガを読んだりテレビを見たりするのは，頭を休めたことにならないから要注意！

頭の疲れに関連して，勉強の順序にもふれておこう。算数の応用問題や理科の計算問題，国語の読解問題などを勉強するときには，脳のおもに前頭葉という部分を使う。それに対して，国語の知識問題（漢字や語句など）や社会などの勉強では，おもに海馬《かいば》という部分を使う。したがって，それらを交互に勉強すると，１日中勉強しても疲れにくい。

Dr.福井（福井《ふくい》一成《かずしげ》）…医学博士。開成中・高から東大・文Ⅱに入学後，再受験して翌年東大・理Ⅲに合格。同大医学部卒。さまざまな勉強法や脳科学に関する著書多数。

平成29年度　浅野中学校

〔電　話〕(045) 421－3281
〔所在地〕〒221-0012　神奈川県横浜市神奈川区子安台1－3－1
〔交　通〕JR京浜東北線「新子安駅」・京浜急行線「京急新子安駅」より徒歩8分

【算　数】（50分）〈満点：120点〉

【注意】定規・コンパス・分度器は机の上に出したり，使用したりしてはいけません。

1　次の□にあてはまる数を求めなさい。

$$(0.02-\square\div 900)\times 50+2\frac{4}{15}-\frac{2}{45}=3$$

2　次の(ア)～(シ)にあてはまる数または語句をそれぞれ答えなさい。

(1)　兄と弟が持っている金額の比は7：5でした。兄は1500円，弟は750円のおもちゃをそれぞれ買ったので，残った金額の比が8：7になりました。

このとき，はじめに兄が持っていた金額は(ア)円で，弟が持っていた金額は(イ)円です。

(2)　A君とB君は池の周りを次の規則に従って走ります。

1日目は，A君が1周，B君が1周します。
2日目は，A君が1周，B君が2周します。
3日目は，A君が2周，B君が1周します。
4日目は，A君が1周，B君が3周します。
5日目は，A君が2周，B君が2周します。
6日目は，A君が3周，B君が1周します。
7日目は，A君が1周，B君が4周します。
……

このとき，100日目は，A君は(ウ)周，B君は(エ)周します。

(3)　毎日開館している図書館に，A君は3日ごとに，B君は5日ごとに通っています。2017年4月30日の日曜日に2人はこの図書館で出会いました。この次に2人が出会う最初の日は(オ)曜日です。

また，この次に2人が出会う最初の日曜日は2017年(カ)月(キ)日です。

(4)　どら焼きとようかんを組み合わせて箱に入れたお菓子《かし》セットを作ります。ただし，どのセットを作る場合にも同じ金額の箱代がかかります。どら焼きとようかんをそれぞれ2個，4個にすると1150円になり，6個，2個にすると1250円になり，4個，5個にすると1620円になります。このことから箱代は(ク)円になることがわかります。

また，どら焼きとようかんを3個，3個にすると(ケ)円になります。

(5)　［**図1**］のような長方形ABCDがあります。辺AD，BCを2：1の比に分ける点をそれぞれE，Fとし，辺CDを1：1の比に分ける点をGとします。AFとBEの交わった点をHとし，AFとBGの交わった点をIとします。

このとき，BI：IG＝ (コ) ： (サ) になります。また，長方形ABCDの面積が180cm²のとき，色のついている部分の五角形DEHIGの面積は (シ) cm²になります。

ただし， (コ) ： (サ) は，もっとも簡単な整数の比で答えなさい。

［**図1**］

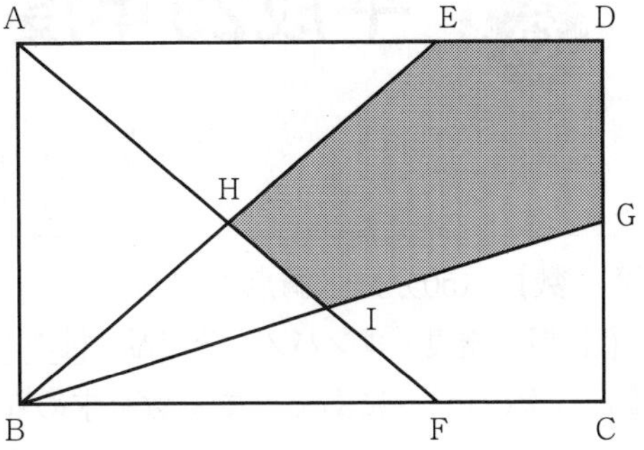

3　A君とB君は地点Pから6km離《はな》れた地点Qまで走り，C君は自転車でQを出発してQP間を1往復します。3人は同時に出発し，それぞれ次のように動きます。

A君：PからQまで時速12kmで走りますが，疲《つか》れやすいので，2km走るごとに，走った時間と同じ時間だけ休みます。

B君：PからQまで一定の速さで走り続けます。

C君：Pに着いたら休まずにすぐに折り返すものとし，行きと帰りで速さは違《ちが》いますが，それぞれ一定の速さで走ります。

［**グラフ1**］はA君がPからQまで走った様子を表しています。

このとき，次の (ア) ～ (オ) にあてはまる数をそれぞれ求めなさい。

［**グラフ1**］

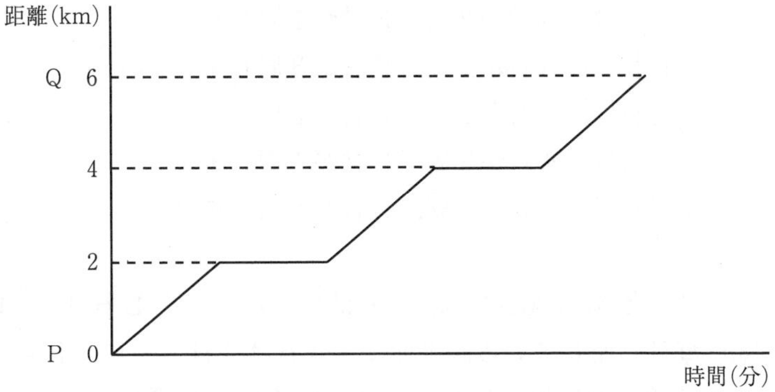

(1)　A君がQに着くのは，Pを出発してから (ア) 分後です。

(2)　A君がB君を追い越《こ》す，または，B君がA君を追い越す回数の合計が3回のとき，B君の速さは時速 (イ) km以上，時速 (ウ) km未満です。

(3)　B君は，A君と同時にQに着く速さで走るものとします。休んでいるA君をB君が追い越すときは2回あります。その2回のとき，C君も同時にA君が休んでいるところを通過するものとします。

このとき，C君がQに戻《もど》ってくるのは，Qを出発してから (エ) 分 (オ) 秒後になります。

4 ［**図2**］のように，3辺の長さがAB＝40cm，AC＝40cm，BC＝48cmの二等辺三角形ABCと円P，円Qがあります。三角形ABCと円Pと円Qはそれぞれ接しています。円Pと円Qの中心をそれぞれG，Hとするとき，中心G，Hと点Iは直線AD上にあります。∠ADB＝90°，∠AEG＝90°，∠AFH＝90°であるとき，下の問いに答えなさい。

ただし，［**図3**］のように，3辺の長さが3cm，4cm，5cmの三角形は，直角三角形になります。

［**図2**］

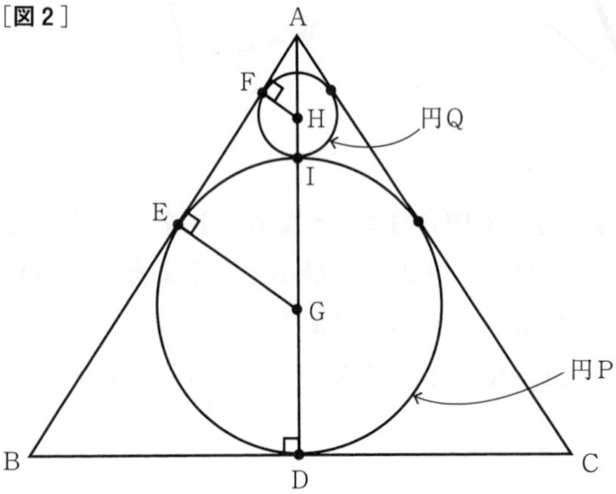

［**図3**］

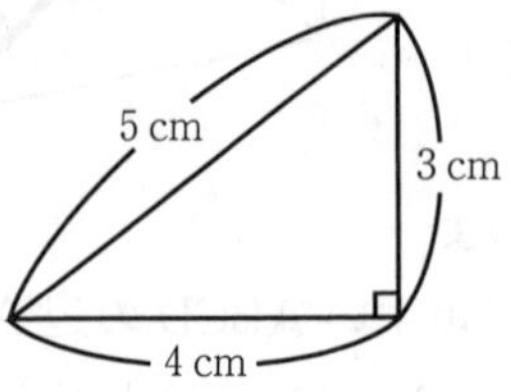

(1) 長さの比AG：GEを求めなさい。ただし，もっとも簡単な整数の比で答えなさい。

(2) 円Pの半径は何cmですか。

(3) 円Qの半径は何cmですか。

5 1から7までの数字の7枚のカード[1]，[2]，[3]，[4]，[5]，[6]，[7]と，2枚の記号のカード[−]，[＝]があります。この9枚のカードの中から何枚かを選んで並べて，正しい引き算の式を作ります。

例えば，9枚のカードの中から5枚を選んで並べたとき，

[3][−][2][＝][1]

のような正しい引き算の式が作れます。ただし，

[3][−][2][＝][1]と[1][＝][3][−][2]

は同じ式とします。

また，9枚のカードの中から8枚を選んで並べたとき，

[7][4][−][5][1][＝][2][3]

のような正しい引き算の式が作れます。ただし，

[7][4][−][5][1][＝][2][3]と[2][3][＝][7][4][−][5][1]

は同じ式とします。

このとき，次の問いに答えなさい。

(1) 9枚のカードの中から5枚を選んで並べたとき，正しい引き算の式は全部で何通りできますか。

(2) 9枚のカードの中から6枚を選んで並べたとき，正しい引き算の式は全部で何通りできますか。

(3) 9枚のカードの中から7枚を選んで並べたとき，正しい引き算の式は全部で何通りできますか。

6　［**図4**］のような辺の長さがそれぞれ8 cm，8 cm，6 cmの直方体があります。［**図4**］の直方体の頂点A，B，C，Dを結んで，三角すいABCDを作りました。

［**図4**］

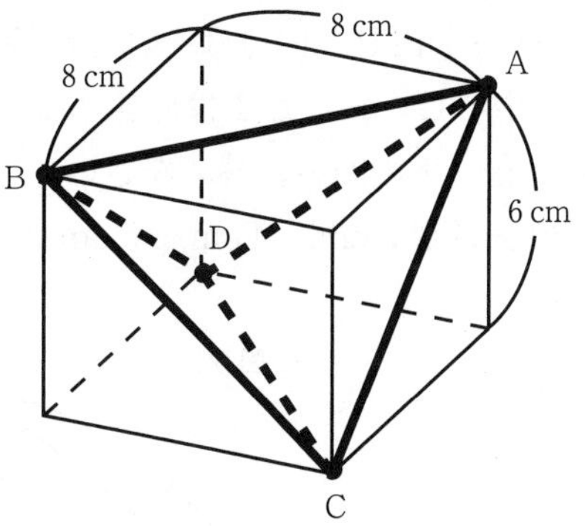

［**図5**］

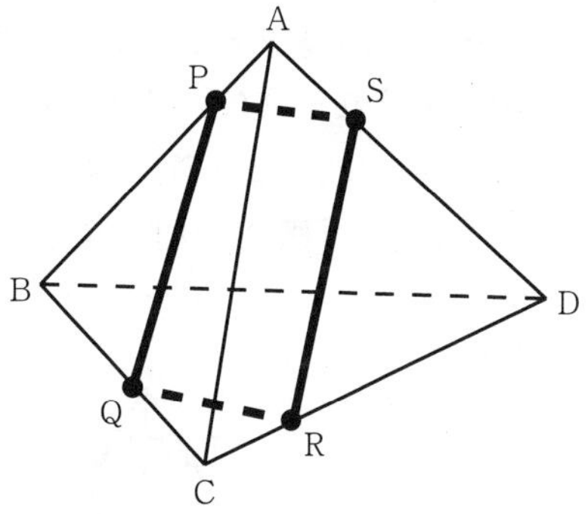

次に，［**図5**］のように，［**図4**］の三角すいABCDの辺AB上に，AP：PB＝1：3となる点Pをとりました。また，辺BC，CD，DA上に，PQとQRとRSとSPの長さの和が最小となるように，点Q，R，Sをとります。このとき，4点P，Q，R，Sは同じ平面の上にあります。

さらに，［**図5**］の三角すいABCDを四角形PQRSで2つに切り分け，点B，Dを含《ふく》む方の立体をVとします。

このとき，次の問いに答えなさい。

ただし，角すいの体積は，(底面積)×(高さ)×$\frac{1}{3}$で求められます。また，［**図6**］のように，3辺の長さが3 cm，4 cm，5 cmの三角形は，直角三角形になります。

［**図6**］

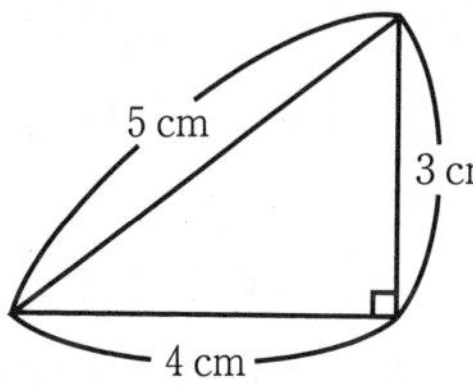

(1)　三角すいABCDの体積は何cm^3ですか。

(2)　PQとQRとRSとSPの長さの和は何cmですか。ただし，考え方と図も書きなさい。

(3)　長さの比BQ：QCを求めなさい。ただし，もっとも簡単な整数の比で答えなさい。

(4)　立体Vを三角形PRDで2つの立体に切り分けたとき，点Bを含む方の立体の体積は，三角すいABCDの体積の何倍ですか。

(5)　立体Vの体積は何cm^3ですか。

【社　会】（40分）〈満点：80点〉

1　次の文章を読んで，後の問いに答えなさい。

日本の歴史をふりかえると，日本人と神・仏とのつながりは，実に多様で，宗教との関係も長きにわたって続いてきたことがわかります。日本で信仰《しんこう》されてきた宗教は，おもに神道《しんとう》と仏教に大別されますが，他にも儒教《じゅきょう》やキリスト教などがあげられます。

古くから日本で信仰されてきたのが神道です。もともとは(ア)山や川などの自然や自然現象を神（神々）として崇拝《すうはい》したことから始まりました。さらに(イ)天皇を中心とするヤマト政権の発展とともに，神々を天皇の祖先とする神話が作り出されていきました。このことが(ウ)文字として書き記されたのは，８世紀初めのことです。

それより前の６世紀，大陸から日本に仏教が伝わってきました。仏教は，インドのガウタマ・シッダールタが開いた宗教で，多くの信者を集めました。今からおよそ2500年前の出来事です。それから仏教は東南アジアや中国に伝わり，朝鮮半島を経て日本に入りました。

日本では仏教があつく信仰され，神道の神々と合体したり併存《へいぞん》したりしながら，古代・中世の日本の政治や社会に大きな影響《えいきょう》を与《あた》えました。(エ)古代において天皇中心の国づくりが始まると日本から仏僧が大陸へ先進の仏教を学びに訪れたり，大陸から高僧が日本に招かれたりしました。８世紀には日本全国に国分寺が築かれ，９世紀初めには天台宗や真言宗が開かれました。また，藤原氏が全盛をほこった10～11世紀は，(オ)社会不安の高まりから阿弥陀仏《あみだぶつ》を信仰する浄土教が流行しました。

このころまでに仏と神々が結びつく神仏習合が進展していました。神道の神社の境内《けいだい》に仏教の寺院が建てられたり，神と仏の両方で表現される八幡神《やわたのかみ》（八幡大菩薩《はちまんだいぼさつ》）などが登場したりします。「荒《あら》ぶる神」である八幡神は，平安時代の半ばから台頭する武家からも崇敬《すうけい》され，源氏の氏神《うじがみ》にもなっています。武家が政権を握《にぎ》った鎌倉時代には，仏教の宗派がたくさん作られました。例えば（　**カ**　）の開いた宗派があります。

(キ)16世紀，ヨーロッパから日本に伝えられたのがキリスト教です。キリスト教は2000年ほど前に，現在の中東地域でイエスの教えをもとに成立した宗教です。複数の神を認めない一神教で，中世のヨーロッパ世界で高い権威《けんい》が与えられました。(ク)伝来した当時の日本ではとりわけ西日本で信者を増やしましたが，天下を統一した豊臣秀吉や徳川政権によって排除《はいじょ》されます。

海外との通交が制限された江戸時代は，幕府や藩にとって都合のよい朱子学《しゅしがく》という思想が重視されます。朱子学は，(ケ)孔子を祖とする儒教をもとに宋代に誕生したもので，身分の秩序《ちつじょ》が大事だと説いています。一方，庶民《しょみん》のあいだでは寺社参詣《さんけい》が行われました。神道も仏教も区別されず信仰を集め，とりわけ長野の善光寺や，お蔭《かげ》参りで有名な（　**コ**　）が人気でした。

明治維新後，新しい政府は神仏習合を禁止して，神道だけを国教と定めました。なぜなら(サ)天皇を中心とする政治には，天皇家の祖先とされる神々をまつる神道が欠かせなかったからです。明治以降，近代化が進んで科学技術や産業構造が発展する一方で，亡《な》くなった人間が神としてまつられる傾向《けいこう》も強まりました。幕末の志士や思想家，(シ)近代の戦争に参加した軍人，さかのぼって近代以前の人物もいます。(ス)太平洋戦争中には，天皇の神格化が強まりました。

戦後，アメリカ中心の占領軍によって急速に民主化が進められ，日本国憲法で天皇は国の「象徴」と位置づけられます。そして多くの国民は，復興から経済成長へと歩む中，(セ)神道にも仏教にもあまりこだわらず，お盆や正月などの節目のときに寺社に参拝するようになります。

また，私たちの生活が西洋化したことで，キリスト教が文化として理解され，信仰とは関係なくクリスマスを祝う人や，教会で結婚式を挙げる人が増えました。

それぞれの宗教には，成り立ちや教え，儀式《ぎしき》やしきたりに大きな違《ちが》いがあります。しかし現代の日本では，そのことがあまり意識されず，宗教が文化として日常に取りこまれているといえます。とはいえ，現在世界で起きている宗教や宗派間の対立・紛争《ふんそう》などを考えてみると，このような一般的な日本人の宗教観というのも，決して否定されるものではないといえるのではないでしょうか。

問１　下線部(ア)について――。

昔から日本では山岳《さんがく》信仰がさかんでした。江戸時代になると，庶民のあいだでも，神として信仰されたある山に登ることが流行しています。［**図１**］は，その山に登る人びとを描《えが》いた有名な浮世絵の一部ですが，［**図１**］に描かれた山の名前を**漢字**で答えなさい。

［図１］

問２　下線部(イ)について――。

ヤマト政権が成立する前に，30余りの小国をまとめて治めていた女王が日本にいたと，中国の歴史書には記されています。この女王について説明した文としてもっとも適切なものを次の**あ**～**え**の中から１つ選び，記号で答えなさい。

あ　この女王は，中国皇帝から「漢委奴国王」という称号《しょうごう》を与えられた。

い　この女王は，朝鮮半島への遠征《えんせい》軍を指揮して戦場をかけ回っていた。

う　この女王は，朝鮮半島を経由して伝来した仏教を受け入れた。

え　この女王は，神のお告げを伝えることで人びとの心をつかんでいた。

問３　下線部(ウ)について――。

文字で記された古代の資料は，鉄剣の銘文《めいぶん》，土器や木簡《もっかん》・竹簡に記した墨書《ぼくしょ》などさまざまなかたちで伝わっています。石に文字を刻んだ石碑《せきひ》も各地で発見されていますが，群馬県の高崎市にある石碑には，次のようなことが記されています。

「朝廷の弁官局から命令があった。上野国片岡郡・緑野郡・甘良郡の三郡の中から三百戸を分けて新たに郡をつくり，羊に支配を任せる。郡の名は多胡郡としなさい。和銅四(七一一)年三月九日甲寅。左中弁正五位下多治比真人による宣旨《せんじ》である。…」

この資料から読みとれることを説明した文としてもっとも適切なものを次の**あ**～**え**の中から１つ選び，記号で答えなさい。

あ　関東のこの地にまで，律令制度が行きわたっていた。

い　関東のこの地では，牧羊がさかんに行われていた。

う　秩父で産出した銅を，朝廷に運んでくるよう命じている。

え　朝廷の移転のために，新しい都を建設していた。

問４　下線部(**エ**)について――。

この時期の中国の王朝としてもっとも適切なものを次の**あ**～**え**の中から１つ選び，記号で答えなさい。

あ　漢

い　唐

う　元

え　清

問５　下線部(**オ**)について――。

11世紀の中頃《ごろ》，仏教では不吉とされる末法《まっぽう》の世を迎《むか》えるにあたり，京都の宇治に阿弥陀仏をまつる寺院が建てられました。この寺院としてもっとも適切なものを［**図２**］の**あ**～**え**の中から１つ選び，記号で答えなさい。

［**図２**］

あ

い

う

え

問６　空欄（**カ**）について――。

空欄（**カ**）にあてはまる人物とその宗派の特色を説明した文として**適切でないもの**を次の**あ**～**え**の中から１つ選び，記号で答えなさい。

あ	栄西	坐禅《ざぜん》を組むことによって悟りを開く。
い	一遍	踊《おど》りながら念仏を唱える。
う	日蓮	「南無妙法蓮華経」という題目を唱える。
え	行基	鎌倉で大仏の造立を呼びかける。

問7　下線部(キ)について――。

キリスト教が伝わったときの日本の状況を説明した文としてもっとも適切なものを次の**あ**～**え**の中から1つ選び，記号で答えなさい。

あ　ヨーロッパの人たちが，日本と中国の貿易を中継していた。

い　日本では，室町幕府が安定した統治を続けていた。

う　中国は宣教師のフランシスコ・ザビエルを派遣《はけん》して，幕府に通商を求める国書を提出した。

え　宣教師のフランシスコ・ザビエルは，幕府から長崎に行くことを命じられた。

問8　下線部(ク)について――。

伝来したキリスト教に関する[**図3**]の2枚の写真を見て，これらの写真を説明した文AとBの内容がそれぞれ適切かどうかを判断し，**正誤の組み合わせ**としてもっとも適切なものを後の**あ**～**え**の中から1つ選び，記号で答えなさい。

[**図3**]

①

②

A　①は，キリスト教徒が織田信長によって安土城で処刑《しょけい》される直前の様子を描いた絵である。

B　②は，江戸幕府が禁止したキリスト教の信者を見つけるために用いられた道具である。

	あ	い	う	え
A	○	○	×	×
B	○	×	○	×

問9　下線部(ケ)について――。

孔子を祖とする儒教と関連のある言葉としてもっとも適切なものを次の**あ**～**え**の中から1つ選び，記号で答えなさい。

あ　「はじめに神は天と地とを創造された。…」

い　「慈悲《じひ》あまねく慈愛《じあい》深き神の御名《みな》において，…」

う　「祇園《ぎおん》精舎《しょうじゃ》の鐘《かね》の声，諸行《しょぎょう》無常《むじょう》の響《ひび》きあり。…」

え　「子曰《いわ》く，学びて時に之《これ》を習う。亦《ま》た説《よろこ》ばしからずや。…」

問10　空欄(**コ**)について――。

空欄(**コ**)のお札《ふだ》が降ってくるという現象が，幕末に東海道筋から京都・大坂にかけて起きたといわれています。その所在地の近くでは，昨年(2016年)，世界の主要国の首脳が集まる会議が開催《かいさい》されています。空欄(**コ**)の位置としてもっとも適切なものを次の[**図 4**]の**あ**～**か**の中から1つ選び，記号で答えなさい。

[**図 4**]

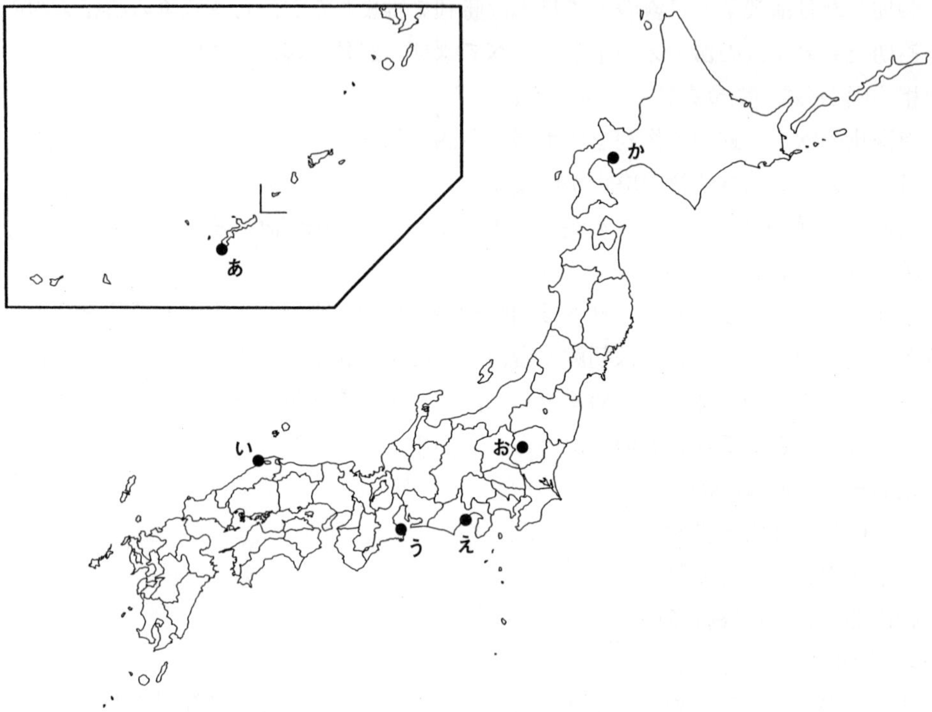

問11　下線部(**サ**)について――。

天皇を中心とする政治は，1889年に公布された大日本帝国憲法において法的に確立しました。それと同時に，神道の儀礼などについて定めた法典も制定されました。この法典は戦後に簡略化され，法律の一つとして継承《けいしょう》されましたが，近年，この法典の内容について注目される報道がありました。次の資料は，法典の一部を抜き出したものです。この資料から読みとれることとして**適切でないもの**を後の**あ**～**え**の中から1つ選び，記号で答えなさい。

第一条　皇位は，皇統に属する男系の男子が，これを継承する。

第三条　皇嗣《こうし》に，精神若《も》しくは身体の不治の重患《じゅうかん》があり，又《また》は重大な事故があるときは，皇室会議の議により，前条に定める順序に従つて，皇位継承の順序を変えることができる。

第四条　天皇が崩《ほう》じたときは，皇嗣が，直ちに即位する。

第十六条　天皇が成年に達しないときは，摂政を置く。

2項　天皇が，精神若しくは身体の重患又は重大な事故により，国事に関する行為《こうい》

をみずからすることができないときは，皇室会議の議により，摂政を置く。

あ　女性は絶対に天皇として即位できない。
い　皇太子であれば必ず皇位を継承する。
う　皇太子の即位は天皇の亡くなった直後に行われる。
え　天皇が未成年のときに摂政を置くことができる。

問12　下線部(シ)について――。

近代の戦争に参加した軍人として，日本海軍の連合艦隊《かんたい》を指揮した東郷平八郎がいます。彼が参加した日清戦争と日露戦争で日本は勝利を得ましたが，日露戦争の講和条約の内容として適切なものを次の**あ**～**え**の中から**すべて**選び，記号で答えなさい。

あ　相手国から賠償金《ばいしょうきん》を払ってもらう。
い　南満州の鉄道・鉱山の権利を相手国から譲《ゆず》られる。
う　日本における治外法権の廃止《はいし》が決まる。
え　大韓帝国(韓国)の政治を日本が指図することを相手国が認める。

問13　下線部(ス)について――。

太平洋戦争が始まるまでに，日本は朝鮮や台湾などを支配し，中国と戦争をしていました。戦争が長引いたことで，日本は朝鮮や台湾の支配を強化していきます。日本はこれらの地域に対して，日本との一体化を進めるために，どのような政策を行いましたか。その政策を説明した文として**適切でないもの**を次の**あ**～**え**の中から１つ選び，記号で答えなさい。

あ　氏名を日本風に改めさせた。
い　日本の米や味噌《みそ》を供給した。
う　日本軍の兵士として徴兵《ちょうへい》した。
え　強制的に神社に参拝させた。

問14　下線部(セ)について――。

現在多くの参詣者を集めている次のＡ～Ｄの神社仏閣は神道の神社ですか，それとも仏教の寺院ですか。その組み合わせとしてもっとも適切なものを後の**あ**～**く**の中から１つ選び，記号で答えなさい。

Ａ　出雲大社　　Ｂ　川崎大師　　Ｃ　伏見稲荷　　Ｄ　熊野三山《さんざん》

	あ	い	う	え	お	か	き	く
Ａ	神社	神社	神社	神社	寺院	寺院	寺院	寺院
Ｂ	神社	神社	寺院	寺院	神社	神社	寺院	寺院
Ｃ	神社	寺院	神社	寺院	神社	寺院	神社	寺院
Ｄ	寺院	寺院	神社	神社	寺院	寺院	神社	神社

2 次の文章を読んで，後の問いに答えなさい。

2016年８月に(ア)ブラジルのリオデジャネイロで第31回夏季オリンピック大会が開催《かいさい》されました。次回大会は東京で開催されることが予定されているため，外国人観光客の増加に向けた取り組みを進める必要があります。

2002年には，日本人の海外旅行者数が1652万人だったのに対し，(イ)日本を訪《おとず》れた外国人旅行者数は524万人でした。政府は，日本を訪れる外国人旅行者数を増やしてこの差を縮めることを目的に，「グローバル観光戦略」を発表しました。この戦略のなかで，「ビジット・ジャパン・キャンペーン」が打ち出され，2007年までに日本を訪れる外国人旅行者数を年間800万人とする目標を達成しました。現在では2020年までに年間4000万人の外国人旅行者受入を目指して，さまざまな取り組みが実施《じっし》されています。また，2016年には国土交通省の国土地理院が(ウ)外国人にわかりやすい地図を作成するための地図記号(外国人向け地図記号)を15種類決定しました。このように，日本は徐々《じょじょ》に観光立国の実現に向けて歩んでいるといえます。

観光庁の資料(2015年統計)によれば，外国人が日本を訪れる前に期待していたこと(複数回答)の第１位は「日本食を食べること」で69.7％となっていて，第２位は「ショッピング」で55.3％，第３位は「(エ)自然・景勝地《けいしょうち》観光」で44.0％でした。そして，日本食のなかでも，もっとも満足した飲食の第１位は「寿司《すし》」で21.3％でした。生の魚を食べることの少ない外国人にとって，目新しさがあるのかもしれません。

そんな寿司ネタの一つに，ウニがあります。ウニはコンブやプランクトンなどをエサとしており，コンブの生産量が全国第１位の北海道は，ウニの漁獲量でも全国第１位です。また，北海道に限らず，(オ)プランクトンを多く含む海流が流れる海域は，絶好のウニの漁場となります。さらに，波が穏《おだ》やかな湾の奥には(カ)漁港が多く，ウニが生育しやすい環境でもあります。天然のウニは，コンブなどの海藻《かいそう》やプランクトンが豊富な浅瀬《あさせ》に生育することが多く，岩に張りついていたり，岩のくぼみなどに入り込んでいたりします。供給量が少ないため高級な寿司ネタとして有名ですが，さらに近年では漁業関係者の高齢化が進んでいるうえ，水温の上昇に弱いウニが(キ)地球温暖化の影響を受けて減少しており，ウニの(ク)輸入価格は上昇しています。そのため数十年前から(ケ)養殖《ようしょく》技術の研究が行われており，この技術が完成すればより安くウニを食べることができるようになるかもしれません。

さて，2013年には，「和食」がUNESCO《ユネスコ》の無形文化遺産に登録されました。日本をより魅《み》力《りょく》のある国へと成長させ，日本を訪れる外国人旅行者数を増やすためには，最先端技術を世界へ発信するだけでなく，伝統ある日本文化・独自の日本文化を継承することも大切です。そのうえで，(コ)第一次産業の果たすべき役割は非常に大きく，日本政府も積極的に支援をしていく必要があるでしょう。

問１ 下線部(ア)について――。

ブラジルについて説明した文として**適切でないもの**を次の**あ**～**え**の中から１つ選び，記号で答えなさい。

あ 赤道が国土を通過しており，高温多雨のアマゾン川流域には多種多様な動植物が存在する。

い 人口が５億人を超《こ》えていてポルトガル語を使う人がもっとも多いが，他にも先住民の言葉が使われている。

う　横浜市とリオデジャネイロとの距離は約２万 km であり，２つの都市の間にはほぼ半日の時差がある。

え　コーヒー豆の世界的な生産国であり，20世紀初頭にはコーヒー農園労働者として多くの日本人が移り住んだ。

問２　下線部**(イ)**について──。

(1)　［**グラフ１**］は，日本を訪れた外国人旅行者数の移り変わりを示したものです。このグラフを読みとった内容とそれに関連することがらとして**適切でないもの**を後の**あ**～**え**の中から１つ選び，記号で答えなさい。

［**グラフ１**］

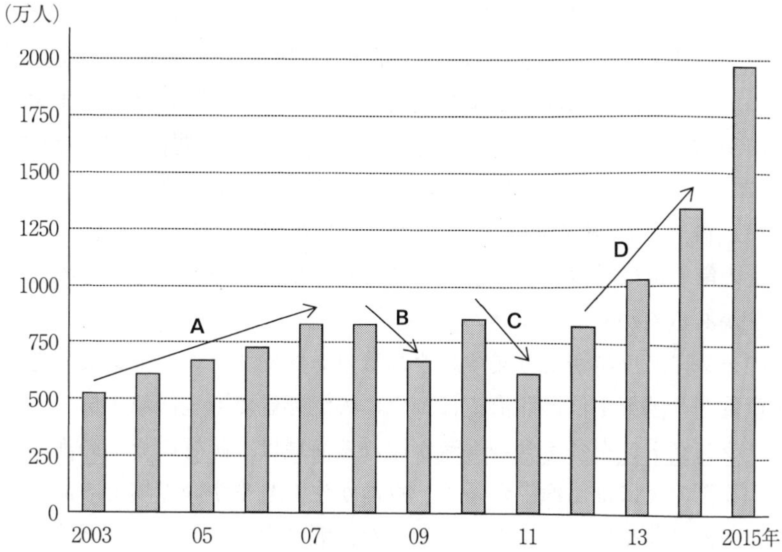

『日本政府観光局(JNTO)』の資料をもとに作成

あ　**A**の時期に外国人旅行者数が増加したのは，周辺のアジア諸国の経済成長が進んでその国民の所得が増えた影響が大きい。

い　**B**の時期に外国人旅行者数が減少したのは，アメリカのサブプライムローン問題から発生した世界同時不《ふ》況《きょう》の影響が大きい。

う　**C**の時期に外国人旅行者数が減少したのは，巨大地《じ》震《しん》と津波によって原子力発電所から放射性物質が放出された影響が大きい。

え　**D**の時期に外国人旅行者数が増加したのは，金融《きんゆう》政策によって円高が進んだことや LCC の就航が増えた影響が大きい。

(2)　［**グラフ２**］は，日本を訪れた外国人旅行者数の移り変わりを出身国別に示したものであり，**A**～**C**は，アメリカ合衆国(アメリカ)，韓国，＊中国のいずれかです。**A**～**C**と国名の組み合わせとしてもっとも適切なものを後の**あ**～**か**の中から１つ選び，記号で答えなさい。

＊台湾《たいわん》とホンコンは含まない。

［グラフ２］

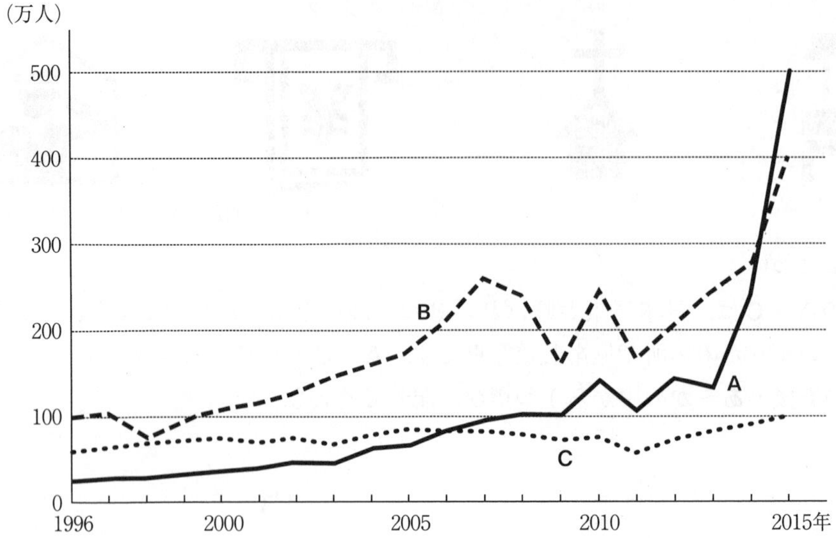

『日本政府観光局(JNTO)』の資料をもとに作成

	あ	い	う	え	お	か
A	アメリカ	アメリカ	韓国	韓国	中国	中国
B	韓国	中国	アメリカ	中国	アメリカ	韓国
C	中国	韓国	中国	アメリカ	韓国	アメリカ

問３　下線部(ウ)について――。

外国人向け地図記号は，次の**Ⅰ**・**Ⅱ**の２つのパターンに分けられます。

［**パターンⅠ**］　国土地理院発行25000分の１地形図で使われている地図記号を外国人にもわかりやすくするため，新たに図案化したもの。

地形図「郵便局」

外国人向け「郵便局」

［**パターンⅡ**］　国土地理院発行25000分の１地形図では図案化されていない施設《しせつ》を，新たに地図記号として作成したもの。

（なし）

地形図　　外国人向け「コンビニエンスストア・スーパーマーケット」

［**図５**］の**あ**～**え**は，2016年に決定された外国人向け地図記号です。このうち，［**パターンⅠ**］にあてはまる地図記号としてもっとも適当なものを［**図５**］の**あ**～**え**の中から１つ選び，記号で答えなさい。

［**図 5**］

「国土地理院」のホームページより引用

問 4　下線部(**エ**)について――。

［**図 6**］の**A**～**C**は，日本三景と呼ばれる３つの地域を示したものであり，下の［**図 7**］の①～③は，いずれかの場所で撮影《さつえい》した写真です。**A**～**C**と写真の組み合わせとしてもっとも適切なものを後の**あ**～**か**の中から１つ選び，記号で答えなさい。

［**図 6**］

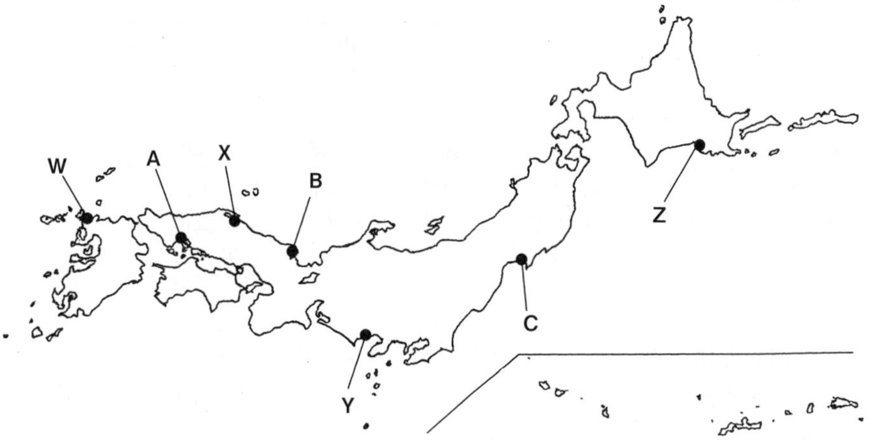

［**図 7**］

①

②

③

	あ	い	う	え	お	か
①	A	A	B	B	C	C
②	B	C	A	C	A	B
③	C	B	C	A	B	A

問5　下線部**(オ)**について――。

このような性質を持つ２つの海流の組み合わせとしてもっとも適切なものを次の**あ**～**か**の中から１つ選び，記号で答えなさい。

あ　日本海流・千島海流　　**い**　日本海流・対馬海流

う　日本海流・リマン海流　　**え**　千島海流・対馬海流

お　千島海流・リマン海流　　**か**　対馬海流・リマン海流

問6　下線部**(カ)**について――。

前ページの［**図６**］の**W**～**Z**は，日本の主な漁港を示しています。それぞれの漁港について説明した文として**適切でないもの**を次の**あ**～**え**の中から１つ選び，記号で答えなさい。

あ　**W**は，かつて石炭を積み出すための港だったが，炭鉱閉山後に魚市場が開かれて漁港となり，現在ではアジやサバの水揚《みずあ》げ量が多い。

い　**X**は，日本海側ではもっとも水揚げ量の多い漁港で，ベニズワイガニの水揚げ量が全国の半数以上を占める。

う　**Y**は，全国からたくさんの漁船が集まる沖合漁業の基地とされる漁港で，その代表魚種であるカツオやマグロの水揚げ量が多い。

え　**Z**は，かつてサケ・マスを中心とした北洋漁業の基地として栄えた漁港だが，200カイリ規制問題などによって地位を下げた。

問7　下線部**(キ)**について――。

地球温暖化について述べた文としてもっとも適切なものを次の**あ**～**え**の中から１つ選び，記号で答えなさい。

あ　経済成長によって石炭や石油の使用量が増えてオゾン層が薄くなり，地表に届く太陽光線が強くなったことが原因である。

い　海水の蒸発量が増加して海面低下を引き起こし，陸上では集中豪雨《ごうう》が多発する危険性が高まる。

う　北極海の氷が融《と》けると，タンカーなどの航路が拡大する一方で，ホッキョクグマなどの生態系が脅《おびや》かされる。

え　パリで開催された第21回気候変動枠組《わくぐみ》条約締約《ていやく》国会議(COP21)では，世界すべての国で地球温暖化防止に努める義務が課された。

問8　下線部**(ク)**について――。

［**表１**］は，日本の主な水産物輸入量(金額および重量)を示したものであり，**A**～**C**はウナギ，エビ，マグロのいずれかです。**A**～**C**と品目名の組み合わせとしてもっとも適切なものを後の**あ**～**か**の中から１つ選び，記号で答えなさい。

[**表1**]

品　目	輸入額(百万円)	輸入量(千トン)
A	226,202	167.1
サケ・マス	190,098	219.9
B	186,936	211.2
カニ	61,405	44.2
イカ	47,894	95.0
タコ	32,455	39.9
ニシン	31,951	92.5
ウニ	21,190	11.4
C	15,161	4.8

統計年次は2014年。『日本国勢図会』をもとに作成

	あ	**い**	**う**	**え**	**お**	**か**
A	ウナギ	ウナギ	エビ	エビ	マグロ	マグロ
B	エビ	マグロ	ウナギ	マグロ	ウナギ	エビ
C	マグロ	エビ	マグロ	ウナギ	エビ	ウナギ

問9　下線部(ケ)について――。

養殖業を取りまくさまざまな課題について述べた文としてもっとも適切なものを次の**あ**～**え**の中から1つ選び，記号で答えなさい。

あ　養殖資源は，品質面で不安を感じる消費者が多いため，スーパーなどの商品ラベルでは「養殖」や「天然」などの情報が明示されない。

い　養殖資源は，天然資源に比べて過密状態で育てることが多いため，エサの大量投入などによって水域の富栄養化が起こりやすい。

う　養殖業は，天然資源に比べて生産量を安定させにくいため，需要量と供給量との関係で価格が大きく変動しやすい。

え　養殖業は，人工的に育てた稚魚《ちぎょ》を河川へ放流し，戻ってきた成魚を捕獲《ほかく》することも多いため，天然資源の減少につながっている。

問10　下線部(コ)について――。

[**表2**]は，第一次産業に関する3つのデータ(就業者数，高齢化率，生産額最下位の都道府県)を示したものであり，**A**～**C**は農業，林業，漁業のいずれかです。**A**～**C**と業種名の組み合わせとしてもっとも適切なものを後の**あ**～**か**の中から1つ選び，記号で答えなさい。

[**表2**]

	就業者数(万人)(2015)	＊高齢化率(%)(2015)	＊＊生産額最下位の都道府県(2014)
A	209.7	63.5	東京都
B	16.7	35.9	長野県ほか7県
C	6.4	21.9	大阪府

＊就業者数のうち，65歳《さい》以上の割合。

＊＊漁業の生産額は，海面漁業と海面養殖業の合計。

就業者数と高齢化率は『農業構造動態調査』『国勢調査』『漁業就業動向調査』をもとに作成

生産額は農林水産省資料をもとに作成

	あ	い	う	え	お	か
A	農業	農業	林業	林業	漁業	漁業
B	林業	漁業	農業	漁業	農業	林業
C	漁業	林業	漁業	農業	林業	農業

3　次の文章を読んで，後の問いに答えなさい。

私たちの毎日の生活の中にはルールや規制が存在し，それらが正しさの基準となっています。例えば，電車を利用する時に電車から降りる人を優先することでスムーズに乗り降りでき，お互《たが》いに気持ちよく電車を利用できます。また，交通ルールにより，私たちは道路を安全に使うことができます。ルールや規制は面倒《めんどう》なものと思われがちですが，これらの例からわかるように，ルールや規制は自由を制限することや人々に何かを強制することが目的ではなく，社会生活が問題なく営まれるために存在していると考えられます。

ルールや規制として私たちが最初に思い出すのは法律です。しかし，法律を身近なものと感じているかというと必ずしもそうではないでしょう。そこで最近では一連の（　1　）制度改革が進み，(ア)裁判員制度が導入される等，国民が法律に関わる機会を増やす努力や(イ)法律を身近なものとして意識できるような取り組みが行われるようになりました。

このような取り組みが近年熱心に行われるようになったのは，日本が法治国家であることと無関係ではありません。法治国家とは国民の意思でつくられた法律によって（　2　）を行使するという形をとる国家を指します。このような国家では，国民の意思が法律をつくる過程や（　1　）制度の運用の背景になっている必要があります。日本では(ウ)国会が立法府として機能していますが，その（　2　）は主権者である国民に由来します。国会でどのような法律がつくられるかは国民一人一人の政治的意思と密接に関係しているのです。

次に注意するべきことは，法治国家では一度成立した法律は正しさの基準となる点です。国家（　2　）は法律によって動くので，法律に違反《いはん》した場合には，(エ)刑罰《けいばつ》を科すことも必要です。一方，社会環境は常に変化しているので，変化をふまえて正しさの基準を変えるべきか判断することも必要となります。時に背後に隠れている，より重要な問題が，その判断によって明らかになる場合があります。例えば，2009年の(オ)臓器《ぞうき》移植《いしょく》法改正をめぐる審議では単なる法律の改正を超えて，人間の死とは何かというより大きな問題についての議論が呼び起こされました。この例からもわかるように法律を変える，あるいはつくることは，社会において私たちがどのような正しさを共有するべきかという問題と密接に関係しています。

そして，三番目に考えなければならないのが，法治国家として，どのようにして法律を正しく用いるのかということです。日本では(カ)裁判所が法律を運用して，個別の事例について判断しています。（　1　）権の独立が維持《いじ》されることは，法治国家で正しい社会を実現させるために極《きわ》めて重要なことなのです。

ところで，社会生活の中で規制となるのは法律だけでしょうか。社会には法律的な正しさとは別の正しさの基準，すなわち(キ)道徳という基準が存在します。必要なルールや規制のあり方を考える場合，道徳というレベルで考えることも，もう少し注目されるべきでしょう。実際，私たちが日常的に抱《かか》える問題のすべてに新しい法律をつくって対処することは不可能です。そもそも，何が正しい行いなのかを一人一人がよく考えることは，主権者としての国民に求めら

れる態度そのものであるはずです。

法律や道徳といった正しさの基準は永遠に変化しないわけではありません。だからこそ私たちはそれらが本当に正しいかどうかに敏感《びんかん》であるべきです。(ク)社会環境の変化に伴《ともな》って変えるべき正しさの基準もあれば，その中でも変えてはいけない正しさの基準もあるでしょう。この判断を誤ると将来に思わぬ問題を生じさせる場合もあります。そのような意味で，私たちは単に現在の社会に対してだけではなく，(ケ)未来の社会に対しても責任を負うのです。

問1　（**1**），（**2**）にあてはまる語句を**漢字**で答えなさい。

問2　下線部(**ア**)について――。

裁判員制度について説明した文としてもっとも適切なものを次の**あ**～**え**の中から１つ選び，記号で答えなさい。

あ　重要な事件では，最高裁判所で開かれる裁判に裁判員が参加することがある。

い　裁判員の候補者は，選挙に参加する資格がある国民の中から抽選《ちゅうせん》で選ばれる。

う　裁判員に選ばれた人は，裁判のやりとりを録音してもよいことになっている。

え　判決の決定は裁判員の意見を聞いた後，裁判官のみが行う権限をもっている。

問3　下線部(**イ**)について――。

法律を身近なものとして意識できるような取り組みとして2000年以降に始まったものとしてもっとも適切なものを次の**あ**～**え**の中から１つ選び，記号で答えなさい。

あ　自分が直接関係のない裁判についても傍聴《ぼうちょう》することが，できるようになった。

い　最高裁判所や地方裁判所を見学することが，許可されるようになった。

う　犯罪被害者や遺族《いぞく》が裁判で質問や意見を述べることが，許されるようになった。

え　衆議院議員選挙の時に，最高裁判所裁判官を審査する権利が，国民に与えられるようになった。

問4　下線部(**ウ**)について――。

国会について説明した文としてもっとも適切なものを次の**あ**～**え**の中から１つ選び，記号で答えなさい。

あ　国会は１月に召集される通常国会のみ会期が定められており，それ以外はそのつど会期を決めている。

い　国会は衆議院と参議院から構成され，それぞれ全く等しい権限をもっている。

う　国会は内閣総理大臣をやめさせる権限をもっているが，裁判官をやめさせることはできない。

え　国会は法律をつくる以外に，その年の予算案をつくる仕事や決算を確認する仕事も行っている。

問5　下線部(**エ**)について――。

日本国憲法での刑罰のあり方について述べたものとして**適切でないもの**を次の**あ**～**え**の中から１つ選び，記号で答えなさい。

あ　本人の自白があれば刑罰を科すことができる。

い　残虐《ざんぎゃく》な刑罰は禁止されている。

う　刑罰は法律に基《もと》づいて行われる必要がある。

え　無罪が確定した行為について刑罰は科せられない。

問6　下線部(オ)について――。

臓器移植法第六条では死体(脳死者の身体を含《ふく》む)から臓器を摘出《てきしゅつ》することができる要件を次のように定めています。

> 一　死亡した者が生存中に当該《とうがい》臓器を移植術に使用されるために提供する意思を書面により表示している場合であって，その旨の告知を受けた遺族が当該臓器の摘出を拒《こば》まないとき又は遺族がないとき。
>
> 二　死亡した者が生存中に当該臓器を移植術に使用されるために提供する意思を書面により表示している場合及《およ》び当該意思がないことを表示している場合以外の場合であって，遺族が当該臓器の摘出について書面により承諾《しょうだく》しているとき。

この要件に照《て》らした場合に臓器移植を行える事例としてもっとも適切なものを次の**あ**～**え**の中から１つ選び，記号で答えなさい。

あ　臓器提供についての意思が不明である，遺族のいない脳死状態の人。

い　臓器の提供を承諾することを書面に表示しているが，遺族が臓器の提供を拒否した脳死状態の人。

う　臓器の提供を拒否することを書面に表示しているが，遺族が臓器を提供してもよいと書面で承諾した脳死状態の人。

え　臓器提供についての意思が不明だが，遺族が臓器を提供してもよいと書面で承諾した脳死状態の人。

問7　下線部(カ)について――。

裁判所は法律の内容に対して特別な権限をもっています。その権限について述べたものとしてもっとも適切なものを次の**あ**～**え**の中から１つ選び，記号で答えなさい。

あ　過去に出された判決の内容に違反していないかを判断する権限。

い　国会で出された意見に違反していないかを判断する権限。

う　内閣の政策を制限するものになっていないかを判断する権限。

え　日本国憲法の条文や理念に違反していないかを判断する権限。

問8　下線部(キ)について――。

本文には，それに従わなければ道徳的には非難されるが，法律的な罰を受けることはないと言える事例が挙げられています。その例を**15字以内**で抜き出しなさい。ただし，句読点，記号を含む場合は１字として数えます。

問9　下線部(ク)について――。

国の正しいあり方を変えるべきかどうかについて議論されている例として憲法改正の問題を挙げることができます。日本国憲法の改正について説明した文としてもっとも適切なものを次の**あ**～**え**の中から１つ選び，記号で答えなさい。

あ　条文の中の「～は」を「～が」に変更して文章の表現を修正する場合，憲法改正の発議は必要ないとされる。

い　国会議員が憲法改正原案を発議する場合，衆議院，参議院それぞれの総議員の３分の２以上の賛成が必要である。

う　2010年に施行《しこう》された国民投票法では改正案ごとに賛成，反対のどちらかに○をつける投

票法がとられる。

え　憲法が改正されるためには国民投票において有権者の３分の２以上の賛成が必要とされる。

問10　下線部(ケ)について――。

従来，「責任」とは同時に存在する人間の間でしか成立しない概念《がいねん》でした。しかしながら，現代社会では私たちのように〈いま存在している人間〉が〈まだ存在していないが将来存在するであろう人間〉に対して負わなければならない「新たな責任」が考えられるようになっています。このような「新たな責任」を**考慮《こうりょ》しているとは言えない例**を次の**あ**～**え**の中から１つ選び，記号で答えなさい。

あ　年金の受け取りが保障されるように，社会保障制度の仕組みを改める。

い　自然環境の保全を目的として，エネルギー政策のあり方を議論する。

う　財政を健全化するために，消費税の増税を盛り込んだ税制を議論する。

え　国家が収集した個人情報が悪用されないように，セキュリティを強める。

4　次の文章を読んで，後の問いに答えなさい。

選挙における「平等」とはどのようなものか，考えてみましょう。

日本の国政選挙では地方に住む高齢者の声が国会に届きやすいという指摘があります。以下の資料([**図8**]・[**表3**])をふまえた上で，なぜそのようなことがいえるのか，またそのような問題点についてどのような対策がとられているのか，**120字以内**で説明しなさい。ただし，句読点は1字に数えます。

[**図8**]　日本の人口分布と参議院選挙区の定数(2013年改正)

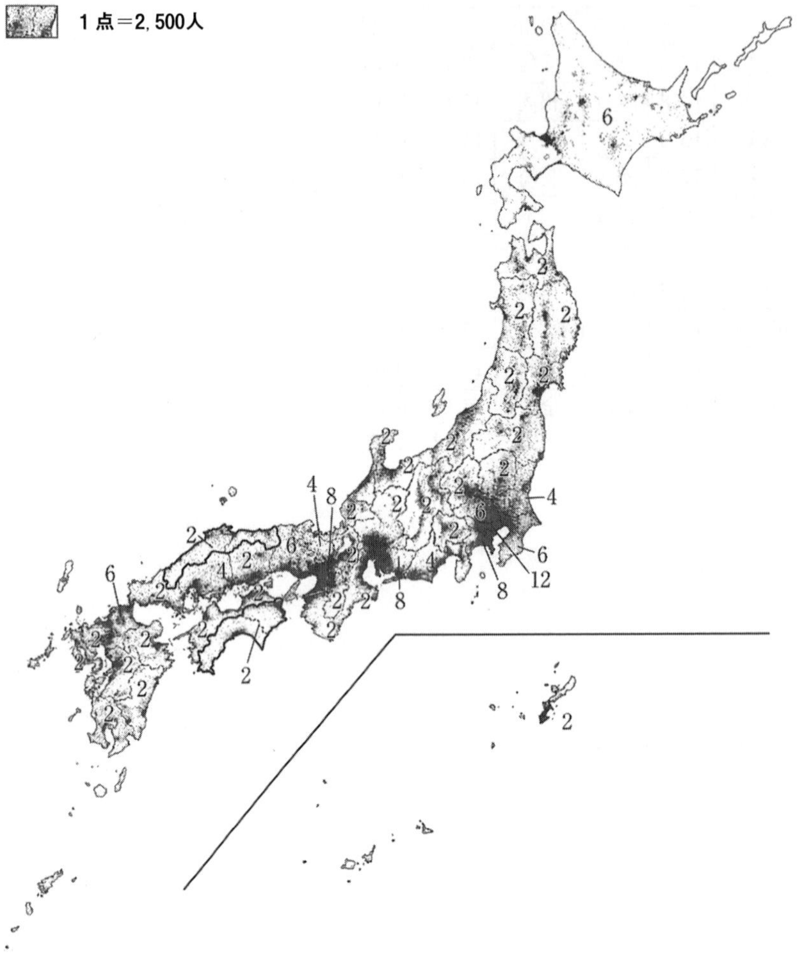

帝国書院『社会科地図帳』をもとに作成

［**表３**］ 各都道府県の年齢階級別人口割合(%) (2014年)

	20～34歳	65歳以上		20～34歳	65歳以上		20～34歳	65歳以上
北海道	14.9	28.1	石川	15.3	27.1	岡山	15.6	28.1
青森	13.3	29.0	福井	14.2	27.8	広島	15.3	27.1
岩手	13.6	29.6	山梨	14.5	27.5	山口	13.4	31.3
宮城	17.2	24.6	長野	13.3	29.2	徳島	13.7	30.1
秋田	11.9	32.7	岐阜	14.6	27.3	高知	12.6	32.1
山形	13.4	29.9	静岡	14.5	26.9	香川	13.9	29.2
福島	14.2	27.8	愛知	17.5	23.2	愛媛	13.5	29.7
茨城	15.4	25.8	三重	14.8	27.1	福岡	17.0	25.1
栃木	15.5	25.2	滋賀	16.9	23.4	佐賀	14.6	26.9
群馬	14.5	26.8	京都	17.2	26.9	長崎	13.5	28.9
埼玉	16.8	24.0	大阪	16.7	25.7	熊本	14.7	28.1
千葉	16.2	25.4	兵庫	15.3	26.3	大分	14.3	29.6
東京	19.9	22.5	奈良	14.8	27.8	宮崎	13.5	28.6
神奈川	17.3	23.3	和歌山	13.1	30.5	鹿児島	14.0	28.7
新潟	14.0	29.1	鳥取	13.9	29.1	沖縄	17.3	19.0
富山	13.4	29.7	島根	12.8	31.7	全国	16.0	26.0

「総務省」のホームページをもとに作成

【理　科】（40分）〈満点：80点〉

1　**次の文章を読んで，後の問いに答えなさい。**

テレビの画面を観察してみると，赤・緑・青の３色の小さなランプで構成されているのがわかります。赤・緑・青の３色を光の三原色といいます。日本人研究者らによって2014年のノーベル物理学賞受賞につながった ① 色ＬＥＤが発明され，すでに発明されていたＬＥＤと組み合わせることで，白色のＬＥＤやフルカラーの大型ディスプレイがつくられるようになりました。

そもそも，なぜ，赤・緑・青の３色が光の三原色なのでしょうか。それはヒトの眼の ② に理由があります。 ② には光を感じる視細胞《しさいぼう》が並んでいますが，視細胞には，赤色の光を感じる細胞，緑色の光を感じる細胞，青色の光を感じる細胞があります。すなわち光の三原色というのはあくまでもヒトの都合であって，(A)モンシロチョウなどの多くの昆虫《こんちゅう》の眼には，ヒトの感じることのできる光より波長の短い ③ を感じる細胞も存在します。

一方で，カラープリンターでは，黒インクの他にカラー印刷で用いられるインクとして，シアン(緑みの青)・マゼンタ(赤紫《むらさき》)・イエロー(黄)が使われています。シアン・マゼンタ・イエローの３色を，色料《しきりょう》の三原色といいます。それぞれの色のインクには次のような特徴《とくちょう》があります。

シアン (緑みの青)	赤色の光を吸収することによって，青色と緑色の光を反射する。 透明《とうめい》な板に用いた場合には，青色と緑色の光を通過させる。
マゼンタ (赤紫)	緑色の光を吸収することによって，青色と赤色の光を反射する。 透明な板に用いた場合には，青色と赤色の光を通過させる。
イエロー (黄)	青色の光を吸収することによって，赤色と緑色の光を反射する。 透明な板に用いた場合には，赤色と緑色の光を通過させる。

④ のインクを混ぜると緑色のインクになりますが，上の理屈でいうと，緑色のインクは ⑤ の光を吸収することによって， ⑥ の光を反射します。透明な板に用いた場合には， ⑥ の光を通過させます。

これは緑色植物の葉でも同じように，緑色植物の光合成色素であるクロロフィル(葉緑素)では ⑤ の光が良く吸収されています。

海水中には様々な色素をもつ海藻《そう》が生息しています。水は赤い光を吸収しやすい性質があり，赤い光は水深の浅い部分にしか届きません。水中にはさらに，クロロフィルなどの(B)光合成色素をもつプランクトンがただよっています。すなわち，水深が深くなるにつれて届く光は限られてきます。浅い海では緑色植物と良く似た光合成色素をもつ緑藻が多くみられますが，水深が深くなるにつれて海藻の種類が変化し，(C)深い海では赤い色素をもつ紅藻が多くなります。

(1)　① にあてはまる色を本文中に使われている**漢字１字**で答えなさい。

(2)　② にあてはまる語句を次の**ア**～**カ**の中から１つ選び，記号で答えなさい。

ア　虹彩《こうさい》　　**イ**　角膜《かくまく》
ウ　網膜《もうまく》　　**エ**　瞳孔《どうこう》
オ　水晶体《すいしょうたい》　　**カ**　ガラス体

(3)　下線部(A)について，モンシロチョウの卵を次の**ア**～**カ**の中から１つ選び，記号で答えなさい。

ア

イ

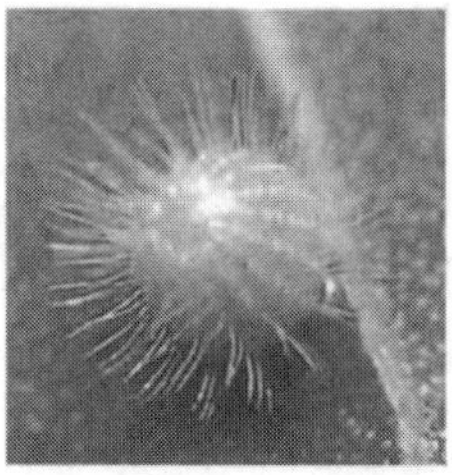

ウ

エ

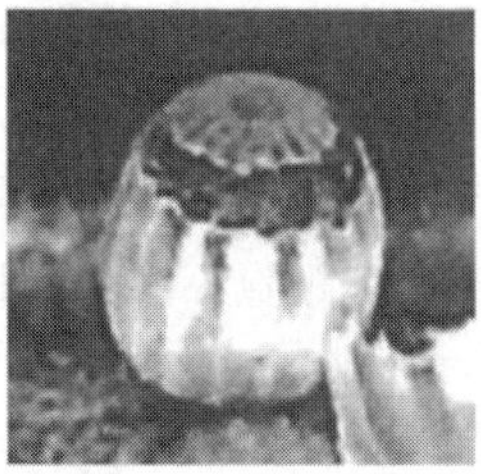

オ

カ

引用文献：『原色ワイド図鑑・昆虫Ⅰ』（学習研究社）／『ときめくチョウ図鑑』今森光彦著（山と渓谷社）

(4) 下線部**(A)**について，モンシロチョウを説明した文としてもっとも適切なものを次の**ア**～**オ**の中から１つ選び，記号で答えなさい。

ア　モンシロチョウは受粉を助けるため，キャベツ農家にとって益虫である。

イ　モンシロチョウの頭部には巻いたストローのような触角《しょっかく》がある。

ウ　モンシロチョウの頭部・胸部・腹部では，胸部が一番長い。

エ　モンシロチョウの幼虫は４回脱皮《だっぴ》したのち４齢《れい》幼虫となり，さなぎになる。

オ　モンシロチョウの成虫は６本の足をもつが，幼虫は６本より多くの足をもつ。

(5) ③ は太陽光に含まれ，日焼けの原因になる電磁波です。③ にあてはまる語句を次の**ア**～**オ**の中から１つ選び，記号で答えなさい。

ア　紫《し》外線　　**イ**　赤外線　　**ウ**　Ｘ線　　**エ**　放射線　　**オ**　超音波

(6) ④ にあてはまる色の組み合わせを次の**ア**～**ウ**の中から１つ選び，記号で答えなさい。

ア　シアンとマゼンタ　　**イ**　シアンとイエロー　　**ウ**　マゼンタとイエロー

(7) ⑤ と ⑥ にあてはまる色の組み合わせを次の**ア**～**カ**の中から１つ選び，記号で答えなさい。

	⑤	⑥
ア	緑色と青色	赤色
イ	赤色と青色	緑色
ウ	赤色と緑色	青色
エ	赤色	緑色と青色
オ	緑色	赤色と青色
カ	青色	赤色と緑色

(8) 下線部**(B)**について，次の**ア**～**ク**のプランクトンの中から光合成を行うものを**３つ**選び，記号で答えなさい。

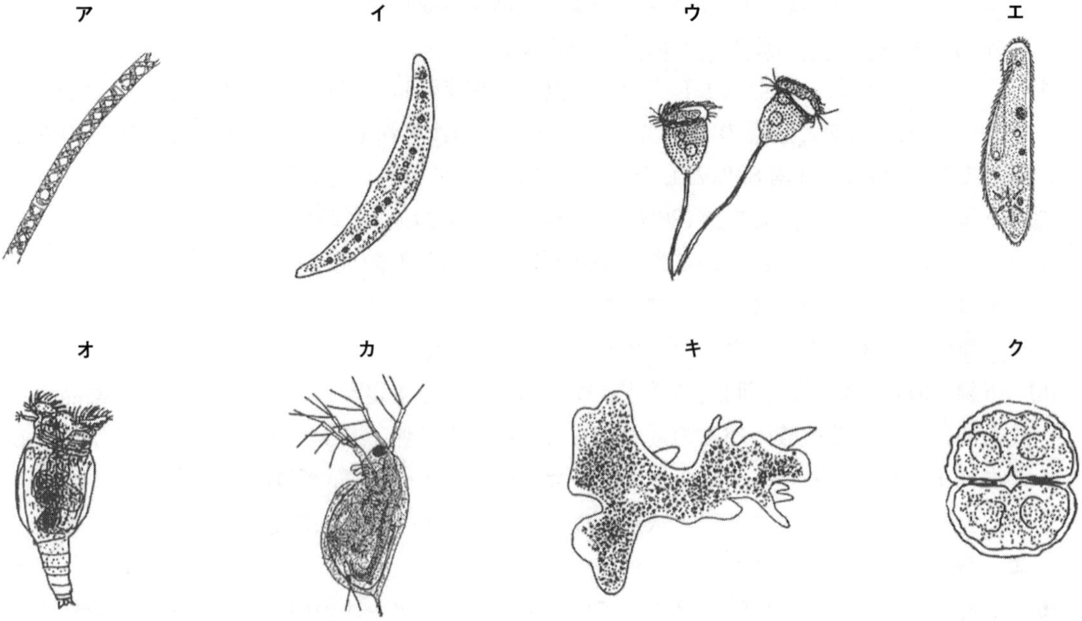

引用文献：『生物観察実験ハンドブック』(朝倉書店)

(9) 下線部(C)について，紅藻を次の**ア**～**オ**の中から１つ選び，記号で答えなさい。

ア　アオサ(ヒトエグサ)　　**イ**　ワカメ　　**ウ**　ヒジキ

エ　テングサ(マクサ)　　**オ**　アカサンゴ

(10) 下線部(C)について，深い海でも生えることができる紅藻が赤い色素をもつ利点を，本文中に使われている**色を１つ**だけ用いて**15字以内**で答えなさい。ただし，句読点も１字に数えます。

2　次の文章を読んで，後の問いに答えなさい。

塩酸は塩化水素という気体の水溶《よう》液です。(A)塩化水素は体積１Ｌ当たり1.5ｇの重さがあります。理科の実験では(B)薬品庫にある濃《のう》塩酸(36％)を(C)水で薄《うす》めて必要な濃さにして使います。

［**図１**］

［**図２**］

［**図１**］のように濃塩酸の入っているびんの栓《せん》を取ると，水に溶《と》けていた塩化水素が揮発(気体となって発散)して空気中の水蒸気と結びつき，さらにそれらが集合して細かい液体の粒になるので白煙《はくえん》が観察されます。雨天などで湿度が高い日に濃塩酸の栓を取ると，この塩酸の白煙がたくさん発生します。

また，鼻をつく刺《し》激《げき》臭《しゅう》があるので吸いこまないように気をつける必要があります。使用後はびんの栓をしっかりしめ，なるべく他の薬品といっしょにしないよう保管します。栓がゆるいと揮発した塩化水素がもれて，周囲の金属をさびさせたり，(D)他の薬品と反応することもあります。

このように塩酸は注意してあつかわなくてはならない物質ですが，不思議なことに(E)私たちの体内にも存在してある働きを助けています。

(1) 下線部(A)をもとに，空気１Ｌ当たりの重さが求まれば，塩化水素が空気より軽いか重いかがわかります。酸素と窒素の１Ｌ当たりの重さはそれぞれ1.3gと1.2gです。空気の成分を体積比で酸素20%と窒素80%としたとき，空気１Ｌの重さは何ｇになりますか。

(2) 下線部(B)について，濃塩酸(36%)を100g作るのに塩化水素は何Ｌ必要ですか。

(3) 下線部(C)について，22%の塩酸を180g作るのに濃塩酸(36%)は何ｇ必要ですか。

(4) 塩酸と反応しない金属を次の**ア**～**エ**の中から１つ選び，記号で答えなさい。

ア 亜鉛《あえん》　**イ** 鉄　**ウ** マグネシウム　**エ** 銅

(5) 下線部(D)について，［**図２**］のように栓が開いている濃塩酸のびんのそばで別の薬品のびんの栓を開けると，濃塩酸のびんの近くでもとの塩酸の白煙よりもさらに激しく白煙が生じることがあります。このときの薬品を次の**ア**～**オ**の中から１つ選び，記号で答えなさい。

ア 食塩水　**イ** アンモニア水　**ウ** 水酸化ナトリウム水溶液

エ 石灰水　**オ** 炭酸水

(6) 下線部(E)について，塩酸が存在している臓器を次の**ア**～**オ**の中から１つ選び，記号で答えなさい。

ア 腎臓《じんぞう》　**イ** 肝臓《かんぞう》　**ウ** 胃　**エ** 小腸　**オ** 大腸

［**表１**］は(3)で作った塩酸をアルミニウムや炭酸カルシウムの混合物と反応させたときの結果です。**実験１**はアルミニウムだけ，**実験２**は炭酸カルシウムだけ，**実験３**と**実験４**は両方を使いました。また，**実験１**から**実験４**まで，薬品はすべて過不足無く反応して，未反応の塩酸やアルミニウムや炭酸カルシウムは残っていません。なお，炭酸カルシウムは石灰石の主成分です。

［**表１**］

	塩酸	アルミニウム	炭酸カルシウム	発生した気体の体積
実験１	30mL	1.8g	―	② L
実験２	15mL	―	5.0g	③ L
実験３	mL	0.9g	2.5g	1.8L
実験４	① mL	1.2g	7.5g	3.4L

(7) ［**表１**］の ① ～ ③ にあてはまる数値をそれぞれ答えなさい。

(8) アルミニウム2.1gと炭酸カルシウム4.2gの混合物が塩酸と完全に反応したときに発生する気体を，石灰水に十分通したときに得られる気体の体積は何Ｌですか。

3 次の太郎君とお父さんの会話を読んで，後の問いに答えなさい。

横浜市に住む太郎君は，お父さんと家の本棚《だな》を整理していると，お父さんのノートが出てきました。

お父さん「このノートには，お父さんが学生時代に地学部で観測した，日本各地の夜空の記録が書いてあるんだよ。」

太郎君「本当だ。このページには月の観測記録が書いてあるね。この月の写真に書いてある月齢《れい》は，確か［　①　］という意味だよね。」

お父さん「そうだよ。よく知っているね。」

太 郎 君「以前，月のことが気になって調べたんだ。月は，夜の間だけ見えると思っていたけれど，昼間に見えることもあるよね。それに，満ち欠けで形も変わるし，面白いなあ。」

お父さん「月の満ち欠けの理由は知っているかな。」

太 郎 君「もちろん知っているよ。 ② が一番の理由でしょう。」

お父さん「そうだね。他にも数時間のうちに月の形が変わって見える現象があるよ。わかるかな。」

太 郎 君「わかった，月食だ。でも，月食が起こる仕組みが難しくてわからないんだよ。」

お父さん「月食は，太陽－地球－月のように並んだときに， ③ ，太陽からの光が月へ直接当たらなくなって起こるんだ。」

太 郎 君「あれ。確か，太陽－地球－月のように並ぶと，月は満月に見えるはずだよね。どうして満月になったり，月食になったりするの。」

お父さん「月が満月になったり月食になったりするのは， ④ なんだよ。」

［**図3**］

太 郎 君「なるほど。そういうことだったのか。この［**図3**］は月の写真だけど，近くに星が一緒《いっしょ》に写っているね。」

お父さん「近くに写っているのは金星だよ。［**図3**］は金星食という，めずらしい現象が起こる直前の写真なんだ。」

太 郎 君「［**図3**］は月と金星だから，観測時刻は ⑤ ぐらい， ⑥ の方角の空で，この後金星は ⑦ ことが読み取れるね。」

お父さん「その通り。よくわかったね。じゃあ，もうひとつ月に関するめずらしい現象として，満月の見かけの大きさが変化することは知っているかな。」

太 郎 君「あ，それはニュースで聞いたことがあるよ。確か大きく見える月のことを(A)スーパームーンというんだよね。」

(1) ① にあてはまる語句を次の**ア**～**エ**の中から1つ選び，記号で答えなさい。

ア 月の出からの経過時間

イ 新月からの日数

ウ 満月からの日数

エ 月ができてからの年数

(2) ② にあてはまる語句を次の**ア**～**カ**の中から1つ選び，記号で答えなさい。

ア 太陽の公転

イ 太陽の自転

ウ 地球の公転

エ 地球の自転

オ 月の公転

カ 月の自転

(3) ③ と ④ にあてはまる文の組み合わせとしてもっとも適切なものを次の**ア**～**カ**の中から1つ選び，記号で答えなさい。ただし，公転面とは，惑星《わくせい》・彗星《すいせい》や衛星などが太陽や惑星の周りをまわる通すじをふくむ面のことです。

	③	④
ア	地球の公転によって，地球の影《かげ》が月の上を移動し	地球の地軸《じく》が，地球の公転面に対して傾《かたむ》いているから
イ	地球の公転によって，地球の影が月の上を移動し	地球の地軸が，月の公転面に対して傾いているから
ウ	地球の公転によって，地球の影が月の上を移動し	月の公転面が，地球の公転面に対して傾いているから
エ	月の公転によって，月が地球の影の中を移動し	地球の地軸が，地球の公転面に対して傾いているから
オ	月の公転によって，月が地球の影の中を移動し	地球の地軸が，月の公転面に対して傾いているから
カ	月の公転によって，月が地球の影の中を移動し	月の公転面が，地球の公転面に対して傾いているから

(4) ⑤ ～ ⑦ にあてはまる語句や文の組み合わせとしてもっとも適切なものを次の**ア**～**ク**の中から１つ選び，記号で答えなさい。

	⑤	⑥	⑦
ア	午前４時	東	月面の前を通過する
イ	午前４時	東	月の裏側に入って見えなくなる
ウ	午前４時	西	月面の前を通過する
エ	午前４時	西	月の裏側に入って見えなくなる
オ	午後５時	東	月面の前を通過する
カ	午後５時	東	月の裏側に入って見えなくなる
キ	午後５時	西	月面の前を通過する
ク	午後５時	西	月の裏側に入って見えなくなる

(5) 下線部**(A)**について，月は地球の周りを完全な円軌道《きどう》で公転しているのではなく，［**図４**］のようなだ円軌道で公転しています。このことから，見かけ上，月の大きさが変化します。もっとも小さく見えるときの月の見かけの面積を100％とすると，もっとも大きく見えるときの月の見かけの面積は何％になりますか。［**図５**］を参考にして，小数第１位を四捨五入して**整数**で答えなさい。

［**図４**］

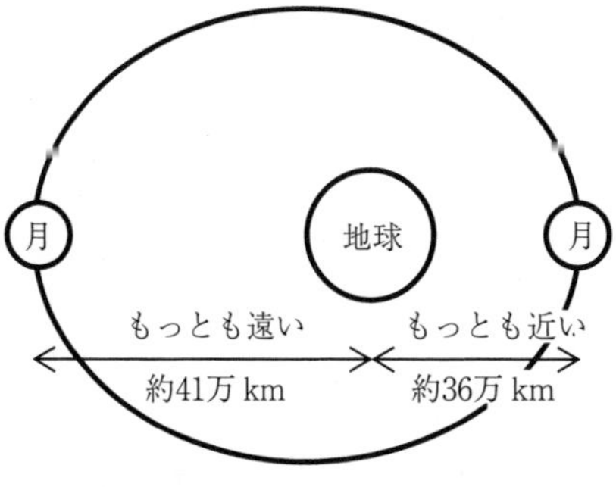

［**図５**］

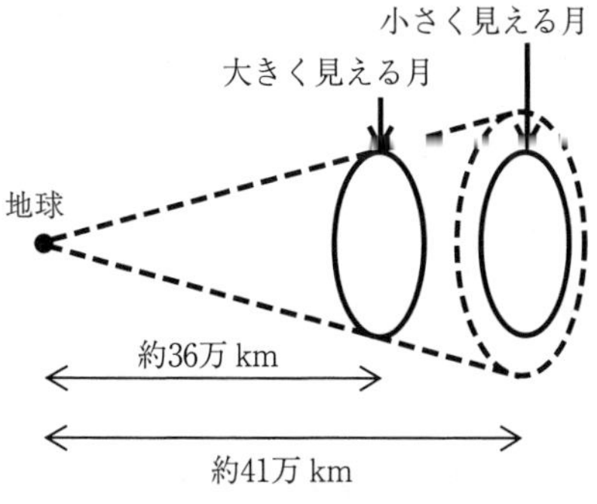

さらに，お父さんのノートをめくっていくと，星の記録に関するページが出てきました。

太 郎 君「ここからのページには星の記録が書いてあるね。［**図６**］と［**図７**］を描《か》いた時刻が

22時10分と書いてあるから，このスケッチは ⑧ 頃《ごろ》に描いたものだよね。」

お父さん「その通り。これは神奈川県にあるおじいちゃんの別荘《べっそう》で ⑧ 20日の22時10分に描いたスケッチなんだ。時刻と星座の位置から季節がわかるように，［**図6**］に書いてある北極星の高度を使って計算すると，この場所が北緯《ほくい》 ⑨ 度とわかるんだよ。」

太郎君「なるほど。もしかして経度もわかるの。」

お父さん「経度もわかるよ。［**図8**］のような(B)星座早見盤《ばん》を使ったことはあるよね。この星座早見盤は兵庫県の明石(東経135度)を基準に作られているんだよ。だから，空の方角と星座の傾きをそろえて，［**図6**］の時刻と比べると……。」

太郎君「16分ずれているね。この時間のずれから計算すると，おじいちゃんの別荘は東経 ⑩ 度だ。緯度や経度がわかるなんて，天体観測はすごいんだね。」

お父さん「そうだよ。昔は航海に利用されていたんだ。太郎も天体観測に興味が出てきたみたいだね。」

太郎君「うん。僕も天体観測を始めてみようかな。」

［**図6**］

★は1等星を示しています

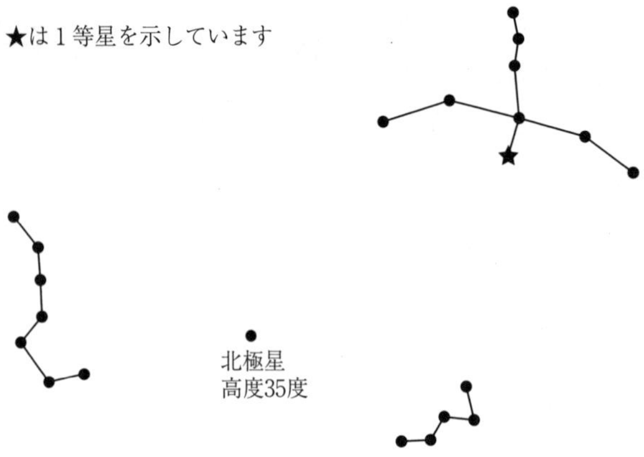

［**図7**］

★は1等星を示しています

(6) ⑧ にあてはまる時期を次の**ア**～**エ**の中から1つ選び，記号で答えなさい。

ア 1月　**イ** 4月
ウ 7月　**エ** 10月

(7) ［**図6**］と［**図7**］に描かれている1等星を次の**ア**～**ク**の中から**3つ**選び，記号で答えなさい。

ア デネブ　**イ** シリウス
ウ リゲル　**エ** ベガ
オ アンタレス　**カ** ベテルギウス
キ スピカ　**ク** アルタイル

(8) ⑨ と ⑩ にあてはまる数値をそれぞれ**整数**で答えなさい。

(9) 下線部(B)について，［**図6**］の方向の空と照

［**図8**］

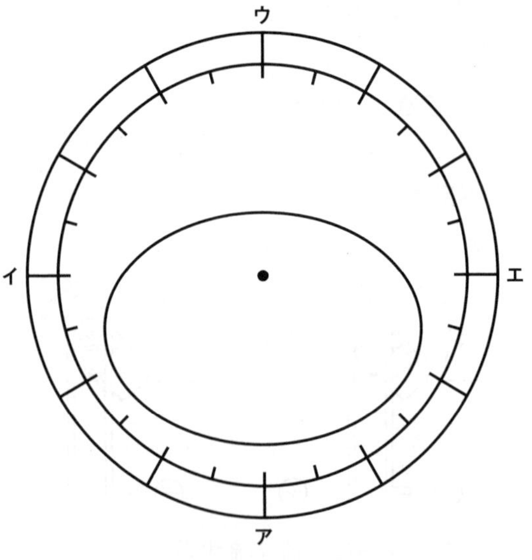

らし合わせるためには，［**図8**］のどの部分を下(手元)にして持てばよいですか。［**図8**］の**ア**～**エ**の中から1つ選び，記号で答えなさい。ただし，［**図8**］の日時は正しく合わせてあるものとします。

4　次の文章を読んで，後の問いに答えなさい。

［**図9**］は，鉄心にコイルを巻いて作ったモーターです。

［**図9**］

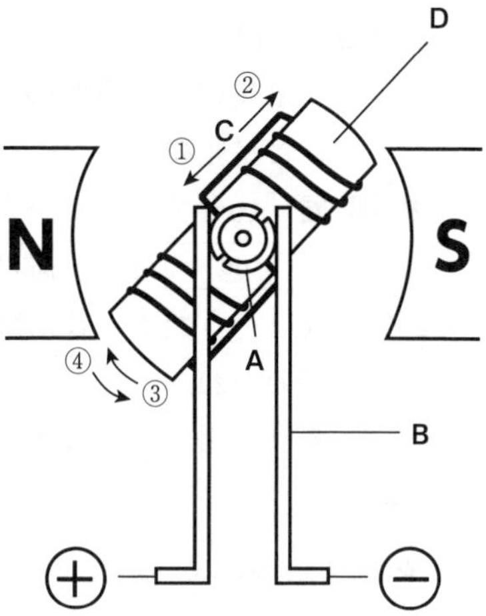

(1)　［**図9**］の**A**，**B**はそれぞれ何といいますか。

(2)　［**図9**］の**A**の役割を次の**ア**～**エ**の中から1つ選び，記号で答えなさい。

ア　1回転ごとにコイルに流れる電流の向きを入れかえる。
イ　半回転ごとにコイルに流れる電流の向きを入れかえる。
ウ　1回転ごとにコイルに電流を流したり流さなかったりする。
エ　半回転ごとにコイルに電流を流したり流さなかったりする。

(3)　［**図9**］の状態で，**C**の部分は①と②のどちらの向きに電流が流れますか。また，**D**の部分は電磁石の何極になりますか。さらに，コイルの回転方向は③と④のどちらになりますか。その組み合わせを次の**ア**～**ク**の中から1つ選び，記号で答えなさい。

	C	D	コイルの回転方向
ア	①	N	③
イ	①	N	④
ウ	①	S	③
エ	①	S	④
オ	②	N	③
カ	②	N	④
キ	②	S	③
ク	②	S	④

(4)　［**図9**］の状態から電池を逆にして，さらにコイルの巻き方を変えたり，磁石のN極とS極を逆にしたりしたときに，［**図9**］と同じ方向に回転するのはどれですか。次の**ア**～**エ**の中から**すべて**選び，記号で答えなさい。

ア

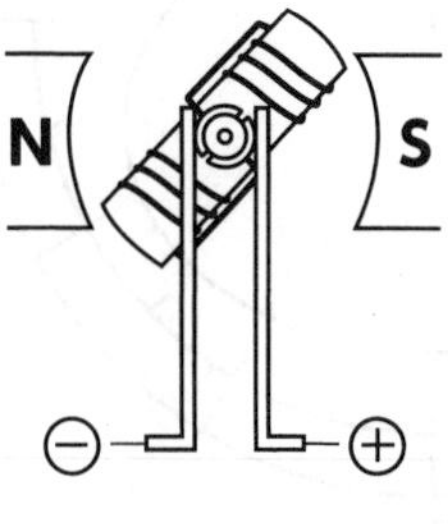

イ

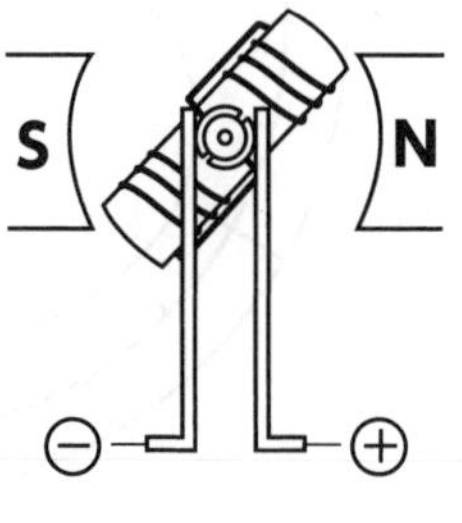

ウ

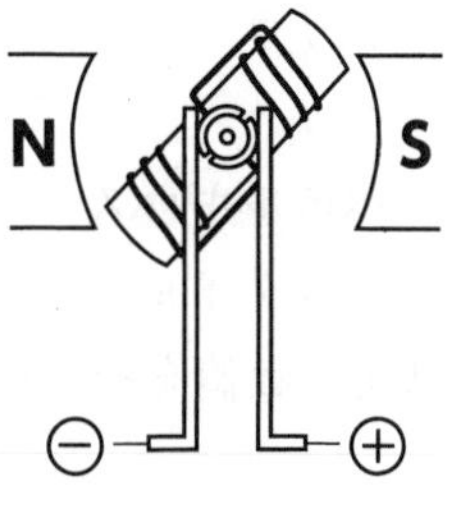

エ

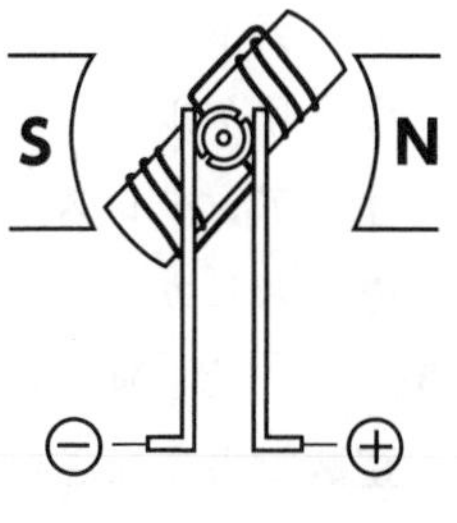

モーターに電流を流すと，モーターの中のコイルが回りますが，逆に，モーターの中のコイ

ルを手などで回すことによって，電流を作り出すことができます。手回し発電機は，多くの場合，モーターを利用しています。

　こうした電流の発生は，「磁力線」を考えることによって説明ができます。磁力線の間かくがせまいところは磁界の強さが強く，間かくが広いところは磁界の強さが弱いところとします。

(5)　［**図10**］のように棒磁石を置いた板の上に，**あ**，**い**の位置に方位磁針を置きました。方位磁針はそれぞれどのようになりますか。後の**ア**～**エ**の中からそれぞれ１つずつ選び，記号で答えなさい。

［**図10**］

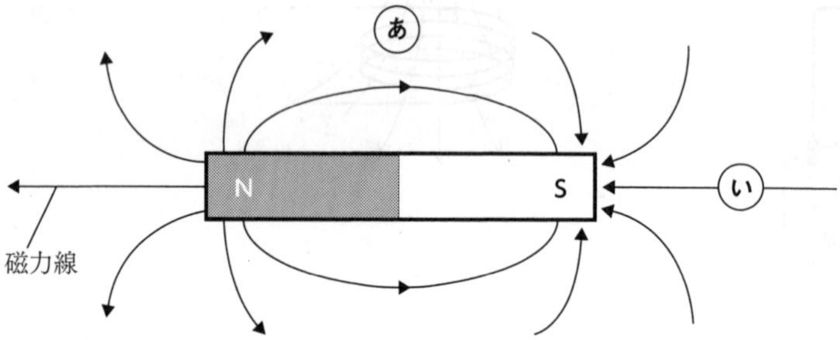

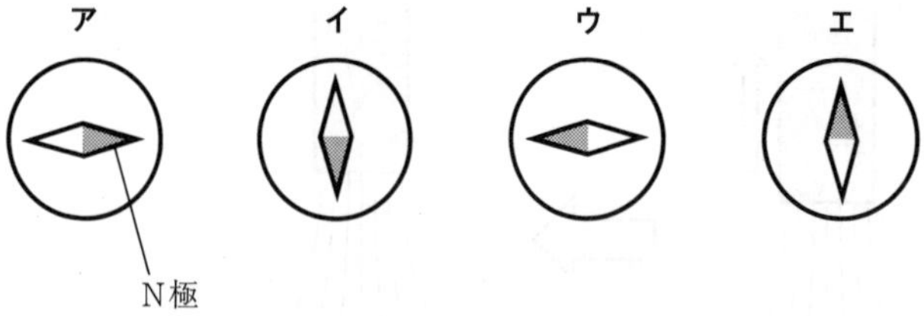

コイルに対して磁石を近づけたり遠ざけたりすると，コイルの中を貫く磁力線の本数が変化します。[**図11**]は，その様子を示したものです。

[**図11**]

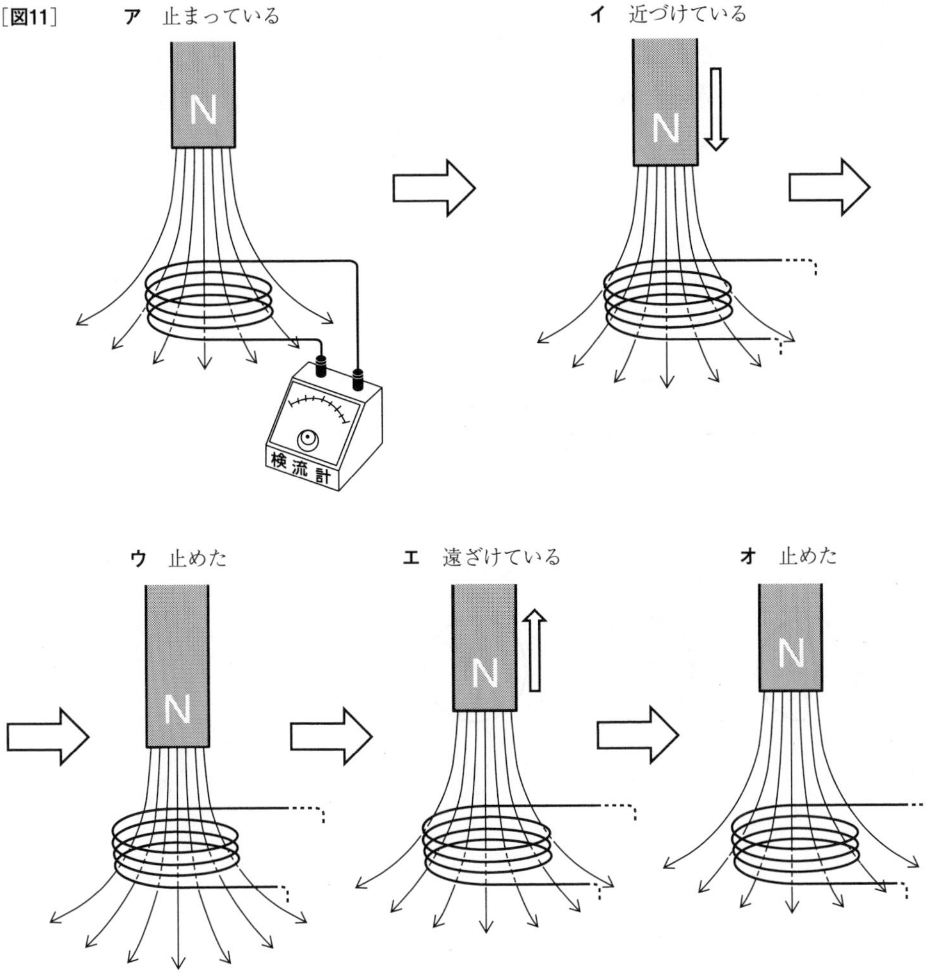

⑹　[**図11**]について，電流が流れないものを[**図11**]の**ア**～**オ**の中から**すべて**選び，記号で答えなさい。ただし，**イ**～**オ**のコイルも**ア**のコイルと同じように，検流計に接続されています。

⑺　[**図11**]について，コイルの中を貫く磁力線の本数と，流れる電流の関係を説明した文として**適切でないもの**を次の**ア**～**エ**の中から１つ選び，記号で答えなさい。

ア　磁力線の本数が増えるときに電流が流れる。

イ　磁力線の本数が変化するときに電流が流れる。

ウ　磁力線の本数が減るときに電流が流れる。

エ　磁力線の本数が変化しないときに電流が流れる。

りません。大学の医学部を卒業して、何年か一般の内科学を勉強して、そのあとで血液学という専門の仕事をはじめる人のための教科書です。そういう教科書が世界中にいくつかあります。そのすべてを私は繰り返して読みました。これは医者の場合ですが、そういうことをしてどういう役得があるかといえば、第一には、申すまでもなく、病人を診《み》るときに役に立ちます。これは医者の場合にかぎらず、ほとんどすべての技術に通用することでしょう。また第二に、その領域での新しい論文を読むときに、あらかじめ読んだ教科書の知識がおおいに役立つのです。

問九　この文章での筆者の考え方のまとめとして、もっとも適切なものを次の**1**～**4**の中から一つ選び、番号で答えなさい。

1　本を繰り返し丁寧《ていねい》に読むことは、古典を理解する上できわめて重要であり、教科書はその際に欠かすことのできない道具なので、徹底的《てっていてき》に読みこんで自分のものにすることが大切である。

2　本を繰り返し丁寧に読むことは、読書の速度を上げるための知識を得るという点できわめて有効であり、同時にそれが読み手の生き方と関《かか》わるという意味でたいへんに大切なことである。

3　本を繰り返し丁寧に読むことは、教科書を読む上できわめて有効なことであり、それによって人は実生活をさらに豊かにして、自分の仕事を円滑《えんかつ》に進め成功に導くことができるのである。

4　本を繰り返し丁寧に読むことは、単に学問や技術の習得のためのものではなく、経済問題への理解を深めるなど、基本的な社会の構造やその動き方を理解するために必要不可欠なのである。

問二　——線部②「わたしはゆっくり進む」とはどういうことですか。本文中の別の言い方を参考にして、ここでの筆者の考えを**二十字以上三十字以内**でわかりやすく説明しなさい（**句読点、記号も一字に数えます**）。

問三　[③]に入れるのにもっとも適切なものを次の**1**〜**4**の中から一つ選び、番号で答えなさい。

1　そうやって読むからこそ、読む速度を速くすることが可能なのだ

2　たとえ百回読んだところで、分からないものは分からない

3　ノートをとらなければならない理由は、あくまでも勉強のためであるはずだ

4　忘れられないようなことならば、わざわざ紙に書きつけるには及ばない

問四　[④]、[⑤]に入れる言葉としてもっとも適切な組み合わせを次の**1**〜**4**の中から一つ選び、番号で答えなさい。

	④	⑤
1	言葉	社会
2	新聞	雑誌
3	作者	評者
4	方法	種類

問五　[⑥]にはすべて同じ言葉が入ります。もっともふさわしい言葉を本文中から探して抜き出して答えなさい。

問六　——線部⑦「一面的でないどんな深い思想もなかったのです」とはどういうことですか。その説明としてもっとも適切なものを次の**1**〜**4**の中から一つ選び、番号で答えなさい。

1　問題を特定のものにしぼったからこそ、その点において思考を深めることになり、他の人には到達《とうたつ》できないような思想が完成したということ。

2　論語と聖書、プラトン、仏典から一つを選んで学べば、その思想についてだけは他の人よりも詳《くわ》しくなるはずなので、第一人者となれるはずだということ。

3　歴史上存在した優《すぐ》れた思想というのは、一部の人びとから強い支持を受けたが、多くの人びとからは否定的に扱《あつか》われてきたということ。

4　これまで書かれてきた思想は、便利さや心地《ここち》よさという面を追求してこなかったので、今こそそういう新しい思想が求められているということ。

問七　[⑧]、[⑨]に入れる言葉としてもっとも適切な組み合わせを次の**1**〜**4**の中から一つ選び、番号で答えなさい。

	⑧	⑨
1	個別	一時
2	全体	普遍
3	金銭	投機
4	家庭	個人

問八　次の文章は、問題文中で示した意見について、筆者が実例を挙げたものです。この中には、表現を改変したために、内容的に明らかな誤りを含《ふく》む文が一つあります。その文の**最初の五字**を抜き出しなさい（**読点、記号も一字に数えます**）。

　たとえば私は、そういう経験を血液学教科書についてしてしまいました。これは教科書といっても、高校生の一般教養のためのものではあ

はずです。その本の十中八九までは、古典ではなく、また古い本でさえもなく、せいぜいここ二、三年のうちにできあがった一ダースばかりの教科書か参考書です。いや、なにも高校生に限らず、ほとんどすべての技術の領域では、基本的な知識の全体を網羅《もうら》した教科書に類するものがあります。それには、同じ技術の領域でも、いくつかの種類があるでしょうが、その五、六冊を集めて比較《ひかく》してみれば、大部分におよそ同じことが書いてあります。ですから、いちおう権威《けんい》があるとされている教科書ならば、あまり注意して選ぶ必要がありません。まして、二冊の教科書を読む必要はまったくない。よい技術者になるためには、一般《いっぱん》によくできているという評判の教科書五、六冊のなかから、任意の一冊を抜《ぬ》いて、その一冊を繰り返し読んで、暗記しないまでも、ほとんどそれに近い程度まで知りつくせば、それで十分でしょう。(中略)

「本をおそく読む法」は「本をはやく読む法」と切り離《はな》すことはできません。ある種類の本をおそく読むことが、ほかの種類の本をはやく読むための条件になります。また場合によっては、たくさんの本をはやく読むことが、おそく読まなければならない本を見つけだすために役立つこともあるでしょう。ある一つの題目について、ある一つの領域のなかで、どうしても必要な基本的な知識、また親しむべき考え方の筋道は、そうたくさんの種類があるものではなく、基本的なところを十分に理解し、また基本的な考え方に十分慣れれば、そのあとの仕事がすべて簡単になるといってよいと思います。よい教科書はそういう知識を提供し、さらにそういう考え方さえも与《あた》えるように仕組まれています。学校の教科書や、専門家の技術の教科書は、一つの例にすぎません。こういうことは、おそらく学問にかぎらず、また技術にかぎらず、ある程度までは、読書のほとんどすべての領域にわたって通用する面もあるように思われます。たとえば、日本の経済について、基本的な機構と基本的な**注10**指標の数字を心得ている人と、心得ていない人とでは、[⑧]的で[⑨]的な経済現象についての数限りない本や、パンフレットや記事を読むとき、その速さも違うでしょうし、わかり方の度合いも違うでしょう。絶えず変わっていく社会の表面の現象を忙しく追いかけているよりも、一度そこから目をそらせて、基本的な社会の構造、基本的な構造の動き方を理解しておいたほうが、長い目で見れば、時間の経済になるのではないでしょうか。

(**加藤周一《かとうしゅういち》『読書術』による**)

注1 **題目**~テーマ。
注2 **ネオレアリスモ**~一九四〇~五〇年代にイタリアで流行した、文学・映画の表現形態や手法。
注3 **擡頭**~「台頭」に同じ。
注4 **ヌーヴェル・ヴァーグ**~一九五〇年代後半からフランスで展開された映画革新運動。
注5 **アラン**~フランスの哲学者《てつがくしゃ》。
注6 **プラトン**~ギリシアの哲学者。
注7 **ヘーゲル**~ドイツの哲学者。
注8 **スタンダール**~フランスの作家。
注9 **仏典**~仏教の経典《きょうてん》。
注10 **指標**~ものごとの見当をつけるための目安。

問一 ――線部①「その二つ」とは何ですか。その説明としてもっとも適切なものを次の**1**~**4**の中から一つ選び、番号で答えなさい。

1 何十冊にも及《およ》ぶ参考書と都会の生活がもつ一種の信仰。
2 本屋の棚にあるおもしろそうな本と書評にある必読の書。
3 読みたいと思う本の多さと都会の生活の気ぜわしさ。
4 早く本を手に入れたい気持ちと日々の生活で先を急ぐ気持ち。

いた本は、いったいどういう本だったのでしょうか。たぶん「四書五《ししょご》経《きょう》」ことに『論語』だった。アランは、なにを繰り返し読んでいたのでしょうか。注6プラトン(前四二七—前三四七)や、注7ヘーゲル(一七七〇—一八三一)や、注8スタンダール(一七八三—一八四二)だったようです。しかし、おそらく新聞・雑誌・新刊書の類《たぐい》を繰り返し読んでいたわけではない。そもそも百ぺん読まなければ意の通じないような新刊書は、そうあるわけのものでもありません。本の読み方には、たしかになるべくおそく読むという法があります。むかしもいまも、日本でも西洋でも、それを読書法の原則とした本さえも出ているくらいで、たとえば、フランスの文芸史家エミール・ファゲ(一八四七—一九一六)の『読書術』などは、その典型的な場合の一つでしょう。

しかし、そういう読み方をするときに、読むべき本は古典にかぎられます。「おそく読め」というのは、「古典を読め」というのと同じことになり、また逆に、「古典を読め」というのは、「おそく読め」というのと同じことになるでしょう。遠いむかし、いまとは違《ちが》った[④]で、違った[⑤]で、違った読者にあてて書かれた本のなかから、今日の私たちにとっても生きているなにものかを汲《く》みとるためには、その本との長いつきあいが必要であるのかもしれません。

(中略)

「読書は旅に似ている」といいました。旅から帰ってきた人の話を聞いてごらんなさい。同じ北海道へ行っても、同じ九州へ行っても、行った人によってその印象は違うでしょう。見た人それぞれの性格が、その旅先での印象にはっきりと出ているからです。どこへ行っても、人は自分を発見します。同じように、どんな本を読んでも、人はみな自分をその中に発見するのです。読む側であらかじめ切実な問題を自分自身のなかに持っていて、しかも、その問題が同時に、読む本の問題であるという場合でなければ、そもそも書物をほんとうに理解することができるかどうか疑わしい。[⑥]を理解するためには、それが西洋史のなかで、歴史的に見て大事な書物であるという知識だけでは足りません。おそらく、そういう知識は読みはじめる動機にはなるかもしれないけれども、ほんとうに[⑥]を理解するためには、まったく役に立たないかもしれません。しかし家族を失ったあとで、ただひとり、どうして生きてゆこうか、どんな心のよりどころがあるだろうかということを捜《さが》し求めているときに、[⑥]に近づいてゆくとすれば、なんとかして道を捜そうとするその気持は、理解の大きな助けになるでしょう。

私は、ゆっくり読むことのできる古典として、たとえば、論語と聖書とプラトンと注9仏典を数えましたが、それはけっしてそのすべてを読むことが望ましいという意味ではありません。そのなかのどれか一つを読むことのほうが、おそらくその四つを一通り試みるより、はるかに適切でしょう。その結果は、一面的な考え方にかたむくかもしれません。しかし⑦一面的でないどんな深い思想もなかったのです。たとえばキリスト自身は極端《きょくたん》に一面的でした。おそらく、孔子もそうだったでしょう。(中略)肌《はだ》ざわりがよく、だれにも便利な石鹸《せっけん》というものはありますが、円満でだれにも便利な思想というものは、いままでにもなかったし、いまでもないし、また将来もないでしょう。それが石鹸と思想の違いです。(中略)

古典を読むにはゆっくり読まなければならないでしょう。しかし、ゆっくり読まなければならないのは古典に限りません。ということは、わざわざ断るまでもなく、試験前の高校生諸君は、だれでも知りすぎるほど知っていることでしょう。現に、全国の高校生は鉢巻《はちまき》をして、同じ本を繰り返し、繰り返し、たぶん、相当にゆっくりと読んでいる

三　次の文章を読んで、後の問いに答えなさい。

本屋の棚《たな》をながめると、おもしろそうな本がたくさんあり、書評を見ると、必読の書とまでは書いてないとしても、どの本もよさそうなことが書いてあります。もし、なにかの注1題目について参考書を調べようとすれば、とにかく何十冊かの本がその題目について出ているでしょう。そこでたくさんの本を、なるべくはやく読みあげたいという気になるのは当然です。しかも現代の都会の生活には、速さに対する一種の信仰《しんこう》のようなものがあって、だれも彼《かれ》も忙《いそが》しく、なにかに追いまくられているように先を急いでいます。①その二つが重なって、もし読書法というものがあるとすれば、それは速読法にほかならないという通念さえ生まれかねません。しかし何事によらず、絶えずこれほど急ぐ必要があるのかどうか。下世話《げせわ》にも「急がば回れ」といいます。むかし兎《うさぎ》と亀《かめ》が競走をしたときに、亀が先に目的地についたという話は、だれでも知っています。そういう話を、ときどき思いだしてみるのもむだではないかもしれません。

第二次大戦後の世界の映画界には、三つの目立った現象がありました。その第一は、イタリアの注2ネオレアリスモ、その第二は、日本をはじめスウェーデンやポーランドなど、大戦の前には知られていなかった国の映画の国際的な注3擡頭《たいとう》、その第三は、フランスの若い人たちの生みだしたいわゆる「注4ヌーヴェル・ヴァーグ」の運動でしょう。そのヌーヴェル・ヴァーグのつくった映画の一つに「恋人《こいびと》たち」というのがありました。その映画のはじめには、さりげなくてじつにすばらしい場面がある。ひまと金があって退屈《たいくつ》している女が、パリから郊外《こうがい》の自分の家へ自動車を運転して高速道路を急いでいると、途中《とちゅう》で車が故障を起こします。自分で直そうとしてもらちがあきません。通る車を止めて修理を頼《たの》もうとしても、なかなか止まってくれない。とかくするうちに、やっと小さな自動車が一台だけ止まり、そのなかから若い男が出てきて彼女《かのじょ》の車の故障をみてくれます。男は、とても修繕《しゅうぜん》はおぼつかないといい、女は自宅に客をよんであるので、先を急いでいます。どうにもならないので、女は自分の車をそこへ捨てて、若い男の車に乗せてもらいます。女は先を急ぐ。男は小さな車をゆうゆうと運転し、あとからくる車のほとんどすべてが追いぬいて行きます。行くほどに、女はますますいらいらし、「もっと急いで」と叫《さけ》び、男はいよいよ落ちつきはらって、こういいます。「原則として、②わたしはゆっくり進む」――こういう科白《せりふ》を文明批評というのでしょう。（中略）男が、あるいはもっと正確に言って、その男にそういうことをいわせた製作者が、いまも「兎と亀」の話を忘れていないというところに、絶妙《ぜつみょう》の味があると思います。

自動車でさえも、速ければ速いほどよいわけではありません。いわんや本を読むのに、いつでもはやいだけが能ではありますまい。むかしの人は、「読書百遍《ひゃっぺん》、意《い》自《おのずか》ら通ず」と言いました。いや、むかしの人ばかりではなくて、いまの読書家でも、たとえば注5アラン（一八六八―一九五一）は「繰《く》り返し読むことのできないような小説ならば、はじめから読む必要がない」と言いました。彼はさらに一歩を進めて、「およそ本を読むのにノートをとる必要はない。ノートをとらなければ忘れてしまうようなことは、忘れてしまったほうが衛生的である。［　③　］」とまで言ったのです。これはおよそ「読書百遍、意自ら通ず」と同じような態度、同じような理屈で、そのことに気がついたのは、むかしの日本人（また中国人）ばかりでなく、西洋にも気がついていた人が少なくありませんでした。

しかしそれは、一面の真理で、本を読むときには、いつ、どこでも、どんな本でも、おそければおそいほどよい、というわけではないでしょう。むかしの人が、百ぺん読んで、意おのずから通じるのを待って

も勝手に持ち物を使って我《わ》が物顔《ものがお》に振《ふ》る舞《ま》うことに我慢できず、憎《にく》らしく思っている。

2　「河上のおばさん」は、人なつっこい「風美」との交流を通じて娘にも優しい子に育ってほしいと願っており、「風美」はいつも温和な「河上のおばさん」になついている。一方、「ゆうこちゃん」は「風美」の無邪気《むじゃき》な考え方にいらだち、子どもっぽいと思っている。

3　「河上のおばさん」は、娘の友達を大切にしようとする気持ちから、大人らしい良識ある態度で「風美」に接しており、「風美」は「河上のおばさん」に親しみを抱いている。一方、「ゆうこちゃん」は「風美」の態度を馴《な》れ馴れしいと感じ、いまいましく思っている。

4　「河上のおばさん」は、「風美」をうとましく感じていて表面的に優しくしているだけなのだが、「風美」はそのことに気づかずに「河上のおばさん」を心から信頼《しんらい》している。一方、「ゆうこちゃん」は「風美」とは違って母親と仲良くできないことに傷つき、悲しく思っている。

問五　④に入れるのに適切な表現を考えて、**十字以上二十字以内**で答えなさい（**読点、記号も一字に数えます**）。

問六　――線部⑤「風美は返事に困った」とありますが、どうして「風美」は「返事に困った」のですか。その理由としてもっとも適切なものを次の**1**～**4**の中から一つ選び、番号で答えなさい。

1　完成した雛飾りがそれほど気に入るものではなかったのに加え、「ゆうこちゃん」の家で疎外感《そがいかん》を感じてつらい思いをしている自分の気持ちを理解してくれない「おばあちゃん」に調子を合わせる気になれなかったから。

2　あまり期待していなかった雛飾りが予想以上に立派だったのに加え、いつも意地悪なことばかり言う「おばあちゃん」が突《とつ》然《ぜん》機嫌よく話しかけてきたので、大人たちの気まぐれな態度にあきれはててしまったから。

3　いつも意地悪な「おばあちゃん」から意外にも明るく話しかけられて戸惑《とまど》ったのに加え、「ゆうこちゃん」の家の雛飾りよりも立派で非の打ちようのない雛飾りを用意してもらい、文句を言うきっかけが見当たらなかったから。

4　いつも頑固《がんこ》な「おばあちゃん」は会話をしてもまったく楽しくなくて近寄りがたい存在であるのに加え、たいして立派でもない雛飾りを誇《ほこ》らしげに自慢している「おばあちゃん」の気持ちをはかりかねて、混乱してしまったから。

問七　⑥に入れるのに適切な表現を考えて、**十字以上二十字以内**で答えなさい（**読点、記号も一字に数えます**）。

問八　――線部⑦「ものすごく不機嫌そうな顔をしたおばあちゃんがやってきた」とありますが、勝手に家を飛び出した「風美」に対して、どうして「おばあちゃん」が不機嫌になったのですか。その理由を**二十字以上三十字以内**で答えなさい（**句読点、記号も一字に数えます**）。

（**粕谷《かすや》知世《ちせ》『ひなのころ』による**）

注1　雨樋～建物をつたう雨水を地上に流すための装置。
注2　甲冑～よろいかぶと。
注3　上がり框～土間と室内との境目《さかいめ》の段差部に水平に渡した横木。
注4　緋毛氈～雛壇の下に敷く緋色《ひいろ》（朱に近い赤色）のフェルト状の布。
注5　三人仕丁～雛壇の五段目に飾られる三体の人形。
注6　亀甲菊紋のお道具～亀の甲羅《こうら》や菊をかたどった紋が描《えが》かれた道具類。

問一　――線部①「おひなさまは、このなかで眠っているのだろうか。毒リンゴを食べた白雪姫のように、茨に閉じこめられた眠り姫みたいに？」とありますが、ここでの「風美」の気持ちとしてもっとも適切なものを次の**1**～**4**の中から一つ選び、番号で答えなさい。

1　雛飾りの準備を進める「お父さん」と「おばあちゃん」の手《て》際《ぎわ》の悪さにいらだちを感じる一方で、最終的には立派な雛飾りが完成するのを心の底から願う気持ち。

2　雛飾りの準備を進める「お父さん」と「おばあちゃん」を童話の世界の登場人物になぞらえて想像を膨《ふく》らませる一方で、雛人形が期待よりも貧相なのではないかと不安に思う気持ち。

3　「お父さん」と「おばあちゃん」が雛飾りの準備を進めるのを待ち遠しく感じる一方で、童話の世界の登場人物とどちらが美しいのかを正確に判断しようとする気持ち。

4　「お父さん」と「おばあちゃん」が準備している雛飾りが立派なものになるのを楽しみにしている一方で、本当に期待通りの雛人形が収められているのだろうかと心配する気持ち。

問二　[②]に入れる表現としてもっとも適切なものを次の**1**～**4**の中から一つ選び、番号で答えなさい。

1　土で壁を作って、タンポポの葉を寒さから守ってやった

2　花を摘んできて、タンポポの葉の隣に並べてやった

3　枯れ葉を集めて、タンポポの葉にかぶせてやった

4　そっと息を吹きかけて、タンポポの葉を温めてやった

問三　――線部③「おばあちゃんが怖い顔でこちらを見た」とありますが、どうして「おばあちゃん」は「怖い顔でこちらを見た」のですか。その理由としてもっとも適切なものを次の**1**～**4**の中から一つ選び、番号で答えなさい。

1　普段《ふだん》から言いつけをいい加減にしか聞いていない「風美」が、今度も約束を守らずに勝手な行動をとっているため、「風美」にこれ以上馬鹿にされないように、威厳《いげん》を示そうと考えたから。

2　普段から口うるさく接している「風美」に、自分の不手際を知られて気まずい雰囲気《ふんいき》になったため、「風美」に対して怒ってみることで、その場をやり過ごそうと考えたから。

3　普段は何でも言うことを聞く「風美」が、この日に限って自分の言いつけを守らずに勝手な行動をとっているため、「風美」がこれ以上図に乗らないように、釘《くぎ》を刺《さ》そうと考えたから。

4　普段から自分のことを恐《おそ》れて距離《きょり》を置いている「風美」に、めずらしく近づいて来られたため、気恥《きは》ずかしさを感じながらもこれまでと同じような厳しい接し方を維持《いじ》しようと考えたから。

問四　▼▲ではさまれた部分から読み取れる「風美」と「ゆうこちゃん」と「河上のおばさん」の関係を説明した文章としてもっとも適切なものを次の**1**～**4**の中から一つ選び、番号で答えなさい。

1　「河上のおばさん」は、意地の悪い娘《むすめ》よりも礼儀《れいぎ》正しい「風美」に好感を持っており、「風美」は「河上のおばさん」に心から感謝している。一方、「ゆうこちゃん」は「風美」がいつ

「風美、どこ行く気だ。そろそろ暗なるぞ」

「甘《あま》やかすと癖《くせ》んなるわ。放《ほ》かっとけ」

わあわあと大声をあげて泣きながら、風美は田端《たばた》の小道を走った。

おばあちゃんは、わたしのことが嫌いなんだ。

お父さんだって、わたしがどうなってもいいと思ってるんだ。

わたしなんか、いなくなっちゃったほうがいいんだ。

国道前の橋の上で、風美はしゃがみこんだ。

何度もこすったせいで瞼《まぶた》がひりひりと痛かった。喉《のど》も嗄《か》れて、もう大声が出ない。それでも、泣かずにいると胸のなかにもやもやと気持ちの悪い塊《かたまり》が溜《た》まってくるから、小さくでも啜《すす》り上げずにはいられなかった。

これから、どこへ行ったらいいんだろう。(中略)

国道の向こうで、ゆうこちゃんの家に明かりがついた。ゆうこちゃんのお父さんが帰ってきたんだろうか。おばあちゃんはゆうこちゃんちへ行けと言うが、河上のおばさんはゆうこちゃんがいちばん好きなのだ。

おうち、なくなっちゃった。

河上家の裏手では、工事中の鉄道高架《こうか》やお椀《わん》を伏《ふ》せたような形の小山が夕日の照り返しを受けて色づいていた。山のくすんだ緑は明るくなり、薄汚《うすよご》れた高架のコンクリートは茜色《あかねいろ》に染まっている。風美が眺《なが》めているうちに、夕焼けは微妙《びみょう》に色合いを変え、高架の壁はオレンジがかったピンクに塗《ぬ》り替《か》えられた。通り抜《ぬ》けのためのトンネルは黄金の光に縁取《ふちど》りされている。

あそこが、おとぎの国への門かもしれない。

もっとよく見ようと、風美は立ち上がった。

白雪姫やシンデレラのお城は、あの高架の向こう側にあるのだろう。

そこへ行けば、きっと、お姫さまたちが［　⑥　］はずだ。

――待ちわびましたよ。

耳元でささやく声が聞こえたような気がした。

日が沈《しず》むにつれ、高架の壁からピンク色は薄れていき、黄金の光は散っていった。

魔法《まほう》の時間は終わろうとしている。

――さあ、急いで。ぐずぐずしてたら、間に合わない。

風美は、おとぎの国への一歩を踏み出そうとした。(中略)

「そんなとこで、何しとる。あやうく、轢いちまうとこだったがや」

お父さんが車の窓から顔を出した。

「いつまでも、こんなとこにおったら、風邪《かぜ》ひくぞ。お父さん、仕事に行ってくるで、機嫌直して家へ帰っとれ」

「だって、おばあちゃんが」

「おばあさんがどうした」

「出てけって」

「そんなこと、本気で言うわけないがや」

お父さんにハンカチで洟《はな》をふいてもらっている間に、⑦ものすごく不機嫌そうな顔をしたおばあちゃんがやってきた。

風美はボンネットの陰《かげ》に隠《かく》れたが、おばあちゃんの目はごまかせなかった。

「このたわけが。どっかへ行けって言われたら、ふつうは泣いて謝《あやま》るぞ。それを言われたまんま、ほんとに出ていく馬鹿《ばか》がどこにおる」

そう言って、おばあちゃんは風美の頭にごんと一つ、げんこつをくらわせた。

お父さんは、風美とおばあちゃんに片手をあげて合図すると、化け物ダンプの隙をついて国道へ出ていった。

河上のおばさんは、ゆうこちゃんの目の高さにしゃがみこんだ。
「いい子だから泣かないの。お母さんは［　④　］から叱るんだからね」
おばさんの声は小さかったが、風美には、はっきりと聞こえた。
風美はゆうこちゃんの家を飛び出した。
後ろから「風美ちゃん、ちょっと待って」と呼びかけられたようにも思ったが、けっしてふりむかず、自分一人で靴《くつ》を履《は》き、ダンプの往来激しい国道さえ一人で渡って、家まで一心に駆《か》けた。
「河上さんは送ってくれなかったのか」
一人で帰ってきた風美を見て、お父さんは困惑《こんわく》したように言った。
「ほだで、河上んとこの嫁《よめ》はあてにならんちっとるだわ。風美がダンプに轢《ひ》かれとったら、どうするつもりだっただやあ。ここはきっちり文句いってやらなかんわ」
「やめとかっせ」
「おまえはいっつもそうだ。おまえが弱腰《よわごし》だで、河上の爺《じじい》に舐《な》められるだぞ。こないだだって、いいように言いくるめられちまって、わしとおまえの父ちゃんが夜も寝んで稼《かせ》いだ金で買い戻《もど》した地所だっちゅうのに情けない」
一方的に言いつのるおばあちゃんの脇をすりぬけて、風美は家に入った。上がり框の障子戸は開けっ放しで、土間からでも座敷に飾られた雛壇がよく見えた。
注4緋毛氈《ひもうせん》の雛壇は、ゆうこちゃんの家で見たものより、もうひとまわり大きかった。最上段には金屏風《きんびょうぶ》を背に内裏雛《だいりびな》が仲良く並び、次の段には三人官女、それから五人囃子《ごにんばやし》もちゃんと揃《そろ》っている。矢を背負った右大臣と左大臣の間にはお膳《ぜん》と菱餅《ひしもち》がそなえられ、**注5**三人仕丁《しちょう》のそばでは右近《うこん》の橘《たちばな》に左近《さこん》の桜が咲いていた。下段には、牛車や女駕籠《かご》のほか黒地に**注6**亀甲菊紋《きっこうきくもん》のお道具が並んでいる。

「どうじゃ、よう見よ。立派なもんじゃろう。わしが金だして買ってやったんだぞ」
おばあちゃんは小鼻をふくらませて自慢《じまん》した。
⑤風美は返事に困った。
「なんじゃ、うちのお雛さんに不満でもあるのか」
「ごてんは？」
「ごてん？」
「ゆうこちゃんちのおひなさんにはごてんがあったよ。このおひなさんには、おうちがないの？」
祖母の眉《まゆ》が吊《つ》り上がり、風美はあわてて付け足した。
「これじゃ、おひなさんがかぜひいちゃうよ、きっと」
「おまえは、ほんなに河上んちが好きか？」
「……」
「この家より河上んとこがいいなら、おまえは河上の子になれ。この家には二度と戻ってくるな。このお雛さんも燃やしちまうわ」
どうして怒《おこ》られているのか分からなかった。
涙《なみだ》がこみあげてきたが、おばあちゃんは泣き虫が大嫌《だいきら》いだ。
風美は両手を固く握りしめて我慢《がまん》しようとした。
「なにをぐずぐずしとるだ。早よ出てけ。どこへでも、おまえの好きな家へ行っちまえ」
雀《すずめ》や野犬を田畑から追い払《はら》う時のように、おばあちゃんは風美にむかって足を踏《ふ》み鳴らした。
風美は嗚咽《おえつ》をこらえきれなくなった。
「ほれみよ、ちょこっとばか、きつく言われただけで、すぐに泣くだら。おまえみたいな泣き虫はわしの孫じゃないわ。河上んとこがお似合いだ」
泣きながら、風美は家を飛び出した。

「ほら、優子、風美ちゃん、渡るよ。転ばないようにね」
遠くの信号が赤になったところで、河上のおばさんは風美とゆうこちゃんの手をとった。
風美はおばさんの手をぎゅっと握《にぎ》り返して国道を横断した。
河上のおばさんがついていてくれればダンプカーも怖くない。おばさんの手は暖かくてすべすべしていた。ささくれだらけ皺《しわ》だらけのおばあちゃんの手とは大違《おおちが》いだ。
河上のおばさんは物干し台に吊《つる》された洗濯物《せんたくもの》をかきわけて庭をまわり、リビングから家へ上がった。
「どう？　風美ちゃん、去年はお母さんに連れられて見に来たんだけど憶《おぼ》えてる？　うちのお雛さんも可愛《かわい》いでしょう？」
小さな人形たちは、クリーム色のソファの向こう、テレビの脇《わき》に飾《かざ》られていた。階段状になった赤い敷物《しきもの》の上にちょこなんと座《すわ》っている。
最上段には黄金の金具で飾られた黒塗《くろぬ》り屋根の御殿《ごてん》がおかれていた。回廊《かいろう》には朱《しゅ》の欄干《らんかん》がめぐらされ、紅《あか》と緑の御簾《みす》が垂れている。紅の御簾の前にはお姫さまが、緑の御簾の前にはお殿《との》さまが座っている。その下の段には髪の長い大人の女の人が三人、そのまた下には太鼓《たいこ》や笛をもった子供が五人いて、最下段にはおままごとに使うような小さな家具が並べられていた。（中略）
ゆうこちゃんは雛壇《ひなだん》へにじり寄って、牡丹唐草《ぼたんからくさ》模様の箪笥《たんす》を取り上げた。風美に見せびらかすように赤い房《ふさ》をひっぱって抽斗《ひきだし》を開ける。なかには何も入っていなかった。
ゆうこちゃんは箪笥を元に戻し、今度は鏡台を持ち上げた。風美は牛車《ぎっしゃ》の牛の頭を撫《な》でてやろうとした。
「さわっちゃ、いけないんだよ」
ゆうこちゃんが口をとがらせて言った。（中略）
「優子、あんただって触っちゃ駄目《だめ》なのよ」
キッチンからお盆《ぼん》をもって出てきた河上のおばさんがゆうこちゃんをたしなめた。
「ああ、また、ふうちゃんのせいで、お母さんにしかられた」
ゆうこちゃんはふくれっつらで、カーペットに足を投げ出した。
「ほら、二人ともソファに座りなさい。お団子、食べるでしょ」
河上のおばさんは、ゆうこちゃんと風美に雛団子を一皿ずつ勧《すす》めてくれた。
ゆうこちゃんはさっと手を出して、淡《あわ》い緑と桃色《ももいろ》、白の三色団子の串《くし》をくわえた。
「こら、優子。お客さまが先でしょ。風美ちゃんにどうぞって」
「ふうちゃんは、おきゃくさんじゃないもん」
「お行儀《ぎょうぎ》の悪い子は、お母さん、嫌いよ」
ゆうこちゃんは風美のお皿を取り上げた。
「これは、みんな、ゆうこのだからね。ふうちゃんはたべちゃだめ」
河上のおばさんが強く叱《しか》ると、ゆうこちゃんは泣き出した。
「だって、ふうちゃんは、ゆうこのもの、何でもとるんだもの。おひなさまだって、おだんごだって、おもちゃだって、お人形だって、みいんな、ふうちゃんにとられちゃう」
「ちょっと貸してあげるだけでしょう。ほら、機嫌直して。お団子、おいしいよ」
河上のおばさんは団子をほおばってみせたが、ゆうこちゃんは泣きやまなかった。
「優子、いい加減にしないと、お父さんに言うからね」
ゆうこちゃんはますます大泣きして、河上のおばさんにしがみついた。▲
「お母さんは、なんで、ゆうこばっかり、しかるの。ふうちゃんが悪いのに。しかるなら、ふうちゃんをしかってよ」

ンコ玉のようにまんまるに丸まった。しばらく放っておくとネズミの糞《ふん》のような元の形に戻《もど》って、もぞもぞと動き出す。もう一度、弾くと、また丸まる。四、五回繰《く》り返したら、さすがに飽《あ》きた。

おばあちゃんは、まだ呼んでくれない。

玄関《げんかん》の戸は開いたままになっていた。風美はこっそり土間へ入り、**注3** 上がり框《がまち》に手をついて障子戸の隙間《すきま》から座敷《ざしき》を覗《のぞ》いた。

お父さんは長くて太い針金を折ったり、伸《の》ばしたりしていた。おばあちゃんは白い塵紙《ちりがみ》を畳《たたみ》に散らかしている。塵紙の間に、赤と金色の鮮《あざ》やかな布がちらりとのぞいた。

もっとよく見ようと背伸《せの》びして、風美は祖母の膝《ひざ》に小さな頭が転がるのを目撃《もくげき》した。

「こら、風美。まんだ戻っていいとは言っとらんぞ」

③おばあちゃんが怖《こわ》い顔でこちらを見た。

あわてて玄関から出ようとして、風美は敷居《しきい》に足をひっかけ、おでこから何か暖かい柔《やわ》らかいものにぶつかった。

「あらあら、風美ちゃん。どうしたの」

抱《だ》きとめてくれたのは河上《かわかみ》のおばさんだった。おばさんのエプロンからは、石けんとみそ汁《しる》の匂《にお》いがした。ひっつめ髪《がみ》で痩《や》せ形《がた》の風美の母親とは対照的に、河上のおばさんは顔も体つきもふっくらして、ゆるやかにパーマをかけた髪の色も明るく、全体に柔らかい印象を与《あた》える人だった。

おばさんの後ろには風美と同い年のゆうこちゃんがひっつき虫のようにくっついていた。ゆうこちゃんはおばさんの目を盗《ぬす》んで、風美に「いーだ」と前歯を突《つ》き出してきた。風美はお返しにあっかんべをしてやろうかと思ったが、そんなことをすれば河上のおばさんに嫌《きら》われてしまうだろう。

「今から、お雛《ひな》さんの準備ですか。大変ですね。回覧板、ここにおいておきますよ」

おばあちゃんは河上のおばさんに挨拶《あいさつ》もしなかった。いつも親切で優《やさ》しい河上のおばさんをどうしておばあちゃんが嫌うのか、風美には理由がわからない。

「風美ちゃん、よかったら、今から優子《ゆうこ》のお雛さんを見にこない？」

ゆうこちゃんの家は好きだ。おばさんは優しいし、おいしいおやつも食べさせてもらえる。それに、ゆうこちゃんの家には座敷がないし仏間もない。トイレにはピンクのマットが敷《し》かれ、便器にはピンクのカバーがついていて、いつも花の匂いがしている。

問題はおばあちゃんだ。風美がゆうこちゃんちへ遊びに行くと言うと、おばあちゃんは必ず不機嫌《ふきげん》になる。

「風美、連れてってまえ。おまえが帰ってくるまでには、こっちの準備もできとるで」

お父さんはそう言って、河上のおばさんに「世話になります」と頭をさげた。

風美はスキップしながら、河上のおばさんとゆうこちゃんの後についていった。

家のまえの小道を下っていくと、小川にかかる橋一つを挟《はさ》んで、いきなり交通量の多い国道にぶつかる。珪砂《けいしゃ》や陶土《とうど》を積んだトラックが切れ目なく行き来する、悪名高いダンプ街道《かいどう》だ。おばあちゃんは道路に干《ひ》からびて平べったくなった蛙《かえる》をみつけるたびに「ええか、あの蛙をよう見とけ。ダンプ街道を一人で渡ったら、おまえもあっというまにぺしゃんこだでな」と風美を脅《おど》していた。

▼ゆうこちゃんの家は、その国道の向かい側にあった。青い瓦屋根《かわらやね》に白い壁《かべ》のこぢんまりした家は、絵本にでてきた外国の家のように見える。

平成二十九年度　浅野中学校

【国　語】（五〇分）〈満点：一二〇点〉

【注意】問題文には、原文（原作）の一部を省略したり、文字づかいや送りがなを改めたところがあります。

一　次の――線部①～⑧のカタカナの部分を漢字で、⑨・⑩の漢字の部分をひらがなで書きなさい。いずれも一画一画をていねいに書くこと。

将来を見すえて計画的に①**チョキン**する。
状況《じょうきょう》を②**セイカン**したうえで判断する。
発表会に向けて③**メンミツ**に打ち合わせをする。
全力で事態の④**シュウシュウ**にあたる。
全国大会で優秀《ゆうしゅう》な⑤**セイセキ**を収める。
時代の⑥**チョウリュウ**を見極めて行動する。
大事な試合で実力を⑦**ハッキ**する。
出席者全員で最後に決を⑧**ト**る。
この課題を終わらせるのは⑨**造作**もないことだ。
時には⑩**潔**く非を認めることも大切だ。

二　次の文章を読んで、後の問いに答えなさい。

お父さんは右手に大きな箱をさげて梯子《はしご》を半分だけ下りてきた。左手左足だけを梯子にかけた不安定な姿勢で、その箱をおばあちゃんに手渡《わた》す。箱の上部を覆《おお》う古新聞は埃《ほこり》まみれで真っ黒だ。

大きさも重さも異なる箱がお父さんからおばあちゃんへ次から次へと手渡され、地面に下ろされた。なかには人一人が寝《ね》られるほど長細い木箱もあった。

①おひなさまは、このなかで眠《ねむ》っているのだろうか。毒リンゴを食べた白雪姫《しらゆきひめ》のように、茨《いばら》に閉じこめられた眠り姫みたいに？

「触《さわ》るじゃないぞ」

そう言って、おばあちゃんは木箱の上に屈《かが》み込《こ》んでいた風美《ふみ》を押《お》しのけた。

「あとで呼んでやるで、おまえはしばらく外で遊んどれ」

「どうして？　早く見たいよ」

「おまえがおったら、邪魔《じゃま》になるんだわ」

おばあちゃんに無理やり毛糸の帽子《ぼうし》をかぶせられ、厚手のコートを着せられて、風美はまるで雪だるまのようになって庭の隅《すみ》にしゃがんだ。

風はまだ冷たかったが、このあいだまで氷のようだった地面はほんのり温《ぬく》もっていた。

芝生《しばふ》のまんなかでは、タンポポが大きく葉を広げ、やがて花咲《さ》く準備をしている。

「さむいでしょ。かぜをひくといけませんからね。おふくをきましょうね」

風美は［　②　］。それから、注1雨樋《あまどい》に枯《か》れ枝をつっこんで泥《どろ》を掻《か》き出した。驚《おどろ》いたミミズが泥の中から這《は》いだしてくる。大きな石の下には、黒い注2甲冑《かっちゅう》を着込《こ》んだ団子虫がいた。指で弾《はじ》くとパチ

平成29年度

浅 野 中 学 校　▶解説と解答

算 数　(50分)＜満点：120点＞

解 答

[1] 4　[2] (1) (ア) 3500円　(イ) 2500円　(2) (ウ) 9周　(エ) 6周　(3) (オ) 月曜日　(カ) 8月　(キ) 13日　(4) (ク) 50円　(ケ) 1070円　(5) (コ) 1　(サ) 1　(シ) $60cm^2$　[3] (1) 50分後　(2) (イ) 時速7.2km　(ウ) 時速8km　(3) (エ) 37分　(オ) 30秒後　[4] (1) 5：3　(2) 12cm　(3) 3cm　[5] (1) 18通り　(2) 4通り　(3) 28通り　[6] (1) $128cm^3$　(2) 20cm　(3) 3：1　(4) $\frac{45}{64}$倍　(5) $108cm^3$

解 説

[1] 四則計算，逆算

$(0.02-\square\div900)\times50+2\frac{4}{15}-\frac{2}{45}=3$ より，$(0.02-\square\div900)\times50=3+\frac{2}{45}-2\frac{4}{15}=2\frac{47}{45}-2\frac{12}{45}=\frac{35}{45}=\frac{7}{9}$，$\frac{1}{50}-\square\div900=\frac{7}{9}\div50=\frac{7}{450}$，$\square\div900=\frac{1}{50}-\frac{7}{450}=\frac{9}{450}-\frac{7}{450}=\frac{2}{450}$　よって，$\square=\frac{2}{450}\times900=4$

[2] 倍数算，規則性，数列，周期算，消去算，辺の比と面積の比，相似

(1) 兄と弟のはじめの所持金をそれぞれ⑦，⑤，残った金額をそれぞれ$\boxed{8}$，$\boxed{7}$とする。1500÷750＝2より，弟の金額を2倍すると，右の図①のようになり，⑤×2－⑦＝③は，$\boxed{7}$×2－$\boxed{8}$＝$\boxed{6}$と等しくなる。よって，$\boxed{1}$＝③÷6＝$\textcircled{0.5}$より，1500円は，⑦－$\textcircled{0.5}$×8＝③にあたるから，はじめの兄と弟の所持金はそれぞれ，1500÷3×7＝3500(円)(…ア)，1500÷3×5＝2500(円)(…イ)とわかる。

図①

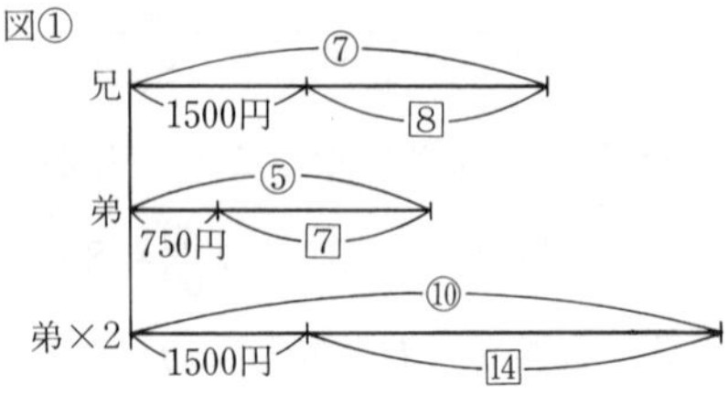

(2) A君とB君の走るときの規則は右の図②のようになるので，1＋2＋3＋…＋13＝91(日目)はA君が13周，B君は1周する。よって，100日目は，A君は，100－91＝9(周)(…ウ)，B君は，14＋1－9＝6(周)(…エ)する。

図②

$$\begin{matrix}A\\B\end{matrix}\begin{pmatrix}1\\1\end{pmatrix}\begin{pmatrix}1&2\\2&1\end{pmatrix}\begin{pmatrix}1&2&3\\3&2&1\end{pmatrix}\begin{pmatrix}1&2&3&4\\4&3&2&1\end{pmatrix}\cdots$$

(3) 3と5の最小公倍数は15だから，この次に2人が出会う最初の日は15日後，つまり，15÷7＝2余り1より，月曜日(…オ)である。また，3と5と7の最小公倍数は105なので，この次に2人が出会う最初の日曜日は105日後，つまり，105＝31＋30＋31＋13より，2017年8月13日(…カ，キ)とわかる。

(4) どら焼き2個とようかん4個のセットで1150円，どら焼き6個とようかん2個のセットで1250円になるから，どら焼きを，6－2＝4(個)増やし，ようかんを，4－2＝2(個)減らすと，1250

−1150＝100(円)高くなる。つまり，どら焼き2個の値段はようかん1個の値段より，100÷2＝50(円)高い。また，どら焼き4個とようかん5個のセットで1620円になるから，どら焼きを，4−2＝2(個)とようかんを，5−4＝1(個)で，1620−1150＝470(円)になる。よって，右の図③より，どら焼き，ようかん1個の値段はそれぞれ，(470＋50)÷2÷2＝130(円)，130×2−50＝210(円)とわかるので，箱代は，1150−(130×2＋210×4)＝1150−1100＝50(円)(…ク)である。また，どら焼きとようかんを3個ずつのセットにすると，(130＋210)×3＋50＝1070(円)(…ケ)になる。

図③

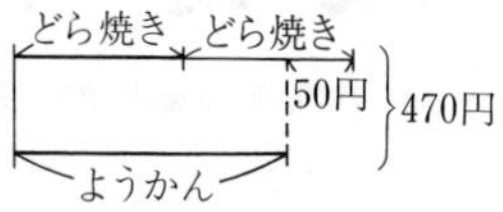

(5) 右の図④で，AE＝BFより，HはAFの真ん中の点だから，GHの延長線は辺ABの真ん中の点Jを通る。次に，JH：AE＝1：2，AE：ED＝2：1より，HG＝AE＝BFなので，四角形HBFGは平行四辺形になる。よって，BI：IG＝1：1(…コ，サ)である。また，長方形ABCDの面積が180cm^{2}のとき，三角形DEG，三角形EHG，三角形HIGの面積はそれぞれ，$180\times\frac{1}{2}\times\frac{1}{2}\times\frac{1}{2+1}=15$(cm^2)，15×2＝30(cm^2)，30÷2＝15(cm^2)だから，五角形DEHIGの面積は，15×2＋30＝60(cm^2)(…シ)となる。

図④

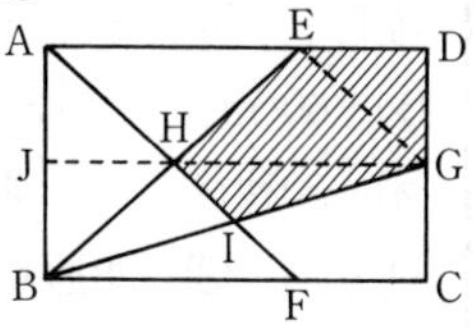

3 グラフ―速さ

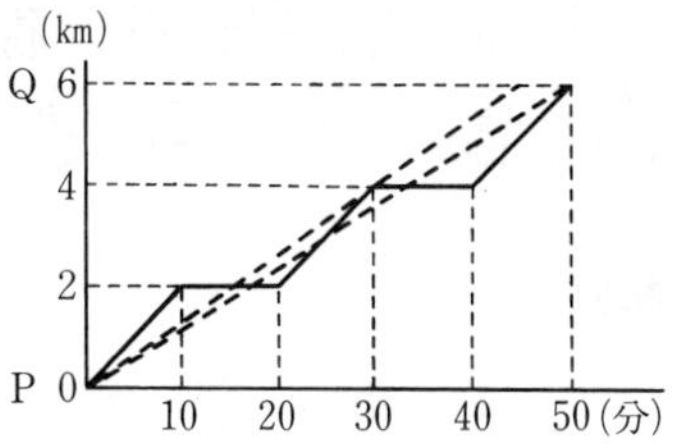

(1) A君は2kmを，2÷12×60＝10(分)で走り，10分間休むことをくり返すので，A君がQに着くのは，Pを出発してから，10×(3＋2)＝50(分後)である。

(2) B君が走るようすをグラフにすると，左の図の点線のようになるから，A君がB君を追い越《こ》す，または，B君がA君を追い越す回数の合計が3回のとき，B君は50分で6km以上，30分で4km未満を走ることがわかる。よって，このとき，B君の速さは，時速，$6\div\frac{50}{60}=7.2$(km)(…イ)以上，時速，$4\div\frac{30}{60}=8$(km)(…ウ)未満である。

(3) B君がA君と同時にQに着くとき，B君は2kmを，$50\times\frac{2}{6}=\frac{50}{3}$(分)の割合で走るので，出発してから$\frac{50}{3}$分後と，$\frac{50}{3}\times2=\frac{100}{3}$(分後)に休んでいるA君を追い越す。よって，この2回のとき，C君も同時にA君が休んでいるところを通過するから，C君は$\frac{50}{3}$分で，6−2＝4(km)走り，$\frac{50}{3}\times\frac{6}{4}=25$(分後)にPで折り返す。さらに，帰りは，$\frac{100}{3}-25=\frac{25}{3}$(分)で4km走るので，帰りにかかる時間は，$\frac{25}{3}\times\frac{6}{4}=\frac{25}{2}=12.5$(分)となる。したがって，このとき，C君がQに戻《もど》ってくるのは，Qを出発してから，25＋12.5＝37.5(分後)，つまり，37分30秒後(…エ，オ)である。

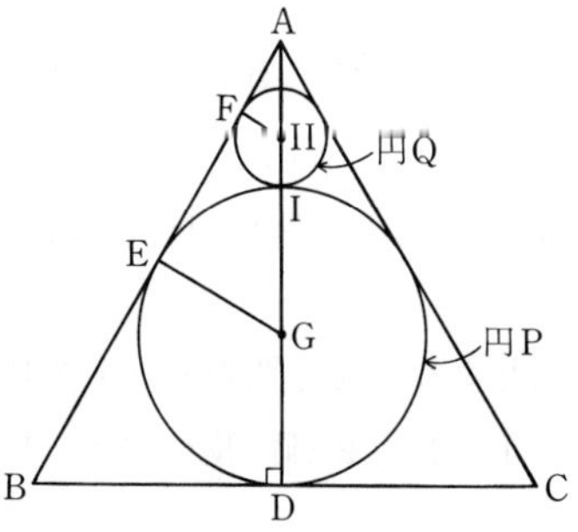

4 平面図形―相似，長さ

(1) 左の図で，BDの長さは，48÷2＝24(cm)で，三角形AGEと三角形ABDは相似だから，AG：GE＝AB：BD＝40：24＝5：3である。

(2) 三角形ABDの斜辺《しゃへん》と他の1辺の長さの比は5：3なので，

BD：AD：AB＝3：4：5になる。よって，ADの長さは，$40\times\frac{4}{5}=32$(cm)であり，GE＝GDより，AG：GD＝5：3だから，円Pの半径GDの長さは，$32\times\frac{3}{5+3}=12$(cm)である。

(3) (2)より，AI＝32－12×2＝8(cm)であり，AH：HF＝5：3，HF＝HIである。したがって，AH：HI＝5：3なので，円Qの半径は，$8\times\frac{3}{5+3}=3$(cm)となる。

5 場合の数

(1) 5枚のカードで，$A-B=C$となる式を作るとき，$B+C=A$となるような3つの数の組み合わせは，(1，2，3)，(1，3，4)，(1，4，5)，(1，5，6)，(1，6，7)，(2，3，5)，(2，4，6)，(2，5，7)，(3，4，7)の9組で，1組について2通りずつの式ができる。よって，正しい引き算の式は全部で，9×2＝18(通り)できる。

(2) 6枚のカードで，$A-B=C$という式を作るとき，$B+C=A$について，BとCは1桁《けた》，Aは2桁の数だから，Aは，5＋7＝12か，6＋7＝13である。よって，3つの数の組は(5，7，12)，(6，7，13)の2組で，1組について2通りずつの式ができるから，全部で，2×2＝4(通り)の式ができる。

(3) [ア][イ]－[ウ]＝[エ][オ]という式を考えるとき，[ア][イ]＝[ウ]＋[エ][オ]なので，4＋7＝11，5＋6＝11，5＋7＝12，6＋7＝13より，[イ]は1，2，3であり，[ア]は[エ]より1だけ大きい。ここで，[イ]が3のとき，[ウ]と[オ]は6と7だから，[ア]は2，[エ]は1，または，[ア]は5，[エ]は4になる。つまり，23－6＝17，23－7＝16，53－6＝47，53－7＝46の4つの式ができる。同様に，[イ]が2，1の場合についても調べると，右の表の7組があり，[ウ]と[オ]は逆にできるから，全部で，2×7＝14(通り)できる。

イ	3	3	2	1	1	1	1
ウ・オ	6，7	6，7	5，7	5，6	5，6	4，7	4，7
ア・エ	2，1	5，4	4，3	3，2	4，3	3，2	6，5

さらに，[ア][イ]－[エ][オ]＝[ウ]という式も同じだけできる。よって，7枚のカードを並べてできる正しい引き算の式は全部で，14×2＝28(通り)となる。

6 立体図形―展開図，体積

(1) 三角すいABCDはもとの直方体から4個の三角すいを切り取ったものだから，その体積は，$8\times8\times6-8\times8\div2\times6\times\frac{1}{3}\times4=384-256=128$(cm^3)である。

(2) 6：8＝3：4より，ACは3辺の長さの比が3：4：5である直角三角形の斜辺にあたるので，$AC=6\times\frac{5}{3}=10$(cm)である。また，AB＝CD，AC＝BC＝BD＝ADだから，三角すいABCDの展開図は右の図①のような平行四辺形になる。よって，PQとQRとRSとSPの長さの和が最小となるのは，展開図上で4点P，Q，R，Sが一直線上に並ぶときで，このとき，PQ，QR，RS，SPの長さの和は，10×2＝20(cm)となる。

図①

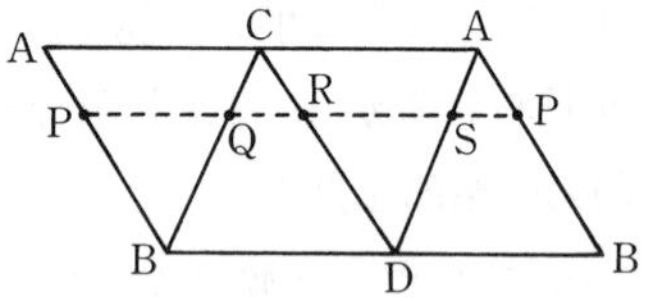

図②

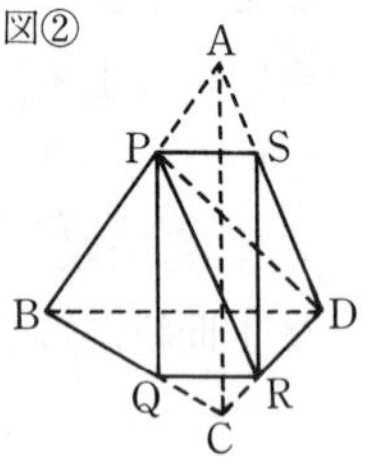

(3) (2)より，PQとACは平行になるから，BQ：QC＝BP：PA＝3：1である。

(4) 図①で，三角形CQRと三角形CBDの相似比は，1：(1＋3)＝1：4なので，面積の比は，(1×1)：(4×4)＝1：16である。また，右上の図②で，PとAの底面BCDからの高さの比は，PB：ABと等しく，3：4である。よって，点Bを含《ふく》む方の立体(四角すいPBQRD)と三角すい

ABCDの底面積の比は，(16－1)：16＝15：16，高さの比は3：4だから，点Bを含む方の立体の体積は，三角すいABCDの体積の，$\frac{15}{16}\times\frac{3}{4}=\frac{45}{64}$(倍)である。

(5)　三角形DSRと三角形DACの面積の比は，(3×3)：(4×4)＝9：16，PとBの底面ACDからの高さの比は1：4なので，三角すいPSRDと三角すいABCDの体積の比は，(9×1)：(16×4)＝9：64である。よって，立体Vの体積は，$128\times\left(\frac{45}{64}+\frac{9}{64}\right)=2\times54=108$$(\text{cm}^3)$となる。

社会 (40分) ＜満点：80点＞

解答

[1] 問1　富士山　問2　え　問3　あ　問4　い　問5　あ　問6　え　問7　あ　問8　う　問9　え　問10　う　問11　い　問12　い，え　問13　い　問14　う　[2] 問1　い　問2　(1)　え　(2)　か　問3　え　問4　あ　問5　お　問6　う　問7　え　問8　え　問9　い　問10　い　[3] 問1　1　司法　2　権力　問2　い　問3　う　問4　あ　問5　あ　問6　え　問7　え　問8　電車から降りる人を優先する(こと)　問9　う　問10　え　[4] (例)　地方は高齢者の割合が高く，また，人口に対して議員数が多いため少ない票で当選できるので，高齢者の声が国会へ届きやすいといえる。こうした問題の対策として，2県を1区とする合区が設けられ，選挙権を持てる人の年齢も18歳以上に引き下げられた。

解説

[1] 宗教を題材とした歴史の問題

問1　静岡県と山梨県にまたがる富士山は古代から信仰《しんこう》の対象とされてきたが，江戸時代になると民衆のあいだにも参拝のために富士山に登ることが流行した。中には富士講とよばれる組織をつくり，集団で富士山に登ったり，近くの神社などに小富士(富士塚)を築いて参拝したりする人もいた。なお，資料の浮世絵は葛飾北斎《かつしかほくさい》の「富嶽《ふがく》三十六景」の中の「諸人《しょにん》登山」である。

問2　中国の歴史書『魏志《ぎし》』倭人伝《わじんでん》には3世紀の倭(日本)のようすが記されており，その中に邪馬《やま》台国《たいこく》の女王卑弥呼《ひみこ》について，「鬼道《きどう》に事《つか》え，能《よ》く衆を惑《まど》わす(まじないによって人びとの心をつかんでいた)」という記述が見られるから，「え」が合う。なお，「あ」の1世紀に後漢(中国)の皇帝から「漢委奴国王《かんのわのなのこくおう》」と刻んだ金印を授かったとされるのは奴国の王。「い」の朝鮮半島に出兵したのは4世紀から5世紀にかけてのヤマト政権で，高句麗《こうくり》の好太王《こうたいおう》(広開土王)の碑文《ひぶん》などにそうした戦いについての記述が見られる。「う」について，仏教は538年(一説には552年)，百済《くだら》の聖明王が仏像や経典などを欽明《きんめい》天皇におくったのが公式の伝来とされている。

問3　701年の大宝律令の制定により律令制度が整えられると，地方は国・郡・里に分けられ，それぞれ国司・郡司・里長が置かれることなどが決められた。資料の石碑(多胡碑《たごひ》，群馬県高崎市)には郡の設置についての記述が見られ，当時，政治の中心は奈良にあったが，ここまで制度が行きわたっていたことがわかるから，「あ」がよい。なお，碑文中の「羊」の意味は不明であるが，人名とする説が有力である。

問4　7世紀から9世紀にかけて派遣された遣隋使や遣唐使には，中国の進んだ政治制度や文化を

学ぶために多くの留学生や学問僧が同行していたから，ここでは「い」が選べる。

問５　11世紀の中ごろ，深く浄土教を信仰した藤原頼通《よりみち》は，京都の宇治にある別荘を寺に改めて平等院とし，阿弥陀仏《あみだぶつ》をまつる建物として鳳凰堂《ほうおうどう》を建てた。なお，「い」は８世紀に鑑真《がんじん》が建立した唐招提《とうしょうだい》寺金堂，「う」は７世紀に聖徳太子によって創建された法隆寺，「え」は14世紀に足利義満が建てた金閣(鹿苑《ろくおん》寺)である。

問６　行基《ぎょうき》は８世紀に諸国を回って民衆に仏の教えを説き，のちに東大寺(奈良県)の大仏建立にも協力した僧であるから，「え」が適切でない。なお，栄西は臨済《りんざい》宗，一遍《いっぺん》は時《じ》宗，日蓮《にちれん》は日蓮宗(法華《ほっけ》宗)の開祖。

問７　1543年，種子島《たねがしま》(鹿児島県)に中国船が流れ着き，乗っていたポルトガル人によって日本に鉄砲が伝えられ，1549年にはスペイン出身のイエズス会宣教師フランシスコ・ザビエルが鹿児島に来航し，日本にキリスト教を伝えた。これ以後，ポルトガル船やスペイン船が日本に来航し，貿易を行うようになったが，特にポルトガルは中国南東部のマカオを根拠地《こんきょち》として日本・中国・東南アジアとのあいだで貿易を行い，日本には鉄砲や火薬のほか，中国産の生糸や絹織物，東南アジア産の香料などをもたらした。したがって，「あ」が正しい。

問８　16世紀後半，来日した宣教師たちの熱心な布教活動により，西日本を中心にキリスト教の信者が増加した。ポルトガル人やスペイン人により西洋の文物ももたらされ，彼らの風俗などを描《えが》いた「南蛮屏風《なんばんびょうぶ》」とよばれる絵画も多く描かれた。[図３]の①はそうした絵画の１つである狩野宗《かのうそう》秀《しゅう》(狩野永徳《えいとく》の弟)の「都の南蛮寺図」という作品で，京都に建てられたキリスト教の教会を描いている。したがって，Ａは誤り。②は江戸時代，キリスト教徒でないことを証明させるために人びとに踏《ふ》ませた「踏絵」であるから，Ｂは正しい。

問９　孔子《こうし》は紀元前６～５世紀の中国の思想家で，その教えが儒教《じゅきょう》となった。孔子と弟子たちの言行をまとめた書物が『論語』で，「え」はその冒頭の言葉である。なお，「あ」はキリスト教・ユダヤ教の経典である『旧約聖書』の「創世記」の中の言葉。「い」はイスラム教の経典である『コーラン』の各章の最初に見られる言葉。「う」は『平家物語』の冒頭の言葉である。

問10　伊勢神宮は三重県伊勢市にある皇室の祖神をまつる神社で，天照大神《あまてらすおおみかみ》をまつる内宮《ないくう》と，穀物神である豊受大神《とゆけのおおかみ》をまつる外宮《げくう》からなる。江戸時代には伊勢神宮に参拝するために旅行することが庶民のあいだに広まり，神符《しんぷ》(神のお札)が降ったとして集団で伊勢神宮に参拝する「お蔭《かげ》参り」という現象も何度か見られた。2016年５月には伊勢市の南に位置する三重県志摩《しま》市で「伊勢志摩サミット」が開かれたから，「う」があてはまる。なお，江戸時代末期の1867年，東海地方や近畿地方などを中心に，神符が降ったとして人びとが「ええじゃないか」と唱和しながら集団で乱舞した現象が広まったが，このときの神符は伊勢神宮に限ったものではなかった。

問11　皇嗣《こうし》とは天皇の世継《よつ》ぎとなる皇族のことで，通常は皇太子がその地位にあたる。皇室典範《てんぱん》の第三条にあるように，皇嗣といえども必ず天皇になるわけではないから，「い」が適切でない。

問12　日露戦争に勝利した日本は，1905年に調印したポーツマス条約により，韓国(朝鮮)における優越権を日本が持つことをロシアに認めさせたほか，南樺太《からふと》，遼東《リアオトン》半島南部(旅順《リュイシュン》・大連《ターリエン》)の租借権，南満州の鉄道の権利などを獲得《かくとく》した。したがって「い」と「え」が正しい。なお，賠償《ばいしょう》金を得ることはできなかったから「あ」は誤り。治外法権の撤廃《てっぱい》は1894年に外務大臣陸奥宗光《むつむねみつ》がイギリスとのあいだで成功しているから，「う」も適切でない。

問13　日本は1895年，下関条約により台湾を獲得，1910年には韓国(朝鮮)を併合《へいごう》し，植民地とした。それらの地域では学校で日本語による授業を行わせるなど日本人と同化させるための政策が進められていたが，第二次世界大戦中はそれがさらに強化され，氏名を日本風に改めさせたり，神社への参拝を強制したりしたほか，成年男子を日本軍の兵士として徴用《ちょうよう》したりした。朝鮮や台湾で生産された米などを日本へ送らせたりはしたが，政策として日本から米や味噌《みそ》などを供給するようなことはなかったから，「い」が適切でない。

問14　Aは島根県出雲《いずも》市にある神社で，主祭神は大国主命《おおくにぬしのみこと》である。Bは神奈川県川崎市にある真言宗の寺院で，12世紀の創建とされる。正式には平間《へいけん》寺といい，「川崎大師」は通称。Cは京都市伏見区にある，全国の稲荷《いなり》神社の中心となる神社で，主祭神は稲荷五社大明神である。Dは和歌山県の熊野地方にある熊野本宮《ほんぐう》大社，熊野速玉《はやたま》大社，熊野那智《なち》大社の３つの神社のこと。

2　日本を訪れる外国人観光客を題材とした地理の問題

問１　ブラジルの人口は約２億1000万人であるから，「い」が適切でない。なお，かつてブラジルはポルトガルの植民地だったことから，ポルトガル語が公用語となっている。

問２　⑴　一般に，円高の場合は日本から海外に出かける旅行者には有利，海外から日本を訪れる旅行者には不利となり，円安の場合はその逆となる。2012年から2014年にかけては円安傾向が続き，そのことが日本を訪れる外国人旅行者が増加した理由の１つとなったから，「え」が適切でない。

⑵　近年，日本への旅行者が急増し，2015年にはその数が最も多くなったAは中国。2014年まで旅行者数が最も多かったBは韓国。残るCはアメリカ合衆国である。日本を訪れる中国人旅行者が急増した理由としては，めざましい経済発展をとげた中国で，特に富裕層の間に買い物と観光を目的として日本を訪れる人が増えたことがあげられる。

問３　［図５］のうち，「あ」はホテル，「い」は教会，「う」は銀行／ATM(現金自動預け払い機)，「え」は交番である。このうち[パターンⅠ]にあてはまるのは，25000分の１の地形図で(X)の記号が用いられている交番である。

問４　①は「安芸《あき》の宮島」の名で知られる厳島《いつくしま》神社(A，広島県廿日市《はつかいち》市)。平安時代末期に平清盛が一族の繁栄《はんえい》と航海の安全を願い，守り神としてあつく信仰した神社で，1996年12月にユネスコ(UNESCO，国連教育科学文化機関)の世界文化遺産に登録された。②は天橋立《あまのはしだて》で，京都府の宮津湾(B)にある砂州《さす》を中心とした白砂青松の美しい場所である。③は松島で，宮城県の松島湾(C)一帯の景勝地。約260もの島々が点在している。

問５　一般に，プランクトンが多く生息するのは寒流であるから，日本近海では千島列島から北海道，本州の太平洋側を南下する千島海流(親潮)と，ユーラシア大陸に沿って南下するリマン海流があてはまる。

問６　「う」は焼津港(静岡県)について説明した文であるが，全国有数の遠洋漁業の基地として知られる漁港であるから，「沖合《おきあい》漁業」とあるのが不適切。なお，「あ」は松浦港(長崎県)で，かつては付近にあった北松《ほくしょう》炭田で産出する石炭の積み出し港であった。現在は九州地方を代表する漁港の１つとなっている。「い」は境港(鳥取県)で，日本海側では最も水揚《みずあ》げ量が多い。「え」は釧路港(北海道)で，北洋漁業の基地として栄え，1990年代初めまでは水揚げ量が全国一であった。

問７　2015年11～12月にパリ(フランス)で開かれた気候変動枠組《わくぐみ》条約の第21回締約《ていやく》国会議(COP21)では，地球温暖化防止のための新しい取り決めが採択された。「パリ協定」とよばれるこの取り

決めでは，21世紀後半までに人間活動による二酸化炭素などの温室効果ガスの排出量を実質ゼロにすることや，すべての国が温室効果ガスの削減目標を定め，それに向けて努力することなどが定められた。

問8　エビやマグロは値段が高いため，輸入量のわりに輸入額が高くなっている。輸入額が最も多いＡはエビで，サケ・マスについで多いＢはマグロがあてはまる。残るＣがウナギである。

問9　あ　JAS(日本農林規格)法により，魚介《ぎょかい》類を販売する場合には原則として魚の名称，原産地，養殖《ようしょく》か天然かの区別などを表示することが義務づけられている。　い　養殖はいけすなど限られたスペースで魚介類を育てるため，水の循環が悪くなりがちで，エサの食べ残しなどにより水域の富栄養化も起こりやすい。　う　養殖業は魚介類を計画的に生産・出荷できるため，天然のものよりも価格の上下は少ないといえる。　え　人工的に育てた稚魚《ちぎょ》を放流し，大きくしてから捕るのは栽培漁業である。

問10　最も就業者数が多いＡは農業があてはまる。Ｂは内陸県の長野県が生産額最下位の都道府県の１つとなっていることから，漁業と判断できる。残るＣが林業である。

3　**社会のルールや規制を題材とした問題**

問1　**1**　裁判の効率化や法曹《ほうそう》界(法律に関係する人の社会)の人員の拡充《かくじゅう》などにより，国民に十分な司法サービスを提供することをめざして1999年以来進められている改革を司法制度改革という。また，裁判の公正を守るため国会や内閣は裁判所の活動に介入してはならず，裁判官は自己の良心にもとづき，憲法と法律にのみしたがって判決を下さなければならないが，こうした原則を「司法権の独立」という。　**2**　法治国家とは，国民の意思でつくられた法律にもとづいて国が権力を行使する国家のこと。

問2　2009年に開始された裁判員裁判は，重大な刑事事件の第一審に一般市民が加わり，裁判官とともに審理を行う制度。裁判員の候補者は20歳以上の有権者の中から抽選《ちゅうせん》で選ばれるから，「い」が正しい。なお，裁判員裁判が開かれるのは地方裁判所だけであるから「あ」は誤り。裁判のやりとりを録音することは禁止されているから，「う」もふさわしくない。裁判員裁判においては，判決は裁判官３名と裁判員６名の合議で決定されるから，「え」も誤っている。

問3　2008年に導入された被害者参加制度により，一定の重大な刑事事件については，犯罪被害者や遺族が法廷で証人尋問《じんもん》や被告人に対する質問・意見を述べることができるようになったから，「う」がふさわしい。なお，ほかの３つはいずれも以前から認められていたことである。

問4　あ　通常国会の会期は150日間と決められているが，臨時国会と特別国会の会期はそのつど両議院の議決により決定される。　い　両議院の権限は原則として対等であるが，法律の議決や内閣総理大臣の指名など，いくつかの事案については衆議院の優越が認められている。　う　裁判官としてふさわしくない行為のあった裁判官については，国会に設置される弾劾裁判所による裁判で，裁判官をやめさせるかどうかが決定される。　え　予算は内閣が作成し，国会による議決を経て成立する。

問5　日本国憲法第38条３項に「何人も，自己に不利益な唯一《ゆいいつ》の証拠《しょうこ》が本人の自白である場合には，有罪とされ，又《また》は刑罰《けいばつ》を科せられない」とあるから，「あ」が適切でない。なお，「い」は第36条，「う」は第31条，「え」は第39条によって保障されている。

問6　臓器移植法は1997年に制定され，2009年に改正された。改定前の規定では，脳死状態となっ

た人の臓器を移植のために摘出《てきしゅつ》することは，本人が存命中に臓器提供の意思を書面で示し，さらに遺族が拒否しない場合に限り行うことができたが，改正後は，資料の二の規定にあるように，本人の生存中の意思が確認できない場合でも，遺族の同意があれば行うことができるようになった。したがって，「え」が正しい。なお，遺族のいない脳死状態の人の臓器移植は，本人の存命中の意思が書面で示されている場合に限り可能であることが一，二の規定からわかるから，「あ」は不適切。本人の意思が確認できても遺族が拒否した場合には移植はできないことが一の規定からわかるから，「い」もふさわしくない。本人が臓器提供を拒否することを書面で示している場合，移植はできないことが二の規定からわかるから，「う」も適切でない。

問７　裁判所は，法律が憲法に違反していないかどうかを具体的な裁判を通して判断することができる。これを違憲立法審査権(法令審査権)といい，裁判所によって違憲と判断された法律は無効となる。したがって，「え」が適切である。

問８　本文中にある「電車を利用する時に電車から降りる人を優先すること」は，マナーとして当然のことであり，そうしなければ道徳的には非難されるが，法律的に罰を受けることはない。

問９　あ　憲法の条文の表記や表現を修正する場合でも「改正」と見なされるから，所定の手続きが必要となる。　い　憲法改正原案は，衆議院では100名以上，参議院では50名以上の賛成で国会に発議される。　う　2007年に制定され，2010年に施行された国民投票法は，日本国憲法の改正を承認するかどうかを問う国民投票の具体的な手続きを定めた法律である。同法によると，投票は改正事案ごとに賛成・反対のいずれかに○をつける方法で行われる。　え　日本国憲法の改正は，両院で総議員の３分の２以上の賛成があった場合に国会がこれを発議し，国民投票で過半数の賛成が得られれば成立する。

問10　「あ」～「う」はいずれも将来の国民に対する「新たな責任」を考慮《こうりょ》したことがらといえる。「え」は現在の国民の権利を守るものという意味合いが強い。

４　選挙における「平等」についての問題

［図８］からは，人口が集中する大都市がある都道府県は，そうでない県よりも選挙区の議員定数が多いが，その数は人口に比例しているとはいえず，地方のほうが都市部よりも人口に対して議員の数が多いことや，その結果生じる「一票の格差」を縮小するため，都道府県単位で行われる参議院の選挙区選挙の選挙区のうち，鳥取県と島根県，徳島県と高知県が「合区」とされたことなどがわかる。また，［表３］からは，65歳以上の人口の割合が高い県には，東北地方や中国・四国地方など人口の少ない地方の県が多いことがわかる。以上の点をふまえて解答をまとめること。また，若い人の意見を政治に反映させるため，2016年７月の参議院選挙から，選挙権の年齢がそれまでの20歳以上から18歳以上に引き下げられたことにもふれるべきであろう。

理科　(40分)＜満点：80点＞

解答

１　(1)　青　(2)　ウ　(3)　オ　(4)　オ　(5)　ア　(6)　イ　(7)　イ　(8)　ア，イ，ク　(9)　エ　(10)　(例)　緑色の光を吸収できる点。　**２**　(1)　1.22 g　(2)　24 L

(3) 110g　(4) エ　(5) イ　(6) ウ　(7) ① 42.5　② 2.4　③ 1.2　(8) 2.8 L　**3** (1) イ　(2) オ　(3) カ　(4) ク　(5) 130%　(6) ウ　(7) ア，オ，ク　(8) ⑨ 35　⑩ 139　(9) ウ　**4** (1) **A** 整流子　**B** ブラシ　(2) イ　(3) ク　(4) イ，ウ　(5) **あ** ア　**い** ウ　(6) ア，ウ，オ　(7) エ

解説

1 光の三原色と眼，光合成についての問題

(1) 2014年のノーベル物理学賞受賞につながった青色のLEDの発明によって，それまでに発明されていた赤色と緑色のLEDとの組み合わせで白色光を作ることができるようになった。

(2) ヒトの眼のつくりの中で，光を感じる視細胞《しさいぼう》がならんでいるのは網膜《もうまく》の部分である。光を感じた視細胞からの信号は視神経を通って脳に伝わり，見たものを認識する。

(3) モンシロチョウの卵は，大きさが約1mmで，オのようなとっくり形をしている。

(4) モンシロチョウの成虫は，胸部に6本の足がついている。一方，幼虫は，6本のつめのような足と10本の吸ばんのような足をもつ。

(5) 太陽光に含《ふく》まれていて日焼けの原因となる光(電磁波)は紫外線《しがいせん》である。紫外線はヒトの眼では感じることができないが，多くの昆虫《こんちゅう》の眼は感じることができる。

(6)，(7) 緑色のインクは，赤色と青色の光を吸収し，緑色の光だけを反射(または透過《とうか》)することで緑色に見える。シアンは赤色の光を吸収し，イエローは青色の光を吸収するので，この2つの色を混ぜ合わせると緑色のインクになる。

(8) アのアオミドロ，イのミカヅキモ，クのツヅミモは，葉緑体をもち光合成を行う植物プランクトンである。なお，ウのツリガネムシ，エのゾウリムシ，オのワムシ，カのミジンコ，キのアメーバは，いずれも動物プランクトンで光合成を行わない。

(9) 海藻《かいそう》のなかまは，緑色をした緑藻(類)，茶色っぽい色をした褐藻《かっそう》(類)，赤色っぽい色をした紅《こう》藻《そう》(類)などに分けられる。紅藻にはテングサやアサクサノリなどが属する。なお，アオサは緑藻，ワカメやヒジキは褐藻である。アカサンゴは刺胞《しほう》動物のなかまになる。

(10) 赤色の光は水深の浅い部分にしか届かないこと，浅い海には赤色と青色の光を吸収する緑藻が多く見られることが述べられている。また，赤い色素は緑色と青色の光を吸収する。これらのことから，紅藻が赤色の色素をもつことは，深海に届かない赤色の光ではなく，浅い海で緑藻に使われずに深海まで届く緑色の光を吸収できることが利点であると考えられる。

2 塩酸についての問題

(1) 空気1Lのうち，酸素は，1×0.2=0.2(L)，窒素《ちっそ》は，1×0.8=0.8(L)含まれていることになる。よって，空気1Lの重さは，1.3×0.2+1.2×0.8=1.22(g)と求められる。

(2) 36%の濃《のう》塩酸100gを作るのに，塩化水素は，100×0.36=36(g)必要である。塩化水素の重さは1L当たり1.5gなので，36gの塩化水素の体積は，1×36÷1.5=24(L)となる。

(3) 22%の塩酸180gに含まれる塩化水素の重さは，(180×0.22)gであるから，必要な36%の濃塩酸の重さは，180×0.22÷0.36=110(g)である。

(4) 亜鉛《あえん》や鉄，マグネシウムは塩酸と反応して水素を発生させながら溶《と》けていくが，銅は塩酸と反応しない。

(5) 濃塩酸の入ったびんとアンモニア水の入ったびんを図2のように置くと，それぞれのびんから揮発《きはつ》して空気中に出てきた塩化水素とアンモニアにより，塩化アンモニウムという白色の固体ができる。これが白煙《はくえん》のように見える。

(6) 胃で出される胃液には塩酸が含まれており，塩酸はその強い酸性で細菌《さいきん》やウイルスを殺したり，タンパク質の消化を助けたりする。

(7) ① 実験1より，アルミニウム1.8gは塩酸30mLと過不足なく反応するので，実験4のアルミニウム1.2gは，$30\times\frac{1.2}{1.8}=20$(mL)の塩酸と過不足なく反応する。また，実験2で炭酸カルシウム5.0gは塩酸15mLと過不足なく反応することから，炭酸カルシウム7.5gは，$15\times\frac{7.5}{5.0}=22.5$(mL)の塩酸と過不足なく反応することがわかる。よって，実験4の塩酸の体積は，20＋22.5＝42.5(mL)である。　② 実験3のアルミニウムと炭酸カルシウムの重さをそれぞれ3倍すると，0.9×3＝2.7(g)のアルミニウムと，2.5×3＝7.5(g)の炭酸カルシウムが塩酸に溶けた場合は，1.8×3＝5.4(L)の気体が発生することになる。実験4の結果と比べると，塩酸にアルミニウムが，2.7−1.2＝1.5(g)溶けると，5.4−3.4＝2(L)の気体が発生することがわかる。よって，アルミニウム1.8gが溶けたときに発生する気体の体積は，$2\times\frac{1.8}{1.5}=2.4$(L)と求められる。　③ 実験3で，アルミニウム0.9gが溶けて発生する気体の体積は，$2.4\times\frac{0.9}{1.8}=1.2$(L)であるから，炭酸カルシウム2.5gが溶けて発生した気体の体積は，1.8−1.2＝0.6(L)となる。よって，実験2で，炭酸カルシウム5.0gが溶けて発生した気体の体積は，$0.6\times\frac{5.0}{2.5}=1.2$(L)である。

(8) アルミニウムが塩酸と反応すると水素が発生し，炭酸カルシウムが塩酸と反応すると二酸化炭素が発生する。発生する気体を石灰水に十分通すと，二酸化炭素は石灰水と反応して取りのぞかれ，水素だけが残る。したがって，得られる気体は水素で，その体積はアルミニウム2.1gがすべて溶けたときに発生する体積に等しく，$2.4\times\frac{2.1}{1.8}=2.8$(L)となる。

3 月や星の見え方についての問題

(1) 月齢《げつれい》は，新月を0として新月からの日数を表す数値である。

(2) 月が満ち欠けして見えるおもな原因は，月が地球のまわりを公転していることである。このことにより，太陽と地球，月の位置が変化して，月が太陽の光を反射して光って見える部分が変化して見える。なお，月が公転する間に地球も太陽のまわりを公転しているため，月の公転周期と月の満ち欠けの周期にはずれがある。

(3) ③ 月食は，太陽—地球—月の順に一直線にならび，地球の影《かげ》の中に月が入ったときに起こる現象である。　④ 月食は満月のときに起こるが，月の公転面が地球の公転面に対して少し傾《かたむ》いているため，満月のたびに月が地球の影の中に入るわけではない。

(4) ⑤，⑥ 金星は，明け方の東の空や夕方の西の空に見られる。また，図3の月は三日月で，夕方西の空の様子である。　⑦ 金星食は，地球と金星の間に月が入り，金星が月にかくされる現象である。このとき，地球からは金星が月の後ろ(裏側)にかくれていくように見える。

(5) 図5において，もっとも大きく見える月ともっとも小さく見える月の見かけ上の大きさを比べるには，図の右側の破線の円と実線の円の大きさを比べればよい。よって，もっとも大きく見える月ともっとも小さく見える月の面積の比は，地球からの距離《きょり》の比より，(41×41)：(36×36)となり，大きく見える月は小さく見える月の，41×41÷(36×36)×100＝129.7…より，130％の大きさとなる。

⑹　図６や図７に，夏の代表的な星座であるはくちょう座，わし座，さそり座が見えている。よって，ウが選べる。

⑺　図６の右上に見えているはくちょう座には１等星のデネブ，図７の左上にあるわし座には１等星アルタイル，図７の右下にあるさそり座には１等星アンタレスが含まれる。なお，図６の左下に見えている北斗七星と，図６の右下に見えているカシオペヤ座には１等星が含まれていない。

⑻　⑨　北半球では，北極星の高度が観測地点の緯度に等しい。　⑩　経度が１度ずれると，同じ星空の様子が見える時刻が４分ずれるので，16分のずれがある場合には，経度が，16÷４＝４(度)ずれている。神奈川県にある別荘《べっそう》は兵庫県明石市よりも東にあるので，経度が東経135度より大きく，135＋４＝139より，東経139度とわかる。

⑼　図６は北の空の様子である。星座早見は，観察したい方角を下にしてもち，空にかざして使う。図８の星座早見では，アが南，ウが北であり，イ側には東，エ側には西とかかれている。

4　電流と磁界についての問題

⑴，⑵　図９で，Ａは整流子といい，回転するコイルのじくをわずかにすき間をあけて半分ずつ包んでいる。この整流子は，半回転ごとに接するＢのブラシが変わるため，コイルに流れる電流の向きが変わる。このことでコイルに生じている極が入れかわり，コイルは回転し続けることができる。

⑶　Ｃの導線部分につながる整流子が，＋極側のブラシにふれているので，電流はＣを②の向きに流れる。このとき，右手で親指をのぞく４本の指を電流の向きに合わせてコイルをにぎるようにすると，親指がＤと反対側を向くことから，コイルに生じている極は，Ｄと反対側がＮ極，ＤがＳ極になっている。したがって，Ｄのはしが磁石のＳ極と反発し合うように，コイルは④の向きに回転するとわかる。

⑷　図９の状態から，Ⅰ電池の向きを逆にする，Ⅱコイルの巻く向きを変える，Ⅲ磁石のＮ極とＳ極を逆にするの３つの方法のうち，いずれか１つの方法を行うごとにコイルの回転の向きは逆になる。つまり，２つの方法を同時に行うと，コイルの回転の向きは図９のときと同じになり，３つの方法を同時に行うと，図９とは逆になる。イとウは図９の状態からそれぞれ，ⅠとⅢ，ⅠとⅡの２つの方法を同時に行っているので，いずれもコイルの回転の向きは図９のときと同じである。なお，アはⅠだけ，エはⅠ～Ⅲの３つとも変えているので，コイルの回転の向きは図９とは逆になる。

⑸　棒磁石のまわりにできるＮ極からＳ極に向かう磁力線の向きに，それぞれの方位磁針のＮ極が向く。

⑹，⑺　図11のイやエのように，コイルを貫《つらぬ》く磁力線の数(磁界の強さ)が変化するときだけ，コイルに電流が流れる。このような現象は電磁誘導《ゆうどう》とよばれる。一方，磁石が止まっているア，ウ，オではコイルを貫く磁力線の数が変化しないので，コイルに電流は流れない。なお，磁力線の数が増えるときと減るときでは，電流の向きが逆になる。

国　語　(50分)　＜満点：120点＞

解　答

一　①～⑧　下記を参照のこと。　⑨　ぞうさ　⑩　いさぎよ(く)　二　**問１**　４

問2　3　**問3**　2　**問4**　3　**問5**　（例）優子のことがいちばん可愛い　**問6**　1
問7　（例）「よく来てくれましたね」と迎えてくれる　**問8**　（例）言葉とうらはらに風美を心配していたことを知られたくないから。　**三**　**問1**　3　**問2**　（例）何事によらず，ゆっくり進むほうが目的地に早くつくということ。　**問3**　4　**問4**　1　**問5**　聖書
問6　1　**問7**　1　**問8**　そのすべて　**問9**　2

●漢字の書き取り

一　①　貯金　②　静観　③　綿密　④　収拾　⑤　成績　⑥　潮流
⑦　発揮　⑧　採(る)

解　説

一　漢字の書き取りと読み

①　お金をためること。　②　ものごとのなりゆきを静かに見守ること。　③　細かいところまで注意が行きわたっているようす。　④　混乱したものごとをおさめて，まとめること。
⑤　仕事や学業などの成果や実績。　⑥　世の中の動きや流れ。　⑦　実力などを十分に働かせること。　⑧　音読みは「サイ」で，「採決」などの熟語がある。　⑨　めんどうなこと。「造作もない」で，“めんどうがなく，たやすい”という意味。　⑩　音読みは「ケツ」で，「潔白」などの熟語がある。

二　**出典は粕谷知世《かすやちせ》の『ひなのころ』による。**ふだんから口うるさいおばあちゃんにきつくおこられた風美《ふみ》が，自分などいなくなったほうがよいのだと思い，家を飛び出してしまう場面である。

問1　お父さんとおばあちゃんは，雛《ひな》人形を飾《かざ》る用意をしている。風美は「人一人が寝《ね》られるほど長細い木箱」を見て，「おひなさまは，このなかで眠《ねむ》っているのだろうか」と思っている。一方，その想像は，「おひなさま」を「毒リンゴを食べた白雪姫《しらゆきひめ》」や「茨《いばら》に閉じこめられた眠り姫」と関連づけたもので，実際に雛人形がどのようなものであるかは，風美には実感できていないことがわかる。立派な雛飾りとなることを楽しみにしながらも，自分の期待通りの雛飾りなのかどうか心配する気持ちもあるのである。

問2　風美がこの直前で，「おふくをきましょうね」と言っていることに注目する。地面に「大きく葉を広げ，やがて花咲《さ》く準備をしている」タンポポに，「おふく」の代わりに「枯《か》れ葉」をかぶせてやったのだと推測できる。

問3　直前の部分に，「風美は祖母の膝《ひざ》に小さな頭が転がるのを目撃《もくげき》した」とある。祖母はうっかり雛人形の首を落としてしまったのであり，その「不手際《ぎわ》」をごまかすために，わざと「怖《こわ》い顔」をしたのだと考えられる。

問4　河上《かわかみ》のおばさんは，雛飾りをさわろうとした風美に対して「口をとがらせ」るゆうこちゃんを「たしなめた」ほか，ゆうこちゃんが先に雛団子を食べてしまったときにも「こら，優子《ゆうこ》。お客さまが先でしょ。風美ちゃんにどうぞって」と言っており，大人らしい良識のある態度で風美に接していることがわかる。一方，「河上のおばさんがついていてくれればダンプカーも怖くない。おばさんの手は暖かくてすべすべしていた」などの表現から，風美が河上のおばさんに親しみを抱《いだ》いていることも読み取れる。

問5　親しみを感じていた河上のおばさんの言葉を聞いて，風美はいたたまれなくなって「ゆうこ

ちゃんの家を飛び出した」のである。さらに，風美が自分の家を飛び出した後の場面には，「河上のおばさんはゆうこちゃんがいちばん好きなのだ」と書かれているので，これをもとに「優子のことがいちばん可愛い」「優子のことがいちばん好きだ」などとまとめられる。

問6　「返事に困った」後で，風美が「ごてんは？」と質問していることに注目する。「ゆうこちゃんちのおひなさんにはごてんがあったよ」と，その違《ちが》いに戸惑《とまど》い，「これじゃ，おひなさんがかぜひいちゃうよ」と言っている。ゆうこちゃんの家で感じた疎外《そがい》感を引きずったまま家に帰ってきたのだが，そのことをおばあちゃんはわかってくれないので，おばあちゃんの言葉を素直《すなお》に受け入れられないでいるのだと読み取れる。

問7　家を飛び出した風美は，おばあちゃんの言うようにゆうこちゃんちに行くこともできず，「おうち，なくなっちゃった」と思っている。行き場をなくした風美には，夕焼けの光で「縁《ふち》取り」された「通り抜《ぬ》けのためのトンネル」が「おとぎの国への門」のように思われて，そこを通れば，お姫さまたちが「よく来てくれましたね」と優《やさ》しく迎《むか》えてくれるはずだと想像してしまったのだと考えられる。

問8　おばあちゃんは，口は悪いが風美のことを心配しているのである。そのことは，「道路に干《ひ》からびて平べったくなった蛙《かえる》をみつける」たびに，「ダンプ街道を一人で渡《わた》ったら，おまえもあっというまにぺしゃんこだでな」と風美を「脅《おど》していた」ことからもわかる。ぼう線部⑦の場面でも，自分で「出てけ」と言っておきながら，風美のことが心配で外に探しにきたのである。言葉とはうらはらに風美のことを心配していたと知られると照れくさいので，わざと「ものすごく不機嫌《ふきげん》そうな顔」をしていたのだと推測できる。

三　**出典は加藤周一《かとうしゅういち》の『読書術』による。**「本をはやく読む法」を身につけるためには，古典や基本的な知識の全体を網羅《もうら》した教科書のような本を「おそく読む」ことが条件になるということを論じている。

問1　直前の部分に注目する。一つは「たくさんの本を，なるべくはやく読みあげたいという気になる」こと，もう一つは「現代の都会の生活には，速さに対する一種の信仰《しんこう》のようなもの」があることである。

問2　筆者が「わたしはゆっくり進む」という科白《せりふ》を，現代の社会のあり方を批判的にとらえる「文明批評」だと考え，「製作者が，いまも『兎《うさぎ》と亀《かめ》』の話を忘れていないというところに，絶妙《ぜつみょう》の味があると思います」と述べていることに注目する。つまり，「ゆっくり進む」ことのほうが目的地に確実にたどりつけるという考えを示した科白だと，筆者は考えているのである。

問3　直前の部分に，「ノートをとらなければ忘れてしまうようなことは，忘れてしまったほうが衛生的である」とある。つまり，アランは，「忘れられないようなこと」が読んだ本に書いてあるなら，わざわざノートに書きつけることもなく覚えてしまうはずだと考えていることになる。

問4　「古典」について説明した一文であることから考える。筆者は同じ段落で，「むかしの人が，百ぺん読んで，意おのずから通じるのを待っていた本」として，『論語』や，プラトン，ヘーゲル，スタンダールの著作を紹介《しょうかい》している。そうしたさまざまな国や時代を背景にした書物が，今も「古典」として残り，「なるべくおそく読む」という読み方をされているのだから，「違った言葉で，違った社会で，違った読者にあてて書かれた本」ということになる。

問5　空らん⑥に入るのは，「西洋史のなかで，歴史的に見て大事な書物」で，「ただひとり，どう

して生きてゆこうか，どんな心のよりどころがあるだろうかということを捜《さが》し求めているとき」に近づいてゆくような本である。直後の段落で，筆者は「ゆっくり読むことのできる古典」の例として「論語と聖書とプラトンと仏典」の四つをあげているが，このうちで，先の条件にあてはまるのは「聖書」である。

問6　「一面的」は，考え方などにかたよりがあるようす。キリストにはキリストの，孔子《こうし》には孔子の独自の考え方があるのだから，「論語と聖書とプラトンと仏典」のなかの「どれか一つを読む」ことは，「一面的な考え方にかたむく」ことにつながる可能性がある。筆者はこれをふまえた上で，「思想」を「石鹸《せっけん》」と対比させ，「円満でだれにも便利な思想というもの」は，いままでにも，また将来にもないと述べている。つまり，思想というものは「一面的」につきつめていかなければ，「深い思想」にはならないと考えているのだから，１がふさわしい。

問7　同じ段落では，「ある種類の本をおそく読むことが，ほかの種類の本をはやく読むための条件」であることを説明している。「ある種類の本」とは，「基本的な知識の全体を網羅した教科書に類する」本を指し，それらをゆっくり読んで「基本的なところを十分に理解し，また基本的な考え方に十分慣れれば，そのあとの仕事がすべて簡単になるといってよい」と筆者は考えている。「日本の経済」についても，「基本的な知識の全体を網羅した教科書に類する」本をゆっくりと読み，「基本的な機構と基本的な指標の数字を心得ている人」のほうが，全体を網羅しているわけでもなくゆっくりと読む必要もない「個別的で一時的な」本やパンフレットや記事も「はやく読む」ことができるというのである。

問8　示された文章が，「教科書」について述べていることに注目する。筆者は，「基本的な知識の全体を網羅した教科書」をゆっくりと読むことの大切さを指摘《してき》しているが，「一般《いっぱん》によくできているという評判の教科書五，六冊のなかから，任意の一冊を抜いて，その一冊を繰《く》り返し読んで～知りつくせば，それで十分」だと述べている。筆者のこうした考え方からすれば，世界中にいくつかある教科書の「そのすべてを～繰り返して読みました」という内容が誤りだと判断できる。

問9　１「古典を理解する上できわめて重要であり，教科書はその際に欠かすことのできない道具」が合わない。「古典」と「基本的な知識の全体を網羅した教科書」は同列にあつかわれているものであり，「古典」を理解するための「道具」として「教科書」が話題にされているわけではない。　３「自分の仕事を円滑《えんかつ》に進め成功に導くことができる」という内容は，本文では述べられていない。　４「経済問題への理解を深めるなど，基本的な社会の構造やその動き方を理解するために必要不可欠」が不適切。筆者は，おそく読む読書の大切さを述べているのであり，実利的な効用を述べているわけではない。

2025年度用

中学スーパー過去問

■編集人 声の教育社・編集部
■発行所 株式会社 声の教育社

〒162-0814 東京都新宿区新小川町8-15
☎03-5261-5061(代) FAX03-5261-5062
https://www.koenokyoikusha.co.jp

※本書の内容についての一切の責任は当社にあります。内容・解説・解答・その他は当社ホームページよりお問い合わせ下さい。

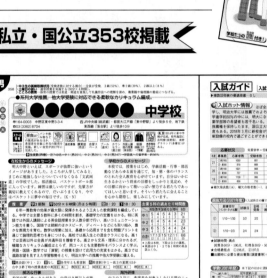

カコを追いかけ
ミライをつかめ
「今の説明、もう一回」を何度でも
web過去問
ストリーミング配信による入試問題の解説動画
もっと古いカコモンないの?
カコ過去問
「さらにカコの」過去問をHPに掲載(DL)
声の教育社
詳しくはこちらから

よくある解答用紙のご質問

01

実物のサイズにできない

拡大率にしたがってコピーすると，「解答欄」が実物大になります。配点などを含むため，用紙は実物よりも大きくなることがあります。

02

A3用紙に収まらない

拡大率164％以上の解答用紙は実物のサイズ（「出題傾向＆対策」をご覧ください）が大きいために，Ａ３に収まらない場合があります。

03

拡大率が書かれていない

複数ページにわたる解答用紙は，いずれかのページに拡大率を記載しています。どこにも表記がない場合は，正確な拡大率が不明です。

04

１ページに２つある

１ページに２つ解答用紙が掲載されている場合は，正確な拡大率が不明です。ほかの試験回の同じ教科をご参考になさってください。

浅野中学校

【別冊】入試問題解答用紙編

禁無断転載

解答用紙は本体からていねいに抜きとり、別冊としてご使用ください。

※　実際の解答欄の大きさで練習するには、指定の倍率で拡大コピーしてください。なお、ページの上下に小社作成の見出しや配点を記載しているため、コピー後の用紙サイズが実物の解答用紙と異なる場合があります。

●入試結果表

— は非公表

年　度	項　目	国　語	算　数	社　会	理　科	4科合計	合格者
2024（令和6）	配点（満点）	120	120	80	80	400	最高点
	合格者平均点	71.4%	76.2%	64.4%	66.3%	70.4%	—
	受験者平均点	64.8%	61.6%	57.8%	56.6%	60.8%	最低点
	キミの得点						254
2023（令和5）	配点（満点）	120	120	80	80	400	最高点
	合格者平均点	68.3%	73.4%	63.0%	66.1%	68.3%	348
	受験者平均点	61.1%	61.0%	57.1%	57.0%	59.5%	最低点
	キミの得点						246
2022（令和4）	配点（満点）	120	120	80	80	400	最高点
	合格者平均点	61.3%	76.8%	71.0%	61.2%	67.9%	343
	受験者平均点	54.3%	65.2%	64.6%	52.5%	59.3%	最低点
	キミの得点						248
2021（令和3）	配点（満点）	120	120	80	80	400	最高点
	合格者平均点	66.1%	71.2%	63.7%	64.2%	66.7%	353
	受験者平均点	58.0%	60.6%	56.4%	56.4%	58.1%	最低点
	キミの得点						242
2020（令和2）	配点（満点）	120	120	80	80	400	最高点
	合格者平均点	57.2%	64.2%	68.1%	68.4%	62.3%	317
	受験者平均点	49.7%	52.9%	60.9%	59.7%	54.9%	最低点
	キミの得点						230
2019（平成31）	配点（満点）	120	120	80	80	400	最高点
	合格者平均点	70.5%	84.8%	58.6%	67.4%	71.8%	357
	受験者平均点	63.4%	70.1%	52.5%	57.9%	62.1%	最低点
	キミの得点						261
2018（平成30）	配点（満点）	120	120	80	80	400	最高点
	合格者平均点	65.9%	76.9%	68.4%	76.0%	71.7%	363
	受験者平均点	59.6%	63.2%	60.6%	68.1%	62.6%	最低点
	キミの得点						262
平成29	配点（満点）	120	120	80	80	400	最高点
	合格者平均点	55.8%	60.1%	67.4%	70.3%	62.3%	318
	受験者平均点	49.6%	49.9%	61.6%	60.7%	54.3%	最低点
	キミの得点						224

※　表中のデータは学校公表のもので，「%」がついているものは得点率になります。

2024年度　浅野中学校

算数解答用紙

番号		氏名		評点	/120

1

(1) ア　　イ

(2) 分後

(3) ウ　個　エ　個

(4) オ　cm²　カ　cm²

(5) キ　色　ク　色　ケ　色　コ　色

(説明)

2

(1) 番目

(2)

(3)

(4)

3

(1) 秒後

(2) 秒後

(3) 回

(4) cm

4

(1) ア　イ　ウ　エ

(2)

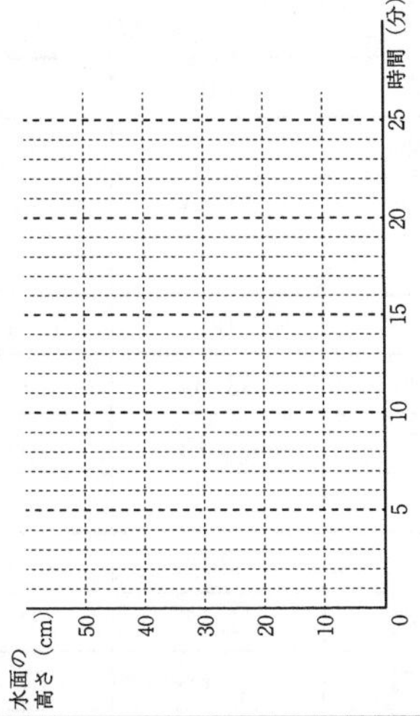

(3)

		10

(4) 通り

5

(1) :

(2) :

(3) cm

(4) cm³

(注) この解答用紙は実物を縮小してあります。172%拡大コピーをすると、ほぼ実物大の解答欄になります。

〔算　数〕120点(推定配点)

1 (1)～(4)　各4点×5＜(3)は完答＞　(5)　キ・ク…4点，ケ・コ…4点，説明…4点　2，3　各5点×8＜2の(4)は完答＞　4　各4点×7　5　各5点×4

２０２４年度　浅野中学校

社会解答用紙

番号		氏名		評点	/80

（注）この解答用紙は実物を縮小してあります。Ｂ５→Ａ３（163%）に拡大コピーすると、ほぼ実物大の解答欄になります。

1

問1	問2	問3	問4
問5	問6	問7	問8
問9	問10 (1)	(2)	km
問11	問12	問13	問14
問15		問16	問17
問18　　枚	問19	問20	問21

2

15　30　45　60　75　90　100

〔社　会〕80点(推定配点)

1　問1～問9　各3点×9　問10　(1)　3点　(2)　4点　問11～問14　各3点×4　問15　4点＜完答＞　問16，問17　各3点×2　問18　4点　問19～問21　各3点×3　2　11点

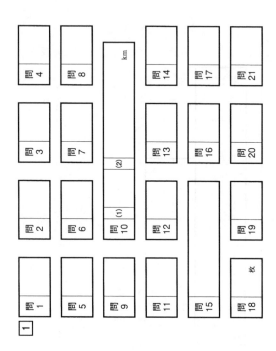

２０２４年度　浅野中学校

理科解答用紙

番号　　氏名　　評点　／80

（注）この解答用紙は実物を縮小してあります。Ｂ５→Ａ３（163%）に拡大コピーすると、ほぼ実物大の解答欄になります。

1
(1)　(2)　(3)　(4)
(5)　(6)　(7)　mg　(8)　(9)

2
(1)　(2)　(3)
(4)　(5)　(6) (a) (b)　(7)

3
(1)　(2)　(3)　(4)
(5) (a)　g　(b)　mL

4
(1)　の原理　(2)　g分　(3)　%
(4)　%　(5)　(6)　g　(7) X : Y
(8)　cm　(9)　通り

〔理　科〕80点(推定配点)

1　各２点×9　2, 3　各３点×14<2の(2)は完答>　4　(1)〜(7)　各２点×7　(8), (9)　各３点×2

2024年度　浅野中学校

国語解答用紙

番号　　氏名　　評点　/120

一
①　②　③　④
⑤　⑥　⑦　⑧
⑨　⑩　い

二
問一　問二
問三　50　60
問四　問五　問六
問七　A　B　問八

三
問一　問二　問三　→　→　→
問四
問五　問六　A　D　E
問七　30　40
問八　40　50
問九

（注）この解答用紙は実物を縮小してあります。Ｂ５→Ａ３（163%）に拡大コピーすると、ほぼ実物大の解答欄になります。

〔国　語〕120点(推定配点)

一　各２点×10　二　問１，問２　各５点×２　問３　10点　問４～問６　各５点×３　問７　各３点×２　問８　５点　三　問１～問５　各５点×５<問３は完答>　問６　各３点×３　問７　７点　問８　８点　問９　５点

2023年度　浅野中学校

算数解答用紙

番号　　氏名　　評点　／120

（注）この解答用紙は実物を縮小してあります。B５→A３（163%）に拡大コピーすると、ほぼ実物大の解答欄になります。

1

(1) ア　　イ　個　(2) ウ　個

エ　秒後　(3) オ　回　カ　人　(4) キ　点

ク　(5) ケ　　コ　こと

2

ア　人　イ　人　ウ　人　エ　人　オ　%

3

(1)　個　(2)　個　(3)　通り

4

(1)　　(2)　cm³　(3)　倍

5

(1) ア　個　イ　個　ウ　個　エ　cm²

(2)　cm²　(3)　通り

〔算　数〕120点(推定配点)

1　各５点×10　2　各４点×５　3, 4　各５点×６　5　(1)　ア～ウ　５点　エ　５点　(2), (3)　各５点×２

2023年度　浅野中学校

社会解答用紙

番号		氏名		評点	/80

(注) この解答用紙は実物を縮小してあります。B5→A3(163%)に拡大コピーすると、ほぼ実物大の解答欄になります。

1

問1	問2	問3	問4
問5	問6	問7	
問8	問9	問10	問11
問12	問13	問14	
問15 (1) (2)		問16	
問17 (1) (2)		問18	
問19		問20	問21

2

15	30	45	60	75	90	105	120

〔社　会〕80点(推定配点)

1　各3点×23＜問7，問19は完答＞　2　11点

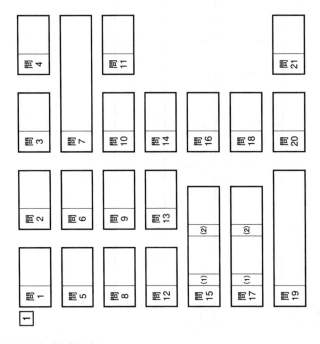

2023年度　浅野中学校

理科解答用紙

番号		氏名		評点	/80

1

(1)	(2)	(3)	(4)	(5)	(6)
(7)	**(8)**		**(9)**	**(10)**	**(11)**

2

(1)	(2)		(3)
	(a)	(b)	
mm		%	hPa

(4)	(5)	(6)	(7)	
			(a)	(b)

3

(1)	(2)	(3)	(4)		(5)
	%				

(6)	(7)	(8)	(9)	(10)
		L	L	L

4

(1)	(2)
	m
(4)	**(5)**
	:
(6)	**(7)**

(3)

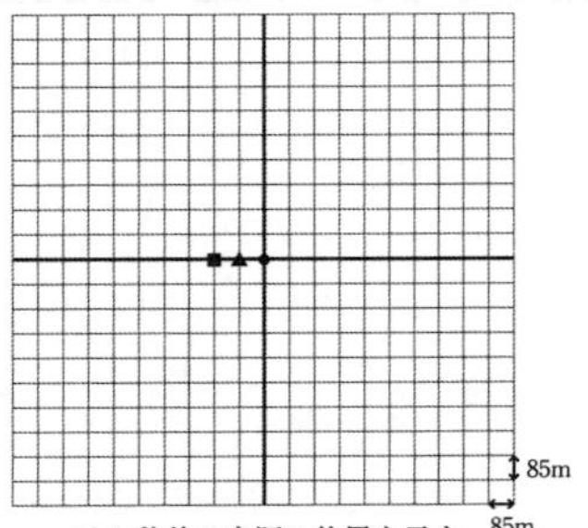

●は２秒前の音源の位置を示す
▲は１秒前の音源の位置を示す
■は現在の音源の位置を示す

（注）この解答用紙は実物を縮小してあります。Ｂ５→Ａ３（163%）に拡大コピーすると、ほぼ実物大の解答欄になります。

〔理　科〕80点(推定配点)

1～3　各２点×30＜2の(2)の(ａ)，3の(4)は完答＞　4　(1)　２点　(2)～(7)　各３点×６

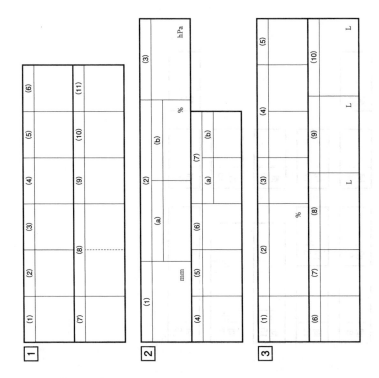

二〇二三年度　浅野中学校

国語解答用紙

番号　　氏名　　評点　／120

一

①　②　③　④

⑤　⑥　⑦　⑧

⑨　⑩　うき

二

問一　問二　問三　問四　問五

問六　朱理　　　　　　こと。

まひろ　　　　　　こと。

問七

問八　問九

三

問一

問二

問三　A　B

C

D　E

問四　→　→　→

問五　問六　問七　問八　問九

（注）この解答用紙は実物を縮小してあります。B５→B４（141％）に拡大コピーすると、ほぼ実物大の解答欄になります。

〔国　語〕120点（推定配点）

一　各２点×10　二　問１～問３　各４点×３　問４～問６　各５点×４　問７　８点　問８，問９　各５点×２　三　問１　10点　問２　５点　問３　各２点×５　問４　５点＜完答＞　問５～問９　各４点×５

２０２２年度　浅野中学校

算数解答用紙

番号		氏名		評点	/120

1

(1)		(2)
ア	イ　分	ウ　分

(3)			(4)	
エ	オ　：	カ　cm²	キ　倍	ク　分

(5)

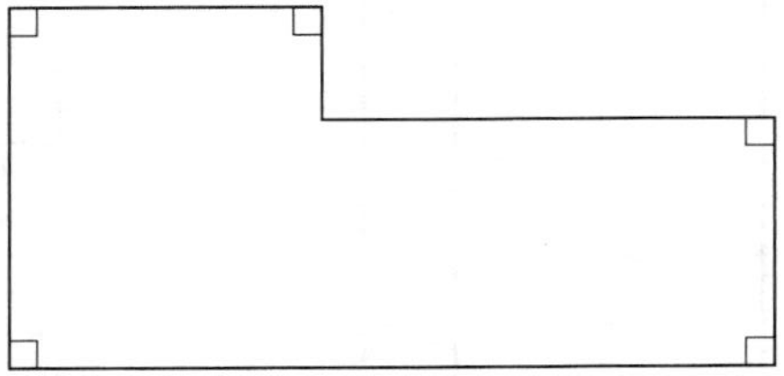

補助線は点線 ……、
面積を二等分する直線は
実線──で描きなさい。

(理由)

2

(1)	(2)	(3)
cm³	cm	cm

3

(1)

1	2	3	4
2	1		
3			
4			

1	2	3	4
2	1		
3			
4			

(2)		
ア　通り	イ　通り	ウ　通り

(3)		(4)	
エ　通り	オ　通り	カ　通り	キ　通り

4

(1)	(2)	(3)
秒後	秒後	ア

5

(1)	(2)		(3)	
cm²	ア　cm	イ　cm²	ウ　通り	エ　cm²

（注）この解答用紙は実物を縮小してあります。Ｂ５→Ａ３（163%）に拡大コピーすると、ほぼ実物大の解答欄になります。

〔算　数〕120点(推定配点)

1　各４点×９　2　各５点×３　3　(1)　各３点×２　(2)～(4)　各４点×７　4　各５点×３＜(3)は完答＞　5　各４点×５

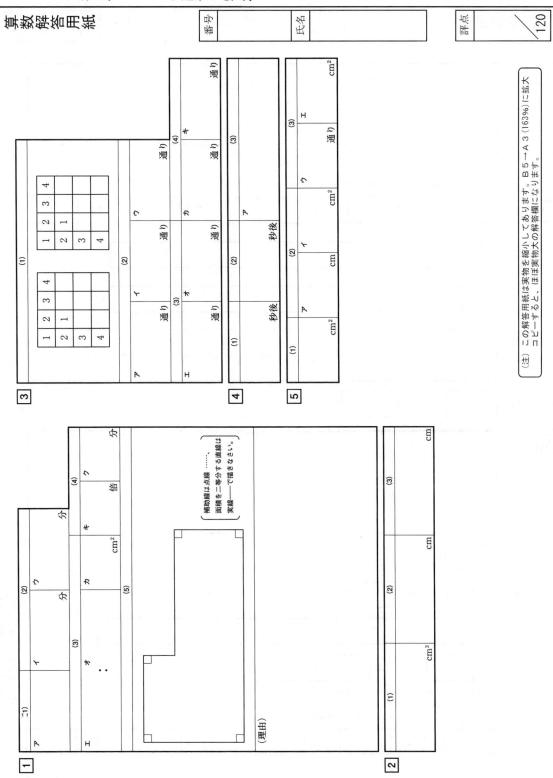

２０２２年度　浅野中学校

社会解答用紙

番号		氏名		評点	/80

2

（注）この解答用紙は実物を縮小してあります。Ｂ５→Ａ３（163%）に拡大コピーすると、ほぼ実物大の解答欄になります。

1

問1	問2		
問3		問4	
問5	問6		問7
問8	問9	問10	
問11	問12	問13	問14
問15	問16	問17	問18
問19	問20	問21	問22
問23			

〔社　会〕80点(推定配点)

1　各３点×23<問３，問４，問６，問10は完答>　2　11点

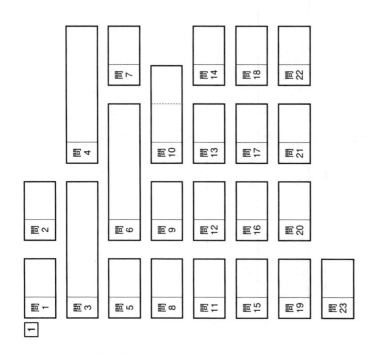

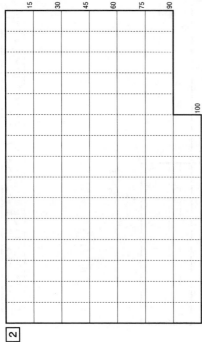

2022年度　浅野中学校

理科解答用紙

番号		氏名		評点	/80

（注）この解答用紙は実物を縮小してあります。B5→A3（163%）に拡大コピーすると、ほぼ実物大の解答欄になります。

1

(1)　(2)　(3)

(4)　(5)　(6) 倍

(7) 日後　(8) え　お

2

(1)　(2)　(3)　(4) 写真　理由

(5)　(6)　(7)

3

(1)　(2)　(3)　(4) あ　い

(5)　(6)　(7) う　お

4

(1) あ　い　(2) cm

(3)　(4)　(5) (　.　)　(6) (　.　)

(7) 5 g (　.　)　35 g (　.　)

〔理　科〕80点（推定配点）

1　(1)～(6)　各２点×６＜(3)は完答＞　(7)　３点　(8)　各２点×２　2　各３点×７＜(4)は完答＞

3　各２点×９　4　(1)　各２点×２　(2)～(7)　各３点×６＜(7)は完答＞

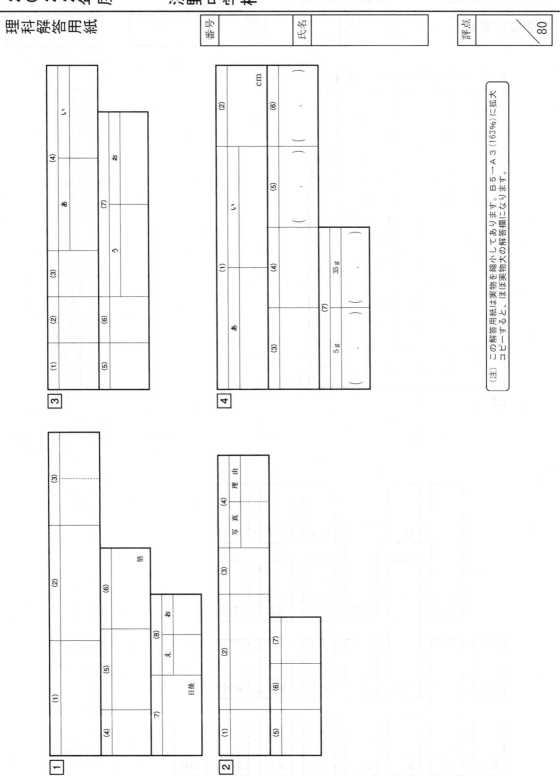

二〇二二年度　浅野中学校

国語解答用紙

番号		氏名		評点	/120

※注意＝解答欄《らん》は設問の順序通りになっていないところがありますので、まちがえないこと。

一

①		②		③		④	
⑤		⑥		⑦		⑧	
⑨	む	⑩					

二

問一　問二　問三　問四

問五　問六　問七　問八

問九　（35、45）

三

問一　〜　問二　問五

問六　問八　問九

問四　A　B

問三　（40、50）

問七　（25、35）

（注）この解答用紙は実物を縮小してあります。B5→A3（163%）に拡大コピーすると、ほぼ実物大の解答欄になります。

〔国　語〕120点(推定配点)

一　各2点×10　二　問1〜問8　各5点×8　問9　7点　三　問1，問2　各5点×2　問3　9点　問4　各4点×2　問5，問6　各5点×2　問7　6点　問8，問9　各5点×2

2021年度　浅野中学校

算数解答用紙

番号		氏名		評点	/120

1

(1) ア　イ　(2) ウ　本　m　(3) エ　g

(4) オ　カ

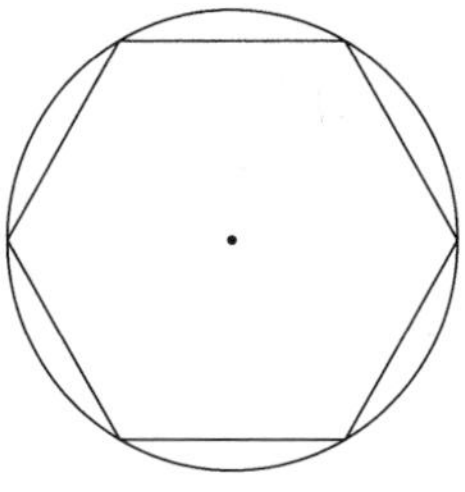

(説明)

(5) キ　個　ク　個　(6) ケ　cm²　コ　cm²

2

(1) 機械A　万枚　機械B　万枚　機械C　万枚　(2) 万枚　(3) 日目

3

(1)　(2)　(3)　(4)

4

(1) 分後　(2) 分後　(3) 分　秒後　(4) (ア)：(イ)　：

5

(1) 個　(2) 個　(3) 個　(4) 個

（注）この解答用紙は実物を縮小してあります。B5→A3（163%）に拡大コピーすると、ほぼ実物大の解答欄になります。

〔算　数〕120点(推定配点)

1　(1)～(3)　各3点×4　(4)　オ・カ　3点　説明　3点　(5)，(6)　各3点×4　2～5　各6点×15＜2の(1)は完答＞

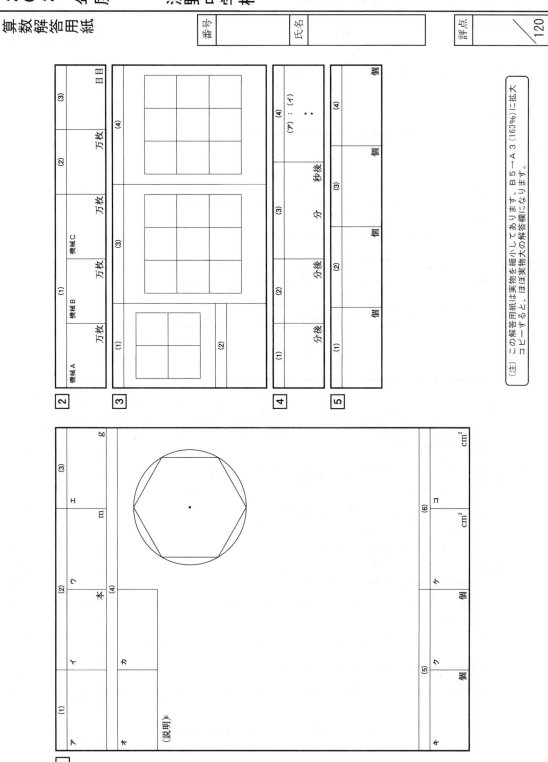

2021年度　浅野中学校

社会解答用紙

番号		氏名		評点	/80

1

問1	問2	問3	問4
問5	問6	問7	問8
問9	問10	問11	
問12	問13	問14	
問15		問16	問17
問18	問19	問20	
問21			

2

問1　問2

問3　15　30　45　60　75　90　105　110

（注）この解答用紙は実物を縮小してあります。Ｂ５→Ａ３（163％）に拡大コピーすると、ほぼ実物大の解答欄になります。

〔社　会〕80点（推定配点）

1　問1～問3　各2点×3　問4～問21　各3点×18<問11，問15，問20は完答>　2　問1，問2　各3点×2　問3　14点

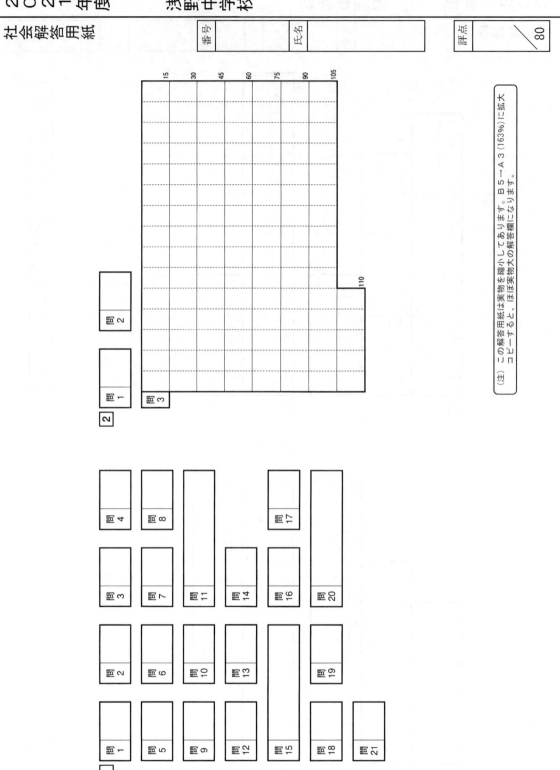

２０２１年度　浅野中学校

理科解答用紙

番号		氏名		評点	／80

（注）この解答用紙は実物を縮小してあります。Ｂ５→Ａ３（163%）に拡大コピーすると、ほぼ実物大の解答欄になります。

3
- (1)
- (2)
- (3)
- (4) い　う
- (5) え　お
- (6) L
- (7) か　記号

4
- (1)
- (2)
- (3)
- (4)
- (5) 名称　向き
- (6)
- (7)
- (8)

1
- (1)
- (2)
- (3)
- (4)
- (5) 時　分
- (6) 倍
- (7)
- (8)
- (9) 時速　km

2
- ○
- (2)
- (3)
- (4)
- (5)
- (6) cm
- (7)
- (8) D　E
- (9)

〔理　科〕80点(推定配点)

1　(1)～(7)　各２点×７　(8)，(9)　各３点×２　2，3　各２点×20　4　(1)～(6)　各２点×７　(7)，(8)　各３点×２

二〇二二年度　浅野中学校

国語解答用紙

番号		氏名		評点	/120

※注意＝解答欄《らん》は設問の順序通りにはなっていないところがありますので、まちがえないこと。

一

①	②	③	④
⑤	⑥	⑦　える	⑧　める
⑨	⑩　しい		

二

問一　問三　問四　問六　C　D

問八　問九　問五

問二（6／10）

問七（20／25／35）

三

問一　問二　問三

問四　問五　問九

問七　→　→　→　→

問六（10／15）

問八（20／30）

（注）この解答用紙は実物を縮小してあります。Ｂ５→Ｂ４（141％）に拡大コピーすると、ほぼ実物大の解答欄になります。

〔国　語〕120点（推定配点）

一　各２点×10　二　問１～問６　各５点×７　問７　７点　問８，問９　各５点×２　三　問１～問５　各５点×５　問６　６点　問７　５点＜完答＞　問８　７点　問９　５点

２０２０年度　浅野中学校

算数解答用紙

番号		氏名		評点	/120

1

(1)	(2)	(3)		
ア	イ　個	ウ　秒後		
(4)			(5)	
エ　個	オ　個	カ　回	キ　cm	

(5) の説明

どこに5つの点を置いても、

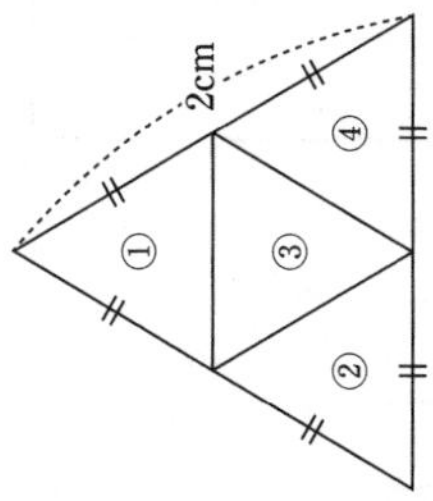

2

(1)	(2)	(3)
通り	通り	曜日
(4)	(5)	
ア　cm	cm²	

3

(1)	(2)	(3)	(4)
L	分後	分後	分後

4

(1)	(2)	(3)
ア	イ	ウ

5

(1)	(2)
ア　度	イ　度
(3)	(4)
度	ウ

（注）この解答用紙は実物を縮小してあります。A３用紙に161％拡大コピーすると、ほぼ実物大で使用できます。（タイトルと配点表は含みません）

〔算　数〕120点(推定配点)

1　(1)～(3)　各５点×３　(4)　エ，オ　各２点×２　カ　５点　(5)　キ　５点　説明　６点　2～5　各５点×17<5の(4)は完答>

２０２０年度　浅野中学校

社会解答用紙

番号　　氏名　　評点　／80

1

問1	問2 あ	い
問3	問4	問5	問6
問7	問8	問9

2

問1	問2	問3	問4	問5
問6 (1) (2)	問7	問8	問9	

3

問1	問2	問3 1 2	
問4	問5	問6	問7
問8	問9		

4　横書きで解答すること。

問1　15　30　40

問2　15　30　45　60　75　80

（注）この解答用紙は実物を縮小してあります。Ａ３用紙に161％拡大コピーすると、ほぼ実物大で使用できます。（タイトルと配点表は含みません）

〔社　会〕80点（推定配点）

1～3　各２点×30　4　問１　８点　問２　12点

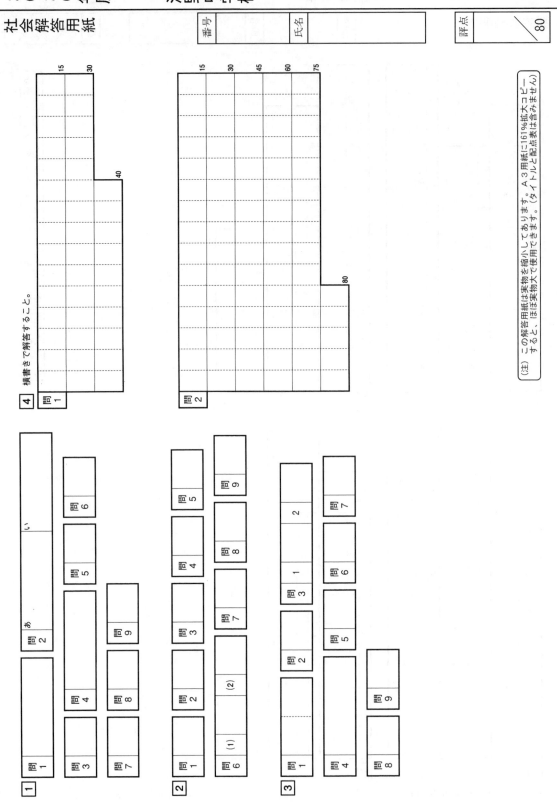

２０２０年度　浅野中学校

理科解答用紙

番号		氏名		評点	/80

1

(1)	
A	B

(2)		(3)
C	D	
km	9時　分　秒	9時　分　秒

(4)	(5)	(6)	(7)	(8)	(9)
秒後					

2

(1)	(2)	(3)		(4)
		アカマツ	カラマツ	

(5)		(6)	(7)
X	Y		

(8)	(9)

3

(1)	(2)	(3)	(4)	(5)	
				酸素	法則
				g	

(6)		(7)
法則	マグネシウム	マグネシウム　：　酸素
	g	：

(8)		(9)	(10)
法則	体積	炭素　：　酸素	
	L	：	g

4

(1)		(2)	(3)
電流	温度		200gの水　：　300gの水
A	℃		：

(4)		(5)	(6)
15 cm	25 cm		
℃	℃		cm

(7)	(8)
℃	℃

(注) この解答用紙は実物を縮小してあります。Ａ３用紙に161%拡大コピーすると、ほぼ実物大で使用できます。(タイトルと配点表は含みません)

〔理　科〕80点(推定配点)

1 (1) 各１点×2 (2)～(9) 各２点×9 2 (1)，(2) 各２点×2<各々完答> (3) 各１点×2 (4)～(9) 各２点×7 3，4 各２点×20<3の(5)，(6)，(8)は完答>

二〇二〇年度　浅野中学校

国語解答用紙

番号　　氏名　　評点 /120

※注意＝解答欄《らん》は設問の順序通りにはなっていないところがありますので、まちがえないこと。

一

①　②　③　④
⑤　⑥　⑦　⑧
⑨　⑩

二

問一　問二　問三　問四
問六　問七　問八　問十
問五　（15字）から。
問九　（45字）

三

問一　（5字）
問二　問三　問四　問五
問六　問七　問九　問十
問八　スケッチとは、（50字）ことである。
問十一　（50字）

（注）この解答用紙は実物を縮小してあります。Ａ３用紙に145％拡大コピーすると、ほぼ実物大で使用できます。（タイトルと配点表は含みません）

〔国　語〕120点（推定配点）

一　各２点×10　二　問１～問４　各４点×４　問５　６点　問６～問８　各４点×３　問９　８点　問10　４点　三　問１～問７　各４点×７　問８　９点　問９，問10　各４点×２　問11　９点

２０１９年度　浅野中学校

算数解答用紙

番号		氏名	

評点	／120

1

(1)	(2)		(3)	
ア	イ　　　円	ウ　　　本	エ　　　個	オ　　　個

(4)				(5)	
カ　　時	キ　　分	ク　　時	ケ　　分	コ　　cm^3	サ　　cm^2

2

ア	イ	ウ	エ	オ

3

(1)		(2)	(3)
ア	イ	個	個

4

(1)	(2)	(3)
通り	通り	通り

(4)
考え方、式
通り

5

(1)	(2)
cm	cm
(4)	**(5)**
倍	倍

(3)

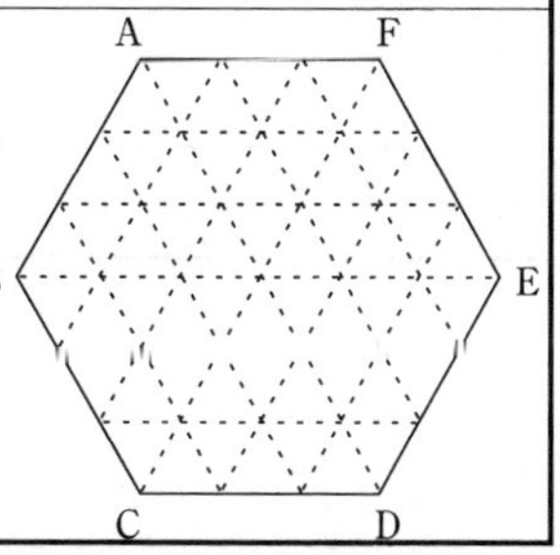

（注）この解答用紙は実物を縮小してあります。Ａ３用紙に154%拡大コピーすると、ほぼ実物大で使用できます。（タイトルと配点表は含みません）

〔算　数〕120点(推定配点)

1, 2　各４点×14＜1の(4)は４点×２＞　3　各５点×３＜各々完答＞　4　各６点×４　5　各５点×５

２０１９年度　浅野中学校

社会解答用紙

番号　　氏名　　評点　／80

（注）この解答用紙は実物を縮小してあります。Ａ３用紙に161％拡大コピーすると、ほぼ実物大で使用できます。（タイトルと配点表は含みません）

1

問1　問2　問3　問4　問5　問6　問7　問8　問9

2

問1　あ　い　う

問2　問3　問4　問5　問6　問7　問8　問9　問10　問11

3

問1　あ　い

問2　問3　問4　問5　問6　問7　問8　問9　Xさん　Yさん

4

横書きで解答すること。

15　30　45　60　75　90

〔社　会〕80点（推定配点）

1　問1，問2　各2点×2　問3　3点＜完答＞　問4～問9　各2点×6　2　各2点×13　3　問1～問4　各2点×5　問5　3点　問6～問9　各2点×5＜問9は各々完答＞　4　12点

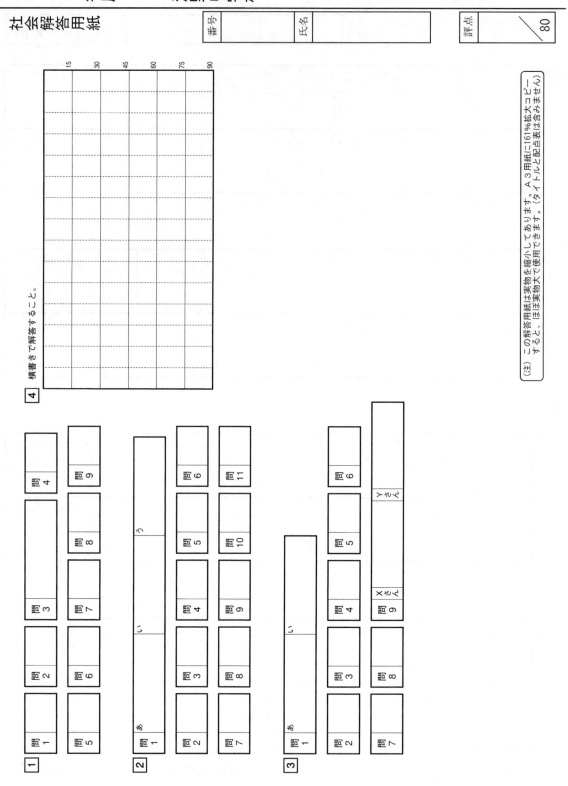

２０１９年度　浅野中学校

理科解答用紙

番号		氏名		評点	／80

1

(1)	(2)						(3)
	A	B	C	D	E	F	

(4)	(5)		(6)	(7)	(8)

2

(1)	(2)	(3)		(4)		(5)	

(6)	(7)	(8)	(9)	(10)
マグネシウム　銅 ：	g	L	g	mL

3

(1)	(2)	(3)	(4)	(5)

(6)	(7)	(8)	(9)	(10)
	度			倍

4

(1)	(2)	(3)	(4)	
			①	②
cm/秒	cm	cm		

(5)	(6)
cm/秒	cm

(注) この解答用紙は実物を縮小してあります。Ｂ４用紙に133％拡大コピーすると、ほぼ実物大で使用できます。(タイトルと配点表は含みません)

〔理　科〕80点(推定配点)

1　(1)　2点　(2)　各1点×6　(3)，(4)　各2点×2　(5)　各1点×2　(6)～(8)　各2点×3　2　(1)　1点　(2)　2点　(3)～(5)　各1点×6　(6)　2点　(7)～(10)　各3点×4　3　各2点×10　4　(1)～(3)　各3点×3　(4)　各1点×2　(5)，(6)　各3点×2

二〇一九年度　浅野中学校

国語解答用紙

番号		氏名		評点	/120

※注意＝解答欄《らん》は設問の順序通りにはなっていないところがありますので、まちがえないこと。

一

① く　②　③　④

⑤　⑥　⑦　⑧

⑨　⑩ みる

二

問一　問二　問三 → → →

問四　問五　問六

問七（25字）

問八（40字）

三

問一 A　B　C

問二 ①　②　問三　問四

問七　問八　問九

問五（40字）

問六 Ⅰ（10字）

Ⅱ（15字）

(注) この解答用紙は実物を縮小してあります。A３用紙に145%拡大コピーすると、ほぼ実物大で使用できます。(タイトルと配点表は含みません)

〔国　語〕120点(推定配点)

一　各２点×10　二　問１，問２　各４点×２　問３，問４　各５点×２<各々完答>　問５，問６　各４点×２　問７　７点　問８　９点　三　問１　各３点×３　問２〜問４　各４点×４　問５　９点　問６　各６点×２　問７〜問９　各４点×３

２０１８年度　　浅野中学校

算数解答用紙

番号		氏名		評点	／120

1

(1)	(2)		(3)	
ア	イ　　度	ウ　　cm^2	エ　毎秒　　m	オ　　m

(4)		(5)	
カ　　分	キ　　分	ク　　通り	ケ　　通り

2

(1)	(2)		
毎分　　L	ア	イ	ウ

3

(1)			(2)	(3)
ア	イ	ウ		

4

(1)	(2)	(3)
毎秒　　cm	秒	秒

5

(1)	(2)
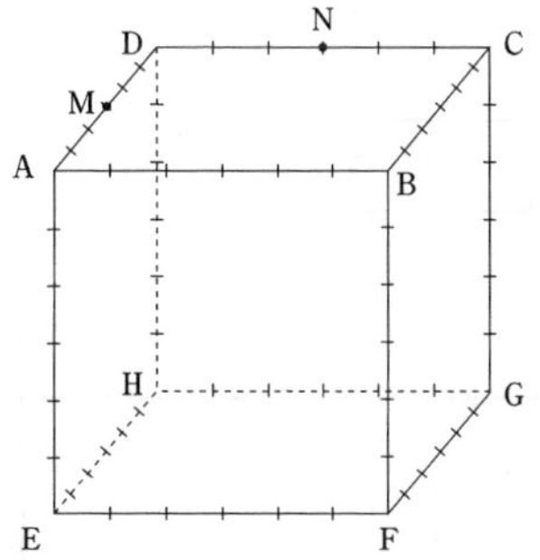(目盛りは各辺を6等分しています)	考え方、式
(3)　　cm^3	cm^3

(注)　この解答用紙は実物を縮小してあります。Ａ３用紙に149%拡大コピーすると、ほぼ実物大で使用できます。(タイトルと配点表は含みません)

〔算　数〕120点(推定配点)

1～5　各５点×24<3の(3)は完答>

2018年度　浅野中学校

社会解答用紙

番号　　氏名　　評点　／80

(注) この解答用紙は実物を縮小してあります。A3用紙に156%拡大コピーすると、ほぼ実物大で使用できます。(タイトルと配点表は含みません)

1

問1　あ　い　う

問2

問3

問4

問5

問6

問7

問8

2

問1　あ　い　う

問2

問3

問4

問5

問6

問7

問8

3

問1

問2

問3

問4

問5

問6

問7

問8

4　横書きで解答すること。

15　30　45　60　75　90

〔社　会〕80点(推定配点)

1　各3点×10＜問3, 問5は完答＞　2　問1　各3点×3　問2～問8　各2点×7　3　問1～問5　各2点×5　問6～問8　各3点×3　4　8点

２０１８年度　浅野中学校

理科解答用紙

番号		氏名		評点	／80

1

(1)		(2)	
A	B	C	D

2

(1)			(2)		(3)
条件A	条件B	条件C	D	E	

(4)

3

(1)	(2)	(3)		(4)
		泥と砂	砂とれき	

(5)	(6)	(7)		(8)
		2番目	3番目	

4

(1)	(2)		(3)	(4)
	X	Y		

(5)	(6)	(7)	(8)	(9)
		g	℃	g

5

(1)	
0～10秒	20～30秒
毎秒　m 近づく・遠ざかる	毎秒　m 近づく・遠ざかる

(3)	(4)
m	毎秒　m

(5)	(6)
秒後	秒後

(7)	(8)
秒間	

(9)

(2)

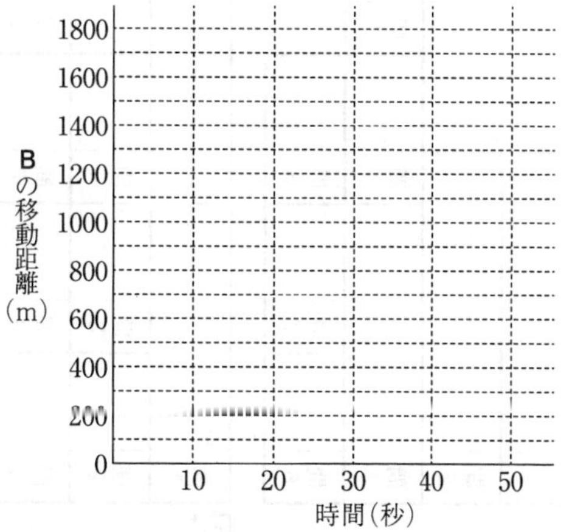

(注)　この解答用紙は実物を縮小してあります。Ｂ４用紙に141%拡大コピーすると、ほぼ実物大で使用できます。(タイトルと配点表は含みません)

〔理　科〕80点(推定配点)

1～5　各２点×40＜2の(2)は完答＞

二〇一八年度　浅野中学校

国語解答用紙

番号　　氏名　　評点　／120

※注意＝二 三 の解答欄《らん》は設問の順序通りにはなっていません。答えの形によって順序を変えてありますので、まちがえないこと。

一

①　②　③　④
⑤　⑥　⑦　⑧
⑨　⑩

二

問一 ①　② 　問三　問四
問五　問六　問七 C　D
問九
問二（30　40）
問八（15　20）

三

問一　問三　問四　問五
問六　問八　問九
問二（35　40）
問七（15　20）

（注）この解答用紙は実物を縮小してあります。Ｂ４用紙に143%拡大コピーすると、ほぼ実物大で使用できます。（タイトルと配点表は含みません）

〔国　語〕120点(推定配点)

一 各２点×10　二 問１　各４点×２　問２　10点　問３～問７　各４点×６　問８　８点　問９　４点　三 問１　４点　問２　10点　問３～問６　各４点×４　問７　８点　問８，問９　各４点×２

平成29年度　浅野中学校

算数解答用紙

番号		氏名		評点	／120

1	

2						
(1)		(2)		(3)		
(ア)　円	(イ)　円	(ウ)　周	(エ)　周	(オ)　曜日	(カ)　月	(キ)　日
(4)		(5)				
(ク)　円	(ケ)　円	(コ)　：　(サ)	(シ)　cm^2			

3				
(1)	(2)		(3)	
(ア)　分後	(イ)　時速　km	(ウ)　時速　km	(エ)　分	(オ)　秒後

4		
(1)	(2)	(3)
：	cm	cm

5		
(1)	(2)	(3)
通り	通り	通り

6

(1)
cm^3

(2)

考え方と図

cm

(3)	(4)	(5)
：	倍	cm^3

（注）この解答用紙は実物を縮小してあります。A３用紙に149%拡大コピーすると、ほぼ実物大で使用できます。（タイトルと配点表は含みません）

〔算　数〕120点（推定配点）

1　５点　2　各４点×10　3〜6　各５点×15

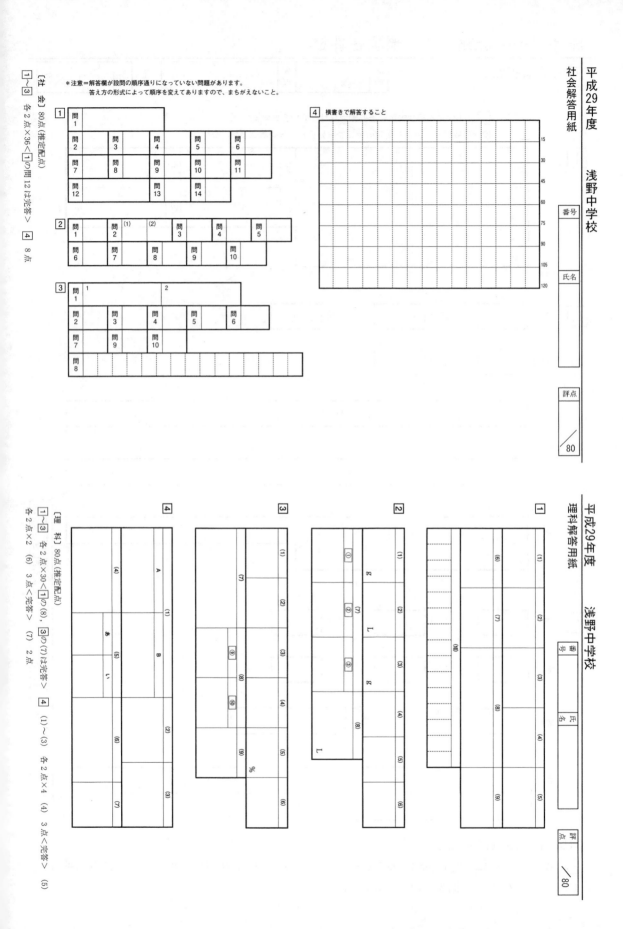

平成29年度　浅野中学校

社会解答用紙

番号		氏名		評点	／80

＊注意＝解答欄が設問の順序通りになっていない問題があります。
答え方の形式によって順序を変えてありますので、まちがえないこと。

1

問1									
問2		問3		問4		問5		問6	
問7		問8		問9		問10		問11	
問12				問13		問14			

2

問1		問2	(1)	(2)	問3		問4		問5
問6		問7		問8		問9		問10	

3

問1	1	2							
問2		問3		問4		問5		問6	
問7		問9		問10					
問8									

4 横書きで解答すること

15
30
45
60
75
90
105
120

〔社　会〕80点(推定配点)

1～3　各2点×36＜1の問12は完答＞　4　8点

平成29年度　浅野中学校

理科解答用紙

番号		氏名		評点	／80

1

(1)	(2)	(3)	(4)	(5)
(6)	(7)	(8)		(9)
(10)				

2

(1)	(2)	(3)	(4)	(5)	(6)
g	L	g			
(7)			(8)		
①	②	③	L		

3

(1)	(2)	(3)	(4)	(5)	(6)
				%	
(7)		(8)		(9)	
		⑨	⑩		

4

(1)			(2)	(3)
A	B			
(4)	(5)		(6)	(7)
	あ	い		

〔理　科〕80点(推定配点)

1～3　各2点×30＜1の(8)，3の(7)は完答＞　4　(1)～(3)　各2点×4　(4)　3点＜完答＞　(5)　各2点×2　(6)　3点＜完答＞　(7)　2点

平成二十九年度　浅野中学校

国語解答用紙

番号		氏名		評点	/120

※注意＝二 三 の解答欄《らん》は設問の順序通りにはなっていません。
答えの形によって順序を変えてありますので、まちがえないこと。

一

①	②	③	④
⑤	⑥	⑦	⑧　る
⑨	⑩　く		

二

問一　問二　問三

問四　問六

問五（20字）

問七（20字）

問八（30字）

三

問一　問三　問四

問六　問七　問九

問五　問八

問二（30字）

（注）この解答用紙は実物を縮小してあります。Ｂ４用紙に143%拡大コピーすると、ほぼ実物大で使用できます。（タイトルと配点表は含みません）

〔国　語〕120点（推定配点）

一　各２点×10　二　問１～問４　各５点×４　問５　７点　問６　５点　問７　８点　問８　10点　三　問１　５点　問２　10点　問３～問９　各５点×７